Sicht von oben
»Powers of Ten« und Bildpolitiken der Vertikalität

Vera Tollmann

Sicht von oben

»Powers of Ten« und Bildpolitiken der Vertikalität

Vera Tollmann

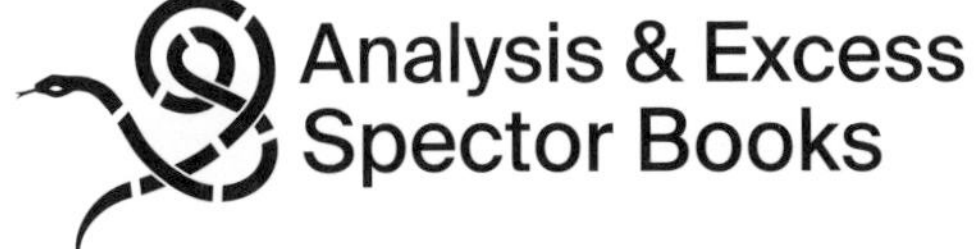
Analysis & Excess
Spector Books

Inhaltsverzeichnis

8 Einleitung
17 Der künstlerische Blick

23 Der Ausgangspunkt: »Powers of Ten«

27 Modelle
31 Zooming-In, Zooming-Out
35 Das Kalifornien der Eames
39 Eine virtuelle Kamera
45 YouTubes ›Arme Bilder‹
48 Digitale Bilder

73 Vertikal Sehen

75 Judith Hopfs *More*
80 Die Welt von oben betrachten
86 Vertikale Luftbilder
91 Die Vertikalität der Raumfahrt
93 Skala, Skalierungszahl, Lineal
97 Die vertikale Perspektive und die subjektive Seherfahrung
101 Bruno Latours ›Anti- Zoom‹
111 Eine neue Kartografierung: Gaia-grafie
118 Flybys, Flyovers
120 Wie aus Satellitenbildern Google Earth wurde

133 Virtualitäten

136 Virtuelle Bilder
141 Hito Steyerls *ExtraSpaceCraft*
146 Ästhetiken des Virtuellen
153 »At the moment of Sputnik«
158 Kennedys *New Frontier*

185 Die Macht der Skalierung

186 Sarah Sze, *Centrifuge*
193 Zentrifugales Raster
194 John Treschs »Kosmogramme«
199 Skalierungsprobleme
202 »The new scale«
211 Errechnete Bildkultur
216 Big-Data-Erden
221 Eine situierte, multiperspektivische Sicht
224 Gabrielle Hechts ›Interskalare Vehikel‹

239 Arendt, Haraway und der Sputnik-Schock

241 Matt Mullicans *Planetarium*
244 Berührungspunkte zwischen Arendt und Haraway
247 Kommunikationsprobleme
250 Haraways Cyborg-Appropriation
256 Haraway liest *National Geographic*
258 Arendt und »The Conquest of Space«
265 Kittingers Freier Fall

267 Freier Fall auf 16 Millimeter
270 Body-Cam-Bildpolitik
273 Immersion: First-Person-View als Training für Virtual-Reality

289 Epistemologische Verschiebungen

291 Geocinemas *The Making of Earths*
297 Die ganze Welt
303 Nach Haraways ›Visionsmetapher‹
212 Die digitale Erde
315 Virtual-Reality-Probleme
320 ›Göttlicher Trick‹ oder subjektive Sicht
325 Die Vertikalität von Landsat 8
326 Die orbitale Sehmaschine ISS

336 Daten sehen, Datensehen

341 Computerperspektive
344 New *New* Frontiers
347 Bilder, die Nähe herstellen
350 »Crisis of Scale«

356 Abbildungsverzeichnis

357 Dank

358 Impressum

Einleitung

Aufblende, die Betrachterin sieht unscharf eine Art karierte Tischdecke, auf der Essen und Getränke drapiert zu sein scheinen, eine Schale voller rotem, blauem, gelbem Obst augenscheinlich, daneben eine Metallkanne vielleicht, Gemüse offenbar. Weiße Schrift erscheint: »a film dealing with the relative size of things in the universe and the effect of adding another zero«. Die nächste Schrifttafel wird eingeblendet vor dem weiterhin unscharfen vermeintlichen Tischarrangement, auf der es heißt: »made by the office of Charles and Ray Eames for IBM«. Eine Hand wird erkennbar, sie greift nach einem Stück Obst.

Schnitt, das Bild wird nun scharf gestellt, die vermeintliche Tischdecke entpuppt sich als eine auf einer grünen Wiese ausgebreitete Decke, eine Frau und ein Mann sitzen darauf. Nun lassen sich folgende Dinge erkennen: ein halb befülltes Weinglas, ein goldglänzender Teller mit Biskuit, eine mit roten Erdbeeren und dunkelblauen Trauben gefüllte Schale sowie eine silbrig schimmernde Teekanne, dem Anlass nach zu urteilen vermutlich aus leichtem Blech. Soweit ergibt sich das klischeehafte Bild eines Picknick-Gedecks. Ein Sprecher erhebt die Stimme und sagt, man befinde sich eines Nachmittags Anfang Oktober bei einem Picknick in Chicago.

In der nächsten Einstellung schwenkt die Kamera vom gedeckten Picknicktuch hoch zu den Picknickenden, um für eine Sekunde das zum Proviant geneigte Gesicht einer schwarzhaarigen, lächelnden Frau mit blauem Halstuch einzufangen und im anschließenden Schwenk einen ebenso gut gelaunten Mann mit geneigtem Kopf im hellrosafarbenen, aufgeknöpften Hemd vorzustellen. Der Darsteller ist Paul Bruhwiler, ein Schweizer Designer und ehemaliger Eames Office-Mitarbeiter. Die Darstellerin heißt Etsu Garfias, sie ist zu der Zeit Mitarbeiterin des Eames Office.[1] Nach diesen establishing shots springt die Kamera für den nachfolgenden Zoom in die senkrecht ausgerichtete Ausgangsposition für den Zoom und zeigt die Picknickszene in einer Totalen aus zehn Metern Höhe.

Aus dieser Sicht rückt ein Tableau aus Buchcovern und Markenprodukten in den Fokus. Um die Picknickenden herum liegen eine Tafel Hershey's-Schokolade, die wahrscheinlich wegen der großen grafischen Blockbuchstaben und ihrer verbindenden Popularität ausgewählt wurde, und verstreut jeweils ein Exemplar der populärwissenschaftlichen Magazine *Science* und *Scientific American*,[2] J. T. Frasers Sammelband *The Voices of Time*[3] mit Essays zu chronophilosophischen Problemen in den Geistes- und Naturwissenschaften[4] sowie ein Band aus der Life Science Library, der eine goldene Taschenuhr auf dem Cover trägt.[5] Die letztgenannten waren allesamt 1966 erschienen, demnach zum Zeitpunkt der Aufnahme nicht das Neuste am Wissenschaftshorizont. Neben den genannten Veröffentlichungen zur Bedeutung von Zeit findet sich ein kunsthistorischer Bildband mit Francisco de Goyas grotesk komischen und kritischen Radierungen aus dem Werkzyklus *Los Caprichos* (1797–1799). Der Titel des Bildbandes *The Sleep of Reason Produces Monsters* [Der Schlaf der Vernunft gebiert Ungeheuer] zitiert eines der insgesamt 80 Blätter, das den Künstler zeigt, wie er im Sitzen über der Arbeit eingeschlafen ist, und gleichzeitig die Betrachter·innen mit einer Textbotschaft auffordert wachsam zu sein. Wie eine Bibliografie verweisen die ausgebreiteten Bücher und Magazine auf programmatische Absichten des Films, der sich wenige Sekunden später entfalten wird.

Der Sprecher fügt dann eine mathematische Information hinzu: Das Bild, das man gerade sehe, zeige einen exakt ein Meter mal ein Meter großen Ausschnitt, und ab nun werde sich die Position des Kamerablicks alle zehn Sekunden um das Zehnfache von der je aktuellen Szene entfernen, während sich zugleich das Blickfeld um das Zehnfache weiten werde. Die Kamera wird also hinauszoomen und sich zugleich immer weiter von der Picknickszene wegbewegen. Immer weiter nach oben, raus in den Weltraum.

Lake Michigan kommt ins Bild, das Stadion, das prägnante Gitternetz der Straßen von Chicago[6], Nordamerika, der Planet Erde, die Milchstraße und Sonnensysteme. Der Zoom[7] weitet sich in den folgenden Sekunden und Minuten dann auch tatsächlich in Zehnerpotenzen bis auf 1.024 Meter, der Kamerablick zurück auf die Erde entfernt sich dabei bis 100 Millionen Lichtjahre von unserem Heimatplaneten, erklärt die Sprecherstimme. Die Kamera fliegt scheinbar immer weiter weg von der Erde bis weit aus unserem Sonnensystem hinaus, unserer Galaxie, unserer Milchstraße, viel schneller, als es alle von Menschen bislang gebauten Raketen oder Raumschiffe könnten.

Nur fünf Minuten Film braucht es, damit sich der Blick in unendlichen Weiten verliert und zugleich der Erde in einer scheinbar perfekten vertikalen Linie verbunden bleibt. Abb. 03 A/B S. 59 Die Erde ist längst nicht mehr zu sehen, so sehr hat sich der Blick geweitet und entfernt. Die Bewegung, die dabei vollzogen wird, bleibt dieselbe, strikt nach oben, hinaus ins Weltall.

Und dann stürzt der Blick plötzlich zurück gen Erde, viel schneller, als er sich zuvor von ihr entfernt hat. Der Sprecher gibt das Ziel aus: ein Proton im Kern eines Atoms im Körper des Mannes, der immer noch auf der Picknickdecke in Chicago liegt. die virtuelle Kamera dringt durch die Haut der behaarten Hand ein: Zu sehen sind Blutzellen, dann ein Proton von einem Kohlenstoffatom. Das Atom definiert den Wendepunkt und die virtuelle Kamera kehrt zurück auf die Ebene des schlafenden Mannes, dorthin, wo der Film begonnen hatte. Bezeichnenderweise gibt es große Ähnlichkeiten zwischen den Bildern im Mikro- und Makrobereich, beides für das menschliche Auge unsichtbare ›Orte‹. Der Blick führt also nicht nur zurück auf die Erde, er wird mikroskopisch, und nun folgt auch die Richtung der Annäherung erst an die Erde, nach Chicago auf die Picknickdecke, und schließlich hinein in den menschlichen Körper scheinbar einer geraden vertikalen Linie. Der Weg ist wie am Lineal gezogen.

Der Film *Powers of Ten* von Charles und Ray Eames besteht neben der ersten Szene im menschlichen Maßstab allein aus diesen zwei gegenläufigen Bewegungen. Die erste Version von *Powers of Ten*[8] entstand 1968 unter dem umständlichen Titel *A Rough Sketch for a Proposed Film Dealing With the Powers of Ten and the Relative Size of Things in the Universe* als Lehrfilm im Auftrag einer Vereinigung von Physiker·innen,[9] die zweite Version 1977 mit Unterstützung des Computerherstellers IBM. Seit 1998 ist der Film in der United States National Film Registry der Library of Congress als »kulturell, historisch oder ästhetisch bedeutsam«[10] aufgeführt und wird dort bewahrt. Der Journalist Michael Neault nennt diesen Film »something of a skeleton key for understanding the rest of their work«.[11]

Mit der machtvollen Methode des Skalierens inszenieren Charles und Ray Eames in dem ikonischen Kurzfilm eine virtuelle Kamerafahrt, die einen vertikalen Schnitt durch die kosmologische Bilderwelt zieht. Im Unterschied zu bereits bestehenden wissenschaftlichen Analysen zum Film, die sich in kleinerem Umfang mit Fragen der filmischen Konstruktion und Kritik an sozialen wie politischen Auslassungen befassen, fokussiert dieses Buch drei im Film auszumachende Parameter: Erstens Vertikalität der Blickregime und des Sehens, zweitens Virtualität der Bildgebung und drittens Skalierung. Bei der Analyse vertikaler Bilder steht die manipulative Arbeit zur Herstellung dieser synthetischen Sichtweise im Fokus. Virtualität bezieht sich auf solche Phänomene, die nicht als materialisierte Bilder zirkulieren, sondern durch Symbolbilder oder Datenvisualisierungen in Erscheinung treten. Skalierung wird hier zum einen als Ordnungsprinzip der Bilder und zum anderen als Bezugsgröße menschlicher Wahrnehmung berechnet, wie in Virtual-Reality-Umgebungen. Am Beispiel zeitgenössischer digitaler Weltbilder wie dem Globus Google Earth wird deutlich gemacht, inwiefern sich diese Parameter unter gegenwärtigen technologischen und infrastrukturellen Bedingungen verschoben haben.

Dafür ist eine transdisziplinäre Betrachtung notwendig, da die Rezeption des Films in verschiedenen Disziplinen wie Geografie, Architekturgeschichte, Kunstgeschichte, Wissenschaftsgeschichte, Kulturwissenschaften und in der Kunst stattfand und weiterhin stattfindet. Die große Spannbreite der verwendeten wissenschaftlichen Literatur, Manuskripte und Quellen ist außerdem durch die politischen Orte—Chicago, Kalifornien, die Repräsentationsräume von IBM in Manhattan oder bei Weltausstellungen, den Regierungssitz in Washington, D. C.—und die Auswirkungen der geopolitischen Szenarien *space age* und Kalter Krieg begründet, und nicht zuletzt durch die Vielzahl der unmittelbar an der Produktion beteiligten Arbeitskräfte.

Es wird gezeigt, dass der Eames-Film sowohl eine Geschichte optischer Medien aufruft als auch einen Ausblick auf computerbasierte Visualisierungen gibt und dabei reflektiert, wie sich diese Abbildungskonventionen in unseren Bildern von Erde und Kosmos heute niederschlagen. Beispielsweise bringt die User Culture mit GoPro-Kameras partizipativ-immersive Sichtweisen hervor. Abb. 10 S. 67 Hier ist ein kontinuierlicher Wechsel zwischen ›teleskopischem‹, überblickendem Verständnis der theoretischen und politischen Bezüge, und ›mikroskopischer‹, detailreicher Analyse der Bild- und Datenräume hilfreich, um die Entwicklungen jener Abbildungskonventionen von Erde und Weltraum zu.

Als Paul Virilio in der zweiten Hälfte der 1980er Jahre an einem Text über die Krise des Sehens arbeitete, durchstreifte er dafür die Bild- und Fernerkundungsgeschichte von der Erfindung der Fotografie über die Kamera als militärisches Gerät bis hin zum automatisierten Sehen der Überwachungskamera. Letztere erwirkte laut Virilio eine Verdoppelung des Standpunktes.

Das Doppel bilde das Subjekt – die Operatorin oder der Operator – und die ›Sehmaschine‹[12] Überwachungskamera; eine Verbindung, die in seinem Denken einen Vertrauensverlust in die visuelle Kultur auslöste. Auch im Laboratorium und im Luftraum war eine neue synthetische Sehweise entstanden, Geräte lasen das elektromagnetische Spektrum[13] im Mikro- wie Makrokosmos. In der Gegenwart, dreißig Jahre danach, werden etwa geomorphologische Reliefs und Unebenheiten, die in der abstrakten Sprache der Modernisierung im vergangenen Jahrhundert verschwinden mussten, durch neue Bildgebungsverfahren wie 3D-Radar und Virtual-Reality-Technologie (wieder) im Bild sichtbar.

Bilder eröffnen demnach in Folge jeweils verfügbarer Technologien und politischer Erwartungen neue Bild- und Vorstellungsräume, geben Orientierung und vermitteln Wissen. In der virtuellen Kamerafahrt von *Powers of Ten* werden vier Bildkulturen miteinander verbunden und der vorgesehenen Nutzungsweise und dem üblichen Verwendungskontext enthoben: Erstens Luftbilder und die darauf angewendeten Bildbearbeitungsmethoden der Kartografie, zweitens Satellitenbilder der Raumfahrt, drittens teleskopische Aufnahmen der Astronomie sowie viertens mikroskopische Bilder der Biologie und Medizin.[14]

Das Ergebnis der eamesschen bildpolitischen Umcodierung lässt sich als ›epistemologischer Zoom‹[15] bezeichnen. Durch die originelle Darstellungsweise, die sich mit der nahtlosen Verbindung von Mikro- und Makrokosmos repräsentative Freiheiten herausnimmt, geraten die zuvor an den Bildern haftenden Machtverhältnisse außer Sicht, um anderen, mathematisch ausgerichteten Bilddispositiven Platz zu machen. Als Eames-Effekt kann neben der Erfindung des ikonischen Zooms und dessen breiter Rezeptionsgeschichte allgemeiner ihre Fähigkeit bezeichnet werden, den Universalismusgedanken der westlichen Moderne unkritisch ins Bild zu setzen und der Öffentlichkeit zu vermitteln. Dieses neue epistemologische Leitbild, das die Eames maßgeblich mitgeprägt haben, nennt die Medienwissenschaftlerin Orit Halpern »communicative objectivity [...] emerging from the integration of design, cybernetics, and pedagogy in engineering and the arts.«[16]

Dabei gingen die Eames mit ihren Quellen und Referenzen recht undiszipliniert um. Je nach Perspektive und Format bearbeiteten sie die Bilder mit Cutter und Airbrush-Technik oder malten die Vorlagen nach, um sie in das benötigte Format zu übertragen. Im Anschluss an Tom Holert, der mit Michel Foucault in Bezug auf Bilder eine »Kritik der Macht-Effekte«[17] fordert, soll die eamessche Praxis auf solche machtvollen Konstruktionen und Konstellationen hin untersucht werden. Durch ihr spezifisches Vorgehen scheinen sie oberflächlich betrachtet, ihr Material von Machteffekten befreit zu haben, weil sie nicht zwischen den verschiedenen Bildquellen unterschieden und die üblichen Instrumentalisierungen bedienten oder den konventionellen Bildpolitiken folgten.[18] Stattdessen bauten sie den Film aus Einzelbildern – »at times the Eames Office used film to literally model a proposed environment, but always the Eameses applied the structure and discipline of architecture to filmmaking«,[19] wie Eames Demetrios, Leiter des Eames Office, Autor und Enkelsohn von Charles Eames, unterstreicht. Das bedeutet, sie haben die Modellbauweise in das Medium ›Film‹ übertragen, das gewöhnlich nicht für die Realisierung von Modellen – seien es Architekturmodelle oder naturwissenschaftliche Modelle – zum Einsatz kommt. Im Fall der Eames waren es gebaute, intellektuelle Modelle.[20]

Während sie sich zwar über manche Repräsentationstraditionen hinwegsetzten, knüpften sie doch an andere an: Für das senkrechte Abheben[21] von der Erde liegt die Referenz des Raketenstarts nahe, wenngleich für einen realistischen Filmeffekt in *Powers of Ten* der Spin fehlt, denn abhebende Raketen drehen sich um die eigene Achse.

Als Vergleich ist eine der ersten Filmaufnahmen von einer V2-Rakete aufschlussreich, die von der White Sands Missile Range in New Mexico gestartet wurde. Das Material kommt aus einem Pool von ›pre-NASA photos‹[22] *V-2 rocket films Earth*.[23] Die Einzelfotos für den Filmclip wurden im Oktober 1946 mit einer 35-mm-Kamera aufgenommen, die automatisch im Sekundentakt auslöste und in einem roten Metallgehäuse an der Rakete – einer ursprünglichen deutschen Kriegswaffe, die als »flying laboratory« eingesetzt wurde – befestigt war.[24] In dem kurzen Clip wird sichtbar, dass sich der Tragkörper unentwegt drehte, bis die Stratosphäre erreicht wurde und die Erdkrümmung im Bildausschnitt erschien. Es waren die weltweit ersten Aufnahmen der Erde aus dem Orbit. Doch den Eames war nicht an einer realistischen Wiedergabe der Raketenbewegung oder an Erdbeobachtung im engeren Sinne gelegen, daher brauchten sie das Spinning nicht als Realitätseffekt für die entsprechende Sequenz.

Mit der Raumfahrt verbundene politische Narrative und Mythen von der ›New Frontier‹, dem ›Jet-man‹[25] oder dem Sputnik-Schock rufen Vorstellungen der Überwindung von Raum und Zeit auf, wenngleich die Weltraumvehikel nicht sehr weit flogen.[26] So gesehen bebildert *Powers of Ten* Episteme der Raumfahrt, die sich nach dem Zweiten Weltkrieg entwickelten und mit der von John F. Kennedy ausgerufenen ›Frontier‹ in der Vertikalen politisch Form annahmen. Im unendlichen Universum hingegen kann es aufgrund der Distanzen und einordnender Bezugssysteme keine vertikale Linie zur Erde oder zum Mond, kein oben und unten geben, auch wenn die NASA solche ›Raumvorstellungen‹ zur Zeit der Apollo-Missionen an der Schnittstelle von technischem Bild, Kartografie und Geodäsie vermittelte. Indem der Eames-Film eine kontrollierte Kamerafahrt suggeriert, verlängert er die terrestrischen Gesetzmäßigkeiten in den Weltraum.

Ein aktuelles Zeitraffervideo eines Raketenstarts, beobachtet aus ISS-Perspektive,[27] wirft im Hinblick auf *Powers of Ten* eine Ästhetisierungsfrage und ein Virtualitätsproblem auf. Denn die Rezeption des Films berührt die Verschaltung zweier Register. Zum einen wird der Weltraum als Vertikale entworfen, ohne den militärisch-industriellen Komplex[28] oder die Vertikale als Dimension der Macht zu thematisieren,[29] zum anderen werden der Raum und die Zeit übergangen, um die Skalierungsstufen in einen stufenlosen Zoom zu verwandeln.[30]

Demnach entspricht der Eames-Film dem Zeitgeist[31] der Epoche, in der er entstanden ist. Sie hatten angesichts des Zusammenspiels aus politischen, technologischen und wissenschaftlichen Entwicklungen im Kalten Krieg, das zu einer »new technology mediated verticality that issued in distinctive forms of globality«[32] führte, eine Dramaturgie für die gesamte Skala kosmologischer Bildwelten gefunden. Die vertikale Ausrichtung, die Behauptung eines vertikalen Blicks, der für Macht, Übersicht und Kontrolle steht, findet sich unter den Methoden der Fernerkundung wieder.

Diese Auffassung von Vertikalität kann in dem Film gesehen werden. Denn die im Film vorgenommene Konstruktion ist zwar aus der Architektur und der Kartografie heraus gedacht, durchmisst jedoch anstelle von deren Konkretionen in Form von Gebäuden oder Gebieten einen abstrakten Raum. Insofern erscheint es nicht sinnvoll—auch wenn es zu diesem Punkt, den Film als Index zu lesen, einige Kritik gibt.[33] Im Unterschied zu bereits existierenden Analysen dieses Films, ist es im Hinblick auf gegenwärtige Entwicklungen im Feld der digitalen Bildkulturen weitaus interessanter, die Parameter aus der Konstruktion des Films zu extrahieren: die Vertikalität der Blickführung und begleitende Abbildungsprobleme, die Virtualität impliziter Zeit- und Raumverhältnisse und die Skalierung als Ordnungsprinzip kosmologischer Bilder.

Neben dem handgearbeiteten epistemologischen Zoom nimmt der Eames-Film die Technik der virtuellen Kamera in der Filmproduktion und die digitale Zoomfunktion für heute am Computer betrachtbare Kompositbilder vorweg. Der Film ist vielschichtig, er verbindet historische, zum Zeitpunkt seines Entstehens gegenwärtige und in die Zukunft weisende Abbildungsverfahren und markiert einen Übergang von einer statischen zu einer dynamischen 3D- oder VR-Repräsentation von Erde und Weltraum. Deutlich wird, dass die Eames eine virtuelle Raumfahrt bebildert haben. Das filmische Ergebnis kann als visuelles Modell eines Skalierungsvorgangs beziehungsweise als ›visuelle Software‹[34] begriffen werden. Skalieren bedeutet das flexible Anpassen von Größen nach mathematischen Regeln wie zum Beispiel einem festgelegten Multiplikationsfaktor.[35]

Powers of Ten dient in diesem Buch als eine Art Prisma, um aktuelle und sich ankündigende Blickregime und virtuell vorhandene, neue Wahrnehmungsmodi zu befragen; analog zur Herangehensweise der Eames, deren Film abbildet, was die Architekturtheoretikerin Beatriz Colomina als »a new mode of perception that was already in everybody's mind«[36] auf den Punkt brachte. Charles und Ray Eames geben in beiden Versionen von *Powers of Ten* eine *guided tour* durch das zum Zeitpunkt der Produktion jeweils aktuelle *field of vision*. Dieses schließt sowohl das menschliche Blickfeld als auch das maschinelle Sichtfeld mit ein beziehungsweise integriert Letzteres in den Bereich menschlicher Wahrnehmung. Im Mikrokosmos eines menschlichen Körpers ist es die ›invasive Kamera‹, die skaliert wird, behauptet der Film. Er zoomt durch damals neueste Erkenntnisse der ›Technowissenschaften‹[37] Quarks und der Doppelhelix der DNA—Forschungsergebnisse, die auf Fördermaßnahmen und Kollaborationen während des Kalten Krieges zurückzuführen sind und die ohne die durch die von den ›Technowissenschaften‹ vorangetriebenen Visualisierungsprozesse[38] nicht denkbar gewesen wären. Es handelt sich um Forschungen, die von staatlicher Seite gefördert wurden, an denen es ein politisches Interesse gab, ähnlich der heutigen Förderung von Forschungsvorhaben, die sich mit künstlicher Intelligenz befassen. ›Technowissenschaften‹ ist ein Begriff von Donna J. Haraway, mit dem sie die machtvolle Verbindung von Technologie und Wissenschaft und zugleich die auf Dichotomien beharrende Moderne kritisiert.[39]

Mit den ersten Satelliten wurde eine bleibende orbitale Außenperspektive eingerichtet, die den Blick auf die Erde fundamental verändert. Um die Macht der vertikalen Sicht zu diskutieren, wird in diesem Buch Donna J. Haraways bekanntes Essay »Situiertes Wissen«[40] von 1988 herangezogen. Haraway führt in ihrem Text die ›Visionsmetapher‹ ein, um »zur Erforschung der verschiedenen Apparate der visuellen Produktion«[41] einzuladen. Im Hinblick auf exponentiell gewachsene Datenmengen und die Möglichkeiten algorithmischer Bildberechnung und -auswertung kann es weiterführend sein, die Visionsmetapher durch neue Metaphern abzulösen, weil unter algorithmischen Bedingungen die menschliche Wahrnehmung durch körperloses, maschinelles Sehen zweiter Ordnung erweitert wird.[42] Dabei entsteht ein »real-time multidirectional flow between the gaze ›from above‹ and its constant readjustment (or folding) ›from below‹ *via* the data-mined experience of actions«.[43] Ausgehend von digitalen Bildpraktiken kann Donna J. Haraways Kritik am »erobernden Blick von nirgendwo« demnach weitergedacht und ihre ›Visionsmetapher‹ aktualisiert werden.

In der auf die Attraktion der Bilder setzenden Praxis der Eames deutet sich an, dass sich mit dem Dispositiv ›Computer‹ ein neues Feld der Sichtbarkeit eröffnen würde.[44]Am Beispiel heutiger digitaler Weltbilder wird deutlich, inwiefern sich die Parameter unter gegenwärtigen technologischen und infrastrukturellen Bedingungen verändert haben. Zu den populärsten Beispielen zählt Google Earth, das nach Aussagen der Entwickler·innen von *Powers of Ten* inspiriert ist.[45] Google Earth entstand nicht von Anfang an in den Google-Laboren, sondern wurde von einer Firma des militärisch-industriellen Komplex mit dem Namen Keyhole entwickelt und von der Central Intelligence Agency (CIA) gefördert.[46]

Zum Zeitpunkt seines Erscheinens löste der Film in seiner ersten Fassung ein »›gut feeling‹ about the ›new physics,‹ and particularly about relative dimensions in time and space«[47] aus, so der begeisterte Zeitgenosse, Eames-Freund und Filmemacher Paul Schrader. *Powers of Ten* springt durch immersive Potenzen, und selbst heute noch wird beim Sehen ein Vertigo-Effekt bezeugt.[48] Das auf Immersionseffekte abzielende Zoomen ist es, womit ein verkörpertes Seherlebnis suggeriert wird. Die Eames-Forscherin Pat Kirkham stellt dazu fest, dass die Seherfahrung von *Powers of Ten* zweifach wirkt, »as if one has a physical as well as an intellectual experience«.[49]

Heute verwischt Google Earth durch die stufenlose Zoomsteuerung Skalen, Muster und Raster nach Belieben.[50] Um zwischen einer kartenähnlichen, vertikalen Luftbildansicht und einer 3D-Schrägansicht in Online-

Kartendiensten zu wechseln, brauchen User·innen nur zwei Finger parallel auf dem Touchscreen zu bewegen. In ihrer Einfachheit sind Ausführung und Wirkung dieser Geste eklatant: User·innen haben längst die Medienkompetenz erlangt, verschiedene Abbildungsmodi zu navigieren und zu interpretieren. Das Hinein- und Herauszoomen entlang einer vertikalen Skala ist heute eine banale Alltagsübung bei der Nutzung von Smartphone-Apps mit Kartendarstellungen; an jeder Straßenecke einer beliebigen Stadt auf der Welt sieht man Menschen zu jeder Tag- und Nachtzeit genau das tun.

Während die von den Eames klar strukturierte »Reise« ins Weltall — ohne Gefährt, also ohne Raumkapsel, Raumanzug oder andere Schutzhülle, stattdessen als virtuelle Reise mit hypnotischer Wirkung — emanzipatorisches Potenzial hat und im Gegensatz zur machthaberischen Raumfahrt eine altruistische Unternehmung darstellt, bleiben die Google Earth-Nutzer·innen ohne Anhaltspunkt, ohne Sprecherstimme ihrer eigenen Explorer-Motivation überlassen.[51] Dabei gibt es in beiden Beispielen einen vergleichbaren Umgang mit Bildern. »Although it appears as a smooth zoom, the overhead view in *Google Earth* is just as much a composite, in its own way, as the ›steady photographic move‹ of ›Powers of Ten‹. Instead of a comprehensive blanket of uniform-resolution (or real-time) images, it is a patchwork of archived aerial and satellite images of varying origins, sources, motivations, and resolutions.«[52]

Dieses Buch bewegt sich argumentativ vom mathematischen Sehraum, dem modernen ›Systemraum‹,[53] wie der Kunsthistoriker Erwin Panofsky zu Beginn der Moderne die Übersetzung des sichtbaren Raums in das Regelwerk der Geometrie nannte, hin zu einer immersiven, verkörperten Seherfahrung, wie sie zuletzt durch 3D-Technik und Virtual-Reality-Systeme möglich geworden ist. In seinem kanonischen Text zur Bedeutung der Perspektive definiert Panofsky die Zentralperspektive als »Überführung des psycho-physiologischen Raumes in den mathematischen« oder als »Objektivierung des Subjektiven«.[54] Der perspektivische ›Systemraum‹ nach Panofsky hilft dabei, die daraus ableitbare Konstruiertheit von Bildern — auch außerhalb der Kunst — freizulegen. Perspektive kommt vom Lateinischen *perspicere*, im Deutschen ›durchblicken‹.

In *Powers of Ten* gehören sowohl perspektivische Darstellungen als auch entperspektivierte Darstellungen in Kompositbildern aus Luftbild-, Satelliten- und Teleskopaufnahmen zum Footage. Auf diese Weise simuliert *Powers of Ten* eine Meta-Sehmaschine, die aus dem Bildmaterial der von Paul Virilio als ›Sehmaschinen‹ bezeichneten optischen Medien zusammengesetzt ist. In seinem essayistischen Text nimmt Virilio bereits eine Bildwelt vorweg, die das einmalige Bild abgelöst hat.[55]

Die zentralen Fragen lauten: Was hat sich seit *Powers of Ten* an der Konstellation von Bildern, Medieninfrastrukturen und Betrachter·innen verändert? Wie wirken sich die digitalen Bildkulturen auf kosmologische Weltbilder aus? In welchem Medienverbund entstehen vertikale Bilder und welche Bildpolitik wird damit gemacht? Die Frage nach der Bildpolitik umfasst die Frage nach den gewollten und ungewollten Machteffekten der Bilder, nach deren Kontextualität und der strategischen Dimension von Bildlichkeit, um die Politik des Visuellen kritisch zu untersuchen. Wie Tom Holert formuliert, ist die »Wirkung abhängig von medientechnischen Voraussetzungen, historisch begründeten Verwendungskontexten, ökonomischen Interessen, politischen Wirkungserwartungen und kulturellen Sinnversprechen zu erklären.«[56]

Innerhalb digitaler Bildkulturen haben sich für die Sicht von oben neue Anwendungsweisen entwickelt. Nicht zuletzt hat die Raumfahrtgeschichte maßgeblich zur Entwicklung von Soft- und Hardware, zu einer Bildinfrastruktur beigetragen und auf diese Weise Grundlagen für digitale Wissensproduktion und den »earth-imaging complex« geschaffen:[57] »digital imaging systems quickly began to play much the same role in twentieth-century voyages of discovery as topographic and botanical artists had played in eighteenth-century ones«,[58] so der Medienwissenschaftler William T. Mitchell.

Um die Diskussion der Fragen an aktuelle kunstkritische Diskurse anzubinden und auf künstlerische Praxis hin zu öffnen, wird jedes Kapitel durch die Besprechung eines thematisch in Verbindung stehenden Kunstprojekts eingeleitet. Künstlerische Arbeiten sind als reflexive Instanzen im Kontext dieses Buches bedeutsam, weil sie einen wesentlichen Beitrag zur Hinterfragung von Visualität leisten.

Der künstlerische Blick

Bei der Untersuchung der Arbeiten folgt das Buch dem künstlerischen Umgang mit Bildmaterial und den intervisuellen Bezügen. Nach Hanne Loreck ist durch die Bezüge zwischen Bildern »etwas über die Gesetze und operativen Regeln des Betriebs, über Konventionen, aber auch über die Technologien selbst und die Projektionen auf sie zu erfahren«,[59] wobei ihre Bildbeispiele künstlerische Arbeiten sind, die ›ihr Bildmaterial‹ fixieren und nicht erneut für die Zirkulation in digitalen Netzwerken und die weitere Bearbeitung freigeben.

Auch geht es mit Tom Holert darum, den »gesellschaftlich-kulturelle[n] Funktionswandel in der Produktion und Rezeption«[60] der zirkulierenden Bilder mitzudenken und aufzuzeigen. Beispielsweise liegen große Qualitätsunterschiede — die Bildauflösung und Metadaten betreffend — zwischen den für die Allgemeinheit, und damit auch die Künstler·innen frei verfügbaren, den erwerblichen und den geheim gehaltenen Bildern sowie solchen Bildern, anhand derer Regierungen Entscheidungen treffen. Dasselbe Bild hatte 1968 eine andere Wirkung als 2018 und »[s]tändig redefinieren die Gebrauchsweisen und Instrumentalisierungen von Bildern die Verhältnisse der Sichtbarkeit. Neue Technologien der Visualisierung und des Bilddesigns legen neue Kompetenzen nahe.«[61] So skizziert Tom Holert im ersten deutschsprachigen Visual Studies-Reader *Imagineering*[62] die grundlegenden Einflüsse, unter denen wir Bildern begegnen, und die Fähigkeiten, die eine sich wandelnde Medienpraxis den Produzent·innen abverlangt.

Im Film der Eames spielen sowohl Sichtbarkeit als auch Sichtbarmachung eine Rolle: Erstens Sichtbarkeit in Bezug auf das verwendete Bildmaterial, das unter bestimmten Mikropolitiken der Bildverarbeitung entstand und von den institutionellen Quellen für andere Zwecke als die des Filmemachens erstellt wurde. Zweitens die Bilddesigns und Reproduktionsweisen, die das Team im Eames Office im Prozess des Filmemachens vorgenommen hat, um den Weltraum und menschliche Zellen ins Bild zu setzen.

Diesen Verfahren sind künstlerische Arbeiten von Sarah Sze, Judith Hopf, Matt Mullican, Hito Steyerl und Geocinema (Forschungsprojekt von Solveig Suess und Asia Bazdyrieva) zugeordnet. Die Gemeinsamkeit der Projekte besteht in der künstlerischen Auseinandersetzung mit Visualität in der Raumfahrt, der Astronomie oder den Geowissenschaften. Hinzu kommt, dass sich Künstlerinnen wie Hopf, Sze, Suess und Bazdyrieva in ihrer Recherche und Realisierung explizit auf *Powers of Ten* beziehen. Dieses geteilte Interesse, den Kurzfilm von Charles und Ray Eames über seine Entstehungszeit hinaus für relevant und aussagekräftig zu halten oder sogar zum zentralen Gegenstand der eigenen Auseinandersetzung zu machen, verbindet die Recherche für dieses Buch mit diesen künstlerischen Projekten.

Die künstlerischen Beispiele werden als diskursive Quelle und zugleich als diskursive Intervention[63] in das Feld des Sichtbaren befragt und ihre Bilder als ›Wissensobjekte‹ begriffen. Besonders interessant ist der künstlerisch-subjektive Umgang mit Bildern: alternative Verfahren des Einsatzes, der Komposition und der Kompilation von Bildern, des Umgangs mit Bildpolitiken und andere Lesarten jenseits von Disziplingrenzen. Zwar stehen die künstlerischen Bilder in »einer anderen Ordnung der Sichtbarkeit«,[64] sind den Betrachter·innen jedoch oftmals aus medialen Kontexten bereits bekannt und tauchen hier in einem neuen Framing wieder auf. Auf diese Bekanntheit zählen die Künstler·innen und stellen über die neue Kontextualisierung im ›künstlerischen Rahmen‹ einen Perspektivwechsel her.[65]

Dass sich die künstlerischen Bildräume nicht immer eindeutig von den »instrumentellen Bilderwelten«[66] trennen lassen, dieser Aspekt hat sich durch die sozialmedialen Bildkulturen und die mobilen Medien weiter verstärkt. Da der Austausch zwischen der visuellen Kulturkritik der Wissenschaften und den Künsten seit Langem praktiziert wird, nehme ich ihn hier auf. Die Kunstgeschichte zeigt, dass wissenschaftliche Bilder immer schon Künstler·innen zu Arbeiten animiert und transdisziplinäre Übersetzungsprozesse vom Nicht-Künstlerischen ins Künstlerische bewirkt haben. Umgekehrt haben künstlerische Verfahren und Kenntnisse — zum Beispiel der perspektivischen Darstellung — die Prozessierung von Computergrafiken beeinflusst. Der sogenannte Maleralgorithmus *(painters algorithm)* greift etwa zur Lösung der Tiefensortierung in Computergrafiken auf die Figur-Grund-Organisation der malerischen Bildfläche zurück.

Die genannten Künstler·innen beziehen ihr visuelles, künstlerisches Material aus unterschiedlichen bildlichen Medien, ohne dabei die ursprünglichen Kontexte der verwendeten Bilder zwangsläufig aufzudecken oder zu beschreiben, ohne zu thematisieren, aus welchen Bildgebungsverfahren sie hervorgehen, und ohne Auskunft zu geben, wie sie künstlerisch weiterbearbeitet worden sind (hier Manipulation als Voraussetzung für das Zustandekommen wissenschaftlicher Visualisierungen gedacht). Darin unterscheidet sich die künstlerische Praxis maßgeblich von einer kulturwissenschaftlichen Auseinandersetzung mit Bildern. Bereits mit der Auswahl der Bilder und im Umkehrschluss durch Auslassungen befragen die Künstler·innen in den visuellen Kompositionen und Montagen ihre Wirkung. Die Bezüge, die sich aus den künstlerischen Projekten ableiten lassen, dienen in den jeweiligen Kapiteln als Argumentationshilfe. Künstlerische Arbeiten sind somit als reflexive Instanzen im Kontext dieser Arbeit relevant, weil sie einen wesentlichen Beitrag zur Hinterfragung von Visualität leisten.

Wesentliches Anliegen dieses Buches ist es unter anderem, einen Beitrag zu den Kulturwissenschaften zu leisten, der als gelegenheitsorientiert beschrieben werden kann. Anhand der künstlerischen, wissenschaftlichen und medialen Beispiele geht es darum, Überblick und Erkenntnis nicht allein von oben, sondern Verortung und Orientierung in den Medien beziehungsweise aus einer situierten, multiperspektivischen Sicht zu erlangen.

1 »The man at the picnic in *Rough Sketch* is Paul Bruhwiler, a Swiss designer who worked in the office at that time. By 1976, he had left the office but happened to be in town when they were planning to do the remake. Naturally he was pressed into service again. Etsu Garfias, the staff member who played the woman picnicker in Powers of Ten, remembered how carefully Ray duplicated the first picnic.« (Eames Demetrios, *An Eames Primer*, New York: Universe Publishing 2001, S. 249). Die Eames gehen bei der Wahl des Personals vor der Kamera von ihrem Umfeld aus. Es sind ein Mann und eine Frau auf der Picknickdecke zu sehen – wollte man eine christliche Interpretation anstrengen, würde man sie Adam und Eva nennen. Das ist aber nur eine Möglichkeit von vielen. Sie stellen genauso stellvertretend Charles und Ray Eames dar.

2 Der Physiker Philip Morrison, Autor und Sprecherstimme für *Powers of Ten*, war seit 1956 Mitglied im redaktionellen Beirat des Magazins *Scientific American* und hat über mehrere Dekaden hinweg etliche Buchrezensionen beigetragen. Anhand von vier Ausgaben aus dem Sommer 1977 werde ich einige thematische Verbindungen zwischen seinen Buchrezensionen und *Powers of Ten* ziehen. Darüber hinaus ist die Bildpolitik des Magazins interessant.

3 Es gibt ein gleichnamiges Buch von dem Science-Fiction-Autor J. G. Ballard, *The Voices of Time and Other Stories* (London 1962). Diese Geschichte handelt von einem Neurochirurgen namens Powers, der zunehmend in einen tiefen Schlaf verfällt. Die Geschichte endet damit, dass Powers ein Zementmandala oder eine Chiffre in das ausgetrocknete Bett eines Salzsees baut, eine kosmische Uhr. Sie zeigt den Countdown unserer Zivilisation an. Auf Wikipedia findet sich unter ›background story‹ folgender Hinweis: »One of the background stories involves the experiences of a group of astronauts who landed on the moon. They sent back messages describing meetings with beings from Orion who revealed the truth about the Universe to them, and were never heard from again. The name used for the astronauts is the ›Mercury Seven‹. The actual astronauts for Project Mercury were announced in 1959, the year before this story was published.« Der Land-Art-Künstler Robert Smithson hat Ballards Sci-Fi-Geschichte gekannt, als er die Arbeit *Spiral Jetty* (1970) realisierte.

4 Bis zu dieser Andeutung der Raumzeit-Problematik reicht *Powers of Ten*, weiter nicht.

5 Samuel A. Goudsmit und Robert Claiborne, *Time* (Life Science Library), New York: Time Inc. 1966.

6 James C. Scott erkennt im urbanen Raster die Marktförmigkeit der Grundstücke, »abstract units detached from any ecological or topographical reality.« (James C. Scott, *Seeing Like a State*, New Haven / London: Yale University Press 1998, S. 58).

7 Ein Zoom ist eine »kontinuierliche Veränderung der Brennweite eines Objektivs (20. Jh.). Entlehnt aus ne. *zoom*, ursprünglich für das steile Aufsteigen von Flugzeugen verwendet und lautmalerisch für das dabei auftretende Geräusch.« (Friedrich Kluge, *Etymologisches Wörterbuch der deutschen Sprache*, Berlin / Boston: De Gruyter 2011, S. 1015).

8 Charles und Ray Eames, *A Rough Sketch for a Proposed Film Dealing With the Powers of Ten and the Relative Size of Things in the Universe* (1968), 8 Min.

9 Das Komitee für Physik als Lehrfach (Commission on College Physics) heißt heute American Association of Physics Teachers, siehe »History of AAPT«, https://www.aapt.org/aboutaapt/history/TYC-Physics.cfm. Zum Zeitpunkt der Anfrage war der Physiker Philip Morrison Mitglied der Kommission.

10 Vgl. National Film Preservation Act, Library of Congress, https://www.loc.gov/programs/national-film-preservation-board/about-this-program/mission/.
11 Michael Neault, »Lightness and Density: The Films of Charles & Ray Eames« [Snore & Guzzle Blog 2008], in: *Eames Official Site*, 21.2.2014, https://www.eamesoffice.com/scholars-walk/lightness-density-the-films-of-charles-ray-eames/.
12 Paul Virilio, *Die Sehmaschine* [*La machine de vision*, Paris: Galilée 1988], Berlin: Merve 1989.
13 Ebd., S. 138.
14 Vgl. Janet Harbord, »Ex-centric Cinema: Machinic Vision in the *Powers of Ten* and Electronic Cartography«, in: *Body & Society*, 18, 1, 2012, S. 99–119.
15 Vgl. Elisa Linseisen entwickelt das Konzept »epistemological zooming« beziehungsweise »Epistemologisch /Zoomen«, eine Methode hochauflösenden digitalen Bildern in einer »perceptually overwhelming situation« Informationen zu entnehmen, siehe Elisa Linseisen, »Epistemological Zoomings into Post-Digital Reality, or How to Deal with Digital Images? Mimesis as a Methodological Approach«, in: Sebastian Althoff / Elisa Linseisen / Maja-Lisa Müller / Franziska Winter (Hgg.), *RE / DISSOLVING MIMESIS*, Paderborn: Wilhelm Fink Verlag 2020, S. 157–85. und in Elisa Linseisen, *High Definition. Medienphilosophisches Image Processing*, Lüneburg: Meson Press 2020, S. 297–356.
16 Orit Halpern, *Beautiful Data. A History of Vision and Reason since 1945*, Durham / London: Duke University Press 2014, S. 28.
17 Tom Holert, »Bildfähigkeiten. Visuelle Kultur, Repräsentationskritik und Politik der Sichtbarkeit«, in: Ders. (Hg.), *Imagineering. Visuelle Kultur und Politik der Sichtbarkeit*, Köln: Oktagon 2000, S. 20.
18 Das Bildmaterial wird nicht, wie von einer neueren, politisch argumentierenden, transdisziplinären Bildwissenschaft beansprucht kritisch evaluiert. Vgl. Silke Wenk nach Johanna Schaffer, *Ambivalenzen der Sichtbarkeit*, Bielefeld: transcript Verlag 2015, S. 41 oder Will Bradley, »What Illuminates the Night?«, in: Futurefarmers, *A Variation on Powers of Ten*, Berlin: Sternberg Press 2012, S. 159–163.
19 Demetrios, *An Eames Primer*, S. 143.
20 Vgl. ebd., S. 205.
21 Im Voiceover des Eames-Films wird der Begriff *perpendicular* verwendet, der als ›aufrecht‹, ›lotrecht‹ oder ›senkrecht‹ übersetzt werden kann. Sogenannte Senkrechtbilder sind (Luftbild-) Aufnahmen mit nahezu lotrechter Aufnahmerichtung. Insbesondere für die Geofernerkundung haben Senkrechtbilder große Bedeutung, da mit dieser Aufnahmetechnik systematisch große Areale fotografisch zu Kartierungszwecken aufgenommen werden.
22 Ryan Edgington, »An ›all-seeing flying eye‹: V-2 rockets and the promises of Earth photography«, in: *History and Technology*, 28, 3, September 2012, S. 363–371, hier S. 363.
23 »V-2 Rocket Films Earth (1946)«, https://youtu.be/Sykfqa3MKAg. Ab Minute 0'30 sind Aufnahmen aus Sicht der von Clyde T. Holliday, zu der Zeit Ingenieur am Labor für angewandte Physik der Johns-Hopkins-Universität, für den Raketenflug entwickelten Kamera zu sehen. Holliday war es auch, der 1967 die Kameratechnik für die ersten Farbaufnahmen der ganzen Erde und 1972 die optischen Systeme für die ultravioletten Spektrometer einer Apollo-Mission entworfen und umgesetzt hatte.
24 Robert Poole, *Earthrise. How Man First Saw the Earth*, New Haven / London: Yale University Press 2008, S. 60.
25 Der Begriff von Roland Barthes markiert eine Verlustgeschichte: Um für die Rolle im Mercury-Programm in Frage zu kommen, war eine Voraussetzung Jetpilot, also von der US-Air Force konditioniert worden zu sein, denn »die ganze Mythologie des Jet-man läuft darauf hinaus, die Formbarkeit des Fleisches [...] zu demonstrieren«. (Roland Barthes, *Mythen des Alltags* [*Mythologies*, Paris: Édition du Seuil 1957], Frankfurt am Main: Suhrkamp 1964, S. 122–23).
26 Bezeichnend ist, dass dazugehörige Historiografien gegenwärtig in der Medien-, Literatur- und Geschichtswissenschaften neu bewertet werden.
27 Das Video besteht aus 2050 Einzelbildern, die von der ISS aus am 16. November 2018 einen Raketenflug dokumentieren. Die Rakete war im Kosmodrom in Baikonur gestartet. (Seán Doran, »Progress MS-10 rocket launch from space, 16th November 2018, full sequence«, https://youtu.be/w3PXah9WLEU.
28 Nach Reinhold Martin erstmals von Präsident Eisenhower 1961 in seiner Abschiedsrede verwendeter Begriff. Vgl. Reinhold Martin, *The Organizational Complex. Architecture, Media, and Corporate Space*, Cambridge, MA: The MIT Press 2003, S. 34. Martin hat dessen ästhetische und technologische Erweiterung in Form der Unternehmensarchitektur von beispielsweise IBM als »organizational complex« untersucht. Vgl. ebd., S. 3f.
29 Michel Foucault hat auch in einem kleinen Text über Malerei, »Force of Flight: Toward an Ethics for Thought« aus dem Jahr 1973 über Vertikalität nachgedacht. Die Vertikale beschreibt die Dimension der Macht, so Foucault, nicht den Raum. (Vgl. James W. Bernauer, *Michel Foucault's Force of Flight: Toward an Ethics for Thought*, Atlantic Highlands, NJ: Humanities Press 1990).
30 In der Kosmologie gibt es seit den Atomisten der Antike viele widerstreitende Ansätze und Entwürfe für die geometrische Form und die Topologie des Weltraums. (Vgl. Ernst-Wilhelm Händler, »Das Universum ist auch nicht mehr das, was es einmal war«, in: *Merkur*, 70, 810 (11), November 2016, Stuttgart: Klett-Cotta, S. 31–46). In diesem Aufsatz diskutiert der Autor verschiedene Erklärungsmodelle für die Form des Weltraums, darunter die Many-Worlds-Interpretation der Quantenmechanik, die String-Theorie, das mathematische Universum, das Blockuniversum (Raum ohne Zeit), die vierdimensionale Raumzeit und die »Theory of Everything«. Laut Händler ist die Form des Universums aber weiterhin unbestimmt und Messergebnisse lassen sich nicht auf das

›ganze‹ Universum übertragen. Daher fragt Händler nach der Sinnhaftigkeit einer Theorie für eine Welt, die »man weder betreten noch beobachten kann«. (Ebd., S. 34).

31 Die zeitgenössische Thematisierung der Zusammenführung von Mikro- und Makrokosmos lässt sich beispielhaft mit den 1977 erschienenen Ausgaben des Magazins *Scientific American* belegen, sowohl anhand der redaktionellen Beiträge als auch anhand der Werbung. Zwei Ausgaben kommunizieren den Mikro- beziehungsweise den Makrobereich bereits auf dem Cover: Das eine Heft widmet sich »Microelectronics« (*Scientific American*, 237, 3, September 1977). Das andere Heft befasst sich mit »Stars in the Making« (*Scientific American*, 236, 6, Juni 1977).

32 Rens van Munster / Casper Sylvest, Introduction, in: Dies. (Hgg.), *The Politics of Globality since 1945. Assembling the Planet*, Routledge: London / New York 2016, S. 8.

33 Vgl. diverse Bücher und Texte von Bruno Latour und Will Bradley, zum Beispiel: »What Illuminates the Night?«, in: Futurefarmers, *A Variation on Powers of Ten*, Berlin: Sternberg Press 2012, S. 159–163.

34 Vgl. Kyle Stine, »Other Ends of Cinema: *Powers of Ten*, Exponential Data, and the Archive of Scientific Images«, in: *JCMS: Journal of Cinema and Media Studies*, 59, 2, 2020, S. 114–137.

35 ›Skalieren‹, in: *Digitales Wörterbuch der deutschen Sprache*, https://www.dwds.de/wb/skalieren.

36 Beatriz Colomina, »Enclosed by Images: The Eameses' Multimedia Architecture«, in: *Grey Room*, 2, Winter 2001, S. 5–29, S. 12.

37 Nach Donna Haraway, »›Wir sind immer mittendrin‹. Ein Interview mit Donna Haraway«, aus dem Engl. von Anne Scheidhauer und Carmen Hammer, in: Donna J. Haraway, *Die Neuerfindung der Natur. Primaten, Cyborgs und Frauen* (1991), Carmen Hammer / Immanuel Stieß (Hgg.), Frankfurt am Main: Campus Verlag 1995, S. 98–122, hier S. 105 u. 121.

38 Bildpolitische Standardisierungen durch die Anwendung des kartografischen Rasters, wie sie beispielsweise in Karten und technischen Bildern umgesetzt und in Magazinen wie beispielsweise *National Geographic zur Ver*mittlung der ›Technowissenschaften‹ eingesetzt wurden, treten nun in eine neue Ära unter den Vorzeichen von satellitengestützter Navigation und dreidimensionalen räumlichen Darstellungsformen, wie sie etwa in Virtual-Reality-Anwendungen möglich werden, die gleichzeitig Bild- und Datenraum sind.

39 Vgl. Donna J. Haraway, *Modest-Witness@Second-Millennium.Female Man-Meets-OncoMouse: feminism and technoscience*, New York: Routledge 2018 [1997], S. 3–4.

40 Donna J. Haraway, »Situiertes Wissen. Die Wissenschaftsfrage im Feminismus und das Privileg einer partialen Perspektive« [»Situated Knowledge: The Science Question in Feminism and the Privilege of Partial Perspectives«, in: *Feminist Studies*, 14, 1988, S. 579–99], aus dem Amer. von Helga Kelle, in: Haraway, *Die Neuerfindung der Natur. Primaten, Cyborgs und Frauen*, S. 73–97.

41 Ebd., S. 89.

42 Vgl. Andrea Mubi Brighenti / Andrea Pavoni, »Vertical vision and atmocultural navigation. Notes on emerging urban scopic regimes«, in: *Visual Studies*, 35, 5, 2020, S. 429–41, hier S. 432.

43 Ebd., S. 435.

44 Zu den Epistemen, welche die Eames-Welt wesentlich informieren, gehört die Kybernetik, deren Grundprinzipien in früheren Filmen wie *Communications Primer* (1953) und der Multi-Screen-Installation *Think* (1964) von Charles und Ray Eames anschaulich und unkritisch vermittelt werden. Der Film etwa greift das Input-Output-Diagramm des Mathematikers Claude Shannon auf, der wenige Jahre zuvor *The Mathematical Theory of Communication* veröffentlicht hatte. Die Installation aus 22 verschieden großen, unterschiedlich geometrisch geformten Screens nimmt einerseits die Windows auf der erst viel später entwickelten grafischen Benutzeroberfläche eines Personal Computers vorweg und greift andererseits die in Kommunikationsdiagrammen eingesetzten Dreiecke, Quadrate und Kreise auf. Zudem wurde die zweite Fassung von *Powers of Ten* durch den Computerhersteller IBM gefördert.

45 Vgl. Avi Bar-Zeev, »Notes on the origin of Google Earth«, Reality Prime (Blog), 24.7., 2006, http://www.realityprime.com/blog/2006/07/notes-on-the-origin-of-google-earth/ und Vera Tollmann, »Watching ›Powers of Ten‹ in 2014: A Blueprint for Same Old Power Structures?«, Oktober 2014, http://www.regardingspectatorship.net/watching-powers-of-ten-in-2014-a-blueprint-for-same-old-power-structures/.

46 »Google Earth Virtual Globe«, in: *History of Domain Names*, 1.1.2005, http://www.historyofdomainnames.com/googleearth/. In-Q-Tel gibt es seit 1999 und die Firma verteilt CIA-Mittel an Firmen, die Informationstechnologie entwickeln, die für eine militärische Nutzung relevant werden können.

47 Paul Schrader, zitiert nach Pat Kirkham, *Charles and Ray Eames. Designers of the Twentieth Century*, Cambridge, MA: The MIT Press 1995, S. 353.

48 »In the first moments of the film, a sense of vertigo takes hold of some viewers as they begin to ›fly‹. As years go by and audiences get more sophisticated in their visual experience, perhaps some of the immediacy of *Powers's* effect is lost, though perhaps less than one might expect. Even after approximately four decades of progress in film and computer imaging, *Powers of Ten* still invokes awe from its viewers«. (Benjamin Bennett-Carpenter, *Death in Documentaries: The Memento Mori Experience*, Leiden / Boston: Brill Rodopi 2017, S. 57).

49 Kirkham, *Charles and Ray Eames. Designers of the Twentieth Century*, S. 353.

50 Birgit Schneider und Lynda Walsh bezeichnen in ihrem Paper die Zoomfunktion in interaktiven Klimavisualisierungen (z.B. Google Earth) als Metapher, um bislang unbekanntes Wissen vertrauter zu machen. Vgl. Birgit Schneider / Lynda Walsh, »The politics of zoom: Problems with downscaling climate visualizations«, in: *Geo: Geography and Environment*, 6, 1, 2019, S. 1–11, hier S. 8–9.

51 Vgl. Judith Hopf, »Powers of Ten«, in: Neue Galerie Kassel (Hg.), *More*, Petersberg: Michael Imhof Verlag 2015.
52 Bruno Latour, »anti-zoom«, in: Suzanne Pagé / Laurence Bossé / Hans Ulrich Obrist / Claire Staebler / Fondation Louis Vuitton (Hgg.), *Contact. Olafur Eliasson*, Paris: Flammarion 2015, S. 121–124.
53 Erwin Panofsky, »Die Perspektive als ›symbolische Form‹« [1927], in: Hariolf Oberer / Egon Verheyen (Hgg.), *Erwin Panofsky. Aufsätze zu Grundfragen der Kunstwissenschaft*, Berlin: Verlag Volker Spiess 1980, S. 99–167, hier S. 109 ff.
54 Ebd., S. 123.
55 Vgl. Virilio, *Die Sehmaschine*, S. 123.
56 Tom Holert, *Regieren im Bildraum*, Berlin: bbooks 2008, S. 30.
57 Vgl. John Cloud, »Imaging the World in a Barrel: CORONA and the Clandestine Convergence of the Earth Sciences«, in: *Social Studies of Science*, 31, 2, April 2001, S. 231–251, hier S. 232 und S. 238–39.
58 William T. Mitchell, *Reconfigured Eyes. Visual Truth in the Post-Photographic Era*, Cambridge, MA: The MIT Press 1992, S. 11.
59 Hanne Loreck, »Dem Vernehmen nach … Kritische Anmerkungen zu einer Theorie der Interpiktorialität«, in: Guido Isekenmeier (Hg.), *Interpiktorialität. Theorie und Geschichte der Bild-Bild-Bezüge*, Bielefeld: transcript Verlag 2013, S. 87–106, hier S. 102 / 3. Während Loreck Mitchell kritisiert, stellt Marietta Kesting ihre Analyse dokumentarischer Bilder im Kontext des Post-Apartheid-Südafrika in eine Linie zu dessen Umgang mit Bildern. Sie schlägt den Begriff ›Intervisualität‹ vor, um die aktiven Bezüge und Austauschverhältnisse zwischen den Bildkulturen zu unterstreichen. Vgl. Marietta Kesting, *Affective Images*, New York: SUNY Press 2017, S. 5.
60 Tom Holert, »Bildfähigkeiten«, in: Ders. (Hg.), *Imagineering. Visuelle Kultur und Politik der Sichtbarkeit*, Köln: Oktagon 2000, S. 14–33, hier S. 21.
61 Ebd., S. 22.
62 Holert (Hg.), *Imagineering.*
63 Im *Glossar der Interventionen* unterscheiden die Autor·innen zwischen inhaltlichen und formalen Eingriffen. Vgl. Friedrich von Borries / Christian Hiller / Daniel Kerber / Friederike Wegner / Anna-Lena Wenzel, *Glossar der Interventionen*, Berlin: Merve 2012, S. 37.
64 Holert, *Regieren im Bildraum*, S. 33.
65 Der Post-Internet Art-Künstler Zach Blas etwa hat gemeinsam mit der Wissenschaftlerin Simone Browne mit einem Schwerpunkt in Surveillance Studies vorgeschlagen, nicht von den Geräten her – aus Computerperspektive –, sondern von den ausgelassenen Zwischenräumen zwischen Geräten und Knotenpunkten – den ›paranodes‹ – zu imaginieren und sich auf diese Weise den in Netzwerke eingebauten Kontrollmechanismen zu widersetzen. Zach Blas sieht die gesellschaftlichen und künstlerischen Aufgaben in »the practical work of building infrastructural alternatives (which are often still network alternatives,) and the intellectual or artistic task of making comprehensible and imaginable that which is beyond the network form.« (Simone Browne und Zach Blas, »Beyond the Internet and All Control Diagrams«, in: *The New Inquiry*, 24.1.2017, https://thenewinquiry.com/beyond-the-internet-and-all-control-diagrams/) Für Blas besteht in dem konkreten, politischen Schritt, sich aus den sozialen Medien abzumelden, der Weg, sich von deren Überwachungsarchitektur frei zu machen und über Alternativen, er nennt sie das »Contra-Internet«, nachzudenken. In einer Serie von Desktop-Videos performt er diesen Vorgang in Photoshop mit der Zauberstab-Funktion (dem Löschvorgang) und mit polygonen Dreiecken entstehen die paranodalen Formen, eine Contra-Internet-Karte, die sich dem kapitalistischen Datenextraktivismus und den staatlichen Überwachungsorganen metaphorisch entzieht. Die dreiteilige Videoskizze ist demnach als Performance des Digitalen zu verstehen.
66 Holert, *Regieren im Bildraum*, S. 33.

Der Ausgangspunkt: »Powers of Ten«

Mit dem Zoomeffekt gibt *Powers of Ten* einen Ausblick auf medientechnologische Funktionen, die in den 1980er Jahren für das einzelne digitale Bild und erst im aktuellen Jahrhundert umfänglich durch Cloud Computing in interaktiven digitalen Modellen der Erde umsetzbar geworden sind. Aus diesem Grund ist der kurze Film als ästhetisches, epistemologisches Objekt von Bedeutung für die Gegenwart; er gibt Aufschluss über gegenwärtige ›orbitale‹ Bildkulturen. Die in *Powers of Ten* verfestigten Abbildungskonventionen und die titelgebenden Zehnerpotenzen halfen dabei, einen Quantensprung in den Reichweiten des Abbildbaren anschaulich zu vermitteln. Heute befindet sich die visuelle Kultur — in diesem konkreten Fall die Darstellbarkeit der Erdoberfläche — erneut an einem Punkt der exponentiellen Ausweitung des Messbaren und damit an den Grenzen des Darstellbaren und Vorstellbaren.[1] Die Grenze des Berechenbaren und Speicherbaren verschiebt sich nach dem mooreschen Gesetz — vor wenigen Jahren erreichte sie erstmals Zettabyte, 10^{21} Byte. Mit den Quantencomputern beginnt eine neue Ära, die die Grenzen weiter verschieben wird.

Filmerische Handarbeit

In *Powers of Ten* sind ein Mann und eine Frau auf einer Picknickdecke *entry point* und Passage zwischen Mikro- und Makrokosmos zugleich. Sie sind Anfangs-, Übergangs- und Abschlusspunkt für die beiden filmisch-fotografisch vermittelten Sehmodi der Mikro- und Makroskopie. Den Film verbindet zunächst Weniges mit der bemannten Raumfahrt und dazugehöriger technologischer Extremanstrengungen. Vielmehr betrifft er das Sehen und Sichtbarmachen mithilfe von optischen Apparaten wie dem Teleskop, dem Mikroskop, der Kamera und der damaligen Zukunftstechnik Computer. Im Vordergrund stand die Ambition, einen abstrakten Rechenprozess wie die Exponentialrechnung zu visualisieren und gleichzeitig kybernetische Prinzipien in die menschliche Vorstellungswelt einzuführen. Zur Umsetzung der Filmidee machten die Eames drei Anläufe. Eames Demetrios beschreibt diese Arbeitsweise als »iterative process«.[2]

Powers of Ten: A Film Dealing with the Relative Size of Things in the Universe and the Effect of Adding Another Zero, wie der Film mit ganzem Titel heißt, haben Charles und Ray Eames 1977 für IBM produziert. Es war die zweite und nunmehr verbesserte Ausführung derselben Idee, die bereits 1963 im Stummfilm *Truck Test* auf technischer Ebene erprobt wurde.[3] Als Reaktion auf die Version von 1968, *A Rough Sketch for a Proposed Film Dealing With the Powers of Ten and the Relative Size of Things in the Universe*, hatte der IBM-Mitarbeiter Ken Powell einen Brief an die Eames geschrieben, in dem er auf die ungenaue Darstellung der Planetenpositionen und der Umlaufbahnen hinwies und erklärte, wie diese präziser darzustellen wären. In dem Brief schreibt Powell,

> I am still a little surprised by our conversation, particularly relative to the difficulty of obtaining information on the positions of the planets and the inclination of the orbits. I am enclosing a number of diagrams copied from Russell Dugan Stewart's book, ›Astronomy‹. [...]. If you

> really decide to get exact about the appearance of the orbits an analytical description of the Apparent Ellipse is found on page 72 of ›The Binary Stars‹ by R. G. Aitken.[4]

Im Erscheinungsjahr der dritten Version von *Powers of Ten*, 1977, realisierte der Land-Art-Künstler Walter de Maria bei der documenta 6 seine Arbeit *Vertical Earth Kilometer* auf dem Friedrichsplatz in Kassel. Es kann gefolgert werden, dass diese Gleichzeitigkeit der Ideen der Vertikalität einem damals populären, da technisch erfassbaren oder zunächst planbaren Vorstellungsraum entsprang. De Marias Form der Sichtbarmachung bestand aus dem Anfangspunkt des Kilometers. Es blieb also oberflächlich eine Andeutung, die mit der Vorstellungskraft der Besucher·innen arbeiten wollte. Von dort aus ging es weit in die Tiefe; zumindest regte der Titel der Arbeit das an. Von der Bohrung, die zuvor stattgefunden hatte, war vor Ort keine Spur mehr zu sehen. Eine runde Messingscheibe, der Querschnitt der Vertikalen, war im Boden eingelassen. Im Zusammenspiel mit dem künstlerischen Material, Messing, war die Arbeit als Hommage an die Geschichte der Kartografie und die Instrumente der Land- und Himmelsvermessungen zu verstehen. Ein einen Kilometer langer Maßstab wäre zwar niemals benutzbar, deutet jedoch —und hier zeigt sich deutlich die Zeitgenossenschaft zum Eames-Film—ein Bewusstsein für die Verschiebung von Größenordnungen im 20. Jahrhundert an und zugleich ein Bedürfnis, für diese erweiterten Vorstellungswelten eine konkrete bildnerische Entsprechung zu finden. Im Unterschied zu den Eames übte de Maria eine künstlerische Geste der Verweigerung aus: der Messingstab ist weder zugänglich, noch kann er in voller Länge betrachtet werden. Zwei Jahre später, 1979, entwickelt de Maria im Auftrag der für Land Art renommierten Dia Art Foundation ein zweites, an den angedeuteten Kasseler Erdkilometer anschließendes Werk: *Broken Kilometer*. Hier ist sein runder Messingstab in 500 gleichlange, zwei Meter messende Stücke zerlegt. Die Stäbe im menschlichen Maß sind so auf dem Boden des Ausstellungsraums am Broadway in New York angeordnet, dass sie der perspektivischen Verkürzung im Raum entgegenwirken. Mit jeder Reihe vergrößern sich die Abstände zwischen den liegenden Stäben um fünf Millimeter. Hier hat der Künstler minimal eingegriffen, mit bloßem Auge ist dieses Detail nicht wahrnehmbar, doch ist es spürbar, dass es sich hier um ein mit der Perspektive spielendes Arrangement handelt.

Die knapp neun Filmminuten von Charles und Ray Eames entstehen aus einer Sammlung von Einzelbildern, die dazu dient, eine vertikal ausgerichtete, virtuelle Welt am Lineal zu visualisieren.[5] Über das Making-of sind Details bekannt: Für den Zoomeffekt musste das Team Einzelbilder, sogenannte *production stills*, anfertigen, die horizontal aufgestellt, nacheinander gefilmt wurden. Eine vom Fotografen und Eames Office-Mitarbeiter Bill Tondreau[6] konstruierte, computergesteuerte Trickfilmkamera konnte in transparente Dias hinein- und aus ihnen hinauszoomen.[7] Bei der dabei entstandenen Welt handelt es sich um eine ›virtuelle Welt‹, weil die simulierte, vertikale Kamerafahrt keinen realen, sondern einen Datenraum abbildet. Das Filmteam konnte hierbei auf Erfahrungen aus verschiedenen wissenschaftlichen Disziplinen und auf unterschiedliche Handwerke zurückgreifen: Charles Eames war Architekt, Ray Eames Malerin, der Sprecher Philip Morrison Physiker, die weiteren Teammitglieder kamen aus technisch und ästhetisch geschulten Berufen wie dem Trickfilm, der Illustration oder der Bildbearbeitung.

Das Drehbuch zu *Powers of Ten* ist das im Sputnik-Jahr 1957 veröffentlichte Lehrbuch *Cosmic View: The Universe in Forty Jumps* des Pädagogen Kees Boeke.[8] Dieses Buch illustriert in 40 Zeichnungen den Blick auf die Erde in immer größer werdenden Abständen. 1946 hatte bereits auf einer V2-Rakete in den Orbit geschossene 35-mm-Kamera den ersten fotografischen Beweis der Erdkrümmung aus einer Entfernung von einhundert Kilometern erbracht.[9] Doch Kees Boeke ging es um mediale Kohärenz und Wissensvermittlung und nicht darum, dokumentarisches Material zu verknüpfen, das militärische Potenz demonstriert.

Dass es ihm um Ähnliches ging, verdeutlicht ein erster Vortrag, den Charles Eames bereits 1945 am California Institute of Technology in Pasadena hielt. Bei diesem setzte er Diaprojektoren ein, um simultan mehrere Bilder zu projizieren. Die Methode, viele Bilder gleichzeitig zu zeigen, entwickelte sich fortan zu seiner ›Signatur‹. Zu den Kameraeinstellungen gehörten Close-ups wie Totalen, auch wenn sie noch nicht durch einen Zoom verbunden waren. Viele der hierzu verwendeten Fotos hatte Charles Eames selbst aufgenommen.[10] Den Film *Powers of Ten* zeigte Charles Eames später mehrmals im Rahmen von Vorlesungen, darunter auch die »Lecture One«, die erste in seiner Vorlesungsreihe als Charles Eliot Norton-Gastprofessor an der Harvard University im Oktober 1970.[11] In einer dieser unveröffentlichten Norton Lectures beschreibt Charles Eames den Zoom-In als »thin line through the universe«[12] und den Film als Modell mit zwei Skalen, einer regulären Zeitskala und einer logarithmischen Skala für die Entfernungen. Hier deutet sich an, dass der Film an der Schwelle von 2D zu 3D konzipiert ist.

Die Vorträge in Harvard fallen in eine Zeit, in der ein erweiterter Begriff vom »military-industrial-academic complex« bereits durch Präsident Eisenhower 1961 als Warnung ausgesprochen war.[13] Unter diesem Komplex ist die sich in der Nachkriegszeit entwickelnde enge Verbindung militärischer mit unternehmerischen Interessen, insbesondere der Waffenhersteller, zu verstehen. Von Eames werden damit adressierte Verknüpfungen und Machtverhältnisse nicht reflektiert. Dennoch schlägt er in seinen einführenden Worten eine kritische Lesart ihres Films vor, verknüpft Umweltprobleme mit Wirtschaftswachstum und Wohlstand und appelliert an die gesellschaftliche Verantwortung seines Publikums: »General Motors are all the stockholders, it's Harvard University, it's the Rockefeller Foundation and then something happens. You've got to think; people, trustees of institutions, begin to take trusteeship seriously.«[14] Ohne also auf eine politisch-militärische Interessenslage einzugehen, fokussiert er die Institutionen, die in der Öffentlichkeit stehen.

Die »Lecture One«, der erste Vortrag in dieser Reihe, widmete sich den Stichworten »process« und »discipline«. Seine Vortragsreihe drehte sich um »Problems Relating to Visual Communication and the Visual Environment«.[15] Mit den Diaprojektionen wollte er als Designer »enthusiasm and affections«

auf sein Publikum überspringen und sein visuelles Denken, eine Bilderflut *avant la lettre* einwirken lassen. Insbesondere die sechste und letzte Harvard-Vorlesung ist erwähnenswert, weil sich Charles Eames darin der Bedeutung von Modellen und der Praxis des Modellierens widmete. Eames begriff Modelle als Hilfsmittel »for the study and investigation of concepts, ideas, and systems and about the potential of the modern electronic computer as a tool for modeling.«[16] In diesem Sinne ist auch *Powers of Ten* als Modell, zusammengefügt aus einem Stapel Bilder, zu verstehen.

Powers of Ten vermittelt Größenverhältnisse und folgt einem Ordnungs- und Strukturbewusstsein, das von Euklid bis in die Moderne reicht. Die Eames standen zu ihrer Zeit im Austausch mit angewandten Design- und Architekturtheoretikern[17] an Forschungseinrichtungen wie dem Massachusetts Institute of Technology (MIT) oder dem New Bauhaus in Chicago (heute ITT Institute of Design), in denen künstlerische und gestalterische Projekte mit Disziplinen wie Pädagogik, Design und Kybernetik eng zusammen gedacht wurden. Um diese unkritische Herangehensweise in affirmative Bilder übersetzen zu können, gingen den Filmprojekten oftmals zeitaufwändige Rechen- und Recherchearbeit voraus, und eine ebenso zeitaufwändige Bildbearbeitung folgte. Ausgerechnet werden musste zum Beispiel das Verhältnis von Zoom- und Kamerafahrt zu Filmsekunden. Abstraktion und Normierung spielten eine wichtige Rolle – beides Aspekte, deren Berücksichtigung genauso für die Produktion von Werbebildern gelten.[18]

Modelle

Als Charles Eames im November 1976 in Cambridge, Massachusetts einen Vortrag vor der American Academy of Arts and Sciences hielt, fand er eine anschauliche Beschreibung für das Selbstverständnis und die Arbeit des Eames Office, die die thematische Zentralität von *Powers of Ten* für ihre Arbeit verdeutlicht:

> In practice, we think of ourselves as tradesmen – it's a kind of custom trade; people come to us for things. The products, for the most part, are models, in one sense or another. There are ›models before the fact‹ – like an architect's proposal model for a building that's not yet built – and there are ›models after the fact‹ – like a scientist's model of a giant molecule or a galaxy.[19]

Die Stichworte ›Modell‹, ›Molekül‹, ›Galaxie‹, ›Kommunikation‹ und ›Struktur‹ legen die Vermutung nahe, dass Charles Eames zu diesem Zeitpunkt bereits über eine neue Version des 1968 realisierten kosmischen Zooms nachdachte. Mit dem langen, beschreibenden Titel von *A Rough Sketch* sollte angezeigt werden, dass es sich um einen skizzenhaften Studienfilm handelte.[20] Ein Jahr nach dem Vortrag in Cambridge erschien im Dezember 1977 die zweite überarbeitete Fassung mit dem prägnanten Titel *Powers of Ten* (1977, 9 Min.),[21] die heute über die englischsprachige Welt hinaus bekannt ist.[22]

In der Erinnerung von Ray Eames war die Arbeit an dem Remake »terribly draining«. Im Rahmen einer Oral-History-Gesprächsreihe der Smithsonian Institution gibt sie zu Protokoll: »I would like to have a record of the difference between — from the first time, ten years ago — to the second.«[23] In dieser Aussage schwingt Skepsis darüber mit, ob sich die zweite Fassung tatsächlich wesentlich von der ersten unterschied und ob es den Aufwand wirklich wert gewesen war. Ray Eames fasste die Motivation hinter ihrer gemeinsamen Arbeit rückblickend einmal zusammen und unterschied dabei zwischen ihrer eigenen Vorliebe für das Medium Film und Charles' Vorliebe für die Fotografie: »We had three major clients: Herman Miller, IBM and the American Government. In all our films we wanted to get information over to a large number of people. Of all our films we only re-made one — that was Powers of Ten. [...] All our films [...] grew out of Charles's love of photography and my interest in films.«[24]

Innerhalb des umfangreichen Werks — Möbel, Werbung und Weltausstellungen — gehörte *Powers of Ten* zu den ›pet projects‹ der Eames, an denen ihnen zwar persönlich viel lag, aber die weder ihr Leben noch die Firma finanzieren konnten. Für den Gesamtumsatz, der auf eine Millionen Dollar geschätzt wurde,[25] kamen andere Aufträge auf. Im Vergeich mit der von Charles Eames in einem anderen Zusammenhang getroffenen Unterscheidung zwischen faktischen *(before the fact)* und spekulativen *(after the fact)* Modellen bleibt der didaktisch angelegte Film unentschieden: Die filmische Ästhetik weist weder darauf hin, dass es sich bei dem Film um ein Entwurfsmodell für ein noch ausstehendes Vorhaben handelt, noch behauptet sie, ein Modell zu sein, das anhand erhobener Daten entwickelt wurde, um die von Charles Eames behauptete Unterscheidung hinsichtlich des Realitätsgehalts von architektonischen und wissenschaftlichen Modellen weiterzuführen. Einerseits haben die kosmologischen Wissenschaften, die das Ausgangsbildmaterial für den in *Powers of Ten* auszumachenden Skalierungsvorgang stellen, anhand von Fakten Modelle produziert. Andererseits haben die berechneten Filmparameter — wie die Geschwindigkeit der Kamerafahrt und das einheitliche Format der Bildvorlagen — wiederum Gemeinsamkeiten mit der Planungsphase, wie sie jedem Architekturbüro genau bekannt ist. Auf diese Weise liefert der Film also ein visuelles Modell für einen abstrakten Vorgang, das Skalieren in Zehnerpotenzen.

Filmemachen mit den Prinzipien der Architektur

Eames Demetrios, Enkelsohn von Charles Eames und Leiter der Eames Foundation in Los Angeles, hält in seinem biografisch und archivarisch informierten Buch *An Eames Primer* fest, dass die Eames das strukturierende Denken der Architekturplanung auf das Filmemachen angewandt hätten.[26] Gleich mehrere Verweise führt er an, die das der Architektur eigene Denken in Größenordnungen belegen. »Both Charles and Ray recalled Eliel Saarinen talking about always looking at things and problems from the ›next-smallest‹ and the ›next-largest frame of reference‹.«[27] Demetrios fügt hinzu, dass die Fotos, die Charles Eames machte, von Anfang an Maßstäbe und Größenverhältnisse thematisierten.[28] Darüber hinaus verweist er auf zwei frühe Filme, die im Eames Office entstanden: »A Communications Primer (1953) shows a progression of copies, of copies, of copies into abstraction as well as a sequence on exponential growth. The [second] film [with the title] *2"* (1961) shows the exponential origins of the game of chess.«[29] Das Darstellen von Zehnerpotenzen behauptet Demetrios in älteren Archivdokumenten wie »Charles's Christmas Card of 1931« und »Ray's late 1930s' expressions of abstraction in the forms representing the proton«[30] bereits erkennen zu können.

Auf dieser »Christmas Card« ist die Stadt aus der Vogelperspektive gezeichnet – eine Fingerübung für einen Architekten. Einige persönlich ausgewählte Wahrzeichen von St. Louis, die Kleinfamilie Eames und der Mississippi River sind zu sehen. Der junge Eames hat in diesem privaten Dokument auf einen einheitlichen realistischen Maßstab verzichtet. So wirkt das Motiv wie die Ausführung eines ›cognitive mapping‹, einer mental angelegten und mental abrufbaren Karte, die zur persönlichen Orientierung dient.[31] Auf abstrakten Malereien von Ray Eames, die repräsentativ sind für die Dreißigerjahre, lassen sich nicht näher bestimmbare, organische und geometrische Formen ausmachen, die wahlweise als Moleküle oder Makrostrukturen interpretiert werden können.

Im Sputnik-Jahr 1957 arbeitete Charles Eames als *photographic consultant* an *The Spirit of St. Louis* mit, einem Filmprojekt seines Freundes, des Filmemachers Billy Wilder (1906–2002), einer Verfilmung von Charles Lindberghs Autobiografie. Der Pilot Lindbergh kam wie Eames aus St. Louis.[32] Eames Aufgabe war es, aus einem Flugzeug heraus, das von einem Stunt-Piloten geflogen wurde, Luftbildaufnahmen zu machen.[33] Seitdem hat Charles Eames durch Flugzeugfenster fotografiert, wenn sich die Gelegenheit ergab. In diesem Bildbeispiel Abb. 04 S. 60 unterstreicht der Schnee das modellhaft strukturierte Erscheinungsbild von Straßen und Landschaftsflächen im Blick von oben.

Medium ihrer Zeit: *Scientific American*

Im Laufe seines Vortrags in Cambridge beschränkte Charles Eames sein Modelldenken nicht auf die eigene Arbeit als Gestalter von Möbeln, Ausstellungen und Filmen, sondern verwies zum Ende hin auf damals zeitgenössische Projekte anderer Gestalter, Architekten und Vermittler. Als gelungene Beispiele für lehrreiche Modelle führte er das Exploratorium von Frank Oppenheimer an, ein Hybrid aus Labor, Lernwerkstatt, Technik- und Wissenschaftsmuseum, und das populärwissenschaftliche Magazin *Scientific American*. Charles Eames war dem damaligen Zeitgeist entsprechend naturwissenschaftlich interessiert. Zum Zeitpunkt der ersten Satellitenstarts 1957 und 1958 wurde insbesondere die Geophysik staatlich gefördert,[34] und solange die Raumfahrt im Kalten Krieg Bedeutung hatte, blieb es dabei. Die Satelliten der Anfangsjahre waren auffällig narrativer gestaltet als die heutigen, primär nach Gesichtspunkten der Effizienz gestalteten Modelle. Insbesondere die Gestaltung der sowjetischen Sputniks, die durch die verwendeten Materialien spiegelten und glänzten, lässt an Explorationen in Science-Fiction-Romanen denken. An den ersten US-amerikanischen Satelliten im Explorer-Programm fällt der vertikale Aufbau auf, der an die vertikale Konstruktion einer Rakete erinnert. Der Satellit hatte noch keine eigene Form bekommen, stattdessen imitierten seine Konstrukteure die Form der Rakete.

Physiker aus Eames Generation waren an den US-amerikanischen Atomwaffenexperimenten beteiligt. Zu ihnen gehörte auch Philip Morrison (1915–2005), der unter anderem das Voiceover für die 1977er-Fassung von *Powers of Ten* formulierte und einsprach und über Jahrzehnte eine Buchkolumne im *Scientific American* schrieb. Die Buchtitel der im Jahr 1977 von ihm rezensierten Bücher lesen sich wie eine Literaturliste zum Film. Darunter sind *First Three Minutes: A Modern View of the Origin of the Universe*, *Remote Sensing of Environment* und *Grand Design: The Earth From Above*. In der Juniausgabe stellt er ein Buch über Fernerkundung mit Satelliten[35] vor; im darauffolgenden Monat ging es um eine Abhandlung über die Zentralperspektive,[36] dann um das noch junge Landsat-Programm,[37] das unter anderem Bilder lieferte, auf denen international bekannte Wahrzeichen wie die Große Mauer in China und der Platz des Himmlischen Friedens in Peking deutlich wiederzuerkennen sind, so der Rezensent. Die mikrologische Zeit ist in dem Buchtitel *First Three Minutes: A Modern View of the Origin of the Universe* angelegt, das von Morrison in der Septemberausgabe besprochen wurde.[38] Aus den Buchtiteln spricht der Zeitgeist, naturwissenschaftliche Themen so zu setzen, dass sie den Einfluss der Mikro- und Makroskopie auf das Denken kommunizieren.

Vom *Scientific American*, insbesondere den enthaltenen Werbeanzeigen, lässt sich auch auf die Fortschritte im Bereich optischer Bildgebungsverfahren für den Privatgebrauch schließen. Die Firma Polaroid etwa, für die das Eames Office 1972 einen Werbefilm produziert hatte, bewarb ein neues Kameramodell, das erstmals mit einem Teleobjektiv ausgestattet war. So kann der Koala auf dem Eukalyptusbaum aus größerer Entfernung aufgenommen werden, versprach die Anzeige. Die Bell Laboratories bewarben in ihrer Funktion als Entwicklungsabteilung von Western Electric – die Firma lieferte Elektronik für Kommunikationssatelliten – ihr Telefonnetz mit einem hochglänzenden Telefonapparat. Im Hintergrund leuchtete ein nächtlicher Sternenhimmel. Mit diesem Motiv wurde auf die kosmische Dimension von Telekommunikation verwiesen und ihre Grenzenlosigkeit insinuiert, wobei sie zugleich als »well within the reach of virtually every American«[39] dargestellt wurde. In jeder Ausgabe des Jahrgangs 1976 war Werbung für die tragbaren Hobbyteleskope von Questar zu finden, die ab einem Preis von 925 US-Dollar erhältlich waren. Der Computerhersteller IMSAI schaltete eine Anzeige für The Megabyte Micro, einem neuen Mikrocomputer.[40] Die Firma Hewlett Packard hatte Messgeräte und ein Grafikterminal im Angebot, das es den User·innen erlaubte, auf dem Bildschirm bis zu 16fach in selbst erstellte Grafiken zu zoomen. Im Anzeigentext hieß es: »Magnify any area of the display up to 16 times (16X) to investigate or modify dense or complex areas. Pan in any direction for close-up viewing of the magnified display, without affecting display memory.«[41] Aus der detailreichen Beschreibung wird deutlich, wie neu diese Softwarefunktion damals gewesen sein muss. Andere Anzeigen wirken hingegen weniger wie aus der

Frühzeit der Digitalisierung: Bereits 1977 schaltete General Motors Research Laboratories eine Anzeige im Bereich Maschinensehen: »A computer that can see gets its first job.« In derselben Ausgabe wird für Hologrammfilme geworben: »3-Dimensional Laser Photography Images, Actually Moving In Suspended Space—So Real You'll Want To Reach Out And Touch Them«.[42] Demnach war 1977 ein Jahr technologischer Neuheiten im Feld der Sichtbarmachung. .

Jede Ausgabe berührte Visualisierungsverfahren für Mikro- und Makrokosmos, die durch die Auswahl und Anordnung des Bildmaterials in *Powers of Ten* Verwendung fanden. So gesehen ist der Film ein Spiegelbild der populären Naturwissenschaften und der aufkommenden ›Technowissenschaften‹.

Darüber hinaus geht der Film aus einem für die Nachkriegsmoderne repräsentativen Diskurs über die Neugestaltung der Gesellschaft hervor, der von überwiegend männlichen Künstlern, Architekten, Designern und Naturwissenschaftlern öffentlich geführt wurde, die nach dem Zweiten Weltkrieg im Austausch standen. Hier zeichnete sich für das Eames Office ein Arbeitsumfeld aus Naturwissenschaften, Design und öffentlichem Vermittlungsauftrag ab. Während sich jemand wie Frank Oppenheimer an einer analogen Labor-Ästhetik orientierte, hatten sich die Eames insbesondere für ihren durch die Kybernetik informierten Film *A Communications Primer* (1953) und die Ausstellung *A Computer Perspective* (IBM Corporate Exhibit Center, New York, 1971) mit dem Computer, seinen Funktionen und seinem Potenzial beschäftigt. So imitierte etwa das Ausstellungsdisplay zur Genealogie der Rechenmaschine mit dicht gehängter, chronologisch arrangierter Materialfülle die Interaktivität und Struktur des Mediums.[43] Die Eames und ihre Kooperationspartner·innen wie der Designer George Nelson setzten bei der Wissensvermittlung auf die Macht der Bilder. Dabei experimentierten sie mit einer Vielheit interdisziplinärer Quellen, ohne die »Schwelle der Epistemologisierung«[44] oder die »Schwelle der Wissenschaftlichkeit« zu überschreiten und so ihren eigenen kritischen Diskurs zu formieren. Nach Foucault entstehen neue Diskurse, indem »Schwellen« überschritten werden. So kann die Schwelle diskursspezifischen Wissens durch kritisches Überprüfen normativer Zuschreibungen und eingeübter Konventionen überschritten werden. Das Referenzuniversum der Eames blieb jedoch stets den Ursprungskontexten verhaftet.

Zooming-In, Zooming-Out

Deswegen erscheint die Filmzeit in mehrfacher Hinsicht aus den Fugen geraten, außer Kraft gesetzt oder in virtuelle Zeit vervielfacht: Die Filmzeit beträgt neun Minuten, der Weltraum wird als Raum ohne Zeit durchquert, die publizistischen Referenzen auf der Picknickdecke verweisen auf ihre jeweiligen Erscheinungsjahre bzw. im Fall von Goyas Bildern Entstehungsjahre und repräsentieren unterschiedliche Konzepte von Zeit. Wie die Kamera, rücken die beiden Protagonist·innen unten im Bild auf ihre Plätze als wollten sie sich startklar machen für die (Kamera-)Fahrt, die gleich beginnt.

Beide Personen sind barfuß, ihre Schuhe allerdings nicht im Bildausschnitt zu sehen – ein Detail, das als kleiner Hinweis auf die Konstruiertheit der Mis en Scène gelesen werden kann. Auf zwei überlappend ausgebreiteten gestreiften Picknickdecken liegt zentral das kleine, blau-weiß karierte Tuch, auf dem sich der Proviant und zwei Teller befinden, die in den anfänglichen Einstellungen aus der Nähe zu sehen waren. Außerhalb davon stehen zwei leer geräumte geflochtene Picknickkörbe, Walnüsse und eine volle Obstschale – symbolisch arrangiert wie die Objekte in einem Stillleben von Paul Cézanne. Cézanne wiederum ist ein Künstler, der in einem kanonischen wahrnehmungstheoretischen Text von Maurice Merleau-Ponty, *Das Auge und der Geist* (L'Œil et l'Esprit, 1960), eine wichtige Rolle spielt. Einem Vergleich mit Vanitas-Symbolik hält das Ensemble der Eames nicht stand, trotz der kunsthistorischen Kenntnisse von Ray Eames.[45] Denn für eine derartige Einordnung relevante Symbole sind nicht in der Eindeutigkeit, wie sie etwa ein Totenkopf herstellen würde, vorhanden. Der Religionswissenschaftler Benjamin Bennett-Carpenter[46] führt zwar das *Life*-Buchcover von *Time* mit dem Bild einer silbernen Taschenuhr und den Buchtitel *The Voices of Time* als Vanitas-Symbole und damit als Belege für das Bewusstwerden von Vergänglichkeit an. Jedoch ließe sich zumindest diese klassische Taschenuhr ebenso als Instrument zum Messen von Zeit und daher als taxonomisches Werkzeug der Wissenschaften deklarieren.[47]

Aus der Totalen ist also zu sehen, wie sich der Mann auf den Rücken legt, die Beine gerade ausstreckt und eine Lesebrille in der Hand hält, um dann den Kopf zur Seite zu drehen, als wolle er schlafen. Die Frau setzt sich im rechten Winkel zum Mann hin, bildet dabei selbst mit ihrem Körper einen rechten Winkel zwischen Oberkörper und Beinen und berührt mit ihrem Rücken seine Beine auf Höhe der Knie.[48] Ihre Beine hat sie ebenfalls ausgestreckt. Sie beginnt in einem bebilderten Buch zu blättern. Die beiden Personen haben sich also eingerichtet, um eine Weile zu bleiben. Die linierten und karierten Picknickdecken erinnern, von oben betrachtet, entfernt an die spätestens seit Google Earth[49] bekannter gewordenen Kalibrierungsmuster für Satellitenkameras – ›Sehtests‹ für Satellitenaugen –, die in den USA oder China etwa im Rahmen von Spionageprogrammen in der Wüste oder anderen kargen Landstrichen angelegt worden waren. Aus heutiger Perspektive betrachtet, haftet der Picknickszene im Nachhinein etwas Unheimliches an: Unter den erst 2011 freigegebenen Bildern aus dem CIA-Spionagesatellitenprogramm Hexagon (1971–1986), auch unter dem Namen Big Bird oder Keyhole-9 geführt, befinden sich vertikale Schwarzweiß-Bilder von einer großen Parkwiese mit darauf verstreuten, picknickenden Gruppen. Hier wird eine Spionage-Point-of-View wiedergegeben, ein Staatstrick. »We could see a picnic blanket, count the number of people, and we might have been able to see a ball being tossed«, sagt der ehemalige Mitarbeiter des Spionageprogramms Phil Pressel.[50]

Die Anfangsszene in *Powers of Ten* spielt in einem Park[51] in Chicago – behaupten es jedenfalls die Filmemacher·innen. Tatsächlich aber wurden die Establishing Shots, die einzigen Außenaufnahmen, von Kameramann Alex Funke auf einem Stück Rasen in Los Angeles außerhalb des Eames

Office gefilmt. Dass sich die Wiese in Chicago unweit vom Ontariosee befinden soll, erfahren die Zuschauer·innen aber erst, sobald sich die Kamera beginnt, senkrecht nach oben zu bewegen. Wenngleich die Entscheidung für Chicago von Seiten der Eames Foundation biografisch argumentiert wird — Charles und Ray Eames haben sich in der Stadt kennengelernt und 1941 dort geheiratet —, liegt mindestens eine weitere Lesart auf der Hand. Chicago ist eine ›grid city‹. Aus der Vogelperspektive ist das geometrische Straßenraster, in dem die Innenstadt angelegt ist, gut zu erkennen — ein unverwechselbares Kennzeichen. Die optischen Eigenschaften sind Nebeneffekt einer Stadtplanung, deren Funktionalität auf die Effizienz von Infrastruktur, Logistik, Mobilität und Kontrolle ausgelegt ist, wie James C. Scott herausgearbeitet hat.[52]

Zum anderen steht Chicago für die Fortsetzung der Bauhaus-Geschichte der Diaspora und deren originellen Umgang mit Bildern. Dazu zählen die perspektivischen Überlegungen und Experimente von László Moholy-Nagy, György Kepes und Herbert Bayer. Der Designforscher Eric Schuldenfrei hebt in seiner zeitgenössischen Lesart einen weiteren Aspekt in den Vordergrund, der von Charles Eames 1971 in einem Zeitschriftenporträt[53] artikuliert worden war: »Lake Michigan is significant to the Eameses, symbolizing the delicate balance between industrial production and fragile ecosystems. As Charles proclaimed, ›We wanted cars and television sets and appliances and each of us thought he was the only one wanting that. Our dreams have come true at the expense of Lake Michigan.‹«[54]

Die zwei gestreiften Picknickdecken bilden zusammen eine quadratische Fläche und liegen schräg im 4:3 Bildformat. Dabei erinnern sie an Satellitenbilder, deren Bildausschnitt der elliptischen Umlaufbahnen wegen schräg in das kartografische Raster fallen, das von der National Air and Space Agency (NASA) oder der United States Geological Survey (USGS) verwendet wird.[55] Anhand dieser Angaben ist es möglich, das Satellitenbild im sogenannten Worldwide Reference System[56] einer geografischen Position auf der Erde zuzuordnen.

Die *Blue Marble*-Stufe

In *Powers of Ten* beginnt sich der Blick nach unten als Orientierung ab zehn hoch sieben aufzulösen, in dem Moment, in dem die Erde als *Blue Marble* auf der Bildfläche erscheint. Dann wandelt sich der Blick von einem Blick nach unten zu einem Blick zur Erde. Der Fotograf und Fotohistoriker Beaumont Newhall beschreibt anlässlich der ersten Bilder der Erde aus kosmischer Distanz, die von der Mondsonde Lunar Orbiter I 1966 mit einer 70-mm-Kamera aufgenommen wurden, einen ähnlichen Effekt: »ft/h no longer looked *down* upon the Earth, but *at* the Earth«.[57] Was Newhall hier deutlich macht: Die vertraute, gesellschaftlich eingeübte Auffassung von Blickachsen aus dem Weltraum zur Erde schien sich aufzulösen und angesichts neuer Bilder der Erde aus entfernteren Aufnahmepositionen eines ebenso neuen Verständnisses zu bedürfen. Raketen drehen sich während des Fluges und Raumfahrzeuge befinden sich im Weltraum außerhalb von geophysikalischen Gesetzen wie der Schwerkraft. Das *Blue Marble*-Bild hatte zwar die Erde als Ganzes sichtbar gemacht, sie jedoch zugleich eingefroren.[58] 1972 erschien das Apollo-17-Bild, das zur Ikone wurde. Aufgenommen hatte es der Astronaut Harrison Schmitt mit einer 70-mm-Hasselblad-Mittelformatkamera. Auf dem Negativstreifen ist der Südpol am oberen Bildrand zu sehen. Doch den Downside-Up-Anblick wollte die NASA der Öffentlichkeit scheinbar weder zumuten noch ihrerseits die Kontrolle über die geografische Zuordnung von Nord und Süd, oben und unten aufgeben. Also drehten sie das Motiv um 180 Grad, sodass die in Karten und auf Globen etablierte Nord-Süd-Ausrichtung wiederhergestellt war und niemand dazu angeregt wurde, deren hegemoniale Konstruiertheit zu hinterfragen. *Powers of Ten* spielt mit dieser Konstruktion der Erde. Die endgültige Version von *Powers of Ten* wurde aus Live-Action-Aufnahmen, Fotografien und Zeichnungen zusammengebaut; die meisten der 14.000 Frames wurden einzeln gefilmt. Das Ehepaar Philip und Phylis Morrison, die am Filmmanuskript mitgearbeitet haben und für die Wissenschaftlichkeit der Darstellung zuständig waren, erinnern sich an die Produktionsbedingungen: Alex Funke und Michael Wiener hätten an einer »zwölf Meter langen Animationseinrichtung ein ganzes Jahr lang Bild für Bild die Aufnahmen gemacht. Ihre heroische Leistung hielten sie in einem Belichtungsprotokoll fest: fast vierzehntausend Einzelbilder.« Sie beschreiben den Film als »Trickfilm«, »die meisten Bilder sind Farbfotos von Graphiken. So ist der ganze Film indirekt, reflexiv: Fotos von Fotos, Fotos von Zusammenstellungen oder Fotos von Zeichnungen nach wissenschaftlichen Fotos.«[59] Die endgültigen Produktionsstills beliefen sich dann auf eine Zahl von 40 Stück. Abb. 12 S. 69 Alex Funke war für die Kamera zuständig und musste sie in einer Geschwindigkeit, die u. a. von Philip Morrison mit der 240sten Wurzel aus zehn berechnet worden war, bewegen.[60] Steuerung und Schienen für die Kamera hatte Michael Wiener gebaut, der Holzschiffbau in Dänemark gelernt hatte.

Die Kamerabewegung fühlt sich für die Zuschauer·innen durch die Bezifferung im Bild und Benennung im Voiceover gestuft und nahtlos zugleich an. Es gibt weniger Informationen über den Zeitpunkt und den Abstand zur Erde als in der 1968er-Version, aber die kontinuierliche Verschiebung des Maßstabs wird ebenso deutlich durch Zahlen auf dem Bildschirm wie durch Morrisons Erzählung nachvollziehbar. In einem seiner wenigen transkribierten Vortragstexte, *Language of Vision: The Nuts and Bolts*, schreibt Charles Eames 1974 über *Powers of Ten*: »[It is] a film that uses various effects not to promote ›self-expression‹ or to experiment with a new, idiosyncratic technique but rather to give the audience a direct sense of exponential change.«[61] Eine weniger rationale Lesart des Zooms schlägt der Kulturtheoretiker Mark Dorrian vor, wenn er den Film als Traumsequenz interpretiert, als monströsen Schlaf der Vernunft, »it pictures a kind of vertiginous, abyssal collapse of the everyday reality with which the film begins.«[62] Diese deliriöse Lesart scheint konträr zu den Absichten von Charles und Ray Eames und ihrem Berater·innenteam, bestehend aus dem Physiker Philip Morrison und der Mathematikerin Phylis Morrison. Dabei wirkt der so nahtlos durchgeplante Zoom stabil und weit entfernt vom Kollabieren, wenn man sich als Betrachter·in auf die Parameter einlässt, die dieses visuelle Modell ermöglichen.

Das Kalifornien der Eames

Auf der »Karte« des Zeitgeists, aus dem heraus die Eames den Film konzipiert haben, nimmt Kalifornien eine zentrale Stellung ein. Die Eames Foundation bemüht sich, das Schaffen der Eames rückblickend freizustellen von den politischen Interessen, die bei institutionellen Kooperationen, wie sie die Eames eingingen, immer eine Rolle spielen. Sie arbeiteten etwa mit der United States Information Agency (USIA) in Washington D. C., IBM und verschiedenen anderen Akteur·innen aus dem militärisch-industriellen Komplex zusammen, der auch in Santa Monica, Los Angeles, wo die Eames am Washington Boulevard ihr Studio hatten, präsent war. Doch nicht nur die Stiftung, sondern auch das Paar selbst pflegte »sorgsam ein Bild in der Öffentlichkeit, das apolitisch und frei von aller Ideologie war; sie wirkten, wie ein Beobachter einmal sagte, ›völlig losgelöst von den Dingen dieser Welt‹ und zeigten nicht das geringste Interesse daran, sich für Parteien oder bestimmte Bewegungen zu engagieren.«[63]

Angesichts dieser widersprüchlichen Lage, stellt sich die Frage, wie sich die Verortung in Kalifornien auf ihre Arbeit auswirkte? Als Charles und Ray Eames 1941 in Los Angeles ankamen, traten die USA in den Zweiten Weltkrieg ein. Da es zunächst für sie als junger Architekt und junge Malerin keine Aufträge gab, arbeitete Charles kurzzeitig bei der Filmproduktionsfirma Metro-Goldwyn-Mayer (MGM) und knüpfte Kontakte, auf die er später für die Umsetzung seiner Entwürfe zurückgreifen sollte. Sie lernten John Entenza kennen, einen einflussreichen Mann in der lokalen Architekturszene, der sie mit Architekten wie Richard Neutra bekannt machte und später zur Teilnahme am berühmten Case-Study-Houses-Programm einlud. Auch ein Ingenieur des Rüstungs- und Technologiekonzerns Lockheed Martin trat in den Kreis von Charles Unterstützer·innen ein.[64] Im Zuge des Krieges brauchte die Marine modernere orthopädische Schienen für verletzte Matrosen. Ein Marinearzt (und alter Freund von Charles) wusste von dessen Ambitionen, Sperrholz zu biegen und auf diese Weise Sitzmöbel herzustellen. Er stellte die Verbindung, ins nahe gelegene San Diego her, einem wichtigen Stützpunkt der US-Marine.[65] So konnten sie ihre bis dahin erfolglos gebliebenen Möbelbauversuche im militärisch-industriellen Komplex fortsetzen und Erfahrungen sammeln. Bei den Schienen wie den Sitzmöbeln ging es um Anpassungen des Materials an den menschlichen Körper, und der Auftrag verschaffte ihnen Zugang zur Fertigungsindustrie, die durch die Erfordernisse des Krieges mit Aufträgen belegt war. In Zusammenarbeit mit der Sperrholzabteilung der Evans Products Company stellte das Eames Office 150.000 Schienen her, für deren Maße Charles sich selbst als Modell genommen hatte. In San Diego und Los Angeles entstand »the nation's largest urban military industrial complex«.[66] Die Rüstungs-, Schiffsbau- und Luftfahrtindustrie an der Westküste boomte, und unmittelbar nach Kriegsende konnten sich die Eames mit ihrer neuen Fertigungsmethode in der Designwelt einen Namen machen.[67] Auf diese Weise hatten die Eames ihren Platz an der Schnittstelle zwischen staatlicher und privatwirtschaftlicher Sphäre eingenommen, den sie fast vier Jahrzehnte lang behalten sollten. Die Kriegsaufträge lassen sich nicht von ihren Nachkriegsprojekten trennen, insbesondere vom Möbeldesign. So wurden Stühle für die Designausstellung im Museum of Modern Art (MoMA) in New York 1946 von Evans Products hergestellt, die auch die Beinschienen produziert hatten.

Anhand eines Zitats aus einem Begleittext zum Interview lässt sich die Arbeitsweise von Charles Eames im Kontext ›Kalifornien‹ besser verstehen:

> Eames, who lives under the smoke of Los Angeles, is the prototype of the modern, all-around designer. Thanks to the fact that IBM is one of his oldest and most important clients, he has a computer connection in his office, which he can switch on any time and connect to some computers stationed in New York and use them to solve certain problems that could present themselves in his work. (He can do this at any time necessary.)[68]

Für die Bildproduktion der Eames waren die lokale Filmemacher·innenszene, die akademische Welt und die Rüstungs- und Luftfahrtindustrie ein materialreiches Umfeld. Kalifornien spielte eine wichtige Rolle als kulturelles Narrativ, symbolischer Ort und Projektionsfläche, Bildmaschine und Produktionsstandort sowohl für die Eames als auch für die Raumfahrt. Die eamessche Bildermaschine konnte für *Powers of Ten* mit Aufnahmen der Lick- und der Palomar-Sternwarte sowie Satellitenbildern vom Jet Propulsion Laboratory der NASA bestückt werden.[69] Durch die Nähe zur Filmindustrie war schließlich auch der langjährige Mitarbeiter Alex Funke zu ihnen gekommen. Er begann in den frühen 1960er Jahren an der University of California in Los Angeles Film School zu studieren. Danach arbeitete er elf Jahre mit Charles und Ray Eames an über 30 Filmprojekten mit. *Powers of Ten* war eines davon.

In den Nachkriegsjahren hatten sich Wissenschaft, Industrie und Staat neuformiert und waren in unterschiedlichen Konstellationen sogenannte Dual-Use-Partnerschaften[70] eingegangen. Dabei geht es um die wissenschaftlich-industrielle Entwicklung und die militärische wie zivile und Nutzung neuer Technologien. An der Entwicklung sind sowohl der Staat als Auftraggeber, wissenschaftliche Forschungseinrichtungen und Produktionsbetriebe als Entwickler und Hersteller beteiligt. Während die Eames zwar neben anderen auch Aufträge von staatlichen Institutionen übernahmen, hatten sie nach dem Zweiten Weltkrieg keine direkten Verbindungen mehr zum Militär. Die von den Eames in *Powers of Ten* verwendeten Bilder sind überwiegend wissenschaftliches Bildmaterial und nicht zu militärischen Dokumentationszwecken entstanden: Keine Rakete, kein Kondensstreifen, kein Offiziersabzeichen durchkreuzt eines der Produktions-Stills.

Um ihre Arbeit innerhalb der fortschrittsgläubigen Nachkriegszeit zu verorten, hilft der Begriff »organizational complex«.[71] Hiermit bezeichnet Reinhold Martin die ästhetische und technologische Erweiterung des militärisch-industriellen Komplexes durch eine de-anthropomorphisierende visuelle Sprache, die sich an architektonischen Rastern und Mustern orientiert[72] und von der Charles Eames begeistert war. Ein zentraler Bezugspunkt für diese Sprache war in allen Projekten – sei es die von Martin untersuchte Genese der IBM-Architektur oder die Filme aus dem Hause Eames – die Kybernetik.

Unter welchen politischen Vorzeichen wurde *Powers of Ten* produziert? Hängt die Wirkungsgeschichte mit der Entwicklung digitaler Globen wie Google Earth zusammen? Die Quellen, die den Film informieren, machen die ästhetischen, technologischen und politischen Verbindungen deutlich. Wenngleich Charles und Ray Eames zwar keine politische Stimme erhoben haben, so ist ihre Arbeit dennoch unweigerlich politisch situiert.

Ähnlich wie es Donna J. Haraway in ihrer Kalifornienskizze tut, soll hier eine Skizze der (kultur-)politischen Topografie von *Powers of Ten* angefertigt werden. McKenzie Wark hatte Harways Kalifornienbild so eingeordnet: »Haraway's California is that part that is still a land of surplus.«[73] Doch präsentiert Haraway kein ungebrochenes Bild, stattdessen bezieht sie sich auf »the contradictory, thick quality of what we mean when we say ›California.‹«[74] Was genau diese dichte Qualität ausmacht, welche historischen Bezüge, Schichtungen und Mehrdeutigkeiten sie meint, führt Haraway in einem Interview mit der Autorin Thyrza Nichols Goodeve weiter aus:

> It's technological, urban, natural, agricultural, alternative, straight – all of these things. It's also about the difference between San Francisco and Los Angeles – the entertainment industry versus the biotech and computer industry. And the demography of California is extremely rich. It is not about black and white but also made up of an intensely complex history in relation to Asia, South America, and Mexico. There is California and ›Californios.‹ California's complex immigration history is not the same as the East Coast's by any means.[75]

Für die Eames und die verschiedenen Versionen des Films spielten je drei Städte beziehungsweise Orte eine wichtige Rolle: Im Falle von *A Rough Sketch* waren dies Florida, Los Angeles und eine »conference of 1.000 American physicists«.[76] Für *Powers of Ten* spielten Chicago, Los Angeles und der IBM-Firmensitz in der Madison Avenue in Manhattan sowie der Forschungs- und Entwicklungsstandort für Computertechnologie in Poughkeepsie, eine halbe Stunde von New York City entfernt eine herausgehobene Rolle.

Der Film steht in einem wissenschaftlichen, staatlich geförderten Zusammenhang, der Informationen und Bildmaterial liefert, und versucht die Konzepte von Kosmos und Technologie zu vereinigen. Für die Bestimmung des politischen Ortes sind Personen, politische Ziele oder Aufträge, der jeweilige politische Diskurs an der Ost- und Westküste der USA sowie wichtige Ereignisse in der Raumfahrt und Aktivitäten von Protestbewegungen relevant.[77]

Beispielsweise entstand der Film zu einer Zeit, als die Spionagesatelliten im Rahmen des Hexagon-Programms des US-Militärs erstmals Bilder aufnahmen, die damals eine heute mit Google Earth vergleichbare Auflösung hatten.[78] Seit 2011 ist das Material aus dem Hexagon-Programm »declassified«[79] und käuflich. Die Panorama-Kameras des Keyhole-Spionagesatelliten KH-9 erreichten eine hohe Bodenauflösung von 91 cm bis zu 61 cm. Es soll möglich gewesen sein, Personen auf Picknickdecken im Park zu zählen — ein Motiv, das die Anfangsszene in *Powers of Ten* aufgreift. Der Spionagesatellit war mit zwei Kameras ausgestattet, nahm also stereoskopische Bilder auf — während die Eames mit den für ihre *Flatness* bekannten Luftbilder arbeiteten, also einer stark abstrahierten Repräsentation von Flächen und Landschaften, auf denen nur das geschulte Auge Gebäude und Infrastruktur erkennen kann.

An der Westküste in Los Angeles waren die Eames umgeben vom Jet Propulsion Laboratory der NASA, dem Mount Wilson Observatory und Hollywood — drei Orte der Bildproduktion. Das Jet Propulsion Laboratory entwickelte die ersten Forschungssatelliten und Sonden und ist heute eine Steuerungszentrale für Satellitenmissionen der NASA. Auf der Webseite werden die wissenschaftlichen Bilder zusammen mit Fotos von den Angestellten veröffentlicht, die in der Forschungseinrichtung und Bodenstation arbeiten. Die Sternwarte auf dem Mount Wilson ist als historische Quelle für astronomische Bilder zu verstehen, hier forschten Astronomen insbesondere in der ersten Hälfte des 20. Jahrhunderts mithilfe des Teleskops. Hollywood — vertreten zum Beispiel durch den Eames-Freund und Filmemacher Billy Wilder — lieferte Bilder zwischen Fiktion und Wirklichkeit, vermittelt manches Mal zwischen Forschung und Gesellschaft.

Ein weiterer Ort ist Chicago, im Film repräsentiert durch eine Stadtansicht von oben auf den Ausschnitt rund um das Soldier Field und den Lake Michigan. Zoomt man durch aktuelle Satellitenbilder in denselben geografischen Ausschnitt — etwa mit Google Earth, den Bilddaten in der Public Domain der US-amerikanischen staatlichen Geographical Society (USGS) oder der kalifornischen Satellitenbildfirma Planet — werden Unterschiede, die Transparenz der Bild- und Metadaten betreffend, deutlich, die jeweils Auskunft über die Bildpolitik der Firmen, ihr Geschäftsfeld und die eingesetzte Technologie geben.

Multiscreens

1964 produzierten die Eames eine aufwändige, ortsspezifische Mehrkanalinstallation im Auftrag von IBM für die Weltausstellung in New York: die Videoinstallation *Think*. Auf sieben Screens in verschiedenen Formaten — eine Komposition, wie sie beispielsweise von Altarbildern bekannt ist — wurden Computerprozesse didaktisch vermittelt: das Sammeln von Informationen (beispielsweise für eine Datenbank), das Abstrahieren von Informationen, die Entwicklung eines Modells und das Manipulieren eben dieses Modells. Die Botschaft lautete, dass, um Daten Bedeutung zu geben, ein Computer gebraucht wird. Die Eames sprangen zwischen den verschiedenen Perspektiven und Einstellungen hin und her und erzeugten so eine wechselhafte Dynamik, wie sie zu der Zeit zum einen aus der Sportberichterstattung bekannt war, zum anderen aus dem Dokumentar- und Lehrfilm: Sie zeigten ein Autorennen, den Fahrer im Close-up, das Publikum, Infrastrukturen wie Straßen und Abstraktionen des Geschehens in Form von Listen und Zahlen, Charts und Karten. In einem *Designer's Statement* hatte IBM »the central idea of the computer as an elaboration of human-scale acts« vorgestellt.[80] Im Zentrum der Computeridee von IBM sollten der Mensch und seine Umgebung stehen. In *Think* wurde in kleinen Szenen durchgespielt, wie der Computer das Leben an den sieben Wochentagen erleichtern kann, etwa indem er hilft, die Gästeliste und Sitzordnung für ein Fest zu planen oder die Haushaltsabrechnung zu machen. Zugleich imitierten die Eames-Filme dabei die Architektur von Computerprogrammen.[81]

Im Fall von *Think* kann das spezielle Arrangement der Projektionsflächen als Interface interpretiert werden, das die Fenster im Windows-Betriebssystem vorwegnahm, wenngleich in anderer Größenordnung und ohne die interaktive Bedienweise. Die Architekturtheoretikerin Beatriz Colomina hebt in ihrem Aufsatz über die Multiscreens der Eames hervor, dass sie mit einem »fixed perspectival view of the world«[82] brechen würden. Sie rückt sie in den Kontext sowohl des typischen, militärischen Lagebesprechungsraum als auch Expanded-Cinema-Experimente von Künstler·innen und Filmemacher·innen. Letzteren gehe es um das Herstellen immersiv erlebbarer Bildräume. Colomina betont die Multimedialität des Materials und schließt daraus auf eine multiperspektivische Sichtweise: »we find ourselves in a space that can only be apprehended with the high technology of telescopes, zoom lenses, aeroplanes, night-vision cameras, and so on, and where there is no privileged point of view.«[83] Colomina bringt die Installation in Zusammenhang mit dem sowjetischen Satelliten Sputnik, und interpretiert sie als Simulation einer umfassenden Satellitenüberwachung. Zwar gibt es bis heute keine ihrer Vision entsprechende engmaschige Satellitenüberwachung, doch nimmt sie in ihrem totalitären Charakter die sozialen Netzwerke, in denen Unmengen an Bildern abrufbar sind, vorweg.

Eine virtuelle Kamera

Die Funktion der simulierten Kamerafahrt in *Powers of Ten* ist es, Bildmaterial des Mikro- und Makrokosmos in einem gleichmäßigen Zoom miteinander zu verbinden, der einem synoptischen, medialisierten »Raum-Skript«[84] folgt. Mithilfe eines streng eingehaltenen Zoomfaktors und präziser Kamerafahrten simulieren die Eames eine virtuelle Kamera.[85] Dieses abstrakte Auge wird auf eine Bahn geschickt, die auf keine andere Weise ›befahrbar‹ wäre. Für die Animation machte sich das Team die Eigenschaft der Fotografie zunutze, skalierbar zu sein und zu skalieren. Andrew Fisher beschreibt das Potenzial des fotografischen Skalierens so, dass es den konkreten Fotografien virtuelle Dimensionen hinzufügt:

> Each photograph, at whatever scale it is made, encountered or addressed, harbours within it a plethora of other scaled relations and material facts of scale that, so to speak, spiral upwards and downwards, inwards and outwards, to enable and to impinge upon what the image is and how it can be used.[86]

Im Film werden die Menschen zur Referenzgröße gemacht. In der Eingangsszene liegen sie ausgestreckt auf der Picknickdecke. Im merleau-pontyschen Sinne können sie als »measuring body«[87] gelesen werden, als Perspektiven organisierender Körper-Apparatus. Insbesondere der Mann wird von oben betrachtet in voller Länge zur Maßeinheit der vertikal ausgerichteten Kamerafahrt. Beide Körper werden zu »frames of reference and media that the scientific gaze can penetrate«.[88] Die virtuelle Kamera der Eames lässt die Zuschauer·-innen »isolated but ecologically networked«[89] in die Welt blicken. Demnach kann der Film subjektiv so wahrgenommen werden, dass nicht nur die sichtbare Umwelt skaliert wird, sondern mit ihr die Zuschauenden. Während in einer dem Film *Powers of Ten* vorausgegangenen Multi-Screen-Installation *Glimpses of the USA* (1959) die Vogelperspektive als »aesthetic device to enter the circuit«[90] dient, spielt der Zoom von der Picknickdecke bis zur Milchstraße und zurück bis in die Blutbahnen allegorisch auf kybernetisches Denken an, ohne den Computer oder den Schaltkreis aus der Informationstheorie zu erwähnen. Dennoch ist hier eine zukünftige Bildschirmfunktion deutlich erkennbar, das Zooming-in und Zooming out in der Satellitenansicht von Online-Kartendiensten.

Auf diese Weise scheint der Film eine digitale Ästhetik vorwegzunehmen, die erst mit der Nutzeroberfläche von Computern allmählich möglich wurde. Die eamessche Kamera präsentiert diesen Zugriff auf die Welt im vordigitalen Zeitalter.

Powers of Ten ist nicht der erste und einzige Film von Charles und Ray Eames, in dem die Kamera eine Nutzer·innenperspektive abbildet. Dass sich mit der Computerisierung etwas am Bilderkosmos ändern würde, hatten sie in *Glimpses of the USA* vorausgesehen und reagierten darauf mit weniger anthropomorphen Bildern und einem rhythmisierenden maschinenhaften Schnitt.[91] Die Kameraeinstellungen in *Glimpses of the USA* entsprachen nicht der menschlichen Perspektive, sondern repräsentierten autonome, technische Blickwinkel. In dieser Installation garantierten bereits die Bildtechnologien—Luftbildkameras, Teleskope und Mikroskope—extreme Bilder. *Powers of Ten* fügte Zwischenstufen in Form von Zehnerpotenzen ein und vervollständigte auf diese Weise die in *Glimpses of the USA* sprunghaft wiedergegebene Welt, die sich vergleichsweise nah am menschlichen Maß—an der menschlichen Größe—bewegt, während *Powers of Ten* in algorithmische Größenordnungen drängt. Treibende Kraft für diese Entwicklung war, was Orit Halpern mit skeptischer Vorsicht als »assumption of universality«[92] bezeichnet. Die Eames produzierten somit eine Computerperspektive, die zum Entstehungszeitpunkt des Films mit Computern noch nicht realisierbar war.

Im Vorwort zum Buch *Powers of Ten*[93]—der deutsche Titel lautet *Zehn Hoch*—, das nach dem Tod von Charles Eames in Zusammenarbeit mit dem Physiker Philip Morrison und der Mathematikerin Phylis Morrison entstand, schreibt Ray Eames, dass sie die Zehnerpotenzen bereits in ihrem Film *A Communication Primer* (1953) zum ersten Mal ansprachen, um die Funktionsweise von Computern zu vermitteln und diese mit dem menschlichen Nervensystem in Relation zu setzen—ganz im Sinne der Kybernetik.

> The ability of these machines to store information, manipulate, sort and deliver it, is fantastic, and with their complex feedback systems, their memories, their almost human reactions to situations, it is understandable that they are popularly referred to as ›brains‹. The greatest fallacy in the comparison is one of degree. The decisions made by the machines are comparable in number to the half-million in this half-tone, but far greater are the number of stops and goes performed by the human nervous system in order to complete the simplest act. So great that if each decision were represented by a small half-tone dot, the total area of dots would cover several Earths. Such is the magnitude we reach when a number like a half-million is raised to the fourth power.[94]

Wie im Voice-Over deutlich wird: Der Mensch steht – wie in den nachfolgenden Projekten *Powers of Ten* oder den Multimediainstallationen *Glimpses of the US* und *Think* – als potenzieller Computernutzer im Mittelpunkt.

> Combining live-action footage with still photography and animation, it [A Communications Primer] playfully demonstrated the basic concepts of information theory, such as coding and transmission, by careful juxtaposition and overlapping of abstract shapes (›symbols‹ or ›bits‹) and photographic images of people, and demonstrating how people ›naturally‹ use machines to create and transmit ›messages‹. The abstractions of mathematics were mapped directly onto the ostensibly concrete form of the human body.[95]

1953 sind die Nutzer·innen also der Maschine überlegen. Der Computer ist ein Assistent, der den Menschen erst in Zukunft überlegen sein könnte. Den zukünftigen Nutzer·innen sollte die Angst vor der Maschine genommen werden, indem auf Claude Shannons Kommunikationsmodell basierende Szenarien für ihren alltäglichen Gebrauch einem Laienpublikum dargeboten wurden. Das Skript der Eames folgte dabei teils wortwörtlich der Einführung von Warren Weaver zu Shannons Kommunikationstheorie.[96] In seinem vorab veröffentlichen Paper[97] führt Shannon aus, wie eine Nachricht theoretisch über einen Übertragungskanal gesendet und empfangen wird. Entscheidend bei der Informationsübertragung ist, dass das Signal durch Störsignale verzerrt werden kann. In *A Communications Primer* (1953) heißt es dann abschließend um im Gegensatz dazu den Fortschritt durch Computer zu betonen: »these are information machines capable of storing, processing and relating a vast quantity of information. They process information so it can be made meaningful at the human scale.«[98] Andere Lesarten schreiben dem Computer zu, Normativität aufgrund von Daten-Input und Korrelation zu produzieren.[99] In dem anschließenden, für den IBM-Pavillon bei der Weltausstellung 1958 in Brüssel produzierten Filmprojekt *The Information Machine* (1957) verfolgen die Eames ihr Interesse an Informationstheorie weiter. Im Film wird die Notwendigkeit des Inputs von Informationen thematisiert, jedoch ohne diesen Prozess zu problematisieren. Der Input dient hier in erster Linie dazu, die Abhängigkeit der Maschine vom Menschen zu kommunizieren. Diese Hierarchisierung bestätigt sich in einer um 1979 herum von IBM Deutschland veröffentlichten Broschüre mit dem Titel *Die Infor-*

mationsmaschine. Darin heißt es über den Rechner: »Inzwischen wurden die intelligenten Automaten der Sphäre des Unheimlichen wieder entzogen. Der heutige Roboter – der Computer – ist wieder ›Maschine‹.«[100] Heute gelesen, klingt diese Textstelle nach einem Paradigmenwechsel, der sich in den nachfolgenden Jahrzehnten realisierte. In anschließenden Projekten war Film für die Eames dasjenige Medium, das einer Programmierung, d. h. einer Steuerung des Publikumserlebnisses am nächsten kam. Mit dem Aufkommen von PCs in den 1980er und 1990er Jahren bekam das Eames Office ein neues Werkzeug in die Hände und entwickelte eine Software-Version von *Powers of Ten*. Dieses Update des Projekts legt die Annahme nahe, dass ihr Design von Anfang an aus der Computerperspektive gedacht war.

Ein wissenschaftliches Weltbild vermitteln

In *Powers of Ten* bestimmen Methoden wie Skalierung und Modellbildung, das Paradigma des Blicks von oben. Darüber hinaus kann darin eine zukünftige prototypische Darstellungsweise der Erde – wie in Google Earth – erkannt werden. Aus Sicht der Morrisons haben die Eames zwei Ziele der Wissenschaft erreicht, die sie mit den Worten des Physikers Niels Bohr als die Ziele bezeichnen, einerseits »unsere Erfahrungswelt zu erweitern, und andererseits, sie auf Ordnungen zurückzuführen.«[101] Es ist also ein naturwissenschaftlich-universalistisches Weltbild, in dessen Kontext sie die eamessche Gestaltungsarbeit einordnen.[102]

Erstmals in den Dienst der Bildung trat das Paar, als sie 1968 den Auftrag des Komitees für Physik als Lehrfach annahmen. Dieses Komitee war von 1961 bis 1970 aktiv, um Lehreinheiten für das Unterrichtsfach Physik zu entwickeln, das im sogenannten *space race* als besonders zukunftsträchtig und zugleich notwendig eingestuft wurde. Das Ergebnis jenes Auftrags war die erste Version von *Powers of Ten* mit dem ausführlichen Untertitel *A Rough Sketch for a Proposed Film Dealing with the Powers of Ten and the Relative Size of Things in the Universe* (1968). Die ›Dinge‹, von denen im Titel die Rede ist, sind Bücher sowie ein Mann und eine Frau, die vor der Kamera liegen oder sitzen und auf Grund ihrer Reglosigkeit objekthaft erscheinen. Als der Film entstand hatte sich das Eames Office bereits ein knappes Jahrzehnt lang filmisch im Auftrag von IBM in Sachen Popularisierung und Vermittlung des Computers betätigt. IBM war damals das führende IT-Unternehmen in diesem Bereich und die meisten Amerikaner·innen hatten ein Bild von der Erde gesehen – das Bild, das der Wettersatellit ATS 3 aufgenommen hatte.[103] Bei der Entstehung der zweiten Version des Films waren die Apollo-Missionen bereits Geschichte und die Computer-Ära war zum Greifen nah.

Mit *Powers of Ten* unternahmen die Eames und ihr künstlerisch-gestalterisches Team im Eames Office den Versuch, bis dahin separat existierende Repräsentationen von Mikro- und Makrokosmos zusammenzuführen und somit bereits unzusammenhängend bestehende Vorstellungen in verbindender Weise zu visualisieren.[104]

Beim Vergleichen des Bildaufbaus beider Versionen fällt auf, dass die erste Umsetzung noch deutlich mehr Berechnungen am Bildrand mitliefert als die zweite. In der ersten werden die Zuschauenden über die aktuelle Distanz zur Picknickdecke in Potenzen zur Basis von zehn Metern sowie über die Zeit und die Geschwindigkeit im Verhältnis zur Lichtgeschwindigkeit informiert. Diese komplexen physikalischen Informationen entfallen in der zweiten Fassung, bis auf die Meterangaben, die ebenfalls in Zehnerpotenzen und ausgeschrieben am Bildrand stehen. Bei der Darstellung vermischen die Eames Konventionen der historischen Luftbildfotografie, der zufolge Kompass und Zeitpunkt der Aufnahme am Bildrand ergänzt wurden, mit dem Armaturenbrett in einem Flugzeug-Cockpit. Damit wirken die Eames der laienhaften Orientierungslosigkeit beim Betrachten von Luftbildaufnahmen entgegen, wie sie etwa von der Historikerin Lorena Rizzo beschrieben wird. Sie schreibt, »the location and date of the photograph provide some grounding, but this itemized information remains strangely at odds with a persistent sense of the non-situated and ahistorical, nurtured by the visual production of an unspecified, unresolved spatiality and temporality.«[105] Durch die Bilddramaturgie und die inszenierte Eingangsszene auf der Picknickdecke ist es den Eames gelungen, den Zuschauer:innen wissenschaftlichen Verhältnismäßigkeiten anschaulich zu vermitteln, wenngleich sie deren Abstraktionsvermögen in der zweiten Fassung weniger beanspruchen.

Neben der modernistischen Konzeption eines wissenschaftlichen Weltbildes, verfolgte der Film *Powers of Ten* eine prospektive Botschaft, da er, mit einem handgearbeiteten Zoom, heute am Computer berechenbare Kompositbilder, fotografische Karten, die virtuelle Kamera und die Zoomfunktion für digitale Bilder vorwegnimmt. *Powers of Ten* wird im Rahmen dieses Buchs demnach als Case Study aufgefasst für diesen vordergründig ablaufenden Übergang von einer statischen zu einer dynamischen 3D- oder VR-Repräsentation der Erde und des Weltraums. Erst mit der Einführung grafischer Benutzeroberflächen hat sich die analoge Machart des Films bis in die Gegenwart verlängert. Demnach kann der Film als verdichtetes Symbolvideo oder als Zeitkapsel eines modernen, wissenschaftlich fundierten Weltbildes betrachtet werden.

Petabytes und Dreidimensionalität

»Our accumulation of data has outstripped our capacity to model it«,[106] schrieb Charles Eames 1977, als das Datenvolumen nicht annähernd an die heutigen Dimensionen von Big Data[107] heranreichte. Eames hatte es sich zur Aufgabe gemacht, neue Möglichkeiten zu finden, um die angesammelten Daten zu modellieren. Die digitalen Globen von Google oder der NASA, deren Wegbereiter das Eames Office war, verwenden jedoch nur *minimal data*[108] für ihre Bilder Google Earth ist ein Abziehbild deutlich umfangreicherer Datensätze, aus denen Metadaten entfernt und militärische Anlagen oder Atombunker unsichtbar gemacht wurden.[109] Wie der Bildwissenschaftler W. J. T. Mitchell festhielt, befasse sich ein Großteil der Betrachtenden nicht mit den Daten ›unter‹ dem Bild. »The numerical or ›digital infrastructure‹ beneath the ›eyewash‹ of analog experience remains the province of technicians, not ordinary users, who treat digital images in much the same way as analog images (except easier to copy and distribute).«[110]

Hinzu kommt, dass sich User·innen mitunter zwischen nicht weiter gekennzeichneten Zeitachsen springen. Wie auch in *Powers of Ten* können die in einem lotrechten Zoom aufeinander folgenden Bilder zu unterschiedlichen Zeitpunkten aufgenommen worden sein. So kommt es beispielsweise zustande, dass in digitalen Globen Bilder von Baustellen in unterschiedlichen Bauphasen zu einem Bild zusammengefasst werden. Weniger Daten bedeuten jedoch Zugang zu einer größeren Zahl an User·innen, mehr Datengleichheit und Reduzierung des *digital divide*, denn mehr Daten erfordern eine höhere Bandbreite, größere Arbeitsspeicher und bessere Grafikkarten, die somit letztlich über die tatsächlichen Nutzer·innenzahlen bestimmen. Das deutsche Luft- und Raumfahrtzentrum veröffentlichte im Herbst 2018 ein digitales 3D-Höhenmodell der Erde mit einer Bodenauflösung von 90 Metern anstatt der eigentlich möglichen 12 Meter. Als Grund für die zugrundeliegende Datenreduktion wurde angegeben, dass die in Kartenform visualisierten Daten an einem durchschnittlichen Personal Computer mit einer durchschnittlichen Grafikkarte und einem durchschnittlichen Arbeitsspeicher nicht navigierbar wären. Der Spiegel betitelte das globale Bild als »184 Millionen-Quadratkilometer-Karte«.[111] Auf einem Computer müssten für diese bereits in ihrer Auflösung reduzierten Daten mindestens 800 Gigabyte Speicherplatz frei sein. An diesem Beispiel lässt sich ablesen, dass mit den 3D-Daten neue Darstellungsweisen und damit neue Kulturtechniken jenseits von Karte und Raster erforderlich werden.[112]

Lange Zeit war die Ansicht der Erde entsprechend den verfügbaren Repräsentationsmedien — Karte, Fotografie, Zeichnung — zweidimensional: Die Erde wurde als statische Oberfläche dargestellt. Seit den 1990er Jahren gibt es vektor- und rasterbasierte Grafiksoftware, um digitale Kompositbilder (auch Mosaikbilder genannt) zu erstellen. Mikrosatelliten der Firmen Capella Space oder ICEYE, die mit SAR-Technologie (Synthetic Aperture Radar) Bilder machen, sind unabhängig von Tages- und Nachtzeiten und Wolkenschichten; ihre Sensoren ›sehen‹ beziehungsweise ›fühlen‹ durch sie hindurch.

Gegenwärtig kann demnach ein Paradigmenwechsel festgehalten werden, der auf einer erheblich umfassenderen Datenlage basiert, in erweiterten dreidimensionalen Darstellungsweisen begründet liegt und sich in unterschiedlichen Disziplinen von den Geowissenschaften bis zur Astronomie auswirkt. Erst seit Daten in Einheiten von 10^{15} Bytes, also in Petabytes, erhoben und verarbeitet werden können, entstanden die Möglichkeiten, umfangreiche 3D-Repräsentationen zu verwirklichen.

Nicht allein die Darstellungsmodi der Erde ändern sich, auch das Wissen über das beobachtbare Universum wächst. 2014 entdeckten Forscher·innen den Laniakea-Supergalaxiehaufen, der einen Durchmesser von 500 Millionen Lichtjahren hat. Zudem fanden sie heraus, dass die Milchstraße annähernd doppelt so groß ist wie gedacht und gewölbt wie ein Wellblechdach. Bis dato waren viele Astronom·innen davon überzeugt gewesen, dass die Milchstraßengalaxie im Wesentlichen aus Sternen und Gas besteht, die zusammen die Form einer flachen Scheibe ergeben mit einem Durchmesser von 100.000 Lichtjahren und einer Dicke von 3.000 Lichtjahren. Die Sterne dieser Scheibe wären diesem veralteten Erkenntnisstand zufolge in mehrere Spiralarme verteilt gewesen und das Sonnensystem hätte sich in einem der äußeren Arme befunden. Die Erde hat auf Grund dieser Erkenntnisse eine Neuverortung erfahren.

Die zentrale Frage, die sich daraus in Bezug auf *Powers of Ten* ableitet, lautet: Wie können diese neuen Zahlen, Prozesse, Verortungen und Dimensionen anschaulich gemacht und zu einem Vorstellungsbild zusammengefügt werden? Wie wirkt sich der Maßstabssprung durch Big Data auf das digitale Bild aus – muss in *Powers of Thousand* gerechnet werden? Wenn die Eames heute wieder drehten, welche Visualisierungen würden sie nutzen, um aktuelle Rechenleistungen etwa von Quantencomputern zu vermitteln?

In Google Earth und Google Earth VR treffen diverse digitale Bilder aus unterschiedlichen Quellen auf der Oberfläche des digitalen Globus zusammen. In der digitalen Kultur gilt: »Images do not stay within discrete disciplinary fields such as ›documentary film‹, or ›Renaissance painting‹, since neither the eye nor the psyche operates along or recognizes such divisions.«[113] Zunächst steht Hito Steyerl zufolge die Verfügbarkeit dieser »poor images«[114] im Vordergrund; in Abgrenzung zur Nicht-Verfügbarkeit der Rohdaten. Denn die Rezeption des schon damals transdisziplinär angelegten Eames-Films führt zu künstlerischen Reflexionen, die auf den instabilen, porösen Zustand digitaler Bilder in den Wissenschaften wie in der digitalen Kultur hinweisen.

YouTubes ›Arme Bilder‹

Mit der Speicherung, Bearbeitung und Vervielfältigung von Bildern gehen Turbulenzen einher, das Digitale bleibt flüchtig. Daher gelten beispielsweise YouTube und alternative Plattformen als instabile, unsichere Archive.[115] John B. Thompson beschreibt das Phänomen, über die Kontextualisierung zirkulierender Bilder die Kontrolle zu verlieren, als »new visibility«.[116]

Ihr Konzept des »poor image« lädt die Künstlerin und Theoretikerin Hito Steyerl mit einem ähnlich umwälzenden Impuls auf. Sie diskutiert die niedrige Auflösung von Bildern im Netz und kritisiert im Gegenzug den Verbleib hochaufgelöster Daten bei den Mächtigen der Filmindustrie. Selbst wenn seit Erscheinen ihres poetischen Manifests *In Defense of the Poor Image*[117] im Jahr 2009 die Übertragung größerer Dateien durch mehr Bandbreite, Arbeitsspeicher und Speicherkapazität möglich geworden ist, haben sich die Verhältnisse in der »class society of images«[118] nicht grundsätzlich geändert. Im Vergleich zu den maximalen Kapazitäten der Amazon Web Services[119] und den Datenpools von NASA, ESA, Google, Airbus oder Planet sieht die Mehrheit der User·innen weiterhin »low resolution« und *minimal data*, während diejenigen in Machtpositionen weit in die digitalen Bilder hineinzoomen.

Heute gehört *Powers of Ten* zu den Filmen der Moderne, die auf YouTube wieder in Umlauf gekommen sind und über die Plattform als ›arme Bilder‹[120] zirkulieren.[121] Als Steyerl *In Defense of the Poor Image* (*In Verteidigung des armen Bildes*, 2009/2019) veröffentlichte, stand die DVD-Version des Films noch nicht im Netz. Laut YouTube wurde die Filmdatei ein Dreivierteljahr später im August 2010 hochgeladen und kann dort maximal in einer Auflösung von 480p abgespielt werden.[122] Über sechs Millionen Mal wurde die Datei laut Zähler angeklickt und tausende Male kommentiert. Im Unterschied zu den ›armen Bildern‹, die Steyerl verteidigt, befindet sich das Eames-Video im offiziellen Kanal des Eames Office. Diese Kopie ist autorisiert und steht in voller Länge und mit sorgfältig ausgefülltem Titel und kurzem Beschreibungstext online. Dort hat sie, sozusagen, ihren festen Platz. In Steyerls Text steht gleich am Anfang: »Das ›arme Bild‹ ist eine Kopie in Bewegung. Es ist grob, seine Auflösung ist unterdurchschnittlich. Je mehr es beschleunigt wird, desto mehr löst es sich auf.«[123] Ein ›armes Bild‹ ist die digitalisierte YouTube-Version des Eames-Films zwar in Bezug auf die Bildauflösung, aber die übrigen Kriterien, die in den folgenden Abschnitten zu diskutieren sind, werden nicht erfüllt. Powers of Ten wird als *educational film* eingeordnet, es ist ein Auftragsfilm, keine Film- oder Videokunst.

> Das arme Bild verkörpert das Nachleben zahlreicher ehemaliger Meisterwerke des Kinos und der Videokunst. […] Nachdem diese Werke aus der geschützten und häufig protektionistischen Arena der Nationalkultur ausgestoßen und aus dem kommerziellen Kreislauf ausgesondert wurden, sind sie zu Reisenden in einem digitalen Niemandsland geworden, wobei sie ständig ihre Auflösung, ihr Format, ihre Geschwindigkeit und ihr Medium verändern und manchmal unterwegs sogar ihren Namen und ihre Abspanntitel verlieren.[124]

Unter ›armen Bildern‹ versteht Steyerl solche Kopien von (überwiegend künstlerischen) Experimental- und Essayfilmen, die in schlechter Auflösung im Netz zirkulieren, teils unter unverständlichen Dateinamen, teils in unvollständigen Fassungen, Fernsehmitschnitten, VHS-Versionen. Zum Zeitpunkt ihrer Beschreibung und Konzeptualisierung meint der Begriff niedrig aufgelöste Dateien. Diese Kopien haben sich weitgehend von den Originalen abgelöst und verweisen auf »eigene reale Existenzbedingungen«.[125]

Das ›arme Bild‹ (in den von Steyerl betrachteten Beispielen sind es *moving images*, Bewegtbilder) performt die Bildbearbeitungspraxis von User·innen und die technologischen Bedingungen digitaler Zirkulation. Um gestreamt und gesehen werden zu können, darf die Datei — insbesondere im Jahr 2009, als der Text erschien — nicht groß sein. Als Filmemacherin konzentriert sich Steyerl auf Beispiele des Experimental- und Essayfilms, um anhand der anonymen und unorganisierten ›armen Bilderpolitische Ideen aus der Filmgeschichte zu aktualisieren und auf Leerstellen und Zugangspolitiken digitaler Archive zu verweisen.

Aus heutiger Sicht hat sich der Status der Bilder abermals verändert. Nach den Bildern, über die Steyerl nachdachte, muss lange gesucht werden — viele Filmarchive, Stiftungen und Nachlassverwaltungen haben sich bemüht, das Material in HD-Qualität oder besser zu digitalisieren und im institutionellen Kanal online zu stellen.[126] Das bedeutet, dass das von Steyerl beschriebene Phänomen sich in der Deutlichkeit nicht (mehr) zeigt. Grund dafür ist unter anderem die »Haussmannization of the Internet«, wie der

Soziologe Aras Özgün einmal den Zentralismus von Google, Amazon und Facebook zusammenfasste.[127] Darüber hinaus werden bestimmen Algorithmen die Sichtbarkeit von visueller Kultur im Netz.

Zu den Algorithmen: Wenn die Dateinamen—Steyerl erwähnt diese Strategie als Kennzeichen des ›armen Bildes‹, um nicht mit dem Urheberrecht in Konflikt zu geraten—falsch geschrieben werden,[128] werden sie in den Suchergebnissen nicht angezeigt. Unscharf und wackelig im Kino von der Leinwand abgefilmte sogenannte Piratenkopien tauchten auf Filesharing-Webseiten wieder auf. Auch in diesen Datenbanken gab es vergleichsweise ›reichere‹ Kopien, die von anderen User·innen bessere Bewertungen bekommen haben und deswegen über Torrent-Dienste häufiger runter- und wieder raufgeladen wurden. Unter User·innen erzielte das ›arme Bild‹ keine gute Bewertung. Nur in der Masse sagen sie über die Umstrukturierung der Archive, Besitzverhältnisse und Kontrollierbarkeit von Inhalten und Verbreitungswegen durch Instanzen wie Anwaltskanzleien und Internetanbietern aus. Auf der anderen Seite versammeln sich Steyerl zufolge diese ärmlichen (Raub-)Kopien in alternativen Sammlungen und Archiven, offline wie online.

Das Netz verträgt 2020 mehr Daten. Die Screens, Grafikkarten und die Breitbandverbindungen wurden besser, schneller, hochauflösender. Des Weiteren zirkuliert auf solchen Plattformen weiterhin jede Menge *found footage*. Und wenn die Dateien alt genug sind, dann sind sie nicht in anderer Qualität verfügbar. Hinzu kommt das GIF. Ein per se kleines, datenarmes Format, damit die Einzelbilder, aus denen so ein GIF zusammengefügt ist, so schnell wechseln, dass es die bloßen Augen nicht wahrnehmen. Sonst riskiert das GIF seine affektive Wirkung.

Bilder von mangelhafter Bildqualität können dazu dienen, die politischen und ökonomischen Bedingungen, geltendes Urheber- und Nutzungsrecht und Upload-Filter im Netz abzulesen.

> Insgesamt betrachtet, stellen die armen Bilder eine Momentaufnahme der Befindlichkeit der Menge, ihrer Neurosen, Paranoia und Ängste wie auch ihre Gier nach Intensität, Spaß und Zerstreuung dar. Der Zustand der Bilder zeugt nicht nur von den unzähligen Übertragungen und Umformatierungen, sondern auch von den zahllosen Menschen, die ihnen genügend Interesse entgegenbrachten, um sie immer wieder zu konvertieren, mit Untertitel zu versehen, neu zu bearbeiten oder hochzuladen.[129]

Das Urheberrecht ist nicht Diskurs dominierendes Thema unter Kulturproduzent·innen, die mit Strategien der Appropriation arbeiten—wobei dies kein zutreffender Begriff mehr sein mag, weil es nicht um Besitzen und um den Vorgang des Zu-eigen-Machens geht, sondern um Teilhabe an Diskursen. Die ›armen Bilder‹ hatten keine Anwaltsbriefe ausgelöst, und die Kopien von Stock-Photography-Ästhetik würden Anwaltskanzleien auch keine Arbeit bereiten. Anstelle von Copyright-Fragen werden Algorithmen, ihre Funktionsweise und ihre Auswirkungen auf das Ranking von Informationen, auf Überwachung und auf Kontrolle diskutiert. Algorithmen werden an Bilddatenbanken trainiert. Wenn nicht die Bilder an sich im Fokus stehen—weil darauf ohnehin nicht viel zu erkennen ist –, dann wäre durchaus anderes Bildmaterial denkbar, das als Stellvertreter für eine bestimmte, unterrepräsentierte (analoge) Bilderkultur steht, verbunden mit der Sorge der User·innen darum.

Vor diesem Hintergrund bietet sich ein weiterer Pfad an. Die buchstäblichen ›ärmlichen Bilder‹, die schlechten Kopien, entstehen gegenwärtig gezielt mit anderem Content und anderen Absichten. Ein derartiges Feld ist die *meme culture*. Bild- und Textkombinationen, die in den sozialmedialen Kanälen zirkulieren. Der Kunsthistoriker Wolfgang Ullrich hat in rechten Tumblr-Blogs Bildbeispiele gefunden, die sich der Vaporwave-Ästhetik bedienen.[130] Ein weiteres Beispiel sind die opaken Mikro-Ökonomien auf YouTube. Manche User·innen verdienen mit bearbeitetem Mainstream-Content, der den originalen Beiträgen in der Playlist täuschend ähnlichsehen soll, Geld, wenn sie höhere Klickzahlen erzielen.[131]

Digitale Bilder

Die YouTube-Version von *Powers of Ten* – die für eine DVD-Edition der Eames-Filme digitalisierte Fassung – beginnt mit einer Animation. Im Vorspann dreht sich eine über einem digital glatten Ozean schwebende transparente Pyramidenform im Licht des orange-getönten unendlichen Horizonts.[132] Eine Metapher für Digitalität, die immer wieder auftaucht, ist die des Flüssigen oder der Verflüssigung. Oftmals werden Ozean oder Weltraum als Motive herangezogen, um sowohl das Prozesshafte digitaler Bilder zu visualisieren, ihre »condition of digital-physical liquidity«,[133] als auch die Erfahrungen der Rezipient·innen mit Onlinewelten zu veranschaulichen. In den vergangenen Jahren wurde das digitale Bild als »nicht-existent‹,[134] »doppelt«,[135] »zweifach«,[136] »vernetzt«,[137] »arm«,[138] »verteilt«[139] oder »gestisch«[140] medien- und kulturtheoretisch konzeptualisiert. Die ontologischen Definitionsansätze wurden schnell abgelöst durch die Frage nach der Funktion dieser digitalen Bilder in bestimmten Praktiken,[141] sei es in den Naturwissenschaften, in den Künsten oder in den sozialen Medien (in deren Kanälen wiederum die digitalen Bilderzeugnisse der Wissenschaften, der Nachrichtenmedien und der Künste zirkulieren). Dabei wird deutlich: Das digitale Bild muss im Plural betrachtet werden, um seine Wirkweise in Abgrenzung zum analogen Bild erfassen zu können. Kennzeichnend für digitale Bilder ist laut Mitchell ihr »being in the world«, In-der-Welt-Sein; »the changed conditions of their production and circulation, the exponential increase in the number of images, and the rapidity of their transmission, especially via the Internet.«[142] Die von Mitchell genannten Aspekte bedingen sich wiederum gegenseitig. Bedingung seiner Beschäftigung mit (digitalen) Bildern ist es, sie nicht unabhängig von den Medien, in denen sie vorkommen, und der sinnlichen Wahrnehmung ihrer – mit Panofsky gesprochen – »prä-ikonographischen« Wirkung zu untersuchen. Und ein weiterer Aspekt trifft auf das vernetzte Bild zu, der Aspekt der Interaktivität. Bilder sind verlinkt, mit anderen Bildern oder mit *mouse-over-text* (wie beispielsweise einer Bildunterschrift), oder dienen als Kontrollfeld für die Bildbearbeitung.[143] Diese Wirkung von Bildern erachtet

Mitchell dann als unwesentlich, wenn Computer beziehungsweise Maschinen Bilder ›sehen‹, wenn die Bilder als Code vorliegen, werden sie ›gelesen‹.[144]

Auf den Bildschirmen von Geowissenschaftler·innen sind Daten, nachdem sie durch die sogenannte *imaging pipeline* transportiert wurden, als vierdimensionaler Bildwürfel zu sehen, der zeitbasierte, immaterielle Informationen (beispielsweise Wetterdaten) enthält. Nebenbei entstehen in den digitalen Bildkulturen solche Aufnahmen, die nicht für Fernerkundung, Überwachung und Kontrolle instrumentalisierbar sind. Etablierte Kulturtechniken wie das Kartografieren werden von neueren technologischen Konstellationen aus Smartphone-Anwendungen und und Satelliten des Global Positioning System (GPS) herausgefordert. Darüber hinaus lassen sich Ansätze beobachten, die skalare Hierarchien (von Mikro- bis Makrokosmos) durch alternative Darstellungsmethoden ersetzen. So werden in gegenwärtigen, post-ikonischen Bildwelten berühmte Raumfahrtbilder der Erde (wie *Earthrise* und *Blue Marble*) durch multiperspektivische, prozessorientierte Erdbilder abgelöst. Jüngste Entwicklungen im Bereich *Augmented* und *Virtual Reality* erweitern solch digitale Bildräume noch um immersive Effekte und führen zu epistemologischen Verschiebungen in der digitalen Bildtheorie.

Das ikonische Bild des blauen Planeten, die *Blue Marble,* entspricht nicht mehr dem aktuellen (Vorstellungs-)Bild von der Erde. Es wurde ersetzt durch unzählige Bilder, mit denen die Erdkugel primär als messbares und berechenbares Objekt repräsentiert wird. So zirkulieren viele Repräsentationen der Erde, die dem gegenwärtigen Bewusstsein für die Komplexität etwa der globalen Erderwärmung entsprechen. Je nach Forschungsfrage und Disziplin sind andere Schwerpunkte gesetzt und demnach andere Daten visualisiert worden. Ein neues Bild kann aus täglich aktualisierten Daten ›errechnet‹ werden und das Potenzial politisch wirksam zu werden, etwa im Diskurs der Klimakrise, haben deswegen viele Bilder – ebenso wie die *Blue Marble* damals für die Umweltbewegung zu einer wichtigen visuellen Botschaft erklärt worden war.

Zum digitalen Bild in den Wissenschaften, einem sensorischen Bild, wie es anhand von Satellitendaten berechnet werden kann, existieren unterschiedliche Konzeptualisierungen, die in den vergangenen Jahren im Feld der Medienwissenschaften und der Wissenschaftsgeschichte erarbeitet wurden. Dazu gehört der Sammelband *Datenbilder,* der auf empirischen Untersuchungen im Institut für Planetenforschung am Deutschen Luft- und Raumfahrtzentrum in Berlin Adlershof aufbaut. Die Medienwissenschaftler Ralf Adelmann und Jan Frercks schlagen den Begriff ›Datenbild‹ vor, um deutlich zu machen, »dass diese Visualisierungen wiederum die Grundlage einer Veränderung und Anpassung der Datenbestände sind. […] Am Ende der Kette kann dann wieder ein Bild […] stehen, das zwar in der Darstellungskonvention der Landschaft mit falschen Schatten und Farbe eine an irdische Sehgewohnheiten orientierte Perspektivsicht konstruiert, das aber gleichzeitig auf Messungen, algorithmischer Datenverarbeitung und einem möglichst exakten Geländemodell dieses Ausschnitts«[145] beruht.

Neben dem Begriff der *Datenbilder* kursieren in den Geisteswissenschaften weitere Vorschläge, die Kompositbilder zu konzeptualisieren, so spezifiziert die Medienphilosophin Gabriele Gramelsberger solche Bilder etwa als »mathematische Bilder«.[146] Die berechneten Bilder wirken besonders statisch, da sie mehr Informationen enthalten als die einer einzigen Aufnahme. Es sind Megapixel-Bilder. Bilder, die aus einem Zusammentreffen von *Big Science*, Fototechnik und Big Data hervorgegangen sind. Es sind passivere Bilder als die Videobilder auf YouTube. »Das Videobild schien also zu zerstören, was gerade das Wesen des Bildes ausmacht, nämlich seinen Teil an Passivität, der dem technischen Kalkül der Zwecke und Mittel sowie der geeigneten Lektüre der Bedeutungen im Schauspiel des Sichtbaren widersteht.«[147]

In Teilen der Geisteswissenschaften genügen also Container-Begriffe, um sich mit dem Status digitaler Bilder in den (technologisch geprägten) Naturwissenschaften vertraut zu machen. In dem Zusammenhang ist es bedeutsam, dass in der Astrogeologie die Bildgebungsprozesse mit einer *visualization pipeline*[148] schematisiert werden. Diese Pipeline—eine Terminologie, die sich unbeabsichtigt gut in Virilios Beschreibung einer ›Industrialisierung des Sehens‹ einfügt—zeigt die Abfolge der automatisierten Bearbeitungsschritte an. Nachdem Satelliten oder Sonden Rohdaten aus dem Weltraum gesendet haben, laufen folgende Arbeitsschritte in der Visualisierungspipeline ab. Für eine wissenschaftliche Visualisierung sind im Wesentlichen drei Rechenprozesse nötig: »Die Datenaufbereitung *(Filtering)*, die Erzeugung eines Geometriemodells *(Mapping)* und die Bildgenerierung *(Rendering)*.«[149] Wobei dieser lineare Ablauf nicht beim Erstellen eines Bildes endet, vielmehr dient dieses Bild wiederum als Feedback und erzeugt so eine Rückwirkung auf die vorangegangenen Zwischenschritte und die Datenakquise. Der Datenbegriff unterscheidet dabei zwischen Rohdaten, abstrakten und grafischen Daten. In einer überarbeiteten Version der *visualization pipeline* haben Planetenforscher·innen den aufgezählten Arbeitsschritten eine weitere Ebene hinzugefügt: Daten, Information und Wissen.[150] Der Begriff Repräsentation spielt hier keine Rolle, dafür lässt sich eine Reflexion und Kommunikation des Epistemologischen beobachten.

Der Wissenschaftshistoriker Peter Galison berichtet in *Images Scatter Into Data, Data Gather Into Images*[151] vom wissenschaftlichen Bild und der Streitbarkeit des Visuellen in der Wissenschaftsgeschichte. Er führt den diskursiven Begriff des *conflicted image* ein, mit dem er auf epistemologische Aushandlungsprozesse innerhalb der (Astro-)Physik verweist. Erst in den 1970er Jahren wird ein Bild epistemisch, das Wissen festhalten kann. Galison beobachtet einen ständigen Prozess: aus Daten werden Bilder, die wiederum neue Datenabfragen auslösen. Das Bild steht nicht still. Daraus entstehen wieder Bilder; bis etwas nachgewiesen oder gezeigt werden kann. Nun scheint es so, dass das kulturelle Gedächtnis auf den früheren Bildern beharrt, weil diese ersten Bilder vor allem ›einfache Bilder‹ sind, leicht verständlich. Ihre Produziertheit tragen sie auf der Bildfläche zur Schau.

In der Astrophysik gilt weiterhin Galisons Konzept des *conflicted image*. Wobei mit dem ersten Bild von einem Schwarzen Loch, das im Frühjahr 2019 in fünf simultan abgehaltenen Pressekonferenzen weltweit vorgestellt wurde, zugleich ein *pictorial turn* in dieser Disziplin markiert wurde.[152]

Als das erste wissenschaftliche Bild (»first-ever picture of a black hole unveiled«) von einem Schwarzen Loch einer globalen Öffentlichkeit präsentiert wurde, stellte sich schnell die Frage, was auf dem Bild eigentlich zu sehen ist. Was bedeuten die Farben? Und wie war es von der Datenerfassung durch ein virtuelles Teleskop (das Event Horizon Telescope) zu den Jpegs gekommen, die als Pressebilder sozialmediale Verbreitung finden? Beschreibungen des rötlichen Energie-Rings als ›Schatten‹ oder ›Silhouette‹ machen das Schwarze Loch in der Galaxie M87 zum Objekt und das publizierte Bild zur Fotografie. Wenn hier aber aus Daten von nicht-optischen Wellenlängen ein Bild errechnet wurde, stößt die Beschreibung der zweidimensionalen Abbildung offenbar an sprachliche Grenzen beziehungsweise fällt in altbekannte Beschreibungen fotografischer Bilder zurück.

Das Veröffentlichen der Bilddaten für eine breite Öffentlichkeit ist zwar einerseits durch viele Datenbanken im Netz gewährleistet, doch ohne Kenntnisse bleiben diese Datenbanken dennoch ›verschlossen‹. So gesehen konzentriert sich die öffentliche Wahrnehmung doch auf wenige ikonische Momente, wie zum Beispiel das erste Bild, das den ganzen Mond und die ganze Erde in einem Bild zeigt, oder jenes erste, vom Saturnorbit aufgenommene Bild der Erde, das im Rahmen der Cassini-Mission entstand. Zuvor hatte sich der Physiker Carl Sagan (1934–1996) dafür eingesetzt, dass die Voyager-1-Sonde in einer Entfernung von 4 Milliarden Meilen Richtung Erde gedreht wurde, um ein Bild aufzunehmen und zur Erde zu senden.[153] Das war im Februar 1990, die Sonde war bereits seit 1977 im Weltraum. Übertragungszeit der Daten: fünfeinhalb Stunden. Das Bild wurde von Sagan bekannt gemacht als *Pale Blue Dot*.[154] Es zeigt nur den Ausschnitt eines ersten, aus 60 Einzelbildern zusammengefügten Kompositbildes vom Sonnensystem. In einem der Einzelbilder ist die Erde als Lichtpunkt zu sehen, kleiner als ein Pixel, nur 0,12 Pixel groß. Die farbigen Lichtstreifen sind ein Effekt der Farbfilter (violett, blau und grün), der aufgrund der Nähe zur Sonne entstand. Die Hintergrundmerkmale im Bild sind Artefakte, die sich aus der Vergrößerung ergeben. Nie zuvor war die Erde auf einem Bild so winzig und daher kaum wahrnehmbar erschienen. Auf diesem Bildausschnitt ist neben dem Punkt, der die Erde repräsentiert, die Aufnahmetechnik auf der Bildfläche in Form von Artefakten sichtbar geworden.

1 Allein in ihrem Rechenzentrum in Utah speichert die NSA Überwachungsdaten im Umfang von Yottabytes – 10^{24} Bytes.

2 Eames Demetrios in einem Skype-Gespräch mit V. T. am 5.9.2017.

3 Vgl. Eames Demetrios, *An Eames Primer*, New York: Universe Publishing 2001, S. 247.

4 Eames Archive, Library of Congress, Manuscript Division, Box 207, Folder 8.

5 In dem Zusammenhang ist auch die postum erschienene CD-ROM *Zehn Hoch Interaktiv* als Erweiterung beziehungsweise Anpassung an ein interaktives Medium erwähnenswert (Eames Demetrios (Hg.), Pyramid Media 1999; deutsche Ausgabe Spektrum Akademischer Verlag 1999). Eine Rezension in der *New York Times* kritisierte, dass »[n] avigating the Powers of Ten disc, however, proved to be a challenge. The program slaps together portraits of thinkers on time and space, from Descartes to Einstein, with bits of science and a history of the Eameses work thrown in: exactly the sort of needless complexity it was the genius of the Eameses to cut through.« (*New York Times*, 18.11.1999, S. 24). Hier wird deutlich, dass beim Verlassen des filmischen Mediums die strenge Architektur der Eames zerfällt. Mehr als 20 Jahre nach Veröffentlichung ist die CD-ROM nicht mehr abspielbar. Die Software ist veraltet.

6 2004 bekam Bill Tondreau für seine Arbeit im Bereich der Motion-Control-Technologie (die u. a. in Filmen wie *Tron* und der Reihe *Herr der Ringe* zum Einsatz kam) einen Oscar verliehen. (Vgl. Mark Olsen, »No groupies, but he's got an Oscar«, in: *Los Angeles*

Times, 29.2.2004, https://www.latimes.com/archives/la-xpm-2004-feb-29-ca-olsen29-story.html).

7 Pat Kirkham, *Charles and Ray Eames. Designers of the Twentieth Century*, Cambridge, MA: The MIT Press 1995, S. 360.

8 Kees Boeke, *Cosmic View: The Universe in Forty Jumps*, New York: John Day 1957.

9 Janet Harbord, »Ex-centric Cinema: Machinic Vision in the Powers of Ten and Electronic Cartography«, in: *Body & Society*, 18, 1, 2012, S. 99–119, hier S. 105.

10 Vgl. ebd., S. 355f.

11 Vgl. Charles Eliot Norton Lectures in John Neuhart / Marilyn Neuhart / Ray Eames, *Eames Design. The Work of the Office of Charles and Ray Eames* [New York: Harry N. Abrams, Inc. 1989], Berlin: Ernst & Sohn 1989, S. 355f.

12 Michael J. Golec, »Optical Constancy, Discontinuity, and Non-discontinuity in the Eamses' *Rough Sketch*«, in: Nancy Anderson / Michael R. Dietrich (Hgg.), *The Educated Eye: Visual Culture and Pedagogy in the Life Sciences*, Hanover: Dartmouth College Press 2012, S. 162–185, hier S. 166.

13 Vgl. Reinhold Martin, *The Organizational Complex. Architecture, Media and Corporate Space*, Cambridge, MA / London: The MIT Press 2003, S. 34. Laut Martin kommt die Erweiterung um ›academic‹ Mitte der 1960er Jahre auf. (Vgl. ebd., S. 54).

14 Charles Eames, »Norton Lecture One«, in: Ders., *Harvard Norton Lecture Series*, Cambridge, MA: Eames Office Archives, 26.10.1970.

15 Vgl. Neuhart u. a., *Eames Design. The Work of the Office of Charles and Ray Eames*, S. 356.

16 Vgl. ebd., S. 362.

17 Hier wird bewusst nicht gegendert, da aus Dokumenten im Eames Archive der Schluss gezogen werden konnte, dass Charles Eames' berufliches Netzwerk aus Wissenschaftlern, Designern, Filmemachern und Kollegen aus anderen Berufsgruppen bestand.

18 Vgl. Emanuele Coccia, *Das Gute in den Dingen. Werbung als moralischer Diskurs*, Berlin: Merve 2017.

19 Charles Eames, »On Reducing Discontinuity«, in: *Bulletin of the American Academy of Arts and Sciences*, 30, 6, März 1977, S. 24–34, hier S. 24.

20 Eames Office, »A Rough Sketch for a Proposed Film Dealing With the Powers of Ten and the Relative Size of Things in the Universe«, 1968, 8 Min., https://www.eamesoffice.com/the-work/powers-of-ten-a-rough-sketch/.

21 Eames Office, »Powers of Ten«, 1977, 9 Min., https://youtu.be/0fKBhvDjuy0.

22 Auf YouTube ist es der einzige Eames-Film, der seit 2015 mehrsprachig untertitelt online aufrufbar ist, parallel zur tourenden Eames-Ausstellung, die zunächst im Londoner Barbican Centre Station machte. Der Film ist im Videoformat in drei weiteren Sprachen aufrufbar: Mandarin, 5.700 Abrufe, Deutsch, 51.000 Abrufe und Japanisch, 105.000 Abrufe. Die englische Originalfassung wurde 7,2 Millionen Mal gesehen (Stand Juli 2021).

23 Ruth Bowman, »Oral history interview with Ray Eames«, 28. Juli und 20. August 1980, Smithsonian Institution, Archives of American Art, o. S., https://www.aaa.si.edu/collections/interviews/oral-history-interview-ray-hheames-12821.

24 Pat Kirkham, »Introducing Ray Eames (1912–1988)«, in: *Furniture History*, 26, 1990, S. 132–141, hier S. 138.

25 Sarah Booth Conroy, »The Eames Legend Of Spare Simplicity«, in: *The Washington Post*, 24.7.1977.

26 Eames Demetrios, *An Eames Primer*, S. 143.

27 Ebd., S. 246.

28 Ebd.

29 Ebd.

30 Ebd., S. 245.

31 Der Begriff ›cognitive mapping‹ stammt von dem Stadtplaner Kevin Lynch, der darunter die subjektive Orientierung im urbanen Raum verstand. Das Beispiel hier passt zu Lynchs Begriffsauslegung im Kontext seiner Stadtforschung der 1960er Jahre. Für eine Weihnachtskarte ist es ein untypisches Motiv.

32 In den 1940er Jahren traf sich Charles Lindbergh mehrmals mit Nationalsozialisten in Deutschland und wurde aus dem US-Militär ausgeschlossen. (Smithsonian Channel, »Charles Lindbergh and the Rise of 1940s Nazi-Sympathizers«, 7.7.2017, 2 Min. 3 Sek., https://www.smithsonianmag.com/videos/charles-lindbergh-and-the-rise-of-1940s-nazi-s/; Andreas Conrad, »Ein Naziorden für Charles Lindbergh«, *Der Tagesspiegel*, 3.2.2002, https://www.tagesspiegel.de/gesellschaft/panorama/ein-naziorden-fuer-charles-lindbergh/288308.html).

33 Kirkham, *Charles and Ray Eames. Designers of the Twentieth Century*, S. 312.

34 Vgl. International Geophysical Year (IGY), 1957 / 58.

35 Philip Morrison, »Books« [Joseph Lintz / David S. Simonett (Hgg.), *Remote Sensing of Environment*, Reading, MA: Addison Wesley 1976], in: *Scientific American*, 236, 6, Juni 1977, S. 136–141, hier S. 138 / 39.

36 Philip Morrison, »Books« [Samuel Y. Edgerton, *The Renaissance Rediscovery of Linear Perspective*, Jr. Basic Books 1975], in: *Scientific American*, 237, 1, Juli 1977, S. 146–153.

37 Philip Morrison, »Books« [Nicholas M. Short. Paul D. Lowman. Jr., Stanley C. Freden und William A. Finch. Jr., *Mission to Earth: Landsat Views the World*, NASA SP-360. U. S. Government Printing Office], in: *Scientific American*, 237, 2, August 1977, S. 1321–38.

38 Philip Morrison, »Books«, in: *Scientific American*, 237, 3, September 1977, S. 46–61.

39 Werbeanzeige der Bell Laboratories / Western Electric, in: *Scientific American*, 236, 6, Juni 1976, S. 74.

40 Werbeanzeige von IMSAI, in: *Scientific American*, 237, 1, Juli 1977, S. 103.

41 Werbeanzeige von Hewlett Packard, in: *Scientific American*, 237, 2, August 1977, S. 50–51.

42 Werbeanzeige der Holex Corporation, in: *Scientific American*, 236, 6, Juni 1977, S. 107.

43 Vgl. Margarete Pratschke, »Die Kunst, Technik zu vermitteln. Zur Bilddidaktik des Computers bei Charles und Ray Eames«, in: Karsten Heck / Horst Bredekamp / Matthias Bruhn / Gabriele Werner (Hgg.), *Bildwelten des Wissens. Bildendes Sehen*. Kunsthistorisches Jahrbuch für Bildkritik, Band 7, 1,

Berlin: Akademie Verlag 2009, S. 19–34, hier S. 19–21.

44 Gilles Deleuze, *Foucault* [Paris: Édition de Minuit 1986], Frankfurt am Main: Suhrkamp 1987, S. 73.

45 Die Malerin Ray Eames hat die Vanitas-Symbole und kunsthistorischen Referenzen arrangiert. Auf Fotos vom Making-of kniet sie auf den Picknickdecken und ordnet die Objekte an, die zur Ausstattung gehören. (Vgl. Library of Congress, Prints & Photographs Division, LOT 13385 (H), Box 1, Dokumentennr. 48–61 und 134–135).

46 Benjamin Bennett-Carpenter, *Death in Documentaries: The Memento Mori Experience*, Leiden / Boston: Brill Rodopi 2017, S. 57.

47 Das Maßnehmen hat in den Arbeiten von Charles und Ray Eames immer eine wichtige Rolle eingenommen.

48 »This placement of human beings at the center frame of the film operates as a pivotal point of connection for the film audience. Without this placement at the center, ›people could get lost‹ in ›the big picture‹, people here as both the subject matter and as the audience itself.« (Bennett-Carpenter, *Death in Documentaries*, S. 67).

49 Google Earth hat nicht nur den Zugang zu Satellitenbildern erleichtert, sondern das sogenannte virtuelle Reisen zum Zeitvertreib gemacht. User·innen weltweit sammeln und posten ungewöhnliche Orte und Plätze, die sie beim Surfen finden.

50 Vgl. Thom Patterson, »1970s spy satellite ›better than Google Earth'«, *CNN*, 1.9.2016, https://edition.cnn.com/2016/09/01/us/declassified-spy-satellite-hexagon/index.html.

51 Über den Park und das Picknicken als ur-demokratische Freizeitsymbole muss bei einer anderen Gelegenheit geschrieben werden. An dieser Stelle nenne ich im Zusammenhang mit der Bedeutung von Parks für das gesellschaftliche Selbstverständnis nur die Bedeutung des Vorgartenrasens in den USA, eine kulturelle Ikone. Der Vorgartenrasen steht für die Vorstellung, dass die Anwohner·innen zusammen in einem Park leben.

52 Vgl. »The aboveground order of a grid city facilitates its underground order in the layout of water pipes, storm drains, sewers, electric cables, natural gaslines, and subways [...] Delivering mail, collecting taxes, conducting census, moving supplies and people in and out of the city, putting down a riot or insurrection [...] are all made vastly simpler by the logic of the grid.« (James C. Scott, *Seeing Like a State*, New Haven / London: Yale University Press 1998, S. 5f.).

53 Anthony Bowman, »Charles Eames: The Designer as Renaissance Man«, in: *America Illustrated*, 19.10.1971, Washington: Work of Charles and Ray Eames, Manuscript Division, Library of Congress, Box 105, Folder 10.

54 Eric Schuldenfrei, *The Films of Charles and Ray Eames: A Universal Sense of Expectation*, London: Routledge 2014, S. 140. Schuldenfrei zitiert hier aus Anthony Bowman, »Charles Eames: The Designer as Renaissance Man«, in: *America Illustrated*, Washington: Work of Charles and Ray Eames, Manuscript Division, Library of Congress, Box 105, Folder 10, 19.10.1971, S. 7.

55 Der Künstler James Bridle hat für sein seit 2015 fortlaufendes Webprojekt *Landsat.me* einen Code geschrieben, der automatisch täglich aktuell verfügbare Satellitenbilder aus dem seit 2013 laufenden Landsat8-Programm von der USGS-Webseite übernimmt und in seine dafür eingerichtete Landsat-Bildergalerie stellt. Seit 2018 wird zusätzlich das jeweils aktuellste Bild des Vorgängermodells Landsat7 übernommen – hierbei handelt es sich um nichtkorrigierte Satellitenbilder mit Artefakten, da der Multispektralsensor des älteren Satelliten seit 2003 aufgrund eines Mechanikproblems eingeschränkt funktioniert. Meist werden die Fehler für die weitere Verwendung des Bildmaterials, z. B. für Google Maps, zurückgerechnet. In einem zweiten Webprojekt zu öffentlich zugänglichen Satellitenbildern stellt James Bridle jeweils eine Datenfeld-Anordnung [engl. *array*] von drei mal drei Satellitenbildern in einen Blog, sodass sich daraus eine abstrakte Bilderserie ergibt. (Siehe http://laaaaaaandsat.tumblr.com: a tumblr for a satellite).

56 Vgl. Webseite der NASA zum Landsat-Satellitenprogramm: https://landsat.gsfc.nasa.gov/the-worldwide-reference-system/.

57 Beaumont Newhall, *Airborne Camera. The World from the Air and Outer Space*, New York: Hastings House 1969, S. 118.

58 Donna J. Haraway spricht vom »recently congealed planet Earth – the ›whole earth‹ of eco-activists and green commodity catalogs«. (Donna J. Haraway, *Modest-Witness @Second-Millennium.Female-Man-Meets-OncoMouse: feminism and technoscience*, New York: Routledge 2018 [1997], S. 12.

59 Philip und Phylis Morrison, »Ein glücklicher Tintenfisch. Charles und Ray lernen Wissenschaft und lehren sie mit Bildern«, in: James H. Billington / Alexander von Vegesack (Hgg.), *Die Welt von Charles & Ray Eames*, Berlin: Ernst & Sohn 1997, S. 105–117, hier, S. 107.

60 Alex Funke in James Hughes, »The Power of Powers of Ten«, in: *Slate*, 4.12.2012, http://www.slate.com/articles/arts/culturebox/2012/12/powers_of_ten_how_charles_and_ray_eames_experimental_film_changed_the_way.html?via=gdpr-consent.

61 Charles Eames, »The Language of Vision: The Nuts and Bolts«, in: *Bulletin of the American Academy of Arts and Sciences*, 28, 1, Oktober 1974, S. 13–25, hier S. 24.

62 Mark Dorrian, »Adventure on the Vertical: Powers of Ten and the Mastery of Space by Vision«, in: *Cabinet*, 24, 44, Winter 2011/12, S. 17–22, http://www.cabinetmagazine.org/issues/44/dorrian.php.

63 Hélène Lipstadt, »Eine natürliche Überschneidung. Charles und Ray Eames und die amerikanische Regierung«, in: James H. Billington / Alexander von Vegesack (Hgg.), *Die Welt von Charles & Ray Eames*, Berlin: Ernst & Sohn 1997, S. 152, Anm. 4.

64 Vgl. Neuhart u. a., *Eames Design. The Work of the Office of Charles and Ray Eames*, S. 307f.

65 Ebd., S. 305.

66 Gerald B. Nash, *The American West Transformed: The Impact of World War II*, Lincoln, Nebraska: University of Nebraska Press 1990, S. 25.

67 Vgl. Ryan Reft, »Charles and Ray Eames: How Wartime L.A. Shaped the Mid-Century Modern Aesthetic«, in: *Tropics of Meta*, 11.10.2016, https://tropicsofmeta.com/2016/10/11/charles-and-ray-eames-how-wartime-l-a-shaped-the-mid-century-modern-aesthetic/.

68 Ebd.

69 Siehe Bestellkataloge, »Astronomical Photographs«, The Lick Observatory, University of California, 1965 (auf Seite 13 »Galaxies« wurden Abbildungen ausgeschnitten) und »Catalogue of Photographs and Slides from the Mount Wilson and Palomar Observatories«, Carnegie Institution of Washington, California Institute of Technology. Eames Archive, Library of Congress, Manuscript Division, Box 206, Folder 6.

70 Vgl. David H. Price, *Cold War Anthropology: The CIA, the Pentagon, and the Growth of Dual Use Anthropology*, Durham: Duke University Press 2016, S. 353.

71 Martin, *The Organizational Complex*, S. 3f.

72 Vgl. ebd., S. 93.

73 McKenzie Wark, »Blog-Post for Cyborgs. On Donna Haraway«, in: *Public Seminar* (Blog), 24.9.2015, http://www.publicseminar.org/2015/09/blog-post-for-cyborgs/.

74 Thyrza Nichols Goodeve, *How Like a Leaf: An Interview with Donna J. Haraway*, New York: Routledge 2000 [1998], S. 42.

75 Ebd.

76 Kirkham, *Charles and Ray Eames. Designers of the Twentieth Century*, S. 350.

77 Vgl. Kritik von Will Bradley. Will Bradley, »What Illuminates the Night?«, in: Futurefarmers (Amy Franceschini und Michael Swaine), *A Variation on Powers of Ten*, Berlin: Sternberg Press 2012, S. 159–163.

78 Vgl. Thomas Patterson, »1970s spy satellite better than Google Earth«, *CNN*, 1.9.2016, https://edition.cnn.com/2016/09/01/us/declassified-spy-satellite-hexagon/index.html. 2016.

79 »Spy Satellite Engineer's Top Secret Is Revealed«, National Public Radio, 29.10.2011, http://www.npr.org/2011/10/29/141824562/spy-satellite-engineers-top-secret-is-revealed.

80 IBM-Mitteilung anlässlich der Weltausstellung in New York 1964.

81 Vgl. Pratschke, »Die Kunst, Technik zu vermitteln. Zur Bilddidaktik des Computers bei Charles und Ray Eames«.

82 Beatriz Colomina, »Enclosed by Images: The Eames' Multimedia Architecture«, in: *Grey Room*, 2, Winter 2001, MIT Press, S. 5–29, hier S. 11.

83 Beatriz Colomina, »Information obsession: The Eames' multiscreen architecture«, in: *The Journal of Architecture*, 6, 3, Herbst 2001, S. 205–223, S. 209.

84 Jörg Dünne, »Welt-Literatur. Die Umrundung der Erde und Schreibakte seit der Frühen Neuzeit«, in: *NCCR Mediality*, Newsletter Nr. 6/2011, Nationaler Forschungsschwerpunkt Medienwandel – Medienwechsel – Medienwissen. Historische Perspektiven (Hg.), Universität Zürich, S. 14.

85 Vgl. Jens Schröter, »Virtuelle Kamera. Zum Fortbestand fotografischer Medien in computergenerierten Bildern«, in: *Fotogeschichte. Beiträge zur Geschichte und Ästhetik der Fotografie*, 23, 88, Juni 2003, Marburg: Jonas Verlag, S. 3–16.

86 Andrew Fisher, »Photographic Scale«, in: *Philosophy of Photography*, 3, 2, 2012, S. 314.

87 Aud Sissel Hoel und Annamaria Carusi denken mit Maurice Merleau-Ponty und schlagen den Begriff »measuring body« vor, »to emphasize the ›in-each-otherness‹ (Ineinander) of the material and ideational aspects of mediation« (S. 79). Sie definieren diesen messenden Körper für das Zeitalter der Digitalisierung als »a shifting matrix that is at once perceptual, symbolic, and technological. The world opened and accessed in and through the measuring body is multimodal and multidimensional. Thus, in humans, the circuit is always already inflected by ›artificial‹ symbolisms. Importantly these also include mathematics and algorithms, to which there are also several references throughout Nature. Some of these suggestive remarks point to a deployment of mathematics and statistics as a way of overcoming atomistic studies of isolated phenomena, and working instead towards ›phenomena-envelopes‹.« (S. 81) (Aud Sissel Hoel/Annamaria Carusi, »Thinking Technology with Merleau-Ponty«, in: Robert Rosenberger/Peter-Paul Verbeek (Hgg.), *Postphenomenological Investigations: Essays on Human-Technology Relations*, London: Lexington Books 2015, S. 73–84).

88 Sylvie Bissonnette, »Scalar Travel Documentaries: Animating the Limits of the Body and Life«, in: *animation: an interdisciplinary journal*, 9, 2, 2014, London: SAGE Publishing, S. 138–158, hier S. 147.

89 Orit Halpern, *Beautiful Data. A History of Vision and Reason since 1945*, Durham/London: Duke University Press 2014, S. 28.

90 Ebd., S. 213.

91 Ebd., S. 218.

92 Ebd.

93 Ray Eames/Phylis Morrison/Philip Morrison, *Powers of Ten* [New York: Scientific American Books 1982], Berlin: Spektrum 2002, o. S.

94 Vgl. Transkript Ray und Charles Eames, *A Communications Primer*, 1953, 9 Seiten, http://www.asc-cybernetics.org/2011/wp-content/uploads/2011/07/Changing_Cybernetics_Transcripts.pdf.

95 John Harwood, *The Interface. IBM and the Transformation of Corporate Design 1954–1976*, Minneapolis: University of Minnesota Press, 2011, S. 45–46.

96 Vgl. Harwood, *The Interface*, S. 43.

97 Claude E. Shannon, »A Mathematical Theory of Communication«, in: *Bell System Technical Journal*, 27, S. 379–423 und S. 623–656, Juli/Oktober 1948.

98 Charles und Ray Eames, *A Communications Primer*, 1953, ca. 23 Min.

99 Wendy Hui Kyong Chun, »Queering Homophily«, in: Clemens Apprich/Wendy Hui Kyong Chun/Florian Cramer/Hito Steyerl (Hgg.), *Pattern Discrimination*, Lüneburg: Meson Press und London/Minneapolis: University of Minnesota Press 2018, S. 59–97.

100 Internationale Büromaschinengesellschaft Deutschland, *Die Informationsmaschine. Eine kurze Geschichte*, Broschüre, Sindelfingen: IBM ca. 1979, o.S.

101 Philip und Phylis Morrison, »Ein glücklicher Tintenfisch. Charles und Ray lernen Wissenschaft und lehren sie mit Bildern«, in: James H.

Billington / Alexander von Vegesack (Hgg.), *Die Welt von Charles & Ray Eames*, Berlin: Ernst & Sohn 1997, S. 105–117, S. 112 / 13.
102 Vgl. ebd., S. 105–117.
103 Eine beeindruckende Kollektion der ATS-Bilder ist in The Schwerdtfeger Library online zu finden. Siehe http://library.ssec.wisc.edu/spinscan/index.php.
104 Wie Beatriz Colomina schreibt, existierten diese Bilder bereits im Kopf, wurden aber erstmals von Charles und Ray Eames in ein Kontinuum gebracht. Vgl. Beatriz Colomina, »Enclosed by Images: The Eames' Multimedia Architecture«, S. 12.
105 Lorena Rizzo, »Heterotopia: Aerial photography and mapping in the Eastern Cape, 1930s–1960s«, in: Dies., *Photography and History in Colonial Southern Africa*. London: Routledge 2020, S. 158–192, hier S. 159.
106 Charles Eames, »Education as a Found Object« (1977), in: Charles und Ray Eames, *An Eames Anthology*, Daniel Ostroff (Hg.), New Haven: Yale University Press 2015, S. 354.
107 Big Data ist kein definierter Begriff, die Datenmenge ist relativ zu Forschung beziehungsweise Zweck der Datenerhebung.
108 Vgl. Laura Kurgan, *Close Up at a Distance. Mapping, Technology, and Politics*, New York: Zone Books 2013, S. 21.
109 Einer Anfrage der indischen Regierung wurde nachgekommen, strategisch wichtige Orte in Indien in den entsprechenden Satellitenbildern unkenntlich zu machen. (Siehe Frank Patalong, »Das zensierte Weltauge«, in: *Der Spiegel*, 4. Februar 2007, https://www.spiegel.de/netzwelt/web/was-google-nicht-zeigt-das-zensierte-weltauge-a-464186.html.)
110 Ebd.
111 chs, »Die 148-Millionen-Quadratkilometer-Karte«, in: *SPIEGEL Wissenschaft*, 15. Oktober 2018, http://www.spiegel.de/wissenschaft/weltall/tandem-x-satellit-globales-3d-hoehenmodell-der-erde-veroeffentlicht-a-1232884.html.
112 Kulturtechniken sowohl im Anschluss an medienanthropologische Konzepte von Erhard Schüttpelz und an das medienhistorische Untersuchungsfeld, wie von Bernhard Siegert bearbeitet. Erhard Schüttpelz, »Die medienanthropologische Kehre der Kulturtechniken«, in: Lorenz Engell / Bernhard Siegert / Joseph Vogl (Hgg.), *Kulturgeschichte als Mediengeschichte (oder vice versa?)*, Weimar: Universitätsverlag 2006, S. 87–110. Lorenz Engell / Bernhard Siegert, »Editorial«, in: Dies. (Hgg.), *Kulturtechnik. Zeitschrift für Medien- und Kulturforschung*, 1, 2010, Hamburg: Felix Meiner, S. 5–9.
113 Irit Rogoff, »Studying Visual Culture«, in: Nicholas Mirzoeff (Hg.), *The Visual Culture Reader*, London / New York: Routledge 1998, S. 16.
114 Hito Steyerl, »In Defense of the Poor Image«, in: *e-flux journal*, 10, November 2009, https://www.eflux.com/journal/10/61362/in-defense-of-the-poor-image/.
115 Vgl. Nanna Thylstrup / Daniela Agostinho / Annie Ring / Catherine D'Ignazio / Kristin Veel (Hgg.), *Uncertain Archives*, Cambridge, MA: The MIT Press 2020.
116 John B. Thompson, »The New Visibility«, in: *Theory, Culture & Society*, 22, 6, 2005, S. 31–51.
117 Steyerl, »In Defense of the Poor Image«.
118 Ebd.
119 Für Datentransfers in die Cloud, die im Exabyte-Bereich (10^{21} Bytes) liegen, bietet Amazon das sogenannte Snowmobile an, einen sehr großen weißen Truck, der die Datensätze vor Ort abholt und in ein Rechenzentrum von Amazon Web Services bringt. Diese Dienstleistung wird als »extrem skalierbar« und »stark verschlüsselt« beworben. (Vgl. https://aws.amazon.com/de/snowmobile/).
120 Den Begriff *poor image* hat die Künstlerin Hito Steyerl in ihrem Essay *In Defense of the Poor Image* eingeführt. Zuerst war das innerhalb des Kunstdiskurses breit rezipierte Essay im *e-flux, journal* erschienen. (*e-flux, journal*, 10, November 2009. Wiederabgedruckt in: Dies., *The Wretched of the Screen*, Berlin: Sternberg Press 2012, S. 31–45). Eine Übersetzung aus dem Englischen von Aurel Sieber findet sich in Hito Steyerl, »Zur Verteidigung des ärmlichen Bildes«, *CINEMA Buch #64 – Qualität*, 2019, https://www.filmexplorer.ch/detail/cinema-buch-64-hito-steyerl/, veröffentlicht am 16. Dezember 2018. Zuvor war bereits eine leicht abweichende Übersetzung erschienen: »In Verteidigung des armen Bildes«, in: Marius Babias (Hg.), *Hito Steyerl. Jenseits der Repräsentation / Beyond Representation, Essays 1999–2009*, Köln: Walther König (n.b.k. Diskurs 4) 2016, S. 17–24. Im Folgenden zitiere ich aus der letztgenannten Fassung.
121 Vgl. Kirkham, *Charles and Ray Eames. Designers of the Twentieth Century*.
122 Eames Office, »Powers of Ten«, 27.8.2010, https://youtu.be/0fKBhvDjuy0.
123 Steyerl, »In Verteidigung des armen Bildes«, S. 17.
124 Ebd., S. 24.
125 Ebd.
126 Beispielsweise hat das koreanische Filmarchiv 110 Arthouse-Klassiker von den 1930er Jahren bis heute von Google untertiteln lassen und auf YouTube veröffentlicht (siehe https://www.youtube.com/user/KoreanFilm).
127 Aras Özgün im Rahmen seines Vortrags bei *Video Vortex* #3, 10.–11.10.2008, Bilkent University, Ankara. Siehe Konferenzbericht von Sabine Niederer, »Video Vortex Report part 1«, 14. Oktober 2008, http://networkcultures.org/events/video-vortex-report-part-1/.
128 Vgl. Steyerl, »In Verteidigung des armen Bildes«, S. 17.
129 Ebd., S. 21.
130 Vgl. Wolfgang Ullrich, »Social Media Juli«, in: *Pop. Kultur und Kritik*, 25. Juni 2018, https://pop-zeitschrift.de/2018/07/25/social-media-juli-von-wolfgang-ullrich25-7-2018/.
131 James Bridle hat sich das Phänomen bearbeiteter Kindertrickfilme auf YouTube angesehen. Hinsichtlich der Sichtbarkeit dieser Inhalte spielen Videotitel und die YouTube-Algorithmen eine wesentliche Rolle. (Vgl. James Bridle, »Something is wrong on the internet«, in: *Medium*, 6.11.2017, https://medium.com/@jamesbridle/something-is-wrong-on-the-internet-c39c471271d2).
132 Demnach ist diese Version von *Powers of Ten* der bereits digitalisierten DVD- oder CD-Rom-Fassung entnommen. *Powers of Ten*

Interactive: A Production of the Eames Office, produziert von Eames Demetrios, Eames Office und Datt Japan, Pyramid Media: Eames Office: P.O. Box 268, Venice, CA 90294, 1999. 1989 erschien der Film auf Videokassette, *Powers of Ten: the Films of Charles and Ray Eames, Volume 1* (Pyramid Film & Video, Santa Monica, CA; Vertrieb W. H. Freeman, New York, NY; Eames Office).

133 Karen Archey, »Hyper-Elasticity Symptoms, Signs, Treatment: On Hito Steyerl's *Liquidity Inc.*«, in: Nick Aikens / Stedelijk van Abbemuseum / Institute of Modern Art, Brisbane (Hgg.), *Too Much World: The Films of Hito Steyerl*, Sternberg Press: Berlin 2014.

134 Wolfgang Hagen, »Es gibt kein ›digitales Bild‹. Eine medienepistemologische Anmerkung«, in: Lorenz Engell / Bernhard Siegert / Joseph Vogl (Hgg.), *Licht und Leitung*, Archiv für Mediengeschichte Nr. 2, Weimar 2002, S. 103–112.

135 Claus Pias, »Das digitale Bild gibt es nicht. Über das (Nicht-) Wissen der Bilder und die informatische Illusion«, in: *Zeitenblicke*, 2, 1, 2003, http://www.zeitenblicke.historicum.net/2003/01/pias/index.html. Wobei Pias in seinem unterhaltsamen Vortragsmanuskript deutlich macht, dass die Übersetzung von Code in Bild »absolut kontingent« ist, da sie auf »historisch extrem wandelbaren Verfahren und mit ebenso veränderlichen materiellen Apparaturen zu tun« haben. (Vgl. Abschnitt 38). Des Weiteren hält Pias ebenso wie sein Kollege Wolfgang Hagen fest: »Das digitale Bild gibt es nicht. [...] Was es gibt, sind ungezählte analoge Bilder, die digital vorliegende Daten darstellen«. (Vgl. Abschnitt 50). Im nachfolgenden Abschnitt macht Pias deutlich, worin der doppelte Charakter des digitalen Bildes besteht: »Das sogenannte ›Digitale‹ wäre demnach ein Medium, das selbst nicht beobachtbar ist, als dessen Form aber zum Beispiel verschiedenste Bilder erscheinen.« (Vgl. Pias, »Das digitale Bild gibt es nicht«, Abschnitt 51).

136 Simon Rothöhler, *Das verteilte Bild*, Paderborn: Wilhelm Fink Verlag 2018.

137 Daniel Rubinstein / Katrin Sluis, »A Life More Photographic«, in: *Photographies*, 1, 1, 2008, S. 9–28.

138 Hito Steyerl, »In Verteidigung des armen Bildes« [»In Defense of the Poor Image«, in: *e-flux journal*, 10, November 2009, https://www.eflux.com/journal/10/61362/in-defense-of-the-poor-image/.e-flux 2009], in: Marius Babias (Hg.), *Hito Steyerl. Jenseits der Repräsentation / Beyond Representation, Essays 1999–2009*, Köln: Walther König (n.b.k. Diskurs 4) 2016, S. 17–24.

139 Peter Osborne, »Das verteilte Bild«, in: *Texte zur Kunst*, 99, September 2015, S. 75–87.

140 Paul Frosh, »The Gestural Image: The Selfie, Photography Theory, and Kinesthetic Sociability«, in: *International Journal of Communication*, 9, 2015, S. 1607–1628.

141 Vgl. Birgit Schneider, »Wissenschaftsbilder zwischen digitaler Transformation und Manipulation. Einige Anmerkungen zur Diskussion des ›digitalen Bildes‹«, in: Martina Heßler / Dieter Mersch (Hgg.), *Logik des Bildlichen. Zur Kritik der ikonischen Vernunft*, Bielefeld: transcript Verlag 2009, S. 188–200, hier S. 194.

142 W. J. T. Mitchell, »Image«, in: Mark B. N. Hansen / W. J. T. Mitchell (Hgg.), *Critical Terms for Media Studies*, Chicago: The University of Chicago Press 2010, S. 33–48, hier S. 44.

143 Ebd., S. 45.

144 Ebd., S. 44.

145 Ralf Adelmann / Jan Frercks / Martina Heßler / Jochen Hennig (Hgg.), *Datenbilder. Zur digitalen Bildpraxis in den Naturwissenschaften*, Bielefeld: transcript Verlag 2009, S. 17.

146 Gabriele Gramelsberger, »Mathematical Images of Planet Earth«, in: Solveig Nitzke / Nicolas Pethes (Hgg.), *Imagining Earth. Concepts of Wholeness in Cultural Constructions of Our Home Planet*, Bielefeld: transcript Verlag 2017, S. 23–44.

147 Jacques Rancière, *Der emanzipierte Zuschauer* [*Le spectateur émancipé*, Paris: Édition la Fabrique 2008], Wien: Passagen Verlag 2009, S. 145.

148 Nach R. B. Haber / D. A. McNabb, »Visualization idioms: A conceptual model for scientific visualization systems«, in: *Visualization in Scientific Computing*, IEEE Computer Society Press 1990, S. 74–93; M. S. T. Carpendale, »Considering Visual Variables as a Basis for Information Visualisation«, PRISM, 2003. https://doi.org/10.11575/PRISM/30495.

149 Heidrun Schumann / Wolfgang Müller, *Visualisierung*, Berlin und Heidelberg: Springer-Verlag 2000, S. 15.

150 Vgl. Andrea Naß u. a., »Planetary Cartography and Mapping: Where We Are Heading For?«, in: *The International Archives of the Photogrammetry, Remote Sensing and Spatial Information Sciences*, XLII-3, W1, 2017.

151 Peter Galison, »Images Scatter into Data, Data Gathers into Images«, in: Bruno Latour / Peter Weibel (Hgg.), *Icono-clash: Beyond the Image Wars in Science, Religion, and Art*, Karlsruhe / Cambridge, MA: ZKM / The MIT Press 2002, S. 300–323.

152 Die Pressekonferenzen fanden in Brüssel, Santiago, Taipei, Tokio und Washington D.C. statt (vgl. »Media Advisory: First Results from the Event Horizon Telescope to be Presented on April 10th«, 1. April 2019, https://eventhorizontelescope.org/blog/media-advisory-first-results-event-horizon-telescope-be-presented-april-10th).

153 NASA, »Voyagers Pale Blue Dot (February 14, 1990)«, https://solarsystem.nasa.gov/resources/536/voyager-1s-pale-blue-dot/.

154 Carl Sagan bindet seine Bildbesprechung in eine pathetische Ansprache an die Menschheit ein, während das Videobild einen Zoom-Out von der Erde bis zur Position der Voyager-1 zeigt. (Vgl. »Pale Blue Dot OFFICIAL«, Ausschnitt aus dem Film *COSMOS: A SpaceTime Odyssey* (2013) von Ann Druyan und Steven Soter unter Verwendung eines Zitats aus Carl Sagan, *Pale Blue Dot: A Vision of the Human Future in Space*, New York: Random House 1994 (vgl. »Carl Sagan's Pale Blue Dot OFFICIAL«, 9. September 2015, https://youtu.be/GO5FwsblpT8).

Vertikal Sehen

Neben der vertikalen Perspektive im Bild thematisiert die Phänomenologie Maurice Merleau-Pontys die Vertikalität des aufrechten menschlichen Körpers. Die Vertikale ist in diesem Referenzrahmen vergleichsweise kurz und der Mensch sieht einen kegelförmigen Ausschnitt seiner Umwelt.[1] In *Powers of Ten* wird demnach eine vertikale Perspektive konstruiert, mit manipulierten Kompositbildern, die nicht unmittelbar die sinnliche Wahrnehmung der Menschen abbildet.

Gegensätzlich erscheinende Verfahren zur Wiedergabe subjektiver Wahrnehmung wie Immersion und Vermessung, *first person view* und Zentralperspektive, eine polymorphe Sicht und eine geometrische Optik lassen sich nicht präzise voneinander trennen und bezeugen keine lineare Entwicklung. Seit der Erfindung der Zentralperspektive oder des orthografischen Luftbildes gab es verschiedene mediale Konstellationen, die subjektive Seherlebnisse repräsentieren konnten, bekanntermaßen das Stereoskop im 19. oder das Cinerama im 20. Jahrhundert. Als Beispiele für eine verkörperte Sicht dienen die VR-Version von Google Earth sowie GoPro-Videos, die auf YouTube mit Titeln wie »Balloon with GoPro to Near Space« veröffentlicht worden sind.[2] Die in diesem Kontext relevanten Videobeispiele, die beim Stratosphärenflug unbemannter Wetterballons entstehen, kommen ohne die Subjektive aus beziehungsweise produziert die GoPro-Weitwinkeloptik sie automatisch mit. Darüber hinaus wird auch der Übergang vom Einzelbild zum Bilderfluss im Digitalen relevant. Die Bilder werden weiter instrumentalisiert, erreichen aber nicht den Status einer Ikone; zu rasch sind sie wieder aus dem Newsfeed verschwunden oder werden in Anwendungen wie Google Earth (und Google Earth VR) eingespeist.

Judith Hopf, *More*, 2015 —

Ein halbes Jahrhundert nach der Entstehung wirft die Sichtung von *Powers of Ten* Fragen zur sinnlichen Wahrnehmung auf. In ihrem Film *More*[3] nimmt die Künstlerin Judith Hopf diese Fragen auf und transportiert die Bedeutung von Vertikalität, Maßstäben und Verhältnismäßigkeiten in die Gegenwart digitaler Kultur. Löst dieses Remake beim Betrachten den Eindruck einer dramatischen Verschiebung der Maßstäbe und Verhältnismäßigkeiten aus, eine vom Eames-Zeitgenossen György Kepes damals beobachtete »crisis of scale«?

In ihrem filmischen Remake von *Powers of Ten* unternimmt Hopf eine Neuinterpretation des Zoom-In und verhandelt auf der Meta-Ebene das Medium Computer. Dabei verzichtet sie auf eine Aktualisierung des Zoom-Out in den Weltraum. Ihre Bearbeitung des Paradigmas der Sicht von oben beginnt im Weltraum, weiter entfernt als jene Position, welche die Anwendung Google Earth in ihrer Standardeinstellung als Startpunkt anbietet. In ihrer Bearbeitung blinken Sterne und die virtuelle Kamera zoomt auf den Planeten Erde zu. Sobald die Erde den Bildschirm ausfüllt, stellt sich der Eindruck eines vertikalen Anflugs her. Die virtuelle Kamera bewegt sich durch Wolken und den Berliner Tiergarten zu, gut erkennbar an der Siegessäule, dem Spreebogen und dem Brandenburger Tor, rückt in den Fokus. Abb. 07 A S. 62 Auf der Straße des 17. Juni, die den Park unterbricht, scheint reger Straßenverkehr zu herrschen. Im Unterschied zu Google Earth simuliert Hopf in ihren Bildern von fahrenden Autos eine Bewegtbild-Aufnahme in Echtzeit, geht somit über die technologischen Möglichkeiten dieser populären Anwendung hinaus.

Auf diese Weise knüpft die Künstlerin einerseits an Filmbilder an, andererseits verbindet sie die Vermitteltheit des Weltraums direkt mit dem Gerät, das solche Bilder einem Großteil ihrer Zeitgenoss·innen anzeigt, dem Computer. Diese vertikale Fahrt spielt sich auf dem Bildschirm eines Tablets ab, auf dessen Kunststoffoberfläche mit kleinen Bewegungen von Daumen und Mittelfinger raus- und wieder reingezoomt werden kann. Daher kann die Sequenz, in der das Tablet aus der Vogelperspektive erkennbar wird, als *Mise en abyme* gedeutet werden, da der vorangegangene Zoom-In auf die Erde bereits als Bildschirmansicht wiedererkannt werden konnte. Auf dem Tablet wiederum ist eine Videoaufnahme eines Teichufers mit Seerosenblättern zu sehen. Abb. 07 A–E S. 62–64 Sobald Hopfs virtuelle Kamera den Screen durchbrochen hat, entfaltet sich ein semantisches Modell. Abb. 07 D / E S. 63 / 64 Die Einträge in diese fiktive Datenbank sind Attribute, die auf den Gefühlszustand einer Nutzerin verweisen. Insofern löst die künstlerische Videoarbeit keine erneute Krise der Größenordnungen und ihrer Darstellbarkeit aus, sondern macht die Krise (»crisis of scale«) als eine der Beziehung zwischen Mensch und Computer erfahrbar.

Die Besonderheiten der Videoarbeit *More*, die als Aktualisierung und Kommentierung des historischen Eames-Films konzipiert und realisiert wurde, sollen im Vergleich mit drei anderen aktuellen Arbeiten verdeutlicht werden. Die erste Referenz ist ein Remake von *Powers of Ten* mit dem Titel *2012: Images worth spreading: Cosmic Eye (iPad, iPhone, iPod)*, das auf YouTube verfügbar ist.[4] Das Video beginnt damit, dass eine Person namens Louise auf einem grünen Rasen liegt—im Gegensatz zu den Eames, bei denen der Mann diese Rolle spielt, weil die kosmische Kamera auf seine Hand zielt und dann in die behaarte Hautfläche eindringt. Die Entscheidung für eine als weiblich markierte Person ist unter feministischen Gesichtspunkten positiv. Louise liegt nicht in einem öffentlichen Park, sondern auf dem Rasen von Googleplex, Googles Firmengelände in Mountain View in Kalifornien.

Der zweite Verweis befasst sich mit dem Übergangsmoment hin zum nahtlosen Zoom—zur immersiven Seherfahrung—und wurde von der Medienwissenschaftlerin Orit Halpern nachvollzogen. In ihrer medienarchäologischen Untersuchung der Daten-Kultur *Beautiful Data* beschreibt sie, dass sie sich durch den Eames-Film, insbesondere durch die Inszenierung von mechanischem Sehen mittels Skalierung, in die Maschine versetzt fühlte: »This was not training in seeing like a machine, but rather being part of one.«[5]

Als Drittes wird eine Aussage des Geografen und Künstlers Trevor Paglen herangezogen. Paglen empfahl im März 2014 in einer Umfrage des Kunstmagazins *Frieze* zum Thema »Algorithms, Big Data and surveillance: what's the response, and responsibility, of art?«, dass die Menschen lernen sollten, mit »Maschinen-Augen« zu sehen, »non-human eyes«[6]—so wie ein Verbund aus Quantencomputern, Satelliten und Drohnen für das Spionagebündnis »Five Eyes«[7] auf die Welt sieht. Damit adressiert Paglen eine neue Dimension von Überwachungstechnologien, die durch die Enthüllungen von Edgar Snowden in der Öffentlichkeit bekannt wurden. Bilddaten werden zunehmend von Maschinen ausgelesen. Mit seiner absichtsvoll dramatisierten Anweisung—der Mensch muss sich in die Maschine versetzen—verweist Paglen auf diesen Umstand.

In diesen hier skizzierten Kontexten werden die aktuellen Bedingungen für eine Aktualisierung von *Powers of Ten* deutlich. Hopfs Video mit dem Titel *More* lässt sich vor dem Hintergrund der genannten Aspekte weiterdenken. Erstens setzt sie die im Remake von 2012 umgesetzte Computerperspektive konsequent in einem Computer, in ihrem Fall ein Tablet, fort. Ihre Protagonistin—die von der Künstlerin selbst dargestellt wird—hält es in den Händen. Auf diese Weise geht Hopf von dem Computer als Erweiterung ihres Körpers aus und setzt ihn an die Stelle der männlichen Hand im Eames-Film. Heute halten viele immerzu ihre Smartphones und Tablets in den Händen.[8] Eine realistische Picknickszene, die in der Gegenwart spielt, würde demnach nicht ohne mobile Screens auskommen. Hopf steht auf einer von Bäumen umsäumten grünen Wiese mitten im Berliner Tiergarten. Anders als beim Übergang von Google Earth zu Google Street View, einem etablierten Dispositiv, wechselt der Zoom-In nicht in die Horizontale der Straßenansicht, sondern die Kamera ›bewegt sich‹ von oben auf die Künstlerin zu, bis der Kopf der Protagonistin von oben zu sehen ist, sie trägt ein Jeanskleid und steht mit waagerecht in den Händen gehaltenem Tablet-Screen auf der Wiese. Mit dem Tablet-Screen öffnet sich ein Fenster, und die

Kamerafahrt kann vertikal fortgesetzt werden. Auf ihrem Screen ist eine unspektakuläre Naturszene zu sehen: ein Uferrand, zwei größere Seerosenblätter, ein paar Stöckchen im schlammigen Boden. Eine Szene, die in unmittelbarer Nähe an einem der Teiche im Tiergarten aufgenommen worden sein könnte.

Am Sehen mit »Maschinen-Augen« scheint Hopf ihre virtuelle Kamerafahrt mit Absicht scheitern zu lassen: Statt mit der Auswertung von Tablet-Kamerabildern durch Maschinenlernen setzt sich die Kamerafahrt im Datenraum fort. Die Hardware des Computers bleibt unsichtbar, kein Chip, kein Kupferdraht, kein Kunststoff, kein Silikon. Sichtbar wird zunächst das Zitat einer Zukunftsvision der Computerbranche, die unmittelbar mit den Computernetzwerken verbunden ist: Big Data — repräsentiert durch die mittlerweile zum Symbol gewordene (Erd-)Kugel, die Totalität signalisiert. Hier ergibt sich eine skalenfreie Visualisierung von Big Data, scheinbar zufällige farbige Datenpunkte und Verbindungen, deren Aktivität Datenverarbeitungsdienste wie IBM oder Cisco kommunizieren und verkaufen sollen. Mit der Bezeichnung ›Big Data‹ wird die Datenmenge nicht näher bestimmt. In *Big Data at Work: Dispelling the Myths, Uncovering the Opportunities*[9] problematisiert Tom Davenport die Unschärfe des Ausdrucks. Unternehmen haben sich darauf geeinigt, große Datenmengen anhand der sogenannten ›4Vs‹ zu beschreiben, die für *Volume, Variety, Velocity, Veracity* (Volumen, Vielfalt, Geschwindigkeit, Richtigkeit) stehen.

In Hopfs Video wird im ›Inneren‹ des Tablet-Computers zunächst die Visualisierung einer Big Data-Kugel, dann beim weiteren Zoom-In ein Wortgefüge sichtbar, das den Anschein einer Schlagwortwolke *(tag cloud)* macht. Doch im Hineinzoomen werden die Worte als Bruchstücke gesprochener Sätze, Worte in Gedankenblasen lesbar. Müdigkeit, Erschöpfung und Leere werden adressiert. Die Erschöpfung bezieht sich auf die Appelle der sozialmedialen Kulturen, immer erreichbar, immer sichtbar zu sein und immer die Augen auf dem Screen zu haben. Jonathan Crary bemerkt in seinem kulturhistorisch angelegten Essay zum Verhältnis von Schlafen, Wachsein und Arbeiten in der Digitalisierung, *24/7: Late Capitalism and the End of Sleep*, dass sich ein Unternehmen wie Google von Anfang an im Wettbewerb befand um die Zahl der »›eyeballs‹ they could consistently engage and control«.[10]

In einem frühen didaktischen Film beschäftigten sich die Eames mit der Funktionsweise und Verwendung des Computers, *A Computer Glossary. Or, coming to terms with the data processing machine*[11] (1968). Darin erklärt der Sprecher unter anderem die Begriffe ›*Program*‹, ›*Flow Chart*‹ und ›*Algorithm*‹. In den animierten Szenen zum Flowchart beziehungsweise Flussdiagramm zoomt der Film aus einem solchen Diagramm heraus, das den Ablauf eines Computerprogramms schematisch wiedergibt. Das Prinzip eines Fraktals aufgreifend ist jeder Programmablauf in einem jeweils übergeordneten Programm enthalten. Anhand einer der Zwischenstufen wird der Begriff ›*Sub Routine*‹ eingeführt, um von dort aus weiter rauszuzoomen. »Of course the larger program can be used in building still larger programs, and so on, and so on.«[12] In ihrem Film synthetisiert Hopf die Filmwelten der Eames.

Ander als in den Computergrafiken von Hopf und den Eames werden Computer in frühen Computer Culture-Filmen der 1980er Jahre wie dem kanonischen Film *Tron* (Steven Lisberger, 1982) im ›Inneren‹ als mathematisch-geometrischer Raum dargestellt. Zu sehen sind dreidimensionale Koordinatenraster. William Gibsons Science-Fiction-Geschichte *Neuromancer*[13] und der Film *Johnny Mnemonic* (Robert Longo, 1995) stellen den Cyberspace als digital kalkulierte Stadt mit heterogenen Maßstäben vor. Die vertraute Umgebung der Stadt mit ihren vertrauten Prozessen dient im Virtuellen[14] als Kulisse, die den fiktiven Regeln des Cyberspace folgend moduliert wird. Im Unterschied zu den filmischen Inszenierungen der Stadt-Metapher »ging es den Netzkulturen um die Überlagerung des real existierenden Raums mit digitalen Netzwerken«, wie Clemens Apprich in seiner Studie zu den Anfangsjahren des World Wide Web, den Neunzigerjahren, festgestellt hat. »Die digitale Stadt wurde im Sinne der real existierenden Stadt repräsentiert, indem Straßencafés, Postämter oder Schulen durch kleine Piktogramme am Bildschirm erschienen und so eine vertraute Nähe zum Datenraum simulierten.«[15]

In *Tron* wird ein Game Designer vermessen und gescannt, bevor er in das Computersystem, in die so genannte Matrix, gesaugt wird. *Tron* zeigt den »computer-as-magic-mould«.[16] Es war eine andere Zeit, als bereits genauso große Erwartungen in Bezug auf die Computernetzwerke gehegt wurden wie in den Neunzigerjahren. Wie für viele Computer-Filme der 1980er Jahre ergibt es Sinn, den Film als Allegorie auf die gesellschaftspolitischen Visionen der damaligen Zeit zu verstehen. Hier zeigt sich noch nicht das Motiv des Verlorenseins und der Erschöpfung gegenüber dem Interface, das von Hopf thematisiert wird, viel eher stehen Verausgabung und Exzess im Vordergrund.

Der Blick ins Innere bezieht sich bei Hopf also auf das affektive Verhältnis der User·innen zu den Tablets, Laptops und Smartphones. Und welche Gefühle sind dann zu sehen? Ist das Tablet ein Fenster zum leeren Selbst, liegt nichts im Cache? Hopf knüpft an die alte medientheoretische Idee an, die Medien als Prothese zu konzeptualisieren, so wie es der Medientheoretiker Marshall McLuhan[17] in Anknüpfung an Sigmund Freud vorschlug. Hopf beobachtet, dass »das Ding Computer eine Menge mit unserem Körperverständnis (Motorik, Gesten, Emotionen), Denkstrukturen und Vorstellungsvermögen«[18] veranstaltet. Ihr Anliegen ist es, abzubilden wie der Computer auf die User·innen rückwirkt. Sie zieht eine Reflexionsebene ein und grenzt sich so vom Gros der Remakes ab, die sich an die naturalistische Repräsentation von Körperzellen und Organen halten und beim Körper bleiben oder in den Chip eintauchen, wie es die Firma SGI in ihrem Zoom-In simulierte.[19] Abb. 20 A/B S. 172

Heute ermöglicht die Nanotechnologie den ›Blick‹ in das Körperinnere, miniaturisierte Geräte, etwa sogenannte ›Nano-Mikrochips‹, werden als medizinische Diagnosewerkzeuge in den menschlichen Körper eingeführt oder implantiert. Die Technologie gelangt in die Körper. Im Eames-Film wird das Innere des Körpers nicht durchleuchtet. Stattdessen bleibt der Körper »as unfamiliar as the outer galaxies. This is the body spatialized, made topographic and brought into relation with other systems of life as a connected entity.«[20] Hopf demonstriert demnach subjektive Folgen im Rahmen der im Eames-Film gesetzten Parameter, die da sind: Vertikalität, Skalierung und Virtualität. Ihre künstlerische Antwort entwickelt sich aus der symbolischen Botschaft des Films *Powers of Ten*.

In Hopfs Werk trat der Computer bereits als anthropomorphisierter Protagonist auf, geht also über das Prothesen-Konzept hinaus. Neben Tieren und anderen Allegorien, mit denen Hopf vor der Kamera ihre mitunter cartoonhaften Gesellschaftsreflexionen betreibt, animiert sie das alltägliche Arbeitsgerät, den Laptop, als ihr Gegenüber. In ihrer Print-Serie *Waiting Laptops* (2010 bis 2015), haben die aufgeklappten Geräte Gliedmaßen und Gesicht. Die Kunsthistorikerin Sabeth Buchmann geht so weit festzustellen, Hopfs Arbeiten »display an indivisibility between the world of objects and the world of subjects«.[21] Die Metamorphose betrifft nicht allein die Objekte, sondern auch die Subjekte.

Das Wiederholen künstlerischer Schlüsselwerke oder medialer Formate wie der TV-Talkshow ist fester Bestandteil von Hopfs künstlerischer Praxis. Zum Beispiel nahm sie Dan Grahams Performance *Performer/Audience/Mirror* (1975) in ihre Performance *What Do You Look Like/A Crypto Demonic Mystery* (2006/7) auf und äußerte sich in dem Zusammenhang bereits zu der Frage, wie Körperlichkeit und Medieninteraktion zusammenhängen. Das Thematisieren normativer Umgebungen, die eine adaptive, ›formatfüllende‹ Verhaltensweise von Körpern erfordern, stellt einen zentralen Punkt ihrer Auseinandersetzung mit materieller und immaterieller Architektur dar. Neben den bereits angesprochenen Zusammenhängen zwischen den Arbeiten von Hopf und den Eames gibt es weitere Aspekte, die ich in einem Gespräch mit der Künstlerin im Sommer 2015 diskutiert habe.[22]

Man kann diesen Film als Alternative zum Weltraum-Wettrennen unter den Bedingungen des Kalten Krieges betrachten, da hier die Unverhältnismäßigkeit und Unberührtheit zwischen Weltraumdarstellung und Betrachterin verhandelt werden, aber noch mehr spiegelt er aus heutiger Sicht den Anthropozentrismus der damaligen Zeit der Eames und den ungebrochenen Glauben an den technologischen Fortschritt wider. Seit seinen Anfangsjahren ist der Computer mehr und mehr zur Black Box geworden. Im Silicon Valley werden viele Anwendungen programmiert, die keinen Zugriff auf ihre Codes und Algorithmen zulassen. Da alles so dicht verpackt, verklebt und verschlossen ist, weitet der Medientheoretiker Alexander Galloway das Black-Box-Sein aus auf »any node contained in a network of interaction« und auf das »black boxing of the self«.[23] Unter dem ›Black Boxing des Selbst‹ versteht er, dass wir als User·innen unsere digitalen Profile nicht in vollem Umfang kennen oder unter Kontrolle haben, während wir freiwillig Software als externalisierte Autobiografen akzeptieren, wie Galloway im Hinblick auf Datentracking formuliert. Galloways Beispiele für solche datafizierten Personen sind Krankenhauspatient·innen und Call-Center-Mitarbeiter·innen. Der Text entstand bereits 2010 und diese Liste ließe sich problemlos erweitern. Unsere digitalen Aktivitäten speisen also diese Black Boxes. Diese bleiben hermetisch und sind nicht mehr entzifferbar, der Blick nach innen — sowohl in das Innen einer Black Box als auch des Selbsts — ist unmöglich und die kommerziellen Vorstellungswelten scheinen in ihrer Kreativität begrenzt, wie die beschriebenen Big Data-Visualisierungen besonders deutlich zeigen.

In *Powers of Ten* wird jede Zehnerpotenz deutlich markiert und dabei wird ein hohes Bewusstsein für Ordnung und Struktur vermittelt. Zum Entstehungszeitpunkt war es ein besonders originelles, und mit großem Aufwand realisiertes Beispiel für die künstlerischen und technologischen Anstrengungen, die am MIT oder am New Bauhaus in Chicago betrieben wurden. Den damals entstehenden Projekten ist gemeinsam, dass sie Pädagogik, Design und Kybernetik in ihre Konzepte integriert haben, eine Vorgehensweise, die auf neue Objektivierungen abzielt und daher von Halpern als »communicative objectivity«[24] bezeichnet wird. Im Gegensatz zu dem Eames-Film verwischt Google Earth durch die stufenlose Zoomsteuerung Skalen, Muster und Raster.

Kehren wir zum Einstiegspunkt zurück, dem Moment des Eintauchens in die digitale Welt: Wenn beim Zoom-In die Erdoberfläche erreicht wird und die virtuelle Kamera in die digitale Repräsentation eines Teiches, in trübes Wasser eintaucht, stoßen wir auf eine Datenrepräsentation und die Visualisierung von Datenarchitektur und Semantik. Hopf steht vor dem, was sie die »Black Box Cloud«[25] nennt. Neben Big Data ist die Cloud ein weiterer Begriff der Computerindustrie, der die Computerprozesse, Datenvolumen und Infrastrukturen ›vernebelt‹ und ins Unsichtbare verschiebt.

Im Inneren ihres Tablet-Computers trifft Hopfs Protagonistin auf eine Schlagwortwolke. Wie bereits erwähnt, ist der Eames-Film Werbung für IBM-Computer, die über die damals abrufbaren Funktionen weit hinausreicht und sich in der Konzeptionsphase befindliche Medienassemblagen vorwegnimmt wie Satelliten, Computer und Landkarten — geografische Informationssysteme. Um die originelle Kamerafahrt zu realisieren, mussten sich die Mitarbeiter·innen des Eames Office damals über Darstellungstechniken — künstlerische und nicht-künstlerische — bildgebender Disziplinen hinwegsetzen und mit traditionellen Darstellungsweisen experimentieren. Doch Hopf widersteht der immanenten Zukünftigkeit, die dem Eames-Film innewohnt und befragt stattdessen subjektive Empfindungen gegenüber dem Tablet, das stellvertretend für die digitale Kultur als Gegenüber animiert wird. Dabei setzt sie bewusst Mittel der Modellierung ein, die zeitlich einen Schritt zurück gehen — sowohl im Anflug auf den Tiergarten, wenn die beweglichen Auto-Objekte zu sehen sind, als auch in der Tablet- Software.

Die Welt von oben betrachten

Im Anschluss an die filmisch konstruierte Vertikalität in Hopfs *More* folgt eine Analyse der bildpolitischen und historischen Bedeutung des vertikalen Bildes. Die im Kurzfilm eingesetzten Anwendungen rufen sowohl die Geschichte der Luftbildaufnahme als auch die Gegenwart vertikaler Anordnungen von medientechnologischer Infrastruktur[26] auf — vom Tiefseekabel bis zum Satelliten im geostationären Orbit.[27] Das Gefühl der vertikalen Ordnung und Perspektive löst sich nicht beim Übergang von zweidimensionalen zu dreidimensionalen räumlichen und volumetrischen Darstellungsweisen auf.[28] Demnach existiert die Vertikale als Repräsentation auf der Bildfläche — in der künstlerischen Darstellung, in der Architekturzeichnung —, also in der Zweidimensionalität und im dreidimensionalen Bildraum. Der Mensch sieht mit seinen zwei Augen kegelförmig und kann eine vertikal ausgerichtete Sicht einnehmen.

Zwei zentrale Fragen leiten dieses Kapitel: Zu welchem Zweck entstanden die ersten Luftbilder und fotografischen Aufnahmen der Welt von oben? Wie werden Satellitendaten heute verwendet und mit welchen Medien werden sie verschaltet? Die Antworten darauf werden durch Paradigmenwechsel bestimmt. Wusste Jonathan Crary in *Techniken des Beobachters*[29] für das 18. Jahrhundert so klar zu beschreiben, wie mit der Erfindung neuer optischer Medien die Sinne getrennt werden konnten beziehungsweise dem Sehsinn offensichtlich Vorrang eingeräumt wurde, dann lässt sich heute feststellen, dass es kein Bruch sein sollte und dass das subjektive Sehen sowohl körperlos sein kann als auch im menschlichen Körper verortet bleibt. Beide Erfahrungen können zugleich gemacht werden, das Sehen wird multiperspektivisch. Statt von einer Trennung der Sinne könnte man vielmehr von einer Trennung der Blickregime und der Revisualisierungen — im Sinne von Donna J. Haraway — ausgehen. Beide Visionen werden gleichzeitig hergestellt, jedoch in völlig unterschiedlichen »Mischtechniken«:[30] GoPro-Kameras werden an Wetterballons gehängt und nehmen abhängig von den Luftströmungen zufällige 360 Grad-Panoramabilder auf, so wie präparierte Kameras in Pionier-Experimenten der Luftbildfotografie dem Zufallsflug von Tauben überlassen wurden. Das Militär interessierte sich zunächst für die Tauben-Kamera-Assemblage, doch die mangelnde Steuerbarkeit sprach schließlich dagegen und die ersten Flugzeuge boten dann schnell trotz ihrer Angreifbarkeit strategisch nützliche und planbare Kameraperspektiven. Virilio macht später in seiner Lesart der Mediengeschichte, die er zwischen *Krieg und Kino* vorfindet, die mediale Vernetzungen und geografischen Verbindungen stark.[31]

Von den Anstrengungen weniger Individuen und kleiner Gruppen in riskanten Unternehmungen wie der bemannten Ballonfahrt, der Taubenfotografie, der GoPro-Ballon-Assemblage und den staatlichen, institutionell verankerten Projekten wie Erdbeobachtungssatelliten setzen sich aus ihrer jeweiligen Entwicklungsgeschichte bestimmte Parameter fort. So steigen die GoPros heute als Proxies eines menschlichen Maßes an Ballons auf und die Satellitenkameras fliegen als Gesandte von Big Science und militärischem Blickregime im Orbit. Während die kleinen aus experimenteller Neugier auf den Weg gebracht werden, dienen die großen Apparaturen wissenschaftlicher Forschung oder staatlichen Interessen.

Die vertikale Sicht ist in der Fernerkundung und der Kartografie relevant. Diese »instrumentalisierten Bilder«[32] werden weiter instrumentalisiert oder treten in ihrem Instrumentalisiertwerden deutlicher hervor, seitdem die

Gruppe der Nutzer·innen im Zuge der Digitalisierung enorm wachsen konnte. Unter digitalen Bedingungen werden diese Bilder zu »cues for action«.[33] Nachdem sich die Landkarte Ende des 19. Jahrhunderts von der Bilderkarte zur Maßstabskarte entwickelt hat, kann heute ein Bild inklusive Metadaten als Karte gelesen und navigiert werden, wie zum Beispiel in Google Earth beziehungsweise Google Maps im Satellitenbildmodus. Satellitenbilder, die im Abgleich mit dem Koordinatengitter korrigiert wurden und keinen räumlichen Darstellungskonventionen verpflichtet sind,[34] werden zur Karte. Die vertikale und die vernetzte Perspektive verbinden sich und diese neue beziehungsweise neu aufgelegte Perspektive re-aktualisiert politische Machtverhältnisse, schafft aber auch neue Partizipationsmöglichkeiten und andere visuelle Paradigmen als die Zentralperspektive.[35] Wirksam werden diese perspektivischen Überlagerungen beispielsweise in Virtual-Reality-Anwendungen. Die vernetzte Sicht findet vor allem in Programmen statt, in denen verschiedene Datenbanken und Medien zusammengefasst und ausgewertet werden. Mit der Digitalisierung werden demnach dynamischere Perspektiven abrufbar und erfahrbar.

Dabei waren die alten Land- und Seekarten immer schon »instrumentalisierte Bilder« und »cues for action« — im Imperialismus und Kolonialismus Grundlage für Landraub und Unterwerfung. Mit zunehmender Manipulations- beziehungsweise Konstruktionsmöglichkeit vertikaler Bilder zu Kompositbildern ersetzen sie Karten und knüpfen auf diese Weise zugleich an die frühe Tradition von gemalten Bildkarten an. Und es handelt sich nicht um eine linear verlaufene Geschichte: Bereits 1969 wurden zur Erstellung der Weltkarte *Smithsonian Standard Earth II* mehr als 100.000 fotografische Beobachtungen verarbeitet.[36]

Hilfskonstruktionen

Ihre filmische Weltraumrepräsentation haben die Eames als Welt am Lineal konstruiert und auf diese Weise die irdischen Gesetzmäßigkeiten in den Weltraum verlängert. Dafür haben sie Bildbearbeitungsmethoden aus der Kartografie übernommen, wie etwa die manuelle Perspektivkorrektur von Luftbildern nach geometrischen Gesichtspunkten. Als Architekt hat Charles Eames in Strukturen und Systemen gedacht. Eine gängige Herangehensweise besteht darin, die Vertikale an der Hochhaus-Architektur festzumachen. Michel de Certeau erkennt in Manhattan die Ähnlichkeit zu einem Naturphänomen beziehungsweise fasst diese Ikone des Städtebaus als Teil des Atlantiks auf. Für den Stadtsoziologen setzt sich das Motiv des Ozeans an Land fort, also beschreibt er die Hochhaus-Kulisse auf der Halbinsel wie ein Monument des Meeres, wie ein dreidimensionales übergroßes Modell einer Meereswelle. Insofern orientiere sich der Mensch auch nur an der Morphologie der Umwelt. Er schaffe in dem Sinne keine neuen Formen, selbst die blau-graue Farbigkeit des Wassers spiegele sich in den Himmel reflektierenden Glasfassaden. Demnach ist es eine Frage der Sehgewohnheiten und der Interpretation, in welchen Zusammenhang vertikale Formen gestellt werden. Für de Certeau fügen sie sich in ein monumentales horizontal angelegtes Landschaftsbild: »Dieses Meer inmitten des Meeres erhebt sich in der Wall Street zu Wolkenkratzern und vertieft sich dann bei Greenwich; bei Midtown ragen die Wellenkämme wieder empor, am Central Park glätten sie sich und jenseits von Harlem wogen sie leicht dahin. Eine Dünung aus Vertikalen.«[37]

Die Medizin hingegen geht vom Menschen aus und bezeichnet die Linie, die vom Scheitel zur Sohle verläuft, als vertikal. Das Wort vertikal leitet sich vom Lateinischen vertex, ›Scheitel(punkt)‹ ab. »And hence vertical, as naming that which passes through the vertex, and also [...] the implication of the vertical as an axis around which things turn.«[38] Neben der Konstruktion einer vertikalen Sicht von oben gibt es also die bedeutend ältere Auffassung einer vertikalen Weltsicht in der Phänomenologie, die vertikal aufgerichtete, sich in ihrer Umgebung orientierenden Menschen beobachtet. Dieselbe Wortbedeutung—›Scheitel‹—liegt dem kosmologischen Begriff Zenit—im Arabischen ›Richtung des Kopfes‹—zugrunde. Als Nadir—arabisch für ›Gegenteil, Ebenbild‹—wird der in der Geometrie sowie in der Himmelsnavigation dem Zenit gegenüberliegende Fußpunkt bezeichnet. Das Begriffspaar Nadir-Zenit wird in der Geodäsie und der Fotogrammetrie verwendet.

Der Phänomenologe Maurice Merleau-Ponty gebrauchte den Begriff des Vertikalen im menschlichen Maßstab. Bei ihm stand die vertikale Welt für sein phänomenologisches Projekt, die Untersuchung polymorpher Wahrnehmung jenseits von kulturellen Artefakten und symbolischen Formen.

> Ich behaupte, die Perspektive der Renaissance ist ein kulturelles Faktum, die Wahrnehmung selbst ist polymorph, und wenn sie euklidisch wird, so deshalb, weil sie sich auf ein System ausrichten läßt. Von daher die Frage: wie kann man von dieser kulturell überformten Wahrnehmung zur ›rohen‹ oder ›wilden‹ Wahrnehmung zurückgelangen? Worin besteht die Einformung [information]? Von welcher Art ist der Akt, mit der man sie entformt (und zum Phänomenalen, zur ›vertikalen‹ Welt, zum Erlebten zurückgelangt)?[39]

Dieses ›Vertikalitätsdenken‹ ist demnach an die Schwerkraft und nicht zuletzt an eine menschliche Bezugsgröße gebunden. Die Vertikale reicht streng genommen nicht über den menschlichen Maßstab und das menschliche Vorstellungsvermögen hinaus. Dennoch ist sie eine nützliche Hilfskonstruktion, die dem Verständnis abstrakter, komplexer Verhältnisse dient, die anders nicht zu veranschaulichen wären. So werden diagrammatische, zweidimensionale Repräsentationen etwa der Informationsarchitektur oder der medientechnologischen Infrastruktur als vertikale Architektur oder vertikale Geografie konzipiert. Auch in diesem Zusammenhang dient die Reduktion auf eine vertikale Anordnung der Veranschaulichung komplexer Systeme, die das menschliche Maße deutlich überschreiten.

Wechsel in die subjektive vertikale Sicht

Paul Virilio konstatiert, dass wir die »zenitale Perspektive«—die der vertikalen Sicht entspricht—häufig aus dem Blick verlieren, da die »*Bodenlinie*, diese unbemerkt gebliebene Erfindung der Kunst, jede ›Form‹ und jeden ›Hintergrund‹ zu malen und voneinander zu unterscheiden, […] eine frühe Vorwegnahme des Küstenstrichs, des ›azurnen Horizonts‹, d. h. der horizontalen Küstenlinie«[40] ist. Für Virilio bedeutet der Start der Apollo II-Rakete eine »Umgestaltung des Blicks, die dem möglichen *Fall nach oben* schließlich doch noch Rechnung trägt, der durch die noch junge Errungenschaft der ›Fluchtgeschwindigkeit‹, die 28.000 km/h beträgt, bewirkt wurde.«[41]

Virilio thematisiert zudem im Verhältnis von Horizontale und Vertikale eine neue Dynamisierung. Nicht nur das Fallen nach oben, wie er den Raketenflug polemisch beschreibt, sondern auch den Fallschirmspringer und seine unmittelbaren Seherfahrungen verfolgt er im Zusammenhang einer ›Erweiterung des Sehens‹. Als Beleg dient ihm der Bericht eines Fallschirmspringers, der über seine paradoxen Wahrnehmungserlebnisse beim freien Fall zu Protokoll gab:

> ›Der Blickfall besteht darin, während des Falls jederzeit die Entfernung, in der man sich zum Boden befindet, visuell abzuschätzen. Die Abschätzung der Höhe sowie die genaue Einschätzung des Moments, in dem man den Fallschirm öffnen muß, resultieren aus einem *dynamischen visuellen Eindruck*. Wenn man mit einem Flugzeug in 600 Meter Höhe fliegt, hat man nicht denselben visuellen Eindruck wie beim vertikalen Fall mit großer Geschwindigkeit in derselben Höhe. Befindet man sich in 2.000 Meter Höhe, merkt man nicht, daß der Boden näherkommt. Wenn man jedoch bei 800 bis 600 Metern angekommen ist, sieht man, wie er auf einen ›zukommt‹. Das Gefühl wird sehr schnell beängstigend, denn der Boden stürzt auf einen zu. Die sichtbare Größe der Dinge wächst immer schneller, und mit einem Mal hat man das Gefühl, daß sie nicht mehr näherkommen, sondern sich plötzlich entfernen, *so, als würde der Boden bersten*.‹[42]

Diese anschaulichen Ausführungen bringen Virilio zu der Annahme, dass »die Schnelligkeit des freien Falls das fraktale Wesen des Sehens offenbart«.[43] Mit dem Vergleich zur fraktalen Mathematik stellt Virilio das menschliche Sehen — die Wahrnehmung unter Extrembedingungen — in den Kontext des Maschinensehens. Die fraktale Beschreibung natürlicher Texturen ist eines der grundlegenden mathematischen Hilfsmittel zum Verständnis von Objektoberflächen. Die fraktale Dimension wird zur Modellierung komplexer natürlicher Objekte verwendet.

Mit der Schlussfolgerung, dass es sich bei der Perspektive des Fallschirmspringers um eine »übereilte Perspektive«[44] handelt, gibt Virilio indirekt den Hinweis, dass es sich bei der vertikalen (und horizontalen) Perspektive um den »Realraum der italienischen Geometer«[45] dreht: ein vermessener Raum. Von dieser Bevorzugung des Räumlichen grenzt sich Virilio ab, indem er die Zeitlichkeit betont, die »Echtzeit des Falls der Körper«.[46]

Durch die Flughöhe wird eine militärisch-technologisch-industrielle Potenz vermittelt. Aus der jeweiligen Flughöhe aufgenommene Bilder transportieren je nach Kontext eine andere kulturelle und politische Botschaft. Dabei werden die technologischen, geografischen und politischen Grenzen in der Bildgeschichte der Luftfotografie immer weiter verschoben. Die Körper der Fotograf·innen oder Kamerakonstrukteur·innen und der Betrachter·innen beziehungsweise Bildauswerter·innen haben sich vom Standpunkt der Aufnahme weit entfernt.

Die ersten Testballons

In *The Unparalleled Adventure of One Hans Pfaall* (1835) erzählt Edgar Allan Poe[47] die fiktive Geschichte eines Mannes, der eine mehrtägige Ballonreise ins Weltall unternimmt. Der Nachname des Protagonisten scheint auf verschiedene Weise im Deutschen die Senkrechte und die Schwerkraft anzusprechen, indem phonetisch sowohl ›der Pfahl‹ als auch ›der Fall‹ angestimmt werden. Pfaalls Ziel war der Mond.[48]

Die Erde bleibt für den menschlichen Blick aus dem Orbit die größte Attraktion. Da lag Edgar Allan Poe mit seiner frühen Science-Fiction[49]-Geschichte richtig. Während des Aufstiegs und Flugs im Luftballon schaut sein Protagonist selten nach oben zu den Sternen, sondern vor allem mit seinem Teleskop auf die Erde hinab, um festzustellen, dass die »stolzesten Städte der Menschen«[50] nicht mehr zu sehen waren. In einer Passage fragt sich Pfaall, warum er die Erde konkav sieht, wenn sie doch die Gestalt einer Kugel hat. Mit mathematischen Hilfsmitteln gibt er sich selbst eine Antwort, wobei seine Dreieckskonstruktion auf den mathematischen, nicht den künstlerischen Landschafts-Horizont ausgerichtet ist.[51]

Was Poe entging, war, die kugelige Form der Erde bei seinem Dreieck mitzudenken, denn die Vertikale – das Lot – kann es nur im Modell geben und in seiner Geschichte ist sie eine imaginäre Hilfslinie, eine Abstraktion, die geophysikalische Bedingungen außer Acht lässt. Denn die Messschnur beziehungsweise das Schnurlot zwischen Ballon und Erde würde je nach Wind schräg verlaufen und durch die Erdrotation könnte die Lotrichtung minimal vom Erdmittelpunkt abweichen. Die mathematische Horizontale – nicht mit dem Landschaftshorizont zu verwechseln – setzt ein topozentrisches horizontales Koordinatensystem voraus, das für die Fernsicht im Schwerefeld der Erde verwendet wird. Bevor Poe sich daransetzte, dieses Science-Fiction-Abenteuer zu verfassen, mag er durch die Schriften des Philosophen Giordano Bruno (1548–1600) geblättert haben. Darin konstruierte Bruno gleichschenkelige Dreiecke zwischen Punkten im Orbit, die in einer zweidimensionalen Darstellung zwangsläufig immer über dem Erdmittelpunkt liegen, und den jeweils äußersten sichtbaren Punkten der Erde, um seine dynamische, planetare Perspektive zu verdeutlichen. Mit zunehmender Entfernung wird der Winkel des Dreiecks spitzer, wobei der sichtbare Ausschnitt der Erdkugel großflächiger wird und so ihre Konkavität zunehmend deutlicher hervortritt.[52]

Für die Raumfahrt-Philosophin Marie-Luise Heuser markiert Brunos Beitrag zur Weltraumerkundung in Form von »virtuellen Fahrten« einen wesentlichen Anfangspunkt der philosophisch-kulturell angetriebenen Entwicklungsgeschichte, die bis zu den gegenwärtigen Anstrengungen von Raumfahrtagenturen reicht.[53] Bruno formulierte in *Das Unermessliche und*

Unzählbare (*De immenso et innumerabilis,* 1591) bereits Vorstellungen davon, wie der Weltraum aus unterschiedlichen Perspektiven erscheinen müsste. »Er pluralisiert die Welt und dezentralisiert sie zugleich. Daher existiert für ihn auch kein ausgezeichnetes Oben und Unten, Rechts oder Links mehr im Universum.«[54] Damit ist die Frage nach der vertikalen Perspektive im Weltraum theoretisch geklärt.

Ende des 18. Jahrhunderts hatten die Gebrüder Montgolfier in ihrer elterlichen Papierfabrik tatsächlich mit Ballons aus Papier experimentiert, ein Ergebnis war die Montgolfière (1783).[55] Zum kriegerischen Einsatz kam sie 1794.[56] Das war eine absolute Weltpremiere gewesen. Nur der wagemutige Brite Thomas Baldwin war schon 1785 über der kleinen Stadt Chester mit einem geliehenen Ballon aufgestiegen, finanziert durch die Einwohner·innen. In seiner Abhandlung *Airopaidia*[57] (1786) berichtet Baldwin ausführlich über dieses physisch-phänomenologische und visuelle Erlebnis, verknüpft mit der Absicht, einige Regeln für das Luftbild aufzustellen. Seine Illustrationen bezeichnet die Historikerin Lily Ford als »first ever ›real‹ overhead aerial views«.[58] Das Besondere an Baldwins Darstellung ist der kreisförmige Rundblick auf Chester als Welt in der Welt, als Planet, auf dem es nur Chester gibt. Baldwin schreibt von der »ciruclar view«[59] —, stellvertretend für die ganze Welt als Kugel, die wiederum Form und Erscheinung des menschlichen Augapfels entspricht Abb.05 S.60. Seinen Leser·innen empfahl er, sich stehend über das weit aufgeklappte Buch und die großformatigen Abbildungen zu beugen, um seine Sicht aus der Ballongondel möglichst gut nachzuerleben. Fords Ansicht nach qualifizieren sich die Illustrationen bereits als vertikale Ansichten, »they lack horizons and a vanishing point, and the order that these features usually bring to the composition of an image.«[60] Es gibt keine Figur im Vordergrund und keine Andeutung des Ballon-Vehikels. Baldwin steht für einen Paradigmenwechsel in der Visualität des Luftbildes. Er holt die Betrachter·in ins Bild, anders als bis dahin übliche Darstellungen von Städten und Landschaften aus der Vogelperspektive es taten.

Vertikale Luftbilder

20 Jahre vergingen, bis sich der Ballonfahrer und Fotograf Nadar ans Werk machte und ihm die erste Luftbildaufnahme im Herbst 1858 südlich von Paris gelang. Ihn begeisterte das unregelmäßige Schachbrettmuster, das er in den Ackerflächen beim Anblick aus der Vogelperspektive erkannte. Hier deutet sich bereits der Effekt an, den die Moderne ausgeprägt nutzen wird, »the defamiliarization of the natural world«.[61] Ballonfahrten waren vor allem für militärische Zwecke interessant, um Feindesaktivitäten aus der Luft zu erspähen. Neben der Fernerkundung und Luftaufklärung gab es einen weiteren Nutznießer: die Kartografie. Dafür waren absolut senkrecht aufgenommene Bilder notwenig, »such as would be necessary to get a correct map of the earth.«[62] Erfindungen wie das trockene Gelatineverfahren und der automatische Auslöser erleichterten die Arbeit der in neuen Höhen tätigen Fotografen.

Schon zu Nadars Zeiten, als man sich in der aeronautischen Gesellschaft in Paris versammelte und Victor Hugo den Heißluftballon als demokratisches Symbol hochleben ließ, kamen die konkreten Ballon-Expeditionen der 1850er und 60er Jahre, ab 1858 gepaart mit fotografischen Experimenten, militärischen wie zivilen Zwecken gelegen.[63] Wie Nadar früh erkannte, konnte die Luftbildfotografie für militärische, topografische und geografische Zwecke eingesetzt werden, weswegen er sich diese Verwendung 1855 hatte patentieren lassen. Doch am Ende des 19. Jahrhunderts ist »le regard vertical« erstmal »un curieux ›régime scopique‹ dont les possibilités commencent seulement à etre explorés«[64] [ein merkwürdiges ›skopisches Regime‹, dessen Erforschung erst am Anfang steht]. Wie aus den schriftlichen Berichten der Ballonfahrer deutlich hervorgeht und von Sebastian Vincent Grevsmühl unterstrichen wird, ist neben den neu entdeckten kartografischen Möglichkeiten jeder Flug ein riskantes und sinnliches Erlebnis, eine Sensation. Nadars Experimente dienten Jules Verne als Vorlage für seine Abenteuergeschichte *De la terre à la lune*[65] (1865). Anfangs relativierten sich für den französischen Astronomen Camille Flammarion im Jahr 1867 die damaligen, ausschließlich terrestrisch ausgetragenen Machtverhältnisse aus der Luftperspektive. Flammarion hält in seinem Bericht fest:

> Inzwischen treten die Werke der Menschenhand rasch in den Hintergrund. Die hohen Schlösser und Kirchen, die ragenden Thürme sind jeztt fast dem Boden gleich. Die Notredame, der Triumphbogen, der Louvre—aller Glanz der Architektur demüthigt sich vor dem Himmel. [...] In der Höhe ändert sich jede Perspektive. Die breiten Alleen und Parks sind schmale Gänge und kleine Gärten geworden. Wir überfliegen einen bescheidenen Bach, den man Seine nennt. Einige Aussichten haben geradezu etwas Groteskes. Der Palast des Marsfeldes erinnert uns—man verzeihe den Vergleich!—an eine Fleischpastete.[66]

Durchaus amüsiert beschreibt er, wie für ihn Pariser Landmarks von oben an Macht verlieren.

Drei Jahre später wurde über Paris das erste vertikale Bild aus einem nicht-stationären Ballon aufgenommen. Über den Erzieher und Gelehrten Gaston Tissandier, der im Folgejahr ein Handbuch zur Luftfotografie mit dem Titel *La photographie en ballon*[67] veröffentlichte, schreibt der Fotografiehistoriker Michel Frizot in *Nouvelle histoire de la photographie*.[68] Tissandier war seit 1868 regelmäßig im Ballon unterwegs gewesen, um nach oben zu blicken. »Das größte Interesse aber bietet das Studium der Wolken.«[69] Das Bild über der Ile Saint-Louis ist höchstwahrscheinlich vom Amateurfotografen Jacques Ducom ausgelöst worden, während Tissandier den Ballon lenkte. An dem Tag waren sie gemeinsam im Ballon aufgestiegen. Auf der Titelseite von Tissandiers Buch werden beide Namen als Autoren der historischen Fotografie angeführt. Der Untertitel lautet: *Avec une épreuve photoglyptique du cliché obtenu par MM. Gaston Tissandier et Jacques Ducom, à 600 mètres au-dessus de l'Ile Saint-Louis, à Paris*.[70] Der Kunsthistoriker Elio Grazioli listet folgende Ortsnamen und Daten auf: die Seine, den Hafen, das Hôtel-de-Ville und die Louis-Philippe-Brücke an der Spitze der Insel Saint-Louis,

Höhe 605 m, 19. Juni 1885.[71] In Tissandiers *La photographie en ballon* sind Fotografie und Karte – die anhand der Fotografie entstanden sein muss – hinter den Titelseiten abgedruckt. Es ist das erste Handbuch, das zum Thema kartografische Verwendung von Fotografie erscheint.[72]

Fünf Aufnahmen haben sie während des knapp eineinhalbstündigen Ballonflugs im Juni 1885 mit zwei Fotoapparaten gemacht, »l'une au-dessus des magasins du Bon-Marché, la seconde au-dessus du pont Saint-Michel, la troisième au-dessus de la pointe nord de l'île Saint-Louis, la quatrième au-dessus de la Roquette, et la cinquième au-dessus des réservoirs de Ménilmontant et des fortificalions.«[73]

An dem Tag im Juni musste der Meteorologe Tissandier ohne Wolkenfotografien zurückkehren, weil die weißen Wolken das Sonnenlicht zu stark reflektierten (Albedo-Effekt). Für die vertikalen Aufnahmen haben die beiden Fotografen das Kameraobjektiv jedoch durch ein Loch im Boden der Gondel geschoben.[74] Was für die Wolkenforschung von Nachteil war, sollte ein Vorteil für die topografischen Studien sein. Der hohe Sonnenstand im Monat Juni hat die Häuser und Gebäude von Paris in der Art beleuchtet, dass die vertikalen Bilder besonders geeignet waren, auch als Karten beziehungsweise Vorlagen für eine Karte zu dienen.

Die Kamera in Turbulenzen

Was motivierte den Ballonfahrer Cecil Victor Shadbolt am 29. Mai 1882, in die Gondel Abb. 08 S. 65 zu steigen? Historischen Dokumenten zufolge hatte er die Absicht, bis dato nicht kartografierte Außenbezirke Londons von oben zu fotografieren, um sie dann in eine Karte des britischen Königreichs aufnehmen zu können. Nach aktuellem Forschungsstand entstand so vermutlich die erste optisch vertikale Fotografie. Abb. 09 S. 66 Die Fotografien weisen eine für Laterna magica-Projektionen typische kreisrunde Kadrierung auf, die unbeabsichtigt nicht nur die kugelige Form des Ballons, sondern auch die runde Gestalt des Erdballs und nicht zuletzt den Augapfel aufgreifen. Zurzeit von Shadbolts riskanten Ballonflügen war die Laterna-magica gerade der *dernier cri* in der visuellen Kultur. Bilder wurden auf Glasplatten vervielfältigt und mittels einer Hebelvorrichtung am Gehäuse der Laterna magica konnte Bewegung simuliert werden, indem eines der beiden eingesetzten Bilder auf und ab bewegt wurde, sodass eine dargestellte Szene animiert wirkte.

Der Ballon ist von allen Vehikeln der Lüfte das Trägste, was die Steuerbarkeit betrifft – und daran konnten klägliche Ideen, wie etwa eine Montgolfière von einem dressierten Raubvogel ziehen zu lassen, nichts ändern. Und gerade diese Eigenschaft macht es wohl auch zum poetischsten Gefährt der Lüfte. Erst im Nachhinein wurde manche Flugbahn ungefähr erfasst, wie ein vertikal angelegtes Diagramm mit Höhenmetern und Zeitangaben zeigt. In *Path of the Balloon in its ascent, 1862*[75] sind Landschaft und Atmosphäre im Querschnitt dargestellt, auf der X-Achse ist die Höhe und auf der Y-Achse die Zeit in Stunden abzulesen. Die Schwierigkeit oder Unentschlossenheit bei der Übertragung von einer vierdimensionalen, die Zeit berücksichtigenden

Aktivität in eine zweidimensionale Darstellung zeigt sich darin, dass die Wolkendecke zwar perspektivisch gezeichnet wurde, die Landschaft hingegen nur schematisch als Umrisslinie, an der Höhenunterschiede abzulesen sind. Demnach könnte man das Bild als Diagramm mit Hintergrundmotiv lesen, als Versuch die eindimensionalen abstrakten Messwerte in eine räumliche Darstellung einzutragen. Es handelt sich um ein intermediales Format aus Infografik und Zeichnung. Landschaft und Wolken bilden also den Hintergrund und bieten den Leser·innen eine Orientierung in der Vertikalen, da die Höhenmeterangaben schnell die Grenzen des Vorstellbaren erreichen. Dieses Bildbeispiel kennzeichnet eindeutig ein Wille zum anschaulichen Vermitteln, in dem sich heutige Formalismen und Darstellungskonventionen noch nicht durchgesetzt hatten. Der Vorteil dieser Darstellungsweise ist, dass sie für das ungeschulte Auge eingängig ist, da die erhobenen Daten verortet werden. Außerdem führt die diagrammatische Visualisierung vor, wie stark die Flughöhe eines Ballons im Verlauf schwanken kann. Ohne Eigenantrieb, den Luftströmen und Turbulenzen ausgesetzt, ist nachvollziehbar, warum die ersten Ballonfahrer ihre Flüge mit dem Segeln auf offener See verglichen.

Vertikale Bilder repräsentieren ein Blickregime, das die Welt geometrisch kontrollieren und beherrschen und mit staatlichen und militärischen Zielsetzungen verbinden will. Bevor die Blickregime des Militärs sich im Laufe des 20. Jahrhunderts etablieren und andere Macht ausübende Institutionen den Blick von oben für sich vereinnahmt hatten, wurden die ersten, sofern bekannten und heute noch erhaltenen, vertikalen Bilder, die auch für die Anfertigung topografischer Dokumente geeignet waren, von einem Pariser Meteorologen und Fotografen und einem Londoner Fotografen unabhängig voneinander aufgenommen. Es waren wohlgemerkt ausschnitthafte Stadtansichten, die mit dem Sucher eingefangen werden konnten, keine größeren Landabschnitte, denn dafür reichten weder Flughöhe noch Brennweite aus.

Die Vertikale stürzt ein

Den größten Sprung nach vorne machte die Luftfotografie mit der Erfindung des Flugzeugs im Jahr 1903. Das Flugzeug als Kameravehikel lag stabiler in der Luft und konnte präziser an die gewünschte Stelle navigiert werden. Deswegen spielte die Luftaufklärung im Ersten Weltkrieg eine wichtige Rolle. Der Fotograf Edward Steichen gehörte zu den American Expeditionary Forces in Frankreich und war dort für die Fernerkundungseinheit zuständig. Innerhalb von fünf Monaten nahm die Einheit mehr als 1,3 Millionen Fotos auf,[76] die von geschulten Augen ausgewertet wurden.[77] Die schiere Menge änderte nichts an der doppelten Qualität der Bilder, zum einen als Informationsträger – in der Phase ihrer Verwendung für die Fernaufklärung – und als abstrakte moderne Motive. »This axis of data and beauty […] is indivisible as an aesthetic doctrine of aerial photography.«[78]

In diesen Flugzeugaufnahmen wird eine Schräglage zum sonst aufrechtstehenden Betrachtenden repräsentiert, die schon die Brieftaubenfotografie erzielte, was insofern wenig überrascht, da das metabolische Kameravehikel, der Vogel, sich beim Fliegen an keinem Raster oder geometrischem

Linienwerk ausrichtet oder orientiert. Daher war die von ihrem Erfinder patentierte Aufnahmetechnik für Luftbilder nicht dafür geeignet, sich als Massenmedium durchzusetzen.

> Die Fotografie aus dem Flugzeug gab einen exakt senkrechten Blick wieder, der anders als die mitunter parallaktisch verzerrten und unscharfen Aufnahmen [Julius] Neubronners tatsächlich in einem militärischen Sinne informationsrelevant war. In den so gewonnenen Resultaten kam es während des Ersten Weltkrieges — in den Worten Walter Benjamins — insofern zu einem Bruch mit dem pikturalen ›Monopol der Vertikale‹ als die Bildebene nicht mehr zwangsläufig parallel zum Betrachterstandpunkt ausgerichtet war.[79]

Die zufällig aufgenommenen Weitwinkelbilder von Neubronner korrespondieren in ihrer Wirkung stattdessen vielmehr mit heute erprobten und diskutierten Immersionseffekten von Virtual-Reality-Headsets oder GoPro-Kameras, denn die Aufnahmen ähneln der verzerrenden Fisheye-Ästhetik mit hyperräumlichem Eindruck.

Der Medienwissenschaftler Bernhard Siegert bezieht sich auf dieselbe Beobachtung von Benjamin, interpretiert sie aber überzeugender als »fast vollständigen Zusammenbruch einer seit der Erfindung der Zentralperspektive durch die Malerei eingeübten Sehweise«.[80] »Grund dafür ist die vom Flugzeug bewirkte Verschiebung des Achsenverhältnisses zwischen Blick und Erde. ›Jahrtausendelang ist die Vertikale die Achse gewesen, aus der sich der Mensch auf der Erde umsah.‹«[81] Sobald ein Mensch im Flugzeug sitzt und von dort aus auf die Erde hinunterschaut, hat er eine andere Wahrnehmungsperspektive eingenommen, die sich erheblich von der aufgerichteten Position auf der Erde unterscheidet.

> Nicht nur durchbrach das Flugzeug ›das Monopol der Vertikale‹, wie Benjamin gut zivilistisch schreibt, es konstituierte sogar für die Dauer des Krieges ein Monopol der Horizontalen, da der Grabenkrieg die vertikale Achse mit vollkommener Deprivation des optischen Sensoriums gleichsetzte. Das senkrecht von oben aufgenommene Bild entbirgt nicht die Zentralperspektive in der Natur, sondern das Meßbild in der Natur.[82]

Und diese scharfe Beobachtung Benjamins soll nur die Anfänge der Verwertbarkeit von vertikalen Bildern, wie technischen Bildern im Allgemeinen, markieren. Bilder transportieren Informationen. Mit Beginn des Ersten Weltkriegs im November 1914 werden die ersten fotografischen Einheiten gegründet, die mit Taschenkameras von Kodak aus der Luft fotografierten und über ein 12 Platten-Magazin verfügten.[83]

True Vertical Photography

Wenn die Kamera im Moment der Aufnahme null Grad von Nadir abweicht, dann wird in der Fernerkundung von *true vertical photography* gesprochen. Sobald die Kamera sich in leicht schräger Lage befindet, was schnell passiert in den höheren wie niedrigeren Luftschichten, spricht man von *near-vertical photography*. Der Toleranzbereich liegt bei plus minus drei Grad von Nadir abweichend. Diese Bilder können als Vorlagen für Karten verwendet werden. »Die Satellitenbilder und Luftbilder sind kartenähnlich, jedoch sind sie mit keinerlei Verallgemeinerung verbunden«.[84] Aber dieser Mangel an Allgemeinheit ist wiederum ein Problem: Bilder z. B. der Luftbildfotografie erfordern die — in Karten qua Legende bereits implementierte — Interpretationshilfe, um die notwendige Information ablesen zu können.[85]

Insbesondere seit der digitalen Bildbearbeitung gibt es zahlreiche Methoden und Verfahren, um das Bild an die Vorgaben anzupassen, die sogenannte Orthofotografie. Mit dem Begriff werden manuell korrigierte, an das Gitternetz topologischer Karten angepasste Bilder (*ortho*, griechisch für ›richtig‹, ›aufrecht‹) bezeichnet. Mithilfe von Algorithmen können Winkelabweichungen korrigiert werden. Der Weltbezug sei immer eine Konstruktion,[86] bemerkt Jens Schröter mit Bezug auf die Laborstudien von Bruno Latour. Das Post-Produzieren gehört demzufolge nicht allein zum Repertoire der Filmindustrie und ihrer Kameratechnik, sondern genauso zu den Naturwissenschaften und ihren Visualisierungsinstrumente.

Die Vertikale ist anthropomorph und kann schnell einknicken, etwa wenn sich ein Flugzeug im Tower-Kontakt oder ein Satellit im Bodenstation-Kontakt nicht in vertikaler Position zur Erdoberfläche befindet. Die Vertikale, wie von Gilles Deleuze und Félix Guattari im Kapitel zur Geophilosophie ausgeführt, kann zusammenbrechen.[87] Es ist mitunter eine prekäre Verbindung. Für diese Verbindungen gibt es in Google Earth visuelle Entsprechungen. Rundungen, Biegungen und Ausbeulungen der Datentopologie, die sich nicht an das Koordinatensystem halten: *glitches*.

Durch jeden Medien- und Mobilitätswandel verändert sich die Wahrnehmung von Raum. Der Verlust des stabilen Horizonts der Moderne wird bereits mit der Gründung von Luftfahrtgesellschaften, wie beispielsweise der *Luft Hansa* 1926 in Dessau, bei László Moholy-Nagy als »doppelte Perspektive« und bei Walter Benjamin — im Negativen als Einbruch des ›Monopols der Vertikalen‹ – und im Positiven als ›dritte Dimension‹[88] verhandelt. Der Architekt E. A. Gutkind denkt den Effekt des Flugzeugs auf das menschliche Maß weiter und erkennt einen Nutzen, indem er sich für die Größenordnungen verbindenden Qualitäten interessiert: »The airplane is the instrument which introduced this new scale as an inescapable reality, bridging the gap between the smallest social unit, the individual human being, and the largest unit, the universe.«[89] Gutkind schreibt dies im Jahr 1956 und bringt damit das Spannungsverhältnis zwischen den unendlich kleinsten und unendlich größten Formen zum Ausdruck sowie den Wunsch, sie zu vereinigen: »[W]e must reconcile two diametrically opposite aspects: the infinitely large and the infinitely small.«[90]

Die Vertikalität der Raumfahrt

Beim Besuch des National Air and Space Museum in Washington D. C., das nur einen Häuserblock von der NASA-Hauptstadtvertretung entfernt liegt und das zur weitläufig angelegten ›National Mall‹ gehört, verdichtet sich der Eindruck vom massiven finanziellen und technischen Aufwand, der mit der

Raumfahrt verbunden ist. Auf zwei weitläufigen Etagen ist die Geschichte der Raumfahrt und Fernerkundung ausgebreitet, wobei ein McDonald's und das nach dem Sponsor benannte Lockheed Martin-IMAX Theater dem Ort die konsumorientierte Betriebsamkeit einer Shopping Mall verleihen. In multimedialen Inszenierungen werden Generationen von Flugkörpern ausgestellt. Verschiedene Blickrichtungen, von der Erde ins Weltall, aus dem Weltall ins Weltall und vom Weltall zurück zur Erde, haben im 20. Jahrhundert jede Menge Apparate und Material angehäuft. Anfangs waren es mitunter unbeholfene Versuche, mit einer klobigen Kamera samt dreilinsigem Objektiv,[91] Fotodrachen oder ballongetragenen Kameras die Erde von oben aufzunehmen. In den 1930er Jahren machte der US-Air Force-Ballon Explorer II die ersten Fotos, die 1935 — als Kompositbild zusammengefügt — die Erdkrümmung erstmals fotografisch dokumentierten — nach zuvor gescheiterten Versuchen.[92]

Nach 1945 entstanden mit den Raumfahrtorganisationen neue visuelle Systeme, die auch die Weichen für eine *New Earth* und Globalität stellten. Zu den entscheidenden Parametern hierfür werden »verticality, materiality and temporality«[93] gezählt. Der Kalte Krieg und das« ‹new vertical regime‹ enabled by space exploration« waren die Grundlage dafür, dass sich« a new technology mediated verticality«[94] entwickelte. Die Vertikale musste demzufolge damals und muss heute noch konstruiert werden. Im Umkehrschluss kann die Bezeichnung ›vertikales Bild‹ sogleich als Hinweis auf Bildmanipulation eingeordnet werden. Das Neue an dieser Vertikalität war die Präzision.

Aufnahmeversuche werden unterschiedlich ausgewertet, die Kartografie verarbeitetet mit anfangs analogen und heutzutage digitalen Mitteln die Einzelbilder zu sogenannten Orthofotos.[95] Grundsätzlich sind die Interessen dieselben geblieben. Der Blick von oben muss eingeübt werden, nur das geschulte Auge beispielsweise kann bestimmte Orte aus der Luftperspektive wiedererkennen und eine gute kartografische Kenntnis, sowie eine detaillierte *cognitive map* einer Stadt oder einer Landschaft ist förderlich beim Lesen der vertikalen Bilder. Um Orte einzusehen, die aus der üblichen Straßenperspektive verschlossen bleiben, wie der Fotograf Beaumont Newhall 1969 bemerkt, ist die erhabene Position sehr nützlich:

> The vertical airview, at first so strange and puzzling, is the most useful type of aerial photograph for studying the earth and man's activities upon it. Often we can see more than from the ground itself — the interior courtyards of buildings, the open holds of the boats, the curious grating of the swimming baths. And what is even more helpful, we can measure everything with remarkable precision and with far less trouble than on the ground.[96]

Newhall beschreibt also, wie sich für ihn die neue Perspektive als Pilot und Fotograf darbietet, ohne politische Instrumentalisierungen und deren Konsequenzen wie beispielsweise die Überwachung zu thematisieren. Mehr als 40 Jahre später ist die vertikale Sicht zur Konvention geworden und ruft neue Problemstellungen hervor wie die sichtbare Unsichtbarkeit des Untergrundes: »The backside of the image of aerial surveillance of the globe, the ground of the image, is the underground: the dark depths of unstable terra firma. So the aerial view always implies and depends on the subterranean invisible.«[97] Solche Aspekte wirft die auf vollständige Abdeckung ausgerichtete Satellitentechnologie nicht auf. Dennoch gab es Versuche des US-Militärs, mithilfe einer Mischtechnik aus Radar und Sensorik *in* die Erde zu messen, die gescheitert sein dürften, da das von Ryan Bishop in dem Zusammenhang analysierte Projekt Transparent Earth nach 2014 nicht in Pressemitteilungen oder anderen Publikationen erwähnt wird.

Skala, Skalierungszahl, Lineal

Etwa 100 Jahre, bevor die Eames anfingen, in Filmen mit der Skalierung des Sichtbaren und Sichtbargemachten zu experimentieren, und dies in ersten filmischen Skizzen umzusetzen,[98] veröffentlichte 1858 der damalige Direktor der Baubehörde in Berlin, Albrecht Meydenbauer (1834–1921), ein Papier, in dem er vorschlug, Fotografien für Maßstabsmessungen zu verwenden. Sein Vorschlag begründete sich auf der geometrischen Beziehung zwischen dem fotografischen Bild und dem fotografierten Objekt. Warum sollte er wieder auf eine Domfassade klettern, um sie zu vermessen,[99] wenngleich es doch ungefährlicher ist, ein Foto zu vermessen? Meydenbauers Argumente fielen eher suggestiv als sachlich aus: »some may find it hard to believe, but experience has proven that one can see, not everything, but many things, better in scale measurement than on the spot.«[100] Trotzdem hatten seine Worte später handfeste Konsequenzen, als 1885 die Königliche Preußische Messbildanstalt für Baudenkmäler gegründet wurde und »the measurement of photographs of historic monuments became a frequent practice.«[101] Mithilfe der bis heute praktizierten—auf technologisch angepasstem Stand—sogenannten Fotogrammetrie wurden in der zweiten Hälfte des 19. Jahrhunderts mit Beginn der Fotografie Denkmäler vermessen. Jemand legte ein Lineal an und maß für den Menschen nur schwer erreichbare Bauten in Relation zu bereits Vermessenen. Nach dem Ersten Weltkrieg existierte die Anstalt weiter unter dem Namen Staatliche Bildstelle, Berlin. Das Verfahren wurde seitdem mehrfach aktualisiert und anhand der jeweils neuen Messtechnologien präzisiert.

Ein anderer Pionier der Bildvermessung war der Physiker Carl Pulfrich (1858–1927). Als Angestellter der Firma Carl Zeiss wurde er 1896 damit beauftragt, die Stereofotogrammetrie weiterzuentwickeln. Den stereoskopischen Entfernungsmesser gab es bereits. In dieser Zeit kam ihm die Idee, dass die Stereoskopie dazu verwendet werden kann, zwei mit räumlich versetzten Linsen aufgenommene Bilder zu vermessen. Aus diesem Gedankenprozess heraus erfand er 1901 den sogenannten Stereokomparator für stereoskopische Auswertungen von Fotos.[102] In Südafrika hatte ungefähr zur gleichen Zeit Henry Georges Fourcade (1865–1948) sein messendes Stereoskop und eine Vermessungskamera erfunden. Mit Sicherheit war er es, der die erste topografische Karte erstellte. Die erste Luftbildkamera kam 1915 heraus. Damit verlagerte sich die Fotogrammetrie verstärkt in den Bereich der Luftfotografie—die Firma Carl Zeiss gründete eine Unterabteilung mit dem Namen Zeiss Aerotopograph.

Heute wird die Fotogrammetrie mit Laserscannern durchgeführt. Die Anwendung erfolgt nicht nur für Vermessungen in Städteplanung und Denkmalschutz, sondern auch im Nahbereich, etwa in der Archäologie zur Rekonstruktion von Objekten oder zur Fernerkundung in Geoinformationssystemen, wie sie Navigationstechnologien für selbstfahrende Autos brauchen. In diesem Kontext wird das Laserscanning vom Flugzeug aus durchgeführt.

Im Zuge ihrer Unterscheidung von *gaze* und *look* nimmt sich Kaja Silverman in *The Threshold of the Visible World* die skalare Fotografie vor, um anschließend ihren Begriff des ›produktiven Blicks‹ anhand künstlerisch arbeitender Filmemacher wie Harun Farocki oder Chris Marker zu belegen.[103] An der Praxis des Bauingenieurs Meydenbauer, auf die Farocki in seinem Film *Bilder der Welt und Inschrift des Krieges* (1989, 75 Min.) eingeht, sieht sie die Trennung von Kamera-Blick und menschlichem Sehen vollzogen. Hier taucht die Assemblage von Kamera und Blick als Apparatus für quantifizierbare Bilder auf. »From this vantage point, the invention of the camera represents less a moment of rupture with earlier visual technologies than the moment at which their implicit disjuncture from the eye becomes manifest.«[104] Quantifizierbar sind diese Bilder, da die Umwandlung von dreidimensionalen Objekten in zweidimensionale Darstellungen auf Messungen bestanden. Im Prinzip, so argumentiert Farocki, ist das Ableiten von Zahlen aus Bildern als *reverse engineer-ing* aufzufassen. Damit gibt er Meydenbauers Methode wieder,[105] die der Medienhistoriker Bernhard Siegert als »Umkehrung des perspektivischen Sehens« [106] zusammenfasst.

Schlussfolgernd kann die Behauptung eines ›vertikalen Bildes‹ nicht losgelöst von Kategorien wie Orientierung, Instrumentalisierung und Skalierung diskutiert werden. Satellitenbildanbieter verwenden nicht mehr den Terminus technicus ›vertikales Bild‹ , sondern beschreiben die Bilder als lotrecht, Nadir-ausgerichtet (vgl. Landsat 8, USGS[107]). Der Kalte Krieg und das »›new vertical regime‹ enabled by space exploration« waren die Grundlage dafür, dass sich »a new technology mediated verticality«[108] entwickelte. Die Vertikale muss demzufolge technologisch konstruiert werden beziehungsweise vice versa kann die Bezeichnung als vertikales Bild sogleich als Hinweis auf die dafür erforderliche Bildmanipulation aufgefasst werden. Mit anderen Worten: Das vertikale Bild ist gemacht. Es ist ein Orthobild.

»Die vertikale Perspektive gibt es nicht«

Der Soziologe Rod Bantjes befasst sich mit der Frage, warum eine mit parallel verlaufenden vertikalen Linien dargestellte Fassadenflucht den Eindruck erweckt, als würde das Gebäude umstürzen und warum Betrachter·innen das im 18. und 19. Jahrhundert nicht so wahrgenommen haben. Bantjes blickt also in die Geschichte der visuellen Kultur, insbesondere auf 3D-Techniken. Wie werden die ersten Hochhäuser—und lange zuvor die Kirchen, die einzigen hohen Gebäude in den Städten—abgebildet? Und wie verändert sich die Darstellungsweise (auch in der Malerei) mit der Entwicklung der Fotokamera? Welche Darstellungskonventionen hatten sich für die vertikale Ansicht etabliert und wie kam es zum Umbruch?

Anhand von kunsthistorischem Material wie dem Großstadtbild *City Night* (1926) der Malerin Georgia O'Keeffe—das streng genommen außerhalb von Bantjes Untersuchungszeitraum entstand, nämlich nachdem in Manhattan die ersten Hochhäuser errichtet waren, und das einen Moment in der Malerei markiert, in dem zusammenlaufende Vertikale als künstlerisches Mittel bereits anerkannt waren—nimmt sich der Autor rückblickend perspektivischer Darstellungen von Gebäuden in Fotografie, Gravur und Zeichnungen dem Gegenstand an: die Darstellung der vertikalen Perspektive aus der Untersicht. Auslöser für den allmählichen Wandel der Darstellungskonventionen waren Erfahrungen beim Fotografieren: Richtete jemand im 19. Jahrhundert eine Fotokamera gen Himmel, zeigte sie ein anderes Bild von hohen Gebäuden als es die Künste bis dahin getan hatten. Bantjes stellt fest, dass es vor der Erfindung der Fotografie Konvention gewesen war, räumliches Sehen von der Darstellungsweise in der Malerei her abzuleiten und dass die vertikale Flucht von Gebäuden nicht so dargestellt wurde, wie es der menschlichen Wahrnehmung entsprochen hätte.[109] In der zentralperspektivischen Darstellungsweise wurde dieser Effekt vermieden und der Raum, ungeachtet der Erdkrümmung vor einen exakt waagerecht verlaufenden Horizont gestellt.[110]

Wie Bantjes herausarbeitet, nähern sich menschliche Sehgewohnheiten, künstlerische Darstellungskonventionen und tatsächliche physiologische Wahrnehmung von gebauter Umwelt äußerst langsam an. Entscheidender Auslöser für das Überdenken der Konventionen war die Erfindung der Fotografie und die Möglichkeit, mit Heißluftballons ›off-world‹ zu fliegen oder mit der Eisenbahn statt mit Pferdekutschen durch die Landschaft zu fahren. Mit der neu erreichten Geschwindigkeit verschwand die vertraute Stabilität, und der Körper wurde im Hinblick auf den Wahrnehmungsaspekt spürbar involvierter. In der Mathematik sorgte die Erschütterung der auf Mathematik basierten Darstellungskonventionen dafür, dass Mathematiker wie Carl Friedrich Gauß (1777–1855) anlässlich von Landvermessungen begannen, für diesen größeren geografischen Maßstab eine nichteuklidische Geometrie zu bestimmen.[111] Denn durch die Kugelform der Erde würde ein weit aufgespanntes Dreieck keine Winkelsumme von 180 Grad mehr ergeben, wie in der euklidischen Schulgeometrie gelehrt. Grund hierfür ist das potenzielle Ausmaß der Verzerrung, je größer die Strecke ist, auf der eine gerade Linie versucht eine gewölbte Fläche zu vermessen, umso ungenauer wird das Ergebnis. In einem lokalen Zusammenhang ist das Dreieck als Annäherung dennoch nützlich für eine objektivierende Darstellung einer kugeligen Oberfläche.

Nichteuklidische Geometrie

Darstellungskonventionen sind mathematischer Natur, wenn es um eine realistische Abbildung der Abstände und Größenverhältnisse geht. Geometrischer Hilfsmittel hat sich die Malerei bei der Abbildung von Räumen bedient und die Landvermessung bei der Erstellung von Landkarten. Dabei ist die Triangulation seit jeher ein wesentliches Verfahren. Am Beispiel von

Raum und Kugel problematisiert der Mathematiker Andreas Filler den Unterschied zwischen euklidischer Geometrie, »die uns wohlbekannte Geometrie der Ebene und des Raumes« und nichteuklidischer Geometrie, der »Geometrie auf der Kugeloberfläche – auch sphärische Geometrie genannt«.[112] Des Weiteren spezifiziert er die euklidische Geometrie »als Lehre von den Eigenschaften der Figuren des Raumes [...].«[113] In der Anwendung nicht euklidischer Geometrien auf den Raum, da sie sich auf gekrümmte Räume oder hyperbolische Formen beziehen, sieht Filler die Schwierigkeit, »daß sich sowohl die elliptische als auch die hyperbolische Geometrie ›im Kleinen‹ wie die euklidische Geometrie verhalten. Aufgrund der ungeheuren Größe unseres Universums kann auch die Entfernung der Erde zu einem Fixstern als ›sehr klein‹ gelten.«[114]

An den anschaulichen Beschreibungen der Problemlage wird deutlich, dass es solche (Un-)Verhältnismäßigkeiten sind, die zwischen Theorie und realer räumlicher Ausdehnung stehen. Oftmals kann die Geometrie, wie Filler erklärt, nur einen verhältnismäßig kleinen Bereich beschreiben, der trotzdem in Relation zur Erde wiederum groß ist. Und das hat unter anderem damit zu tun, dass die Mathematik im realen Raum nicht auf konstante Verhältnisse trifft. Denn »bei konstanter positiver beziehungsweise negativer Krümmung würde der reale Raum durch die elliptische beziehungsweise hyperbolische Geometrie beschrieben. Die wirklichen Verhältnisse sind jedoch weitaus komplizierter, da die Konstanz der Krümmung des realen Raumes keinesfalls als gegeben angenommen werden kann. So muß durchaus die Möglichkeit betrachtet werden, daß die Krümmung des Raumes an verschiedenen Orten unterschiedlich ist, und somit an verschiedenen Stellen des Raumes unterschiedliche geometrische Verhältnisse herrschen.«[115]

Die Kontextualisierung, die Filler mit Blick auf benachbarte, sich aus ihren jeweiligen Denktraditionen und Konventionen der Theoriebildung heraus mit dem Weltraum befassende Disziplinen vornimmt, sowie mit Blick auf Verstrickungen zwischen Entwicklungen in der Mathematik und in der Physik, ist darüber hinaus aufschlussreich im Kontext dieses Buches.

> Die Mathematik (speziell die Geometrie) und die Physik sind dabei derart stark miteinander verwoben, daß eine Trennung in vielen Bereichen kaum möglich ist und durch die Begriffe ›Geometrie‹ und ›Physik‹ lediglich unterschiedliche Sichtweisen auf dieselben Probleme zu kennzeichnen sind. Die Geometrie schafft mathematische Modelle, auf deren Grundlage physikalische Theorien formuliert werden können, wird dabei aber gleichzeitig von physikalischen Erkenntnissen inspiriert, bestimmte Entwicklungsrichtungen zu verfolgen. Ohne die [...] Entwicklungen in der Geometrie wäre die stürmische Entwicklung der Physik Ende des 19. / Anfang des 20. Jahrhunderts und damit die moderne Physik unseres Jahrhunderts nicht möglich gewesen. Voraussetzung für diese neuen geometrischen Herangehensweisen war jedoch die Überwindung der Denkfessel, die euklidische Geometrie als einziges geometrisches System, als *die* Geometrie anzusehen.[116]

In dieser Hinsicht spricht sich Filler implizit für interdisziplinäres Forschen aus, da Entwicklungen in einer Disziplin nicht ohne die intellektuellen Leistungen einer anderen Disziplin zu erklären sind und der Forschungsgegenstand durch die Fragen der Forschenden hergestellt wird. Die offenen Fragen und Darstellungsprobleme müssen daher mit den jeweiligen Forschungsansätzen bearbeitet und zusammengeführt werden, damit eine interdisziplinäre Diskussion stattfinden kann. In der Folge könnte ein neues transdisziplinäres Forschungsfeld entstehen.

Die vertikale Perspektive und die subjektive Seherfahrung

Geht es um die individuelle Seherfahrung, die technisch-künstlerisch nicht reproduzierbar ist? Die subjektive Seherfahrung beschreibt wieder einen anderen Fall. »The eye of perspectiva artificialis offers no coherent way of conceptualizing the bodily experience of looking up or down. This everyday visual experience was both unrepresentable and incomprehensible.«[117] Deterritorialisierung und Beschleunigung waren die wesentlichen Faktoren, um das Zusammenspiel von Sehen und Bewegung und seine Effekte auf die räumliche Wahrnehmung empirisch zu untersuchen und die mathematische Logik der Zentralperspektive infrage zu stellen.

Der Beginn der Ballonfahrt im 18. Jahrhundert sorgte dafür, die vertikale Perspektive anzuzweifeln. Wie Bantjes schreibt, ermöglichte der Ballon es dem Kunstkritiker Edmond 1837, sich eine Malerei jenseits vertikaler Begrenzungen vorzustellen. So forderte er seine Leser·innen auf, ihren Blick – er sprach statt vom Blick vom *cone* und betonte so den kegelförmigen Wahrnehmungsbereich des Sehsinns – auf den Ballon zu richten.[118] Die subjektive Seherfahrung von Vertikalität war ohne festen Standpunkt beziehungsweise ohne fixes Bezugsobjekt nicht länger in der künstlerischen Darstellungskonvention wiederzuerkennen. Wie Bantjes untersucht hat, offenbaren Debatten aus dem 19. Jahrhundert den damals weit verbreiteten Glauben, dass aufwärts konvergierende Vertikalen sich der mathematischen Logik der Perspektive widersetzten. So kam Edwin Cocking (1818–1892) zu der Ansicht, dass es die vertikale Perspektive nicht gibt, weil sich der Blick nach oben nicht dem Regelwerk der Zentralperspektive unterordnen ließe.

Rod Bantjes stellt die räumliche Repräsentation im Kubismus – mithilfe von Parallaxen, also zwei räumlich versetzten Blickpunkten, die in einem Bild gleichermaßen repräsentiert sind – der einäugigen Zentralperspektive entgegen. Die Maler·innen von Bewegung im Raum hatten sich buchstäblich dem Bewegtbild verschrieben, sie verfolgten einen »cinematic constructivism incorporating time, multiple takes, and simultaneity.«[119] Bevor es die Medien Fotografie und Film gab, orientierten sich die mit dem Sehsinn befassten Künstler wie Leonardo an der Beschaffenheit des menschlichen Auges. »Leonardo was interested in anamorphosis at the edges of a horizontal wide-angle view, the so-called ›column problem.‹

Here we have the same effect in a vertical wide-angle view: the column problem turned sideways.«[120]

Der Versuch, eine dem Augapfel angepasste, kurvenförmige Darstellungsweise einzuführen und auf diese Weise die perspektivische Darstellung mit den physiologischen Eigenschaften zu verbinden, ging nicht über die Illustration dieses Versuchs hinaus. Heutige GoPro-Kameras und ihre Fischaugenoptik könnten als Umsetzung dieser anamorphotischen Annäherung verstanden werden. Abb. 10 A–C S. 67 Zum anderen ließ sich das Zusammenlaufen der Vertikalen nicht als um 90 Grad gedrehtes Säulen-Problem nach Leonardo missverstehen.

Wie Bantjes herausarbeitet, handelt es sich um ein Missverständnis, da die zusammenlaufenden Vertikalen zunächst in der Repräsentation als ein Weitwinkel-Problem verstanden wurden. »It seems people could only see what the totality of their visual culture told them was seeable, and this particular visual effect was culturally taboo until mid-century and remained unrepresentable in high art until the early twentieth century.«[121]

Die Wiedergabe des einäugigen, auf einen Punkt fixierten Sehens konnte in Bewegung versetzten, komplexen körperlichen Seherlebnissen, wie etwa beim Eisenbahnfahren oder im Kino, nicht mehr gerecht werden. Doch das Beibehalten der Vertikalität in der Malerei obwohl es aus optisch-physikalischen Erfahrungen wenig überzeugte, erklärt sich nach Bantjes nicht allein darüber, dass die Malerei der Architektur Folge leistete und die Vertikale als räumliches Absolut behandelte. Das Problem war ein anderes: »The problem of upward tilt was wrongly understood as a variant of the problem of the wide-angle view.«[122]

In der Malerei wurden die konvergierenden Vertikalen geradezu vermieden, weil sie die Betrachter·innen mit solchen Immersionseffekten physiologisch involvierten—ein Effekt, der auf dem Kunstmarkt nicht als künstlerische Leistung respektiert wurde.[123]

Wenn *Virtual Reality* und sphärische Perspektiven auf die Zweidimensionalität reduziert werden—beispielsweise die VR-Still-Ansicht oder das Videobild eines 360 Grad-Videos, wie es ohne Verwendung eines entsprechenden Headsets auf YouTube angezeigt wird—, erscheinen sie als mehrfach gewölbte Raumansichten, so als befinde sich in jeder der vier Himmelsrichtungen ein gekrümmter Raum. Können also diese zeitgenössischen Beispiele der visuellen Kultur als Anschauungsmaterial für die Anpassung räumlicher Darstellungsweisen an den Augapfel beziehungsweise das menschliche Sehen aufgefasst werden?

Der Autor Brigadier J. L. P. Macnair vertrat 1957 eine andere Auffassung, was die Konstellation von Vertikalität, Raum und Sehen betrifft. Zudem interessierte er sich für die Vielheit der Perspektiven, wenn er beispielsweise auf alternative Darstellungskonventionen in China verwies. In der chinesischen Kulturgeschichte herrschte ein anderer Standard für die räumliche —nicht perspektivisch angelegte—Darstellung: die flächige, symmetrische Projektion, die nicht anstrebt eine räumliche Tiefe zu vermitteln und dennoch Räume auf der Leinwand zu organisieren.

Wenngleich auf ähnliche Weise an der menschlichen Physiognomie orientiert, stellt er die These auf, dass eine Vertikale nur im Zentrum des Blickfelds senkrecht verläuft und außerhalb dieses Zentrums eine Krümmung aufweist.[124] »Again, take the question of vertical lines. According to present practice, these all remain vertical in our picture. But if anything tall is to be depicted, vertical lines give a false impression. We are probably all acquainted with some works of art where the artist has attempted to solve the problem by an empirical inclination of vertical features.«[125]

Wo gibt es Schnittstellen zwischen Militärgeschichte und Kunstgeschichte und was sagen sie aus? Paolo de Dona, der sich als Maler selbst den Namen Paolo Ucello gab, gilt im kunsthistorischen Kanon als der erste, der ein perspektivisches System aus Körpern und Objekten auf der flachen Leinwand konstruiert hat. Sein Gemälde *Die Schlacht von San Romano* (1438–1440) »gives an illusion of depth which owes nothing to light and shade, for the men and horses have no shadows. The earliest published works on the theory dealt with the simple problems of horizontal squares having a side parallel to the picture plane.«[126]

Unter den eigenen Zeitgenoss·innen bezieht sich Macnair auf den für ihn wichtigen William Abbott, Verfasser von *Perspective* (1950). Dessen Überlegungen zur Vereinigung einer empirischen und mathematischen Umsetzung von Perspektive greift Macnair auf und denkt sie weiter: »I would suggest that we must consider our picture to be projected, not on a flat surface, but on the inside of a large transparent sphere.«[127] Offensichtlich handelt es sich um eine dieser wiederkehrenden Fragen und Aufgaben, die sich mit neu aufkommenden Medien erneut überprüfen lässt.

Genauso wiederkehrend wie der Versuch, den Konflikt zwischen räumlichem Sehen und perspektivischer Repräsentation aufzuheben, ist die Frage, die aus dem Publikum an Macnair gestellt wird: »Is this question of the spherical picture plane really due to the fact that the retina of the eye on which we are focusing is spherical? I am thinking here of cameras.«[128] Darauf antwortet Macnair, dass die damals neue *Cinerama*-Technik[129] der sphärischen Perspektive erkennbar nahekäme. Mit der Digitalisierung werden dynamischere Perspektiven abrufbar und erfahrbar, d. h. es gibt mehr als eine Perspektive und eine Blickrichtung, wie beispielhaft in Google Earth VR oder Gaia VR[130] umgesetzt.

Avantgarden: Perspektiven verschmelzen

Rückblickend sieht der Kulturwissenschaftler Christoph Asendorf mit dem Aufkommen der Luftbildfotografie erneut Perspektiven verschmelzen. Diesmal nicht in der Subjektiven der Malerei, sondern im technischen Szenario der Luftbildaufnahmen. Dabei befasst er sich mit der künstlerisch-gestalterischen Weiterverarbeitung und Kommentierung dieses damals neuen Bildmaterials am Beispiel der Produktion am Dessauer Bauhaus vor neunzig Jahren. Im Kontext des Bauhaus publiziert László Moholy-Nagy 1929 den auf Lehre und Vermittlung setzenden Band *Von Material zu Architektur*.[131] Auf den Buchseiten stellt Moholy-Nagy Luft- und Mikroaufnahmen nebeneinander und »nutzt die Luftaufnahmen als eines der Medien, die seinen dynamischen Begriff des Raumes veranschaulichen, eines Raumes, dessen Grenzen flüssig werden, in dem innen und außen und oben und unten ›zu einer Einheit verschmelzen‹, in dem eine *one world*, ein stetes Fluktuieren an die Stelle statischer Beziehungen getreten ist.«[132] Asendorfs emphatische Beschreibung klingt, als habe Moholy-Nagy das Digitale ästhetisch vorweggenommen.

Die Idee, die statische Zentralperspektive zugunsten vielfältiger, ›dritter‹ Perspektiven zu dynamisieren, motivierte die Bauhaus-Absolvent·innen und Konstruktivist·innen zu ihren Texten und Bildmontagen, die unter dem Schlagwort ›Neues Sehen‹ entstanden. Bei den Versuchen, die neue Sicht von oben mitsamt den möglichen Turbulenzen zu übertragen, hatten sie damals mit den technologischen Einschränkungen der verfügbaren optischen Medien zu tun. Für Devin Fore steckt in den Ambitionen des ›Neuen Sehens‹ ein Widerspruch, nämlich die Sehgewohnheiten einerseits wieder an eine Unmittelbarkeit der Wahrnehmung anzunähern, andererseits diese Erfahrung nur mithilfe optischer Medien zu erreichen, »through the device of *perspectiva artificialis* and its mechanical proxy, the optical camera.«[133]

Warum halten die Künstler an der Kamera fest? Stärker als ein die Perspektiven synthetisierendes Gemälde scheint das Medium Fotografie das Durchqueren des Raumes dynamisieren zu können. Mit dem ersten Geschwindigkeitsrausch zu Beginn des 20. Jahrhunderts entstehen zahlreiche Bildmontagen, die dieses Lebensgefühl vermitteln wollen. Auch György Kepes betont in *Sprache des Sehens*: »Neue technische Erfindungen haben zu einer fundamentalen Neubewertung der vertikalen Position als Darstellungsform der Tiefe geführt. Die bedeutendsten Faktoren bildeten die Vogel- und Froschperspektive in der Photographie und die neue Perspektive aus der Luft.«[134]

Der Designhistoriker Michael Golec spricht in Bezug auf Kepes' Bildeinsatz in demselben Buch vom *disembodied eye*. »Healthy vision required that the eye disengage from the body, to rise above the ground, and to dominate its surroundings.«[135] In Kepes' Worten, das Sehvermögen sei dann ein Gesundes, wenn der Mensch daran wächst – *increase its statue*. Ausgelöst durch die Möglichkeiten seinerzeit neuer Medien, kommen alte künstlerische Fragen wieder empor: Wie erleben Betrachter·innen die Bilder? An diesen mit der Erfindung des Flugzeugs ausgelösten Versuch der Neuorientierung und Konzeptualisierung knüpft die Künstlerin Hito Steyerl anlässlich ihrer Reflexion der vertikalen Perspektive unter den gegenwärtigen technologischen Bedingungen von 3D-Kinobildern an. Sie stellt fest, dass das Subjekt in der 3D-Vertikalität einem *virtual ground* entgegen ›fällt‹. Nach Erfindung des Flugzeugs, des Satelliten und der Drohne ins Digitale übertragene Kulturtechniken der Kartografie sieht Steyerl in Auflösung begriffen, sobald sie das Machtfeld des Militärischen verlassen und in den Bereich der Kulturproduktion vordringen: Hier erhält das Visuelle alte (künstlerische) Freiheiten zurück.[136] Somit wird rückblickend deutlich, dass die Perspektiven der Moderne genauso unabhängig waren, sofern sie außerhalb machtpolitischer, oder wie gleich deutlich wird, wissenschaftlicher Interessen arbeiteten und wirkten.

Bruno Latours ›Anti-Zoom‹

Bruno Latours vehemente Kritik an der Technik des Zoomens, die er wiederholt am Beispiel *Powers of Ten* festmacht, verdeutlicht diese Unvereinbarkeit von Wissenschaft und Kunst. Für Latour besteht das Problem darin, im Zoom eine irreführende, verfälschende Darstellung der Umwelt und sich darin abspielender Prozesse vorzufinden. Mit Blick auf die zeitgenössische Kunst spricht sich der Soziologe gegen die Verwendung des (vertikalen) Zooms — die er an *Powers of Ten* festmacht — aus, gegen eine in dieser Form geordnete Zeit-Raum-Achse:

> Data sets do not occur in space or in time: instead, space (maps) and time (forms of narration) are schemes used to display and to present — either mimicking the ordered arrangement of the subsets of the hierarchy (those of nation states, or, as in Eames's film, of scientific disciplines), or, on the contrary, seeking to rearrange the data so as to undermine or circumvent these hierarchies.[137]

Latour gibt den Zoom als Organisationsprinzip schnell auf, weil er die Darstellungsweise mit naturwissenschaftlichen Gesetzmäßigkeiten kritisiert. »[E]verything is also false, because the position allotted to each image is completely implausible. Where could we stand to view the Earth from another galaxy?«[138] Es bleibt eine rhetorische Frage, die auf dem fotografischen Bild beharrt und beispielsweise die Raumsonden Voyager I und II nicht berücksichtigt, die erst 2019 unser Sonnensystem verlassen haben und sich unvorstellbar tief im Weltraum befinden. Die Eames hingegen haben einen imaginären Standpunkt gewählt. Das filmische Modell kann nicht auf einen Blick erfasst werden, es breitet sich zeitlich aus. Aus Latours Sicht mangelt es im Film an Realismus — es gibt keine Möglichkeit, diesen ›Zoom‹ oder diese Kamerafahrt realiter aufzunehmen — andererseits, wenn es sich um einen Zoom handelt und nicht um eine Kamerafahrt, würde dann ein einziger Kamerastandpunkt genügen? Latours Gegenvorschlag ist ein anderer Begriff, »connectivity«, der besser zur heutigen Vernetztheit der Daten passte, wohingegen der Zoom treffender die punktuell montierte Vertikale der Eames ergriff. So gesehen ist der Film von Charles und Ray Eames als Meta-Zoom zu kategorisieren, weil er sich ästhetisch der Gesetze von Raum und Zeit entledigt hat. Daraus lässt sich schlussfolgern, dass der vertikale Blick oder die vertikale Himmelsfahrt nicht ausschließlich als Metapher für hierarchische Strukturen herhalten, und dass sie nicht nur als Ausdruck eines Privilegs oder einer Machtposition gelesen werden sollten, da sie nicht in jedem Fall als solche instrumentalisiert werden können.

In *Powers of Ten* hätte die Strecke vom Paar auf der Decke hinein ins Universum mit zunehmender Entfernung in Zehnerpotenzen schnell Lichtgeschwindigkeit erreicht — was bedeutete, die Betrachter·innen wären nicht in der Lage gewesen, die jeweilige Umgebung mit bloßem Auge scharfzustellen. Daher berechnete Philip Morrison eine theoretische, imaginäre Zoombewegung, die beim menschlichen Maßstab beginnt und sich anschließend in einem Raum ohne Zeit vollzieht. In dem Fall repräsentieren die Picknickenden also eine Zahl: 10^1. Alle zehn Sekunden würde die virtuelle Kamera ein Zehnfaches an Strecke zurückgelegt haben, vermittelt durch eine Montage von einzelnen Zoomstrecken. Um diese Zooms nahtlos aneinanderreihen zu können, hatte der Kameramann und Animationskünstler Alex Funke zur Vorgabe gemacht, dass jedes Einzelbild die äußere Abmessung eines 30-Zoll-Quadrats strikt einhalten müsse. Aus diesen Stills, die teils handgemalte Kopien von Fotos waren, zoomte er dann heraus. Abb. 11 S. 68 Abb. 12 S. 69

> Alex Funke was, along with Michael Wiener, in charge of production on the 1977 film. He described the process of what to do with the number (the 240th root of 10): ›You start with [the camera] a small increment [of distance from the artwork] and then you multiply that distance by that magic number and then take that and multiply it again and again and again and again and again and again, so when you've done it 240 times [in other words, when you have shot all 240 film frames that make up 10 seconds], it's 10 times bigger. It's simple when you talk about it, but the mechanics of doing it are quite complicated. When you're up front [close to the artwork for a given power] you're moving—making movements that are so small you can't even see them. They're like little lines so close together. And at the far end you're making movements where the camera's moving at 6 or 8 inches per frame. And those are harmonically related.[139]

Wiederholt kritisiert Latour in seinen Büchern und Texten, darunter *Ein planetarisches Manifest* (2018), *Facing Gaia* (2017), *Eine neue Soziologie für eine neue Gesellschaft* (2007) sowie im Ausstellungskatalog *Reset! Modernity* (2016) den Mangel an Realismus beim filmischen Zoom in *Powers of Ten*, denn diese Darstellungsform »does not correspond to any real experience«.[140] In *Facing Gaia*, seinen überarbeiteten und ergänzten Clifford Lectures aus dem Jahr 2013, wird deutlich, dass er insbesondere aus Sicht des neuen geochronologischen Zeitalters namens Anthropozän eine konzeptuelle Diskrepanz zwischen dem modernistischen Film *Powers of Ten* und aktuellen ökologischen Problemen ausmacht; insbesondere eine Diskrepanz zwischen der modernen statischen Darstellungsweise und einem zeitgemäßen dynamischen, interaktiven und volumetrischen Weltbild. »Nature, in the classical conception, had levels, strata; it was possible to pass from one to another according to a continuous well-ordered process of ›zooming.‹ Gaia subverts the levels. There is nothing inert, nothing benevolent, nothing external in Gaia.«[141] Den Gaia-Begriff übernimmt Latour von der Mikrobiologin Lynn Margulis und dem Geochemiker James Lovelock, der Mitarbeiter am Jet Propulsion Lab der NASA war, als sie den Begriff einführten. Damit versucht Latour im Kontext der gegenwärtigen Klimawandeldiskussion eine Neuinterpretation, die Erde als selbstregulierendes System zu verstehen und in der Konsequenz das Verhältnis zwischen Mensch und Natur neu abzubilden.

Wenn Latour in demselben Vortragsband die Relation zwischen Kartografie und Zoomeffekt diskutiert, kommt er zu dem Schluss, dass der Zoomeffekt »has become so parasitical on the latter that it has rendered the very concept of cartography almost imcomprehensible. Optics has distorted cartography entirely.«[142] Dagegen ist zu argumentieren, dass Optik nicht die Kartografie verzerrt, sondern einen neuen, im Falle des Films, vertikalen Schnitt durch den Raum vollzieht, ohne dabei zu behaupten, Navigationshilfe zu leisten und Erkenntnisse zu liefern, wie es vergleichsweise eine Landkarte tun würde. Allenfalls wäre den Eames vorzuwerfen, dass sie sich parasitär kartografischer Praktiken bedienten, um sie für nicht-kartografische Zwecke einzusetzen.

Latour wendet für seine Filmkritik Kriterien an wie Realismus und wird der Intention der Eames nicht gerecht. Um skalieren zu können, musste ein Trick eingesetzt werden. Denn der Film ist als Modell für einen Skalierungsprozess konzipiert worden—wie der deskriptive Untertitel verdeutlicht[143]—und hatte nicht den Anspruch, eine realistische Kamerafahrt wiederzugeben. Somit zielt Latours Kritik an der Intention der Filmemacher·innen vorbei, handelt dieser doch davon, was sichtbar gemacht werden kann, und nicht vom realistischen Standpunkt der Aufnahme.

Auch mit Blick auf den Zoom als Mittel zeitgenössischer Kunst spricht sich Latour gegen den Einsatz des Zooms aus—und das Herausgreifen von Details—, das heißt gegen eine virtuelle Zeit-Raum-Achse. Dabei argumentiert er in diesem Zusammenhang gegen den Skalierungsvorgang als Methode und geht damit in dieser Kritik über seine erste Kommentierung des Films im Rahmen seiner Akteur-Netzwerk-Theorie hinaus, als er das Bildwissen eines künstlerisch gestalteten Films mit wissenschaftlichen Kriterien untersuchte. In seiner Theorie entwirft er eine flache Topologie des Sozialen, in der Größenordnungen nicht in einem Zoom nachgezeichnet werden können. »Eine Mikrosekunde Nachdenken genügt, um sich klarzumachen, daß diese Montage irreführend ist—wo sollte eine Kamera lokalisiert sein, um die Milchstraße als Ganzes zeigen zu können? Wo ist das Mikroskop, das in der Lage wäre, diesen DNA-Strang anstelle des anderen zu zeigen? Entlang welchen Maßstabs ließen sich die Bilder so regelmäßig anordnen? Eine schöne Assemblage, doch grotesk falsch«.[144]

An die Stelle des Zooms setzt Latour das bereits erwähnte »principle of connectivity«,[145] das den Vorteil habe, weitaus mehr Daten gleichzeitig darstellbar zu machen. Zuerst müssten die Verbindungen bestimmt und sichtbar gemacht werden. Skalieren sei ein Vorgang, der im Nachhinein ausgeführt werden kann, so Latour. Hier liegt der Fokus auf der Multiplikation von potenziellen Informationen. So beschreibt er ein Nebeneinander von Kurven, Tabellen, Bildern und Text. Die Kartenprojektion hingegen sei verlustreich. Demzufolge scheint das latoursche Prinzip der Verbundenheit den Betrachter·innen die Synthese zu überlassen. Er möchte die Lektion in Skalierung durch eine Lektion in »how to traverse the ›data accumulating the connections‹«[146] ersetzen. Auf diese Weise kann er Verbindungen zwischen terrestrischen Orten herstellen, die mitunter tausende von Kilometern voneinander entfernt liegen. Sein Beispiel von Chemikalien, die in einem Abwasserbassin und in einer Mine im damaligen Zaire, heute Demokratische Republik Kongo, vorkommen, bedeutet, dass Zeitlichkeit eine wesentliche Rolle spielt. In *Powers of Ten* hingegen ist Zeit der Faktor, der weitgehend ausgeblendet wird.

Aus der Perspektive der Soziologie benennt Latour die Abfolge von Arbeitsschritten, die einer Visualisierung – zum Beispiel einer Kartenprojektion – vorausgehen müssen: »first identify the data sets, then locate the connections, then reconstruct the pathway and figure out a projection, and, finally, select the maps and / or narratives.«[147] Dabei lässt er allerdings außer Acht, dass es sich bei der filmischen Umsetzung in *Powers of Ten* bereits um einen Zoom zweiter Ordnung handelt: In weiten Strecken ist es kein räumlicher Zoom, sondern ein Zoomvorgang ausgehend von zweidimensionalen Bildvorlagen. Denn der Film basiert auf solchem Bildmaterial, das bereits die von Latour beschriebenen Arbeitsschritte durchlaufen hat, ohne die Absicht, einen konkreten Ort abzubilden, sondern eher in möglichst großer Allgemeingültigkeit – betreffend Personen, Stadt, Land und Universum – solch einen Zoom durchzuspielen.

Dabei geht es um das Prinzip des Skalierens, die Affirmation der Herrschaftstechnik des vertikalen Blicks – das Datensehen per Satellit –, nicht um das Prinzip von belastbaren Verbindungen zwischen Datensätzen.

> Data sets do not occur in space or in time: instead, space (maps) and time (forms of narration) are schemas used to diplay and to present – either mimicking the ordered arrangement of the subsets of the hierarchy (those of nation states, or, as in Eames's film, of scientific disciplines), or on the contrary, seeking to rearrange the data so as to undermine or circumvent these hierarchies.[148]

Doch werden in *Powers of Ten* nachweislich Hierarchien aufgebaut? Setzt Latour hier Vertikalität fälschlicherweise mit Hierarchisierung gleich? Was er schließlich von Künstler·innen einfordert, ist eine größere Skepsis gegenüber dem wissenschaftlichen Bild und dessen Produziertheit. Unter den Vorzeichen des Anthropozäns hält die in *Powers of Ten* umgesetzte Methode laut Latour nicht länger stand, weil er die unterschiedlichen Zugriffe von Natur- und Sozialwissenschaften auf Subjekt und Umwelt auflösen möchte.

Um die Dimensionen zu verstehen, die durch die Menschen beziehungsweise alle Lebewesen besetzt werden, zieht Latour als Soziologe das Prinzip der Verbundenheit dem der Skalierung vor. Latour interessiert demnach der Weltraum nicht. Für sein Projekt ist der Weltraum nicht von Bedeutung. Dennoch dem Film *Powers of Ten* deswegen die Berechtigung abzusprechen, scheint ein Angriff an falscher Stelle zu sein. Beide Absichten sind nicht miteinander vereinbar. Ein als Reaktion auf den Sputnik-Schock entwickeltes Filmkonzept hat eine andere Stoßrichtung als Latours problemorientierter Ansatz, und zwar Neugier zu wecken für das Erforschen anderer Größendimensionen, die nicht problematisiert, sondern als Neuland kommuniziert werden. Latour engagiert sich in einem klimapolitischen Diskurs, der an Anthropozän und Klimawandel geknüpft ist. Doch in seiner Argumentation vermischt er die Erhebung von Daten mit der Auswertung und Interpretation von Daten. Letztere werden hinsichtlich Prägnanz und Relevanz ausgewählt und dann visualisiert beziehungsweise in Form von Karten, Berichten und grafischen Visualisierungen kommuniziert. Damit werden die Daten in Beziehung gesetzt zu bestimmten Belangen und Anliegen, geben also keinen Blick von oben wieder und liefern keine Bilder, in die hineingezoomt werden kann. Sein Beispiel einer Mine im damaligen Zaire und denselben chemischen Elementen, die tausende Kilometer weit entfernt in einem Bassin ebenfalls festgestellt werden, bewegt sich auf der Ebene der Interpretation von Daten, nicht auf der Ebene eines abstrahierenden Modells. Deswegen taugt das Beispiel nicht als Argument gegen den Film und bleibt unverständlich. In *Powers of Ten* werden Datenbilder nicht interpretiert, sondern benutzt, um eine Verbindung zwischen Mikro- und Makrokosmos vorzuführen. In dem Sinne generiert der Film keinen wissenschaftlichen Erkenntnisgewinn, sondern bietet eine visuelle Erfahrung an. Doch diesen Unterschied übergeht Latour, weil er nicht bildhaft im wahrnehmungstheoretischen Sinne denkt.

Der Astronom Owen Gingrich gibt Auskunft darüber, wie es damals zur Auswahl des Bildmaterials kam:

> I provided the Eames office with the relevant chart from the Lick Sky Survey Atlas, so that as they moved into the night sky, the stars were all correct. Then I calculated the three-dimensional coordinates of the Magellanic Clouds, nearby galaxies of the local family, then key nearby field galaxies, the Virgo cluster of galaxies, etc. These went by very rapidly in the film because with steps of ten in each interval, the film was soon moving faster than light! I have a feeling that I probably helped decide the direction of the astronomical trajectory to maximize interesting objects en route to the edge of the universe.[149]

In *Powers of Ten* lassen sich die Bildquellen in unterschiedliche Kontexte—wissenschaftliche, militärische und künstlerische—zurückverfolgen. Einige Passagen des Zooms, den sie damals in aufwändiger Handarbeit realisierten, finden sich heute im Bildrepertoire der NASA wieder. Auf der Website des NASA Scientific Visualization Studio im Goddard Space Flight Center stehen Stills und das Zoom-Video zum Download bereit (ohne *Powers of Ten* als historische Referenz zu nennen). Im Conceptual Image Lab der NASA gehört der Zoom-In heute zu den Standards der Visualisierung, der mit unterschiedlichem Bildquellen umgesetzt wird.[150] Die NASA bietet demnach heute Zoom-Material an, dessen Montage die Eames damals viel Zeit kostete. Es sind also Readymade-Szenen, Passagen, für die das Team der Eames viele Einzelbilder recherchieren und präparieren musste. Abb. 06 S. 61 Abb. 15 S. 72

Diese Vorgehensweise geht auch einem Zoom nach Chicago voraus, dessen Zielpunkt verblüffend nah an der Picknick-Stelle des Films liegt.[151] Alex Funke, der Kinematograf der 1977er-Version des Kurzfilms, führte aus:

> We had the raw material—the aerial photographs and the shots from the Hasselblads of Skylab, the radio maps of the hydrogen in the arms of our galaxy, the plates from the great telescopes, elegantly freeze-cleaved sections of leucocytes, and the vast mathematical models of large and small things, local groups of galaxies and clouds of electrons.[152]

Während in der Filmfassung jeweils ein Motiv für eine Skalierungsstufe festgelegt wurde, weil die angewandte Animationstechnik es so erforderte, konnten im begleitenden Buch, das fünf Jahre später erschien, eine Größenordnung mit mehreren Motiven illustriert werden. Für zehn hoch acht—der Whole-Earth-Stufe—haben die Herausgeber·innen Ray Eames sowie Philip und Phylis Morrison Aufnahmen vom blauen Planeten zusammengestellt, die mit der Kameratechnik von ATS-Satelliten, dem europäischen Wettersatelliten Meteosat und den Bordkameras der Apollomissionen 10, 11 und 17 gemacht wurden.[153]

Bemerkenswert scheint, dass an der Oberfläche eines Produktions-Stills deutlich zu erkennen ist, an welchen Stellen diese Luftaufnahme von Chicago manuell bearbeitet wurde.[154] Entlang von Straßenverläufen oder Parkplatzflächen wurden Teile der Luftaufnahme auseinandergeschnitten, einem unsichtbaren Raster folgend zurechtgerückt und verklebt, um die perspektivischen Verzerrungen des Kameraobjektivs beziehungsweise dessen Schräglage auszugleichen Abb. 15 S. 72. Naheliegend ist also die Vermutung, dass auch die weiteren 39 Panels in ähnlichem Maße bearbeitet wurden, damit der Bildanschluss funktioniert. Ein vertikales Bild folgt auf das nächste. »There was also a lot of airbrushing to be done«,[155] erinnert sich Funke, der Kameramann des Films.

Zum Produktionsteam gehörten Airbrush-Künstler und Zeichner, die jede Fotografie auseinandernahmen und wieder so zusammenfügten, dass die Geometrie stimmte—»a tweak to each structure in Chicagoland.«[156] Bei den Korrekturen stand also weniger der Continuity-Effekt im Vordergrund als eine mathematisch-geometrische Ästhetik der einzelnen Bilder, »the film does not distinguish between the representational traditions.«[157] In einer Zeit ohne Photoshop und After Effects waren die Spuren der Bildbearbeitung in Form von Schnittkanten, überstehenden Rändern und Lücken zwischen den einzelnen Teilen etwas Unvermeidbares. Doch das spätere Publikum des Films bemerkte nicht, dass der Zoom aus vielen einzelnen, zehnsekündigen Zooms zusammengesetzt war, so flach und glatt machte die Kameraoptik die collagierte Bildoberfläche. Vom menschlichen Maßstab wird ein- und ausgezoomt —viele heterogene Einzelbilder dienen als Ausgangspunkte für einen optischen Zoom, der dann später zu einem durchgehenden Zoom zusammengesetzt wurde und somit viel sorgfältige Handarbeit voraussetzt. So gesehen, gibt es zwischen der händischen Bildbearbeitung und Montagetechnik der Eames und dem digitalen Patchwork des Satellitenbildmaterials in Google-Earth-Entsprechungen, auch wenn bei Letzterem die digitalen ›Klebestellen‹ eher zwischen den einzelnen Bildern und nicht innerhalb eines Bildes existieren.

Zoom-Abstraktion

Als der Film erstmals veröffentlicht wurde, hat er nicht den Wissenschaften im Sinne neuer Erkenntnisse geholfen, sondern in der Öffentlichkeit eine Faszination geweckt und ein visuelles Modell für abstrakte Größenordnungen geliefert—wobei die bezifferten Entfernungen auch nach dem Sichten des Filmes abstrakte Größen bleiben.

Aus dem Slogan »We made the world smaller«[158] geht deutlich hervor, dass es um ein Gefühl ging, vielleicht sogar ein wissenschaftliches Gefühl. Aber nicht, wie von Latour mit einem Wissenschaftsanspruch formuliert, um die naturwissenschaftlich richtige Darstellung dieser geophysikalischen Umgebungen und Prozesse.

Den beschriebenen Abstraktionsvorgang des Zooms thematisiert die folgende filmwissenschaftliche Definition: »[D]er kinematografische Raum, den der Zoom hervorbringt, ist ein flacher, komprimierter, abstrakter. Und während die Kamerafahrt den von ihr durchmessenen Raum geradezu miterzählt, ist der Zoom immer eine Fokussierung: Er schließt aus, rechnet raus.«[159]

Das digitale Zoomen in Bilder, im Deutschen auch als Softwarelupe bezeichnet, hat eine mediale Vorgeschichte im Film und Fernsehen, bevor die digitale Zoomfunktion deutlich später in den 1990er Jahren von der Firma SGI programmiert wird. Dem Zoomobjektiv für Bewegtbild ging ein vergleichbarer Effekt voraus, der um 1834 durch erste Teleskope mit variabler Brennweite erzielt werden konnte.[160] Im Laufe des 19. Jahrhunderts folgte das Teleobjektiv in der Fotografie, das noch vor der Jahrhundertwende als kommerzielles Produkt auf den Markt kam. Für den Film erfand es dann in den 1920ern der Paramount Pictures-Mitarbeiter Joseph B. Walker. 1929 reichte er das Patent ein. Er war begeistert von dieser technischen Möglichkeit. In seiner Autobiografie notiert er »the image appeared to travel through space«.[161] Dem Franzosen Pierre Angénieux hingegen war es 1961 gelungen, in Zusammenarbeit mit einem großen Team und mit Unterstützung eines IBM-Computers, eine Linse mit einem Zoombereich um eine Zehnerpotenz von 12 mm bis 120 mm und von 25 mm bis 250 mm zu entwickeln.[162] Diese Linse löste in den 1960ern einen regelrechten »zoom boom«[163] in der US-amerikanischen Filmindustrie aus.

Beim Computer spricht man hinsichtlich einer Ausschnittvergrößerung von Skalierung. Da es kein digitales Äquivalent zur Tiefenschärfe eines Zoomobjektivs gibt, treten in extremen Zoom-In-Aufnahmen die typischen Pixel auf – Stufen im Bild, was in Bezug auf die etymologische Bedeutung von Skala, italienisch für ›Treppe, Leiter‹, als interessante Illustration betrachtet werden kann. Zu Beginn des 21. Jahrhunderts nimmt Lev Manovich in seinem kanonischen Werk *The Language of New Media* noch eine Landkarte zu Hilfe, um das Prinzip der Skalierbarkeit – im Rahmen seiner Definitionsarbeit ein Charakteristikum für die Variabilität von digitalen Medienobjekten – zu veranschaulichen.[164]

Epistemologischer Zoom

Aus diesen Ausführungen folgt, dass die Eames-Filme einen epistemologischen Zoom zeigen, eine in aufwändiger Postproduktion entstandene Kamerafahrt, die einen Zeitraum von knapp zehn Jahren und das Bildwissen verschiedener Disziplinen umspannt, von der ersten Fassung des Eames-Zooms im Jahr 1968 bis zur zweiten, IBM-finanzierten Fassung 1977. In den Filmwissenschaften wird die Vielseitigkeit des Zooms skizziert: »Der Zoom ist dort Operator einer ästhetisch-epistemologischen Position zur Geschichte, Teil einer Dynamik von geschichtlicher Distanz und Präsenzeffekten. [...] Zooms konzentrieren, rezentrieren, rekadrieren – aber gleichzeitig sind sie eine Kraft der Deanthropomorphisierung, Deformierung.«[165] Letzteres liegt vermutlich der Intention der Eames fern, haben sie doch den Zoomeffekt durch die Picknickszene und die Sprecherstimme im menschlichen Maß verankern wollen. Doch Latours Kritik greift daran vorbei, insbesondere der epistemologische Ansatz stört sein wissenschaftliches Interesse, Aktion und Netzwerke zu kartieren. Deswegen kritisiert er den epistemologischen Zoom für die »deanimation of the world.«[166]

Das Epistem, das die Eames-Welt informiert, »is characterized by information and space travel, and the Eames were closely engaged with them both economically and ideologically, as their work on communication engineering and IBM's sponsorship of *Powers* suggests.«[167] IBM-Computer standen damals bereits in den Bodenstationen der NASA, wie beispielsweise auf dokumentarischen Bildern von der ikonischen Schaltzentrale im Kennedy Space Center zu erkennen ist.[168] Neben den Geräten selbst gab es auch Arbeitsjacken mit auf dem Rücken eingestickten Firmenlogo.[169] Dort sind ganze Reihen von Computerplätzen auf die großen Kontrollmonitore ausgerichtet. Was von Derek Woods allgemein ›Information‹ genannt wird, ruft die Kybernetik und ihre informationsverarbeitenden Systeme auf, deren Grundlagen in früheren Filmen und einer Multi-Screen-Installation von Charles und Ray Eames anschaulich und unkritisch vermittelt werden.[170] So betrachtet, stehen die Eames mit einem Fuß im Werbefilm, wenngleich es ihnen gelingt, diesen Zweck zu ignorieren, was u. a. über den Verweis auf eine bereits zuvor existierende Fassung der gleichen Filmidee legitimiert werden kann. Da sie den realen Möglichkeiten der Bildbearbeitung und -darstellung auf dem Computerdesktop so weit vorweggreifen, entkommt der Film den typischerweise alltagsnahen Situationen in Werbeclips und damit dem Verdacht des Werbefilms an sich.

Neben der Werbung kann ebenso der Referenzrahmen des Militärischen – mit Blick auf die Firmengeschichte von IBM – aufgerufen werden. Holert merkt an, dass »cybernetics and systems theory became epistemic-military machines of the perception, conception, and control of environments during the Cold War and have remained such.«[171] Allerdings haben diese ›epistemisch-militärischen Maschinen‹ es verstanden, ihre Bildpolitik an die jeweils aktuelle mediale Bildsprache anzupassen oder gar popkulturell bedeutsame Motive zu schaffen.

Innerhalb einer Spanne von vier Jahrzehnten begann sich das Kartografische durch den Einzug von Geoinformationssystemen massiv zu verändern. Marion Picker macht die Voraussetzungen für diesen Wandel an Folgendem fest: »Diese ›Erweiterung‹ über allen Maßen ist in den letzten vier Jahrzehnten virulent geworden – mit der Mondlandung; der Multiplikation der Satelliten in der Erdumlaufbahn; der Entdeckung der Globalisierung als Thema«.[172] Ein Bindeglied zwischen Latours Kritik und dem Umbau der Kartografie kann ein anderer Film von den Eames darstellen, *Image of the*

City.[173] Der Film kam im Jahr nach *Rough Sketch* (1968) zustande, im Anschluss an die Ausstellung *Photography and the City* (1969).[174] In gewisser Weise kommt dieser Film der vehementen Kritik Latours am Zoom entgegen. Zu der Zeit entstanden im Eames Office durchaus Filme, die das Bild und sein technisches Dispositiv befragten, ›umweltlicher‹ argumentierten und soziale Zustände zumindest tangierten. Der genannte Film beginnt mit der Bemerkung, dass Abgase, »pollutants«, vermutlich das erste sichtbare Zeichen von Menschenleben wären, betrachtete man die Erde aus dem All—»elements that he [man] has produced.« Des Weiteren ist aus dem Voiceover zu erfahren, dass es Anliegen des Films war, »the city as a living organism« zu zeigen. Dazu blickt Glen Fleck, Mitarbeiter des Eames Office, mit dem Film in die Geschichte der Fotografie, holt das Stereoskop hervor und berichtet, wie etwa der großangelegte Umbau von Paris fotografisch dokumentiert worden war und wie die Fotografie für soziale Studien von Bevölkerungsgruppen und ihren Tätigkeiten genutzt wurde. Auf diesen historischen Exkurs, der die Bedeutsamkeit des Fotografischen für die Stadtentwicklung und -planung unterstreicht, folgt eine Computersimulation des Weltwetters, ein digitaler Globus—abstrahiert bis auf die Äquatorlinie und ein paar Längengrade. Danach treten Wolkenformationen auf, die anhand von Radiowellenbildern eines ATS-Satelliten (Applications Technology Satellite) animiert werden können.[175] In diesem Film inszenieren die Eames beziehungsweise ihr Kameramann Glen Fleck keinen Zoom, sondern springen von Kameraperspektive zu Kameraperspektive, vom städtischen Straßenniveau zur Sicht von oben, um Relevanz und Zusammenspiel der verschiedenen Perspektiven und optischen Medien zu demonstrieren. Die Verwendungsweisen sind divers, das Spektrum reicht von der Fotografie als Mittel, um soziale Milieus zu studieren und zu dokumentieren, bis hin zur Überwachung des öffentlichen Raums aus der Vogelperspektive. Letztere dient etwa dazu, so erzählt es der Film, die Teilnehmer·innenzahl bei Demonstrationen zu bestimmen.

In *Image of the City* kündigen sich bereits die Überwachungsmechanismen der Gegenwart an. Es werden Bildgebungsverfahren wie Radaraufnahmen, Thermogramme, computergenerierte Grafiken, Multispektralbilder, Falschfarbenemulsionen und Satellitenbilder vorgestellt, »from which a variety of information about cities can be derrived.«[176] Der Kulturkritiker T. J. Demos erkennt in den gegenwärtigen Entsprechungen, zugespitzt formuliert, »a new religion of algorithmic ›dataism,‹ and the reduction of humanity to ›biochemical subsystems‹ monitored by global networks.«[177] Von solch einem kritischem Bewusstsein zeugt der beschriebene Eames-Film nicht. Im Gegenteil, aus dem Voiceover ist ein positiver Grundton gegenüber den staatlichen Machtsystemen herauszuhören, etwa wenn es heißt, dass sie es ermöglichen, »to see problems together as a process«.[178] Dafür wird geeignetes Bildmaterial gebraucht. Das kybernetische Denken wird implementiert.

In einer Szene kommt ein Zoom als narratives Mittel zum Einsatz. Die Kamera zoomt in ein Foto und währenddessen schwenkt die Kamera geschickt ohne Schnitt von der vertikalen Kameraposition in das nächste Foto, das eine horizontale Straßenansicht zeigt. Der Kameramann hat sich die demnach Fotos so bereitgelegt, dass ein kleiner Schwenk reicht, sobald die Hausdächer im vertikalen Zoom in Nahaufnahme erscheinen. Doch der Zoom zeigt trotzdem Wirkung: Für einen kurzen Moment erscheint die städtische Umgebung wie live abgefilmt.

In Latours Paris-Studie *Paris: Invisible City* (1998), die er gemeinsam mit der Fotografin Emilie Hermant erstellte, wird die Beschreibung eines Zooms noch als veranschaulichendes sprachliches Mittel eingesetzt. Der Skalierung nach Größenordnungen begegnet er dort mit dem urbanen Prinzip der Bezüglichkeiten und Vernetzungen in der Fläche, die sich dem Eames'schen Ordnungsprinzip nicht beugen würden.

> In the real Paris, when we left Society, we would zoom in on the individual in a continuous movement from the macroscopic to the microscopic. Likewise, when we left local interaction, we would shift to the broader frame of Society without which relations were insignificant. We had visualized Paris like a set of Russian dolls fitting snugly into one another. But in the virtual Paris the strands are all of the same dimension, all equally flat. They are connected and superimposed like so many spider webs; there's no way they can be arranged by order of magnitude, from the encompassing to the encompassed.[179]

Latour lässt mit seiner Kritik aus Wissenschaftsperspektive und mit Wissenschaftsanspruch keinen illusionistischen Spielraum gelten.[180] Laut Latour treten viele kleine Fenster – Bildschirme – an die Stelle der absoluten Übersicht. Diese medial durch Inskriptionen vermittelten Einblicke nennt er ›Oligoptiken‹. Sie können jeweils nur einen kleinen Ausschnitt anbieten, während die wahren (politischen) Prozesse ohnehin unter der Oberfläche verborgen blieben. Gegen das Panoptikum setzt Latour das Paradigma der Verflachung und verabschiedet damit die Unterscheidung zwischen Mikro- und Makroebene. Nicht oben und unten bilde das große Ganze aus, sondern die Vorgänge an lokalen Stätten, die sich verknüpfen und globale Strukturen verfestigen.

Methodik und Vokabular der Kartografie sind fester Bestandteil der Bildgebungsverfahren, wie sie für die Erstellung von digitalen Kompositbildern und digitalen Atlanten angewendet werden. *Ground Truthing* bezeichnet den Vorgang, aus der Sicht von oben gewonnene Daten mit Stichproben etwa aus statistischen Datenbanken abzugleichen, zum Beispiel um die Bevölkerungsdichte in einem Gebiet zu erheben. In der Fernerkundung bezeichnet der Begriff *Ground Truth*[181] (›Feldvergleich‹) allgemein den Abgleich mit in Bodennähe erhobenen Daten, da je nach Bodenauflösung eines Satellitenbildes oder einer Luftbildaufnahme fehlerhafte Klassifizierungen nicht ausgeschlossen sind. Heute wird der Begriff auch für den Daten-Input verwendet, die Datenbanken, anhand derer neuronale Netzwerke ›sehen lernen‹. Hier zeigt sich, dass aus der Kartografie stammende Verfahren im Kontext computergesteuerter Mustererkennung, dem sogenannten Maschinensehen, fortleben. Diesem Verständnis nach wird für den Computer beziehungsweise die Algorithmen jedes (fotografische) Bild zu einer lesbaren ›Karte‹.[182]

In Gebrauchsweisen und epistemologischen Verschiebungen wie diesen besteht also der von Woods genannte Zusammenhang zwischen IBM und *Powers of Ten*, der im Film selbst nicht thematisiert wird. Die filmische Kartierung einer so nicht vorhandenen Topologie kommt als Platzhalter für einen unsichtbaren (Rechen-)Vorgang zum Einsatz. *Powers of Ten* demonstriert den Abstraktionsvorgang durch Sprünge in Zehnerpotenzen. Für den Film gilt, so kann man ihn jedenfalls mit den kartografischen Analysen literarischer Texte des Literaturwissenschaftlers Jörg Dünne deuten, »durch eine medial exteriorisierte Zeigefläche in Form einer Karte oder einer kartenähnlichen Darstellung« ein unsichtbares Phänomen so zu lokalisieren, »dass man deiktisch darauf zeigen und die eigentlich unsichtbare Erscheinung gleichsam ›dingfest machen‹ kann.«[183] Es bleibt zu diskutieren, ob Latour den Eames-Zoom vehement ablehnt, weil darin die Grundfesten der Kartografie ins Wanken geraten – der Film also auf etwas Unsichtbares hinweist, einen »Eindruck der Unheimlichkeit« im Sinne von Dünne hinterlässt, der seiner Meinung nach aus der Kartierung von einem »imaginierten topographischen Aspekt«[184] resultiert. In der Karte scheint etwas auf, »das man zumindest so nirgendwo anders sehen kann als auf der Karte selbst.«[185]

Eine neue Kartografierung: Gaia-grafie

Wie will Latour die Karte neu denken? Latour spricht sich für komplexere Repräsentationsweisen aus, denen es gelingt, den Faktor Zeit und Dreidimensionalität abzubilden, dass sie der *Geohistory* entsprechen. Latour führt dazu aus:

> Were we to give ourselves at last a realistic vision of our belongings, we would need a geography that we lack, a geography of the discontinuous and overlapping territories – something like a geological map with a three-dimensional view, its multiple layers embedded in one another, its dislocations, its breaks, its sinuous movements, all the complexity that geologists have been able to master for the long history of soils and rocks, but of which geopolitics unfortunately remains deprived. We don't know how to represent the encroachments that are nevertheless the only way to reopen, at new costs, the question of sovereignty. Networks, alas (it's my job to know this), remain hard to read. When they are projected onto the background of a map, we find ourselves once again within the limits of the old cartography, without having progressed very far. Geohistory would need a visual representation as good as the old representations of geography and history, finally fused.[186]

Die Erdoberfläche ist Veränderungsprozessen unterworfen, »land [is] continually *growing over*.«[187] Entsteht im Zeitalter des Anthropozän das Bedürfnis nach einer neuen Sortierung, die nicht vertikal oder horizontal geordnet ist, sondern dreidimensional ausgerichtet, einen Blick von inmitten, nicht von außen erlaubt? Nach einer Visualisierung, die materielle und immaterielle Objekte berücksichtigt, Sichtbares und Unsichtbares jenseits von Größenordnungen einbezieht? Vor allem nach Abbildungsmethoden, die das zwingende kartografische Raster überwinden? Latour schlägt nach mehrfach vehement artikulierter Kritik am Zoom in *Powers of Ten* einen phänomenologischen Ansatz vor, mit dem er sich weiterhin der Messtechniken der Kartografie bedient, um die Ergebnisse dann allerdings nach anderen Parametern zu visualisieren. Nach welchen Abstraktionsregeln—anderen als den etablierten Kartenprojektionen—kann dann vorgegangen werden? Dafür erarbeitet Latour zusammen mit einem Team unter dem Stichwort *Gaiagraphy*[188] Abb. 16 S. 72 Vorschläge.[189] Im Blickpunkt stehen die wissenschaftlichen Maße des Porösen, Veränderlichen, Geschädigten. Die untersuchte ›kritische Zone‹ hat die Form eines Kegels oder eine Scheibe, damit deutlich wird, wo sich die Beobachter·innen jeweils befinden. Das Ziel, das Latour mit dieser Visualisierungsmethode verfolgt, ist eine dynamische Darstellungsweise, die im Gegensatz steht zur statischen Fotografie *Blue Marble*, die geo-chemische Prozesse und Zyklen nicht abbilden, nur andeuten kann. Latour versteht sein neues visuelles Vokabular als Hilfsmittel zur Lösung ökologischer, klimatologischer Probleme. Er will die Verbindungen, Verkettungen und Verstrickungen in dieser ›kritischen Zone‹ ablesbar machen. Dabei entwickeln er und sein Team eine neue Methodologie, die Erde und das Leben auf der Erde beziehungsweise in der Erdatmosphäre zu visualisieren.

In seiner Theoriebildung und Methodensuche setzt sich Latour von *Powers of Ten* ab und verwendet den Film stellvertretend für die Moderne als plakative Angriffsfläche für einen anthropozentrischen, hierarchisch organisierten, disziplinierenden Ansatz. Latour hat seine Kritik an *Powers of Ten* über einen Zeitraum von mehr als zehn Jahren wiederholt formuliert. Anfangs als Nebenbemerkung untergebracht, nahm der Eames-Film dann insbesondere im Kontext zeitgenössischer Kunstproduktion eine zentralere Rolle als Antagonist ein und dokumentiert Latours Distanzierungsprozess von Maximen der Moderne. Im Katalog *Reset Modernity!*—die Ausstellung[190] fand 2016 im ZKM in Karlsruhe statt, einer Institution, mit der Latour seit einigen Jahren immer wieder zusammenarbeitet—schreibt er im Vorwort: »this famous film is supposed to develop the ›scientific‹ worldview [...]. This time we are asked to believe that there is a plausible continuity in an observer's view that stretches from the farthest galaxy to the smallest particle.«[191] Dabei stört sich Latour weniger am abgebildeten Spektrum von Makro- bis Mikrokosmos, vielmehr an deren Verbindung durch einen Zoom. An der Filmvorlage, dem Buch *Cosmic Zoom*,[192] hebt er hervor, dass die einzelnen Skalierungsstufen und die entsprechenden Bilder deutlich voneinander getrennt sind. An der künstlerischen Umsetzung kritisiert er das Verwischen von Disziplinen und der Reichweite der jeweiligen optischen Instrumente, die Opazität der Bildauswahl, dabei hätte er die diskontinuierlichen und heterogenen Arbeitspraktiken unterschiedlicher Wissenschaftler·innen thematisiert sehen wollen anstelle eines homogenisierenden Zooms.[193] Demnach stellt Latour deutlich andere Fragen an die Wissenschaften, ihre Praxis und den Status von Bildern, als es die Eames taten, was seine Filmkritik nicht fundierter macht.

Um die sichtbare und unsichtbare Welt in ihrer Komplexität wiederzugeben, spricht Latour sich dafür aus, Blickwinkel übereinanderzulegen. Er argumentiert für eine dreidimensionale Betrachtung und Kartografierung der Umwelt. ›Reset‹ — ein Befehl, eine allgemeine oder universelle Anrufung, zugleich eine Computereingabe, die den Neustart ausführt[194] — wirkt noch wie ein technischer Akt, ein Rest des »command / communication / control / intelligence idiom of cyborgs«,[195] der aus seinem später erschienenen, *terrestrischen Manifest* und den Gaia-Vorträgen[196] weitgehend verschwunden ist.

In seinen Gifford-Vorträgen wird er deutlicher, wenn es darum geht seinen Naturbegriff zu definieren und das Leben in der »critical zone« zu bestimmen:

> The crucial point is that scale does not intervene in passing from a local level to a higher point of view. If oxygen had not spread, it would have remained a dangerous pollutant *in the neighborhood* of the archeobacteria. [...] If there is a climate for life, it is not because there exists a *res extensa within* which all creatures reside passively. The climate is the historical result of reciprocal connections, which interfere with one another, among all creatures as they grow. It spreads, diminishes, or dies with them. ›Nature,‹ in the classical conception, had levels, strata; it was possible to pass from one to another according to a continuous well-ordered process of ›zooming.‹ Gaia subverts the levels.[197]

»Gaia is not a cybernetic machine«[198] — in der kurzen Negativformel steckt die Abgrenzung vom Zugriff auf die Welt, wie er von IBM und den Eames praktiziert wurde. Die von Latour mit vorangetriebenen alternativen Visualisierungen, welche die *Blue Marble* durch die zeichnerische Darstellung geophysiologischer Prozesse ersetzen, animieren das Denken, tauchen in das Umweltlich-Werden ein und verdeutlichen, in welchem Maße solche Bilder der Erde von außen zu unbestrittenen, ikonischen Darstellungen geworden waren.

In *Das terrestrische Manifest* stellt Latour fest, dass es »mittlerweile mehrere miteinander unvereinbare Territorien«[199] gibt. Die große Verblendung des Menschen sei es gewesen, die Heimat Erde mit den Augen Außerirdischer zu betrachten. Das neuzeitliche westliche Wissenschaftsparadigma beobachte sie quasi »vom Sirius aus«, polemisiert er. Jede sinnliche Weltwahrnehmung werde überlagert durch eine extraterrestrische Perspektive: Das physikalische Weltbild (»Universum-Natur«) dominiere die biologische Lebensrealität (»Prozess-Natur«). Dieser erkenntnistheoretische Kurzschluss sei in der kapitalistischen Globalisierung radikalisiert worden, in der unsere »Bindungen an die einstige Natur als Prozess dauerhaft vernichtet sind.«[200]

An Latours teils polemischen Ausführungen im Hinblick auf *Powers of Ten* bleibt zu kritisieren, dass er weniger bekannte Eames-Filme nicht berücksichtigt, wie den bereits genannten *Image of the City*. Modelle sind ein Mittel zur Vereinfachung und Veranschaulichung, erheben keinen Anspruch auf Indexikalität — »so ist es gewesen« —, selbst dann, wenn die verwendeten Bilder das in einem anderen Kontext behaupten können. Hierbei bleibt Latours fehlende Reflexion seines soziologischen Ansatzes sein blinder Fleck.

Wolken — »a world-wide pattern«

Auch der technologische Blick auf die Erde hat sich mit der Zeit verändert. Die manipulative Arbeit als Voraussetzung für die Bildwerdung wird dabei thematisiert. Seit 2001 errechnet etwa ein Team der NASA[201] regelmäßig wolkenfreie *Blue Marbles*, »that show the color of the Earth's surface for each month at very high resolution (500 meters / pixel) at a global scale.«[202] Um diese neuen Bildbearbeitungsprozesse deutlich zu markieren, wurden ab 2005 die Bilder in der Serie *Blue Marble: Next Generation*[203] semantisch mit Zukünftigkeit verknüpft. ›Hinter‹ den numerischen, skalierbaren Mosaikbildern liegen — für das Auge der Betrachter·in unsichtbare — umfangreiche Datensätze. Dem Computer sei befohlen worden, »to automatically recognize and remove cloud-contaminated or otherwise bad data that were previously done manually.«[204]

Während die Bildbearbeitungsspezialist·innen der NASA mithilfe von Algorithmen für atmosphärische Korrekturen und Kontraststeigerungen erfolgreich die Wolken aus den Satellitenbildern rausrechnen konnten,[205] fügten Programmierer von Weltraumspielen ›ihrer‹ Erde bewusst Wolken hinzu — »it looks more realistic«, wie eine *traditional earth*.[206] Das US Weather Bureau hatte mit dem Einsatz des TIROS I-Wettersatelliten (Television and Infrared Observation Satellite) ab 1960 explizit die Beobachtung von Wolkenformationen vorgesehen — der Satellit war mit TV-Kameras ausgestattet, die Bilder auf Magnetband speicherten und per Radiowellen übertrugen. Innerhalb von zwei Wochen waren es 22.952 an der Zahl. Der Mercury-Astronaut Walter Schirra hingegen war nach einem Raketenflug Anfang der 1960er Jahre »discouraged about the tremendous quantity of cloud coverage«.[207] Von der Erde bekam er nicht viel zu sehen. Deutlich wird hier, welche Rolle jeweils die Erwartungen spielen, wenn es um das gefühlte oder sensortechnische Verhältnis zu Wolken geht.

Für die historische *Blue Marble* waren die Wolken noch namensstiftend gewesen: Der marmorierende Effekt, der mit dem Namen bedacht wird, entsteht durch die weißen, zerzausten Wolkenbänder, die sich über den weitgehend ozeanblauen oder erdigbraunen Planeten ziehen. Als Charles und Ray Eames 1969 und 1970 im Auftrag der Vereinten Nationen an einem Projekt[208] arbeiteten, wurde im Eames Office mit der elektrischen Schreibmaschine auf einem gelben Blatt Papier notiert: »Physically the world is all one thing with one atmosphere swirling round it — the continents and the ocean floor are one continuous surface — the weather, the winds and the tides are a world-wide pattern.«[209] Wenn sie in diesem Skript das meteorologische Zusammenspiel als weltweites Muster beschreiben, dann impliziert diese Formulierung bereits die »Computerperspektive«[210] auf den ganzen Planeten.

Aus diesen kurz skizzierten Bildphänomenen und Situationsbeschreibungen geht deutlich hervor: Wolken sind fester Bestandteil der Erdatmosphäre und durch die algorithmische Bildbearbeitung wird eine virtuelle Erde generiert, die es in der Realität nicht gibt. Des Weiteren kann daraus geschlossen werden: Es muss eine alternative Sprache gefunden werden, um die algorithmischen Prozesse zu vermitteln, die auf die Bilder einwirken, ohne dabei ins Metaphorische auszuweichen.

Mit Ende des Kalten Krieges wurden durch den exponentiellen Zuwachs von Rechenleistung und Speicherplatz die Erd- und Weltallmodelle dynamischer und ließen verstärkt die orbitale technologische Infrastruktur im Bild zu, etwa den Roboterladearm der ISS oder Marsfahrzeuge auf Selbstbildern;[211] ein Versuch, das »technologische Unbewußte«[212] ins Bild zu setzen. Darunter versteht Erich Hörl, medienökologisch gedacht, die ubiquitären und smarten Technologien, die weitgehend autonom mit Umgebungen interagieren und dabei von ihren mehr oder weniger direkten Nutzer·innen nicht wahrgenommen werden. Einige dieser elektronischen Bauteile werden von anderen Maschinen hergestellt, zum Beispiel werden Computerchips nahezu ausschließlich von Computern und Robotern gefertigt und Satelliten in staubfreien Arbeitsräumen von Handschuh tragenden Ingenieur·innen zusammengesetzt und geprüft.

Wenn heute anlässlich der Jubiläen der legendäreren Apollo-Missionen, Apollo 8 und Apollo 11, Originalaufnahmen aus den Archiven (NASA und National Archives) gesichtet und digitalisiert wurden, so wurde mit (algorithmischer) Farbkorrektur den Bildern zu einer Gegenwärtigkeit verholfen. Nur die Mode, also die Sonnenbrillen und Schnittmuster der Kleider, und die grobkörnigen, teils von Übertragungsartefakten gekennzeichneten Bilder — in Streifen unterteilte Fernsehbilder, die damals zu den meist gesendeten Bildern gehörten — verraten gelegentlich das Jahrzehnt, in dem das Material ursprünglich entstanden ist. Ein damals live ausgestrahlter Broadcast der CBS endete beispielsweise mit einem Blick durch die Apollo-Luke: »11, this is Houston. We are getting a zoom view out of the window now.«[213] Mit der TV-Kamera an Bord des Raumschiffs wurde die halbe, von der Sonne beschienene Erde herangezoomt: Ein wackeliges Bild des grau-blau-weißen Planeten erscheint schemenhaft auf dem Screen, mehr Details kann die Aufnahme- und Übertragungstechnik nicht vermitteln. Wolken sind gut zu erkennen.

Bezeichnend ist also, insbesondere aus heutiger Sicht, die Multimedialität der dokumentarisch-technischen Bilder: TV-, Foto- und Filmkameras und Computer liefern Material, das sich zu einem multiperspektivischen Gesamtbild zusammenfügt. Die elektronischen TV-Bilder können kaum bearbeitet werden, sie tragen die Spuren der Übertragung. An den grundsätzlich hoch aufgelösten Filmbildern hingegen, die nicht im Fernsehen gesendet wurden, kann weitergearbeitet werden. Auskünfte der New Yorker Postproduktionsfirma Final Frame, die für den Dokumentarfilm *Apollo 11* (Todd Douglas Miller, 2019) das historische Filmmaterial digitalisiert und korrigiert hat, waren an dieser Stelle nicht zu erhalten, bleiben also bis auf weiteres Geschäftsgeheimnis.

In einem 256 Seiten umfassenden Pressedossier zur Apollo 11 informierte die NASA darüber, dass sich zwei TV-Kameras an Bord befänden. Eine davon, »the black-and-white Apollo lunar television camera will be stowed in the LM descent stage for televising back to Earth a real-time record of man's first step onto the Moon.« Die Schwarz-weiß-Bilder wurden im Kontrollzentrum in Farbbilder umgewandelt.[214] Der damalige Präsident der USA, Richard M. Nixon, stellte sich beim Anblick der Apollo 11-Bilder eine rhetorische Frage, die nebenbei als Antwort auf Hannah Arendts Frage[215] gelesen werden kann: »What could bring home to us more the limitations of the human scale than the hauntingly beautiful picture of our earth seen from the moon?«[216]

Erde-Mond-System

Abbildungen vom Erde-Mond-System lassen sich in drei Bildtypen aufteilen: Das älteste Motiv zeigt Erde und Mond aufgrund von Kameraposition und Lichtverhältnissen beziehungsweise Sonne-Mond-Erde-Kamera-Konstellation, die immer ausschlaggebend ist für die Erdfotografie, zum Zeitpunkt der Aufnahme im vertikalen oder horizontalen Anschnitt (*Earthrise*, 1966), d. h. manche Erdteile bleiben verschattet. Das zweite zeigt die Erde in der *Whole Earth*[217]-Kadrierung und den Vollmond auf einem Bild (DSCOVR, 2016), Abb. 17 S. 169 ein Motiv, bei dessen Anblick sich Betrachter·innen physisch weiter nach ›Außen‹ befördert fühlen konnten — vor dem Hintergrund der bis dahin bekannten Bildmotive. Der dritte Bildtyp zeigt Erde, Mond und Technik vereint (Apollo, 1969 und Discovery, 2007) und Teile des technologischen Setups im Bildausschnitt. Im Vergleich zu diesen Bildern wirkt die originale *Blue Marble* stets statisch und unberührt von den technologischen Bedingungen der Aufnahme.

Verluste in Bezug auf die Integrität von Daten und *bad data* bleiben bei den Übertragungsraten und bei der Übersetzung von theoretischen Modellen oder Rohdaten in Computermodelle oder Atlanten nicht aus. Was erscheint demzufolge auf dem Computerbildschirm, ein ›mathematisches Bild‹?[218] Anhand der Bildbearbeitungsprozesse, die zu *Blue Marble: Next Generation* (2012) führten, einer Serie wolkenfreier Kompositbilder der Erde, untersucht die Medienphilosophin Gabriele Gramelsberger den Status des digitalen Mosaikbildes, bei dem die Erde als eine »processable entity« aufgefasst wird. Das Ergebnis ist eine sichtbare Annäherung von Fotografie und Kartografie, das Foto tendiert zur Fotokarte. Gramelsberger kommt zu dem Schluss, dass die simulierten Bilder der Fotografie nur ähnlich sind, da Daten verschiedener Satelliten und Sensoren in das Ergebnis einfließen, sodass die Bilder als ›algorithmische Objekte‹ betrachtet werden können, in denen Sichtbarmachung und Berechenbarkeit einander bedingen. Beispielsweise müssen die mit dem Beobachtungsmedium LIDAR (Light Detection And Ranging) gesammelten Daten (optische Abstandsmessung in der Fernerkundung oder Navigation selbstfahrender Autos) — diese Laserimpulse der Sensoren nehmen wie das Radargerät ein Echo auf — abgeglichen werden: Im Fall von LIDAR sind es in-situ Messungen und im Fall von Satelliten, »more complex spectrometric measurements«.[219]

Diese algorithmisch ermittelten Bildobjekte geben eine ›algorithmische Sicht‹ auf Atmosphäre und Erde wieder. Gramelsberger erklärt, »time has to be fragmented into time steps and space into layers of grid points […] globe is discretized into a grid of computing points which represent an average distance of 500 to 110 km at the equator and up to 60 horizontal layers.«[220] Die sich aus diesen Rechenprozessen ergebende Perspektive auf den Planeten benennt sie als »physico-mathematical view«.[221]

Sebastian Vincent Grevsmühl fügt den Effekten von Datenübertragung und algorithmischer Bildbearbeitung einen weiteren Aspekt hinzu, der für die Manipulation der Bilder verantwortlich ist: »[...] dass alle visuellen Modelle als Artefakte der materiellen Kultur stets subjektive Kriterien transportieren. Wenig verwunderlich ist es also, dass selbst die computergestützte Modellierung sich als ein hochgradig subjektives Unternehmen darstellte, das mit der radikalen Selektion von Daten arbeiten musste«.[222]

Diese Mosaikbilder sind daher verglichen mit digitalen Karten oder einem virtuellen Globus zu diskutieren. Sie können als die Vollendung des kartografischen Blicks aus kosmischer Sicht aufgefasst werden, denn auf diesen Bildern wird der Blick freigegeben auf eine Erde, die ihren Repräsentationen in Form von Karte und Globus absolut ähnlichsieht. Insbesondere die wolkenfreien Versionen nähern sich visuell an die älteren medialen Repräsentationen der Erde an. Mit zunehmendem Manipulationsgrad ähneln die Bilder visuellen Modellen wie Karten oder Globen, was sich im nächsten Schritt ebenso auf ihre Benutzung oder Betrachtung auswirkt, die von Denis Cosgrove ins Performative weitergedacht wird.[223] Wie genau diese Art der Betrachtung stattfindet, beschreibt Cosgrove im Detail: »The eye moves over the virtual space of the image as across a map, parodying in some measure the kinetic vision of the flyer and enhancing that experience of vicarious travel that Ortelius and others had recognized as a characteristic of looking at globes and maps.«[224] Methodik und Vokabular der Kartografie sind also fester Bestandteil der Bildgebungsverfahren, wie sie digitalen Kompositbildern, Atlanten und Globen zugrunde liegen.

Anschauliche Anaglyphen

Für die räumliche Seherfahrung hingegen gibt es aus der unbemannten Raumfahrt ein interessantes Beispiel, das von der weitaus bekannteren NASA-Bildpolitik abzuweichen scheint. Im historischen Mondatlas *The Moon as viewed by Lunar Orbiter*[225] waren neben dem *distant view* und dem *closeup view* der Mondoberfläche stereoskopische Ansichten (mit dazu notwendiger Rot-Grün-Brille im Anhang), sogenannte Anaglyphen, abgedruckt. Abb. 18 S. 170 Auch heute werden im Institut für Planetenforschung am Zentrum für Luft- und Raumfahrt in Berlin Adlershof solche Bilder mit 3D-Effekt der Anschaulichkeit halber hergestellt. Das Abgebildete fuße meist auf einer Übertreibung, schreiben die Autoren des Mondatlas: »The stereoscopic impression conveyed by these anaglyphs is an exaggerated one. The slopes appear to be steeper than they are in reality. The exaggeration is less extreme on these photographs than it is on the wide-angle photographs ordinarily used in aerial mapping, but it should not be ignored.«[226]

Der mit einem einfachen Trick hergestellte stereoskopische Effekt der Anaglyphen lässt den abgebildeten fernen Planeten physisch nah und somit berührbar erscheinen.[227] Aus diesem Grund scheint es naheliegend, dass die

ESA für die Darstellung des Erdkörpers und seines irdischen Magnetfeldes die anthropomorphisierende, ädrige Anaglyphendarstellung auswählt. Auf diese Weise wird der Globus verlebendigt und festgefahrene, idealisierende Darstellungen werden aus ihrem statischen Dasein geholt. Hier kommt im Gegenteil heraus, dass der Planet mitunter nicht perfekt und wohlgeformt ist, wie er die Vorstellung seit der Antike bewohnt, sondern ein recht unförmiges Ding ist, mit rauer und matter Oberfläche. Beim Anblick ohne 3D-Brille wirken die sich zart überquerenden roten und grünen Linien wie Adern eines Marswesens oder anderer außerirdischer Kugelmenschen – oder wie die Datenbahnen der Technosphäre. So hat die Erde eine nahezu haptische Gestalt angenommen. Man könnte von einer ›dicken‹ medialen Schicht sprechen, die auf dem Abgebildeten ›liegt‹, als müsste das Motiv mediale ›Haut‹-Schichten tragen, damit der Touch-Effekt eintreten kann.

Flybys, Flyovers

In einer aktuellen Videoanimation – die Daten dazu hat die DSCOVRY-Sonde der NASA vom Punkt L1 gesendet – werden die fünf Stunden, die der Transit tatsächlich dauerte, auf knapp fünf Sekunden zusammengerafft.[228] In der Beschreibung zum Video heißt es: »Moon crossing Face of Earth«. Zuvor blieb das Bild von der ganzen Erde lange eine Rarität, denn nur wenige der gereisten Astronauten haben die Erde als Ganzes gesehen.[229] Mindestens 20.000 Meilen (ca. 32.187 km) muss die Entfernung von der vollständig sonnenbeschienenen Erde betragen, bis der Erdball als Ganzes von der Kameratechnik einer Raumfahrtagentur oder dem bloßen Auge erfasst werden kann.

Gegenwärtig ist *dynamic* das Stichwort, wenn es um NASA- und ESA-Visualisierungen geht, insbesondere im Videoformat, sowie in teils noch rudimentär wirkendenden VR-Anwendungen wie Gaia VR. Während bei den Eames der Ausschnitt von ›Welt‹ zweidimensional organisiert und in Muster und Raster unterteilt war, berechnet Google Earth den gesamten Globus aus flexibel organisierten Bilddaten und Algorithmen, Servern und Netzwerkverbindungen. Die seit November 2016 angebotene VR-Version verspricht eine erweiterte 360-Grad-Perspektive. Während der Film nur *eine* vertikale Achse repräsentiert, birgt Google Earth das Potenzial vieler vertikaler, diagonaler und horizontaler Bewegungen durch die millionenfache Menge an Bildern. Beide Visualisierungen verbindet ein Maß an Abstraktion, das einem bestimmten Muster folgt. Bei Google Earth übernehmen die Algrithmen die Mustererkennung *(pattern recognition)*, bei *Powers of Ten* ist es der Kameramann. Während die Eames damals eigene Ortho- und Kompositbilder herstellen mussten, um das mit bloßem Auge Unsichtbare sichtbar zu machen, sind es heute die Nutzer·innen, die ›zusammengesetzt‹ werden. Der Designtheoretiker Benjamin Bratton spricht daher vom *composite user* – Verbindungen aus User·in und Sensor oder User·in und Bot.[230] In *Powers of Ten* wird die oder der Zuschauende allemal in seiner Vorstellung eins mit der virtuellen Kamera, die durch sämtliche Sphären und Körperzellen gleitet.

Im Vergleich dazu wirken die *Earth Views From Space*[231] des NASA Visualization Center und die vielen Flyover-Animationen auf YouTube selbst in ihrem fragmentarischen Charakter unmittelbarer, und in ihrer Wirkung zwischen Unheimlichkeit und Faszination sensibilisierender etwa für geowissenschaftliche Forschungskontexte. *Stunning Earth Flyover in 4K from NASA*[232] oder *New Horizons Flyover of Pluto*[233] zeigen Bewegung, Nähe, Unvollständigkeit und vermitteln zeitliche Begrenzung. 2018 ist die Erde animiert: Flyover-Videos, Erde-Mond-GIFs, Google Earth VR und *world zooms*[234] liefern dynamische Bewegtbilder des Planeten oder solche, die Interaktion voraussetzen.

Heute berichten Astronaut·innen auf YouTube über ihre Alltagsroutinen im Orbit, während sie von der Kuppel[235] aus einen Blick auf die Erde werfen, um zu berichten, über welchen Kontinent der Erde sie gerade mit einer Fluggeschwindigkeit von 28.000 km/h hinwegfliegen—eine abstrakte Geschwindigkeit, die sich jeglicher Erfahrung entzieht. Die Erhabenheit, welche die ersten Weltraumflüge vermittelten, wurden demnach eingetauscht gegen pragmatische Projektarbeit und mit Social-Media-Beiträgen weiter profaniert.

Dazu passt es, dass die ISS über den Navigationsdienst Google Street View besucht werden kann. Das dazugehörige *man hole* befindet sich in einem NASA-Gebäude in Houston. Mit einem Klick gelangen die User·innen in die Ausgangsposition, die Aussichtskuppel der ISS. Von dort aus weiter durch die engen Module wird die Kamera kopfüber vorbeigeführt an einer Colgate-Zahnpastatube. Beim Anblick solcher vertrauten Alltagsprodukte vermittelt sich tatsächlich ein Gefühl für die Schwerelosigkeit.

Die NASA versucht also, ihren souveränen Blick aus dem Weltall zu teilen und mit dem Outreach-Programm an die visuellen Systeme der sozialmedialen Netzwerke, in denen sich eine jüngere, internationale Öffentlichkeit bewegt, zu erreichen und von ihrem Arbeitsalltag zu berichten. Vor allem in Videos gelingt es, die Bildpolitik der Apollo-Missionen mit destabilisierten Ansichten der Erde abzulösen, zum Beispiel durch eine verräumlichte Animation der Mond-Passage vor der Erde, aufgenommen mit der Epic-Kamera der DSCVR Sonde. Abb. 16 S. 169 Erde und Mond treten sichtbar zueinander in ein räumliches Verhältnis und werden als ›Körper‹ erfahrbar. Spielfilme wie *Gravity* (2014) machten zuletzt genauso deutlich, dass sich geophysikalische Einflüsse auf das Bild auswirken, auf die Bewegung der Kamera und auf die gefilmte Sequenz und die starre, vorgebliche Stabilität. Das aufgespannte Raster der Moderne kann weder Halt noch Orientierung bieten. Hier gerät das mit Kaja Silverman gedachte ›Vorgesehene‹, das ›Zu-Sehen-Gegebene‹ (›given-to-be-seen‹) in Bewegung. »Mit dem *Vorgesehenen* beziehungsweise den *dominanten Fiktionen* werden im Feld der Sichtbarkeit, das ja als Gesamtheit aller in einer Gesellschaft zur Verfügung stehenden Bilder, Repräsentationsgrammatiken und -praktiken definiert ist, die herrschenden Darstellungspraktiken und Wahrnehmungsstrukturen benennbar.«[236]

Vor diesem theoretischen Hintergrund ist genauso die Bedeutung der Verschiebung von *Whole Earth*-Bildern hin zu partiellen, bewegten Ansichten, wie sie die Flyover-Videos vermitteln können, besser zu verstehen. Betrachter·innen werden *in* das Bild einbezogen beziehungsweise wird der von Arendt artikulierten Erkenntnis gezollt, dass die Beobachter·innen immer schon in die Netzwerke und Strukturen eingebettet sind, die sie beobachten und als Welt begreifen wollen. Die Kameras und die damit aufgenommenen Bilder stehen in Verbindung zu den geografischen, geologischen, geophysikalischen und atmosphärischen Elementen, die sie umgeben. Während die Bilder der sichtbaren und unsichtbaren Erde oberflächlich polymorpher werden und zumindest auf der Bildfläche Kulturtechniken wie das Raster und die Perspektive zurücklassen und sich der Instrumentalisierung entziehen, bleiben in den ›dahinter‹ befindlichen Datenräumen vertikale Raster für die räumliche Organisation der Daten bestehen.

Die Eigenschaften, die Mark Dorrian dem vertikalen Luftbild in Abgrenzung zum Schrägbild zuschreibt, lesen sich wie eine Liste maschineller Eigenschaften, die im starken Kontrast zu den Flyovers und Anaglypen stehen, die eine räumliche Seherfahrung simulieren. Nach Dorrian sind die vertikalen Bilder »non-aesthetic, non-auratic, instrumental, disenchanted, and technical — by virtue of its gaze directly downward onto the ground, by virtue of its historic relationship with photography, and because of the specific historical conditions of its emergence in World War I.«[237]

Neben den neueren Bildtypen besteht die vertikale Sicht in Mapping-Projekten fort, wie sie anhand von Satellitenbildern und Drohnenaufnahmen in diversen Kontexten praktiziert werden; von lokalen Aktionsgruppen in Community-Projekten wie in Sansibar[238] bis zu staatlich-institutionellen Programmen wie dem Landsat-Programm der USGS.[239] In als Spektakel angelegten Sponsoring-Events wie dem Stratosphärensprung des österreichischen Extremsportlers Felix Baumgartner, Abb. 19 A S. 171 der innerhalb von wenigen Minuten zurück auf die Erde fiel, wird eine turbulente Variante der vertikalen Sicht sichtbar, der freie Fall. Wie Baumgartners Cam-Video dokumentiert, stellt sie sich als physisch belastende, stressige First-Person-View und schwindelerregender Sturzflug heraus.[240] Im Gegensatz dazu steht die simulierte Maschineneleganz, die *Powers of Ten* ausmacht.

Die strikt konstruierte vertikale Sicht aus *Powers of Ten* geht in Google Earth Verbindungen mit anderen Formen visueller Repräsentation — etwa im »earth zoom«, wie Roger Stahl das digitale Übergleiten von der 3D-Satellitensicht in niedrigere Flughöhen nennt. Auch die Künstlerin Hito Steyerl sieht die Auflösung etablierter Paradigmen des Visuellen in Auflösung. Anlässlich dieser paradigmatischen Verschiebungen spekuliert Steyerl auf »a new representational freedom.«[241]

Wie aus Satellitenbildern Google Earth wurde

»Digital Earth« ist eine politische Kampagne, die das Erbe des Unternehmers Stewart Brand antritt; dieses Mal, um mit einem immersiv erfahrbaren

Globus internationale Klimapolitik zu machen. Al Gore erkannte darin ein politisches Werkzeug für den Wahlkampf. Daraufhin arbeitete die Agentur Digital Earth Initiative unter Leitung der NASA, in engem Austausch mit dem Militär, von 1998 bis 2001 daran, eine digitale Version der Erde zu erarbeiten. Sie nannten sie World Wind. Dabei verfolgten sie keine für die Öffentlichkeit zugängliche Visualisierungsstrategie, sondern arbeiteten hauptsächlich daran, Datenstandards zu etablieren, die den Austausch geografischer Daten zwischen Regierungsinstitutionen ermöglichen sollten. 2001 übernahm die Geospatial Applications and Ineroperability Working Group (GAI), die ein Teil der US Federal Geographic Data Committee (FDGC) ist, die Koordination. Später verfolgte die NASA zusammen mit kommerziellen Anbietenden die Entwicklung des Geo-Browsers weiter. Vorläuferfirmen von Google Earth, die Geodaten und Satellitenbilder zu interaktiven 3D-Mapping-Anwendungen prozessierten, hatten erst zu Beginn der 2000er Jahre ihre Geschäfte aufgenommen. Dann waren es gleich zahlreiche. Dazu gehörten Keyhole, i-cubed, Evans & Sutherland Environment Processor und ImageLinks. Dabei entstand 2001 der Keyhole Earth Viewer 3D. John Hanke hatte die Firma Keyhole u. a. zusammen mit Mark Aubin, der später Software-Ingenieur von Google Earth wurde, und Avi Bar-Zeev gegründet, der zuvor Disney VR mitentwickelt hatte und anschließend im Bereich Augmented Reality erst für Microsoft, Amazon, dann für Apple arbeitete. Beide Bildwelten — die vertikale, militärisch-kartografische und die vernetzte, immersive VR-Perspektive — waren also schon in den 1990er Jahren personell verwoben.[242] »As for the name Keyhole, John [Hanke] may have had some prior experience using satellite imagery — he can't say. The name Keyhole was actually going to be temporary, but it stuck.«[243] Vermutlich hatte Hanke als Mitarbeiter des US Department of State in Myanmar[244] in den 1990er Jahren mit dem Satellitenbildmaterial aus dem Keyhole-Spionagesatellitenprogramm zu tun gehabt.[245]

Andere, bereits genannte Firmen verarbeiteten zwar Geodaten, Karten und Satellitenbilder, indem sie die Informationen über dreidimensionale topografische Modelle von für den Krieg relevanten Regionen legten (zum Beispiel das *Middle East mosaic*) und per Farbausgleich daraus eine nahtlose 3D-Ansicht generierten, hatten aber keine eigene Plattform. Sie lieferten überwiegend hochauflösende Detailansichten, geschichtete Bildebenen für die Zoom-In-Funktion oder 3D-Modelle von Flughäfen oder Innenstädten.[246] In einem Aufsatz, in dem sich der Filmemacher und Kommunikationswissenschaftler Roger Stahl mit dem militärischen Entstehungszusammenhang der Google Earth-Technologie befasst, erläutert er, dass die Firma Keyhole in der Lage war — nachdem die Abendnachrichten den Bekanntheitsgrad des Satellitenbildmaterials erheblich gesteigert hatten —, die Anwendung in einem erschwinglichen Jahresabonnement anzubieten. Das war möglich, weil sie zuvor eine Kooperation mit einer Videospielefirma eingegangen war.[247] Für die Konsument·innen wurde die Anwendung ›gamifiziert‹. Nachdem die Satellitenbilder zunächst für den medialen Gebrauch im Fernsehen verfügbar gemacht worden waren, erschienen sie dann auf privaten Computerscreens.[248]

Innerhalb der Programme hat der Begriff eine zweifache Bedeutung. Anfangs wurde damit der Verschlüsselungscode bezeichnet.[249] Dann wurden Satelliten innerhalb des Corona-Programms mit der Abkürzung KH für Keyhole benannt und durchnummeriert. Heute befinden sich KH-11 und KH-12 im Orbit. Das EarthViewer-Interface soll laut Firmenchef John Hanke eine Weiterentwicklung von Flugsimulatoren gewesen sein.[250] Vorläufer der geografischen Informationssysteme und Virtual-Reality-Anwendungen waren die ersten, für Pilot·innen entwickelten Navigationssysteme.[251]

Die Kundschaft der Firma bekam im EarthViewer Zugang zum Blick von oben und zu geografischen Informationen, die zuvor dem Militär in *situation rooms* vorbehalten war. Der Earth Viewer wurde von großen Nachrichtensendern wie CNN, ABC und CBS in den USA 2003 erstmals für 3D-Überflüge in Berichten über den Irakkrieg verwendet. Bis dahin stand Keyhole ausschließlich im Dienst des Militärs. Dessen Vorgeschichte begann 2001 mit der Firmengründung von Keyhole, Inc., die Satellitenbilder mithilfe von Geodaten auf einer virtuellen Erde anordneten und dieses digitale Objekt navigierbar machten. Diese Anwendung nannten sie EarthViewer.

Im Juni 2003 investierte In-Q-Tel, die 1999 gegründete Investitionsfirma der CIA, in Hankes Unternehmen. Neben der CIA kamen Fördergelder von der US-amerikanischen militärisch-kartografischen Aufklärungsbehörde (NGA) und anderen Geheimdiensten. Ebenfalls 2003 veröffentlichte die NASA den Open Source-Geobrowser World Wind, einen virtuellen Globus. Das Programm besteht aus Overlays aus NASA- und USGS-Satellitenbildern, Luftaufnahmen und topografischen Karten. Die Anwendung wird seitdem weiterentwickelt.

Die Zusammenarbeit von Google und der NGA setzt sich auch 2008 fort, als sie insgesamt 502 Millionen US-Dollar für den Start des Satelliten GeoEye-1 bezahlten, der damals die Bilder mit größter Auflösung lieferte. Der US-Geheimdienst und Google nutzten die Bilder gemeinsam. 2010 stellte Google dem Geheimdienst für 27 Millionen US-Dollar mit Google Earth Geovisualisierungsdatendienste bereit:

> ›NGA has made a significant investment in *Google Earth* technology through the GEOINT Visualization Services (GVS) Program on SECRET and TOP SECRET government networks and throughout the world in support of the National System for Geospatial (NSG) Expeditionary Architecture (NEA).‹ 2010 wurde auch ein Vertrag zwischen der NSA und Google über Dienste abgeschlossen, die cloud-basiert sind. Es gab auch weitere Verträge mit dem Pentagon.[252]

Am 24. November 2003 bekam die NGA ihren jetzigen Namen und ging somit aus der 1996 gegründeten National Imagery and Mapping Agency (NIMA) hervor, diese zuvor Defense Mapping Agency (DMA) und davor Army Mapping Service (AMS) hieß. Yasha Levine, Autor von *Surveillance Valley* (2018), versuchte den Verkauf von Keyhole an Google, vermittelt durch die CIA,[253] aufzuklären. Doch entsprechende Dokumente wurden auf Anfrage des Autors nicht zur Verfügung gestellt und mit den Worten »We can neither confirm nor deny« beantwortet, wie er in seinem Rechercheblog zum Buch dokumentiert. Einen Monat, bevor die USA 2003 den Irak angriff, hat In-Q-Tel in Keyhole investiert. Spuren der Keyhole-Vorgeschichte sind auf der Code-Ebene von Google Earth erhalten geblieben, von der allerdings meist nur Programmierer·innen Kenntnis haben. Im Google Earth-Blog wird deswegen erklärt, was es mit den sogenannten KML und KMZ-Dateien auf sich hat: »let me describe the fundamentals. Keyhole stands for Keyhole Markup Language (Keyhole was the name of the application before Google bought it and added their own features and larger databases).«[254]

Im Oktober 2004 kauft Google mit der Firma Keyhole Inc. die Rechte an der Globensoftware EarthViewer und macht deren Entwickler John Hanke zum Chef der Bereiche Google Earth und Google Maps. Die Software wurde mit dem lokalen Suchdienst *Google Local* verknüpft und im Juni 2005 unter dem neuen Namen Google Earth veröffentlicht. Ein Jahr danach wurden bereits 100 Millionen Produktaktivierungen registriert. Im August 2005 erscheint im Nachrichtenmagazin *Der Spiegel* unter der Überschrift »Die Weltgoogle« ein euphorischer Bericht über diese neue Anwendung.

Als Alternative zu Google Earth gibt es den Global Visualization Viewer[255] der USGS, der seit 2015 benutzer·innenfreundlicher geworden ist. Zoomt man noch weiter aus den Google-Laboren heraus, reicht die Vorgeschichte zurück in das Jahr 1996, als die Software-Firma Silicon Graphics (SGI) Clipmap[256] entwickelte, »which made it relatively painless to render a ›Powers of Ten‹ style animation in real-time. They called their demo ›Space to Face,‹ which was amazingly cool, though fairly limited in scope – you zoomed down from space to one spot on Earth.«[257] Abb. 20 A–C S. 172

Mark Aubin, Software-Entwickler bei Google Earth, Mit-Begründer von Keyhole Inc., erinnert sich an seine Zeit bei SGI:

> Would you believe the inspiration for *Google Earth* was a photo flipbook? It was 1996 and I was working at Silicon Graphics (SGI) […]. Our goal was to produce a killer demo to show off the new texturing capabilities to maximum advantage. During a brainstorming session, someone passed around the great Charles and Ray Eames book, *POWERS OF TEN – A Flipbook*, and suggested that our demo move through imagery the way the book does. After discussing a number of possibilities, we decided that we would start in outer space with a view of the whole Earth, and then zoom in closer and closer. We'd begin by heading toward Europe, and then, when Lake Geneva came into view, we'd zero in on the Matterhorn in the Swiss Alps. Dipping down lower and lower, we'd eventually arrive at a 3D model of a Nintendo 64, since SGI designed the graphics chip it uses. Zooming through the Nintendo case, we'd come to rest at the chip with our logo on it. Then we'd zoom a little further and warp back into space until we were looking at the Earth again.[258]

Weil es YouTube noch nicht gab, hatten die Programmierer den Film von Charles und Ray Eames nicht zur Hand. Was dann aufgrund der Buchvorlage entstand, kann heute ebenfalls auf YouTube unter dem Titel *See what's possible* aufgerufen werden.[259] »From Space to Your Face« zoomt in einen Mikrochip, die kleinste Einheit eines Computers Abb. 29 A–C S. 172.

Google Earth kartiert die Erde durch die Überlagerung von Satellitenbildern, Luftbildern und Daten von geografischen Informationssystemen (GIS) auf einem 3D-Globus und entspricht somit in Anbetracht seiner unzähligen ›Einzelteile‹ zunächst vielmehr dem, was der Kunsthistoriker Erwin Panofsky als mathematisch rationalisierten »Aggregatraum«[260] bezeichnete. Der Sehakt sollte berechenbar gemacht werden, »es war eine Überführung des psychophysiologischen Raumes in den mathematischen erreicht, mit anderen Worten: eine Objektivierung des Subjektiven.«[261] Im Unterschied zu Panofskys Ausführungen zum »Aggregatraum« der Renaissance, fällt beim Nutzen von Google Earth, beim Navigieren der Datensätze jedoch auf, dass die urbanen Räume, die Straßen und Landschaften nicht verlässlich als »eindeutiges und widerspruchsfreies Raumgebilde von (im Rahmen der ›Blickrichtung‹) unendlicher Ausdehnung«[262], wie es Panofsky für die Zentralperspektive formuliert hatte, berechnet werden. Glitches treten auf, Deformierungen auf den Billdflächen, Nahtstellen zwischen Bildern werden sichtbar. Die 2-D orthografischen, also winkelkorrigierten Luftbilder sind nicht immer fehlerlos auf den digitalen 3D Globus applizierbar. Im Detail scheinen also Grenzen des Berechenbaren auf. Der Weltbezug ist immer eine Konstruktion.[263]

Während *Powers of Ten* jeden Zehnerschritt und damit die Veränderung der Größenverhältnisse markiert, verwischt Google Earth auf jeder Ebene den Maßstab zu »seemingly scale-free forms of calculation«.[264] Zum Google-Interface gehört zwar ein Skalenschieber, an dessen Ende jeweils ein Plus- oder ein Minuszeichen steht, um die Zoom-Richtung zu kommunizieren, aber die Nutzer·innen wissen nicht, in welchen Entfernungen zur Erdoberfläche sie ›fliegen‹.

Daher kann argumentiert werden, dass die aggregierten Satellitenbilder in Google Earth eine fragmentierte, partielle Sicht wiedergeben, »the view from above is still a fragmentary thing«.[265] So gesehen handelt es sich um eine zeitgemäße Darstellung der Welt, wenngleich eine im Raster angelegte, mit limitierter Bildauflösung und reduzierten Metadaten ausgestattete, es sind also vergleichsweise ›arme Bilder‹, während sich der militärisch-industrielle Komplex die Rohdaten für seine GIS-Anwendungen vorbehält. Im Kontext von Google Earth beurteilt Mark Dorrian die vertikale Perspektive anders als am Beispiel von Luftbildaufnahmen: »The aerial view becomes less a detached, dispassionate and privileged way of interpreting the world's surface, than a phenomenon which produces specific, concrete effects upon it. *Google Earth* demand a reconceptualization of the view-from above«.[266] In der Zusammenschau unzähliger Satellitenbilder, wie sie die Anwendung ermöglicht, entwickeln die vertikalen Bilder ein neues Potenzial.

1 Maurice Merleau-Ponty, *Das Sichtbare und das Unsichtbare* [*Le Visible et l'invisible*, Claude Lefort (Hg.), Paris: Gallimard 1964], München: Wilhelm Fink 1986.

2 BloonStu, »Balloon with GoPro to Near Space«, 8 Min. 27 Sek., https://youtu.be/3y0nHhFGXDo.

3 Judith Hopf, *More*, HD-Video, 4 Min. 33 Sek., 2015.

4 Danail Obreschkow, *Cosmic Eye (Original HD Portrait Version)*, Cosmic Eye Project 2011, überarbeitete Fassung, 3 Min., 1.5.2018, https://youtu.be/8Are9dDbW24.

5 Orit Halpern, *Beautiful Data. A History of Vision and Reason since 1945*, Durham/London: Duke University Press 2014, S. 221.
6 Jörg Heiser, »Safety in Numbers?«, in: *Frieze* (Blog), 12.3.2014, https://frieze.com/article/safety-numbers.
7 Zu den »Five Eyes« (FVEYS) gehören seit 1946 die USA, Kanada, Australien, Neuseeland und Großbritannien, also die englischsprachigen Nationen. Die Bezeichnung war durch die Snowden-Enthüllungen im Juni 2013 in der Öffentlichkeit bekannter geworden. Die angewandte Methode läuft unter dem Kürzel SIGINT (Signal Intelligence) und steht für Fernmelde- und Elektronische Aufklärung. Dazu gehört das Abhören von Funksignalen, Tele- und elektronischer Kommunikation.
8 Vgl. Studie zur Smartphone-Nutzung, »Smartphone-Nutzung am Limit? Der deutsche Mobil Consumer im Profil«, Deloitte Deutschland 2020.
9 Tom H. Davenport, *Big Data at Work: Dispelling the Myths, Uncovering the Opportunities*, Boston: Harvard Business Review Press 2014.
10 Jonathan Crary, *24/7: Late Capitalism and the End of Sleep*, New York: Verso 2014, S. 75/6.
11 Charles und Ray Eames, *A Computer Glossary Or, Coming to Terms with the Data Processing Machine*, 1968, 10 Min. 47 Sek., Farbe und Ton. Drehbuch: Glen Fleck, https://youtu.be/eIgX6sPOqCY.
12 Ebd.
13 William Gibson, *Neuromancer*, New York: Ace Books 1984.
14 Deleuze und Guattari beschreiben in *Was ist Philosophie?* die künstlerisch geschaffenen Welten als »weder virtuell noch aktuell, sie sind möglich, das Mögliche als ästhetische Kategorie (›etwas Mögliches, sonst ersticke ich‹), die Existenz des Möglichen, während die Ereignisse die Wirklichkeit des Virtuellen sind, Formen eines Natur-Denkens, die alle möglichen Welten überfliegen.« (Gilles Deleuze, Félix Guattari: *Was ist Philosophie?* [*Qu'est-ce que la philosophie?* Paris: Les Éditions de Minuit 1991], Frankfurt am Main: Suhrkamp 1996, S. 210).
15 Clemens Apprich, *Vernetzt. Zur Entstehung der Netzwerkgesellschaft*. Bielefeld: transcript Verlag 2015, S. 89.
16 Michael Reed, »Top 25 films with unrealistic computer scenes«, *Den of Geek!* (Blog), 3.7.2015, https://www.denofgeek.com/movies/computers/35815/top-25-films-with-unrealistic-computer-scenes.
17 Vgl. Marshall McLuhan, *Understanding Media. The Extensions of Man*, New York: Signet Books 1964.
18 Judith Hopf in einer E-Mail an V. T. im Sommer 2015.
19 Vgl. Magermunson, »Silicon Graphics – Onyx Infinite Reality, See what's possible« 1996, ab Min. 7, 3.12.2014, https://youtu.be/DXQOOkrSpq0. sgizone, »Silicon Graphics Infinite Reality/Octane2 Demo: In Your Face«, 19.10.2016, https://youtu.be/GM_wWz39zKs.
20 Janet Harbord, »Ex-centric Cinema: Machinic Vision in the Powers of Ten and Electronic Cartography«, in: *Body & Society*, 18, 1, 2012, S. 99–119, hier S. 110.
21 Sabeth Buchmann, »Vita Passiva or Shards Bring Love: On the Work of Judith Hopf«, in: *After All*, 25, Herbst/Winter 2010, Chicago/London: University of Chicago Press, S. 100–107.
22 Vgl. Vera Tollmann, »Powers of Abstraction. Ein Interview mit der Künstlerin Judith Hopf«, in: Hanne Loreck (Hg.), in Zusammenarbeit mit Jana Seehusen, *Visualtität und Abstraktion. Eine Aktualisierung des Figur-Grund-Verhältnisses*, Hamburg: Material Verlag 2017, S. 60–85.
23 Alexander R. Galloway, »Black Box, Schwarzer Block« [»Black Box. Black Bloc« 2010], in: Erich Hörl (Hg.), *Die technologische Bedingung. Beiträge zur Beschreibung der technischen Welt*, Frankfurt am Main: Suhrkamp 2011, S. 267–289.
24 Halpern, *Beautiful Data*, S. 28.
25 Tollmann, »Powers of Abstraction«, S. 79.
26 Vgl. John Durham Peters, *The Marvelous Clouds: Towards a Philosphy of Elemental Media*, Chicago: The University of Chicago Press 2015.
27 Vgl. Trevor Paglen, »Some Sketches on Vertical Geograhies«, in: *e-flux architecture*, 31. Oktober 2016, https://www.e-flux.com/architecture/superhumanity/68726/some-sketches-on-vertical-geographies/. Der geostationäre Orbit (auch geosynchrone Umlaufbahn genannt) ist mit einer Entfernung von über 35,786 Kilometern über dem Äquator im Vergleich zum low-, medium- und high-Earth-orbit am weitesten von der Erde entfernt. Hier bewegen sich mehr als 400 Satelliten synchron zur Erddrehung. Sämtliche Startups betreiben Satelliten ausschließlich im low-Earth-orbit.
28 Stephen Graham, *Vertical: The City from Satellites to Bunkers*, London/New York: Verso 2016, S. 22.
29 Jonathan Crary, *Techniken des Betrachters* [*Techniques of the Observer*, Cambridge, MA: The MIT Press 1990], Dresden: Verlag der Kunst 1996.
30 Paul Virilio, *Krieg und Kino. Logistik der Wahrnehmung* [*Guerre et Cinema 1. Logistique de la perception*, Paris: Cahiers du cinéma, Editions de l'Etoile 1984], München/Wien: Hanser 1986, S. 34.
31 Ebd., S. 19–20.
32 Allan Sekula, »Das instrumentalisierte Bild: Steichen im Krieg«, in: *Fotogeschichte*, 45/46, Marburg: Jonas Verlag 1992, S. 55–73.
33 Thomas Elsaesser, »The ›Return‹ of 3D: On Some of the Logics and Genealogies of the Image in the Twenty-First Century«, in: *Critical Inquiry*, 39, 2, Winter 2013, S. 217–246, S. 241.
34 Vgl. Tom Holert über Luftbildaufnahmen am Beispiel der fotografischen Dokumentation von Robert Smithons Arbeit *Spiral Jetty*: Tom Holert, »Land Art's Multiple Sites«, in: Philipp Kaiser/Miwon Kwon (Hgg.), *Ends of the Earth: Land Art to 1974*. München/London/New York: Prestel Publishing 2012, S. 102/3).
35 Vgl. Hito Steyerl, »In Free Fall: A Thought Experiment on Vertical Perspective«, in: *e-flux journal*, 24, April 2011, https://www.e-flux.com/journal/24/67860/in-free-fall-a-thought-experiment-on-vertical-perspective/.
36 Vgl. Desmond King-Hele, »The Shape of the Earth«, in: *Science*, New Series, 192, 4246, 25.6.1976, S. 1293–1300.

37 Michel de Certeau, *Kunst des Handelns* [*Arts de Faire*, Paris: Gallimard 1980], Berlin: Merve 1988, S. 179.
38 Mark Dorrian, »The Aerial Image: Vertigo, Transparency and Miniaturization«, in: *Parallax*, 15, 4, 2009, S. 83–93.
39 Maurice Merleau-Ponty, Arbeitsnotizen, »Wilde Wahrnehmung – Unmittelbares – kulturelle Wahrnehmung – learning«, 22. Oktober 1959, S. 270f., in: Ders., *Das Sichtbare und das Unsichtbare* [*Le Visible et l'invisible*, publié par Cl. Lefort, Paris: Gallimard 1964], S. 283ff.
40 Paul Virilio, *Fluchtgeschwindigkeit* [*La vitesse de libération. Essai*, Paris: Galilée 1995], München: Carl Hanser 1996, S. 9.
41 Ebd., S. 10.
42 Ebd., S. 47.
43 Ebd.
44 Ebd.
45 Ebd.
46 Ebd.
47 Edgar Allan Poe, »The Unparalleled Adventure of One Hans Pfaall«, 1835, in: *Southern Literary Messenger*, 1, 10.6.1835, S. 565–580.
48 Jules Verne veröffentlichte seine Mondgeschichte erst 30 Jahre nach Poe, auch wenn sie die berühmtere wurde. Jules Verne, *Von der Erde zum Mond* [*De la Terre à la Lune*, Paris: Pierre-Jules Hetzel 1865], 1873. Das Buch wurde 1929 von Fritz Lang unter dem Titel *Frau im Mond* verfilmt. Beraten wurde Lang unter anderem von Hermann Oberth, der ein paar Jahre zuvor die Anleitung *Die Rakete zu den Planetenräumen* veröffentlicht hatte.
49 Mit Quentin Meillassoux könnte man die Geschichte als Extro-Science Fiction bezeichnen, wobei weniger die ›Welt‹, sondern vielmehr das Fortbewegungsvehikel in dieser bestimmten Welt wissenschaftlich nicht bestehen kann. »By extro-science worlds we mean worlds where, in principle, experimental science is impossible and not unknown in fact. Extroscience fiction thus defines a particular regime of the imaginary in which structured – or rather destructured – worlds are conceived in such a way that experimental science cannot deploy its theories or constitute its objects within them.« (Quentin Meillassoux, *Science Fiction and Extro-Science Fiction*, Minneapolis: Univocal Publishing 2015, S. 5–6).
50 Edgar Allan Poe, *Das unvergleichliche Abenteuer eines gewissen Hans Pfaall* [1835], in: *Edgar Allan Poes Werke*, Berlin: Propyläen Verlag 1920.
51 Der Landschaftshorizont hat keine ›Adresse‹, der mathematische Horizont hingegen lässt sich berechnen und in der zweidimensionalen Darstellung mit Punkten definieren.
52 Giordano Bruno, *De immenso et innumerabilibus* liber I–VI, Frankfurt am Main 1591. *Das Unermessliche und Unzählbare*, 8 Bde., aus dem Ital. von Erika Rojas, Peißenberg: Skorpion Verlag 1999–2001, zitiert nach Marie-Luise Heuser, »Raumontologie und Raumfahrt um 1600 und 1900«, in: Barbara Lange (Hg.), *reflex* 6, 2, 7, 2015, S. 1–15.
53 Heuser formuliert die These: »Die technische Raumfahrt ist das Produkt eines kulturellen Prozesses, an dessen Beginn die Mythologie, die Literatur, die Philosophie und die Kunst standen. Ein wesentlicher Markstein dieses Prozesses war die Entdeckung des Raumes in der Renaissance und die virtuellen Fahrten durch den Weltraum in Brunos Philosophie, der bald schon literarische Fahrten in den Weltraum folgten.« (Heuser, »Raumontologie und Raumfahrt um 1600 und 1900«, S. 7).
54 Ebd., S. 9.
55 Marcel Duchamp, der sich intensiv mit der Psychophysiologie des Sehens beschäftigte, widmet eine seiner Rotorelief-Drehscheiben der Montgolfière (1935). »Auf den Plattenteller eines Grammophons gelegt, produzierten diese Scheiben zwar keine Töne, dafür aber bei der Rotation eine Reihe von optischen Täuschungen, deren faszinierendste darin bestand, dass durch die Drehung die Zweidimensionalität der Platte aufgehoben und die Illusion einer räumlichen Tiefe erzeugt wurde, die sich dem Betrachter entgegenzuwölben schien.« (Rosalind Krauss, *Das optische Unbewusste* [*The Optical Unconscious*, Cambridge, MA: The MIT Press 1993], Hamburg: Philo Fine Arts 2011, S. 152). Im Falle des Montgolfière-Motivs schien der Heißluftballon immer weiter emporzusteigen. Mit diesen optischen Täuschungen erzeugt er eine »Illusion der Dreidimensionalität« in den Augen der Zuschauer·innen. Krauss charakterisiert die Rotoreliefs als »Vehikel des Vergnügens wie auch Medium des Blickes« (ebd., 160). In ihren Augen erzeugen sie »einen vergänglichen Augenblick lang, einen Raum des Widerstands gegen Rationalisierung. Dieser zeitliche und fleischliche Raum ist, wie ich zeigen möchte, Duchamps Version des optischen Unbewussten.« (Ebd., S. 224f.).
56 Lars Nowak, »Zur Einführung«, in: Ders. (Hg.), *Meden – Krieg – Raum*, Paderborn: Wilhelm Fink 2018, S. 7–108, hier S. 55.
57 Thomas Baldwin, *Airopaidia: Or Aerial Recreation*, Chester: J. Fletcher 1786.
58 Lily Ford, »›For the Sake of the Prospect‹: Experiencing the World from Above in the Late 18th Century«, in: *The Public Domain Review*, 20.6.2016, https://publicdomainreview.org/essay/for-the-sake-of-the-prospect-experiencing-the-world-from-above-in-the-late-18th-century.
59 Baldwin, *Airopaidia*, iv.
60 Ford, »›For the Sake of the Prospect‹: Experiencing the World from Above in the Late 18th Century«.
61 Kevin Moore, »Eyes in the Sky: Alex MacLean and the Tradition of Aerial Imagery«, in: *Cite*, 48, Sommer 2000, S. 35–39, hier S. 36.
62 Vgl. Beaumont Newhall, *Airborne Camera. The World from the Air and Outer Space*, New York: Hastings House 1969, S. 36.
63 Nigel Gosling, *Nadar*, London: Secker & Warburg, 1976, S. 13–20.
64 Sebastian Vincent Grevsmühl, *La terre vue d'en haut: l'invention de l'environnement global*, Paris: Édition du Seuil 2014, S. 112.
65 Verne, *Von der Erde zum Mond*. Verne gibt seiner Hauptfigur in Anlehnung an sein Vorbild Nadar den anagrammatischen Namen Michel Ardan.
66 Camille Flammarion: »Meine erste Luftreise, Mai 1867«, in: Glaisher u. a. 1872, S. 108.

67 Gaston Tissandier, *La photographie en ballon*, Paris: Gauthier-Villars, 1886. Siehe *Internet Archive*, https://archive.org/details/laphotographiee00tissgoog.
68 Michel Frizot, *Nouvelle histoire de la photographie*, Paris: Larousse 2001, S. 393. Als Frizot sein Buch veröffentlicht, waren die Laterna magica-Glasbilder des Londoners Cecil Victor Shadbolt noch nicht wiederentdeckt worden. Das geschah erst 2015 per Zufall auf einem Flohmarkt.
69 Gaston Tissandier, in: J. Glaisher / C. Flammarion / W.v. Fonvielle / G. Tissandier, *Luftreisen, mit einem Anhange über die Ballonfahrten während der Belagerung von Paris*, Leipzig: Verlag Friedrich Brandstetter 1872, S. 256.
70 Mit einem fotoglytischen Nachweis der Aufnahme, erhalten durch die Herren Gaston Tissandier und Jacques Ducom in Paris, 600 Meter über der Insel Saint-Louis. Übersetzt von V. T.]
71 Elio Grazioli, »Azimut«, in: *Elephant & Castle*, 17, November 2017, Università degli Studi di Bergamo, http://cav.unibg.it/elephant_castle/web/saggi/azimut/58.
72 Grevsmühl, *La terre vue d'en haut*, S. 106.
73 Ebd., S. 34. Eines über den Geschäften von Bon-Marché, das zweite über der Brücke von Saint-Michel, das dritte über der Nordspitze der Île Saint-Louis, das vierte über La Roquette und das fünfte über den Wasserreservoiren und Festungen von Ménilmontant. (Übersetzt von V. T.).
74 Gaston Tissandier, in: Glaisher u. a. 1872, S. 15.
75 *Path of the Balloon in its ascent from Wolverhampton to Langham, July 17th 1862*, in: J. Glaisher / C. Flammarion / W.v. Fonvielle / G. Tissandier, *Luftreisen, mit einem Anhange über die Ballonfahrten während der Belagerung von Paris*, Leipzig: Verlag Friedrich Brandstetter 1872.
76 Im Vergleich dazu: Analysten der US-Luftwaffe sichteten 1500 Stunden Videomaterial und 1500 Fotografien am Tag. (Lars Nowak, »Zur Einführung«, in: Ders. (Hg.), *Meden – Krieg – Raum*, Paderborn: Wilhelm Fink 2018, S. 7-108, hier, S. 46).
77 Vgl. Kevin Moore, »Eyes in the Sky: Alex MacLean and the Tradition of Aerial Imagery«, in: *Cite*, 48, Sommer 2000, S. 35–39, hier S. 37.
78 Vgl. ebd., S. 38.
79 Franziska Brons, »Ästhetik des Überblicks. László Moholy-Nagy und die Fotografie aus der Vogelschau«, in: *Bauhaus* 4, 2, 2012, Leipzig: Spector Books, S. 73–82.
80 Bernhard Siegert, »Luftwaffe Fotografie. Luftkrieg als Bildverarbeitungssystem 1911–1921«, in: *Fotogeschichte. Beiträge zur Geschichte und Ästhetik der Fotografie*, Heft 45 / 46. Marburg: Jonas Verlag 1992, S. 41–54, S. 43.
81 Vgl. Walter Benjamin, Nachträge zu den Anmerkungen, »Malerei und Photographie« [1936], in: Rolf Tiedemann / Hermann Schweppenhäuser (Hgg.), Walter Benjamin. *Gesammelte Schriften*, Bd. 3, 2, 7 Bde. (in 14 Teilbänden), Frankfurt am Main: Suhrkamp 1991, S. 817f., zitiert nach Siegert, »Luftwaffe Fotografie«, S. 43.
82 Siegert, »Luftwaffe Fotografie«, S. 43.
83 Vgl. Frizot, *Nouvelle histoire de la photographie*, S. 393. Auch Paul Virilio beschreibt, dass die Karte von der Fotografie abgelöst wurde: »Die Luftaufklärung wurde zum Wahrnehmungsorgan der Oberkommandos, zur wichtigsten Prothese der Kammerstrategen in den Generalstäben. Sie erhellte den Krieg, sie machte den Zustand der Orte in einer durch die Waffen, die schweren Sprengstoffe sich gründlich verändernden Umwelt sichtbar. Diese Augen, das waren vor allem die Objektive der ersten Bordkameras. Die Realität der Kriegslandschaft wurde kinematisch, alles änderte sich, so daß die Generalstabskarten, die alten topographischen Vermessungen hinfällig wurden.« (Virilio, *Krieg und Kino*, S. 157. Kapitel »Eine Kamerafahrt von achtzig Jahren«).
84 Zur Differenz von Fotografien und Karten, siehe Gyula Pápay, »Kartographie«, in: Klaus Sachs-Hombach (Hg.), *Bildwissenschaft. Disziplinen, Themen, Methoden*, Frankfurt am Main 2005, S. 281–295, S. 292. Ernst H. Gombrich, *Bild und Auge*, Stuttgart: Klett-Cotta 1984, S. 169–211.
85 Vgl. Jens Schröter, »Das transplane Bild. Raumwissen jenseits der Perspektive«, in: Yvonne Schweizer / Anna Quintus / Barbara Lange / Julica Hiller-Norouzi / Philipp Freytag (Hgg.), *Raum, Perspektive, Medium 2: Wahrnehmung im Blick. reflex: Tübinger Kunstgeschichte zum Bildwissen*, 2, 2010, Tübingen.
86 Vgl. Jens Schröter, »Das digitale Bild«, in: *IMAGE*, 25.1.2017, S. 89–106, S. 94.
87 Deleuze / Guattari, *Was ist Philosophie?*, S. 101f.
88 Benjamin, »Malerei und Photographie«.
89 E. A. Gutkind, »Our World from the Air: Conflict and Adaptation«, in: William L. Thomas (Hg.) mit Carl O. Sauer / Marston Bates / Lewis Mumford, *Man's Role in Changing the Face of the Earth*, Chicago / London: The University of Chicago Press 1956, S. 3.
90 Ebd., S. 39.
91 Erfunden wurde sie 1917 von Major James W. Bagley. Die Kamera nahm Bilder aus vertikaler und gekippter Perspektive auf demselben Negativfilm auf.
92 Vgl. Robert Poole, *Earthrise. How Man First Saw the Earth*, New Haven / London: Yale University Press 2008, S. 58.
93 Rens van Munster / Casper Sylvest, »Introduction«, in: Dies. (Hgg.), *The Politics of Globality since 1945. Assembling the Planet*, London / New York: Routledge 2016, S. 2.
94 Daniel H. Mendenhall / Elizabeth Deudney, »New Earths. Assessing planetary geographic constructs«, in: Munster / Sylvest, *The Politics of Globality since 1945*, S. 41.
95 Als Orthofotos werden solche Luftbilder bezeichnet, deren zuvor verzerrte Perspektive (Schrägluftbilder) korrigiert wurde und denen Geodaten hinzugefügt wurden (bei digitalen Bildern in den Metadaten enthalten).
96 Newhall, *Airborne Camera*, S. 37.
97 Ryan Bishop, »Project ›Transparent Earth‹ and the Autoscopy of Aerial Targeting«, in: *Theory, Culture & Society*, 28, 7–8, 2011. Los Angeles / London / New Delhi / Singapore: SAGE, S. 270–286.
98 In unterschiedlichen Zusammenhängen verwendeten sie gerne die

Formulierung ›a rough sketch‹, eine grobe Skizze.
99 Meydenbauer hatte beim Erklettern der Domfassade sein Leben riskiert, wie Harun Farocki in dem Film *Bilder der Welt und Inschrift des Krieges* 1988 dokumentiert.
100 Dieser Satz findet sich ohne weitere Quellenangabe zitiert, u. a. bei Lev Manovich in »The Mapping of Space: Perspective, Radar, and 3D Computer Graphics« (1993, http://manovich.net/index.php/projects/article-1993) oder bei Harun Farocki in »Reality Would Have to Begin« (1992), in: Thomas Elsaesser (Hg.), *Harun Farocki: Working on the Sightlines*, Amsterdam: Amsterdam University Press 2004, S. 196f.
101 Siehe Manovich, »The Mapping of Space: Perspective, Radar, and 3D Computer Graphics«, S. 5.
102 Siehe Carl Zeiss Archiv.
103 Vgl. Kaja Silverman, *The Threshold of the Visible World*, New York / London: Routledge 1996, S. 180–85.
104 Ebd., S. 143.
105 Ebd., S. 140.
106 Siegert, »Luftwaffe Fotografie«, S. 44.
107 Landsat 8, USGS, https://www.usgs.gov/landsat-missions/landsat-8.
108 Mendenhall / Deudney, »New Earths. Assessing planetary geographic constructs«, S. 41.
109 Vgl. Rod Bantjes, »›Vertical Perspective Does Not Exist‹: The Scandal of Converging Verticals and the Final Crisis of Perspectiva Artificialis«, in: *Journal of the History of Ideas*, 75, 2, April 2014, University of Pennsylvania Press, S. 307–338, S. 308.
110 Vgl. ebd., S. 309.
111 Vgl. Andreas Filler, *Euklidische und nichteuklidische Geometrie*, Promotion, Humboldt-Universität Berlin 1993, https://www.mathematik.hu-berlin.de/~filler/publikat/filler_eukl-ne-geom.pdf.
112 Ebd., S. 2.
113 Ebd., S. 227f.
114 Ebd., S. 230.
115 Ebd., S. 231.
116 Ebd.
117 Bantjes, »›Vertical Perspective Does Not Exist‹«, S. 312.
118 Ebd., S. 309.
119 Ebd., S. 310.
120 Ebd., S. 313.
121 Ebd., S. 328.
122 Ebd.
123 Ebd., S. 326.
124 Brigadier J. L. P. Macnair, »Spherical Perspective«, in: *Journal of the Royal Society of Arts*, 105, 5010, 1957, S. 762–780.
125 Ebd., S. 772.
126 Vgl. ebd., 767.
127 Macnair, »Spherical Perspective«, S. 773.
128 Ebd., S. 778.
129 Das Cinerama war eine Kinotechnik der 1950er und 1960er Jahre, bei der drei Projektoren Filmbilder auf eine 180-Grad gebogene Kinoleinwand projizierten, die zuvor von drei Filmkameras aufgenommen worden waren. Erfinder dieser immersiven Projektionstechnik war der Amerikaner Fred Waller. (Vgl. Oliver Grau, *Virtual Art. From Illusion to Immersion*, Cambridge, MA: The MIT Press 2003, 156f.).
130 Die Gaia-Mission der ESA liefert Datensets für die Visualisierung von Sternkonstellationen in 3D.
131 László Moholy-Nagy, *Von Material zu Architektur* [1929], Neue Bauhausbücher. Neue Folge, Reprint. Berlin: Gebr. Mann Verlag 2019.
132 Christoph Asendorf, »Von der ›Weltlandschaft‹ zur planetarischen Perspektive. Der Blick von oben in der Sukzession neuzeitlicher Raumvorstellungen«, in: *kritische berichte*, 37, 3, 2009, Marburg: Jonas Verlag, S. 9–22, hier S. 20.
133 Devin Fore, *Realism After Modernism. The Rehumanization of Art and Literature*, Cambridge, MA: The MIT Press 2012, S. 29.
134 Gyorgy Kepes, *Sprache des Sehens* [*Language of Vision*, Chicago: Theobald [1944] 1969], Neue Bauhausbücher, Mainz / Berlin: Kupferberg 1971, S. 59.
135 Michael Golec, »A Natural History of a Disembodied Eye: The Structure of Gyorgy Kepes' ›Language of Vision‹«, in: *Design Issues*, 18, 2, Frühjahr 2002, The MIT Press, S. 3–16.
136 Hito Steyerl beschreibt in ihrem Essay *In Free Fall* eine neue Freiheit in Bezug auf visuelle Repräsentation (»a new representational freedom«), die sich nicht durch modernen Kulturtechniken auswerten, weiterverarbeiten oder einschränken lässt (Steyerl, »In Free Fall«).
137 »Datensätze entstehen nicht im Raum oder in der Zeit. Raum (Karten) und Zeit (Erzählformen) sind Schemata zur Darstellung oder Präsentation – entweder ahmen diese Schemata die Anordnung von Untermengen einer Hierarchie nach (jene von Nationalstaaten oder, wie im Film der Eames, von Wissenschaftsdisziplinen) oder sie versuchen umgekehrt die Daten neuzuordnen, sodass diese Hierarchien unterminiert oder umgangen werden.« (Bruno Latour, »anti-zoom«, in: Suzanne Pagé, Laurence Bossé, Hans Ulrich Obrist, Claire Staebler / Fondation Louis Vuitton (Hg.), *Contact. Olafur Eliasson*, Paris: Flammarion 2014, S. 121–124, hier S. 124, http://www.brunolatour.fr/sites/default/files/P-170-ELIASSON-GBpdf.pdf).
138 »[…] alles ist auch deswegen falsch, weil die Position, die jedem Bild zugeordnet wird, vollkommen unglaubwürdig ist. Denn wo könnten wir stehen, um die Erde von einer anderen Galaxie aus zu betrachten?« (Ebd., S. 123).
139 Eames Demetrios, *An Eames Primer*, New York: Universe Publishing 2001, S. 249.
140 Bruno Latour, *Facing Gaia. Eight Lectures on the New Climatic Regime*, Cambridge, MA: Polity Press 2017, S. 106.
141 Ebd.
142 Latour, »anti-zoom«, S. 121.
143 Siehe *A Rough Sketch for a Proposed Film Dealing with the Powers of Ten and the Relative Size of things in the Universe* (Eames Office 1968).
144 Bruno Latour, *Eine neue Soziologie für eine neue Gesellschaft* [*Reassembling the Social: An Introduction to Actor-Network-Theory*, 2005]. Frankfurt am Main: Suhrkamp 2007, S. 319–320.
145 Latour, »anti-zoom«, S. 123.
146 Ebd.
147 Ebd., S. 124.
148 Ebd.
149 Owen Gingrich in FUTURE-FARMERS 2012 (Amy Franceschini und Michael Swaine), *A Variation on Powers of Ten*, Berlin: Sternberg Press 2012, S. 110.

150 Vgl. *Zoom In to Smith Island, MD*, https://svs.gsfc.nasa.gov/10753.
151 Lori Perkins, »Great Zoom into Chicago, IL: The Adler Planetarium«, November 2006, Scientific Visualization Studio, NASA, https://svs.gsfc.nasa.gov/3380.
152 Alex Funke im E-Mail-Interview mit V. T. im Januar 2016.
153 Ray Eames / Phylis Morrison / Philip Morrison, *Zehn hoch. Dimensionen zwischen Quarks und Galaxien* [*Powers of Ten*, New York: Scientific American Books 1982], Berlin: Spektrum 2002, o. S. 154 Eine Auswahl dieser Produktions-Stills war in der Ausstellung *The World of Charles and Ray Eames* (Barbican Centre, London, 21.10.2015 bis 13.2.2016) zu sehen.
155 Alex Funke im E-Mail-Interview mit V. T. im Januar 2016.
156 Vgl. James Hughes, »The Power of *Powers of Ten*«, in: *Slate Magazine*, 4.12.2012, http://www.slate.com/articles/arts/culturebox/2012/12/powers_of_ten_how_charles_and_ray_eames_experimental_film_changed_the_way.html.
157 Harbord, »Ex-centric Cinema: Machinic Vision in the Powers of Ten and Electronic Cartography«, S. 111.
158 IBM-Mitarbeiterin Patty McHugh in der Dokumentation *IBM Centennial Film: They Were There* (Erol Morris, 30 Min., 2011).
159 Daniel Eschkötter, »Zoom«, in: Marius Böttcher / Dennis Göttel / Friederike Horstmann / Jan Philip Müller / Volker Pantenburg / Linda Waack / Regina Wuzella (Hgg.), *Wörterbuch kinematografischer Objekte*, Berlin: August Verlag 2014,S. 179–181.
160 Priska Morrissey, »Naissance et premiers us ages du zoom«, in: *Positif*, 564, Februar 2008, S. 88–93, hier S. 89.
161 Zitiert nach Nick Hall, *The Zoom. Drama at the Touch of a Lever*, New Brunswick: Rutgers University Press 2018, S. 30.
162 Nick Hall, »Zoomar: Frank G. Back and the Postwar Television Zoom Lens«, in: *Technology and Culture*, 57, 2, April 2016, S. 353–379, hier S. 373.
163 Ebd., S. 374.
164 Lev Manovich, *The Language of New Media*, Cambridge, MA: The MIT Press 2001, S. 58.
165 Ebd.
166 Bruno Latour, *Facing Gaia. Eight Lectures on the New Climatic Regime*, aus dem Franz. von Catherine Porter, Cambridge, MA: Polity Press 2017, S. 207f.
167 Derek Woods, »Epistemic Things in Charles and Ray Eames's *Powers of Ten*«, in: Michael Tavel Clarke / David Wittenberg (Hgg.), *Scale in Culture and Literature*, Basingstoke: Palgrave Macmillan 2017, S. 67.
168 Vgl. Al Reinert, *For All Mankind*, 80 Min., Dokumentarfilm, 1989 oder Todd Douglas Miller, *Apollo 11*, 90 Min., Dokumentarfilm, 2019.
169 Dieses Detail ist u. a. auf einem dokumentarischen Foto des Künstlers Thomas Struth zu finden. Vgl. Thomas Struth, »Control Panel, Kennedy Space Center, Cape Canaveral, USA«, Lithografie, 2008.
170 Vgl. Charles und Ray Eames, *A Communications Primer* (1953, 16-mm, Farbe, 22 Min.); *The Information Machine: Creative Man and the Data Processor* (1957, 16-mm, Farbe, 10 Min.); *Introduction to Feedback* (1960, 16-mm, Farbe, 11 Min.); *Think* (1964, Multi-Screen); *A Computer Glossary, or Coming to Terms with the Data Processing Machine* (1968, 16-mm, Farbe, 11 Min.).
171 Tom Holert, »Meshed Space: On Navigating the Virtual«, in: Alex Klein / Milena Hoegsberg (Hgg.), *Myths of the Marble*, Berlin: Sternberg Press 2018, S. 95–112, hier S. 106.
172 Marion Picker, »Die Zukunft der Kartographie«, in: Dies. / Véronique Maleval / Florent Gabaude (Hgg.), *Die Zukunft der Kartographie. Neue und nicht so neue epistemologische Krisen*, Bielefeld: transcript Verlag 2013, S. 11.
173 Der Film baut auf der 1960 erschienenen und mittlerweile kanonischen Studie *The Image of the City* des Urbanisten Kevin A. Lynch auf. In dieser Studie befasst sich Lynch mit Orientierung im städtischen Raum anhand mentaler Karten. Fredric Jameson wird es Jahrzehnte später für seine Auslegung und Erweiterung des Cognitive-Mapping-Konzepts aufgreifen. Charles und Ray Eames, *Image of the City*, 15 Min., Farbe und Ton, 1969.
174 Eames Office, *Photography & the City: The Evolution of an Art and a Science*, Arts and Industries Building, Smithsonian Institution, Washington, D. C. 1968. In der Rotunde des Ausstellungsgebäudes war ein Heißluftballon installiert, der anschaulich machen sollte, wie die ersten Luftbildaufnahmen in den USA entstanden sind. (Vgl. SIA Acc. 11-008 – Smithsonian Institution. Office of Public Affairs, Photographic Collection, 1960–1970, Smithsonian Institution Archives).
175 Die ATS-Satelliten waren US-amerikanische Satelliten, die für die meteorologische Forschung mit Kameras ausgestattet waren. ATS-III nahm das *Whole Earth*-Foto im November 1967 auf. Bilder von Spionage-Satelliten blieben unter Verschluss.
176 John Neuhart / Marilyn Neuhart / Ray Eames, *Eames Design. The Work of the Office of Charles and Ray Eames* [New York: Harry N. Abrams, Inc. 1989], Berlin: Ernst & Sohn 1989, S. 344.
177 T. J. Demos, »To Save a World: Geoengineering, Conflictual Futurisms, and the Unthinkable«, in: *e-flux journal*, 94, Oktober 2018, https://www.e-flux.com/journal/94/221148/to-save-a-world-geoengineering-conflictual-futurisms-and-the-unthinkable/.
178 Charles und Ray Eames, Image of the City, 15 Min., Farbe und Ton, 1969.
179 Bruno Latour / Emilie Hermant, *Paris: Invisible City* [*Paris ville invisible*, Paris: La Découverte 1998], aus dem Franz. von Liz Carey-Libbrecht, S. 33. http://www.bruno-latour.fr/sites/default/files/downloads/viii_paris-city-gb.pdf.
180 Vgl. ebd., S. 40.
181 Vgl. John Pickles (Hg.), *Ground Truth. The Social Implications of Geographic Information Systems*, London / New York: The Guilford Press 1995.
182 Zu den Filmen, mit denen das Eames Office das Interface zwischen Menschen und Maschine untersuchte, zählen neben *Image of the City* (1969) auch die Filme *A Computer Glossary Or, Coming to Terms with the Data Processing Machine* (1968) und *Computer Landscape* (1971).

Computer Glossary entstand maßgeblich unter der Autorschaft von Glen Fleck unter Mitarbeit von Lynn Stoller, die damals für IBM arbeitete.

183 Jörg Dünne, »Die Unheimlichkeit des Mapping«, in: Marion Picker / Véronique Maleval / Florent Gabaude (Hgg.), *Die Zukunft der Kartographie. Neue und nicht so neue epistemologische Krisen*, Bielefeld: transcript Verlag 2013, S. 237.

184 Ebd., S. 223.

185 Ebd., S. 238.

186 Latour, *Facing Gaia*, S. 276.

187 Timothy Ingold, *Being Alive: Essays on Movement, Knowledge and Description*, London: Routledge 2011, S. 120.

188 Alexandra Arènes/Bruno Latour/Jérôme Gaillardet, »Giving depth to the surface: An exercise in the Gaia-graphy of critical zones«, in: *The Anthropocene Review*, 5, 2, 2018, S. 120–135.

189 Projektbeteiligte waren im Februar 2019 in Hamburg, um bei der Konferenz Critical Zone im Warburg-Haus in Hamburg erste Visualisierungen vorzustellen und zu diskutieren. Aus dem Publikum wurde die Kritik formuliert, dass der Mensch nicht sichtbar werde.

190 *Reset Modernity!*, Ausstellung von Bruno Latour, Martin Guinard-Terrin, Christophe Leclercq und Donato Ricci, Zentrum für Kunst- und Medientechnologie (ZKM), Karlsruhe, 16.4. bis 21.8.2016.

191 Bruno Latour, »Let's touch base!«, in: Ders. (Hg.), *Reset Modernity!*, Karlsruhe / Cambridge, MA: The MIT Press 2016, S. 18.

192 Kees Boeke, *Cosmic View: The Universe in Forty Jumps*, New York: John Day 1957.

193 Ebd., S. 19.

194 Latour weitergedacht wäre es konsequent, Iris van der Tuin, Donna J. Haraway und Chantal Chawaf zu folgen, wenn sie von einer posthumanen Anrufung ›from elsewhere‹ ausgehen. »The important point of Althusser's work is that the subject who is supposedly hailed into existence following the exemplary interpellation of the police man (›Hey, you there!‹) responds before the interpellation is cognitively processed. Second, Haraway's posthuman or cyborgian reading of the theory makes Althusser's antihumanism precise. [...] Althusser's freedom needs to be reconfigured as technoscience, according to Haraway ›a form of life, a practice, a culture, a generative matrix‹, in order to open the door to an antianthropocentric interpretation of interpellation.« (Iris van der Tuin, »Diffraction as a Methodology for Feminist Onto-Epistemology: On Encountering Chantal Chawaf and Posthuman Interpellation«, in: *Paralla*, 20, 3 (Sonderausgabe *Diffracted Worlds – Diffractive Readings: Onto-Epistemologies and the Critical Humanities*), Birgit M. Kaiser / Kathrin Thiele (Hgg.), 2014, S. 231–244, hier S. 242).

195 Donna J. Haraway, »Cyborgs to Companion Species: Reconfiguring Kinship in Technoscience«, in: Dies., *The Haraway Reader*, London / New York: Routledge 2004, S. 295–320, hier S. 308.

196 Bruno Latour, *Facing Gaia. Eight Lectures on the New Climatic Regime*, Cambridge, MA: Polity Press 2017.

197 Latour, *Facing Gaia*, S. 106.

198 Ebd., S. 140.

199 Bruno Latour, *Das terrestrische Manifest*, Frankfurt am Main: Suhrkamp 2018, S. 35.

200 Ebd.

201 Vgl. Laura Kurgan, *Close Up at a Distance. Mapping, Technology, and Politics*, New York: Zone Books 2013, S. 11–12; Gabriele Gramelsberger, »Mathematical Images of Planet Earth«, in: Solveig Nitzke / Nicolas Pethes (Hgg.), *Imagining Earth. Concepts of Wholeness in Cultural Constructions of Our Home Planet*, Bielefeld: transcript Verlag 2017, S. 23–43.

202 Reto Stöckli, »Blue Marble next generation«, NASA Earth Observatory (NASA Goddard Space Flight Center), 13.10.2005, https://www.nasa.gov/vision/earth/features/blue_marble.html.

203 »Blue Marble: Next Generation«, Kompositbilder, in: NASA, *Visible Earth. A catalog of NASA images and animations of our home planet*, https://visibleearth.nasa.gov/view.php?id=73938.

204 Ebd., https://visibleearth.nasa.gov/view.php?id=74443.

205 Vgl. Reto Stöckli / Eric Vermote / Nazmi Saleous / Robert Simmon / David Herring, »The Blue Marble Next Generation – A true color earth dataset including seasonal dynamics from MODIS«, 17.10.2005, https://earthobservatory.nasa.gov/ContentFeature/BlueMarble/bmng.pdf.

206 Imphenzia, »Procedural Planets in Unity«, 19.1.2016, 52 Min. 27 Sek., https://youtu.be/1-tQshSno3c.

207 Colin Burgess, *Sigma 7. The Six Mercury Orbits of Walter M. Schirra, Jr.*, Cham: Springer 2016, S. 146.

208 Charles und Ray Eames, *United Nations Project*, 1969 / 70. Entwürfe für eine Ausstellung und Storyboard für einen Kurzfilm; Projekt nicht abgeschlossen (siehe LC, Eames Collection, Manuscript Division, Box 207, Folder 5).

209 Charles und Ray Eames, *United Nations Project*, 1969–70, siehe LC, Manuscript Division, Box 105, Folder 4.

210 The Office of Charles and Ray Eames, *A Computer Perspective. Background to the Computer Age*, Cambridge / London: Harvard University Press 1973.

211 Von der robotischen Sonde Surveyor I existiert ein »Selbstporträt des Apparats« vom 2. Juli 1966. Die anthropomorphisierende Beschreibung der unbemannten Flugkörper gab es von Anfang an – im nicht-wissenschaftlichen Diskurs, im Bereich der Vermittlung also. Auf dem Schwarz-weiß-Bild der NASA ist der Rover überbelichtet, was dem technischen Objekt etwas Schwebendes, Schattenhaftes verleiht, doch die Umrisse sind gut zu erkennen. (Vgl. »Surveyor I, 2.7.1966, Schwarzweiß-Bild, NASA«, in: Otto Graf (Hg.), *Die Epoche des überfließenden Sehvermögens. Der Mensch im Weltraum.* Ausstellungskatalog Museum des 20. Jahrhunderts, Wien: Österreichischer Bundesverlag 1970, S. 128).

212 Erich Hörl, »Die technologische Bedingung. Zur Einführung«, in: Ders. (Hg.), *Die technologische Bedingung. Beiträge zur Beschreibung der technischen Welt*, Frankfurt / Main: Suhrkamp 2011, S. 7–53.

213 CBS Live-Übertragung zur Apollo 11-Mission mit TV-Moderator Walter Cronkite, 16.7.1969, 46 h.

214 »APOLLO 11 ONBOARD TELEVISION«, in: NASA (Hg.), *Apollo 11 Lunar Landing Mission*, Press Kit, Release no. 69–83K, 6.7.1969, S. 77, https://www.nasa.gov/specials/apollo50th/pdf/A11_PressKit.pdf.
215 Vgl. Hanna Arendt, »Die Eroberung des Weltraums und die Statur des Menschen« [The Conquest of Space and the Stature of Man, 1968], in: Ursula Ludz (Hg.), Hannah Arendt, *In der Gegenwart: Übungen zum politischen Denken II*, S. 373–388.
216 CBS 1969.
217 In *Imagining Earth* argumentieren Nitzke und Pethes gegen den herrschenden Konsens, die Welt als Ganzes abbilden zu können beziehungsweise mit der Blue Marble abgebildet zu haben. (Solveig Nitzke / Nicolas Pethes, »Introduction. Visions of the ›Blue Marble‹. Technology, Philosophy, Fiction«, in: Dies. / DerS. 2017, S. 7–21).
218 Vgl. Gramelsberger, »Mathmatical Images of Planet Earth«.
219 Ebd., S. 32.
220 Ebd., S. 34.
221 Ebd., S. 29.
222 Sebastian Vincent Grevsmühl, »Das modellierte Antlitz der Erde«, in: Ingeborg Reichle / Steffen Siegel / Achim Spelten (Hgg.), *Visuelle Modelle*, München: Fink 2008, S. 134.
223 Eine französisch-israelische Initiative hat 2016 begonnen, aus den zehn bis 20 digitalen Fotografien, die der unbemannte DSCOVR Satellit täglich sendet, eine Videoanimation zu generieren. Ihr Anliegen, den von Apollo-Astronauten beschriebenen, überwältigenden Overview-Effekt einer breiten Öffentlichkeit zu vermitteln, gelingt nicht: Der digitale Globus, auch wenn er sich dreht, bleibt fern, klein und abstrakt. (Vgl. http://blueturn.earth/).
224 Denis Cosgrove, *Apollo's Eye*, Baltimore und London: The Johns Hopkins University Press 2001, S. 242.
225 L. J. Kosofsky, Farouk El-Baz, *The Moon as viewed by Lunar Orbiter*, Washington D.C.: NASA 1970.
226 Ebd., S. 138.
227 Vgl. Marie-Luise Angerer, *Affektökologie. Intensive Milieus und zufällige Begegnungen*, Lüneburg: Meson Press 2017, S. 41 ff.
228 Vgl. https://www.nasa.gov/feature/goddard/from-a-million-miles-away-nasa-camera-shows-moon-crossing-face-of-earth und im Zeitraffer, NASA Goddard, »One Year on Earth – Seen from 1 Million Miles«, 20.7.2016, https://youtu.be/CFrP6QfbC2g.
229 Der Astronaut Scott Kelly erklärt in einer Pressemitteilung anlässlich neuer *Blue Marble*-Bilder, warum das der Fall ist. (Siehe Scott Kelly, »A New Blue Marble«, in: *The White House President Barack Obama* (Blog), 20.7.2015, https://obamawhitehouse.archives.gov/blog/2015/07/20/new-blue-marble).
230 Benjamin Bratton, *The Stack. On Software and Sovereignty*, Cambridge, MA: The MIT Press 2015, S. 281f., S. 362.
231 NASA Goddard Media Studios, »HD Earth Views from Space«, 4.5.2011, https://svs.gsfc.nasa.gov/10766.
232 Stephen Dost, *Stunning Earth Flyover in 4K from NASA*, 28.7.2015, https://youtu.be/AbYJ7mp5VBY.
233 NASA Video, *New Horizons Flyover of Pluto*, 14.7.2017, https://youtu.be/g1fPhhTT2Oo.
234 Chris Tong, »Ecology Without Scale: Unthinking the World Zoom«, in: *Animation: an interdisciplinary journal*, 9, 2, Juli 2014, London: SAGE Publications, S. 196–211.
235 Die Kuppel ist ein sechseckiges Beobachtungsmodul mit sieben großen Fenstern, das von der ESA entwickelt und 2009 an die ISS angedockt wurde.
236 Johanna Schaffer, *Ambivalenzen der Sichtbarkeit*, Bielefeld: transcript Verlag 2015, S. 114f.
237 Mark Dorrian, »The aerial view: notes for a cultural history«, in: *Strates* [Online], 13, 2007, S. 8, http://journals.openedition.org/strates/5573; https://doi.org/10.4000/strates.5573.
238 Open Data Resilience Initiative (OpenDRI), https://opendri.org/project/zanzibar/.
239 Landsat Mission, USGS, https://www.usgs.gov/land-resources/nli/landsat.
240 Vgl. »GoPro: Red Bull Stratos – The Full Story«, ab 5 Min. 16 Sek. ist das heftige Drehen im freien Fall zu sehen (siehe https://youtu.be/dYw4meRWGd4).
241 Hito Steyerl, »In Free Fall«.
242 Eine weitere Verbindungslinie lässt sich anhand des Berufsweges von John Hanke verfolgen. Hanke war Mitbegründer der Firma Keyhole, wechselte beim Verkauf mit zu Google Earth und gründete innerhalb von Google die Firma Niantic, die nach der Ausgründung das Augmented-Reality-Spiel *Pokémon Go* auf den Markt brachte.
243 Avi Bar-Zeev, in: Jeremy W. Crampton, »Keyhole, Google Earth, and 3D Worlds: An Interview with Avi Bar-Zeev«, in: *Cartographica. The International Journal for Geographic Information and Geovisualization*, 43, 2, Sommer 2008, Toronto: University of Toronto Press, S. 85–93, hier S. 86.
244 Tim Bradshaw, »The man who put ›Pokémon Go‹ on the map«, in: *Financial Times*, 15.7.2016, https://www.ft.com/content/7209d7ca-49d3-11e6-8d68-72e9211e86ab.
245 Roger Stahl verweist auf den Text von Steve G. Manuel (»Images from the Sky«, in: *Technology in Society*, 14, 4, 1992, S. 409–425), wenn er auf einen Zusammenhang zwischen dem Spionagesatellitenprogramm Keyhole und die Namensgebung der Firma Keyhole aufmerksam macht (Roger Stahl, »Becoming Bombs. 3D Animated Satellite Imagery and the Weaponization of the Civic Eye«, in: *MediaTropes*, II, 2, 2010, S. 73).
246 Stahl, »Becoming Bombs«.
247 Vgl. ebd.
248 Vgl. ebd., S. 87.
249 Vgl. »The imagery acquired from the satellites and cameras that composed the CORONA program had a specific security system called TALENTKEYHOLE. This added the codeword KEYHOLE, for satellite collection, to the codeword TALENT, which was originally used for imagery collected by aircraft. The first four versions of CORONA were designated KH-1 through KH-4 (KH denoted KEYHOLE)«. (Kevin C. Ruffer (Hg.), *Corona: America's First Satellite Program*, Washington: Central Intelligence Agency 1995, S. xiv).
250 Stahl, »Becoming Bombs«.
251 Vgl. Oliver Grau, *Virtual Art. From Illusion to Immersion*, Cambridge, MA: The MIT Press 2003, S. 163 und John Pickles (Hg.), *Ground Truth*.

252 Florian Rötzer, »Pokémon Go und die CIA«, in: *Telepolis*, Hannover: Heise Medien, 1.8.2016, https://www.heise.de/tp/features/Pokemon-Go-und-die-CIA-3287556.html.
253 Yasha Levine, »The CIA helped sell a mapping startup to Google. Now they won't tell us why«, *Pando* (Blog), 1.7.2015, https://pandodaily.com/2015/07/01/cia-foia-google-keyhole.
254 Frank Taylor, »Google Earth Files – KML/KMZ«, *Google Earth Blog*, 15.9.2005, https://www.gearthblog.com/blog/archives/2005/09/google_earth_fi.html.
255 Vgl. https://glovis.usgs.gov/app.
256 Vgl. Christopher C. Tanner / Christopher J. Migdal / Michael T. Jones, *»The Clipmap: A Virtual Mipmap«, Silicon Graphics Computer Systems*, 1998. Zur Wortbedeutung von Mipmap: »*MIP* ist eine Abkürzung für *multum in parvo*, was so viel bedeutet wie *viel auf kleinem Platz*. Eine MIP-Map (auch Bildpyramide) ist eine Folge von Rasterbildern desselben Motivs, jedoch mit abnehmender Auflösung. Die Kantenlänge jedes Bildes ist genau halb so groß wie die des Vorgängerbildes.« (Wikipedia Eintrag »Mip Mapping«, https://de.wikipedia.org/wiki/Mip_Mapping).
257 Avi Bar-Zeev, »Notes on the origin of Google Earth«, *Reality Prime* (Blog), 24.7.2006 [seit dem Relaunch seines Blogs ist dieses Posting nicht mehr online verfügbar].
258 Mark Aubin, »Google Earth: From Space to Your Face … and Beyond«, 24.11.2008, in: *Creative Digital Communication* (Blog), https://mattiehead.wordpress.com/tag/google-earth/.
259 Magermunson, »Silicon Graphics, Infinite Reality, ›See what's possible‹« (1996), ab Min. 7, 3.12.2014, https://youtu.be/kY1mi-0809BQ; sgizone,»Silicon Graphics Infinite Reality/Octane2 Demo: In Your Face«, 19.10.2016, https://youtu.be/GM_wWz39zKs; NASA Scientific Visualization Studio, »Digital Earth Workbench: Zoom Down to Washington D.C.«, 16 Sek., 12.11.1999, https://svs.gsfc.nasa.gov/794.
260 Erwin Panofsky, »Die Perspektive als ›symbolische Form‹« [1927], in: Hariolf Oberer / Egon Verheyen (Hgg.), *Erwin Panofsky. Aufsätze zu Grundfragen der Kunstwissenschaft*, Berlin: Verlag Volker Spiess 1980, S. 99–167, hier S. 109.
261 Ebd., S. 123.
262 Ebd., S. 122.
263 Vgl. Birgit Schneider bezieht sich mit dem Begriff der konstruierten Sichtbarkeiten auf Martina Heßler. Birgit Schneider, *Klimabilder. Eine Genealogie globaler Bildpolitiken von Klima und Klimawandel*, Berlin: Matthes & Seitz 2018, S. 31.
264 Halpern, *Beautiful Data*, S. 35.
265 Caren Kaplan, *Aerial Aftermaths. Wartime from Above*, Durham / London: Duke University Press 2018, S. 8.
266 Mark Dorrian, »On Google Earth«, in: Ders. / Frédéric Pousin (Hgg.), *Seeing from Above: The Aerial View in Visual Culture*. London / New York: I. B. Tauris 2013, S. 290–307, hier S. 303.

Virtualitäten

In diesem Kapitel wird das Ereignis des Sputnik-Flugs diskutiert, dessen Repräsentation in den Medien mit stellvertretenden Bildern gelöst wurde: Symbolbilder visualisierten die wissenschaftlich errechnete, potenzielle Umlaufbahn des ersten Satelliten und Fotografien dokumentierten die internationale Öffentlichkeit beim Rezipieren der Berichterstattung im Radio oder Fernsehen. In der Planungsphase der Raumfahrt waren sogenannte Weltraumkünstler·innen damit beauftragt, sich in Absprache mit Astronom·innen und Astrophysiker·innen in eine Situation auf Mond oder Mars hinein zu versetzen. Die Ergebnisse dieser Bemühungen werden in diesem Kapitel beispielhaft anhand von Buchillustrationen, einem Hollywoodfilm und einer Attraktion im ersten Disneyland diskutiert. Diese Beispiele belegen visuelle Bezüge zwischen Zukunftsentwürfen in der Popkultur, wissenschaftlicher Forschung und Vermittlungsarbeit der Raumfahrtagenturen. Solche Vorstellungswelten werden bis heute aus dem kollektiven Gedächtnis abgerufen und aktualisiert. Bevor Raumfahrtbehörden automatische Raumsonden und Landefahrzeuge Richtung Mond sandten, wussten sich Literatur, Film und Wissenschaft also mit ›virtuellen‹ Bildern zu behelfen, die den Blick eines Weltraumreisenden imaginierten. Und selbst als die US-amerikanische Weltraumbehörde dazu in der Lage war, gab es Probleme aus großen Distanzen hochauflösende Bilder aufzunehmen, weil die dafür notwendige Kameratechnik noch nicht entwickelt worden war.[1] Die Ästhetik des Virtuellen fand also in diesem Kontext weiterhin Verwendung.

In Anwesenheit eines Pressefotografen reagierten drei US-amerikanische Wissenschaftler am Smithsonian Astrophysical Observatory in Cambridge im Oktober 1957 auf den Mangel an dokumentarischen Bildern zu Sputnik, indem sie die Umlaufbahn des Satelliten zunächst mit einem schwarzen Band auf einem großen Globus markierten — wobei diese modellhafte Szene zwangsläufig ignoriert, dass es nicht bei einer einmaligen beziehungsweise derselben Umlaufbahn bleibt. Die Satellitenbahn verschiebt sich minimal mit jeder Umrundung. Für die Pressefotos haben sich die Astronomen Dr. Josef A. Hynek, Fred L. Whipple und Don Lautman in unterschiedliche Posen begeben: Einer steht auf einer Leiter und schaut auf den Nordpol auf dem Globus hinunter; der andere hockt im Schneidersitz auf dem Teppich, das eine Ende des Datenausdrucks studierend; der dritte hält das andere Ende des Papierbands mit den Orbit-Daten in den Händen und hat auf einem Hocker Platz genommen. Die Ausgabe des *Life*-Magazins vom 21. Oktober 1957 untertitelte die Darstellung zahlreicher Umlaufbahnen mit den Worten *The orbit weaves a web as whole world watches.* Auf der Titelseite ist das beschriebene Foto zu sehen, *U. S. Scientists Plot Orbit.* Abb. 21 S. 173 Dass es sich dabei um ein *virtuelles* Netz aus Umlaufbahnen handelt, müssen die Leser·innen selbst realisieren.

Das lange, aufgestaute Papierband ist das einzige Objekt auf dem Cover-Foto, das Aktualität und Informationswert vermittelt. Zwei der auf den Fotos posierenden Wissenschaftler beschreiben die ersten Stunden, nachdem sie aus den Nachrichten von Sputnik erfahren hatten, im Monatsmagazin *Scientific American*. Durch ihre Schilderung rücken die Bilder in einen Ereigniszusammenhang:

At the Smithsonian Astrophysical Observatory, that Friday evening, almost everybody had left for a quiet weekend (they thought). Only two of us were still in the Observatory. About 7 p.m. the telephone brought us the electrifying, and momentarily paralyzing, news. It was the responsibility of the Observatory to alert immediately more than 2.000 Moonwatch observers around the world. The two people, alone in the empty headquarters, hardly knew how to begin the colossal job. But we were not alone for long. Staff members who had heard the news on the radio at home began to rush back; others were called by telephone; within an hour the lights were blazing all over the building and dozens of workers had begun to send the word to the Moonwatch teams by telephone, telegraph and cable.[2]

Die Astronomen in der Sternwarte in Massachusetts konnten demnach auf die Unterstützung von einem weltweiten Netzwerk an Hobby-Astronom·innen zurückgreifen, die Uhrzeit- und Koordinatenangaben des Satelliten sendeten. Für das Wissenschaftsjahr war ein weltweites Netzwerk aufgebaut worden, um Satelliten mittels Radiowellen und Teleskop zu tracken. »›Sputnik,‹ however, was a problem in that it was difficult to localize and represent its whereabouts. Illustrators created maps of the spaces ›Sputnik‹ was traveling in, but instead of landmarks, these maps relied on the human-made object itself to establish the orbit as a place in empty space.«[3]

In einer Nachrichtensendung aus jener Zeit wird ähnlich vorgegangen. Zu sehen ist, wie der Sputnik-Orbit von einem Nachrichtensprecher live mit einem dicken Filzstift in eine Weltkarte eingezeichnet wird. Was auf der zweidimensionalen Karte nicht darstellbar ist: Der Satellit kreist in einer Ellipse um die Erde.[4]

Joel Banow, Journalist bei dem Sender CBS News, erklärt, dass er und seine Kolleg·innen in der frühen Zeit der Raumfahrt keine Bilder, sondern nur eine Audioaufnahme aus dem Kontrollzentrum zur Verfügung hatten, weshalb die Berichterstattung im Fernsehen ähnlich wie in einer Radiosendung lief. Moderatoren wie Walter Cronkite waren als Erzähler in der Lage, ohne Bilder die passende Dramatik und Spannung herzustellen. Am Anfang dienten Modelle von der Mercury-Kapsel oder der Saturn 5-Rakete, wie sie auch Wernher von Braun im Disney-Fernsehstudio verwendete, und grafische Darstellungen der Flugbahnen als visuelles Material. So ist zum Beispiel auf einem Bildschirm im Kontrollzentrum in Houston zu sehen: ein grünes Gitternetz auf schwarzem Hintergrund, in dem sich eine minimalistisch gezeichnete Rakete (die mit einer technischen Zeichnung nichts mehr gemein hat) auf einer vorgezeichneten Linie bewegt, welche die berechnete Flugbahn darstellen soll. So schematisch, so einfach. Das Kontrollzentrum kann die vorgesehene Route verfolgen, so die Botschaft dieser Visualisierung.[5]

Der Historiker und Kulturwissenschaftler Daniel Brandau unterscheidet drei Phasen der Weltraumdarstellung. »In the nineteenth century, astronomers had discussed and presented the cosmos as a strange and higher world. [...] From around 1900, engineers and novelists began to highlight the potentials of technology with regard to the human conquest of new spaces outside the atmosphere.«[6]

Sputnik durchfliegt einen Raum, den Erdorbit, von dem es zu der Zeit kein fotografisches Bild gibt.

> In the third phase, from preparations for the International Geophysical Year until after the flight of Sputnik I of October 1957, the spatiality of outer space was re-interpreted to complement both views: The first artificial satellites actually created spaces in outer space, and space probes started expanding the realms of human action. At the same time, the cosmos seemed remote again, despite being theoretically accessible.[7]

Für die Aufteilung des Weltraums existieren zwei Vorstellungen: die niedrige Erdumlaufbahn (low Earth-orbit), die heute zunehmend durch Satelliten von Startup-Unternehmen wie Planet, OneWorld und SpaceX beflogen wird. In der zweiten Sichtweite ist das Universum in der Vorstellung größer geworden seit Sputnik. Nicht nur, weil sich die Voyager-Sonden seit 1977 extrem weit von der Erde entfernt haben,[8] sondern auch weil der Bereich des sichtbar gemachten Universums größer geworden ist.[9] Die Virtualität der Bilder verweist demnach auf das potenziell Abbildbare.

Bis heute lösen Bildredaktionen das Fehlen dokumentarischer Bilder von Satelliten im Orbit mit ähnlichen, vermittelnden Motiven—modellhaften Darstellungen von Umlaufbahnen, dokumentarischen Bildern aus Entwicklungslaboren und Produktionsstätten sowie technischen Darstellungen des Release-Verfahrens im Orbit. Denn der Weltraum bleibt ein virtueller—vermittelter—Raum.[10] Dem etymologischen Wörterbuch zufolge bedeutet virtuell ›möglich‹ und ist dem Französischen entlehnt.[11] Doch diese Eindeutigkeit, die in einer zeitlichen Zuordnung von Virtualität als Möglichkeit liegt, erfährt im philosophischen Werk zunächst von Henri Bergson und später von Gilles Deleuze komplexere Denkbewegungen.

Virtuelle Bilder

In der optischen Physik fand der Begriff ›virtuelles Bild‹ früh Anwendung, um die mittels optischer Apparate wie dem Stereoskop oder dem Kaleidoskop erzeugten instabilen Bilder zu bezeichnen, die erst mit dem Blick der Betrachtenden sichtbar werden. Diese Instabilität teilt das Virtuelle in der Optik mit der Auffassung des Virtuellen in der französischen (Wahrnehmungs-)Philosophie. Insbesondere das Denken von Zeitverhältnissen bestimmt die unterschiedlichen, aufeinander bezogenen Auffassungen von Virtualität. Welcher Bildbegriff wird hier zugrunde gelegt?

Über verschiedene Denkweisen und Bedeutungszuschreibungen des Virtuellen, einschließlich der zuletzt hinzugekommenen medientechnologischen Umsetzungen und räumlich-immersiven Erfahrungen von *Virtual Reality*, hat die Kulturwissenschaftlerin Eva Wilson geschrieben.[12] Darin fasst sie zusammen, dass Virtualität in der Philosophie »als ein Verhältnis rekursiver, iterativer und reflexiver Differenz«[13] zu denken ist.

Der Begriff des Virtuellen spielt unter anderem in der französischen Philosophie um 1900 eine wichtige Rolle. Von Henri Bergson beispielsweise wird in *Materie und Gedächtnis* (1896) die Immaterialität des Gedächtnisses als virtuell gefasst. Das Virtuelle wird demnach wahrnehmungstheoretisch eingesetzt und vom Denken in Möglichkeiten abgegrenzt.[14] »Das Virtuelle hingegen, so Bergson, sei eben durch den Moment seiner Aktualisierung in der Wahrnehmung ein integraler Bestandteil des Wirklichen. Für ihn konstituierte sich Wahrnehmung maßgeblich aus einem Amalgam zeitlicher Dimensionen – aktueller Beobachtung und erinnertem Wiedererkennen. Dabei speise sich das für jede Handlung notwendige Wiedererkennen aus dem Reservoir des Virtuellen, also des erinnerten Vorgängigen, das im Moment der Wahrnehmung in eine Aktualisierung übersetzt und darüber hinaus durch diesen Moment der Aktualisierung wiederum selbst modifiziert werde. Das jeweils aktualisiert wiedererkannte Bild ist dabei laut Bergson das ›virtuelle Bild‹: Es handelt sich also um eine ständige Verdopplung des Wahrgenommenen, dessen virtuelle Reprise als Bild aus dem Limbus der Erinnerung aufgerufen wird.«[15] Wilson betont »die paradoxe Widerspenstigkeit des virtuellen Bildes gegenüber der Möglichkeit, selbst *als Bild* gebannt zu werden.«[16]

Gilles Deleuze folgt nicht der Frage, wie ein virtuelles Bild zu speichern und damit zu stabilisieren wäre, sondern ihn beschäftigen vielmehr die Prozesse, in welche virtuelle Bilder eingebunden sind, und zwar unter wahrnehmungs- und zeittheoretischen Aspekten. »Dies sind Erinnerungen unterschiedlicher Ordnungen: Sie können als virtuelle Bilder bezeichnet werden, wenn hier ihre Geschwindigkeit oder ihre kurze Dauer dem Prinzip des Unbewussten unterliegen. Die virtuellen Bilder sind auch ebenso wenig ablösbar vom aktuellen Gegenstand, wie es dieser von jenen ist. Die virtuellen Bilder wirken daher auf das Aktuelle ein.«[17] In dem kurzen, glossarhaften Text über »Das Aktuelle und das Virtuelle« heißt es weiter: »Das virtuelle Bild wird unaufhörlich aktuell wie in einem Spiegel, der sich seines Gegenstandes bemächtigt, ihn verschlingt und ihm seinerseits nur noch eine Virtualität [...] lässt.«[18]

An diesem Punkt deckt sich die Verwendung des Begriffs im philosophischen Diskurs mit derjenigen in der optischen Physik, die das virtuelle Bild als sichtbares, jedoch nicht speicherbares Bild begreift. In der Computerterminologie wird der Begriff metaphorisch verwendet. Beispielsweise bedeutet ›virtueller Speicher‹ die Nutzung einer Festplatte zur Erweiterung des Arbeitsspeichers. Die Filmwissenschaftlerin Anne Friedberg führt in ihrer umfangreichen Studie über ›virtuelle Fenster‹ in der Bildgeschichte in Kunst, Film und Software aus, dass das virtuelle Bild sowohl als mentales Bild oder synthetisches Bild auf der Netzhaut des·r Betrachters·in, als auch als optisches (Spiegel-)Bild entstehen kann. Letzteres fällt nach Friedberg in das Register der Repräsentation.[19] Durch ihren medienübergreifenden Ansatz macht sie deutlich, dass das virtuelle Bild nicht an das Digitale gebunden ist: »mirrors, paintings, images produced by the camera obscura, photographs, and moving-picture film all produce mediated representations in a ›virtual‹ register. Once the term ›virtual‹ is free from its enforced association with the ›digital,‹ it can more accurately operate as a marker of an ontological, not a media-specific, property.«[20]

Deleuze fasst also die naturwissenschaftliche Dimension, die das virtuelle Bild mit sich bringt, so auf,[21] dass aktueller Gegenstand und virtuelles Bild »bereits in der elementaren Optik erscheinen«[22], um dann fortzufahren, dass in seinem Denken »die Unterscheidung des Virtuellen und des Aktuellen [...] auf jeden Fall der grundlegenden Aufspaltung der Zeit«[23] nachkommt. Weiter unten im Text fasst Deleuze seinen zentralen Gedanken in Bezug auf die Zeitlichkeit noch einmal in andere Worte. »Die beiden Aspekte der Zeit – das aktuelle Bild der vorübergehenden Gegenwart und das virtuelle Bild der sich aufbewahrenden Vergangenheit«[24] – sind fest verbunden. »Die Beziehung des Aktuellen und des Virtuellen bildet immer einen Kreislauf.«[25]

Die Virtualität von Ereignissen

Der Literaturwissenschaftler, Deleuze-Übersetzer und Medienphilosoph Joseph Vogl greift die zeitlichen Ebenen des Virtuellen auf, wenn er einer deleuzschen Frage folgt: Was ist ein Ereignis? »Das Ereignis ist Ereigniserwartung. [...] Für die Moderne gehören, schreibt Deleuze, die Gabelungen, die Divergenzen, die Inkompossibilitäten, die Unstimmigkeiten zur selben ›buntscheckigen Welt‹«.[26] So gelesen, können bestimmte Bildmotive auf dasselbe Ereignis und zugleich auf viele ähnliche Ereignisse verweisen, die räumlich und zeitlich nicht zusammenfallen. »Das Ereignis aktualisiert sich zwar in Dingen und Sachverhalten, in Aktionen und Passionen, es springt in Raum und Zeit und erhält darum Ort, Datum und symbolischen Wert; es selbst aber zeichnet sich – in seiner Virtualität – durch eine ganz andere Räumlichkeit, durch eine ganz andere Zeitlichkeit aus.«[27]

Vogl betont, dass es »stets um zwei verschiedene Seiten des Ereignisses« geht. »Auf der einen Seite steht das, was passiert und zustößt, getan und erlitten wird, sich in Dingen und Sachverhalten verkörpert, die Welt der raum-zeitlichen Zusammenstöße. Auf der anderen Seite aber liegt etwas, das in den Daten, Bewegungen und Wechselfällen nicht aufgeht und seiner eigenen Aktualisierung entkommt.«[28] Insofern kann der Sputnik-Flug als ein mögliches Ereignis gelesen werden, zu dem diverse mögliche Lesarten verbreitet wurden.

Michel Foucault und Gilles Deleuze vertreten diesen Standpunkt: eine ›Sichtbarkeit außerhalb des Blicks‹, eine virtuelle, eine ›unsichtbare Sichtbarkeit‹. Sichtbarkeit verdankt sich gesellschaftlichen und epistemologischen Möglichkeitsbedingungen, mit anderen Worten: Verhältnissen von Macht und Wissen. Doch wenn das ›Sehen ohne Blick‹ aus ökonomischen, polizeilichen und militärischen Gründen die Gegenwart bestimmt, ist eine Kritik dieser Bildpolitiken – sofern sie sichtbar werden – dringend notwendig. »Ständig redefinieren die Gebrauchsweisen und Instrumentalisierungen von Bildern die Verhältnisse der Sichtbarkeit. Neue Technologien der Visualisierung und des Bilddesigns legen neue Kompetenzen nahe. Ohne dass ›objektiv‹ ein Fortschritt eintreten müsste, verändert sich doch andauernd, was Foucault ›Diskurspraktiken‹ nennt: die Tat-Einheit von (institutionellen, materiellen, ideologischen, medialen ...) Handlungs- und Entscheidungsmustern.«[29]

Darüber hinaus sind diese Bilder mit Blick auf Deleuzes und Guattaris metaphorische Beschreibung des Virtuellen als »Nebel« oder »Wolke« bemerkenswert. In *Was ist Philosophie?* (1991/1996) schreiben sie: »Wenn man sich an die wissenschaftlichen Funktionen von Sachverhalten hält, so wird man sagen, daß sie sich nicht von einem Virtuellen isolieren lassen, das sie aktualisieren, dieses Virtuelle aber zeigt sich zunächst als Wolke oder Nebel oder gar als Chaos«.[30]

»Interstellare Augenzeugenschaft«

Mit Blick auf die Virtualität der Bilder wird im Folgenden der forensische Blick bei Felix Eberty befragt, der Mitte des 19. Jahrhunderts Fantasien von einem Weltraumteleskop samt Teleoptik ausformulierte, womit zumindest in Gedanken »interstellare Augenzeugenschaft«[31] möglich werden sollte. Manchmal heißt es, um Technologie in ihrer Macht zu bestätigen und sie zugleich dafür zu kritisieren, sie übernehme den göttlichen Blick, trete an die Stelle des Auge Gottes. In zwei Heften mit dem Titel »Die Gestirne und die Weltgeschichte« formuliert Eberty, Jurist und Astronom, die Idee von sich zwischen den Sternen befindenden Lichtbildarchiven. Bei Gott wird

> die Allwissenheit in Bezug auf das Vergangene, mit der räumlichen sinnlichen Allgegenwart identisch und ein und dasselbe. Denn, wenn wir uns das Auge Gottes an jedem Punkte des Raumes [des Weltraumes, auf der Sonne oder auf einem Stern] anwesend denken, so gelangt zu ihm auch zugleich und auf einmal der ganze Verlauf der Weltgeschichte. [...] Hier haben wir also die Ausdehnung der Zeit mit der des Raumes zusammenfallend, der sinnlichen Anschauung so nahegebracht, dass Zeit und Raum als gar nicht voneinander verschieden begriffen werden können. — Denn: das in der Zeit nacheinander Folgende liegt hier räumlich gleichzeitig nebeneinander.[32]

Der Bildwissenschaftler Karl Clausberg hat die Schriften von Felix Eberty wiederentdeckt und veröffentlicht. Im Berlin des 19. Jahrhunderts überlegte Eberty, wie er seine juristischen und astronomischen Kenntnisse synthetisieren könnte: »Er wandte das ihm juristisch vertraute Verfahren des parteiischen Blickpunktwechsels auf die Astronomie an«[33] und stellte sich vor, dass fiktive Beobachter·innen von unterschiedlich weit entfernten Positionen im Weltall aus auf die Erde sehen und auf der Erde bereits vergangene Ereignisse beobachten könnten. Es war also das umgekehrte Prinzip, wie es in der Science-Fiction-Geschichte *Minority Report* von Philip K. Dick (2002 von Steven Spielberg verfilmt) zum Einsatz kommt. Sogenannte Precogs sehen Verbrechen vorher, damit sie verhindert werden können. Bei Eberty hingegen sollten es ideale Augenzeug·innen sein, mit der Fähigkeit das Geschehen aus objektiver Distanz von oben zu bezeugen. In Ebertys Vorstellung würden diese Augenzeug·innen nicht zufällig, sondern gezielt »Fernrohre von gewaltiger Leistung auf die Erde richten«, um »jeden vergangenen Moment aus der Geschichte noch einmal sinnlich und im wahren und treuesten Bilde vor das sinnliche Auge zu rufen.«[34]

Heute ist es nicht das von Eberty imaginierte bemannte Teleskop, sondern die CCD-Kameratechnologie von Satelliten,[35] die zwar die Bilder wie sie Eberty für seine Forensik gebraucht hätte, liefern könnten, die jedoch nicht als Bewegtbild in entsprechend hoher Auflösung vorliegen und nicht in ausreichender Entfernung aufgenommen werden, von der diese hypothetische Augenzeugenschaft aus dem Weltall signifikant abhängt. Damit ein signifikanter Zeitsprung zustande kommen könnte, reicht die Distanz von ungefähr 600 Kilometern nicht aus, in der etwa der Satellit WorldView-4 um die Erde kreist. Umgekehrt lässt sich die Internationale Raumstation *live* von der Erde aus beobachten.[36] Der bis ins 19. Jahrhundert von Forschenden wie Felix Eberty imaginierte Blick aus dem Universum[37] ist vom Kameraauge beziehungsweise der Sensortechnik von Satelliten abgelöst worden. Doch die gelieferten Bilder vermitteln weder Größenverhältnisse, Distanzen, noch ihre eigene Konstruiertheit, die Donna Haraway mit ihrer Kritik an dieser Form von Objektivität adressiert. Eberty war sich damals anderen Einschränkungen bewusst:

> »Es bleibt uns zum Schluss noch das Bekenntniss einer kleinen Täuschung des Lesers deren wir uns mit gutem Bewusstsein schuldig gemacht haben. — Es werden nämlich die Abbildungen der menschlichen und iridischen Begebenheiten keineswegs so vollständig und ohne Ausnahme auf den Flügeln des Lichtes in den Weltenäther weiter getragen, wie wir es dargestellt haben. — So wird zum Beispiel, was im Inneren der Häuser sich begiebt, nicht anschaubar werden, weil die Dächer und die Mauern hindernd im Wege stehen, u.s.w., u.s.w.«[38]

Es gibt dennoch mittlerweile Technologien, wenn auch nicht im Bereich des Sichtbaren, um Daten im Inneren von Häusern zu sammeln; nur auf andere Weise, nicht von oben, nicht als Fernerkundung, sondern aus unmittelbarer Nähe, meist mit Körperkontakt, über die vernetzten Geräte, wie Smartphones, Tablets, Laptops, Babyphones oder Smart TVs. Ist dies der Fall, wird es bei Aufdecken durch Datenschützer·inenn und Wissenschaftler·innen als unheimlich empfunden. Unheimlich im Sinne von Sigmund Freud, bei dem es gleichzeitig als das Vertraute und das Unvertraute beschrieben wird. Hinzu kommen *smarte* Dinge wie die Haushaltsgeräte Amazon Alexa oder Google Home. Vernetzte Lautsprecher, die gleichzeitig künstliche Intelligenzen sind und mit ihren Nutzer·innen kommunizieren. Vor allem aber handelt es sich um trojanische Pferde, die erst dann nicht mehr lauschen, wenn die Nutzer·-innen den Privacy-Knopf betätigen.[39] Diese invasiven Geräte rücken demnach in die absolute Nähe.

Um mit Joseph Vogl zu fragen, wenn »das Teleskop […] so etwas wie das Leitfossil der kopernikanischen Formation« war, welches Leitfossil wäre dann für die Gegenwart wegweisend? »Im 17. Jahrhundert bildet sich ein Kanon der Instrumente heraus, in denen die neue Epoche ihren theoretischen Zugriff auf die Wirklichkeit typisiert: die Uhr, das Fernrohr, das Mikroskop, die Waage, die Luftpumpe, das Thermometer.«[40] Analog dazu sind es heute Funktionseinheiten aus digitaler Kamera, Satellit und Computertechnologie. Auf den Maßstab eines Haushaltes gebracht, könnten es Einheiten aus digitaler Kamera, GPS und Computertechnologie sein, oder aus

Sensoren, Router, Machine Learning-Algorithmen und Lautsprechern. Mit diesem Instrumentarium werden Welt und Mensch vermessen. Doch ist nicht immer gewiss, ob diesem »vervielfachten Weltenäther«[41], wie die Menge an Bildern und Informationen bei Eberty heißt, heute (künstliche) Beobachter·innen folgen.

Hito Steyerl, *ExtraSpaceCraft*, 2016 —

In ihrem Dreikanal-Video *ExtraSpaceCraft* (2016) nutzt Hito Steyerl mediale und geografische Bildräume und Infrastrukturen, um der kurdischen Kultur, der sie nahesteht, einen Ort zu geben. Eine ganze Reihe an optischen Medien und Flugkörpern kommen bei der symbolischen Umkreisung einer verlassenen Sternwarte zum Einsatz: Kameradrohne, Smartphone, Satellit, 3D-Animationen und Augmented-Reality-Bilder umschwirren eine kulturhistorisch und politisch-geografisch bedeutsame Einrichtung. Auch wenn das Teleskop heute nicht mehr vorhanden ist, steht die Sternwarte historisch betrachtet für eine »Denaturierung des Blicks«.[42] Erstmals in der Geschichte der visuellen Kultur veränderte eine Linse den Blick auf die Welt, »das Sehen durch das Fernrohr ist in gewisser Weise zu einem Sehen zweiter Ordnung geworden«.[43] Ohne Teleskop wird die Sternwarte in Steyerls Video zur Bühne für moderne Medien, die dem Denaturieren des Sehens entgegenwirken, indem sie die Körper der Protagonist·innen einbeziehen. Unter den medialen Konstellationen ist die Satellit-Subjekt-Tangente die Abstrakteste. Die Positionen von Satelliten entziehen sich meist der Vorstellungskraft — Steyerl versetzt ihre Crew mittels Green-Screen-Technologie in den Orbit und die Consumer-Drohne lässt sich auf dem Handyscreen verfolgen. Arbeitet die Künstlerin an der Renaturierung des Blicks? Im von Steyerl gewählten Format der Mehrkanal-Videos scheint die Steuerung des Medienverbunds eine Rolle zu spielen, weil sie die einzelnen Medien wie Akteur·innen zur Aufführung bringt, etwa wenn die Drohne als autonome Schafshirtin vorgestellt wird.

Wie die Kunsthistorikerin Beate Söntgen in einer Ausstellungskritik bemerkt, wird in der Arbeit (wie auch in anderen Installationen Steyerls) »die wechselseitige Durchdringung unterschiedlichster Wahrnehmungs- und Wirklichkeitsebenen sichtbar«.[44] In der alltäglichen Synchronizität im Umgang mit unterschiedlichen Medien und Formaten wird diese Durchdringung nicht bewusst wahrgenommen und reflektiert. Sie ist zur Gewohnheit geworden.[45] Insbesondere in den sozialmedialen Kanälen verschmelzen beispielsweise Video-Livestreams, Kommentare, Handyfotos und Satellitenbilder zu einem Newsfeed. Der Titel der Arbeit ist eine ironische Variation von Keller Easterlings Titel *ExtraStatecraft*,[46] in dem die Architekturtheoretikerin Stadtentwicklung unter den Einwirkungen der Digitalisierung und insbesondere unter dem Vorzeichen des wirtschaftspolitischen »Smart City«-Konzepts diskutiert — ein Konzept, in das Industrieländer insbesondere in ihren urbanen Finanz- und Logistikzentren investieren. Laternen, Ampeln und Häfen werden *smart*. Steyerls Drehort könnte vermutlich nicht weiter entfernt von solchen Breitband-Zentren liegen.

Im zweiten Teil der Videoarbeit werden Reichweite und Gebrauchsweisen der Medien metaphorisch eingesetzt, um eine traumhafte Sequenz zu erzählen, so wie Steyerl beispielsweise auch in ihrem Essay *Duty-Free Art* von einer orbitalen Begegnung mit dem Philosophen-im-Astronautenkostüm Peter Osborne träumt.[47] Schauplatz von *ExtraSpaceCraft* ist also zunächst die beschädigte staatliche Sternwarte im nördlichen Irak, dem kurdischen Teil des Landes. Diese nicht allzu große Sternwarte, gebaut in den 1970er Jahren, liegt auf einem Gebirgszug, ringsum fallen schroffe Steilhänge ab. Eine Schafsherde grast im Tal. Als *establishing shots* sind Close-ups von glänzend roten Marienkäfern zu sehen, die mit ihren magisch gepunkteten Flügeln als Glücksboten gelten und hier wohl den unbeschadeten idyllischen Mikrokosmos der Berge repräsentieren. Abb. 23 A S. 175 Zugleich rufen die profanen Tiere als Glückssymbole unmittelbar den menschlichen Blick auf: Mit ihrer Körperform scheinen sie eine formale Verbindung zu den größeren Halbkugeln, der Kuppel der Sternwarte und antiker Darstellungen des Himmelsgewölbes aufzunehmen — so könnte man die Bildsprache und -montage zumindest deuten, mit der Steyerl ihre Arbeit auflädt. Im Gegensatz zum Universum beschreibt der Kosmos eine geschlossene Form, eine Welt ohne Außen.[48]

An der Sternwarte zeichnen sich Spuren von Kriegen ab. Abb. 23 B / C S. 175 Die Off-Stimme klärt auf: Iran-Irak-Krieg und zweiter Golfkrieg. Ein massives Loch im Blech der Kuppel, das mit der ferngesteuerten Drohnenkamera in Nahaufnahme gefilmt wird. Der Drehort ist nicht nur in Bezug auf die Mediengeschichte klug gewählt, sondern auch geografisch bedeutsam für den Konflikt in Kurdistan, den Steyerl immer wieder in ihrer künstlerischen Arbeit thematisiert. Und längst ist auch dieser scheinbar abgelegene Ort Teil des globalen Handels, es gibt Einschreibungen großer deutscher Unternehmen der Rüstungs-, Bau- und optoelektronischen Industrie. Krupp, MAN, Zeiss: Sie alle haben Teile geliefert. Der astronomische Blick in die Sterne spielt für die Kurd·innen vor Ort keine Rolle — »during war, people only look up if they want to catch a signal on their phones«.[49]

In ihrem Video-Triptychon entwirft die Künstlerin, ausgehend von der Sternwarte und ihrer wissenschaftsgeschichtlichen Symbolkraft eine zusätzliche Realitätsebene, *Augmented Reality*, die im Video in Form transparent schimmernder Blasen sichtbar wird. Abb. 23 D S. 176 Das Vergangene ist in Form der beschädigten Sternwarte von Sonnenlicht durchflutet, der Sonnenaufgang symbolisiert einen Aufbruch, doch die Zukunft hat sich noch nicht materialisiert. Die Gegenwart scheint jedoch genauso wenig existent zu sein beziehungsweise liegt regungslos in Schutt wie der Betonboden der Sternwarte. In einer der im Virtuellen schwebenden Blasen treten fünf Mitglieder einer fiktiven Raumfahrtagentur in entsprechend gekennzeichneten Overalls auf, deren Abzeichen dem der NASA äußerst ähnlich sieht. Die drei von dem Akronym NASA übrig gebliebenen Buchstaben ASA stehen für Autonomous Space Astronauts. Hier ist nichts staatlich organisiert; das NASA-›N‹ für ›National‹ fehlt Abb. 23 E S. 176. Es folgt eine ambivalente, mal euphorisch, mal ironisch klingende Hymne und Satelliten-Flyover-Animation, in der ein kastenförmiger Avatar—ein stilisiertes Schaf vielleicht—voranläuft. Es ist ein Aufbegehren mit visuellen Mitteln gegen diejenigen, die solche Hardware besitzen, um Raumfahrt zu betreiben und den überwachenden Blick von oben—die Datensicht, aus Daten errechnete Bilder—als Signal zu empfangen. Zugleich spielt diese filmische Sequenz mit dem Versuch, sich die machtvollen Raumfahrtnarrative kulturell zu eigen zu machen. Die Realität sieht anders aus: Die Bestandsaufnahme der Fernerkundungstechnik im kurdischen Gebiet zählt gerade einmal drei chinesische Consumer-Drohnen.

Häufig werden Darstellungen von Ozean, Wasser oder eben dem Weltraum genutzt, um ein »concept of flow«[50] zu visualisieren, ständig wechselnde Zustände digitaler Bilder als solche visuell zu vermitteln und Affekte auszulösen.[51] So spielt in Steyerls Arbeit *Liquidity Inc.* (2014) Wasser eine zentrale Rolle (als Botenstoff). Ozeane und der kosmische Raum werden als Motive verwendet, um die wechselnden Zustände digitaler Bilder—ihren »Zustand der digital-physikalischen Liquidität«[52]—zu visualisieren. Die ›Verflüssigung von Bildern‹ ist eine Metapher, die oft herangezogen wird, um das Eintauchen in VR-Umgebungen zu beschreiben, und impliziert sowohl ihre Verarbeitbarkeit als auch ihre Verteilung und Verbreitung. Doch erst mit der Entwicklung ihrer »post-medialen Bedingung«[53] ist diese Technologie in die Kunst eingegangen. Eine Hypothese ist, dass VR die »postmediale Bedingung« in Frage stellt, da es kein anderes Medium remediatisiert, sondern im Rahmen von künstlerischen Installationen skulpturale Objekte zur Pre-Mediation eingesetzt werden.[54]

Das Navigieren im Welt- und Datenraum hängt kulturhistorisch nicht nur auf metaphorischer Ebene zusammen: Frühe Ausführungen von Virtual-Reality-Anwendungen etwa wurden in verschiedenen Kontexten getestet, z. B. durch Militärs zur Ausbildung von Kampfpiloten.[55] Heute trainiert die NASA ihre Astronaut·innen in ihrem Virtual-Reality-Lab und veröffentlichte zu Zwecken der Öffentlichkeitsarbeit eine VR-Simulation mit dem Titel *Mars 2030* (2017), um für künftige Missionen zu werben. Ein weiteres Beispiel ist die Firma Lockheed Martin, die die Flugsimulatorsoftware Prepar3D sowohl für die Streitkräfte als auch für den Einsatz in Computerspielen entwickelt. Der Medientheoretiker Friedrich Kittler hat das Konzept des ›Medienverbundes‹ (1999) für das nicht immer reibungslose Verschalten verschiedener Medien wie Grammophon, Film und Schreibmaschine in einem neuen Mediensystem vorgeschlagen.[56] Ebenso kann man die Weltraumforschung, das Militär, die Kybernetik, das Kino und Science-Fiction als Medienverbund und damit als treibende Kräfte hinter der Entwicklung der VR-Technologie bewerten. Umgekehrt bedienen sich die US-Air Force[57] und die NASA58 bei den ästhetischen Mitteln von Science-Fiction und Kino, um für ihre Programme die Zustimmung der Öffentlichkeit zu bekommen.

Mit einem wesentlichen Unterschied: Die Moderne hat sich am Einzelbild festgehalten. Die Filmbänder und Fotografien von US-Air Force und NASA konnten nicht mit der heutigen Reichweite verbreitet werden. Zudem zeichnet sich eine Bildpolitik ab, die Macht und Kontrolle, Zentralperspektive und ikonografische Konventionen kommuniziert, nicht subjektive

Erfahrung. Es blieb also der Kunst überlassen, Wahrnehmung und Weltraum zu verbinden. So wie es schon der Künstler James Rosenquist tat, der Mitte der 1960er Jahre mit den Materialien und dem Bildrepertoire der Raumfahrt sowie den Waren der materiellen Kultur arbeitete und großformatige, immersive Rauminstallationen baute.

Ihre eigene idiosynkratische ›New Frontier‹ findet Steyerls Agentur ASA stellvertretend für die kurdische Community nicht im erdnahen Weltraum, in der Erdumlaufbahn, sondern in einer parallelen Dimension zu der sich aus kurdischer Perspektive beständig de- und reterritorialisierenden Realität. Als »same space but from a different angle« wird der Raum an einer Stelle im Voiceover umschrieben. Es gibt keinen geografischen Ort, der Kurdistan heißt. Das Virtuelle ist ein imaginierter Raum, eine Zukunftsprojektion.

Wenn Steyerl sich 2017 und 2018 in Vorträgen[59] und Texten[60] mit »*Bubble Vision*« befasst, kritisiert sie mit dem Begriff die technologische Geschlossenheit der Virtual-Reality-Systeme. Sie fragt, ob die Menschen auf ihr eigenes Verschwinden und ihre eigene Ersetzbarkeit durch Maschinen vorbereitet werden sollten. *Virtual Reality* ist die computergenerierte Simulation eines dreidimensionalen Bildraums beziehungsweise einer dreidimensional erscheinenden Umgebung, mit der eine oder mehrere Personen mithilfe von vernetzten und getrackten Geräten, wie beispielsweise einer innenseitig mit Bildschirm ausgestatteten geschlossenen Brille und Handschuhen mit Sensoren interagieren können. In medientheoretischen Diskursen ist der Ausdruck *Virtual Reality* doppeldeutig: VR benennt einerseits virtuelle Räume im Cyberspace und andererseits immersive Technologien, die interaktive Umgebungen vermitteln.[61] Dieser Mangel an theoretischer Präzision deutet auf eine Lücke in der VR-Forschung hin. Durch den technologischen Entwicklungsschub der vergangenen Jahre dominiert letztere Bedeutungszuschreibung den Diskurs, das stereoskopische Headset repräsentiert VR und versetzt dabei oftmals in eine Realität andernorts, nicht in eine alternative Realität. Muss daher VR als kulturelle Ikone nach der Belegung durch konkrete Hardware-Konsumgüter, wie Oculus Rift oder andere VR-Headsets,[62] wieder als Utopie zurückgewonnen werden? »Virtual-Reality is not about technology«, sagt der Künstler Matt Mullican und plädiert damit für ein anderes Verständnis, das nicht von einer technologischen Konstellation abhängig ist. Für ihn beschreibt virtuelle Realität die Vorstellung einer anderen Welt. Schlussendlich bleibt es ein Wortspiel, das maximal metaphorische Reichweite entfalten kann. Denn zu *Virtual Reality* gehört neben der technologischen Bedingung ebenso ein gesellschaftlicher Vorstellungsraum mit Klingeltönen, Flachbildschirmen, Drohnen, smarten Dingen und Konsumerfahrungen in Shopping Malls.

Mit VR-Technologien wird also ein neues Paradigma des Sehens eingeführt: Die User·innen verschwinden im 360 Grad-Bildraum, obwohl sie das immersive Zentrum bilden — die Projektion ist auf ihre Position und ihre Bewegungen abgestimmt. Mit »*Bubble Vision*« adressiert Steyerl daher einen Paradigmenwechsel: Zum einen hebt sie damit ihre Beobachtung hervor, dass VR- oder 360 Grad-Bilder in Google Earth in Kugelformen, den sogenannten *orbs*, repräsentiert werden. Das Symbol für VR-Ansichten in zweidimensionalen Darstellungen ist eine Kugel, was damit zusammenhängt, dass viele VR-Verfahren die Bildtexturen in eine Sphäre und nicht in einen eckigen Raum projizieren. Zum anderen kritisiert Steyerl die Totalität dieser immersiven Bildwelten. Um diese Kritik deutlich zu machen, greift sie den von dem Politikwissenschaftler und Internetaktivisten Eli Pariser lancierten Begriff der ›Filterblase‹[63] auf, der nach dem Korrelationsprinzip algorithmisch organisierte, sozialmediale Newsfeeds kritisiert. In Steyerls Begriffs-Hybrid »Bubble Vision« entsteht kein Projektionsraum für eine alternative Realität, sondern nur der geschlossene Bilddatenraum als Geschäftsmodell, etwa von Facebook.[64] Innerhalb der *Bubbles*, die der Plattform-Kapitalismus geschaffen hat, werden Seherfahrungen möglich, die paradoxerweise sowohl immersiv als auch entkörpert sind, »increasingly we are both in there and nowhere«.[65]

Mobile Bildschirme, Augmented-Reality-Effekte, Livestreams und interaktive Kanäle sorgen zwar dafür, dass ihre Nutzer·innen verstärkt *in* den Medien leben. Dadurch eröffnet sich jedoch nur unter selbstbestimmten Bedingungen die Möglichkeit, etwa auf die von Haraway kritisierte »entkörperte Sicht von oben« mit einer Praxis »verkörperter Vision« zu antworten. Diese Praxis kommt in den Videos von Steyerl performativ zur Aufführung.

In *ExtraSpaceCraft* werden demnach Perspektiven und Territorien, vertreten durch die Sternwarte und ihren senkrecht gerichteten Blick nach außen, verhandelt, die steuerbaren Drohnen und ihren variablen Kamerablick und die horizontale Ausrichtung in den immersiven Bildwelten der *Augmented* oder *Virtual Reality*. Zwei entgegengesetzte Perspektiven treffen aufeinander: Die vertikale Perspektive, vertreten durch die Sternwarte und die Drohnen, und der horizontale Blick in der Virtual-Reality-Umgebung. Genauso wie Steyerls Traum in ihrem Essay »Duty-Free Art« nimmt die virtuell erschienene Weltraum-Welt in *ExtraSpaceCraft* ein abruptes Ende. Ein Schaf grast neben einem eingeknickten Handymast, der nicht mehr sendet. Die Verbindung scheint vorläufig gestört zu sein. Offen bleibt, unter welchen Bedingungen dieser Traum Wirklichkeit werden könnte.

Gegenden ohne Internetverbindung werden weltweit seltener. Durch die Behauptung von Allgegenwart bekommt das Web eine elementare Qualität und verschwindet, indem es allumfassend wird, im Hintergrund—wie Luft, Licht oder Wolken.[66] Diese Transformation in die Unsichtbarkeit bleibt, wie die Architektin Keller Easterling gezeigt hat, nicht ohne politische Konsequenzen. Ihre materielle Seite, die Infrastruktur, bedeutet politische Macht—wie China beispielsweise mit Sonderwirtschaftszonen und im Rahmen der (Digital-)Belt-and-Road-Wirtschaftsinitiative demonstriert.[67] Beim Ausbau dieser Infrastruktur werden häufig Gesetzgebungsprozesse umgangen und die Grauzonen internationaler Rechtsprechung ausgenutzt, die daran scheitern, einen derart fragmentierten Raum zu überwachen. Diese spezifischen Konstellationen aus nationalen und internationalen politischen und juristischen Bedingungen sind es, unter denen Infrastruktur zum Medium für ›extraspacecraft‹ wird, ein Konzept, das Easterling ausgearbeitet hat. ›Extraspacecraft‹ erläutert sie als »portmanteau describing the often-undisclosed activities outside of, in addition to, and sometimes even in partnership with statecraft.«[68]

In ihrem Text über Mustererkennung, der in Reaktion auf die Veröffentlichung von Google DeepDream, einem Computer-Vision-Programm, entstanden ist, bezieht sich Steyerl auf den Begriff ›ExtraStatecraft‹ und leitet daraus eine künstlerische, extra-staatliche Variante ab, indem sie anstelle der Sonderwirtschaftszone das Szenario der Raumfahrt wählt. »And then she realizes that her space travel is not extraterrestrial at all but intraterrestrial. The ExtraSpaceCraft she's been flying never left the launchpad as funding for space missions got cut. The cosmos she saw was some sort of projection of U.S. health insurance data.«[69] Das allumfassende Datensammeln ersetzt das kosmische Universum durch eine auf Gesundheitsdaten basierende, kosmische Simulation des Körperinneren. Mit etwas Abstand kann man diese Videoarbeit als Kommentar zu einem virtuellen Training verstehen. Sie fällt somit in ein Genre, dessen Wirkung die Filmwissenschaftlerin Homay King als »retraining mind and body in a way«[70] charakterisiert hat.

Ästhetiken des Virtuellen

In künstlerischen Arbeiten werden Medien verhandelt; ob es Panoramabilder aus dem 19. Jahrhundert, das Kino aus dem 20. oder *Virtual Reality* aus dem 21. Jahrhundert sind. Neben Gemeinsamkeiten mit diesen älteren Medien steht *Virtual Reality* vor allem für einen Paradigmenwechsel: die Auflösung der Zentralperspektive. Zwei weitere Bedingungen sind für die Wahrnehmung von VR-Umgebungen ausschlaggebend: das menschliche Maß, Skalierung und der grenzenlose Bildraum, im Unterschied zu Off und Kadrierung im Film.

Die Perspektive wird in VR-Umgebungen zu einer subjektiven Perspektive. Entwicklungsgeschichtlich stehen VR-Headsets in einer Linie mit älteren optischen Medien wie dem Panorama, Diorama und dem Stereoskop. VR kann als Kombination aus dem Panorama, bei dem die Besucher·innen die Möglichkeit haben sich zu bewegen und ihren Blick auf das 360 Grad-Bild zu variieren, und dem Diorama sein, bei dem die Zuschauer·innen auf einer rotierenden Bühne sitzen und somit zum Bestandteil des Apparats werden. Genauso ist die Stereoskopwirkung des unmittelbar Greifbaren hier mitzudenken; das stereoskopische Bild als virtuelles Bild wie das virtuelle Bild in VR.

Ziel dieser »Sehmaschinen« ist es, die technische Ebene und auch den Körper der Betrachtenden aus der Rezeption auszublenden. Das Stereoskop entstand in einer Zeit als die Physiologie und Optik des Sehens erforscht wurde, das menschliche Sehen mit optischen Medien repräsentiert und der Körper als Bestandteil der »gesellschaftlichen, technischen und libidinösen Maschinen«[71] einbezogen wurde, wie Jonathan Crary analysiert.

Der menschliche Maßstab (human scale) ist eine räumliche Bezugsgröße, die als Referenz für Filmbilder und den virtuellen Raum eine zentrale Rolle spielt. Beispielsweise übertreten sowohl das Close-up im Film als auch der in *Powers of Ten* dargestellte Zoom durch Mikro- und Makrokosmos das Vorstellungsvermögen. Seit Oktober 2017 bietet Google Earth VR die Funktion, die Anzeige auf »human scale«, das menschliche Maß zu fixieren. User·innen kommentierten die neue Funktion auf Reddit:

> One minor downside is that it's still not quite ›human scale‹ as everything still looks a tad too small.

> Anyone else notice this? Huh. Isn't ›far away‹ and ›human size‹ identical?

> Looking from the floor, has not changed of course. And if you mean, that things still look like 90% of the original size, that's maybe correct. Many VR Apps have that ›slightly too small‹ problem.[72]

Navigieren die User in Google Earth VR ›zu schnell‹ oder rechnet der Computer zu langsam, kann es passieren, dass die Rasterprojektion zum Vorschein tritt, die hinter den gestitchten Bildern liegt. Abb. 24 A S. 177 Street View sieht bei dem Navigationstempo aus wie ein gerendertes Modell.

VR-Umgebungen produzieren ebenfalls ein Off, es ist der Körper des Users, der außerhalb der immer perfekteren Illusion einer künstlichen oder auch ›realen‹ Welt bleibt. Künstler·innen hingegen versuchen, diese Illusionen wieder zu stören oder zu unterbrechen, um damit kritische Reflexionsprozesse anzustoßen. Für Deleuze zeugt das Off »von einer ziemlich beunruhigenden Präsenz, von der nicht einmal mehr gesagt werden kann, dass sie existiert, sondern eher, dass sie ›insistiert‹ oder ›verharrt‹, ein radikales Anderswo«.[73] Dieses radikale Anderswo geht in VR verloren.

Dabei versuchen Virtual-Reality-Umsetzungen immer wieder die ›ganze Welt‹ abzubilden und scheitern daran. Aus diesem Grund nennt Jaron Lanier sein teils biografisches Buch über Virtuelle Realitäten *Dawn of The New Everything* (2017). Darauf Bezug nehmend, betitelt David O'Reilly seine VR-Umgebung *Everything* (2017). Jaron Lanier stellte sich schon Ende der 1980er vor, dass »in *Virtual Reality* you can visit the world of the dinosaur, then become a Tyrannosaurus. Not only can you see DNA, you can experience what it's like to be a molecule.«[74] In O'Reillys Spieleumgebung kann man durch verschiedene Größenordnungen navigieren – vom Kosmos der Käfer über die Welt der Eisbären bis hin zur Unendlichkeit von Galaxien. Die Spieler·innen können wahlweise als Eisberg, Esel, Planet, galaktischer Nebel, Automobil oder Lichtpartikel durch menschenleere Gegenden treiben. Sieben Größenordnungen hat O'Reilly konzipiert und zuerst in Diagrammen strukturiert, bevor der Programmierer sich an die Umsetzung machte. Robben, Vögel und andere Herdentiere bewegen sich in Schwarmformation, unter Programmierern *boids*[75] genannt.

In der ersten *boid*-Demonstration 1986 bewegten sich gefaltete Objekte, abwechselnd als Rauten und Dreiecke, wie ein abstrahierter Vogelschwarm durch eine gerasterte Sphäre. Was bei *boid*-Pionier Craig Reynolds damals im Rahmen seiner Artificial-Life-Forschung nach harter Datenästhetik, Vektorgrafik und Bildern der Mathematik aussah, läuft heute bei O'Reilly so flüssig wie ein Disneyaquarell durch die Multiplan-Kamera, der Code ist aus der Ästhetik des Virtuellen verschwunden, unsichtbar geworden. All das geht zurück auf den *perspective-generating algorithm*, den ein MIT-Student in den 1950er Jahren anhand von Büchern über perspektivische Techniken schrieb. Auch der Algorithmus rechnet mit den Koordinaten eines Blickpunkts, mit dem Unterschied, dass an die Stelle des Blicks die virtuelle Kamera tritt. Es dauerte dann einige Jahre, bis aus dem recht groben Computerstill eine interaktive Bildumgebung werden konnte, die sich je nach gewähltem Blickpunkt anders ausrichtete.[76]

Mittlerweile können mit dem Computer diverse mediale Ästhetiken produziert werden, nicht nur die genuin eigene, die ihn in den Anfangsjahren von anderen Medien unterscheidbar machte. O'Reilly, Gestalter dieser *Everything*-Welt, hat sich vom Realismus befreit — Eisbären und anderen Tiere rollen eckig kopfüber wie lebloses Holzspielzeug über Wiesen und Felder. Anstatt die sichtbaren Figuren zu verlebendigen, animiert *Everything* die Spielerfantasie, sich in dieser vernetzten Umgebung zu bewegen und in unendlich kleine oder unendlich große Welten einzufühlen.

Virtuelle Satelliten

In der US-amerikanischen Nachkriegszeit wurden nicht nur erste Algorithmen für das Computerzeitalter geschrieben, sondern auch Berichte über künftige Satelliten verfasst. In zwei Berichten[77] hatte die Research and Development Corporation (RAND) künstlichen Erdsatelliten eine hohe politische und militärische Bedeutung beigemessen — der erste erschien 1946[78] und der zweite 1951,[79] also mit einigem zeitlichen Vorlauf zum ersten erfolgreichen Satellitenstart. Der erste Bericht spannt einen Bogen von den ersten Versuchen der Fernerkundung über der Sowjetunion mit unbemannten Ballons wie etwa dem Spionageballon Moby Dick,[80] bis hin zur distanzierten, weniger angreifbaren Satellitentechnologie. Zentrale technologische Erfindungen wie die »spinning panoramic camera«[81], eine Anpassung der Panoramakamera an die Aufnahmebedingungen im Weltraum, werden hervorgehoben, genauso die Erfindung des Videorekorders zum Speichern der Satellitenbilder.

Eine Tabelle der University of Boston von 1957,[82] die drei Motive in verschiedenen Maßstäben und Auflösungen zeigt und somit die Qualität der Luftbildaufnahmen vergleichbar macht, haben der RAND-Physiker und Spezialist für Luftaufklärung, Amron Katz, und der Astronom Merton Edward Davies, für die Auswertung um einen einzelnen Index erweitert: Bodenauflösung. Damit wird ihre Priorisierung der Fernaufklärung deutlich. Mit Vorarbeiten für das angepasste Panoramakamerasystem war Davies zur selben Zeit beschäftigt.[83]

Der Bericht aus dem Jahr 1951 ist auf der Webseite der RAND Corporation als Scan in schlechter Auflösung und mit Schwärzungen einsehbar. In diesem Scan erscheinen die Bilder, mit denen die RAND-Wissenschaftler·innen die Qualität zukünftiger Satellitenbilder im KNBH-Fernsehstudio von NBC in Los Angeles simuliert haben, wie grob angefertigte Holzschnitte.[84] Die Logos der Fernsehsender, ein Stativ und Projektionsleinwände sind erkennbar, nicht jedoch die Auflösung der Luftbildaufnahmen von Fairchild Aerial Surveys Inc., mit denen die Adressierten vom Informationswert der Satellitenperspektive überzeugt werden sollten. Zur grobkörnigen Qualität der Bilder kommt erschwerend hinzu, dass die Seiten 22 bis 25 im Report geweißt sind, also der Geheimhaltung unterliegen. Die Bildanalyst·innen hatten ein fotografisches Mosaik zusammengefügt, das die Hafenanlagen von Los Angeles zeigt, »an indication of what can be seen by the assumed satellite television system on a clear, sunlit day.«[85] Damit wollten sie ihren Auftraggebern demonstrieren, welchen Vorteil im Hinblick auf die Bildauflösung die neue TV-Kameratechnik bringen kann.

In diesem Aspekt zeigt sich ein weiteres Mal die Verstrickung von Film- und Fernsehindustrie mit militärischen Zwecken, auf die der Medienwissenschaftler Friedrich Kittler[86] und der Medienphilosoph Paul Virilio[87] als Erste hinwiesen. Beide arbeiteten heraus, dass Kameratechnik und Bildauswertung zunächst für den militärischen Gebrauch entwickelt wurden, denn dort waren die Gelder verfügbar, um dann für die zivile Nutzung — Stichwort ›dual use‹[88] — angepasst zu werden. Heute hat sich dieses Verhältnis umgekehrt: Privatwirtschaftlich betriebene Firmen wie Boeing oder Google, wenngleich teils mit staatlichen Geldern finanziert, werden Teil von militärischen Technologie-Assemblagen.

Satellitenbilder *avant la lettre*

Rückblickend überrascht es, wie ungenau die Darstellung der Erde in einer Ausgabe des *National Geographic*[89] aus dem Jahr 1956 erscheint, ein Jahr vor Sputnik und gut ein Jahrzehnt, bevor die ersten Bilder der »ganzen Erde« aufgenommen und mit der Öffentlichkeit geteilt werden konnten. Für den Beitrag »Space Satellites, Tools of Earth Resarch«[90] hat der hauseigene Illustrator des Magazins, William N. Palmstrom, die Erde mit weichem Farbverlauf in Azurblau und Petrolgrün gemalt. Der Visualisierung ist anzumerken, dass Künstler·innen wie Wissenschaftler·innen sich mit ihrer Vorstellungskraft noch im Ungefähren bewegten. Ihre perfekt runde Erde wirkt unbewohnt, naturbelassen, ohne Spuren menschlicher Aktivitäten — das hat sie mit dem Bild *Blue Marble* gemeinsam, einem Bild, das gedreht wurde, damit es den Konventionen der Kartografie entspricht und die Antarktis ›unten‹ zeigt und sich somit der konventionellen Nord-Süd-Ausrichtung unterordnet. Das Modell des Satelliten ist kugelrund wie die Erde — es repräsentiert eine visuell von Niedlichkeit und Naivität gekennzeichnete spielerische Phase der Raumfahrt, eine harmlose Kulisse, hinter der sich der Wettkampf ›Kalter Krieger‹ abspielt, den der *National Geographic* nicht thematisiert. Die Cumulus- und Cirruswolken auf der Abbildung wirken überproportional groß und relativ flach im Verhältnis zur Erdoberfläche und die Kontinente wie ausgeschnitten. Darauf ist ein Erdteil zu sehen. 1954 hatte eine mit einer Kamera ausgestattete Rakete ein Gebiet über Kuba überflogen, um einen Tropensturm von oben zu fotografieren. Diese Fotos liefern bereits detaillierte Informationen. Geografie ist in *National Geographic* also global, national, geologisch und grafisch.[91] Wie *National Geographic* erklärt, bieten die Satellitenbilder Einblicke in »the upper atmosphere and the earth as a physical body«.[92]

Auf dem Foto mit der Bildunterschrift »Three Minds Create a Painting; Artist and Experts Study a Satellite Model«[93] sitzt Palmstrom mit hochgekrempelten Hemdsärmeln und Krawatte an einem Schreibtisch, auf dem Pinsel, Tuschekasten und das Titelbild der Story ausgebreitet liegen, vor ihm stehen ein Physiker und der Autor des Textbeitrags. Die Männer halten das Satellitenmodell zwischen sich hoch, um anzudeuten, dass Satelliten in Zukunft solche Bilder von der Erde aufnehmen könnten. Der Physiker heißt S. Fred Singer, er rechnete seit ein paar Jahren an einer möglichen Satellitenflugbahn. Sein Projekt mit dem verniedlichenden Namen MOUSE[94], eine Abkürzung für Minimum Orbital Unmanned Satellite of the Earth – als wolle er mit der Namensgebung signalisieren: »keine Angst vor den neuen technischen Möglichkeiten, liebe Öffentlichkeit« – entwarf er 1953. 1954 präsentierte Singer seinen Entwurf beim Jahrestreffen der US-amerikanischen Rocket Society und zwei Jahre später im September 1956 beim International Astronautical Congress in Rom, der erstmals 1950 in Paris abgehalten wurde und seitdem jährlich in einer anderen Stadt ausgerichtet wird.

Begonnen hatte die Vorbereitungsphase auf die Raumfahrt mit den ›Explorer‹-, gefolgt von ›Project Manhigh‹- und den ›Excelsior‹-Heißluftballons. Die ›Explorer‹ entstanden in den 1930ern unter Mitwirkung der National Geographic Society, als das Magazin noch den Status einer Mitgliederzeitschrift eines Clubs von Forscher·innen und Forschungsinteressierten hatte. Kriegstechnologie wurde für die Raumfahrt adaptiert und die Entfernung und Dauer der Missionen in Stratosphäre und Weltraum ausgedehnt.[95]

»The Conquest of Space«

»The world cried, ›*IMPOSSIBLE!*‹ when George Pal's ›CONQUEST OF SPACE‹ predicted that science would develop a man-made satellite to circle the earth! But GEORGE PAL was right and the ›*IMPOSSIBLE*‹ has happened! ...as headlines now proclaim the *greatest* news story of our age!«[96]

Mit diesen aufwühlenden Worten endet der Trailer für den Science-Fiction-Film *The Conquest of Space* (1955), produziert von George Pal.[97] Zum Zeitpunkt des Filmstarts war die Aussicht auf einen ersten Satelliten im Orbit in die nahe Zukunft gerückt. Eine *New York Times*-Überschrift vom 30. Juli 1955[98] kündigte damals das Ereignis für zwei, drei Jahre später an. In der Überschrift werden im Telegrammstil die wichtigsten Daten genannt: Der basketballgroße Satellit soll mit einer Rakete in eine Höhe von etwa 300 bis 500 Kilometern befördert werden, die Erde umrunden und wissenschaftliche Daten sammeln. Bei Paramount Pictures muss die Freude über die zeitliche Koinzidenz dieser politischen Absichtserklärung und der Endfassung von *The Conquest of Space* groß gewesen sein. Anders als angekündigt, erreichte jedoch zwei Jahre später kein amerikanischer Trabant, sondern der sowjetische Sputnik-1 als erster Satellit die Erdumlaufbahn; und tatsächlich hatte er die Form eines Basketballs, wenn auch das metallisch reflektierende Oberflächenmaterial gänzlich andere Assoziationen wachrufen konnte. Chrom war das Material im Industriedesign der 1950er Jahre, das vom Küchenschrank und Barhocker bis zur Autokarosserie den Dingen einen futuristischen Look verlieh. Der Film und die gleichnamige Buchvorlage von Wissenschaftsautor Willy Ley sind aus zwei Gründen für dieses Kapitel relevant: Zum einen fand ein gleichnamiges Weltraum-Symposium statt, bei dem Hannah Arendt sprach und den Filmtitel in ihrem im Anschluss mehrfach veröffentlichten Essay aufgriff.[99] Zum anderen spiegelt sich in der Mise-en-scène des Films anschaulich wider, mit welchen Abbildungsproblemen der Regisseur und sein Team konfrontiert waren.

Ziel der im Film dargestellten Mission ist der Mars. Für den Film wurden Mars-Schiffe nach Entwürfen von Wernher von Braun in *The Mars Project* nachgebaut, die derselbe Illustrator Chesley Bonestell gezeichnet hatte, der für Willy Leys Buch *The Conquest of Space*[100] die Illustrationen anfertigt hatte. Nicht nur die Uniform, sondern auch seine wiederholte Unterscheidung zwischen dem metaphorisch bewaffneten und dem unbewaffneten ›Auge‹ im Weltraum weisen die epistemische Funktion des Militärischen in seinem Denken nach. Es ist eine militärische Mission mit militärischer Hierarchie und militärischen Anzügen. Die ausschließlich männliche Besatzung[101] trägt in den Innenräumen, in denen durch das sich drehende Raumschiffrad künstlich Gravitation hergestellt wird, Overalls in grau oder blau, wie sie auch die Besatzung im Maschinenraum eines Frachtschiffs oder ein Raumfahrtingenieur tragen würde.

In der Kommandozentrale der fiktiven Raumstation im Film lassen sich einzelne Wolkenformationen über der Erde auf einem großformatigen Bildschirm beobachten, der durch Betätigen eines Kippschalters und Drehen eines größeren Plastikknopfs in Betrieb genommen werden kann. Auf dem Bildschirm erscheint ein von Sternen umgebener Mond. Gegen Ende des Films ist auf demselben Screen der rote Planet zu sehen. Eine Live-Schaltung wird simuliert. Dabei sehen die Farbbilder auf dem Monitor aus wie schräge Luftbildaufnahmen aus Flugzeugperspektive, bis ein in niedrigerer Flughöhe den Bildausschnitt durchkreuzendes Raketenflugzeug, erkennbar an der Fluggeschwindigkeit und einem massiven Kondensstreifen, die Entfernung zur Erde verdeutlicht.

Leys Buch war nicht das erste, das den Titel *Conquest of Space* trug. Wie der Anglist De Witt Douglas Kilgore in seinem *Astrofuturismus*-Buch[102] über die blinden Flecken der Raumfahrtgeschichtsschreibung und ihren kulturellen Bedeutungszuweisungen darstellt, veröffentlichte der Schriftsteller und Begründer der US-amerikanischen Interplanetarischen Gesellschaft David Lasser bereits 1931 einen populärwissenschaftlichen Band zur Raumfahrt mit eben diesem Titel. *The Conquest of Space* hatte Lasser mit der Motivation geschrieben, ein Sachbuch zu verfassen. Für den Schriftsteller stand fest, »that the sight of the Earth from space would break down racial divisions«.[103] Lasser war Redakteur für Science-Fiction-Zeitschriften und Co-Autor von kollaborativ verfassten Kurzgeschichten. »Lasser sees in space travel the trigger for what Doris Lessing would later call a ›sense of we-feeling‹«.[104] Es ist dem kritischen und selbstreflexiven Ansatz von Kilgore zu verdanken, dass die politischen Handlungslinien besonders herausgearbeitet und in ihrer Ambivalenz diskutiert werden – er stellt sich methodisch in die Tradition der Cultural Studies, die durch Vertreter·innen wie Haraway praktiziert werden: Material auszuwählen, das bedeutend ist für den eigenen Werdegang.[105] Unter anderem untersucht Kilgore die Rolle von Raketeningenieur Wernher von Braun und das neue Image, das ihm in Hollywood verpasst wurde.

Die Geschichte der NASA ist nicht nur über von Braun und weitere deutsche Ingenieure mit dem Nationalsozialismus verbunden, sondern muss sich rassistische Institutionspolitik vorwerfen lassen. Chuck Yeager, der als erster die Schallmauer durchflog, intrigiert gegen den einzigen afroamerikanischen Testpiloten im Mercury-Programm, Edward Dwight. Als es darum geht, die Zahl der Anwärter auf sieben zu reduzieren, muss Dwight gehen, ohne einen Grund für diese Entscheidung zu erfahren. Hier zeigen sich Doppelstandards: Die NASA hatte damals in Vorbereitung der Mercury-Missionen mit Dwights Porträtfoto bei den Anwohner·innen in der Nähe einer Bodenstation im nigerianischen Bundesstaat Kano für deren Akzeptanz geworben.[106]

Walt Disneys *Tomorrowland*

Das Disney-Fernsehprogramm *Tomorrowland* hatte bereits 1959, das Zeitalter der Satelliten war gerade erst angebrochen, in der Sendung *Our Eyes in Outer Space* Fantasiebilder steuerbarer Satelliten gezeigt. Wenn auch die Fantasie der Wetterbeherrschung aus den Lüften verblasst ist[107], bleibt die Grundidee bis heute virulent: mit Technik globale Prozesse steuern zu wollen.[108] Willy Ley wurde gleichzeitig zum Filmdreh von *The Conquest of Space* für eine andere visionär gemeinte Inszenierung hinzugeholt. Als Berater von Walt Disney arbeitete er an den Entwürfen für Zukunfts-Attraktionen im ersten Disneyland der USA.[109] Für den zukunftsorientierten Teil im Vergnügungspark, *Tomorrowland*, wurden Räume gestaltet und Erzählungen konstruiert, die modernes Leben mit Technik, Tempo und Raumfahrt in Verbindung brachten. Disneys Erlebniszone *Tomorrowland* ist zeitlich im *Atomic Age* angesiedelt, 1986. Damals entschieden sich Walt Disney und sein Team für das Jahr 1986, weil Forscher·innen vorausgesagt hatten, dass der Komet Halley dann das nächste Mal am nächtlichen Himmel zu sehen sein würde.[110]

1955 kommt der Science-Fiction-Film *The Conquest of Space* in die Kinos, und in Kalifornien eröffnet das erste Disneyland. Ein Teil des Vergnügungsparks erzählt die koloniale Siedlergeschichte, der andere blickt in eine technoide Zukunft. Zu *Tomorrowland* gehört neben der Attraktion *The World Beneath Us (Earth's geology)* die Attraktion *Space Station X-1.*[111] Besucher·innen betreten eine fiktive Raumstation und sahen durch die Fenster auf den Planeten Erde. Flughöhe 90 Meilen (ca. 145 km). Vorlage für die Raumstation war diejenige, die Willy Ley in der ersten Folge der Disney-Fernsehsendung *Man in Space* im März 1955 vorgestellt hatte. Die Disney-Designer Claude Coats und Peter Ellenshaw bauten nach Beratung mit Wernher von Braun ein 360-Circle-Vision-Panorama. Als die ersten Satelliten im Orbit waren[112] und Satellitenbilder lieferten,[113] überarbeiteten sie die Attraktion und benannten sie in *Satellite—View of America* um.[114] In der neuen Version rückten die Betrachter·innen aus dem Zentrum. Zwei Jahre später wurde die Attraktion geschlossen, weil dem Anspruch einer realistischen Repräsentation nicht länger nachgekommen werden konnte.[115] »[T]here was no more powerful representation of this growing faith in America's new frontier than Walt Disney's ›Man in Space‹ television show and the Tomorrowland section of Disneyland.«[116]

»At the moment of Sputnik«

Am 4. Oktober 1957 startete die Sowjetunion mit Sputnik den ersten künstlichen Satelliten. Der Satellit, eine 85 Kilogramm schwere Kugel aus spiegelndem Metall von der Größe eines Basketballs, wurde auf einer vertikal startenden Rakete abgefeuert und umkreiste drei Monate lang mit 29.000 km/h die Erde. Das einzige Instrument des Satelliten war ein Funksender, der wenig Strom verbrauchte und in regelmäßigen Abständen einen Piepton aussendete. Dieses Piepen konnte von Radiohörern auf Kurzwelle empfangen werden.

Mit Sputnik war das Weltraumzeitalter eröffnet—gleichzeitig ging, wie der Historiker Alexander C. T. Geppert betont, eine Ära zu Ende. Sputnik erzählt Geppert zufolge »auch eine Verlustgeschichte«,[117] die Geschichte der Entzauberung des Universums. Am Beispiel der Mondlandung wird er rückblickend ebenfalls etwas zu Ende gehen sehen—das Ende des öffentlichen Interesses an der Raumfahrt nach Apollo-11—und den Beginn einer in dem Maße nicht vorgesehenen, zukünftigen Weltraumnutzung durch Satelliten. Wobei die erwähnten Berichte der RAND Corporation belegen, dass diese Pläne vor Beginn der Raumfahrt existierten, jedoch nicht in populären Erzählungen und Darstellungen. Geppert bezeichnet das Phänomen als »Post-Apollo Paradox«.[118] Anstelle von Missionen in weiter entfernte Weltraumareale folgte die Satellitentechnologie.

> Perhaps the largest conceivable revolution in information occurred on October 17, 1957, when Sputnik created a new environment for the planet. For the first time the natural world was completely enclosed in a man-made container. At the moment that the earth went inside this new artifact, Nature ended and Ecology was born. »Ecological« thinking became inevitable as soon as the planet moved up into the status of a work of art.[119]

McLuhans Essay »At the moment of Sputnik the planet became a global theater in which there are no spectators but only actors« erscheint 1974, fast 20 Jahre nach dem Satellitenereignis, in einer Zeit, in der die Satellitenära anbricht und Satelliten als Medien für Kommunikation und Umweltbeobachtung eingesetzt werden und McLuhan dem Umweltlichwerden von Medien, einer Theorie der Medienökologie dienen.

Was am 17. Oktober 1957 geschah, ist von medienwissenschaftlicher Relevanz. Das Bild, ein bis heute weitgehend unbekanntes Bild, das an dem Tag aufgenommen wurde, zeigt zwar nicht den Satelliten, aber deutet die Trägerrakete an, die den Satelliten in die Umlaufbahn befördert haben soll Abb. 25 S. 178. Auf diesem technischen Bild wird sie verortet. Die institutionelle Bildunterschrift im National Air and Space Museum in Washington ist einigermaßen ausführlich:

> The first official photograph of the Soviet Satellite Rocket using the new giant IGY satellite tracking camera was taken at South Pasadena, California at 5:06 a. m. PST, October 17, 1957 by the Smithsonian Astrophysical Observatory personnel. The rocket appears in the lower part of the photograph—its movement with relation to two stars, Pi Aurigae and Beta Aurigae, can be seen. Time is recorded to 1/1.000 second. The trailing exposures result from the special design of the camera to provide tracking information.[120]

Diese Tracking-Information ist in einer oberen Bildecke im Sekundenzeiger zu sehen. Auf dem Schwarz-Weiß-Bild, einem technischen Bild, gibt es schwarze Flecken, die mit der Rakete identisch sein könnten. Für den ungeschulten Blick ist es schwer zu entscheiden, welche der Punkte oder Balken zur Rakete gehören und bei welchen es sich um Artefakte handelt. Wie die Bildunterschrift erläutert, gibt es in dem Bild eine Zeitachse, man sieht die Bewegung in Form von doppelter Abbildung derselben Rakete. Das von McLuhan gewählte Datum taucht im Zusammenhang mit dem Sputnik-Ereignis in historischen oder kulturwissenschaftlichen Texten nicht auf. Diese Texte interessieren sich einzig für das zentrale Objekt, den Starttermin und die politischen Folgen, nicht für das namenlose Transportvehikel zur *high frontier*,[121] das keine Signale sendet und in der Bildgeschichte der Raumfahrt äußerst unterrepräsentiert ist. Nach Erscheinen von McLuhans Essay vergingen viele Jahre, bis der Planet Erde der Idee eines globalen Theaters tatsächlich näher rückte, obwohl der Sputnik-Satellit für ein großes Medientheater gesorgt hatte und vielleicht eines der wenigen Ereignisse neben der Mondlandung war, das global simultan rezipiert wurde. Heute gibt es zwar weltumspannende Kommunikationstechnologien, aber die Aufmerksamkeitsfenster haben sich verschoben.

Im selben Text verweist Marshall McLuhan auf den Überwachungsaspekt derselben Infrastruktur aus Hardware und Software. Sein Beispiel ist die Watergate-Affäre, an der für ihn deutlich wird, dass »the entire planet has become a whispering gallery, with a large portion of mankind engaged in making its living by keeping the rest of mankind under surveillance. The FBI includes among its responsibilities keeping under surveillance individual members of the CIA.«[122] Aus dieser Formulierung wird deutlich, dass McLuhan eine kritische Position gegenüber dem Überwachungspotenzial dieser Technologie einnahm.

Eine im Dezember 1957 erschienene Ausgabe des *National Geographic*[123] widmete sich dem Satelliten als bildgebende Technologie. Messdaten könnten in Zukunft auf Kathodenstrahl-Oszilloskopen gesichtet und ausgewertet werden oder im Fall der Spionagesatelliten als 35-mm-Film projiziert werden. Mit dem Satellitenzeitalter war ein Perspektivenwechsel eingetreten, der Blick richtete sich nicht ausschließlich von der Erde ins Universum, sondern nun auch von außen auf die Erde, mit den Satelliten als Stellvertreter. Sputnik lieferte bekanntlich noch keine Bilder, sondern bereitete den damals berichtenden Medien ein Bildproblem. Zuvor hatten Zeitschriften diese Leerstelle beim Thema Raumfahrt beispielsweise mit Filmstills aus Fritz Langs *Frau im Mond* (1929) gefüllt. Die BILD-Zeitung brachte mit einer Bildunterschrift die Vorstellung eines subjektiven Blicks zum Ausdruck: »So sieht uns der Sputnik«. Die Zeichnung zeigte die Satellitenkugel mit comichaften Geschwindigkeitsspuren im Flug über Deutschland.[124] Im Bildanschnitt deutet sich die Erdkrümmung an. Der Satellit war vorrangig ein Symbol im Wettrennen um den Machtanspruch im Weltraum. Eine beobachtbare Wirkung, etwa als Zeitfaktor im täglichen Geschäft von Medien, Film und Fernsehen, die einen Satelliten mit Datenbanken rückkoppelte, kam ihm erst viel später zu. Zunächst war es ein Testsatellit, dem große mediale Aufmerksamkeit zuteilwurde. Sputnik heißt auf Russisch ›Trabant‹, ›Satellit‹ – dieser Name war sein einziges Programm. Der menschliche Standpunkt hatte sich in der Vorstellung verdoppelt, erweitert; im Unterschied zur von Virilio Jahrzehnte später diskutierten Sehmaschine, der Überwachungskamera, die Dystopien nährte.

So wurde Sputnik von McLuhan,[125] der das Weltbild beziehungsweise Welt-Gefühl des planetarischen Zeitalters als »global village«[126] bezeichnete, als Revolution gefeiert, weil der kleine Sender in der Erdumlaufbahn eben dieses planetarische Bewusstsein auslöste. Weitaus intensiver beschäftigte sich der Medientheoretiker McLuhan dann mit dem Kommunikationssatelliten Telstar, der Fernsehübertragungen möglich machte, sich also unmittelbar auf die mediale Landschaft auswirkte, die Gegenstand seiner Studien ist. Im Unterschied zu Kepes und seinem formalen Blick auf die neue visuelle Szenerie, war McLuhan ein kritischer Geist, der auf die manipulativen Kräfte des Bildeinsatzes in den Massenmedien hinwies, also das Bild im medialen Kontext, nicht im wissenschaftlichen beobachtete – dort, wo es der Öffentlichkeit begegnet. Um die Bilderflut untersuchen zu können, unterbreitete er den Vorschlag, dass die »whirling phantasmagoria can be grasped only when arrested for contemplation. And this very arrest is also a release from the usual participation.«[127] Während McLuhan auf die Pausentaste drücken wollte, um besser zu verstehen, was er sah, übersteigerten Charles und Ray Eames die mediale Bilderflut und gaben ihr mehr Raum, als sie auf dem häuslichen Fernseher einnehmen konnte.

Ereignis ohne Bild

War der Sputnik ein Ereignis ohne Bild oder mit verspätetem Bild? McLuhans Pasadena-Aufnahme, ein technisches Bild, das von einem terrestrischen

Standpunkt aus aufgenommen wurde und mit einem geschulten Auge interpretiert werden kann, fand nicht den Weg in die mediale Öffentlichkeit.

Für den zeithistorischen Moment zirkulieren viele Bezeichnungen, wie ›Sputnik-Schock‹, die ›Sputnik-Panik‹ oder der ›Sputnik-Moment‹ – in US-amerikanischen Historiografien später als ›Sputnik Crisis‹ eingeordnet. Ein wesentlicher Faktor, der zum Sputnik-Schock beigetragen haben soll, ist die verzögerte Veröffentlichung eines Pressefotos am Samstag, den 5. Oktober 1957, fünf Tage nach dem Start.[128] Zu den Medien, die dann das amerikanische Überlegenheitsgefühl erschütterten, gehörten Fachblätter wie das Magazin *Astronautics*, in dem 1960 der Artikel über Astronauten als Cyborgs erschien[129] und das später von Donna J. Haraway appropriierte Konzept der Mensch-Maschine-Verbindung vorstellte. Ein weiteres Beispiel ist die *New York Times*, deren Titelseite zu diesem Anlass mit Großbuchstaben überzogen war.[130] Auch auf der ersten Seite der *Washington Post* findet sich eine Überschrift in Form einer Kurzbeschreibung der Ereignisse. Fünf Tage nach dem Start steht zu lesen: »Space Satellite Launched by Russians Circling Earth at 18,000 Miles an Hour; Is Tracked Near Washington by Navy«. Auf derselben Seite folgen zwei Artikel, der eine stimmt mildere, anerkennende Töne an, der andere bleibt faktisch: »U. S. Scientists Praise Russian Achievement« und »22-Inch Artificial Moon In Orbit 560 Miles Up; Signals Heard in U. S.«

Es lässt sich darüber spekulieren, warum das Pressefoto verspätet veröffentlicht wurde: Wollten die sowjetischen Wissenschaftler·innen und Politiker·innen die Weltaufmerksamkeit auf die Radioübertragung lenken? Wollten die Wissenschaftler·innen zunächst sicher gehen, dass der Sputnik nicht abstürzt? Diesem Mangel an Bildern begegneten die zuständigen Redaktionen mit Illustrationen von sogenannten *space artists*. Diese Künstler·innen näherten sich ihrem Sujet mit demselben Set an geometrischen Darstellungsmethoden, das sie für räumliche Visualisierungen unter irdischen Bedingungen einsetzten. Daraus ergab sich ein Folgeproblem, »they made the spaces around Earth appear accessible«.[131] Der Weltraum bietet keine festen Orientierungspunkte, keine vertikalen oder horizontalen Richtungen, keine Größenordnungen. Doch ohne Bilder konnte der Weltraum nicht vermittelt werden, »the essential role of images is the epistemic reason […] why Euclidean geometry became essential in popular spatial thought of outer space.«[132]

Dass diese Bilder zu einer Zeit entstanden, in der Physik bereits die Relativitätstheorie eingeführt und Alternativen zur Geometrie diskutiert worden waren, störte die öffentliche Akzeptanz der zweidimensionalen Bilder nicht. Sputnik war insofern eine Herausforderung, als bislang zwei Motive die Weltraumrepräsentation dominierten: Bilder von Raumschiffen und von Mondlandschaften, nicht der ›leere‹ Zwischenraum. Das änderte sich nun. Orbitale Flugbahnen mussten mit einem Mal repräsentiert werden. Zu der Zeit, wie zum Teil auch bis heute, prägten die *space artists* die Neu-Codierung von Technik und Zukunft: »Illustrators had an essential role in ideological re-adjustments of images of future worlds.«[133]

Der vom Historiker und Kulturwissenschaftler Daniel Brandau beobachteten »shift of public authority from engineers to academics«[134] in den 1950er Jahren ist schwer nachzuvollziehen, vielmehr schienen beide Autoritäten parallel zu existieren und in der politischen Sphäre aufeinander zu treffen. In diesem Kontext zählt ein Ingenieur wie Wernher von Braun zu den Schlüsselfiguren, die sich durch diese Welten bewegten und die TV-Öffentlichkeit im Disney-Kanal adressierten, um anhand von Raketen- und Satellitenmodellen die Raumfahrt zu erklären.

Wenngleich der erste Sputnik noch als *l'art pour l'art* der Satellitenkunst oder als »proof-of-concept technology«[135] zu betrachten ist, hat er dazu beigetragen, das Satellitenbild zu naturalisieren. Hätte Roland Barthes seine Kolumnen nicht bereits 1957 in dem Sammelband *Mythologies* zusammengefasst, wäre vielleicht ein Text zu Sputnik entstanden. In einem klassifizierten Memorandum zur Satellitenpolitik, das zwei Jahre vor Sputnik erschienen war, erläuterte die US-Regierung, dass der Satellit ebenso ein sichtbares Objekt wie ein sehendes Objekt sei:

Considerable prestige and psychological benefits will accrue to the nation which first is successful in launching a satellite. The inference of such a demonstration to intercontinental ballistic missile technology might have important repercussions on the political determination of free world countries to resist Communist threats, especially if the USSR were to be the first to establish a satellite.[136]

Einen Satelliten in den Erdorbit zu bringen, bedeutete, dass eine Nation ihr technisches Können in der Welt sichtbar machte. Diese Verbindung von Wissenschaft und militärischer Strategie sowie die US-amerikanische Taktik, die Unterscheidung zwischen beiden zu stören, dominierte die Instrumentalisierung der Satelliten für ein modernes westliches Weltbild.

Daher überrascht es nicht, dass der Politikwissenschaftler Glenn P. Hastedt daraus eine »highly agitated response of the media and public«[137] macht, die mit dem »new political symbolism«[138] aus Moskau erst zurechtkommen muss. Die Reaktionen auf Sputnik fallen jedenfalls nicht so einheitlich aus, wie es das Schlagwort ›Sputnik-Schock‹ suggeriert. Der Historiker Roger D. Launius unterzieht das »Masternarrativ« in drei Punkten[139] einer Revision, und zwar der Schock-Interpretation, der Eisenhower-Politik und der Legende von der NASA-Gründung als ultimative Folge der sogenannten Sputnik-Krise. Seine Kritik an dem Sputnik-Schock begründet er mit den Ergebnissen einer Umfrage, die von den Anthropologinnen Margaret Mead und Rhoda Métraux unmittelbar in den zwei Wochen, nachdem der Satellit Schlagzeilen machte, in verschiedenen Bundesstaaten durchgeführt wurde.[140] Aus den knapp 3.000 Antworten liest Launius »the need for a revision to the master narrative since neither shock or awe was dominant.«[141] Unter den Antworten fand sich unter anderem: »The US should stop being so smug«, so zitiert Launius aus der Mead-Métraux-Studie in der Library of Congress. Er kommt zu dem Schluss: »If there was any trauma following the Russian sputnik, it occured in Washington and not among the general public.«[142] Zwischen Politik, US Army und US-Air Force hatten sich zuvor Auseinandersetzungen um Geld und Macht abgespielt, unter anderem wurden Dokumente geleakt, mit denen sich die Army gegen die Vergabe des Satellitenauftrags an die Air Force wehren wollte. Mehr als zwei Jahre nach dem orbitalen Flug instrumentalisierte die Demokratische Partei Sputnik im Wahlkampf. Gretchen J. Van Dyke führt aus, wie Sputnik zum »political symbol and tool« der Wahlkampagne für den Präsidentschaftskandidaten John F. Kennedy gemacht und wie der »missile gap myth« bewusst eingesetzt wurde, um den Konkurrenten Eisenhower zu disqualifizieren.[143]

Kennedys *New Frontier*

Die *Frontier* ist ein zentraler Begriff in der US-amerikanischen Geschichte und ein starkes ideologisches Narrativ im Dienst des Zukunfts- und Fortschrittsdenkens der Moderne, das bis heute immer wieder aktualisiert wird. Der Zweite Weltkrieg war noch nicht beendet, als von der US-Regierung eine neue Wissenschaftspolitik unter dem Vorzeichen einer *endless frontier*[144] ausgerufen wurde. Der Titel ist umso mehr ein Oxymoron, wenn die historische, koloniale, geostrategische Bedeutung des Frontier-Begriffs mitgedacht und weniger die an zwangsläufig endlichen Ressourcen orientierten »kapitalistischen Frontiers«[145] beachtet werden. Die historische Frontier-Linie musste an der Küste des Pazifiks halt machen.

Über die Jahrhundertwende hinweg hatte sich in den Jahren von 1850 bis 1940 ein eine wissenschaftliche Landschaft[146] entwickelt, in der ein komplexes Netzwerk aus Universitäten, Stiftungen, Industrie und Regierungsbehörden angesiedelt war. Oberflächlich losgelöst von geografischen Grenzen, setzte sich der US-amerikanische Mythos einer horizontalen Westwärtsbewegung in abstrakteren wissenschaftlichen Frontier-Dimensionen fort, bevor das Frontier-Denken ein gutes Jahrzehnt später mit John F. Kennedys Ankündigung, zum Mond zu fliegen, in vertikale Richtung, senkrecht nach oben projiziert wurde.

In dem Film *The Conquest of Space* bereitet der Crew der lange Aufenthalt im Weltraum mentale und physische Probleme, sie leidet unter Weltraum-Müdigkeit[147] oder wird von religiösen Wahnvorstellungen heimgesucht – das religiöse Motiv der *Go West-Frontier* wird in die unbegrenzten Weiten des Weltraums verlegt. Es ist derselbe neue Vorstellungsraum, den Kennedy als Präsidentschaftskandidat am 15. Juli 1960 in seiner Rede mit dem Titel »Urgent National Needs« beim demokratischen Parteitag in Los Angeles als einen Aspekt der »frontier of the 1960s« adressierte. Einer *Frontier*, die sich offenkundig von der Siedler-Erzählung des 19. Jahrhunderts abheben muss,[148] die er im großen wie im kleinen Maßstab, im absoluten Nahbereich, in den menschlichen Köpfen implantiert[149] und im entfernten Universum realisiert sehen wollte. Kennedys Aneignung dieses aufgeladenen Begriffs kann als Bestätigung der Frontier als ›travelling concept‹[150] theoretisch weitergedacht werden. In diesem Fall sind nicht die akademischen Disziplinen die durchwanderte Landschaft, sondern die Geopolitik im 20. Jahrhundert, denn sie definiert ein Verhältnis zur Umgebung, wie darin gedacht und gehandelt werden kann. Diese »new frontier« war durch eine Reihe an Science-Fiction-Autor·innen kulturell vorgesehen, in deren Geschichten die »space frontier as a site of renewal«[151] erzählt wurde.

Wie sich bereits andeutet, handelt es sich bei der Frontier um eine Erzählung mit wechselnder Autor·innenschaft, die neue Besiedlungs-, Geschäfts- oder Forschungsgebiete reklamiert und zwischen Mythos, Ideologie und Tradition wechselt. »Tradition is not a ›tool‹ for analysis. It is not a mini-theory [...]. It is more like an ideology. Concepts have this dubious aspect to them«,[152] schreibt Bal. In den diversen US-amerikanischen Frontiers-Erzählungen werden politische Orte, nationale Akteur·innen und eine kolonialistische Agenda gerahmt.

Von der Frontier-Rhetorik wird in unterschiedlichen Kontexten Gebrauch gemacht. Der Begriff der »high frontier«[153] geht, wie gesagt, zunächst zurück auf ein Buch des Physikers Gerard K. O'Neill (1927–1992), das 1977 erschien.[154] In dem Buch erzählt O'Neill von einer Zukunft der Menschheit in Weltallkolonien. »Many saw it as a breakout from the limits to growth and accepted the idea that space was an essential part of an optimistic scenario for the future.«[155] Tatsächlich wurde das Taschenbuch in technologienahen, akademischen und industriellen Kreisen rezipiert. Später, in den 1980er Jahren unter der Präsidentschaft von Ronald Reagan, wird der Begriff mit neuer Bedeutung aufgeladen. Ein Kreis von Kabinettsmitgliedern veröffentlicht 1982 den Bericht *High Frontier: A New National Strategy*[156] und diskutiert darin ein kinetisches Waffensystem, das für eine Stationierung im Weltraum vorgesehen war. Haraway greift Reagans Star-Wars-Programm zur Verteidigung im Weltraum in ihrem Cyborg-Manifest an.

Supersatelliten

Es gehörte zu den Mechanismen des Kalten Krieges zwischen den USA und der Sowjetunion, dass popkulturelle Schreckensszenarien und literarische Fantasmen aufblühten, angetrieben durch technologische Fortschritte. Mit dem Sputnik-Flug etwa wurde die Angst vor Außerirdischen und UFOs reaktiviert. Die UFO-Paranoia ging so weit, dass die CIA eine Gruppe von Spitzenwissenschaftler·innen einsetzte, angeleitet von dem Mathematiker und Physiker Dr. H. P. Robertson, die zu dem Schluss kam, dass es strategisch klug wäre, sämtliche kursierende UFO-Berichte als Fake zu entlarven, aus Angst, dass die Sowjetunion sie nutzen könnte, um in den USA öffentliche Hysterie auszulösen. Sogar im Fernsehprogramm *The Wonderful World of Disney* fand die Desinformationskampagne Platz. Bekannte UFO-Gruppen wurden auf subversive Aktivitäten hin überwacht.[157]

Seitdem 1957 erstmals ein Satellit die Erde umrundete, hat sich viel verändert. 60 Jahre später befinden sich unzählige Satelliten im Orbit, deren Namen in der Öffentlichkeit unbekannt sind. Allein die Firma SpaceX hat 2018 für knapp 12.000 Satelliten bei der Federal Communications Commission (FCC) die Zulassung beantragt und eine Zusage erhalten.[158] 2019 wurden hunderte der insgesamt 12.000 Satelliten in den lower-Earth-orbit (LEO) gebracht. Die Satelliten fliegen zwischen 550 km und 330 km tief,[159] im unteren Bereich des LEO, zum Teil tiefer als die Internationale Raumstation. Die Angaben zur Flughöhe variiert deutlich. Diese vergleichsweise niedrige Flughöhe ist für Satelliten neu—aus diesem Grund hat SpaceX für ihre Umlaufbahn einen eigenen Namen vorgeschlagen: *very-low-Earth orbit* (VLEO). Vorgesehen ist, dass das Kommunikationssystem Starlink bis zu 12.000 Satelliten umfassen soll, um Breitband-Internet in abgelegene Gegenden der Erde zu senden, in die keine Glasfaserkabel reichen. Damit der Zugang zum Satelliten-Internet funktioniert, muss ein Empfänger installiert werden. Für diesen Service muss von SpaceX im Rahmen eines »end-of-life disposal plan« geklärt sein, wie der zukünftige Satellitenschrott entsorgt wird, wenn die Satelliten nicht mehr funktionieren.

Wie das Kommunikationssystem Starlink funktioniert, ist weitgehend unbekannt. Mark Handley vom Department of Computer Science am University College London vermutet, die Firma »funke die Satelliten—die in virtuellen Vierer-Gruppen verbunden sind—von der Erde mit Radiowellen an. Die Satelliten würden die Daten mit Lasern zueinander schießen und letztlich wieder zur Erde zurückfunken. Allerdings sei das alles andere als einfach.«[160] Zusammenstöße der Satelliten sind nicht ausgeschlossen—was anhand der Simulation zunächst realistisch erscheint. Eine E-Mail der ESA an Starlink, deren Satelliten zum Teil mit einer automatischen Kurskorrekturtechnologie ausgestattet sein sollen, blieb unbeantwortet, obwohl die Gesetzgebung ›humans in the loop‹ vorsieht.[161] Die Automatisierung des Raumfahrtverkehrs ist bislang vor allem ein Plan und weder durch die Gesetzgebung noch durch die Politik legitimiert. Das Weltraumabkommen aus den 1960er Jahren sieht vor, dass im Weltraum keine Nation Anspruch auf Souveränität erheben kann. Genauso verhält es sich mit dem Kommunikationsmedium E-Mail, das für die internationale Abstimmung des Weltraumverkehrs vorgesehen ist; »the last great unowned technology«.[162] Einer Beobachtung von Paul Virilio folgend, könnte hier das Postulat gelten: Jede neue Technologie verursacht ihre eigenen Unfälle.[163] Es wäre für die Geschichte der Raumfahrt nicht ungewöhnlich, wenn das Starlink-Projekt, das hier aufgrund der erdumspannenden Ambitionen beispielhaft für etliche Nanosatelliten-Projekte in der ganzen Welt erwähnt wird, weitere Phasen durchlaufen muss, bis es realisiert werden kann oder eingestellt wird, da es schlicht das Budget sprengt. In der Geschichte der Raumfahrt scheiterten etliche Projekte, manches Mal kurz nach dem (Raketen-)Start.

Im Vergleich von Visualisierungen der Erde, in die das eine Mal Sputniks Flugbahn eingetragen wurde, und das andere Mal eine Videosimulation die benötigten Flugbahnen des SpaceX-Satellitennetzes darstellt, das globale Abdeckung ermöglichen soll. Die Sputnik-Flugbahn war solitär nur in wenigen Linien um die Erde gezeichnet worden. Heute hingegen herrscht etwa in GIF-Animationen nahezu dichter Verkehr, der überwacht sein will.

Um sich ein ›Bild‹ davon zu machen, wie viele Satelliten tatsächlich fliegen—ausgenommen von Spionage-Satelliten, die in dem Verzeichnis nicht aufgelistet sind—, kann nach Angabe der eigenen Koordinaten auf der Webseite HeavensAbove eine Liste mit Uhrzeiten für Satellitenüberflüge erhalten.

Da die Satelliten sehr schnell fliegen, ist es allerdings kaum möglich, sie mit bloßem Auge zu sehen. Und unabhängig von der Wolkendecke ließe sich ein passierender Satellit nur mit einem Radargerät sichten. In der Gegenwart gibt es neben dem Satelliten-Boom Pläne, den Geist der Apollo-Missionen zu reaktivieren. Doch die Reaktionen sind verhalten, wie etwa eine Zeitungsüberschrift »Planlos ins All«[164] – »das ›Gateway‹, das Tor zu den Tiefen des Weltalls, ist bisher allerdings eine reine Powerpoint-Raumstation, eine Idee, eine Absichtserklärung«[165] – oder der Film *First Man* (Damien Chazelle, 2018) mit ihrer tendenziell phlegmatischen Grundstimmung andeuten. Zudem sind ob der durchschnittlichen Lebenszeit eines Menschen die Ziele eingeschränkt.

1 »NASA was still thinking about the Earth in terms of detail – weather patterns, surface resolution and ›terminator studies‹ [Studien der Licht-Schatten-Grenze] – but the sort of equipment that could be carried on small lunar probes wasn't capable of resolving the Earth into anything more than an interesting astronomical detail.« (Robert Poole, *Earthrise. How Man First Saw the Earth*, New Haven / London: Yale University Press 2008, S. 81). Ein Hinweis auf mangelnde Kameratechnik findet sich in einem RAND-Bericht. Als Grund wird die ausgebliebene Weiterentwicklung während des Zweiten Weltkriegs angegeben. (Vgl. Merton E. Davies / William R. Harris, »RAND's Role in the Evolution of Balloon and Satellite Observation Systems and Related U. Space Technology«, Santa Monica, CA: RAND Corporation 1988, S. 10). Siehe auch die Auszüge aus einem 1970 verfassten Bericht von RAND-Mitarbeiter Amron Katz, »Some Notes on the Developement of High Resolution in Aerial Photography« (Ebd., S. 11–12).

2 J. Allen Hynek / Fred L. Whipple, »Observations of Satellite I«, in: *Scientific American*, 197, 6, Dezember 1957, S. 37–43, hier S. 37.

3 Daniel Brandau, »Demarcations in the Void: Early Satellites and the Making of Outer Space«, in: *Historical Social Research / Historische Sozialforschung*, 40, 1 (151), 2015, S. 239–264, hier S. 249.

4 Robert Stone, »Die Eroberung des Mondes. ›Wir haben den Mond als Ziel gewählt…‹«, dreiteilige Dokumentation, *arte* 2019, 110 Min., ab 7 Min. 40 Sek.

5 Ebd.

6 Brandau, »Demarcations in the Void«, S. 258.

7 Denkt man anhand von diesem künstlerischen Beispiel an die von Claus Pias in einem Fernsehinterview skizzierten Skalierungsprobleme, dann könnte bereits die nächstgrößere Version einstürzen. Pias kritisiert an etablierten »scaling laws«, dass diese Gesetze nicht die Effekte eines alle »Elemente« einbeziehenden Skalierungsvorgangs bedenken. (Vgl. Claus Pias, »Skalierungsprobleme«. Ausschnitt aus scobel, *Vermessene Welten – Auf der Suche nach der einheitlichen Theorie*, Folge 64, 3Sat, 60 Min., 16.9.2010, https://youtu.be/snjQ4r4QNTE).

8 Die NASA betreibt einen Zähler für die Flugdauer und die Entfernung von Erde und Sonne der Voyager 1 und der Voyager 2. Im Juli 2021 wurde für die Voyager 1 eine Entfernung von 21,8 Milliarden Kilometer angezeigt (https://voyager.jpl.nasa.gov/mission/status/).

9 Nicht allein die Darstellungsmodi der Erde ändern sich, auch das Wissen über das beobachtbare Universum wächst. 2014 entdeckten Forscher·innen den Laniakea-Supergalaxiehaufen, der einen Durchmesser von 500 Millionen Lichtjahren hat. Zudem fanden sie heraus, dass die Milchstraße annähernd doppelt so groß ist wie gedacht und gewölbt wie ein Wellblechdach. Bis dato waren viele Astronom·innen davon überzeugt gewesen, dass die Milchstraßengalaxie im Wesentlichen aus Sternen und Gas besteht, die zusammen die Form einer flachen Scheibe ergeben mit einem Durchmesser von 100.000 Lichtjahren und einer Dicke von 3.000 Lichtjahren. Die Sterne dieser Scheibe wären diesem veralteten Erkenntnisstand zufolge in mehrere Spiralarme verteilt gewesen und das Sonnensystem hätte sich in einem der äußeren Arme befunden. Die Erde hat auf Grund dieser Erkenntnisse eine Neuverortung erfahren.

10 Sonja J. Neef / Henry Sussman, »›The Glorious Moment of Astroculture.‹ Introduction«, in: Dies. / Ders. / Dietrich Boschung (Hgg.), *Astroculture. Figurations of Cosmology in Media and Arts*, München: Fink 2014, S. 20.

11 Friedrich Kluge, *Etymologisches Wörterbuch der deutschen Sprache.* Bearb. von Elmar Seebold, 25., erw. Auflage, Berlin / Boston: de Gruyter 2011, S. 961. »›möglich‹, per. fremd. (19. Jh.), entlehnt aus frz. virtuel, dieses über das Mittellateinische aus l. virtus ›Kraft, Tüchtigkeit, Mannhaftigkeit‹, zu l. vir ›Mann.‹«

12 Eva Wilson, »Hinter den Spiegeln. Virtualität, Rekursion und virtuelle Bilder im 19. Jahrhundert«, in: Marcel Finke / Heide Barrenechea / Moritz Schumm (Hgg.), *Periphere Visionen. Wissen an den Rändern von Fotografie und Film*, Paderborn: Wilhelm Fink 2018, S. 97–111.

13 Ebd., S. 97.

14 Ebd., S. 102.

15 Ebd., S. 103.

16 Ebd., S. 111.

17 Gilles Deleuze, »Das Aktuelle und das Virtuelle«, in: Peter Gente / Peter Weibel (Hgg.), *Deleuze und die Künste*, Frankfurt am Main: Suhrkamp 2007, S. 249.

18 Ebd., S. 251.

19 »Although the virtual image was first described as a purely retinal image, it also became tied to representation as a descriptor for the secondary register of representation, the pictura. A ›virtual‹ image may also be produced through the refracting mediation of a lens or the reflecting mediation of a mirror. Both of these optical meanings for ›virtual‹ – an image produced in the brain without referent in the world, and an image produced out of some optical mediation form precedents to the use of the term in the contemporary vernacular.« (Anne Friedberg, *The Virtual Window. From Alberti to Microsoft*, Cambridge, MA: The MIT Press 2006, S. 9).
20 Ebd., S. 11.
21 Begriffe von Deleuze sind »durch die Wissenschaft geprägt« (Henning Schmidgen, »Begriffszeichnungen. Über die philosophische Konzeptkunst von Gilles Deleuze«, in: Peter Gente / Peter Weibel (Hgg.), *Deleuze und die Künste*, Frankfurt am Main: Suhrkamp 2007, S. 42).
22 Gilles Deleuze, »Das Aktuelle und das Virtuelle«, S. 252.
23 Ebd.
24 Ebd.
25 Ebd.
26 Joseph Vogl, »Was ist ein Ereignis?«, in: Peter Gente / Peter Weibel (Hgg.), *Deleuze und die Künste*, Frankfurt am Main: Suhrkamp 2007, S. 74–75.
27 Ebd., S. 75.
28 Ebd. S. 78.
29 Tom Holert, »Bildfähigkeiten«, in: Ders. (Hg.), *Imagineering. Visuelle Kultur und Politik der Sichtbarkeit*, Köln: Oktagon Verlag 2000, S. 21.
30 Gilles Deleuze / Félix Guattari, *Was ist Philosophie?* Frankfurt am Main: Suhrkamp Verlag 1996. S. 187–88.
31 Karl Clausberg, *Zwischen den Sternen: Lichtbildarchive* / Felix Eberty: *Die Gestirne und die Weltgeschichte* [1846 / 47], Berlin: Akademie Verlag 2006, S. 37.
32 Felix Eberty, *Die Gestirne und die Weltgeschichte, Teil I* [1846], in: Karl Clausberg, *Zwischen den Sternen: Lichtbildarchive* / Felix Eberty: *Die Gestirne und die Weltgeschichte* [1846 / 47], Berlin: Akademie Verlag 2006.
33 Clausberg, *Zwischen den Sternen: Lichtbildarchive*, S. 27.
34 Ebd., S. 28.
35 Vgl. Gaia-Weltraumsonde der Europäischen Weltraumorganisation (ESA), die mit 106 lichtempfindlichen CCD-Sensoren (Charge-coupled Devices) ausgestattet ist, die wiederum eine 50-fache Auflösung von Profi-Spiegelreflexkameras haben.
36 Deutsches Luft- und Raumfahrtzentrum, »Live die ISS sehen!«, https://www.dlr.de/next/desktopdefault.aspx/tabid-8066/13821_read-35131/.
37 In einem Essay geht John Sellers dem Interesse der Romantiker sowie von Deleuze und Guattari an den Stoikern nach, anhand der Schrift »Meditations« des römischen Kaisers Marcus Aurelius. Die kosmologische Perspektive bedeutet dort, sich gedanklich herauszuzoomen, einen großen Zeitraum im Blick zu haben über die eigene Lebenszeit weit hinaus, »a move from the perspective of the liminted organism to a perspective orientated around much larger spatial and temporal dimensions« (S. 5), einen in die Lage zu versetzen Zeit im planetarischen Maßstab aufzufalten. Marcus Aurelius nutzt in seiner Schrift die kosmologische Perspektive, um sich von menschlichen Ängsten und Belangen zu distanzieren und eine Re-evaluation all dessen vorzuschlagen, was sonst aus der Perspektive des begrenzten menschlichen Urteilsvermögens Wertschätzung erfährt. In Aurelius' Fall ist es eine Machttechnik, die es ermöglichen sollte, eine Gesellschaft zu kontrollieren. (Vgl. John Sellers, »The Point of View of the Cosmos: Deleuze, Romanticism, Stoicism«, in: *Pli – The Warwick Journal of Philosophy*, University of Warwick, Coventry, 8, 1999, S. 1–24).
38 Eberty, *Die Gestirne und die Weltgeschichte, Teil I* [1846], in: Karl Clausberg, *Zwischen den Sternen*.
39 Google Nest, Meet Google Home, 4.10.2016, https://youtu.be/r0iLfAV0plg.
40 Hans Blumenberg, *Die Genesis der kopernikanischen Welt. Die kopernikanische Optik*. Frankfurt am Main: Suhrkamp 1981, S. 717.
41 Eberty, *Die Gestirne und die Weltgeschichte, Teil I* [1846], in: Karl Clausberg, *Zwischen den Sternen*.
42 Joseph Vogl, »Medien-Werden: Galileis Fernrohr«, in: Lorenz Engell / Joseph Vogl (Hgg.), *Mediale Historiographien*, Weimar: Univ.-Verlag 2001, S. 115–124, hier S. 116.
43 Ebd., S. 118.
44 Beate Söntgen, »Die Banalität des Drohnentheaters«, in: *Frankfurter Allgemeine Zeitung*, 25.7.2018.
45 Siehe Wendy Hui Kyong Chun, *Updating to Remain the Same. Habitual New Media*, Cambridge, MA: The MIT Press 2016. Nana Verhoeff, *Mobile Screens. The Visual Regime of Navigation*, Amsterdam: Amsterdam University Press 2012. Mark B. Hansen, *New Philosophy for New Media*, Cambridge, MA: The MIT Press 2004. Lev Manovich, *The Language of New Media*, Cambridge, MA: The MIT Press 2001. Mit einem Fokus auf das Kriegsbild schreibt Roger Stahl über die Habitualisierung (Roger Stahl, »Becoming Bombs. 3D Animated Satellite Imagery and the Weaponization of the Civic Eye«, in: *MediaTropes*, II, 2, 2010, S. 65–93, hier S. 77–79).
46 Keller Easterling, *ExtraStatecraft: The Power of Infrastructure Space*. London / New York: Verso 2014.
47 Siehe Hito Steyerl, »Duty Free Art«, in: *e-flux Journal*, 63, März 2015, https://www.e-flux.com/journal/63/60894/duty-free-art/.
48 Vgl. Friedrich Kittler, *Optische Medien. Berliner Vorlesung 1999*, Berlin: Merve 2011, S. 54.
49 Vgl. Hito Steyerl, *ExtraSpace-Craft*, 2016. Installation, Dreikanal-HD-Video, 12 Min. 30 Sek.
50 Katja Kwastek, *Aesthetics of Interaction*, Cambridge, MA: The MIT Press 2013, S. 79.
51 Vgl. W. J. T. Mitchell, *What Do Pictures Want? The Lives and Loves of Images*, Chicago: University of Chicago Press 2005.
52 Karen Archey, »Hyper-Elasticity Symptoms, Signs, Treatment: On Hito Steyerl's *Liquidity Inc.*«, in: Nick Aikens (Hg.), *Too Much World: The Films of Hito Steyerl*, Sternberg Press: Berlin 2014, S. 221–228.
53 Rosalind Krauss, *»A Voyage on the North Sea«. Broodthaers, das Postmediale* [A Voyage on

the North Sea: Art in the Age of the Post-Medium Condition [London: Thames & Hudson 2000], Berlin: diaphanes 2008.
54 Wie sie beispielsweise der Künstler Jon Rafman mit einem ortsspezifischen Zugang in seinem Beitrag für die Berlin Biennale 2016 realisiert hat: *L'Avalée des avalés (The Swallower Swallowed)*, 2016. Skulpturen (High-Density-Polyurethan, Acryl); *View of Pariser Platz*, 2016. Virtuelle Realität, ca. 3 Min., Regie: Jon Rafman / Samuel Walker.
55 Vgl. Ivan E. Sutherland, »A head-mounted three dimensional display«, in: *Proceedings of the AFIPS Fall Joint Computer Conference*, Washington, D. C.: Thompson Books 1968, S. 757–764.
56 Friedrich Kittler, *Optische Medien. Berliner Vorlesung 1999*, Berlin: Merve 2011, S. 76f., S. 161, S. 168, S. 202, S. 209f., S. 222, S. 257f.
57 Beispiele für den technologischen Fortschritt, der vom Militär angetrieben wurde, sind kürzere Informationsfilme, die von Lookout Mountain Air Force Station, 1352d Motion Picture Squadron, einer Abteilung der United States-Air Force, produziert wurden.
58 Auch die NASA setzt bis heute popkulturell anspielungsreiche gestalterische Mittel ein, zum Beispiel um die Einzelprojekte ihres New-Frontiers-Programms vorzustellen.
59 Hito Steyerl, »Bubble Vision«, Vortrag im Rahmen der Veranstaltung *Wörterbuch der Gegenwart #10 Bild*, Haus der Kulturen der Welt / Pierre Boulez Saal, Berlin, 21.3.2018; Yale University, 22.2.2018; *Serpentine Marathon*, City Hall, London, 7.10.2017.
60 Hito Steyerl, »Bubble Vision«, aus dem Engl. von Kolja Reichert, in: *Frankfurter Allgemeine Sonntagszeitung*, 18.11.2018.
61 Vgl. Jens Schröter, *Das Netz und die Virtuelle Realität: zur Selbstprogrammierung der Gesellschaft durch die universelle Maschine*, Bielefeld: transcript Verlag 2004.
62 Matt Mullican grenzt sich von einer rein technologischen Realisierbarkeit dieser Realitätsvorstellung ab. Matt Mullican in einem Studiogespräch mit V. T. im September 2016 in seinem Studio in Berlin-Schöneberg.
63 Eli Pariser, *The Filter Bubble: What the Internet Is Hiding from You*, New York: Penguin Press 2011.
64 Ein Beispiel, mit dem Steyerl die *Bubble Vision*-Vorträge illustrierte, zeigte Mark Zuckerberg. »›Das Magische an Virtual Reality ist, dass sie einem das Gefühl gibt, man sei wirklich vor Ort‹, erklärte Mark Zuckerberg, als er Facebooks VR-Anwendung ausgerechnet anhand einer virtuellen Reise ins vom Hurrikan Maria verwüstete Puerto Rico demonstrierte.«
65 Andrea Mubi Brighenti / Andrea Pavoni, »Vertical vision and atmocultural navigation. Notes on emerging urban scopic regimes«, in: *Visual Studies*, 35, 5, 2020, S. 429–441, hier S. 434.
66 Vgl. John Durhma Peters, *The Marvelous Clouds: Towards a Philosphy of Elemental Media*, Chicago: The University of Chicago Press 2015.
67 Vgl. »Building the Digital Silk Road. China is setting up a global network«, Karte, *Mercator Institute for China Studies*, August 2019, https://www.merics.org/sites/default/files/2019-08/Merics_Digital-Silkroad-Tracker_RGB_final_web.jpg.
68 Keller Easterling, *ExtraStatecraft: The Power of Infrastructure Space*, London / New York: Verso 2014, S. 15.
69 Hito Steyerl, »A Sea of Data. Pattern Recognition and Corporate Animism (Forked Version)«, in: *Apprich* 2018, S. 1–22, hier S. 19.
70 Shari Frilot / Homay King, »Virtual Reality in Real Time: A Conversation«, in: *Film Quarterly*, 71, 1, Herbst 2017, Oakland, CA: University of California Press, S. 51–58, hier S. 57.
71 Jonathan Crary, *Techniken des Beobachters* [Techniques of the Observer, Cambridge, MA: The MIT Press 1990], aus dem Amer. von Anne Vonderstein, Dresden: Verlag der Kunst 1996.
72 Vgl. Google Earth finally added HUMAN SCALE ALWAYS ON, 2017, https://www.reddit.com/r/Vive/comments/7058u2/google_earth_finally_added_human_scale_always_on/.
73 Gilles Deleuze, *Das Bewegungs-Bild. Kino 1*, Frankfurt am Main: Suhrkamp 1997, S. 34.
74 Jaron Lanier, *Dawn of the New Everything*, New York: Macmillan 2017, S. 22.
75 Kurz für *birds* und *human-oid*. Vorprogrammierte Bewegungsmuster, ob für Ordnung oder Chaos, funktionieren in Abhängigkeit zum Nachbartier.
76 Vgl. Lev Manovich, »The Mapping of Space: Perspective, Radar, and 3-D Computer Graphics«, in: Thomas Linehan (Hg.), *Computer Graphics Visual Proceedings*, New York: ACM, 1993, S. 10, http://manovich.net/content/old/03-articles/01-article-1993/01-article-1993.pdf.
77 Beide Berichte erfolgten im Auftrag der Air Force, was nicht weiter erstaunlich ist, da RAND als Think Tank für *Research and Development* gegründet worden war und für »interdisciplinary practice« stand (Pamela M. Lee, *Think Tank Aesthetics: Midcentury Modernism, the Cold War, and the Neoliberal Present*, Cambridge, MA: The MIT Press 2020, S. 12). Ihr erster langjähriger Direktor, Frank Collbohm, war als Pilot und Flugzeugingenieur ausgebildet (vgl. ebd., S. 13). Wie das Eames Office hatte RAND ihren Sitz in Santa Monica, Los Angeles. Das Gebäude wird beschrieben als »a Bauhaus-inflected lattice of offices punctuated by open patios and screenlike windows, vistas abundant with sand and sea.« (Ebd., S. 16–18).

Ein weiterer Report folgte 1954 im Auftrag von Präsident Eisenhower, der sogenannte ›Killian Report‹. Darin wurde dringend empfohlen, Langstreckenraketen zu bauen und ein Frühwarnsystem für feindliche Raketen. Mitglied der Kommission war bezeichnenderweise Edwin Land, der zu der Zeit an der Entwicklung von Fernerkundungskameras beteiligt war und mit dem fototechnischen Wissen 1948 mit seiner Firma Polaroid die erste Polaroid-Kamera auf den Markt brachte, deren Nachfolgemodell SX-70 in den 1970ern populär war. Für dieses Modell hatten Charles und Ray Eames im Auftrag von Edwin Land 1972 einen das Bildgebungsverfahren erläuternden Werbefilm produziert. Die Sofortbildentwicklung beruht auf chemischen

Prozessen, die von Land zunächst für die Spionagekameras entwickelt worden waren. (Vgl. Ronald K. Fierstein, *A Triumph of Genius: Edwin Land, Polaroid, and the Kodak Patent War*, Chicago: Ankerwycke, American Bar Association 2015).

78 Unmittelbar nach Ende des Zweiten Weltkriegs initiierte die US-Navy noch vor der US-Air Force ab 1945 ein Programm für Erdsatellitenfahrzeugen. (Vgl. R. Cargill Hall, »Early U.S. Satellite Proposals«, in: *Technology and Culture*, 4, 4, Herbst 1963, Johns Hopkins University Press, S. 410–434, hier S. 412–414). RAND Corporation evaluiert künftige Erdsatelliten in dem Bericht mit dem Titel »Preliminary Design of an Experimental World-Circling Spaceship«, der im Mai 1946 erscheint: »Though the crystal ball is cloudy, two things are clear: 1. A satellite vehicle with appropriate instrumentation can be expected to be one of the most potent scientific tools of the Twentieth Century. 2. The achievement of a satellite craft by the United States would inflame the imagination of mankind, and would probably produce repercussions in the world comparable to the explosion of the atomic bomb.« (D. Griggs, Douglas Aircraft Company, Report-No. SM-11827, Santa Monica 1946, S. 1–2). Die Autorin Virginia Campbell ordnet den Bericht rückblickend ein: »The organization's very first report, ›Preliminary Design of an Experimental World Circling Spaceship‹, was issued in May of 1946, within months of RAND's creation. It set an immediate precedent, serving as a model of how orchestrated ideas could forcefully shape the development of technology in several different areas. The report was a detailed engineering feasibility study for a proposed satellite.« (Virginia Campbell, »How RAND invented the Postwar World. Satellites, Systems Analysis, Computing, The Internet – Almost All the Defining Features of the Information Age Were Shaped In Part at the RAND Corporation«, in: *Invention & Technology*, Sommer 2004, S. 52).

79 J. E. Lipp / Robert M. Salter / R. S. Wehner, »Utility of a Satellite Vehicle for Reconnaissance«, Santa Monica, CA: RAND Corporation, April 1951, https://www.rand.org/content/dam/rand/pubs/reports/2016/R217.pdf; Merton E. Davies / William R. Harris, R. Wehner, »The 1951 RAND Reports on Satellites for Meteorology and Reconnaissance«, in: *RAND's Role in the Evolution of Balloon and Satellite Observation Systems and Related U. Space Technology*, Santa Monica, CA: RAND Corporation 1988, S. 23–29. Der zweite Bericht zur Nutzung von Satelliten hat einen wissenschaftlichen und einen militärischen Schwerpunkt. Im Jahr zuvor kommt RAND in dem Bericht »The Satellite Rocket Vehicle; Political and Psychological Problems« zu der Einschätzung, dass die Satelliten von großem militärischem Nutzen sein würden, weil sie Daten sammeln könnten, die aus anderen Quellen nicht verfügbar waren. Ein politisches Problem würden Satelliten allerdings auslösen, da die Überflüge die Souveränität anderer Staaten verletzen würde. (Vgl. R. Cargill Hall, »Early U.S. Satellite Proposals«, in: *Technology and Culture*, 4, 4, Herbst 1963, Johns Hopkins University Press, S. 410–434 und Research Memorandum von Paul Kecskemeti, »The Satellite Rocket Vehicle; Political and Psychological Problems«, Santa Monica: RAND Corporation, 4.10.1950, S. 5, S. 14–15).

80 342 USAF 21235, *Project Moby Dick* (1952), 20.8.2012, https://youtu.be/obbA4XmfmG8.

81 Davies Patent, 1964, vgl. Bruno W. Augenstein, Bruce Murray, *Mert Davies: A RAND Pioneer in Earth Reconnaissance and Planetary Mapping from Spacecraft*, RAND Corporation 2004, S. 19. Siehe US-Patent 3,143,048. Die Erfindung des »photographic apparatus« steht im Zusammenhang mit der Erkundung der erdabgewandten Mondseite. Davies denkt das sich drehende Vehikel mit, welches die Kamera transportiert und den Scan der Planetenoberfläche ermöglicht. (Vgl. Patent 3,143,048, patentiert am 4.8.1964, eingereicht am 16.3.1959, https://patentimages.storage.googleapis.com/ca/23/26/266e38db176d40/US3143048.pdf).

82 Davies u. a., »RAND's Role in the Evolution of Balloon and Satellite Observation Systems and Related U. Space Technology«, S. 84.

83 Vgl. ebd., S. 78–85.

84 Vgl. Lipp u. a., »Utility of a Satellite Vehicle for Reconnaissance«, S. 27.

85 Vgl. ebd., S. 26.

86 Friedrich Kittler, *Grammophon, Film, Typewriter*, Berlin: Brinkmann & Bose 1985, S. 175–203. Insbesondere Seite 190: »Die Geschichte der Filmkamera fällt also zusammen mit der Geschichte automatischer Waffen. Der Transport von Bildern wiederholt nur den von Patronen. Um im Raum bewegte Gegenstände, etwa Leute, visieren und fixieren zu können, gibt es zwei Verfahren: Schießen und Filmen. [...] Im Vietnamkrieg waren Einheiten der US-Marineinfanterie zu Angriff und Tod nur bereit, wenn ABC, CBS oder NBC TV-Teams vor Ort hatten. Film ist eine unermeßliche Ausweitung der Totenreiche, während und schon bevor die Kugeln treffen.«

87 Paul Virilio, *Krieg und Kino. Logistik der Wahrnehmung* [*Guerre et cinéma*, Paris: Seuil 1984], aus dem Franz. von Frieda Grafe und Enno Patalas, München / Wien: Hanser 1986.

88 Nicht für den Bereich Technologie, sondern für den Einsatz anthropologischer Methoden im Kalten Krieg durch die CIA und das Pentagon wird die ›dual use‹-Strategie exemplarisch untersucht (vgl. David H. Price, *Cold War Anthropology: The CIA, the Pentagon, and the Growth of Dual Use Anthropology*, Durham: Duke University Press 2016). Hintergrund dafür sind »the symbiotic relationships between the ›pure‹ and ›applied‹ sciences, relationships in which academic theoretical developments are transformed into commercial products or military applications.« (Ebd., S. xiv.)

89 Das Magazin wird hier ausgewählt, weil Donna J. Haraway das Presseorgan der Naturwissenschaften und der Weltraumforschung in ihrem Essay »Situiertes Wissen« als Anschauungsmaterial für ihre Kritik am ›göttlichen Trick‹ heranzieht. Donna J. Haraway,

»Situiertes Wissen. Die Wissenschaftsfrage im Feminismus und das Privileg einer partialen Perspektive« [»Situated Knowledge: The Science Question in Feminism and the Privilege of Partial Perspectives«,] in: *Feminist Studies*, 14, 1988, S. 579–599, doi:10.2307/3178066], aus dem Amer. von Helga Kelle, in: Dies., *Die Neuerfindung der Natur. Primaten, Cyborgs und Frauen* (1991), Carmen Hammer / Immanuel Stieß (Hgg.), Frankfurt am Main: Campus Verlag 1995, S. 73–97.

90 Heinz Haber, »Space Satellites Tools of Earth Research«, in: *National Geographic*, 104, 4, April 1956, Washington D.C.: National Geographic Society, S. 486–509.

91 Wie Catherine A. Lutz und Jane L. Collins belegen: Seit die Gesellschaft im späten 19. Jahrhundert als Forum für Amateur-Naturforscher gegründet wurde, hat sich von Ausgabe zu Ausgabe ein Index zusammengesetzt, der sich wandelnde Vorstellungen von Landschaft, Mobilität und kultureller Macht festhält. Gelesen wurde das Magazin insbesondere von den aufstrebenden weißen US-Amerikaner·innen der Mittelschicht. Zum Erfolg des Magazins *National Geographic* hat ein ›Medienverbund‹ (Friedrich Kittler) aus Buchdruck, Fotografie und Bahnnetz beigetragen. (Vgl. Catherine A. Lutz / Jane L. Collins, *Reading National Geographic*, Chicago: University of Chicago Press 1993).

92 Haber, »Space Satellites Tools of Earth Research«, S. 488.

93 Foto: Kodachrome von J. Baylor Roberts und Donald McBrain, in: *National Geographic*, 104, 4, April 1956, Washington D.C.: National Geographic Society, S. 489.

94 Satellit, *MOUSE*, Concept Model, 1954, in der Sammlung des National Air and Space Museum, Washington D.C., https://www.si.edu/object/satellite-mouse-concept-model%3Anasm_A19731670000.

95 Der Historiker Alexander C. T. Geppert datiert den Beginn des Weltraumzeitalters auf das Jahr 1942, da in dem Jahr die ersten Raketen die Weltraumgrenze erreichten. Vgl. Alexander C. T. Geppert, »Die Zeit [illegible]ltraumzeitalters 1942–972«, in: Ders. / Till Kössler (Hgg.), *Obsession der Gegenwart. Zeit im 20. Jahrhundert*, Göttingen: Vandenhoeck & Ruprecht 2015, S. 218–250, hier S. 228.

96 Byron Haskin, *The Conquest of Space*, 1955, Trailer 21.8.2008,, https://youtu.be/BMK19sog5CM.

97 Für George Pal war es nicht die erste Weltraumfiktion. Fünf Jahre zuvor hatte er den Film *Destination Moon* (1950) produziert. Die Weltraumkulissen waren an die unverwechselbaren Illustrationen des Grafikers Chesley Knight Bonestell angelehnt. An den Astronautenanzügen fielen etwas lächerlich aussehende, wie behelfsmäßig aus Daunenjacken genähte, schlauchige Krausen an Hals und Gelenken auf, die vielmehr an Illustrationen von Marsmenschen denken lassen.

98 Russell Baker, »U.S. TO LAUNCH EARTH SATELLITE 200–300 MILES INTO OUTER SPACE; WORLD WILL GET SCIENTIFIC DATA; PACE 18,000 M.P.H. Rocket to Start Object Size of a Basketball in 1957 or 1958«, in: *The New York Times*, 30.7.1955, https://www.nytimes.com/1955/07/30/archives/us-to-launch-earth-satellite-200300-miles-into-outer-space-world.html.

99 Hannah Arendt, »The Conquest of Space and the Stature of Man«, in: Robert Maynard Hutchins / Mortimer Jerome Adle (Hgg.), *The Great Ideas Today: 1963*, Chicago: Encyclopaedia Britannica 1963, S. 35–47.

100 Willy Ley, *The Conquest of Space*, New York: Viking Press 1949. Vgl. Felix Lühning, »Die bunte Welt des Dr. von Braun – Werbekampagne für die bemannte Weltraumfahrt«, in: Dieter B. Herrmann / Christian Gritzner (Hgg.), *Band 46: Beiträge zur Geschichte der Raumfahrt. Ausgewählte Vorträge der Raumfahrthistorischen Kolloquien 1986–2015*, Berlin: trafo Wissenschaftsverlag 2017, S. 265–267.

101 Frauen kommen als mediale Repräsentationen vor, etwa als ausgeschnittene Pin-up-Schönheiten oder als Revuegirls in einem Filmausschnitt aus *Here Come the Girls* mit dem aufreizend gemeinten Auftritt der Sängerin Rosemary Clooney, der Tante von Schauspieler George Clooney.

102 De Witt Douglas Kilgore, *Astrofuturism. Science, Race, and Visions of Utopia in Space*, Philadelphia: University of Pennsylvania Press 2003. Darin spürt der Autor einerseits die rassistischen Aspekte von Raumfahrtutopien auf und andererseits bringt er bedeutsame, vergessene afroamerikanische Science-Fiction-Erzählungen in den Diskurs ein.

103 Ebd., S. 35.

104 Ebd., S. 41.

105 Donna J. Haraway verweist auf Sputnik, die anschließende Förderung der Naturwissenschaften, den Cyborg und Ronald Reagans Star-Wars-Programm. Vgl. Donna J. Haraway, »A Manifesto for Cyborgs: Science, Technology, and Socialist Feminism in the 1980s«, in: *The Haraway Reader*, S. 7–45, hier S. 31 und »A Manifesto for Cyborgs: Science, Technology, and Socialist Feminism in the 1980s«, in: *The Haraway Reader*, London / New York: Routledge 2004, S. 297. Im Interview mit Thyrza Goodeve verortet Haraway ihr »Manifest für Cyborgs« politisch in der Reagan-Ära.

106 Robert Stone, *Die Eroberung des Mondes. ›Wir haben den Mond als Ziel gewählt‹*, dreiteilige Dokumentation, *arte* 2019, 110 Min. Emily Ludolph, »Ed Dwight Was Set to Be the First Black Astronaut. Here's Why That Never Happened«, in: *The New York Times*, 16.7.2019, https://www.nytimes.com/2019/07/16/us/ed-dwight-was-set-to-be-the-first-black-astronaut-heres-why-that-never-happened.html.

107 Wobei die chinesische Regierung anlässlich der olympischen Spiele im Sommer 2008 aus territorialer Position auf das Wetter Einfluss genommen haben soll. Jens Lubbadeh, »China schießt auf Regenwolken«, in: *Spiegel Online*, 4.8.2008, https://www.spiegel.de/wissenschaft/natur/olympia-wetter-china-schiesst-auf-regenwolken-a-569361.html.

108 Vgl. TOMORROWLAND1950s, »Disney's 1959 Eyes in Outer Space«, 12.12.2011, https://youtu.be/GFl6gfdvfqs.

109 Catherine L. Newell, »The Strange Case of Dr. von Braun and Mr. Disney: Frontierland, Tomorrowland, and America's Final Frontier«,

25, 3, Herbst 2013, S. 416. Willy Ley war zunächst Berater für die Disney-Fernsehsendungen über den Weltraum, bevor er mehrmals nach Kalifornien reiste, um dort die Planung des Weltraum-Themas im ersten Disneyland zu begleiten. (Vgl. Jared Buss, *Willy Ley. Prophet of the Space Age*, Gainesville: University of Florida Press 2017, S. 183–186.)

110 Siehe *Tagesschau*-Sendung vom 14.3.1986, https://youtu.be/tBDL5FMAKrU. Komet Halley war als großes Weltraum-Fernsehereignis nach der Mondlandung angekündigt. Der Komet flog 1910 vorbei undwar bereits auf dem berühmten Teppich von Bayeux gestickt worden. Die nächste erdnahe Erscheinung wurde für das Jahr 2061 berechnet.

111 Catherine L. Newell, »The Strange Case of Dr. von Braun and Mr. Disney: Frontierland, Tomorrowland, and America's Final Frontier«, in: *The Journal of Religion and Popular Culture*, 25, 3, Herbst 2013, S. 416–429, hier S. 416.

112 Der erste amerikanische Satellit Explorer 1 hatte raketenähnliche, längliche Gestalt und wurde von Wernher von Braun mitentwickelt, der im zweiten Weltkrieg die V2-Rakete von Zwangsarbeiter·innen im KZ Mittelbau-Dora fertigen ließ.

113 Zu den ersten Erdbeobachtungssatelliten gehörten 1959 die Keyhole-Spionagesatelliten und 1960 der erste Wettersatellit TIROS-1.

114 Vgl. Todd James Pierce, »Satellite-View of America 1959«, Disney History Instiute, 27.2.2015, http://www.disneyhistoryinstitute.com/2015/02/1993.html.

115 Vgl. ebd.

116 Newell, »The Strange Case of Dr. von Braun and Mr. Disney«, S. 417.

117 Alexander C. T. Geppert, »Anfang – oder Ende des planetarischen Zeitalters? Der Sputnikschock als Realitätseffekt, 1945–1957«, in: Igor J. Polianski / Matthias Schwartz (Hgg.), *Die Spur des Sputnik. Kulturhistorische Expeditionen ins kosmische Zeitalter*, Frankfurt am Main: Campus Verlag 2009, S. 74–94, hier S. 91.

118 Alexander C. T. Geppert, »The Post-Apollo Paradox: Envisioning Limits During the Planetized 1970s«, in: Ders. (Hg.), *Limiting Outer Space: Astroculture After Apollo*, London: Palgrave Macmillan, 2018, S. 3–26.

119 Marshall McLuhan, »At the moment of Sputnik the planet became a global theater in which there are no spectators but only actors«, in: *Journal of Communication*, 24, 1, Winter 1974, S. 49.

120 *Smithsonian National Air and Space Museum*, »Sputnik Spotted!«, 12.6.2016, NASA. https://airandspace.si.edu/stories/objects/sputnik-sputnik-spotted.

121 Der NASA-Historiker Roger D. Launius betitelt 2002 seinen technozentrischen Reader über die verschiedenen Generationen von Trägerraketen zwar mit *To Reach the High Frontier*, nimmt aber nicht weiter Bezug auf den Begriff der ›high frontier‹ oder deren Namensgeber Gerald K. O'Neill. Stattdessen ist das Buch eine Bestandsaufnahme der militärischen und kommerziellen Projekte und die dafür grundlegende »invisible infrastructure and its relationship to the vehicles.« (Roger D. Launius, »Introduction«, in: Ders. / Dennis R. Jenkins (Hgg.), *To Reach the High Frontier. A History of U. Launch Vehicles*, Lexington: The University Press of Kentucky 2002, S. 26).

122 Marshall McLuhan, »At the moment of Sputnik the planet became a global theater in which there are no spectators but only actors«, in: *Journal of Communication*, 24, 1, Winter 1974, S. 48–58, hier S. 54.

123 *National Geographic*, 112, 6, Dezember 1957.

124 Eine naivisierende Retro-Ästhetik im Comicstil hat sich bis heute gehalten: Im Juni 2019 veröffentlichte das Jet Propulsion Laboratory der NASA ein Erklärvideo über die Erweiterung des GPS-Systems in den tiefen Weltraum, die aufgrund der Entwicklung kleinerer und leichterer Atomuhren möglich geworden ist: »How NASA's Deep Space Atomic Clock Could Be the Next Space GPS«, 10.6.2019, https://youtu.be/4GEeak4Vphs.

125 McLuhan, »At the moment of Sputnik«; Marshall McLuhan, *Unbound*, New York: Ginko Press 2005.

126 Marshall McLuhan, *The Gutenberg Galaxy*, Toronto: University of Toronto Press 1962, S. 31.

127 Marshall McLuhan, *The Mechanical Bride: Folklore of Industrial Man*, New York: Vanguard Press 1951, S. v.

128 Vgl. Yanek Mieczkowski, *Eisenhower's Sputnik Moment: The Race for Space and World Prestige*, Ithaca / London: Cornell University Press 2013, S. 18. »At first, the Soviets released no pictures of their satellite, so even its appearance remained a mystery; only on October 9, five days after the launch, did the Russians distribute a photo. Scientists were uncertain about how long Sputnik could stay in orbit«.

129 Manfred E. Clynes / Nathan Kline, »Cyborgs and Space«, in: *Astronautics* 26–27, September 1960, S. 74–76.

130 Vgl. James J. Harford, »Korolev's Triple Play, *Sputniks* 1, 2, and 3«, 83, in: Launius / Jenkins (Hgg.), *To Reach the High Frontier*, S. 73–94. Der Text auf der Titelseite der *New York Times* lautet: »Soviet Fires Earth Satellite Into Space; It is Circling the Globe at 18,000 M.P.H.; Sphere Tracked in 4 Crossings Over Us.«

131 Brandau, »Demarcations in the Void«, S. 241.

132 Ebd., S. 242.

133 Ebd., S. 249.

134 Ebd., S. 251.

135 Jennifer Gabrys, *Program Earth*, London / Minneapolis: University of Minnesota Press 2016, S. 1.

136 National Security Council Planning Board, »Draft Statement of Policy on U.S. Scientific Satellite Program«, NSC, Washington, 20.5.1955, S. 3, https://history.state.gov/historicaldocuments/frus1955-57v11/d340.

137 Glenn P. Hastedt, »Sputnik and Technological Surprise«, in: Roger D. Launius / John M. Logsdon / Robert W. Smith (Hgg.), *Reconsidering Sputnik: Forty Years Since the Soviet Satellite*, London: Routledge 2002, S. 401–23, hier S. 401.

138 Walter A. McDougall, Zitiert nach ebd., S. 402.

139 Roger D. Launius, »Sphere of Influence: The Sputnik Crisis and the Master Narrative«, in: *Quest – The History of Spaceflight Quarterly*, 14, 4, 2007, S. 6–18, hier S. 9.
140 David H. Price hat recherchiert, dass die beiden Anthropologinnen an einer Meinungsumfrage von Donald Michael über Sputnik mitgearbeitet hatten: »At IFIS, Mead worked with Brookings Institution pollster and social psychologist Donald N. Michael on the Man in Space project. Man in Space research tracked the spread of knowledge about satellites following the launch of *Sputnik*, tracking measurable shifts in the American public's consciousness on topics ranging from popular understandings of satellites to how surprised Americans were that the Soviets had launched the first satellite (55 percent were surprised, 44 percent were not). For this project, in the days after the satellite's launch, Mead asked Melville Jacobs to poll Seattleites for their reactions to *Sputnik*, instructing Jacobs to not disclose to research subjects any information about this project. Adopting techniques similar to those used in British anthropologist Tom Harrisson's mass research project, Mead and Rhoda Métraux helped Michael gather and analyze these data).« (David H. Price, *Cold War Anthropology*, S. 102.)
141 Roger D. Launius, »Sphere of Influence«, S. 10.
142 Ebd., S. 11.
143 Vgl. Gretchen J. Van Dyke, »Sputnik: A Political Symbol & Tool in 1960 Campaign«, in: Roger D. Launius / John M. Logsdon / Robert W. Smith (Hgg.), *Reconsidering Sputnik*, S. 363–400.
144 Im Auftrag von Präsident Franklin Roosevelt erstellte der MIT-Ingenieur und Kybernetik-Pionier Vannevar Bush im Juli 1945, unmittelbar nach dem Ende des Zweiten Weltkriegs in Europa den Bericht *Science: The Endless Frontier*. In diesem Bericht liefert Bush Empfehlungen »for governing and promoting scientific and technological research and development after the war. While few of its specific recommendations were ultimately embraced, Bush's *Science: The Endless Frontier* articulated an ideology which underlay the relationship between science and technology (technoscience according to some scholars) on the one hand and the federal government on the other at least into the 1970s and for most purposes at least until 1993.« (Richard G. Olson, *Scientism and Technocracy in the Twentieth Century*, Lanham: Lexington Books 2015, S. 87. Vgl. Vannevar Bush, *Science: The Endless Frontier, A report to the President on a Program for Postwar Scientific Research*, New York: Arno Press 1980, S. 18, https://www.nsf.gov/about/history/Endless-Frontier_w.pdf). In Bushs Bericht ist bereits angelegt, was Donna Haraway später mit dem Sputnik-Schock in Verbindung bringen wird: die massive staatliche Förderung von Bildung, insbesondere der Naturwissenschaften. Wie Bush in seinem Bericht – der maßgeblich einen Fahrplan inklusive Finanzierung umfasst – bereits vorschlägt, ist dafür die Vergabe von Stipendien vorgesehen. (Vgl. ebd., S. 137f.). Ebenfalls im Juli 1945 erscheint Bushs Aufsatz »As We May Think« über das erste automatische Informationssystem namens ›Memex‹ in *Atlantic Monthly* (Vannevar Bush, »As We May Think«, in: *Atlantic Monthly*, Juli 1945. »Wie wir denken werden«, in: Andreas Ziemann (Hg.), *Grundlagentexte der Medienkultur*, Wien: Springer VS 2019, S. 183–189).

Der Memex ist als »hypothetisches Konstrukt« konzipiert. »Der Form nach ist der ›Memex‹ ein schreibtischartiger Arbeitsplatz mit Projektionsschirmen und Tastatur, an dem auf Mikrofilm gespeicherte Informationen, etwa Bücher, Akten, Korrespondenzen, betrachtet werden. Worauf es ankommt, ist nun, dass und wie die gespeicherten Informationen indiziert und (automatisch) verknüpft werden. Wer einen ›Memex‹ benutzt, so Bushs Idee, verbindet Gespeichertes assoziativ zu einem Netz, indem verweisende Pfade zwischen einzelnen Mikrofilmelementen angelegt werden.« (Moritz Hiller, »Computing. Zur Einführung«, in: Andreas Ziemann (Hg.), *Grundlagentexte der Medienkultur*, Wien: Springer VS 2019, S. 166). In dem Ausstellungskatalog *A Computer Perspective* von Charles und Ray Eames werden drei Rechenmaschinen von Bush – der Profile Tracer, der Product Integraph und der Differential Analyzer – in der Zeitleiste aufgeführt. (Siehe The Office of Charles and Ray Eames, *A Computer Perspective. Background to the Computer Age*, Cambridge / London: Harvard University Press 1973, S. 84 / 85, 116).
145 Vgl. Anna Lowenhaupt Tsing, »Natural Resources and Capitalist Frontiers«, in: *Economic and Political Weekly*, 38, 48, November 2003, S. 5100–5106.
146 Daniel Lee Kleinman, *Politics on the Endless Frontier. Postwar Research Policy in the United States*, Durham / London: Duke University Press 1995, S. 24–51. »Social connections made possible by the overlap of institutional spaces in the field, established especially by the National Research Council during World War I, constituted the network within which plans for research policy during World War II were developed, and these connections, and connections developed during World War II on the basis of them, provided a resource and cohesion for Vannevar Bush and his colleagues in their effort to define the federal postwar research policy agenda in the United States.« (Ebd., S. 51).
147 Zuletzt kam das Isolationsexperiment »Mars 500« in Moskau, eine Kooperation der Europäischen Raumfahrtorganisation mit der Russischen Akademie der Wissenschaften zu dem Ergebnis, dass Astronauten im Weltraum einen Melatoninmangel entwickeln und so der Schlafrhythmus gestört wird, was sich insbesondere bei Langzeitaufenthalten auswirkt. (Vgl. ESA-Bericht, https://esamultimedia.esa.int/docs/Mars500/Mars500_infokit_feb2011_web.pdf).
148 »Historic Speeches«, 15.7.1960, in: John F. Kennedy, Presidential Library and Museum, https://www.jfklibrary.org/learn/about-jfk/historic-speeches/acceptance-of-democratic-nomination-for-president.

149 Heute dringt militärische Technologie buchstäblich in die Köpfe ein. So finanziert die Innovation Research Unit des US-amerikanischen Verteidigungsministeriums mit Niederlassungen im Silicon Valley, in Austin und im Pentagon das kalifornische Startup-Unternehmen Sonitus Technologies. Sonitus behauptet, die Mensch-Maschine-Schnittstelle neu zu erfinden. Ihr Produkt heißt Molar Mic und soll von Soldat·innen auf den Backenzähnen getragen werden. Dabei wird der Kieferknochen zum Verstärker gemacht. Der Körper wird also nicht nur zum Träger, sondern zum festen Bestandteil dieser Kommunikationstechnologie. Molar Mic besteht aus einem miniaturisierten Mikrofon und einen Empfänger und nutzt Radiowellen zur Übertragung.
150 Vgl. Mieke Bal, *Travelling Concepts in the Humanities: A Rough Guide*, Toronto: University of Toronto Press 2002.
151 Kilgore, *Astrofuturism*, S. 2.
152 Bal, *Travelling Concepts in the Humanities*, S. 215.
153 Launius / Jenkins (Hgg.), *To Reach the High Frontier*.
154 Gerard K. O'Neill, *The High Frontier. Human Colonies in Space*, New York: William Morrow & Co. 1977.
155 Michael A. G. Michaud, *Reaching for the High Frontier. The American Pro – Space Movement, 1972–84*, New York: Praeger Publishers 1986, S. 69.
156 Siehe Daniel O. Graham, *High Frontier: A New National Strategy*, Washington. D.C.: Heritage Foundation 1982.
157 Jodi Dean, *Aliens in America: Conspiracy Cultures from Outerspace to Cyberspace*, Ithaca / London: Cornell University Press 1998, S. 190–91.
158 Vgl. Jon Brodkin, »FCC tells SpaceX it can deploy up to 11,943 broadband satellites«, in: *arsTECHNICA* (Blog), 15.11.2018, https://arstechnica.com/information-technology/2018/11/spacex-gets-fcc-approval-for-7500-more-broadband-satellites/.
159 HotNets Anonymous, »Low Latency Routing in Space« (*SpaceX* Starlink Network), 20.7.2018, https://youtu.be/AdKNCBrkZQ4.
160 Wired Staff, »Diese Simulation zeigt, wie das SpaceX-Satelliten-Internet funktionieren könnte«, in: *GQ*, 15.11.2018, https://www.gq-magazin.de/auto-technik/article/so-soll-das-spacex-satelliten-internet-funktionieren.
161 Marina Koren, »SpaceX Missed Some Urgent Emails About a Satellite Standoff«, in: *The Atlantic*, 16.9.2019, https://www.theatlantic.com/science/archive/2019/09/spacex-esa-collision-email/598120/.
162 Zitiert nach ebd.
163 Vgl. Paul Virilio, *Der eigentliche Unfall* [*L'accident originel*, Paris: Édition Galilée 2005], Wien: Passagen 2009, S. 17.
164 Alexander Stirn, »Planlos ins All«, in: *Süddeutsche Zeitung*, 20.11.2018, S. 14.
165 Ebd.

Die Macht der Skalierung

Dem globalen Sujet dieses Buches entsprechend, lässt sich der Argumentationsgang nicht stringent-linear entfalten, sondern muss durch einen kontinuierlichen Wechsel von ›teleskopischer‹, überblickender, und ›mikroskopischer‹, detailreicher Analyse der Bild- und Datenräume erfolgen. Sichtbarmachung, Skalierung, deren Mediatisierung und die Kritik an diesen Prozessen erfordern eine Struktur, bei der sich bestimmte Aspekte wiederholen, unterbrechen und kommentieren können. Dieses Kapitel beschäftigt sich mit der Kulturtechnik des Skalierens und deren Anwendung in unterschiedlichen Kontexten. Skala bedeutet ›Maßeinteilung, Reihenfolge‹ und wurde der italienischen Sprache entlehnt, in der es eine ›Treppe, Leiter‹ bezeichnet.[1] Skalieren heißt, die Darstellungsgröße an Zweck oder Kontext anzupassen.

In ihrer Arbeit *Centrifuge* (2017)[2] nutzt die Künstlerin Sarah Sze etwa den räumlichen Vorteil künstlerischen Arbeitens, um viele Bilder simultan zu zeigen, sodass Ausstellungsbesucher·innen sie auf einen Blick sehen und erfassen können. Sze setzt die Bilder als zentrale Bausteine skalierter Modelle ein. Bei den Bildern handelt es sich um Stichproben, stellvertretende Bilder für eine habitualisierte Motivauswahl und Bildkomposition, aus der digitalen Bildkultur und der Geschichte der visuellen Kultur, die unter denselben technologischen Bedingungen im gleichen Format projiziert werden. Skalierung wird hier als narratives Werkzeug und technische Metapher verstanden. Ein Cognitive-Mapping-Prozess[3] der digitalen Bilderwelt deutet sich an: Standardisierte Verfahren des Kartierens stehen fragil im Ausstellungsraum und deuten die Möglichkeiten des Georeferenzierens von Bildern an.

Nach mehrfach vehement artikulierter Kritik am Zoom in *Powers of Ten* schlägt Latour einen phänomenologischen Ansatz vor, mit dem er sich weiterhin der Messtechniken der Kartografie bedient, um die Ergebnisse dann allerdings nach anderen Parametern zu visualisieren. Nach welchen Abstraktionsregeln — anderen als den etablierten Kartenprojektionen — kann dann vorgegangen werden? Zusammen mit einem Team hat Latour eine eigene Visualisierungsstrategie erarbeitet, *Gaia-graphy*, die eingefrorene Bilder und Perspektiven in Bewegung versetzt und somit auch das Denken in Bewegung bringt.[4]

Auch in diesem Kapitel fungiert *Powers of Ten* deshalb als Relaisstation für die Diskussion unterschiedlicher Konzepte, die der Film aufruft: das (Komposit-)Bild, Latours Anti-Zoom, das Kosmogramm oder interskalare Vehikel.

Sarah Sze, *Centrifuge*, 2017 —

Die menschliche Einbildungskraft ist dadurch ausgezeichnet, dass sie auf Abruf skalieren kann — wer bereit ist sich darauf einzulassen —, es muss nur einen Trigger geben, den Anfang einer Skala, damit die Imaginationskräfte aktiviert werden. Diese überraschende Erfahrung ließ sich vor der fragilen Installation *Centrifuge*[5] Abb. 26 A S. 179 machen, die von der Künstlerin Sarah Sze im September 2017 im Haus der Kunst in München aufgebaut war. Für die Dauer von einem Jahr stand die Video-Skulptur in der öffentlich zugänglichen, gewaltig hohen Mittelhalle, der ehemaligen sogenannten Ehrenhalle des Hauses, das die Nationalsozialisten 1937 als Haus der Deutschen Kunst eröffneten und ihren Machtanspruch auf diese Weise kulturell demonstrierten.

Sze reagiert auf Architektur und Geschichte mit einer skulpturalen Multi-Screen-Konstruktion, die zugleich die Frage nach der Macht digitaler Bilder aufwirft. Dafür hat sie eine auf den ersten Blick unorganisiert wirkende Bilderwelt in Klein- und Kleinstprojektionen versammelt. Die vielen Einzelprojektionen sind in nach oben hin größer werdenden Abständen über ein aus Bambusstöckchen konstruiertes, ein wenig unregelmäßiges Gitterraster verteilt, das als Anspielung auf ein (geodätisches) Raster gedeutet werden kann. Abb. 26 B S. 180 Demnach repräsentiert die Konstruktion eine Kulturtechnik,[6] wie sie in der Kartografie, Städteplanung oder 3D-Programmierung angewandt wird, um Objekte und Informationen im (virtuellen) Raum oder auf der Fläche anzuordnen.

An diesem ungefähr gerasterten Gittergestell sind weiße, per Hand ausgerissene Papierstücke in leicht variierenden Größen und Positionen befestigt, die andeuten, dass die Orte der Fotos und Videobilder nicht exakt zu bestimmen oder zumindest nicht in Deckung zu bringen sind mit der vorgeblich universellen Ordnungsmethode des Rasters — das, wie das Skalieren, zu den selten infrage gestellten, Universalität behauptenden Grundsätzen zählt.

Die Papierstücke mit ihren etwas unregelmäßigen Kanten dienen als Projektionsflächen für ein in seine Einzelteile fragmentiertes Bilderspektakel, in dem Naturelemente und physikalische Kräfte unterschiedlichen Ausmaßes ihre Rolle spielen: klischeehafte Mensch-, Natur- und Technikbilder (ein schlafendes Kind, Sonnenaufgänge, molekulare Muster, das Meer oder Wasserfälle), kulturhistorische und technologische Artefakte (eine Pyramide und Bildrauschen, typische Weltraumbilder von Monden und Planeten) und diesen formal ähnliche Alltagsgegenstände. Außerdem gibt es Hinweise auf neuere Kulturtechniken, wie das Navigieren im digitalen Bildraum (zum Beispiel Cursor-Pfeile in Google-Earth-Ansichten), zu entdecken. Die improvisierten Projektionsflächen gleichen der intimen Größe eines Mobiltelefonbildschirms, der gewöhnlich für ein einzelnes Augenpaar bestimmt ist. Der wesentliche Unterschied besteht darin, dass die hier versammelten, stereotypen Abbildungen einzeln betrachtet, nicht die Neugier der Betrachter·in affizieren, sondern die Aufmerksamkeit auf die übergeordnete Struktur und Skalierungseffekte lenken.

Im Spannungsverhältnis von nationalsozialistischer Architektur und Do-it-yourself-Fragilität kollabieren Größenverhältnisse, richten sich wieder auf und drohen erneut zusammenzubrechen. Zwischen und hinter dem zarten Projektionsgestell, das aus den für Szes Installationen typisch dünnen Stäbchen gefügt ist und kaum einem Luftstoß standhalten könnte,[7] liegen umgefallene Pappbecher und Papiere, Kartonverpackungen für Tafelsalz, Lord Nelson-Kamillentee, Melitta-Kaffeefilter und Projektoren, Arbeitsmaterialien wie Klebeband, Cutter und Notizblock. In dieser aus günstigen Produkten zusammengesetzten Warensammlung, dem ›Bodensatz‹ der Installation, zeichnet sich der Abfall ab, den Kunst und der Aufbau der Kunst verursacht und den im übertragenen Sinne (und im größeren Maßstab) die Menschheit produziert. *Centrifuge* ist also Installation aus ›armen‹ Materialien—arm wie in Arte Povera oder in »tech povera«, einer Appropriation und Aktualisierung der italienischen Kunstrichtung von der Künstlerin Hannah Black.[8] Durch die zurückgelassenen Verpackungen und Becher, Dinge der materiellen Kultur, und die kleinen Screens in Handy-Größe ist der normale scale als Betrachter·in ebenso präsent. Die Bewegtbild-Skulptur ist also mit dem menschlichen Maß verankert und in mehreren Größenordnungen denkbar. Insofern ist der Mensch indirekt anwesend,[9] was Robin Curtis mit der Kulturtechnik des Skalierens am Beispiel von *Powers of Ten* begründet: »[...] the calculations represented by the film, the temporal constant of the *Powers of Ten* by which the movement inwards and outwards is gauged, represent a reassuring anthropomorphic presence within the film: that of scale.«[10]

In Szes Projektionen sind physikalische Naturphänomene zu sehen, also Bilder stellvertretend für die Kräfte und Dynamiken, die den Planeten Erde ausmachen und am Leben erhalten. Während bei den Eames die Menschen noch in den ersten Filmeinstellungen und in der für den Übergang in den Mikrokosmos entscheidenden Szene eine Rolle spielen—wenn auch sie als Schlafende zugleich anwesend und abwesend erscheinen und in erster Linie als Interface zum Mikro- und Makrokosmos herhalten—, fehlen bei Sze die Subjekte. Allein die Verpackungsmaterialien sowie die handgemachte Bauweise und einige Handyvideos verweisen darauf, dass sie zu einem unbestimmten, früheren Zeitpunkt anwesend gewesen sein müssen.

Centrifuge kann als metaphorisches Bild für die zentralen Foto- und Videoplattformen im Netz verstanden werden, den digitalen Kosmos aus unzähligen Metadaten und vernetzten Bildern, die sich exponentiell vervielfacht haben, deren Zahl millisekündlich wächst. Wie wird dieser Bilderkosmos in Suchanfragen sortiert? Will die Künstlerin mit dem Titel suggerieren, dass die User·innen metaphorisch im zentrifugalen Strudel der Bilddaten treiben? Auf den Bildschirmen, ob Computer oder Telefon, gestaltet sich ein Bilderkosmos aus, der in lauter kleine Teile aufgesplittet ist.[11] Wird mittels Technologien eine neue kosmische Ordnung denkbar sein, die modernistische Dichotomien wie Natur und Kultur überwindet,[12] oder wird der Planet Erde weiter mit Technik überzogen, ohne an der Ordnung zu rütteln?[13] Wird es das Universum als »Mirror World« im Computer geben, um es in Datenform besser als Gesamtes sehen und verstehen zu können?[14]

Die Frage nach einer vermeintlichen Manipulation durch ›die Medien‹ wird in Literatur, Film und kulturkritischen Texten immer wieder geäußert und verhandelt—Befürchtungen, die Kulturkritiker·innen anlässlich jeden neuen Mediums äußerten.[15] Die Frage wurde schon in Platons Höhlengleichnis gestellt und die aufkommende Fotografie hat im 19. Jahrhundert die Eindeutigkeit der Unterscheidung zwischen Realität und Schatten verunklart.

Susan Sontag bringt die veränderte Wahrnehmung fotografischer Bilder auf den Punkt: »Die Möglichkeiten der Fotografie haben unser Realitätsverständnis letztlich entplatonisiert, indem sie es immer weniger plausibel erscheinen ließen, über unsere Erfahrung in Bezug auf den Unterschied zwischen Bild und Ding, zwischen Kopie und Original nachzudenken.«[16]

Es reicht aus, dass Sze in ihrer Installation zwei Skalierungsstufen realisiert, zwei Mal dasselbe Setup in verschiedenen Größen aufbaut. Die nächst und übernächst größere Version erledigt die Vorstellungskraft der Ausstellungsbesucher·innen von allein. Bis zur Größe eines IMAX-Kinos — I(mages) MAX(imum) — ist es einfach, danach fehlen sowohl Bezugsgröße als auch die physische Kapazität, so ein Projektionscluster als Ganzes wahrzunehmen. Die Leinwand in einem IMAX soll idealerweise das ganze Gesichtsfeld abdecken. Größen darüber hinaus werden utopisch oder dystopisch, abhängig vom Kontext, in dem sie entworfen werden.

Primärfarben bestimmen das lückenhafte Video-Mosaik, aus dem sich kein Gesamtbild — und Weltbild — ergeben mag. Den freigestellten Bildern fehlen Titel, Hashtags, Kommentare, Geodaten und Bilderkennungsalgorithmen. Auf den zweiten Blick lässt sich eine Systematik in der Bildauswahl erkennen, es ist von individuellem Erleben entleertes Material, das in seiner Allgemeinheit die Aufmerksamkeit auf die Form verschiebt. Darin kann Absicht der Künstlerin, die Malerei studierte, erkannt werden, für ihre Bildkompositionen Pixel und Produkte anstelle von Pigmenten einzusetzen. In einem Gespräch bedient sich Sze sprachlich bei der Malerei: »[B]ei mir schwingt das Pendel zwischen dem Materiellen — der kleckernde Tropfen und die Farbe, die schmiert — und überlagert sich mit der Sprache der Ereignisse, die ich gewissermaßen durch flüchtige Bilder erlebe, die von Zeit und Raum getrennt sind.«[17] Mit den flüchtigen Bildern, die ohne Kontextualisierung ein wenig vage zurückblieben, denkt sie über ihre eigenen Wahrnehmungsmuster beim Internetsurfen nach. Welche digitalen Bilder nimmt man wahr? Und welche bleiben in Erinnerung? Die Schriftstellerin Zadie Smith schreibt über diese Arbeit: »we […] started to live within images themselves.«[18]

So gesehen, können die altbekannten Bilder nicht das inszenierte Spannungsverhältnis absorbieren, das zwischen der festen Architektur aus Stein und der temporären Architektur aus Bambusstöcken, zwischen den von der Künstlerin realisierten Skalierungsstufen des Video-Kolosseums und den davon ausgesandten, virtuell im Raum vorhandenen (abrufbaren) Skalierungsstufen herrscht.

Vor dem Hintergrund der nationalsozialistischen Architektur geht von dem modellhaften Do-it-yourself-Multiscreen-Kino, dessen Einzelbilder durch (virtuelle) Zentrifugalkräfte auseinanderdriften, neben einer immersiven Sogwirkung auch eine ambivalente Bedeutung aus. Am Beispiel von *Virtual Reality* kritisierte der Kommunikationswissenschaftler Fred Turner immersive Medien und ihre User·in-umschließende Struktur, wohlwissend, dass diese Kritik nicht neu ist und davon abhängt, in welchem politischen Kontext mit immersiven Bildwelten Meinungen verbreitet werden. Auch unter besorgten US-amerikanischen Sozialwissenschaftler·innen,

Psycholog·innen, Anthropolog·innen und Journalist·innen, den Mitgliedern des Committee for National Morale, wurden 1940 in New York die Zusammenhänge zwischen Faschismus und Massenmedien diskutiert.[19] Wenngleich, wie Fred Turner schreibt, nach einem Treffen des Komitees keine konkrete Umsetzung folgte, repräsentiert die Propaganda-Ausstellung Road to Victory. A Procession of Photographs of the Nation at War (1942) im Museum of Modern Art (MoMA) in New York während des Zweiten Weltkriegs, die damals einerseits neuen Vorstellungen von emanzipierten Betrachter·innen mit einem komplexen Ausstellungsdisplay Form gab und andererseits ideologische Arbeit leistete.

Daraus machte das begleitende Einladungsschreiben zur Pressekonferenz kein Geheimnis: »[...] by no means a photography exhibition in the ordinary sense but one of the most powerful propaganda efforts yet attempted«.[20] In einem verschlungenen, teils erhobenen und mit Geländer abgesicherten Ausstellungsparcours trafen die Ausstellungsbesucher·innen auf »images towering over their heads, tucked down by their feet, colliding with one another at strange angles. There was no white-walled gallery to be seen, only a twisting pathway through a world of pictures.«[21] Der Kurator der Ausstellung Lieutenant Commander Edward Steichen hatte im Auftrag der US-Navy propagandistische Schwarz-Weiß-Fotografien ausgewählt, die der Ausstellungsgestalter Herbert Bayer in verschiedenen Größen im Museumsraum zu arrangieren wusste; mal von der Decke hängend, der Wand abgewinkelt oder frei stehend, schräg in den Ausstellungsraum ragend oder auf dem Boden gestaffelt vor wandfüllenden Bildformaten aufgerichtet, was an die räumlichen Techniken von Panoramen des 19. Jahrhunderts erinnerte.[22] Nach seiner Faschismuserfahrung in Deutschland wollte der Grafiker und Ausstellungsgestalter Herbert Bayer das Medium Ausstellung nach demokratischen Grundsätzen gestalten.

Das Auge ist die Kamera — man könnte sich diese Figur ähnlich vorstellen wie den Einäugigen im *Diagramm für ein erweitertes Blickfeld* (1930) von Herbert Bayer, also eine Figur mit großem Auge, einem Auge, das komplett den Kopf ersetzt, eine Figur ganz Auge (nicht ganz Ohr), die ihre Aufmerksamkeit auf zahlreiche Bildtafeln verteilt. Diese Bildtafeln sind zylinderförmig um sie herum installiert. Wenn in dieser Logik das Auge der Kamera entspricht, dann wird der Hals zum Stativ, der das Auge nach oben und nach unten, rechts und links wenden kann. Der Körper wird zur Apparatur.

Mit ihrer Installation bezieht Sze keine politische Position. Dass sie Reflektionen der vielen kleinen Einzelbilder unkontrolliert auf Wände und Decke wirft, kann man als Illustration der Halle durch die verteilten Bilder begreifen. Den großformatigen öffentlichen Screens an städtischen Fassaden, in Fußballstadien, Konzertarenen oder in Shopping Malls, wie sie die Medienwissenschaftlerin Nanna Verhoeff untersucht hat,[23] sind die flatterigen Projektionen in *Centrifuge* technisch weit unterlegen. Dennoch verbindet sich Szes Installation durch die Verschiebung im Maßstab im Bereich der Vorstellung mit den omnipräsenten Bildschirmen im urbanen Event-Raum. Die modellhafte Multiscreen-180-Grad-Konstruktion aus zahlreichen Videoprojektionen hat die Künstlerin in zwei Größen umgesetzt: als im Verhältnis zum Raumvolumen winzige Miniatur, die erst auf den zweiten Blick auffällt, und als Gebilde im menschlichen Maßstab.

Die Ambivalenz zwischen zerbrechlichem Miniaturformat und virtueller Übergröße, proprietärer Videoplattform und frei zugänglichen Videoclips löst sich nicht auf. Anders als die nationalsozialistische Bildpolitik, die gerade die Wirkung von Massenmedien, Film und Kino für sich zu nutzen wusste, ist so eine skulpturale Verräumlichung von YouTube (oder anderen User-Content-Datenbanken), eine Hommage an die analoge und die digitale Umwelt, ohne »social photos«.[24]

Sze scheint ihre aus industriell gefertigten Materialien zusammengefügte Installation zunächst in dieser industriellen Welt zu situieren, um sie dann mit der Natur und ihren Elementen – zumindest virtuell – in Verbindung bringen zu wollen, wenn auch in Form von miniaturisierten Videobildern aus dem Netz und ihrem iPhone. Doch die Klischeebilder streiken. Darin kommt Natur als romantisches, idealisiertes Bild vor, vergleichbar mit älteren Naturdokumentationen im Fernsehen oder im *National Geographic*. Diese mediale Distanznahme kann als Kommentar zum gegenwärtigen gesellschaftlichen Naturverhältnis im Anthropozän gedeutet werden. Natur kommt nur vermittelt vor und als nicht mehr vorhandener Sehnsuchtsort.

Die Installation von Sze im Kontext dieser Diskurse zu lesen, bedeutet, die vielen Einzelbilder – die einen dekonstruierenden Umgang mit dem intakten Naturbild behaupten – als Hinweis auf ein brüchiges und mediatisiertes Naturverhältnis zu interpretieren. Die Bilder sind zwar alle noch bekannt und zirkulieren, aber sie fügen sich zu keinem Gesamtbild mehr zusammen. Insofern könnte ihre Arbeit als Hinweis gedeutet werden, dass das alte Weltbild – geprägt von der Medialität der Bilder – infrage steht, aber kein Neues da ist, um es abzulösen. Auf diese Weise wäre die Installation ein schwaches Kosmogramm, das sich von den auf ihre Weise idealisierenden Darstellungen distanziert, in denen Nahtlosigkeit und Vollständigkeit dominieren, wie sie letztlich auch in *Powers of Ten* benutzt werden.

Der Künstler Stan VanDerBeek hingegen wollte mit dem Movie-Drome (1963–65) die Kommunikation durch Bilder anstoßen – in einem im Nachhinein veröffentlichten Manifest *Culture: Intercom and Expanded Cinema* (1966) betont er die Idee, Kino und Kommunikation zu fusionieren – und die dafür notwendige Anordnung von Zuschauer·innen, Projektionsflächen und Kino entwerfen. Zusammengenommen deuten die vielen kurzen Videoschnipsel in Movie-Drome eine globale Arena, ein imaginäres Kino der weltumspannenden Bilder an, das genauso als Hommage an das *expanded cinema* verstanden werden kann, wie an McLuhans *global village* – beides Begriffspaare, durch die eine Verschiebung der Größenordnungen und insbesondere eine neue Betrachtungsweise medialer Effekte ausgedrückt werden soll. In dem Buch *Expanded Cinema* des Autors und Künstlers Gene Youngblood, das als Manifest und Katalog zu den künstlerischen Medienexperimenten erschien, wird Kino als weltumspannendes Medium für die Zirkulation von Bildern global aufgeblasen[25] und McLuhan sieht durch die mediale Vernetzung die Welt auf gefühlte Dorfgröße zusammenschrumpfen. In den Mehrfachprojektionen von VanDerBeek war das Überlappen von Bildern intendiert. Bei Sze überlappen die Bilder nicht, aber die Skulptur »begibt sich mit den Lichtprojektionen spiralförmig in den Raum«.[26] Einen Hinweis gibt ein unter den am Boden stehenden, übrig gebliebenen Verpackungen ein großer blauer Karton mit der Aufschrift »Create A Night Sky Projection Kit«.

Youngblood interpretierte 1971 im Gespräch mit dem Filmproduzenten George Lucas die damals laufenden Fernsehprogramme als »perceptual imperialism«.[27] Eine Alternative zum in Passivität versetzenden Fernsehen waren für ihn Film und Videokunst—das Beispiel par excellence war das *Movie-Drome* (1963–1965) von Stan VanDerBeek, ein Kuppelgebäude mit vielen Leinwänden und unbegrenzten Projektionsflächen. Die Medienkunst war davon gekennzeichnet, dass Interface oder Bildschirm (symbolisch) durchbrochen wurden.[28] Für VanDerBeek hatte die Kuppel auch Modellfunktion für das Große wie das Kleine, das Äußere und das Innere, für Kosmos und Gehirn.[29] Für ihn waren Bewegtbilder »the most important means for world communication«, »an emotional experience tool«, »emotionpictures«. Und er dachte groß: »It is imperative that we quickly find some way [...] to rise to a new human scale. This scale is the world...«[30]

Centrifuge gehört zu einer Serie von in ihrer spezifischen skulpturalen Syntax[31] stets sofort wiedererkennbaren Bewegtbildinstallationen. Dazu gehören *Images in Debris* (2018), *Timekeeper* (2015), 360 *(Portable Planetarium)* (2010) und *Triple Point* (Planetarium) (2013). Es sind allesamt räumliche Arrangements unserer »Bilderwelt«, wie Susan Sontag in den 1970er Jahren ihre essayistische Bestandsaufnahme betitelte und mit einem visionären Satz beendete: »Wenn es für die reale Welt eine bessere Möglichkeit geben kann, die Welt der Bilder in sich einzuschließen, dann wird es nicht nur einer Ökologie der realen Dinge bedürfen, sondern auch einer Ökologie der Bilder.«[32]

Auf eine Weise hat sich mit der Digitalisierung und dem Internet auch die Unterscheidung erübrigt, die Virilio noch Ende der 1980er Jahre zwischen künstlerischen und nichtkünstlerischen Bildern trifft: »Es gibt kein einmaliges Bild mehr wie in der Kunst, sondern es gibt eine Bildwelt, die von nun an endlos ist und die synthetisch die natürliche Augenbewegung des Zuschauers rekonstruiert.«[33]

Aus welchem Grund sich die Künstlerin für den Titel *Centrifuge* entschied und auf welche Zentrifugalkräfte sie womöglich damit anspielt, bleibt offen. Eine mögliche Lesart soll daher vorgeschlagen werden: Der Titel könnte sich aus Rosalind Krauss' kanonischem Aufsatz »Grids« ableiten. Darin definiert die Kunsthistorikerin das Raster »as an emblem of the infrastructure of vision«,[34] da es grundlegend ist für die perspektivische Darstellung auf einer zweidimensionalen Fläche, so wie sie von Alberti mithilfe des Tuchs und Albrecht Dürer mithilfe des Fadengitters erstmals umgesetzt wurde. Die von Krauss diskutierten Maler, auf die sich die Kunstgeschichte als Wegbereiter der Moderne verständigte, wie Piet Mondrian, haben ihr Bildmotiv optischen Studien aus dem 19. Jahrhundert entnommen. Wobei dieses Raster auf zwei divergierende Arten als Motiv in der modernen Kunst eingesetzt wird. Krauss trifft eine wichtige Unterscheidung, was wiederum die Form des Rasters anbelangt. Das eine, das innerhalb des Bildrahmens abgeschlossen ist, und das andere, das sich außerhalb des Bildrahmens potenziell unendlich fortsetzt. Das sich über den Bildrand hinaus potenziell unendlich fortsetzende Raster fasst sie als zentrifugal auf, weil es nach außen strebt, »the grid operates from the work of art outward, compelling our acknowledgement of a world beyond the frame. This is the centrifugal reading.«[35] Daraus ergibt sich im Umkehrschluss, »the given work of art is presented as a mere fragment, a tiny piece arbitrarily cropped from an infinitely larger fabric.«[36] Für Krauss ist das Raster eine Grundfigur der modernistischen Kunst, einer Kunst, die sich der Narration und Figuration entziehen will.

Zentrifugales Raster

Von den Verfahren, die Bernhard Siegert festgehalten hat, trifft weder das repräsentative[37] Raster auf die künstlerische Installation Szes zu, noch das spekulative, das topografische oder das geografische. Diese Bilder haben keinen festen Platz in einem albertischen »Ordnungsraum«.[38] Stattdessen rufen die digitalen Objekte viele Orte auf: einen Ort der Aufnahme, einen der Speicherung und einen der Wiedergabe. Im Unterschied zur Rastertechnik der Renaissance wird nicht eine Figur an einem Punkt fixiert, sondern könnte eine Figur – ein digitales Objekt – vielen Punkten zugeordnet werden. Insofern hebt sich die einfache Zuweisung von Breiten- und Längengraden (wie in der Kartografie) auf zugunsten einer virtuellen (weil von Algorithmen mitbestimmten) vielfachen Ortszuweisung. Im Fall der Video-Skulptur wird das Rastergebilde zu einem formalen Hintergrund oder Display für die Videoloops. Damit werden Kulturtechniken zwar zitiert, aber auf eine Weise als ausgediente Methode dargeboten, die sich zumindest nicht eignet, um die verschiedenen digitalen Bilder inklusive ihrer Metadaten außerhalb von Newsfeeds und Bildergalerien semantisch-räumlich anzuordnen.

Siegert erweitert die von ihm in seinem historischen Abriss unterschiedenen Raster und ihre Verwendung um eine weitere Kategorie: das dreidimensionale Raster. Dieses Raster trifft auf die Video-Skulptur *Centrifuge* zu. Siegerts Referenz für diese Form des Rasters ist eine Architektonische, die politisch-geschichtlich mit dem Ausstellungsort Haus der Kunst verkettet ist. Siegert bezieht sich auf eine Publikation des Bauhaus-Architekten Ernst Neufert, der 1943 das Buch Bauentwurfslehre mit einem Vorwort von NS-Archtitekt und Reichsrüstungsminister Albert Speer veröffentlichte und darin »eine Methode zur Standardisierung und Totalisierung des Rasters in allen Maßstäben«[39] verbreitete. Siegert geht so weit, Neuferts Ausarbeitungen – »Neuferts Norm«, so nennt er sie – eine Vorläuferrolle zuzuschreiben. »Neuferts skalierbares Planungs- und Ortungsraster [nimmt] bereits den Zusammenschluss von Rasterbildschirm und globalem Koordinatensystem vorweg, den eine Maschine wie Google Earth vollzogen hat.«[40] Nach Neufert sieht Siegert den kanonischen Architekten der Moderne und Vichy-Kollaborateur, Le Corbusier, als konsequenten Vertreter der Rasterarchitektur. Durch das Raster betrachtet, wird eine Verbindung von Bauhaus-Sachlichkeit, nationalsozialistischer Bauplanung und Nachkriegsmoderne sichtbar.

Wie von Siegert am Ende seines erhellenden Aufsatzes skizziert, kann man die Kunstinstallation so auslegen, dass sich das Rastern in die digitale Medienkultur verschoben hat. Er konstatiert,

> dass kartographisches Raster, topographisches Raster, Planungsraster und bildgebendes Raster ineinander übersetzbar geworden sind. [...] Die Kulturtechnik der Rasterung ist im Verbund mit Techniken der Skalierung und aufgrund der Überführbarkeit der verschiedenen Raster ineinander zur Grundlage einer Mediatisierung des Raumes geworden, der sich kaum etwas zu entziehen vermag.[41]

Wenn größte und kleinste Räume auf diese Weise bearbeitet werden, dann kommt es zum »scalar collapse«[42] [Skalensturz], etwa durch Maßnahmen in extremen Größenordnungen wie der, dass Größenordnungen nicht unterschieden werden, sondern in einer unspezifischen, spekulativen Größenordnung und in der Behauptung von Zukünftigkeit miteinander verschmelzen. Zach Horton kritisiert, dass solche disparaten Größenordnungen in der planetarischen Größenordnung als anthropozentrisch dargestellt werden.[43] Im Kontext der Literatur kritisiert Derek Woods, dass immer wieder menschliche Sinneswahrnehmungen in Größenordnungen eingeführt werden, in denen sie gar nicht empfinden können. Aber warum wird Realismus eingefordert, wenn unter anderem im Aussetzen der Realität ein Reiz der Fiktion liegt?[44]

Woods hat erkannt, dass die in *Powers of Ten* angewandten Kulturtechniken wie Zoom, Erzählerstimme und Skalierung in Zehnerpotenzen die Größenordnungen dennoch zum Kollabieren bringen. Sie fallen zusammen in die eine reale Erfahrungswelt, den Mesokosmos; ein Vorgang, den er mit Maurice Merleau-Ponty als »pre-scientific« bestimmt.[45] Als maßgeblich für den Skalensturz erachtet Woods den »smooth zoom«, der dafür sorgt, dass das Große wie das Kleine im filmischen Mesokosmos enthalten zu sein scheinen.[46] »*Powers of Ten* extend the norms of the human scale domain into other domains in an illusory way. This is not exactly anthropomorphism, but more specifically the projection of a scale world outside itself.«[47] Mit diesem Versuch, die Maßarbeit der Eames einzuordnen, deutet Woods zugleich an, dass sie sich damit außerhalb der wissenschaftlichen Erkenntnisse bewegen und ihr eigenes kosmologisches Weltbild konstruieren.

John Treschs »Kosmogramme«

Wenngleich es lange dauerte, bis die Kugelform der Erde fotografisch evident wurde, markierte dieses Nebenprodukt der Raumfahrt einen Verlust in der westlichen Welt: die Abwendung von kosmologischen Darstellungen. Die Frage danach, in welchem Verhältnis moderne Technologie und Kosmos eigentlich heute zueinanderstehen, greift der Wissenschaftshistoriker John Tresch auf und beantwortet sie konkret mit »kosmischen Dingen und Kosmogrammen«.[48] Den Begriff Kosmogramm übernimmt er von einem Religionswissenschaftler, der damit Darstellungen des gesamten Kosmos bezeichnete. Tresch hatte bislang für seine Forschungen zum Wandel von Kosmosdarstellungen mit dem Begriff Kosmograph gearbeitet, empfand die Erweiterung des Schriftlichen um visuelle Form und technische Reflexion als Bereicherung für seine Forschungsarbeit zu Wissenssystemen und ihren Symbolen.[49] Seinem Verständnis nach erleichtern Kosmogramme die Verständigung, weil sie Referenzpunkte darstellen, sie übertragen »totality in a concrete form as the basis for new interpretations and action: social relations, relations with other cultures, with natural entities, with animals, plants—but it also establishes the relation between different domains or ontological levels [...]. So a cosmogram points to a cosmology a spart of ongoing practices, a representation made by holders of a worldview of that worldview.«[50] Dabei greift Tresch auf Martin Heideggers Aufsatz »Die Zeit des Weltbildes« (1938) zurück der in diesem Buch bereits im Kontext der ersten technischen Bilder von der Erde, den Lunar Orbiter-Aufnahmen, diskutiert wurde.[51] In diesem Text thematisiert Heidegger die »Eroberung der Welt als Bild«, ein Vorgang, der »Entgötterung«, Maschinentechnik und Subjektwerdung zur Voraussetzung habe.

> Was ist das—ein Weltbild? Offenbar ein Bild von der Welt. [...] Der Name ist nicht eingeschränkt auf den Kosmos, die Natur. Zur Welt gehört auch die Geschichte. [...] Weltbild, wesentlich verstanden, meint daher nicht ein Bild von der Welt, sondern die Welt als Bild begriffen. Das Seiende im Ganzen wird jetzt so genommen, daß es erst und nur seiend ist, sondern es durch den vorstellend-herstellenden Menschen gestellt ist.[52]

Tresch reagiert mit seinem positivistisch angelegten Aufsatz auf eine Tendenz, das Weltbild angesichts aktueller Technologieentwicklungen überwiegend mit dystopischen, uniformen und phobischen Begriffen zu konturieren. Um dieser negativen Sicht auf moderne Technologie etwas zu entgegnen, diskutiert er zwei sich unterscheidende Konzepte für das Verhältnis zu technischen Objekten: kosmische Dinge und Kosmogramme. Nach Tresch kann ein gewöhnlicher Gegenstand als ein kosmisches Ding verstanden werden, eine kleine Form, die als pars pro toto den Kosmos enthält, zum Beispiel ein Krug oder eine Kanne. Tresch selbst hat in seinem Vortrag »So many images of food« Instagram-Fotos von Pizzas, die frisch aus dem Ofen von oben fotografiert worden waren, als kosmische Dinge diskutiert. Dabei gilt ein Kosmos als nur ein anderes Ding (»just another thing«). Mit dem Kosmogramm verhält es sich anders. Wie die naturwissenschaftlich informierte Eames-Sphäre berührt es wissenschaftliche, philosophische, literarische und künstlerische Repräsentationen des Universums.[53]

Die ›Welt als Bild‹ zu begreifen ist sicherlich im Ansatz in *Powers of Ten* enthalten, genauso in den anderen diskutierten künstlerischen Arbeiten. In *Centrifuge* verwandten Installation, *Triple Point (Planetarium)* (2013), integrierte Sze die Apparaturen, mit denen Menschen in der Vormoderne versuchten, ihr Weltbild zu konstruieren. Im direkten Vergleich ist *Centrifuge* möglicherweise auch als Hinweis darauf zu verstehen, dass die Instrumente der Gegenwart, die Algorithmen, nicht mehr materieller Bestandteil der Installation sein können. Für John Tresch ist *Powers of Ten* ein Kosmogramm. Eine ganze Reihe von Beispielen für solche Kosmogramme führt Tresch an, quer durch die Weltkulturen und Jahrhunderte. Zu dieser Auflistung gehören hinduistische Paläste, die den König exakt zwischen Volk, Regierung und Göttern situieren, Newtons Principia, Francis Bacons High-Tech-Erfindung von Salomons Tempel in Neu-Atlantis,[54] Enzyklopädien, Karten und Wissensbäume aller Art, Informationsarchitekturen und Suchmaschinen und Philip K. Dicks *Wie man ein Universum baut*.[55]

Einige relevante Merkmale seines Forschungsthemas — die Inventarisierung von Kosmogrammen — entdeckt John Tresch in Kosmogrammen des 19. Jahrhunderts, darunter das Implizieren einer Ökologie, in der alle Dinge miteinander verbunden und voneinander abhängig sind. Sie stellen sich »nicht die Welt vor wie sie ist, sondern die Welt wie sie sein könnte« — ohne Koordinatensystem. Daher liegt die Frage auf der Hand, so die Anthropologin Gabrielle Hecht,[56] ob es nach Tresch überhaupt ein Ding geben kann, was nicht seiner Definition des Kosmogramms gerecht werden würde. »Jedes Objekt, das wir finden könnten, ist das Produkt unendlich vieler Beziehungen, die weit über diesen Augenblick in Raum und Zeit hinausreichen.«[57] Anhand dieser Aussage von Tresch wird deutlich, dass er einen gewissermaßen kosmologischen Zugang zu den technologischen Dingen sucht und im Kosmogramm solche Verbindungen kartografiert sehen möchte. Daher liegt die Vermutung nahe, dass Gabrielle Hecht in ihrer Bezugnahme auf Tresch die kosmischen Dinge und die Kosmogramme verwechselt haben könnte.

Solche Kosmogramme erfüllen eine Art Schnittstellenfunktion zwischen der »industriellen Welt« und alternativen Vorstellungen davon, das Universum zu ordnen.[58] Diese Kosmogramme sind veränderlich, veralten und müssen gelegentlich aktualisiert werden. John Tresch gibt zu bedenken, dass »cosmograms are themselves continuously exposed to contestations, additions, deletions, and replacements; a permanently or universally valid presentation of the universe, whether by Borges or by Carnap, belongs to science fiction.«[59] Insofern ist *Powers of Ten* als Kosmogramm der Moderne zu verstehen und die Installation von Sze ein Update oder die Konturierung eines Weltbildes in der virtuellen Gegenwart.

Während die Eames ein linear angelegtes, zeitbasiertes Kosmogramm produzierten, das keine Lücke ließ, versucht Sze mitunter einen kritisch distanzierten Blick auf eine neue Totalität zu werfen, das Imperium der Bilder, das sie modellhaft inszeniert hat. Mitchell nennt solche Bildanordnungen in seiner werkimmanenten Genealogie »images of images«. Zu diesen Metabildern zählt er »the world picture as a pathological symptom of tech arrogance.«[60] Inwiefern Sze in einem Heidegger-Weltbild-Sinne moderne Technologie ablehnt, bleibt zu überprüfen. Sze hat möglicherweise den halben Weg zurückgelegt von der Moderne in die Gegenwart: Ihre Arbeit bleibt ästhetisch dem Handgemachten verbunden. Die modernen Kulturtechniken wie das Raster hat sie nicht gänzlich aufgelöst und in ein dynamisches, multiperspektivisches Weltbild transformiert, auch wenn sie selbst in einem Gespräch anlässlich ihrer Ausstellung im Haus der Kunst sagte, »dass den Arbeiten immer eine Art System des Auseinanderbrechens innewohnt.«[61] Eine Dynamisierung bleibt trotzdem inbegriffen, dafür sorgt der Titel der Arbeit, *Centrifuge*, verweilt aber gleichzeitig mit Bezugnahme auf den Aufsatz »Grids« von Rosalind Krauss auf abgesichertem kunsthistorischem Terrain.

Zehnerpotenzen als Matrix

Im Folgenden liefert der Skalierungsvorgang in *Powers of Ten* den Ausgangspunkt: Die Sortierung nach Zehnerpotenzen, eine vergleichsweise einfache Formel, mittels derer Mikro- und Makrokosmos — zumindest in der Vorstellung — zugänglich gemacht werden können. Der Vorgang des Skalierens dient dazu, Flächen, Dimensionen und Räume, deren Größe oder Ausmaß das menschliche Vorstellungsvermögen sprengen, in den Rahmen menschlicher intellektueller und ästhetischer Synthese einzupassen. Sobald eine bestimmte Größe über- oder unterschritten wird, erfährt so die Erweiterung, dass Raum nicht unabhängig von Kulturtechniken und Medien der Skalierung existiert. Ähnlich müsste die Grundannahme von Charles und Ray Eames gelautet haben, als sie den Film *Powers of Ten* realisierten.

Sie führen in *Powers of Ten* eine zweifache Skalierung aus, weil sie die einzelnen Etappen — 10 Meter, 100 Meter, 1.000 Meter usw. — scheinbar mit einem durchgehenden Zoom verbinden und auf diese Weise eine filmische Reise simulieren. Sie inszenieren erstens die verschiedenen Größenordnungen im Mikro- und Makrokosmos ausgehend vom menschlichen Maßstab und skalieren zweitens die Bilder, die ihnen in ihrem visuellen Modell als ›Treppenstufen‹ dienen, im glatten Kamerazoom.[62] Ihr methodisches Vorgehen übersetzt die Off-Stimme in folgende Worte: »every ten seconds we will look from ten times farther away and our field of view will be ten times wider.« Bis zur Entfernung von zehn Kilometern kann die Distanz mit immer schnelleren Verkehrsmitteln zurückgelegt werden, hier ist es das Überschallflugzeug, kein Senkrechtstarter wie die Rakete. Abweichend vom militärischen Vorgehen wenden die Eames ihr modernistisches Sensorium[63] an — die Fähigkeit zwischen dem damals erweiterten, technologisch sichtbar gemachten Mikro- und Makrokosmos und der menschlichen Wahrnehmung zu vermitteln.

In den letzten Sekunden des vertikal ausgerichteten Zooms auf die Erde kippt der Film im Rückflug zurück in eine dem menschlichen Maß entsprechende Perspektive, nämlich die horizontale Fläche der Picknick-Decke. Sobald die virtuelle Kamera also wieder in den Bereich des offensichtlich menschlichen Maßes zurückgekehrt ist, löst sich die Konstruktion einer vertikalen Kamerafahrt auf und die Vorstellung von Distanzen, wechseln die Zehnerpotenzen in den Negativbereich und das Dargestellte in jeder

Einstellung ist um ein Zehnfaches kleiner als das im vorherigen Bild. Die virtuelle Kamera arbeitet sich vom DNA-Modell zu Atom- und zu Atomkernmodellen vor.

> This carbon nucleus is made up of six protons and six neutrons. We are in the domain of universal modules [...] As a single proton fills our scene we reach the edge of present understanding. [...] Our journey has taken us through forty *Powers of Ten*. If now the field is one unit, then when we saw many clusters of galaxies together, it was ten to the fortieth or one and forty zeros.[64]

Nimmt man demzufolge das kleinste Feld auf der Skala, die der Film in Bilder übersetzt, d.h. das in der Größenordnung 10^{-16} m im Inneren des Atoms Abgebildete als Ausgangspunkt, dann ist das größte Feld, das Universum in der Größenordnung 1024 m, aus 1040 solcher Felder zusammengesetzt.

Gemessen wird demnach in Maßeinheiten, die dem menschlichen Vorstellungsvermögen entsprechen, also grundsätzlich im Bereich der Vorstellungskraft liegen können. Skalierung gehört zu den in der Moderne häufig genutzten Kulturtechniken und findet in unterschiedlichen Disziplinen Anwendung, darunter in der Architektur, in der Geografie, in der Informatik, in digitalen Bildgebungsverfahren. Dabei können sowohl Objekte, Mengen und Oberflächen als auch Distanzen skaliert werden. Die Bildskalierung bezeichnet ein Vergrößern und Verkleinern des Abgebildeten.

Skalieren gehört in unterschiedlichen Disziplinen spätestens seit dem 19. Jahrhundert zum konzeptuellen Handwerkszeug: Neben der Kosmologie, die traditionell von der Welt oder Weltvorstellungen in verschiedenen Größenordnungen spricht, findet die Technik insbesondere in der Kartografie, der Fotografie und der Astronomie Anwendung. In der Architektur ist es in der Planungsphase üblich, Gebäude in Modellgröße zu visualisieren, um sie später in größerem Maßstab zu bauen. Ein digitales Modell eines Gebäudes dagegen, das in Vektorgrafiken angelegt ist, lässt sich ohne Verlust von Daten respektive Auflösung vergrößern und verkleinern. Der Unterschied zwischen dem rechnerischen Skalieren von Größenangaben und der prozentualen Anzeige auf dem Computerbildschirm zeichnet sich hier schon ab: Während in der Mathematik die einzelnen Potenzen präzise Zwischenschritte einer logarithmischen Reihenfolge angeben, lassen sich auf dem Computerbildschirm im Prinzip beliebige Zwischengrößen ansteuern, zum Beispiel beim Verschieben des Zoom-Reglers in Google Earth. Zoomt man aber in die digitalen Bilder der Erde anstelle einer Vektorzeichnung, treten im Zoombereich über 100 Prozent allmählich kleine, dann größere Pixel auf, die die italienische Wortbedeutung von Skala, Treppe, in ihrer zweidimensionalen Darstellung visuell einlösen.

In dieser Disziplin, in den Humangeowissenschaften, ist nicht die Bildauflösung, sondern die Grobkörnigkeit einer Untersuchung gemeint. Zu den ausgewerteten Einheiten gehören etwa der Haushalt oder der Nationalstaat. In der Geografie wird zwischen dem kartografischen, dem geografischen und dem operativen Maßstab unterschieden: »cartographic scale is the relationship between the distance on a map to the corresponding distance ›on the ground‹. Geographic scale refers to the spatial extent of a phenomenon or a study. Operational scale corresponds to the level at which relevant processes operate. Finally, scale also refers to measurement or the level of resolution.«[65]

In der Fotografie hingegen ist Skalierbarkeit dem Medium eingeschrieben. Bei analoger Fotografie wird das Bild verkleinert auf dem lichtempfindlichen Film gespeichert, von dem dann Vergrößerungen angefertigt werden. Ein digitales Foto kann in der digitalen Bildverarbeitung vergrößert und verkleinert werden, soweit es die Auflösung erlaubt, wie auch auf dem Bildschirm raus- und reingezoomt werden kann. Diese Eigenschaften spielen in *Powers of Ten* eine essenzielle Rolle. Skalieren bedeutet, Daten der Größe nach zu ordnen. Es ist Ausdruck von Verhältnismäßigkeiten auf Kosten von Generalisierung und zugleich eine Stütze für unser Vorstellungsvermögen.

Skalierungsprobleme

Powers of Ten markiert mit analogen Mitteln den Beginn eines großen kybernetischen Sprungs, der heute mit der exponentiell gewachsenen Computerleistung erst zur Landung kommt. Am Bild des Schwarms, das Morrison bemüht, um die Elektronenwolke um ein Atom herum zu veranschaulichen und zu verlebendigen, macht Derek Woods deutlich, dass sie »less organic than a cybernetic fusion of the organic and the technological«[66] sei. Der »transscalar zoom has shifted from an emergent cultural form to a media-technological dominant since the 1960s.«[67] Damals visualisierte der Kurzfilm zwar in Zehnerpotenzen eine Rechenleistung, die die Verwendung von Computern vermuten ließ, tatsächlich war der Film aber in einjähriger Recherche- und Handarbeit entstanden. In *Powers of Ten* wird die Strecke von einer in der teleskopgestützten Forschung gültigen Grenze des Universums und ins Körperinnere mithilfe von Mikroskopen abgefahren. Mikroskop und Teleskop sind die optischen Medien, deren wissenschaftliche Verwendung ab dem 19. Jahrhundert dazu führte, dass Zehnerpotenzen in die numerischen Notationssysteme eingeführt wurden.[68]

Im Vergleich unterschiedlicher Notationssysteme für Zahlen hält Stephen Chrisomalis, ein Anthropologe, der sich mit der Geschichte der Zahlennotation beschäftigt hat, eine allgemeine Regelmäßigkeit fest, dass »all systems use a base of 10 or a multiple of 10 for representing natural numbers. This is a universal which I call the Rule of Ten.«[69] Zu dieser allgemeingültigen Regel kommt Chrisomalis, nachdem er hundert numerische Notationssysteme weltweit miteinander verglichen hat, die bis heute überliefert wurden. *Powers of Ten* ist ein numerisches Wort, das an ein lexikalisches numerisches System angebunden ist.[70] »Western numerals and many other systems use a base of 10, but this is not universal.«[71]

Zwar hieß schon bei Euklid das Multiplizieren einer Zahl mit sich selbst Potenz und der gerbertsche Abacus, ein frühmittelalterlicher Rechenschieber, sah im 10. und 11. Jahrhundert das Rechnen in Zehnerpotenzen vor.[72] Zu der Zeit gab es keine weitere Verwendung für die Zehnerpotenzen und diese Rechenart galt als Mathematik der Mathematik wegen. Mit dem Abacus studierte man damals in Westeuropa Arithmetik. Diesen Abacus, ein Pergamentblatt oder eine gerillte Zähltabelle mit senkrechten Säulen, in denen die Zehnerpotenzen rangierten, hatte der Mathematiker Gerbert von Aurillac (bekannter unter seinem Papstnamen Silvester II.) konzipiert, der sich auch anderer Hilfsmittel wie dem Astrolabium und dem Himmelsglobus bediente für die Erforschung von Sternenbildern. Der Prozess des gerbertschen Abakus, ›Algorismus‹ genannt, wurde mit Feder und Pergament nachgeahmt.[73] Aus dem Algorismus entwickelten sich später die heutigen Algorithmen.[74] Auf den ersten Computern, dem ENIAC, der in der zweiten Hälfte der 1940er Jahre im militärischen Gebrauch war, und dem IBM 650, einem Großrechner, der ab Mitte der 1950er Jahre in Universitäten und Forschungseinrichtungen genutzt wurde, basierte die Rechenleistung noch auf dem Dezimalsystem, nicht auf binärem Code.

»Cybernetic happiness«

Der Experimentalfilm *Worth How Many Words*[75] von Millie und Morton Goldsholl, den sie für die wesentlich mit der populären Bildkultur verwachsene Eastman Kodak Company produzierten, folgt vergleichsweise keiner so ordnenden Struktur, wie sie in *Powers of Ten* durch die Intervalle in Zehnerpotenzen systematisch angelegt und eingeschrieben ist. Dieser Film wurde nicht im Geiste einer »cybernetic happiness«[76] produziert, wie sie den Eames zu eigen war, deren affirmativer Zugang zur technologischen Welt in ihren Filmen dokumentiert ist. Dabei bleibt *Powers of Ten* der Gegenentwurf zu dem von Faszinationen getriebenen Experimentalfilm, da sich der Film nicht auf die Dinge und Phänomene in *subworlds* und *superworlds* konzentriert, sondern auf ein Kontinuum des Sichtbaren über die Grenzen des menschlichen Sehvermögens hinaus. Der Film der Goldsholls fragt zwar anhand mikroskopischer Filmaufnahmen danach, wie viele Universen es gibt, sucht aber nicht nach einer Entsprechung im Makrokosmos. Was den Film mit dem Konzept einer Wunderkammer verbindet, ist der »totalizing impulse«,[77] »a celebration of mastery, order, and structural homology«. Celebration ist ein Wort, das die Eames häufig in ihren Ausstellungstiteln verwendeten[78] und ihr affektives, fast mythisches Verhältnis zu ihren Themen pointiert, wenn sie Mikro- und Makrokosmos ordnen und rahmen.[79] Darüber hinaus unterscheiden sich die Eames durch einen durchgehend positiven, unkritischen Grundton, der ihre Filme durchzieht:

> Eamesian happiness, I argue, is ultimately more instructive as a model of production, a process or technical manner of working with objects and images in their mid-century techno-scientific environments, than as the reified promise of any particular good. The Eames' happy-making, a mode of engaged, contended labor, is indebted to their training in an Arts and Crafts tradition of joy in materials and to their modernist self-understanding as inheritors of a Bauhaus genealogy.[80]

Im Gegensatz dazu bleibt *Worth How Many Words* eindeutig dem Medium Fotografie und ihrer Geschichte verpflichtet und zeigt etwa ikonisches

Footage von Eadweard Muybridge, der für seine Fotoserien von Bewegungsabläufen eines galoppierenden Rennpferdes bekannt ist. Der Filmtitel lässt sich als nahezu apodiktische Ansage für den *pictorial turn* lesen. Am Ende des Films wird die Macht der Kamera mit dem Idiom *seeing is believing* verbunden. Lange bevor Mitchell den Paradigmenwechsel des *pictorial turn* einläuten konnte, wird der Sehsinn an vorderste Stelle gerückt. Darüber scheint der Titel *Worth How Many Words* (im Sinne von ›ein Bild sagt mehr als tausend Worte‹) die Wirkmächtigkeit von Bildern gegenüber Text betonen zu wollen – daher diese geläufige Metapher. In manchen Sequenzen wirkt der Film beinah wie ein Gegenentwurf zum Eames-Film, getragen von einer eher melancholischen Grundstimmung, die über Sepia-Farben, Schnitte, Hall auf der Soundspur und das Voiceover verbreitet wird, etwa wenn die männliche Stimme beispielsweise vor sich hin raunt, »in the microcosm, fantasy is reality [...] we are intimate observers of the invisible, the subworld where man is an outsized alien.« Gegen Ende werden werbetaugliche Worte angestimmt, »seeing is believing, this is the power of the camera.« Im zweiten Teil wechselt der Film in einen dokumentarischen Modus. Im Unterschied zu *Powers of Ten* setzt *Worth How Many Words* stärker auf eine horizontale Ausrichtung der Kamera und Making-of-Einblicke in Laboratorien – ganz im Sinne der Oligoptiken, mit denen sich Latour befasste und die aus seiner soziologischen Warte heraus betrachtet, mehr über die Welt und die Mittel der Sichtbarmachung erklären, als es der Zoom-Effekt in *Powers of Ten* kann.

Durch die Gegenüberstellung dieser beiden Filme wird deutlicher, worin die Spezifik des Eames-Films besteht: Skalierung und Abstraktion. *Powers of Ten* bedient sich beider Verfahren. Einerseits verwies es auf den zukünftigen Referenzbereich, andererseits war das Bildmaterial von optischen Medien produziert worden, die im 19. Jahrhundert erfunden worden waren. Zwischen Vergangenheit und Zukunft loteten die Eames aus, wie die Betrachter·innen in der damaligen Gegenwart den Kosmos mit neuen Augen sehen konnten: ein Wegweiser.

Eine Krise der Größenordnung

Vom Auftauchen neuer Bildgebungsverfahren sahen sich dem Visuellen zugewandte Theoretiker·innen und Künstler·innen zu unterschiedlichen Zeitpunkten in der Geschichte herausgefordert. Als Walter Benjamin vom »aufzischenden Geysir neuer Bilderwelten«[81] schrieb, betonte er zwar einerseits die Anziehungskraft, die von mit bloßem Auge nicht wahrnehmbaren, mithilfe des Mikroskops sichtbar gemachten mikrologischen Veränderungen in der Vegetation ausging. Andererseits war die Naturmetapher wohl nicht ausgewählt worden ohne den Grad des Unbekannten und Gewaltigen sowie eine gewisse Faszination für das Spektakel kommunizieren zu wollen, welche die mit ganzer Wucht auftretenden Bilderfontänen begleitete. Das Gefühl des Scheiterns an dem Versuch, die nun eingerichteten Blick- wie Sichtachsen und neuen Perspektiven im Auge zu behalten, zu fixieren und zu reflektieren, schien schier unausweichlich.

Um herauszufinden, weshalb die Abbildung der neu gewonnenen Wahrnehmungsweisen Schwierigkeiten bereitete, kann es weiterhelfen, in die 1960er Jahre hineinzuzoomen: György Kepes (1906–2001), Maler, Gestalter, Freund und Kollege von László Moholy-Nagy (1895–1946) und Professor für Design und visuelle Kommunikation am New Bauhaus in Chicago, gründete 1967 das Center for Advanced Visual Studies am MIT, um aus künstlerischer Perspektive die Macht der Bilder zu untersuchen. Kepes bemühte sich, das explosionsartig vergrößerte Spektrum des Sichtbaren und die daraus entstandene Kluft zwischen Wissenschaft und Kunst mit einem Vergleich zu umschreiben: »It is as though our human capacities grew by linear increments, and the problems resulting from our activities grew by exponential increments.«[82] Diese Unverhältnismäßigkeit beschrieb er als Krise der Größenordnung – *crisis of scale*. Die Größenordnungen scheinen im Space Age ins Unermessliche zu schießen – zumindest außerhalb menschlicher Vorstellungskraft und der Kapazitäten von Bildproduzenten in Kunst und Design zu liegen.

In der Geschichte wurde immer nach Bildern Ausschau gehalten, die Orientierung in der Welt verschaffen; und als Kepes sich umschaute, hatte er keines zur Hand, das den neuen Dimensionen im Mikro- wie im Makrobereich[83] genügen konnte. Es machte den Eindruck, dass es ein fast nicht zu bewältigender Aufwand war, Schritt zu halten mit den Naturwissenschaften, denn nach dem Sputnik-Schock in den USA, waren die entsprechenden Studienfächer im Rahmen eines National Defense Education Act (1958) mit einer Milliarde US-Dollar gefördert worden. Die US-Regierung erwartete, den Bildungsschub später in militärischen Nutzen umwandeln zu können.[84]

»The new scale«

Ein paar Jahre später kam Kepes wieder auf seine Aufgabe bezüglich der Größenordnungen und ihrer Sichtbarmachung zurück. Im Unterschied zu seiner früheren Auseinandersetzung wenige Jahre nach Sputnikflug und NASA-Gründung, hatte sich dieses Mal der Zeitgeist in Gestalt der ökologischen Krise in seine Arbeit eingeschrieben. Wie das System Mensch-Umwelt zu regulieren sei, dieses Problem hatte sich zur drängenden politischen Aufgabe der Zeit entwickelt – bestärkt nicht zuletzt durch die ersten Mondsondenbilder und Fotografien der Erde. Mit einem Mal waren es nicht nur die Dimensionen im Mikro- und Makrokosmos, die Voltaire erstmals in seinem philosophischen Text *Micromégas* (1752) als Reaktion auf die Erfindung des Mikroskops reflektierte, sondern durch neue Instrumente hinzugewonnene Größenordnungen. Kepes verwies auch auf die Kehrseite, den Unfall, die ökologischen Katastrophen, die in ähnlichem Umfang zunahmen, »the changing society exploded with problems of an immense scale.«[85] Auf der anderen Seite – und in einem unmittelbaren Ursache-Wirkungs-Zusammenhang stehend – verbreiteten sich automatisierte Produktionsprozesse, flogen Astronauten in den Weltraum und stellten weltweit Bildfaxgeräte Verbindungen her.[86] Aus der globalen Kommunikation und aus globalen Produktionsketten entstehen globale Problemlagen.

Kepes beharrte darauf, *the new scale* sinnlich erfahrbar machen zu wollen. »Artists can explore the new science-born horizons, make them accessible to our common perception, and develop consistent, orderly images and symbols.«[87] Ein Satz aus dem Jahr 1960, der auf den Jahre später entstehenden Kurzfilm von Charles und Ray Eames exakt zutrifft. Ein zweiter Aspekt, der sich ebenso in eine dramaturgische Entscheidung der Eames verwandelte, ist die Wahrnehmung beziehungsweise Einordnung des menschlichen Körpers in die gesamte gestaltete oder zu gestaltende Umgebung, wobei der Vorgang des »Muster-Sehens« mit einer Verflachung des menschlichen Körpers einhergeht. »What was once a ›thing‹ in space, an organism made up of carefully arranged functional organs, has become, for [Norbert] Wiener as well as for many biologists, a communications network linked to other networks in all directions, a ›pattern‹.«[88] Vor diesem Hintergrund erscheint es schlüssig, dass die Picknickenden in der Eingangsszene von *Powers of Ten* der Länge nach ausgestreckt auf einer kariert gemusterten Wolldecke liegen und sich auf diese Weise in ein Muster einfügen.

Charles Eames verfolgte die Arbeit von György Kepes und Norbert Wiener (1894–1964), bevor seine ersten Kurzfilme entstanden. Wieners Buchtitel *The Human Use of Human Beings. Cybernetics and Society* (1950) steht auf einer handschriftlich angelegten Lektüreliste im Eames Archive.[89] Kepes erwähnte er in einem kurzen Text aus dem Jahr 1948. Es handelt sich um ein paar Bemerkungen, die Eames nach seiner Teilnahme am »Panel on Esthetic Qualities in Architecture« den Veranstalter·innen zusandte. Unter anderem hielt er über Kepes fest: »It is unfortunate that such a conference should be so dependent on the language of words. It was most strikingly true in the case of Kepes, who if given a space within to work, I am sure could have given a three dimensional experience in form and color that would have been a basis of real controversy and conviction.«[90]

In einem seiner grundlegenden Texte, »Language of Vision: The Nuts and Bolts« — der Titel zitiert György Kepes' *Language of Vision* (1944) — plädierte Charles Eames 1974 dafür, dass Filmschaffende wissenschaftliche Erkenntnisse vermitteln sollen. Er schlug vor, dass die Universitäten eine *visual service unit* einrichteten. An anderer Stelle führte er weiter aus:

> In der Regel befindet sich die Abteilung Film im Fachbereich Theater oder Kunst und ist zum größten Teil eher darauf ausgerichtet, den kreativen Idiosynkrasien von Leuten zu dienen als den aktuellen Ideen der Wissenschaften und Geisteswissenschaften. Die Gefahr besteht darin, dass der Film vorzeitig durch einen Virus der Selbstdarstellung verunreinigt werden könnte. Wenn ein Wissenschaftler, Ingenieur oder Mathematiker mit einem Maler oder Bildhauer kollidiert, fängt er oft den Virus, gegen den der Maler oder Bildhauer bereits immun ist. Stattdessen sollten also die Wissenschaftler das Ästhetische als Erweiterung ihrer eigenen Disziplin erkennen.[91]

Die Worte von Charles Eames evozieren, eine institutionelle Version von Dziga Vertovs *Kino-Eye*-Manifest sein zu wollen. Wie Vertov argumentierte er gegen *l'art pour l'art*. Zum Vergleich ein Auszug von Vertov aus dem Jahre

1922: »cinema is, as well, the art of inventing movements of things in space in response to the demands of science; it embodies the inventor's dream—be he scholar, artist, engineer, or carpenter.«[92] Und in der gleichen Schrift teilte Vertov einen vergleichbaren technologischen Positivismus, den er auf folgende Weise ausdrückte: »We compose film epics of electronic power plants and flame, we delight in the movements of comets and meteors and the gestures of searchlights that dazzle the stars.«[93] Das Anliegen von Vertov lautete: »The camera is invisible.« Ein Punkt, dem Alex Funke, der Eames-Kameramann, zustimmen müsste. »Sobald das Publikum darüber nachdenkt, wie der Film gemacht ist, dann sind die Filmemacher gescheitert; ihre Methode sollte transparent sein«[94]—und in diesem Kontext bedeutet transparent ›unsichtbar‹, nicht wahrnehmbar.

Skalierung und Imagination

In der Regel werden extreme Größenangaben in Zehnerpotenzen angegeben. Im Rahmen seiner Erkundungen an den Grenzen des Repräsentierbaren vermutet der Kunsthistoriker James Elkins, dass der für uns intuitiv erfassbare Bereich—»intuition gives out when magnitude passes a certain point«[95]—zwischen 10-3 und 103 liegen würde; alle Größenordnungen darüber hinaus seien ausschließlich rechnerisch erfassbar. Hingegen hat man eine gute intuitive Erfassung zum Beispiel von 1 Millionen Euro—106—anhand ihrer Kaufkraft, während viele Geldbeträge nach einer Hyperinflation zu abstrakten Größen und Stapeln von Banknoten werden. Es kommt also grundsätzlich auf die Angabe hinter der Zehnerpotenz an.

Die Verwendung von Zehnerpotenzen ist aber letztlich unabhängig von den Grenzen der Intuition. Das Dezimalsystem selbst geht auf die zehn Finger zurück - die Zehnerpotenzen im engeren Sinne nicht. Diese ist bloß dem Umstand geschuldet, dass es Zeit und Platz spart, eine Kurzschrift zu verwenden. Daraus lässt sich schlussfolgern, dass die Zehnerpotenzen der schriftlichen und nicht der visuellen Kultur zugehören.

Solange also extrem große oder kleine Zahlen in Gebrauch sind, bleibt auch die Kurzschrift in Gebrauch (zumindest sofern man beim Dezimalsystem bleibt). Dadurch werden die Zahlen nicht unbedingt besser oder schlechter vorstellbar, sondern bloß leichter zu notieren.[96]

In den Naturwissenschaften, in der Ökonomie und in der Geografie gehören Zahlen und Skalierbarkeit zusammen. Bei Vilém Flusser findet das Konzept des Skalierens in seinen ansonsten auf physische Affekte setzenden Denk- und Schreibmanövern dann Aufmerksamkeit, wenn es um die Beschreibung von Topologien jenseits des menschlichen Erfahrungsraums geht. Er begründet seine Präferenz für Zahlen in diesem Bereich damit, dass sie weniger gemeinsam haben mit der subjektiven Welt:

> Tatsächlich haben wir die eigentümliche Fähigkeit, zu abstrahieren. Wir können uns (mehr oder weniger) aus unserem Lebensraum hinausziehen und anderswohin versetzen. Zum Beispiel können wir uns vorzustellen versuchen [...], in welch einem Raum sich etwa Spiralnebel befinden könnten [...]. Was das für ein Raum ist, kann nicht gut in Wor-

ten, sondern besser in Zahlen ausgedrückt werden, weil Worte zu sehr am Lebensraum kleben, während Zahlen abstrakter zu sein scheinen.[97] Der Spiralnebelraum, wie Flusser den Weltraum nennt, um ihn von den sichtbaren oder sichtbar gemachten Objekten aus zu denken und ihre Situiertheit zu betonen—weniger den unsichtbar bleibenden Zwischenraum,98 der zu großen Teilen durch eine noch nicht näher bestimmte, unsichtbare dunkle Materie gefüllt wird—, »ist nicht nur berechenbar, sondern diese Algorithmen können auch als synthetische Bilder in Schirmen sichtbar gemacht werden. Und tatsächlich haben einige wenige von uns aufgrund dieser Algorithmen begonnen, aus dem Lebensraum in die naheliegendsten Ränder des Weltraums zu kriechen.«[99]

Flussers Definition des virtuellen Raums ist materiell und greifbar, eine Qualität, die sein Schreiben ausmacht, weit Entferntes, Vergangenes oder Zukünftiges wie Abstraktes in der Vorstellung zu einem physischen Erlebnis zu machen. So definiert er ex negativo, »das Wort meint jenen Noch-nicht-Raum, in welchem Noch-nicht-Wirklichkeiten ihre Noch-nicht-Zeit verbringen«.[100] Die drei von Flusser unterschiedenen Räume, der Welt-, der virtuelle und der Lebensraum bilden »eine verzwickte Schleife: Der Weltraum wird vom Virtuellen enthalten und der Virtuelle vom Weltraum, und der Lebensraum ist ein Sonderfall sowohl des Weltraums wie des virtuellen Raumes. Also sind nicht nur die beiden Nichtlebensräume unvorstellbar, sondern ebenso unvorstellbar ist, wie diese drei Räume ineinandergreifen.«[101]

Flusser kritisiert die monströsen Termini der Physiker, als wolle er die Unzulänglichkeit ihrer Sprache und die Unübersetzbarkeit der Verhältnisse in einen allgemein verständlichen Diskurs bloßstellen.

Grenzen des vertikalen Skalierens

Nicht nur im unendlichen Weltraum spielt das Verhältnis von Vorstellungskraft, Messdaten und Maßstäben eine entscheidende Rolle. Die Historikerin Deborah Coen bezieht sich in ihrem Buch *Climate in Motion* auf die Klimawissenschaften als fortlaufenden Prozess des Skalierens, »mediating between different systems of measurement, formal and informal, designed to apply to different slices of the phenomenal world, in order to arrive at a common standard of proportionality«.[102] Um den menschlichen Einfluss auf den Klimawandel und seine zukünftige Entwicklung zu erfassen, ist es notwendig, rein- und rauszuzoomen, von Mikro zu Makro, vom Molekül zum Planeten und vom Pleistozän in eine bevorstehende Zukunft zu wechseln oder zu springen. Mit Timothy Morton gedacht, ist der Klimawandel ein *hyperobject*. Darunter versteht Morton »massively distributed entities that can be thought and computed, but not directly touched or seen.«[103] Dieses Konzept stellt einen Versuch dar, »skalare Dilemmata« anzugehen, indem es auf eine Außenperspektive verzichtet. »[T]he time of hyperobjects is the time during which we discover ourselves on the inside of some big objects (bigger than us, that is): Earth, global warming, evolution. Again, that's what the eco in ecology originally means: *oikos*, home.«[104] Mit Mortons Hyperobjekten zu denken, hilft dabei, das Bewusstsein für Prozesse zu schärfen, die für uns allgemein unsichtbar sind, um ein »Gefühl der Intimität« für klimatische Anzeichen, die sinnlichen Fußabdrücke von Hyperobjekten zu schaffen, die zu uns sprechen; anstatt die Botschaft zu verbreiten, dass der Planet Erde zum Scheitern verurteilt ist, will Morton uns aus dem Traum wecken, »awaken us from the dream that the world is about to end«.[105]

Ein ähnliches skalares Dilemma beschäftigt Kritiker·innen der politischen Ökonomie. Die Schwierigkeit, Feinheiten des globalen Kapitalismus in verschiedenen Größenordnungen darzustellen oder zu kartieren, ist das Thema von Jeff Kinkles und Alberto Toscanos *Cartographies of the Absolute*. Die Autoren fordern eine Ästhetik der kognitiven Kartierung als Reaktion auf einen Zustand der »kognitiven Dissonanz«: ein Gefühl der Orientierungslosigkeit angesichts des globalen Kapitalismus. Was fehlt, ist »a practice of orientation that would be able to connect the abstractions of capital to the sense-data of everyday perception«.[106] Die Anthropologin Anna Lowenhaupt Tsing analysiert in ihrem Essay »On Nonscalability« die Logik des Kapitalismus in Bezug auf Skalierung und Expansion und sieht Skalierbarkeit als Teil des Problems: »projects that could expand through scalability were the poster children of modernisation and development«, schreibt sie, »we learned to know the modern by its ability to scale up. Scalable expansion reduced a once surrounding ocean of diversity into a few remaining puddles. Project advocates thought that they had grasped the world. But they have been confronted with two problems: first, expandability has gotten out of control. Second, scalability has left ruins in its wake.«[107]

Da der Extraktivismus und sein Imperativ der grenzenlosen Expansion einen »beschädigten Planeten« hinterlässt, setzt sich Tsing für Alternativen außerhalb der Skalierbarkeitslogik zugunsten der biologischen und kulturellen Vielfalt ein. »In the twentieth century, a new standard of scale was established with *Powers of Ten*«, eine Aussage, die sich bei D'Arcy Wentworth Thompson[108] findet.

In der Geografie wird das Maß seit den 1970ern als »mental device« eingesetzt.[109] Darauf folgten in den 1980er Jahren materialistische Ansätze, die Skalierung als Konstruktion kritisierten: »Building on the scholarship of other Marxist geographers such as Henri Lefebvre and David Harvey, Neil Smith argues in *Uneven Development* (2008) that scale emerges from the mechanisms of capital along with social processes of competition and cooperation.«[110] In diesem Eintrag zu *scale* kommt Christopher K. Tong zum dem Schluss, dass es sich dabei vielmehr um einen Begriff handelt, an dem sich konkurrierende Weltsichten ablesen lassen. Ein Begriff mit feststehender Definition ist es nicht. Aktuelle Positionen in der Geografie wollen die Skalierung ganz abschaffen und plädieren für eine »flat ontology«,[111] anstelle des Skalierens in horizontalen oder vertikalen Strukturen.

Innerhalb der Humangeografie gibt es Vorstöße, von in der Geografie üblichen, hierarchisierenden Abstufung von globaler, nationaler und lokaler Ebene, Abstand zu nehmen und die Konstruiertheit des Skalierens zu dekonstruieren. Während also in der Geografie – der Disziplin, in der das Skalieren aufgrund kartografischer Abbildungsweisen am längsten praktiziert wird — das skalare Denken abgelöst werden soll, finden andere Disziplinen gerade erst dorthin, wie etwa die Medienwissenschaften, die es als epistemologisches Konzept begrüßen, um der Zunahme an Komplexität in technologischen Systemen nachzukommen. Die Autor·innen des Papers »Human Geography without Scale«[112] gehen zunächst davon aus, dass es keine Übereinkunft gibt, was mit dem Begriff genau gemeint ist. Der Aufsatz beginnt mit einer Bestandsaufnahme voneinander abweichender Definitionsversuche, darunter eine räumlich-vertikal ausgerichtete Vorstellung von Neil Brenner, »a ›vertical‹ differentiation … stretching from the global, the supranational, and the national downwards to the regional, the metropolitan, the urban, the local, and the body«[113], die mit epistemologischen Konzeptualisierungen konkurrieren, »approaching scale not as an ontological structure which ›exists‹, but as an epistemological one — a way of knowing or apprehending.«[114] Ziel der Autor·innen ist es, den Vorgang des Skalierens verhandelbar zu machen und das Konzept aus der Gewissheit eines unangefochtenen axiomatischen Grundsatzes zu lösen und dessen Einfluss und Diskursmacht kritisierbar zu machen und nicht als Gegebenes hinzunehmen.

An den Definitionen fällt auf, dass eine Position davon ausgeht, die Skalierungsstufen zu kennen, während die andere Position über den Vorgang des Skalierens als solchen reflektiert und dessen Konstruktionscharakter benennt. Wobei Smiths Ansatz, darin intuitive Fiktionen zu erkennen, zwar einerseits genau die Eigenschaft des Konstruierten, Ungefähren markiert, andererseits jedoch den Aspekt politischer Macht übersieht, die diese Einteilungen zu verbergen vermögen. An anderer Stelle zitieren Marston, Jones III und Woodward den Geografen Neil Smith und sein Konzept der *politics of scale*. Er schreibt, »geographical scale that defines the boundaries and bounds the identities around which control is exerted and contested.«[115] Smiths Theoriebildung zur Skalierung bezieht den Körper und das Zuhause mit ein und erinnert damit an den phänomenologischen Ansatz von Maurice Merleau-Ponty.[116]

Demnach ist Skalierung eng mit den Vorstellungen einer vertikalen Ausrichtung und hierarchischen Strukturen verknüpft: »hierarchy has become the vertical equivalent of the spatial scientist's ›grid epistemology‹«[117] — während die horizontalen Verbindungen mit der Netzwerk-Trope besetzt sind. Um diesem Dilemma der Zuschreibungen zu entgehen und Skalierung als kartografische Grundlagenmethode zu überwinden, werden verschiedene Vorschläge gemacht, wie das Konzept der Skalierung transformiert werden könnte. Zunächst betonen die Autor·innen die Verbindungen zwischen den verschiedenen Skalierungsstufen und erklären diese Verbindungen zu Vernetzungen, die schließlich darauf hinauslaufen könnten, die vertikale und die horizontale Ordnung zusammen zu denken.

Innerhalb des Geografiediskurses geht ihnen manch kritische Donna J. Haraway-Rezeption von Kolleg·innen nicht weit genug. Trotz Haraways anschaulich vorgetragener Kritik am ›göttlichen Trick‹ lehne sie die Logik und Methode der vertikal-epistemologischen Tangente nicht grundsätzlich ab, sondern begebe sich mit der Sicht von unten dazu in ein Verhältnis.[118] Stattdessen unterbreiten die Geograf·innen einen radikaleren Vorschlag, den der »flat (as opposed to horizontal) ontology«,[119] mit der sie sich gleichermaßen gegen die vertikale Vorstellungswelt von oben und unten sowie gegen die Horizontalität stellen. Ein offenes Konzept, das sich an Veränderung anpassen kann, das im Werden ist, ganz im Sinne von Gilles Deleuzes Konzept des Virtuellen und des Aktuellen, das sie stark machen: »Deleuze describes the ›actual‹ and ›virtual‹ planes as, respectively, the states of affairs and bodies ›actualized in sensible composites‹ within the world, and the vast regime of differential potentialities through which those actualizations resolve themselves.«[120]

In Deleuze und Guattari wurden Vordenker gefunden, die genauso axiomatische Strategien — Grundsätze, die nicht in Frage gestellt werden und daher normativ wirken[121] — kritisieren. Für den Deleuzianer und Netzwerktheoretiker Manuel DeLanda beschreibt das Skalieren eine Praxis, die das Virtuelle versteckt.[122]

Ungewissheiten eines Kunsthistorikers

Der Kunsthistoriker James Elkins befasst sich mit »uncertainties of scale« anhand naturwissenschaftlicher Bilder. In *Six Stories from the End of Representation* (2008), das sich mit Grenzen der Abbildbarkeit auseinandersetzt und weniger mit Repräsentationsfragen, die genauso anhand von Diagrammen diskutiert werden könnten, verhandelt Elkins das Verschwinden des aussagekräftigen, anschaulichen Bildes, das hier als Übergang betrachtet werden kann hin zu einer von Algorithmen kommandierten und kontrollierten visuellen Kultur. Er führt aus, dass mathematische Konzepte unzugänglich bleiben für die Intuition, wie etwa das Nichts und die Unendlichkeit. Diese Unendlichkeit kann nicht illustriert werden, Bilder können das Unendliche nur andeuten, wie bereits im Zusammenhang mit dem virtuellen Ereignis des Sputnikflugs diskutiert. Weil Elkins an den Kategorien des Schönen und Erhabenen von Kant haften bleibt — im Gegensatz zur Kulturtheoretikerin Sianne Ngai, die neue ästhetische Kategorien eingeführt hat, »zany, cute, interesting«[123] —, führt er aus, dass Größe, im Englischen *magnitude*, das Erhabene transportiere oder auslöse. Dafür markiert Elkins ein Größenspektrum, das von der unbegreiflichen Winzigkeit der in der String Theory betrachteten Größen von 10^{-25} m bis zu den ebenso unverständlichen Weiten des beobachtbaren Universums von 10^{25} m reicht.[124] Elkins zufolge bewegen sich intuitiv zugängliche Größenordnungen im Bereich von 10^{3} bis 10^{-3}, »intuition gives out when magnitude passes a certain point«.[125] Die Bilder von Hubbles Deep Field dokumentierten Regionen, »where visibility drops off«.[126] Wie er auch an anderer Stelle anhand einer Filmszene in *Men in Black* (1997) ausführt. In dieser streunt eine Katze namens Orion über den Schreibtisch einer Wissenschaftlerin an Bord eines Raumschiffs. Als sie einen Anhänger am Halsband dieser Katze, der aussieht wie Keplers' *Mysterium Cosmographicum*[127] fixiert, wird dessen Innenleben lebendig: Das gesamte Universum scheint sich darin auf Modellgröße geschrumpft wiederzufinden und der Orionnebel eine soghafte Wirkung zu entwickeln und der Darstellerin widerfährt ein Schwindelgefühl. Mit diesem Vertigo-Effekt verbindet Elkins »uncertainties of scale«. Für Laien bleibt oft im Unklaren, wie groß etwa der Bildausschnitt ist, den NASA oder ESA veröffentlicht haben. Daher gibt es die Tendenz, jedes Bild als pars pro toto einzuordnen. So wird ein Bild von der Andromeda-Galaxie oder vom Orionnebel mit dem Weltraum gleichgesetzt.

Elkins macht die Grenzen der Repräsentation beziehungsweise der Sichtbarmachung dort aus, wo entweder die optischen Medien an ihre Grenze stoßen—*the unpicturable*—oder die menschliche Vorstellungskraft an ihre Grenzen kommt—*the inconceivable*. »The universes [...] cannot be imagined as pictures, and neither, apparently, can the insides of hadrons or the ›structures‹ of electrons. Those are unpicturable objects—not merely unrepresentable, but also unavailable to the imagination as pictures. Beyond the unpicturable there is one last possibility: objects that are inconceivable, that are nothing but voids around which representation gathers.«[128]

Teilchenphänomene lassen sich unmöglich mit Ereignissen im menschlichen Maßstab vergleichen. Wenn technische Bilder auf den menschlichen Blick treffen, spielt der menschliche Körper als Bezugsgröße[129]—wie in dem Film *Powers of Ten* demonstriert—eine essentielle Rolle, auch heute im digitalen Zeitalter, oder umso mehr (auch im Zusammenhang mit VR-Technologien). Dabei wird das Skalieren oft als natürlicher Vorgang vorausgesetzt, und nicht wie die Anthropologin Tsing festhält: »scale is made«.[130]

Algorithmen und maßlose Blicke

Mit den (Neu-)Skalierungen, die sich auf den digitalen wie auf den realen, physisch gebauten Raum auswirken, beide vernetzen und bis hin zu transkontinentalen geopolitischen Ausmaßen reichen, wie etwa im Fall der chinesischen Belt and Road-Initiative beobachtet werden kann, werden alte Größenordnungen der historischen Seidenstraße aktualisiert, infrastrukturell ausgebaut und digitalisiert. Dabei handelt es sich um Skalierungsvorgänge, die durch exponentielles Steigern von Rechenleistung und Bildauflösung vonstattengehen, Datenmengen im Umfang von Petabytes oder Exabytes. Bei diesen ›neuen Augen‹ also—anders als von Brian Holmes als Reaktion auf die Undurchsichtigkeit von Prozessen des Maschinensehens vorgeschlagen[131]—, steht nicht mehr der menschliche Blick im Fokus, »die innere Regung, aus der er besteht«,[132] sondern die nicht-menschlichen Augen[133] der Algorithmen, die Bildoberflächen als Muster auslesen, nachdem Signale vom Rauschen getrennt wurden. Dieses systematische Vorgehen bei dem Auslesen von Bildern ist weit entfernt vom menschlichen Blick (der nach gänzlich anderen optischen Regeln funktioniert als die künstlich-mathematische Wahrnehmung der Maschine, die allenthalben aus Gründen der Anschaulichkeit bildsprachlich mit dem Sehen verglichen wird).

In algorithmischen Bildauswertungsprozessen werden die Geodaten den Metadaten entnommen, etwa Namen zu Fotos oder Videobildern von Gesichtern, GPS-Koordinaten zu Adressen. Es gibt demnach ein neues Genre von Bildern, das zwar vordergründig auf der Bildfläche jemanden oder etwas zeigt – die Absicht des Bildes, die Roland Barthes in *Die helle Kammer* (1980) als »Studium« bezeichnete –, hintergründig aber in Kontakt mit Algorithmen Daten überbringen, die im nächsten Schritt weiterverarbeitet und in Datenbanken gespeichert werden, um dann verkauft und ausgewertet zu werden. Die algorithmische Mathematik ›hinter‹ den Bildern ist daher zu einem Machtindex geworden[134] – Algorithmen werden oftmals geheim gehalten – hier stehen sich die Commons von GitHub und Google sowie andere kommerziell entwickelte Algorithmen im Plattform-Kapitalismus gegenüber – und erschließen sich zwar Informatiker·innen und Programmierer·-innen, nicht aber einer breiten Öffentlichkeit.

Anfang der 1990er Jahre bemerkte Paul Virilio in »Das Privileg des Auges«[135] eine »Industrialisierung des Sehens«, die mit der »Entwicklung dieser blicklosen Sehmaschinen« einherging. Als Virilio seinen Aufsatz schrieb, bezog er sich auf die gerade in den öffentlichen Raum Einzug haltenden Videoüberwachungskameras, die auf Plätzen, in Banken, Kaufhäusern und Transiträumen wie Flughäfen erstmals zum Einsatz kamen.[136] Doch die Auswertung dieser Überwachungsbilder kam nicht ohne den menschlichen Blick aus. Mitarbeiter·innen saßen vor Kontrollmonitoren und manchmal wurden die Aufnahmen im Nachhinein relevant, wenn es um die Aufklärung eines Verbrechens ging. [137]

Wobei Virilio dialektisch denkend, die Vermutung aufgestellt hatte, »so haben wir eine leidenschaftliche Hinwendung zum Blick zu erwarten, der jener andere Blick, wie er die handwerkliche Kunst des Amateurphotographen kennzeichnet, bald zum Opfer fallen wird, weil er dann hinter einer Industrie des Sehens zurücktritt [...].«[138] Virilio schrieb dies in der Hochphase der Konsumkultur und eines einseitigen Sender-Empfänger-Modells. Mit der Einführung des Internet und der Verbreitung digitaler Technologien, wie insbesondere dem Smartphone, ändert sich jedoch dieses einseitige Machtverhältnis – es stellt sich die Frage, inwiefern durch technologische Voreinstellungen die Ästhetik der Bilder gleichgemacht wird; wobei anzumerken ist, dass Polaroid-Bilder ebenfalls technisch bedingt ästhetische Ähnlichkeiten aufweisen. In künstlichen neuronalen Netzen kann eine Weiterführung der ›blicklosen Sehmaschinen‹ erkannt werden, die Virilio in den späten 1980er Jahren im Sinn hatte, als er die Computerisierung und Instrumentalisierung von Videokameras beobachtete.

Der Rechenprozess läuft bei den neuronalen Netzwerken potenziert und binnen Bruchteilen von Sekunden ab und lässt sich mit keinem noch so hochauflösenden Verfahren in Einzelschritten abbilden. Es gibt keine Entsprechung zu den fotografischen Serien etwa eines Eadward Muybridge. Demzufolge erfordern die algorithmisch gesteuerten Prozesse in neuronalen Netzwerken eine Neudefinition dessen, was gemeinhin als Blick und als Bild verstanden werden kann, »fokussieren wir zwar die visuellen Qualitäten, nicht jedoch länger die Geometrien des Bildes, sondern nunmehr seine bildverarbeitenden Algorithmen.«[139]

Den neuronalen Netzen zugrundeliegende Rechenprozesse laufen binnen Bruchteilen von Sekunden ab und lassen sich mit keinem noch so hochauflösenden Verfahren in Einzelschritten abbilden. Demzufolge erfordern die algorithmisch gesteuerten Prozesse unter anderem eine Neudefinition dessen, was überhaupt als Bild verstanden werden kann. Aus diesen Gründen muss diskutiert werden, inwiefern die Disziplin hier weit über das Einzelbild hinausdenken und sich der Aufgabe stellen muss, wie Algorithmen und ihr Einfluss auf die visuelle Kultur sichtbar beziehungsweise vermittelbar und interpretierbar gemacht werden können. Mit Roland Barthes muss nach der Wirkdauer eines Bildes gefragt werden. Wie bekommt ein Bild Bedeutung?[140] Wann vergeht diese? Und was verändert sich, wenn nicht ein Einzelbild ein Ereignis erfasst und repräsentiert, sondern viele ›verteilte Bilder‹ ein Ereignis abbilden?[141]

Ausgelöst durch die Verwendung von Algorithmen und *machine learning* verändert sich heute der Einflussbereich visueller Kultur erheblich. Diese durch potenzierte Computer- und Netzwerkleistungen bewirkten Veränderungen für die Organisation von Bildern bezeichnete William Uricchio im Jahr 2011 als *algorithmic turn*.[142] Dass Uricchios eigene Beispiele schon heute nicht mehr verfügbar sind, zeigt, dass navigierbare interaktive Bildräume, die unterschiedlich situierte Sichtweisen repräsentieren und in Augmented-Reality-Applikationen Informationen in den Raum werfen können, ausgesprochen instabil sind.

Errechnete Bildkultur

Mit wahrnehmungstheoretischem Repertoire kann man die Frage stellen: »Wie verschiebt sich das Verhältnis zwischen Figur und Grund?«[143] Kann die Maschine lernen, zwischen Figuren im Vordergrund und einem Hintergrund zu unterschieden? Vertieft man sich weiter in das sogenannte Maschinensehen, liegt die Vermutung nahe, dass der »Hintergrund, die Natur, ausgelöst durch menschliche Intervention, überall immer stärker in den Vordergrund [tritt] und zur ›Figur‹« wird. Unter der Figur, die sich unter technologischen Bedingungen formiert, versteht Anselm Franke eine »Agentur, deren Handlungspotenzial dringend berechenbar werden muss.«[144] Darunter werden beispielsweise Sensoren verstanden, die von den bisherigen Figuren eingerichtet wurden. Dass die Unterscheidung in Figur und Grund als »Grundbedingung allen Sehens«[145] zur Konvention gemacht und damit naturalisiert wurde, schildert die Kulturwissenschaftlerin Hanne Loreck mit Bezugnahme auf Rudolf Arnheims wahrnehmungstheoretische Ausführungen. Damit fügt sie dem Diskurs eine Drehung hinzu: Loreck macht deutlich, dass die Auseinandersetzung mit dem sogenannten Maschinensehen einen kritischen Blick auf normative Setzungen ermöglicht und auf diese Weise die neuen Figur-Grund-Verhältnisse zu ›Technologien des Virtuellen‹ avancieren können. Figur und Grund werden in gewissem Sinne ununterscheidbar. »Die Figur hat keine Kontur, kein Volumen«[146] und hebt sich somit nicht vom Hintergrund ab.

Um Figur und Grund unter algorithmischen Bedingungen überhaupt produktiv zu machen, führt Loreck eine weitere Unterscheidung ein, indem sie die Begriffe ex negativo doppelt. Die Figur entspricht der gesamten Bildfläche, einem digitalen Bild, wie es auf einem Screen in der Galerieansicht angezeigt wird.[147] Die Figur ist das gesamte Bild, den Grund bildet die Referenz-Datenbank, die Voraussetzung ist für maschinelles Lernen. Diese Setzung führt sie zu dem Schluss, dass »sich der Grund von seiner optischen Fassung in die Operative der Ground Truth«[148] verschoben hat, wie es etwa bei Vorgängen der automatischen Gesichtserkennung der Fall ist. Was passiert, wenn die Figur von dieser Ground-Truth-Datenbank, dem digitalen Feldabgleich, unabhängig wird? Loreck schlägt analog zu Rosalind Krauss vor, über (Bilder-)Datensätze als (Nicht-)Grund nachzudenken, im Kontext des Digitalen die Figur-Grund-Konstellation um ein zweites antagonistisches Paar—das auf die Technologie des Virtuellen, auf die Virtualtiät der technologischen Bedingungen hindeutet—, die Nicht-Figur und den Nicht-Grund, zu erweitern, weil es immer wieder potenziell neue Kombinationen und Zuordnungen geben kann, mit denen algorithmische Prozesse der menschlichen Wahrnehmung quantitativ überlegen sind. Die ›Nicht-Figur‹ und der ›Nicht-Grund‹ befinden sich nicht im Feld des Sichtbaren, sondern lassen sich als eine Art virtueller Schatten der neuen definitorischen Zuordnung von Figur und Grund unter algorithmischen Bedingungen begreifen. Wobei sich die Frage anschließt, ob der Nicht-Grund unter digitalen Bedingungen für Korrelation zuständig ist—»how things are related, not why we think they are«[149]—die Frage nach dem Wie und nicht dem Warum stellt.[150] Wendy Chun erläutert anhand von Big Data, wie Wahrscheinlichkeiten durch die Ermittlung von Korrelationen berechnet werden. Big Data verursacht durchaus Probleme, übersteigt die Grenzen des Vorstellbaren: »Big Data is so big, not only because we produce so much data daily, but because every click—every change of state—is stored and interconnected across time and space.«[151]

Deswegen treten Schwierigkeiten auf: Da sich die konzeptuellen Ausführungen von Krauss auf kunstimmanente Problematiken der Bildfläche beziehen, die sie innerhalb des Kunstdiskurses verhandelt, ist es mitunter riskant, ihre Argumente und konzeptuellen Überlegungen, die sich mit der zweidimensionalen Darstellung befassen, in den eindimensionalen Datenraum zu überführen und dort ihre Relevanz und Anwendbarkeit zu befragen. Dennoch kann es produktiv sein, die Frage nach dem Verhältnis von Figur und Grund, die von Krauss verfolgt wurde, für die Veranschaulichung des in den Sozialwissenschaften deklarierten »datalogical turn«[152] zu verwenden. Daher muss vorerst offenbleiben, ob Krauss' Gedanken als *travelling concept* übertragbar sind.

Die Autor·innen des *datalogical turn* benennen Konsequenzen des Paradigmenwechsels in der algorithmischen Kultur: »the datalogical turn moves away from representation and its reliance on sociological correlation and correlative datasets and moves towards the incomputable conditioning of parametric practices in algorithmic production.«[153] Mit dem »datalogical turn« beginnt folglich das Bild seine instrumentelle Macht zu verlieren. Es wird zu einem ›Portal‹, das zu weiteren Daten und Informationen führt, »the datalogical turn is resonant with the move from representation to non-representation.«[154]

Wie die Autor·innen verdeutlichen, lassen sich unter dem Vorzeichen von Big Data zuvor gültige Unterscheidungen zwischen Körper und Umgebung nicht aufrechthalten: »the definition of the bodily broadens beyond the human body or the body as autopoietic organism, and as such bodily practices themselves instantiate as data, which in turn produces a surplus of bodily practices.«[155] Biometrische Daten, insbesondere Bewegungsdaten, erwirtschaften Gewinn, denn Verkörperung bedeutet Information.[156]

Datenerfassung findet nicht nur in den bekannten stationären Geräten statt, sondern ist verräumlicht, »human lives continually pass through datafied terrains.«[157] Die Datenbank verbindet sich mit dem analogen Raster draußen in der Stadt. In einer literarisch-humorvollen Verarbeitung deutet Wendy Chun das Potenzial der immersiven User·innen-Aktivitäten an, »we are now characters in a universe of dramas putatively called Big Data.«[158] Die Dramen gehen für die Einzelnen unterschiedlich aus.

Wenn damals also einige Bauhaus-Vertreter — hier tatsächlich Männer in der Rolle als öffentliche und unter eigenem Namen veröffentlichende Vertreter einer Schule mit diskriminierender Zulassungspolitik in einer geschlechterdiskriminierenden Gesellschaft[159] — darüber nachdachten, wie sich die Beschleunigung der Welt in eine adäquate Bildsprache übertragen ließe, dann ist es interessant zu fragen, wo und wie sich die Datafizierung, der *datalogical turn*, heute in der visuellen Kultur niederschlägt. Die visuelle Kultur scheint durch eine definitorische Krise zu gehen, weil Bilder zu Auslösern für algorithmische Operationen gemacht wurden — Operationen, die eine nur von der Rechnerkapazität begrenzte Zahl an Bildern, organisiert in Datensätzen, erkennen und kategorisieren können.[160] Das Bild verliert unter der algorithmischen Bedingung seinen anthropischen Horizont. Daher ist es nicht überzeugend, eine Computerperspektive einnehmen zu wollen, um den Prozess von Musterbildung und Abstraktion einzuüben.

Für den Computer ist ein Bild also eine Reihe codierter Impulse. Der Medienwissenschaftler Matteo Pasquinelli setzt das Bild im metaphorischen beziehungsweise philosophischen Sinne ein, und zwar ein Bild, das eine Vorstellung von der Totalität der Daten erzeugen soll, dabei aber vielmehr ein Phantombild zu zeichnen scheint — metaphorisch gesprochen. Bleibt Pasquinelli bewusst im vor-bildlichen Datenraum und gibt damit indirekt zu verstehen, dass der medienwissenschaftliche Bildbegriff nach Claus Pias,[161] dass es das digitale Bild nicht gibt, nur den Code, in diesen Kontexten nicht mehr nützlich ist? Pasquinelli zitiert den Mathematiker und Biologen D'Arcy Wentworth Thompsons Über *Wachstum und Form* (1917), ohne auf Unterschiede oder Ähnlichkeiten bezüglich der Musterbildung in der von Wentworth Thompson untersuchten und mathematisch erfassten Natur und der von ihm untersuchten algorithmischen Datenverarbeitung einzugehen. »Daten sind keine Zahlen, sondern Gestalten, Strukturen, die ein Bild ergeben:

Eine unendliche Menge von Punkten beschreibt den Umriss einer neuen Singularität. Diese zeichnet sich vor dem Hintergrund ›scheinbar bedeutungsloser Daten‹ ab, wie man sie zu nennen gelernt hat«.[162]

»Are some things unrepresentable?«

Der *datalogical turn*[163] markiert, dass sich die Macht des Computerwesens im Zeitalter von Big Data, Maschinenlernen und *Cloud Computing* auf verschiedene Disziplinen, ihre Methoden und ihren Untersuchungsgegenstand auswirkt. Eine Disziplin, die unmittelbar in Bezug auf ihre eigene Methodik betroffen ist (und sich daher mit dem Problem des exponentiellen Datenwachstums auseinandersetzt), ist die Sozialwissenschaft. Auslöser der datenlogischen Wende ist den Autor·innnen Patricia T. Clough u. a. zufolge, dass durch Big Data genuin soziologische Methoden der Datenerhebung und -auswertung in neuen Größendimensionen umsetzbar geworden sind. Neu sind Umfang und Geschwindigkeit, mit der Daten gemessen, gespeichert und in unbeständigen Wahrscheinlichkeiten berechnet werden. Das Unberechenbare ist von den Forscher·innen bereits inbegriffen und mitgedacht, wenn es um die Unterscheidung von Repräsentation und Nicht-Repräsentation geht. »In representation, there is a present absence of what is represented. But for us, the present absence in representation is displaced in non-representation; rather, non-representation points to the real presence of incomputable data operative in algorithmic architectures parsing big data.«[164] Anders als in soziologischen, empirischen Studien, die darauf ausgelegt sind, das Signal vom Rauschen zu trennen, sammelt Big Data alles ein. Diesem Rauschen widmen die Soziolog·innen ihre fachliche Aufmerksamkeit: »The noise of the incomputable is always already valuable information because it allows for resetting parameters. Not only do big data technologies seek to parse, translate, and value noise, but also they enhance its production by taking volatility as their horizon of opportunity.«[165]

In ihrem paradigmatischen Text konzentrieren sich die Soziolog·innen auf die Verschiebung des Subjektbegriffs,[166] der ideologischen Anrufung bei Althusser hin zu einem Datensubjekt, »a non-representational subject«.[167] Bei Althusser befindet sich die disziplinierende Staatsautorität, der Polizist, in räumlicher Nähe. Das in Daten erfasste und kontrollierte Subjekt kann sich in beliebiger Distanz zu den Computersystemen bewegen. Es ist keine Kontrolle aus nächster Nähe.

Eine widerständige Lesart schlagen die Medientheoretikerin Luciana Parisi und die Kunsthistorikerin Antonia Majaca in einem essayistischen Text – mit harawayschen Science-Fiction-Anleihen – vor. Das Unberechenbare *(the incomputable)* ist ein Begriff, den die Autorinnen als Metapher verwenden, um aus feministischer Perspektive den Einfluss der algorithmischen Datenverarbeitung auf Konstellationen von Wissen und Macht zu überprüfen.[168] Die Autorinnen schlagen ein neues Subjekt vor, »the incomputable subject«, welches sich den »whitemale constructs of paranoid humanism« widersetzt. Das datenmäßig nicht erfassbare Subjekt kommt zustande »by way of reclaiming the contingent as a mode of reasoning and as the field of the political.«[169] Dies ist eine freiere, künstlerischere Auslegung der algorithmischen Bedingungen der Subjektwerdung als Luciana Parisi sie in ihren medientheoretischen Texten mit philosophischen Referenzen betreibt. Nach widerständigem Potenzial sucht sie auch da: Störungen, Exzesse, Zufälle. Wie Galloway in einem Gespräch mit der Sozialwissenschaftlerin Patricia T. Clough zusammenfasst, gehören zu Parisis Auslegung von Algorithmen folgende Eigenschaften: »patternlessness, infinity, and incomputability inside themselves.«[170] Es können demnach digitale Objekte im ständigen Werden inbegriffen werden, die sich jenseits moderner begrenzender Paradigmen wie Muster, Vermessung und Berechenbarkeit abspielen.

In seinem Buch greift Galloway das Dilemma der Unrepräsentierbarkeit des Verhältnisses von Daten, Informationen und Bildern auf. In dem Kapitel »Are some things unrepresentable?«[171] befasst er sich mit diesem Problem anhand eines komplexen militärischen Text-Diagramms, das die US-amerikanische Kriegsstrategie in Afghanistan verdeutlichen soll. Für ungeschulte Augen bleibt es schwierig zu entziffern, welche Information in dieser Darstellung enthalten ist, welche Handlungsanweisungen ablesbar sind oder welche strategischen Schlüsse sich daraus ziehen lassen. Das Diagramm stellt verschiedene Begriffe zueinander in Bezug. Anstatt den Weg des Skalierens von Informationen und Konstellationen einzuschlagen, macht Galloway einen alternativen Vorschlag: die Grenzen des Darstellbaren festzustellen anhand der Informationen, die ausgelassen wurden.

Galloways Bildbegriff ist sehr weit gefasst und wird von ihm nicht weiter ausgearbeitet. Aus der unübersehbaren Ähnlichkeit sämtlicher bildlicher Darstellungen der Computernetzwerke folgert er, dass eine Visualisierung, die wiederholt wird, so brauchbar ist wie keine Visualisierung. Gibt es weitere Beispiele neben den konventionellen Internetkartierungen, die ebenso wenig Karte und vielmehr die Allegorie einer Karte sind? Unter dem Stichwort ›*Mapping*‹ sind unzählige abstrakte Konzepte und Beziehungen in Diagrammform kartiert worden.

An Virtual-Reality-Anwendungen fällt ebenfalls auf, dass es Konventionen gibt, den Innenraum des menschlichen Körpers als Landschaft zu konzipieren. Während sich also einerseits ästhetische Rückgriffe auf konventionelle Darstellungsformen und Bildtraditionen beobachten lassen, bleiben Informationen hinter der Repräsentation zurück, die nicht mit dem verfügbaren Datenvokabular abgebildet werden können. Um mit Galloway weiterzudenken, gilt es zu untersuchen, was mit den etablierten Repräsentationen von Big Data — Werbebilder wie z. B. Hände, die einen Datenglobus halten; eine Textur aus Nullen und Einsen, die einen Globus umspannen — angedeutet wird. Nach Galloway ist die Repräsentation von Big Data unmöglich; insbesondere, da es für Big Data keine eindeutige wissenschaftliche Definition gibt.[172]

Big-Data-Erden

Big Data wird häufig in Kugelform repräsentiert, als solle mit dem Motiv kommuniziert werden, dass die ganze Erde virtuell in Datenform erfasst werden könnte. Die Bilder stellen Big Data teils als technoide, aus Mikrochips kompilierte Kugel, teils als mit Nullen und Einsen überzogenen Erdball dar. Auf einem Beispielbild hält ein Anzugträger — darauf lassen die weißen Hemdsärmel schließen — diesen Erdball in seinen Händen. Die Größenverhältnisse sind eingebrochen und ein allmächtiges (göttliches) Datensubjekt manipuliert wortwörtlich den Planeten. Mit dem Recycling geläufiger Datentypologien wie der Schlagwortwolke, dem in Datenform erfassten Planeten, dem Datenhighway oder dem unendlichen Universum wird der Sammelbegriff ›Big Data‹ mit altbekannten Cyberspace-Symbolbildern gefüllt. Allesamt nahezu naiv wirkende, simplifizierende und manipulative Bilder (Piktogramme und Infografiken), die abgesehen vom Planeten zuvor für die anschauliche Vermittlung von Datenströmen, Vernetzung und Echtzeit-Kommunikation etabliert wurden. Den Fakt, dass Daten keine zwingende ästhetische Form haben und deswegen nicht in einer einzigen Form synthetisiert werden können, bezeichnet Galloway als »dilemma of unrepresentability«.[173]

Das Dilemma der Undarstellbarkeit greift Galloway bei dem Philosophen Jacques Rancière auf, um es in die digitale Bildkultur der Computernetzwerke zu übertragen. In Rancières *Politik der Bilder* aus dem Jahr 2005 ist der Text »Über das Undarstellbare« enthalten. Unter dem ›Undarstellbaren‹ versteht Rancière nicht die algorithmischen Rechenprozesse in einem Computer, sondern »bestimmte Ereignisse« in der Realität, bevor er sich dann auf die darstellenden Künste bezieht und deren Unmöglichkeit, »den wesentlichen Charakter der betroffenen Sache gegenwärtig zu machen.«[174] Sein zentrales Beispiel ist *König Ödipus* und die Problematik des Aufführens: Der Inhalt des Stücks löst großen körperlichen Ekel im Publikum aus.[175] Etwas bleibt also undarstellbar und kann nicht aufgeführt werden.

»Der Begriff des Undarstellbaren bringt das Fehlen eines festen Bezugs von Zeigen und Bedeuten zum Ausdruck. Doch diese Störung zielt eher auf ein Mehr als auf ein Weniger an Repräsentation: mehr Möglichkeiten, Äquivalenzen zu schaffen, das Abwesende anwesend zu machen und eine bestimmte Regulierung der Beziehung zwischen Sinn und Nicht-Sinn mit einer bestimmten Regulierung der Beziehung zwischen Präsentation und Entzug zu vereinen.[176] In dem Text macht Rancière klar, dass Repräsentation stets an Realitäten geknüpft ist. »[R]epresentation is bound by a specific distribution of the sensible«,[177] fasst Galloway zusammen. Die jeweiligen Regime bestimmen über Sichtbarkeit und Unsichtbarkeit. Dabei liegt der zwingende Gedanke von Rancière darin, den Mangel nicht bei der Repräsentation selbst zu suchen, sondern die Antwort auf die Frage nach der Undarstellbarkeit in einem Regimewechsel zu finden: »So unrepresentability — and here is Ranciere's trick — is less a question of the failures of representation on its own terms and more a question of the historical shift out of one regime into a subsequent regime.«[178] Aus diesem Grund ist das Dilemma der Undarstellbarkeit im Sinne Rancières verallgemeinerbar: Er benennt einen Regimewechsel, wie etwa im Fall des algorithmischen Regimes, dessen Folgen Clough et al. für ihre Disziplin als *datalogical turn* markiert haben.

Eine Visualisierung von Asteroiden-Flugbahnen in relativer Erdnähe: Die Visualisierung hat die ESA anhand von Gaia-Satellitendaten errechnet im August 2019 veröffentlicht.[179] Dieses bunte, minimalistische Bild hat formalästhetisch Ähnlichkeiten mit der Farbfeldmalerei eines Mark Rothko oder eines Kenneth Noland. Überwiegend kräftige Primärfarben in Kombination mit Schwarz und Weiß entsprechen dem Farbcode der modernistischen Künstler in den 1960er Jahren – »unrepresentability means the shift into the aesthetic«[180] – , ein Prozess oder ein Umstand muss ästhetisiert werden, weil er anders nicht darstellbar wäre. Wie Galloway im Dialog mit Rancière weiter ausführt, werden solche Bilder sichtbar und mächtig, die zirkulieren. Als Repräsentationsfalle betrachtet Galloway mit Rancière jenen Umstand, dass nur die Bilder gesehen werden, die Affekte auslösen.[181]

Galloways Poesie

Trotz erschwerter Ausgangslage, unter Netzwerkbedingungen das Verhältnis von Produktion und Repräsentation zu erforschen, plädiert Galloway von seinem marxistischen Standpunkt aus dafür, genau dieser Arbeit nachzugehen.

> We must simply describe today's mode of production in its many divergent details: the diffusion of power into distributed networks, the increase in local autonomous decision making, the ongoing destruction of the social order at the hands of industry, the segmentation and rationalization of minute gestures within daily life, the innovations around unpaid micro labor, the monetization of affect and the ›social graph,‹ the entrainment of universalizing behaviors within protocological organization – these are the things that are unrepresentable.[182]

Galloway findet für das Undarstellbare der Produktionsmodi – die Auswirkungen des algorithmischen Regierens wie Dezentralisierung von Macht, unbezahlte Kleinstarbeit und protokollarische Gleichschaltung von Verhaltensweisen – Repräsentationsformen im Bereich des angewandten Designs und in den Künsten. Während sich die einen auf die Anwendbarkeit im Netz beziehen, finden die anderen eine ästhetische Form für die Fehler, die der Computer macht.[183] Darüber hinaus zieht Galloway Fredric Jamesons Konzept des *cognitive mapping* in Erwägung, einen Ansatz, um das Subjekt in der Kontrollgesellschaft zu situieren.[184] Schließlich spricht er sich für eine den Netzwerken eigene und adäquate Übersetzung aus, »to call for a poetics as such for this mysterious new machinic space.«[185] In der Poesie, nicht im Bild, sieht Galloway einen ersten Schritt hin zur Darstellbarkeit. Wobei es poetische Bilder beziehungsweise Bildmontagen gibt – Schnittfolgen formal ähnlicher Bilder, von Datenströmen oder Visualisierungen von geothermischen Prozessen zur Wasseroberfläche eines Flusses, das Flüssige – , die Verflüssigungen in ihren sprachlich-metaphorischen Bildern illustrieren. Denn in Letzterem bildet sich Macht nicht ab: »The point of unrepresentability is the point of power. And the point of power today is not in the image.«[186]

Das ist eine mögliche Antwort auf die Frage nach der gegenwärtigen Bildpolitik des göttlichen Tricks, als Haraway den ferngesteuerten, entkörperten Blick kritisierte. Daher kann es kein Bild mehr geben, das allein den göttlichen Trick repräsentiert. »The point of power today resides in networks, computers, algorithms, information, and data.«[187] Vor diesem Hintergrund muss man feststellen, dass der göttliche Trick noch transparenter, noch unsichtbarer geworden ist.

Mathematik, Datenwürfel und Artefakte

Galloway zufolge lassen sich die Datenvisualisierungen nicht von den am Rechenprozess beteiligten Algorithmen trennen. Bei der Umwandlung von Codes in Bilder ist es so, dass »any visualization of data must invent an artificial set of translation rules that convert abstract number to semiotic sign.« Daraus folgert Galloway, »any data visualization is first and foremost a visualization of the conversion rules themselves, and only secondarily a visualization of the raw data. In data visualization the artifice is more evident than anything else.«[188]

Dem kann entgegnet werden, dass dieser technische Kunstgriff für das ungeschulte Auge nicht unbedingt zu erkennen ist und daher ein Datenbild nicht per se im Hinblick auf wiederkehrende ästhetische Konventionen und Konvertierungsregeln untersucht wird. Manchmal wird die Ästhetik eines Datenbildes erst rückblickend als einer bestimmten Zeit und ihren jeweiligen technischen Mitteln zugehörig erkennbar. Der göttliche Trick, die Omnipräsenz der Macht, kann von einem ungeschulten Auge nicht im Bild abgelesen werden. Andererseits, so könnte man gegenüber Galloway einwenden, liegt Macht in Bezug auf Daten genau darin, etwas umfänglich sichtbar zu machen und auf diese Weise Wissen zugänglich zu machen, wie zum Beispiel mit der Veröffentlichung des globalen Höhenmodells The TanDEM-X 90m Digital Elevation Model[189] geschehen, einem 800 Gigabyte großen Datenpaket des DLR, das die Erde hochaufgelöst in einer 3D-Karte abbildet, wenn die dazugehörige Software genutzt werden kann und die entsprechende Computerrechenleistung verfügbar ist. Von Nutzen sein soll die Karte für die Bundeswehr. Die Zwillingssatelliten TanDEM-X und Terrasar-X umrunden die Erde in circa 510 Kilometern Höhe und sammelten die Daten. Hierfür arbeitete die Behörde mit dem Unternehmen Airbus Defense and Space zusammen.[190]

Neben den mit Radartechnologie gemessenen topologischen Daten der Erde und dem daraus errechneten Höhenmodell sind weitere Beispiele zu nennen, die ebenfalls eine umfängliche mehrdimensionale Datenvisualisierung liefern. Mit dem Informatik-Projekt BigDataCube[191] wird das Paradigma der »Datenwürfel« – analysefertige raum-zeitliche Rasterdaten – eingeführt. Datenwürfel sind drei- oder mehrdimensionale Datenstrukturen, die eine schnelle und direkte Analyse und Darstellungsmöglichkeit für große Datenmengen bieten. Ein Anwendungsfall hierzu sind Erdbeobachtungsdaten: Durch die wachsende Zahl an Fernerkundungssatelliten, wie beispielsweise in den Sentinel-Missionen der ESA, wächst die verfügbare

Datenmenge täglich um viele Terabytes. Für Analysen in den Bereichen Landwirtschaft, Ressourcen oder Infrastruktur wird beispielsweise die Auswertung geografisch begrenzter Flächen in einer bestimmten Region benötigt. Statt dafür viele großflächige Aufnahmen herunterzuladen und vollständig zu analysieren, wird bei Datenwürfeln—ähnlich einer Datenbankabfrage—der relevante Datenumfang begrenzt. So können Analysen und Berechnungen genau auf einen Zeitraum, eine Region und bestimmte Parameter angewandt werden. Ein Fragment also, das hergestellt werden muss; dazugehörige Infrastruktur und die Machtverhältnisse, um die es Galloway mit Verweis auf die Cognitive-Mapping-Methode von Jameson geht, werden nicht mitdargestellt.

Als drittes Beispiel für Visualisierungen der Erde oder von Ausschnitten—wie im Fall des BigDataCube—sind die ›unsichtbaren Erden‹ der ESA zu nennen.[192] Die Visualisierung des magnetischen Feldes beispielsweise zeigt die Erde mit einer fast regelmäßig gekerbten Oberfläche, ähnlich der eines Golfballs. Über den kälteren Regionen des Planeten ragt rötlich gefärbtes Material zipfelartig nach oben. Das Video zeigt einen Zoom-Out und Zoom-In, die Erde wird in der bekannten Ansicht als Globus mit den für das menschliche Auge unsichtbaren spektralen Auflösungen in Form von Datentexturen überzogen.[193]

Das Envisat-Advanced-Aperture-Radar-Interferogramm ist eine Visualisierungsmethode der Fernerkundung; ein Bild, das durch die Analyse der Unterschiede zwischen zwei Radarsignalen entsteht, die über demselben Gebiet auf der Erde aufgenommen wurden, beispielsweise über dem kenianischen Teil des Großen Afrikanischen Grabenbruchs. Die regenbogenfarbenen Interferenzmuster deuten auf kleine Oberflächenverschiebungen auf dem Longonot-Vulkan hin, die ohne diese Visualisierungsmethode mit sinnlich nicht erfassbar wären. Abb. 26 B S. 180 In Langzeitstudien werden auf diese Weise Veränderungen feststellbar.[194] Die drei aufgeführten Beispiele verbindet eine Ästhetik der Kontrolle und Beherrschung, die sich in den funktionsorientierten Visualisierungen ablesen lässt.

Abstraktionsverfahren der Rechenmaschine

Um seine Erkenntnisse mit der Öffentlichkeit zu teilen, organisierte György Kepes eine Ausstellung mit dem Titel *The New Landscape* (1951), in der er die visuellen Analogien zwischen den jüngsten wissenschaftlichen Visualisierungen von Forschungsmodellen und den visuellen Künsten präsentierte. Er zeigte Computerbilder, serielle und andere Fotografien der »Mikrowelt« und der »Makrowelt«, die von Wissenschaftler·innen gemacht worden waren, neben seinen Bildern von analogen Formen und Mustern. Einige Jahre später veröffentlichte er *The New Landscape in Art and Science* (1956). Seine Publikationsprojekte waren in erster Linie ästhetische Projekte und dabei von einer Euphorie getragen, die aus den neu entdeckten visuellen Analogien im Mikro- und Makrokosmos resultierten. Seiner Faszination für diese ins Auge springenden Ähnlichkeiten, ließ er freien Lauf und befürwortete die moderne Physik und die nicht euklidische Geometrie sowie die Instrumente, die dort zum Einsatz kamen. Sein Urteil fußte stets auf dem Bildmaterial, das die jeweils neusten optischen Medien herstellten, und dem Bildmaterial, das aus seinen Bildwelten als Künstler und Gestalter stammte. Dabei ging es ihm darum, natürliche Ähnlichkeiten ungeachtet der Größenordnungen zu präsentieren. In Kepes' Worten: »Interrelationships are now seen to be far more complex than we ever imagined before modern instruments allowed us to push back the limits of the very far, the very big, the very small. Behind our technical refinement is the refinement of our capacity for observing relationships in nature.«[195]

Mit seinem Interesse verband Kepes keine politischen Fragen oder Forderungen. Er war affiziert von sich wiederholenden Formen und Mustern, die er mit dem ordnenden Blick eines Gestalters, nicht mit dem Wissen eines Naturwissenschaftlers, sortierte. Die Eames ordneten in *Powers of Ten* Abstraktionsverfahren der Rechenmaschine, die sie metaphorisch mit aus der Kulturnatur entlehnten Begriffen wie der Landschaft veranschaulichten: »Just as the Eames Office would, in these same years, come to describe the computer as a ›landscape,‹ […] the corporate environment is an ever-expanding series of modules: CPU, I/O and storage devices, computer room, building, landscape, production network, international installations, even satellites.«[196]

Ein Missverständnis, das auch bei Latours Kritik an dem Kurzfilm weiterlebt, beruht darauf, dass die Bilder als Repräsentation natürlicher Phänomene beurteilt werden. Der Fokus auf visuell Ähnlichem als verbindendem Merkmal für die Zusammenstellung von Bildern und die Komposition von Buchseiten kann also zu Missverständnissen führen und über den visuellen Genuss beim Betrachten kaum hinaus reichen. So verstellt der Fokus auf diese formalen Analogien den kritischen Blick auf die möglicherweise existenziellen Unterschiede – ein affirmativer Umgang wie dieser kann keine neuen Forschungsfragen aufwerfen.

Der britische Mathematiker und Biologe D'Arcy Wentworth Thompson (1860–1948) befasste sich mit den Ingenieursleistungen der Natur und der mathematischen Erfassung der natürlichen Morphologie, die mitunter ihre eigenen Dynamiken aufweist[197] und bis zu vorerst nur theoretisch vorstellbaren Formen reicht.[198] In seinem Buch Über *Wachstum und Form* (1917) beschrieb er zunächst in Anbetracht der Bilder ähnliche Beobachtungen und Affekte wie Kepes: »›landscapes‹ disclosed by both kinds of electron microscopy often resonate visually, on their tiny scales, with the largest features of our terrestrial landscapes, and evoke similar sensations of beauty«.[199] Damit ist jedoch nicht gesagt, dass die kleine Form in irgendeiner Beziehung zu der Großen steht: »As we move down the scales, from the smallest normally visible, through the microscopic and sub-microscopic levels, to the smallest sub-atomic discrimination that can be accomplished, we see the straight becoming curved, the smooth becoming rough, the regular becoming irregular.«[200]

In diesem Punkt sind die Eames von natürlichen Erscheinungen abgewichen und haben ihr visuelles Modell mit einem kontinuierlichen Zoom begradigt, es gibt keine Kurven, der technische Blick wird senkrecht durchgezogen. Im Unterschied zu Kepes fokussierten sie nicht die Phänomene, sondern visualisierten ein abstraktes Konstrukt, das dazu dient, das Spektrum des Sichtbargemachten zu repräsentieren, das weder gefühlt noch berührt werden konnte. Mit aktuellen Virtual-Reality-Anwendungen wird mitunter der Versuch unternommen, das Sehen und das Fühlen zu synthetisieren, insbesondere in Bezug auf Mikro- und Makrowelten.

Eine situierte, multiperspektivische Sicht

Donna J. Haraway und Wissenschaftler·innen wie Ulrike Bergermann oder Jennifer Wenzel, die Haraways Aufsatz »Situated Knowledge« (1988) rezipieren,[201] plädieren anstelle der apollonisch-göttlichen, singulären Sicht dafür, multiperspektivische, planetarische Perspektiven zu denken beziehungsweise die Kunstgeschichte nach alternativen Modi zu befragen. Beide Rezipientinnen problematisieren vor dem Hintergrund der Moderne und ihrer Sichtbarkeitsregime, dass Darstellungsformen gefunden werden müssten, um sichtbare und unsichtbare Ordnungen, territoriale und nicht-territoriale Autoritäten abzubilden und vor allem den Blick in der Welt zu situieren. Welt lässt sich erzählen, so wie es in der Literatur geschieht. Welt entfaltet im anthropologischen Zugriff mehrere Möglichkeiten. Etwa, wenn der Anthropologe Michael Jackson sie in drei vektoriale Kategorien unterteilt, den kosmischen, den perspektivischen und den propositionalen Vektor.[202] Die Literaturwissenschaftlerin Jennifer Wenzel zieht die drei Vektoren zusammen und schlägt in diesem Dickicht mit Haraway »a world-imagining from below« vor. Dieses »below« versteht Haraway nicht nur in Bezug auf Klassenordnungen, sondern mit gleicher Emphase als unmittelbar räumlich situiert, subatmosphärisch und subaltern im skopischen Regime nach Christian Metz. Welt ist eine Umgebung. Deswegen wird die Welt von unten und *from within* imaginiert. Diese Perspektive ist Wenzel zufolge »grittier and dirtier than the Apollonian view from high above the earth«.[203] So hat sie ein Gegenmodell zum Eames-Film skizziert, eine implizite Antwort und Kritik.

Mit der Digitalisierung wird eine dynamischere Perspektive erfahrbar, die die Medienwissenschaftlerin Ulrike Bergermann als »dem Planetarischen korrelierende Multiperspektivität« konzeptualisiert, »die den Sehenden und das Angesehene, die Medialität und den räumlich-politischen Kontext ins Bild setzt.«[204] Als Ausgangsbeispiel für ihre theoretischen Überlegungen wählt sie eine der ikonischen Fotografien, die bei der Apollo-Mondlandung am 20. Juli 1969 entstanden sind: ein Bild,[205] das Neil Armstrong von seinem Mit-Astronauten Buzz Aldrin aufgenommen hat. In Aldrins Visier spiegeln sich der astronautische Fotograf und die US-amerikanische Flagge. Diese Fotografie ist insofern beachtlich, weil Schuss und Gegenschuss — wie es in der Filmanalyse heißt, ein Montageverfahren, das häufig in Dialog-Szenen eingesetzt wird — in einem Bild zusammengefasst sind, wenngleich in unterschiedlichen Maßstäben. Bergermann sieht in der

Spiegelung den Ort der Aufnahme eingeschrieben. Der Fotograf und das Off, oder wie Deleuze es im Kontext des Films theoretisierte, das *hors-champ*,[206] wird mitgedacht. Er diskutiert, wie es dennoch in die Filmhandlung mit herein spielt, also auch auf unsichtbare, zum Beispiel akustische Weise Teil des Geschehens werden kann,[207] unter anderem auch durch Erfahrungen, die das Filmpublikum in ähnlichen räumlichen Situationen oder ähnlichen Filmen bereits gemacht haben könnte. Für den Weltraum kann niemand bis auf sehr wenige Astronaut·innen auf solche Erfahrungen zurückgreifen.

Das Astronautenbild mit der doppelten Perspektive – die von Bergermann angestrebte Multiperspektivität erfüllt dieses Anschauungsbeispiel nicht – funktioniert als Symbolbild für Bergermanns konzeptuelles Umdenken, es ist als visuelles Modell zu begreifen. Dieses Bild enthält, wie von Bergermann vorgesehen, den Entstehungskontext, den Standpunkt des Fotografen und einen Hinweis auf den Auftraggeber, den US-amerikanischen Staat. Damit geht die Autorin auf die Kritik am ›göttlichen Trick‹ ein, in dem die Machtausübenden unsichtbar bleiben. Bergermann macht am Ende Notizen dazu, wie sie sich eine Umsetzung ihres analytischen Konzepts im digitalen Bildraum vorstellen kann: »In diesem Sinne müsste man anfangen, die Navigationstools, alle verschiedenen Notations- und Kommandosymbole von Google Earth als solche Markierungen machscher Einfaltungen zu lesen. Sie deuten die Herstellung des Bilds nicht nur an, sondern setzen als operationalisierte Schrift Aktionen am Bild in Gang.«[208]

Am Beispiel Google Earth geht Bergermanns Konzept überzeugender auf, da sich die Herstellung planetarischen Wissens durch den Blick von oben auf die Welt und alternative, externe Blickwinkel »in neue Konstellationen«[209] verbinden. Denn das Konzept der Multiperspektivität sieht »Verschiebungen im […] Verhältnis von Standpunkt, Subjekt und Bildtechnik« sowie »technisches Wissen über die Herstellungs- und Sendebedingungen«[210] vor.

»Ein angemessenes Abschreiten verschiedener Verflechtungen kann daher nur in Sprüngen von Partialperspektiven, Mikro- wie Makrointerpretationen gelingen.«[211] Ähnlich hat es Tom Holert in einem Interview formuliert.[212] Diese Beschreibung einer methodischen Vorgehensweise ist offensichtlich der Komplexität aktueller ›Bedingungsgefüge‹ von Kultur, Technik, Medien und Politik geschuldet, wenn sie aus kulturwissenschaftlicher Warte untersucht werden sollen. Bergermanns Darstellung der Theorien des Planetarischen sowie des Verhältnisses von Globus und Planet[213] führt sie zu dem Fazit, dass sich Standpunkt, Subjektivität und Bildtechnik im Fall von Google Earth zugunsten einer – in Anlehnung an Arendt – *pictura activa* erneut verschieben (nachdem sie zuvor durch Galilei, Kopernikus, die Kartografie und die Astronautenfotografie der Apollo-Missionen verrückt worden waren). Wenn Kritik an den Bildern und Visualisierungen vorgebracht wird, dann ist sie an einen Mangel gebunden, den Mangel, die repräsentierte Perspektive zu reflektieren und die Einschränkungen der Sichtbarmachung zu problematisieren. Bergermann bezieht die Multiplizierung der Perspektiven am Beispiel von Google Earth nicht nur auf die Bildebene, sondern auch auf das Verhältnis von Sichtbarkeit und Kontrolle. »Wenn das Kontrolle ist, ist sie dermaßen multipliziert, dass man zumindest von keiner *Blickzentrale* mehr ausgehen muss, die mit einer Unterwerfungslogik operiert. Viele Satelliten kreisen, und zahllose Augen blicken auf ihren *customized globe*.«[214] Um diese neueren Konstellationen zu untersuchen, wird »technisches Wissen über die Herstellungs- und Sendebedingungen und über das ›Sich-in-Beziehung-Setzen‹«[215] gebraucht.

Das Konzept des Multiperspektivischen bringt neue Komplikationen und Verhandlungsprozesse mit sich, zwingt Rezipient·innen, Theoretiker·innen und Künstler·innen, sich neue Kompetenzen anzueignen, Sehgewohnheiten abzulegen und ein Vielfaches an Perspektiven zuzulassen. Heute sind es immersive virtuelle Bildräume, die User·innen mit der kosmischen und mathematischen Ordnung des Weltraums in Verbindung setzen. Wobei ergänzt werden muss, dass in der Gegenwart (wieder) ein zukunftsgetriebenes und weitgehend infrastrukturelles und zugleich virtuelles Verhältnis zu fernen Planeten im Entstehen ist, eines, das sich der alten Projektionen zu bedienen weiß.[216]

Von Satelliten, sobald sie sich im Orbit befinden, gibt es kein Bild. Um es mit Henri Bergson (1859–1941) zu sagen, die Ereignisse existieren in der Vorstellung, »aber immer nur virtuell«.[217] Bergson konnte zum Zeitpunkt seines Schreibens am Ende des 19. Jahrhunderts zwar nicht auf Weltraumteleskope oder Satelliten verweisen, weil es sie noch nicht gab. Jedoch helfen seine anschaulichen Worte, um zu begreifen, welches Wahrnehmungs- und Imaginationspotenzial mit so einem fotografischen Medium im Universum verbunden wäre. Zudem wurde deutlich, wie lange vor der Realisierung darüber nachgedacht wurde.

> Nur liegt, wenn man einen beliebigen Punkt im Weltall betrachtet, die Sache so, daß die Wirkung der gesamten Materie ohne Widerstand und ohne Verlust hindurchgeht; dann bleibt die Photographie des Ganzen Licht, denn es fehlt die Platte, auf der das Bild aufgefangen wird.[218]

Auf Bildern der DSCOVR oder der ISS ragen des Öfteren Antennen, Gurte oder Kabel in den Bildausschnitt, wie zum Beweis, dass es sich um keine virtuelle Kamera im Nirgendwo handelt. Das Motiv verweist in dem Fall tatsächlich auf einen Körper, den Flugkörper oder den Astronautenkörper. Von Satelliten gibt es keine Selbstbilder, ein Motiv, das etwa die ersten Mondsonden oder Mond- und Marsfahrzeuge mit den Bordkameras aufnahmen, denn die Größe der Flugkörper überschreitet den technisch größtmöglichen Aufnahmewinkel. Doch durch die NASA etablierte Motive von Satellitentechnologie wurden erweitert: Die britische Satelliten-Breitband-Internet-Firma OneWeb warb etwa auf ihrer Homepage mit kurzen Bild-Clips, teils im Zeitlupenmodus, die den Moment zeigen, in dem zwei Satelliten in 1.200 km Höhe vom Raketenmodul ausgeladen werden.[219] Die Erde ist weit entfernt im Hintergrund zu sehen. Der Internet-Service des Unternehmens OneWeb, das mit seinem Namen Universalismusgedanken behauptet – wie durch die Länderkennung [dot world] genauso betont wird – und scheint auf diese Weise an ein modernistisches Weltbild anzuknüpfen. Mit einigen Unterschieden jedoch, die in der Bildsprache zu finden sind: Auf der Homepage laufen die erwähnten kurzen Videosequenzen als Loop und deuten großes Satelliten-Kino an, inklusive Lens-Flare-Effekt. Diese Reflektionseffekte auf der Linse, wie sie aus dem digitalen (Weltraum-)Kino, beispielsweise aus dem Spielfilm *Gravity* (Alfonso Cuarón, 2013) bekannt sind, weil Reflektionseffekte der Sonnenstrahlen darin auffällig häufig eingesetzt werden.[220] Zum Zeitpunkt der Postproduktion des Films konnte der Effekt mit dem Computer generiert werden. Diese Effekte treten auf unterschiedlichen, reflektierenden Oberflächen wie Helmvisieren, Raumschiff-Fenstern und Kameralinsen im Sonnenlicht auf – dort oben gibt es keine Wolken mehr, die das Licht zerstreuen. Orangene, pink- und lilafarbene Prismen oder Blendenflecken in Kombination mit Lichtstrahlen leuchten vor dem satten Schwarz des Weltraums und verweisen auf die Anwesenheit einer Kameralinse. Insofern bieten diese Bilder nicht nur eine optische Reflexion an, sondern zugleich auch eine technische Dimension des Making-of. Der Moment, in dem sich die ›Raketenklappe‹ öffnet und für einen kurzen Moment der blaue Planet zu sehen ist, sorgt für Suspense. Suspense, weil den Internet-Surfenden zwar einerseits solche Aufnahmen des blauen Planeten bekannt sind, allerdings das ›Ausliefern‹ von Satelliten ein unbekanntes oder zumindest seltenes Motiv ist.

Die einzelnen Sequenzen von Raketenstart bis Satellitenflug dokumentieren die Mission in Fast Forward. Der Loop versetzt die Zuschauenden in ein fast hypnotisches Spannungsgefühl. Durch die Dramaturgie bekommt das Ereignis eine Einzigartigkeit oder einen Premierencharakter, was so zwar innerhalb der Firmengeschichte von OneWeb stimmen mag, nicht aber für die Geschichte der Raumfahrt gilt – die wiederum solche Bilder nicht für sehenswert oder notwendig erachtet hat.[221]

Gabrielle Hechts ›Interskalare Vehikel‹

›Interskalare Vehikel‹ sind hier als Vorschlag zu verstehen, um die verschiedenen optischen Medien und das heterogene Bildmaterial, das Kameras liefern, miteinander verknüpfend zu denken[222] und auf diese Weise der Vorstellung eines multiperspektivischen Sehens, wie Ulrike Bergermann es formulierte, näher zu kommen. Mit dem Begriff ›interskalare Vehikel‹ hat die Anthropologin Gabrielle Hecht ein zeitlich und räumlich strukturierendes Erzählwerkzeug eingeführt, das hier auf die Organisation von Bildern angewendet wird. Hecht setzt dieses Werkzeug methodisch für ihre Analyse einer geopolitischen und zeitgeschichtlichen Problemlage ein. Im Vergleich dazu sind eingeführte Konzepte wie insbesondere das cognitive mapping in ihrer Metaphorik der Fläche des euklidischen Raums verhaftet und daher in diesem Zusammenhang nicht produktiv.[223]

Anstelle einer kartografischen Herangehensweise dienen die punktuell geografisch-vertikal und hierarchisch-vertikal ausgerichteten bildsprachlichen Anordnungen und Sortierungen politischer Verantwortlichkeit, die

Hecht in ihrem Aufsatz »Interscalar Vehicles for an African Anthropocene«[224] unternimmt, als Mittel, um die Kritik an *Powers of Ten* weiterzudenken. Hecht positioniert ihr Konzept implizit als Aktualisierung bekannter Vehikel, ohne dabei Skalierung als Vermessenheit abzulehnen. »In navigating this journey across spatial and temporal scales, I simultaneously observe the interscalar vehicles deployed by historical actors: maps and photographs; compensation claims and warning signs; urban development and cosmological theories; atomic bombs. Interscalar vehicles—theirs and ours—have political, ethical, epistemological, and/or affective dimensions.«[225]

Dabei ist es gerade nicht das Ziel, entlang eines Vektors das eine oder andere Ende zu priorisieren, also etwa den Apollonischen Blick gegen den situierten Blick von unten auszuspielen. Stattdessen sucht Hecht, »a means of holding *the planet and a place on the planet* on the same analytic plane.«[226] Auf diese Weise stehen die Verbindungen, Kontexte und Wirkweisen der verschiedenen Ebenen im Vordergrund, nicht die Markierung etwaiger Skalierungsstufen. »They do work in the world. They are performative. Scale is messy because it is both a category of analysis *and* a category of practice.«[227] Diese Unterscheidung wurde etwa von Latour nicht berücksichtigt.

In der von Hecht konkret untersuchten Konstellation bestimmt sie uranhaltiges Gestein als *interscalar vehicle*, mit dem sie sich gedanklich auf einer räumlichen und zeitlichen Achse bewegt. In *Powers of Ten* verwendeten Charles und Ray Eames die historischen Vehikel Fotografie und Kartografie. Doch eine produktive Lesart führt nicht in den Film, sondern zu den verschiedenen Einsätzen und Referenzen, die in den vergangenen Jahren konstruiert oder ausgewiesen wurden. Hecht folgend, lässt sich also nicht die Umsetzung von *Powers of Ten*, sondern das Resultat—der Film als Werk—im Kontext seiner Rezeptionsgeschichte als interskalares Vehikel begreifen. »What makes something an interscalar vehicle is not its essence but its deployment and uptake, its potential to make political claims, craft social relationships, or simply open our imaginations.«[228]

Optische Medien sind hier als interskalare Vehikel zwischen verschiedenen Größenordnungen zu verstehen, welche wiederum politische, epistemologische und affektive Dimensionen aufrufen. Satellitenkameras eignen sich nicht als ein solcher Gegenstand, da sie in der Rakete blind in den Orbit transportiert, um im nächsten Schritt dort ausgesetzt zu werden, dann erst werden Kamera und Sensoren aktiviert. Eine politische Forderung, die sich mit einer virtuellen Kamerafahrt verknüpfen lässt, ist der von Lisa Parks reklamierte »vertical public space«:[229] öffentliche Mitbestimmung beim Nutzen von niedrigen bis hin zu geostationären Erdumlaufbahnen und beim Entwerfen von Zukunftsvisionen für den Weltraum als Habitat. Um für dieses politische Anliegen zu mobilisieren und eine breite Öffentlichkeit zu erreichen, bestimmt Parks die Kartierung und Visualisierung sämtlicher Satelliten und der darin repräsentierten Mächte als vermittelnde Instanz, die bildlich vor Augen führt, wie die Aktivitäten im Orbit aussehen und welche Gebiete auf der Erde sie wiederum abdecken können.[230] Sie nennt es die »satellization of the earth's surface«.[231] In ihrer Analyse stößt sie auf Darstellungsprobleme wie die begrenzt lesbaren Sichtbarmachungen von Satellitenbahnen durch Teleskope und die Begrenztheit von Karten. Ihre Beispiele reichen von Technokratie stützenden Karten über Wissen vermittelnden, problemorientierten bis hin zu die bestehenden Wissensordnungen herausfordernden Karten, die sich nicht an kartografische Konventionen halten, sondern konzeptuell angelegt sind. Für Parks bieten die alternativen Karten »a structure of feeling« an, wie der Cultural Studies-Theoretiker der ersten Stunde Raymond Williams (1921–1988) die affektiven Bindungen zwischen Popkultur und Rezipient·innen damals in seinen Analysen nannte. Parks spezifiziert diese Bindung für ihr Material als »invisible adjacency«.[232] Dieses Konzept der ›unsichtbaren Nachbarschaft‹ oder ›unsichtbaren Nähe‹ ist laut Parks für weitere, mit bloßem Auge unsichtbare Phänomene im Mikro- und Makrobereich anwendbar. Auf diese Weise wird ein Feld der Unsichtbarkeit sichtbar und verhandelbar gemacht.

Ballon-Kamera-Smartphone

In Verbindung mit Wetterballons und Arduino-Technologie kann die GoPro als Beispiel für ein materielles, interskalares Vehikel eingesetzt werden — auch weil sich darin ein im 19. Jahrhundert erstmals erprobter Medienverbund[233] aus Heißluftballon und Kamera aktualisiert. Präziser als Kittlers Medienverbund wäre in diesem Zusammenhang zunächst der Begriff ›Mischtechnik‹, den Paul Virilio aufbrachte. Darunter versteht er eine dichte Verbindung verschiedener Medien, die in Kombination eine Funktion übernehmen, und nicht eine zerstreute Form des Gleichzeitigen darstellen, wie sie der kittlersche ›Medienverbund‹ lose zusammenfasst. Für Mischtechniken nennt Virilio folgende Beispiele: »Photokameras wurden mit Ballons, Drachen und selbst mit Tauben kombiniert. Chronophotographie und Film kamen zunächst von kleinen Aufklärungsflugzeugen aus zum Einsatz«.[234] Die Brüder Auguste und Louis Lumière drehten 1899 den Film *Panorama pris d'un ballon captif* aus dem Korb eines Fesselballons heraus. Sie steigen über einem Dorfplatz auf, lassen die Zuschauer·innen zurück, die Kamera ist nach unten orientiert, das Bild ruckelt hin und wieder. Anfangs ist vor allem eine große Stoffplane im Bild zu sehen, auf der sie den Ballon platziert hatten, damit er nicht zu Schaden kommt. Da die Kamera den Horizont nicht erfasst, verliert der gefilmte Raum eine Bezugsgröße, was Teresa Castro als »a kind of unique fusion of macroscopic vision and microscopic observation« beschreibt.[235]

In YouTube-Videos zeigen die Wissenschaftler·innen oder Amateur·-innen, wie sie den Verbund um aktuelle kleine Technologie erweitern und aus GPS-Sender, Arduino-Mikroprozessor (oder auch einem Mobiltelefon, das getrackt werden kann), GoPro-Kamera und widerstandsfähigem Ballon zusammensetzen. Dafür fallen die GoPros und das Bildmaterial, das sie liefern, aus dem kulturtechnischen Raster, denn das Fischaugen-Objektiv zusammen mit dem elektronischen Verschluss verzerrt die Realität, wie in der Brieftaubenfotografie von Julius Neubronner (1852–1932) geschehen, sie decken einen Bildwinkel von circa 180 Grad oder mehr ab, der enorm sphärisch verzerrt ist. Abb. 10 B S. 67 Zum Vergleich: Beim Menschen liegt der Fokusbereich bei circa 45 Grad. Anhand dieser Aufnahmen kann nichts gemessen werden, die Kamera nimmt keine vertikalen Bilder auf und sie kann nicht ferngesteuert werden. Stattdessen dreht sich der Ballon permanent — dieses Drehen, das den ersten Ballonreisenden das Fotografieren so erschwerte.

Eine Reihe von Videos, die mit kleinen GoPro-Kameras gefilmt wurden, zeigen den turbulenten Aufstieg des technisch ausgerüsteten Wetterballons in die Stratosphäre,[236] bis die Erdkrümmung am Horizont erscheint. Die kleine Kamera liefert sublime Bilder. Dann zerplatzen die Ballons sichtbar vor der Kameralinse, in kleine weiße Fetzen, die im Sonnenlicht aufblitzen. Für den Sturzflug zurück zur Erde reicht die Kameraoptik nicht für informative Bilder aus. Diese Videoaufnahmen vermitteln Turbulenzen, geophysikalische Einflüsse, die lokalen Bedingungen; also eine situierte Perspektive.

Erfunden wurde die GoPro von einem Surfer.[237] Ein im Kontext dieses Buches besonders relevanter Gebrauch dieser Kompaktkameras liegt etwas entfernt von der Ursprungsidee. Zu dem Zeitpunkt hat die Kamera bereits Erdkrümmung und Erdatmosphäre dokumentiert. Über die Erdkrümmung schrieb Paul Virilio, dass sie »zu uns selbst zurückführen« wird, »um uns wiederzufinden oder um uns endgültig zu verlieren.«[238] Sollte die Kamera dann tatsächlich mithilfe von GPS und Smartphone, das ebenfalls zur GoPro-Ballon-Assemblage gehörte, wiedergefunden werden können, landete das eine oder andere dieser Videos auf YouTube. Bis der Videomitschnitt in der Datenbank veröffentlicht werden kann, muss das Paket an einem geografischen Ort ankommen, an dem das Telefon Empfang hat, damit es geortet und eingesammelt werden kann. Oder es muss zufällig gefunden werden, wobei es dann am Telefonanbieter liegt, die Besitzer·innen der SIM-Karte ausfindig zu machen und zu kontaktieren. Wohin der Medienverbund aus Ballon, Kamera und Telefon fliegend treibt und wo er später wieder landen wird, lässt sich im Voraus kaum berechnen und voraussagen. Der Zufall spielt also an vielen Stellen im Ablauf des Experiments eine entscheidende Rolle.

Das Ergebnis, wenn es denn den Erbauer·innen dieses fliegenden Medienverbunds gelingt, die Kamera nach Landung wiederzufinden, ist also vom Zufall bestimmt. Wenn Kamera und GPS-fähiges Smartphone nicht in einem Funkloch landen, dann können sie mittels GPS-Verortung gefunden werden. Die Bilder — »some breathtaking images« — lösen bei Betrachter·innen etwa den Wunsch aus, dort oben zu sein, wie in einem BBC-Ausschnitt vernommen werden kann.[239] Daraufhin erinnert die Moderatorin daran, dass in 23 km Höhe minus 53 Grad Celsius herrschen und kein Mensch ohne Schutzanzug überleben kann. Stellvertretend ein Beispielvideo, das eine Gruppe von der University of Leicester online gestellt hat:[240] Es zeigt England im Nebel. Als der ausgesandte Wetterballon seine maximale Flughöhe erreicht hat, erscheint die Erdkrümmung im Weitwinkelobjektiv der GoPro. Abb. 10 B S. 67 Die Aufnahmen erinnern an die Komposition einer historischen Zeichnung des Ballonfahrers Thomas Baldwin, die dieser nach seinem

Ballonaufstieg über der englischen Stadt Chester aus seiner Erinnerung heraus anfertigen ließ. Mit der Zeichnung, Abb. 05 S. 60 die er in seinem Bericht *Aeropaidia* (1786)[241] veröffentlichte, nahm Baldwin den Effekt eines Weitwinkelobjektivs vorweg, der darin besteht, dass sich der gefilmte Horizont an den Bildrändern nach unten biegt, die vorhandene Krümmung verzerrt wird und sich auf diese Weise ein geschlossener Kreis ergibt, der nicht die Realität abbildet, sondern einen medialen Effekt. Wie dargelegt wird, hatte Baldwin inklusive begleitender Instruktionen an die Betrachter·innen versucht, den vertikalen Blick als subjektiven Blick zu vermitteln.

Im Unterschied zu *Powers of Ten* ist so ein GoPro-Video in *realtime* aufgenommen[242] und zeigt einen Seitwärts-Blick anstelle des vertikalen Blicks nach unten, den die Eames so konsequent konstruierten, um modellhaft das Prinzip der Skalierung darzustellen. Charles und Ray Eames wollten die Auswirkungen des Rechenvorgangs in Zehnerpotenzen visuell vermitteln, während es den Wetterballon-Experimenten um die Möglichkeit der Fernerkundung mit solchen Mitteln ging, die auf einer Skala technologischer Mittel weit unten liegen, was Kosten und Aufwand betrifft. Durch den vergleichsweise geringen Aufwand wird die Kontrolle über das Bild abgegeben—was auf YouTube zu sehen ist, entstand unter dem Einfluss geophysikalischer Bedingungen und nicht anhand von Reproduktionen aus verschiedenen wissenschaftlichen Quellen, wie es bei *Powers of Ten* der Fall war. Über die Momentaufnahme weit hinausgehend, zeigen die Videomitschnitte den Verlauf eines Ballonfluges von Anfang bis Ende. Während für *Powers of Ten* das Vermessen und Skalieren von Distanz strukturbildend ist, fehlen diese Angaben im GoPro-Video und in Google Earth wird diese Dimension zum Abstraktum. Mit welcher virtuellen Geschwindigkeit ›fliegt‹ man im Fly-Home-Modus durch die digitalen Bilder? In den Einstellungen gibt es zwar die Möglichkeit, einen Schieberegler zwischen ›langsam‹ und ›schnell‹ an einen relativen Punkt zu bewegen, aber dennoch bleibt die Fly-To-Geschwindigkeit eine abstrakte Größe beziehungsweise vermittelt sich kein Sinn für eine relative Größenordnung.

Darüber hinaus möchte ich hier eine feministische Verwendung der Kleinkamera vorschlagen, wie sie von Catherine d'Ignazio und Lauren F. Klein angedacht ist. In dem Video »when the camera fell from 3.000 metres« stößt ein Fallschirmspringer mit der Helmkamera eines anderen Fallschirmspringers zusammen, die sich daraufhin aus der Halterung löst und zur Erde runterfällt, während sie aus einem Helikopter springen. Diese Kamera wird dann in Kristianstad in Schweden gefunden.[243] »Some folks want to call this video frightening or nerve-wracking, but I disagree. It's a little dizzying to see so much spinning in the shot, but it's also kinda calming. It's like watching patterns go on for so long that you get placed in a zone until the jarring end when the GoPro lands in the grass.«[244] Abb. 10 C S. 67

Anders als in der Ära der Ballonfahrt, nimmt die GoPro-Kamera ohne Unterbrechung auf. Zudem gibt es ein GPS-Tracking der Ballonflüge, die im Schnitt zwei bis drei Stunden andauern, bis der Ballon platzt und Kamera, GPS-Gerät und Arduino-Prozessor sich im freien Fall zurück zur Erde befinden. Die gesammelten Daten vom Flugverlauf ließen sich in einem Diagramm visualisieren, ähnlich dem eines Ballonflugs aus dem 19. Jahrhundert. Die kleinen GoPro-Kameras, die als Prothesenauge über die Atmosphäre hinausfliegen, wo dann die Fisheye-Weitwinkeleffekte wirksam werden, also die standardmäßig eingebaute Fischaugen-Linse-Glitches — Wellen oder Vibrationen — aufnimmt und einen Zwischenbereich im Bild generiert. »The bruises of images are its glitches and artifacts, the traces of its rips and transfers. Images are violated, ripped apart, subjected to interrogation and probing. They are stolen, cropped, edited, and re-appropriated. They are bought, sold, leased. Manipulated and adulated. Reviled and revered. To participate in the image means to take part in all of this.«[245]

Die Videos vermitteln oft durch wackelige Aufnahmen die Körperlichkeit des Kameraträgers oder -vehikels, auch wenn die Ballons aufgrund von Größe und Materialität immer unbemannt fliegen. Meist beginnen die GoPro-Sport-User-Content-Videos mit einer Szene, in der ein kleines Team, eine Gruppe von Student·innen oder Kolleg·innen die Geräte miteinander verbindet, den Flugkörper fertig macht für den Start. Indem diese Videos auch ihr Making-of beinhalten,[246] erübrigt sich die Kritik von Latour an *Powers of Ten*, der den Entstehungskontext und die Produktionsbedingungen im Bild vermisst, weil hier Team und Kontext im Bild und in der Beschreibung berücksichtigt sind. Die politische Forderung, die mit dem interskalaren Vehikel verbunden ist: *feminist data visualization*.

D'Ignazio und Klein verstehen im Sinne Haraways unter feministischer Datenvisualisierung, »to locate it in concrete bodies«.[247] An anderer Stelle[248] nennt Catherine d'Ignazio in einer neuen Version desselben Beitrags konkrete Ansätze, um die Unvollständigkeit oder Ungewissheit der Datenlage — zum Beispiel bewusst ohne einen Feldabgleich, *ground truthing*[249], durchzuführen — in der Visualisierung deutlich sichtbar zu machen, etwa indem eine Kamera für Luftaufnahmen auch die Kartografierenden filmt oder in einem Diagramm die Lücken im Datensatz nicht durch Annäherung ausgeglichen werden. Neben diesem demonstrativen Zugang gibt es weitere Optionen, widerstreitende Darstellungsformen in demselben Bild anzuwenden. Oder, wie es die Soziolog·innen zum *datalogical turn* formulieren: »to collect information that would typically be discarded as noise.«[250]

Damit drückt sich ein Vermögen aus — der Apparat ist anwesend, wird zuvor von einer anderen Kamera gefilmt, als Akteur eingeführt — mit dem kleinen Gerät also einen immer größer werdenden Abstand aufzunehmen. Es ist ein relativ geringer Aufwand im Vergleich zur Produktionsdauer des Eames-Films, das sind unsichtbare Skalierungen: Unterschiede im finanziellen, organisatorischen und wissenschaftlichen Aufwand und in der Postproduktion. Die GoPro-Dokumentation vermittelt Kontinuität durch die Anwesenheit des Apparats. Die Aufnahme ist zwar kontinuierlich, aber im Vergleich punktuell und deckt eine deutlich kürzere Strecke ab, die für die menschliche Vorstellung aber unmittelbar zugänglich bleibt. Der Flug eines Wetterballons bleibt im menschlichen Vorstellungsraum. Im erweiterten Sinne beschreiben die Videoclips merleau-pontysche ›Umhüllungsphänomene‹,[251] also Umwelten, die sich blasenartig um die Menschen und ihr Umfeld legen oder von dort aus zugänglich sind. Die Menschen bleiben ihre eigene Bezugsgröße—anders als die synoptische Sicht, die abstrakte Kompositbilder aus Satellitendaten wiedergeben.

> Ich behaupte, die Perspektive der Renaissance ist ein kulturelles Faktum, die Wahrnehmung selbst ist polymorph, und wenn sie euklidisch wird, so deshalb, weil sie sich auf ein System ausrichten läßt. Von daher die Frage: wie kann man von dieser kulturell überformten Wahrnehmung zur ›rohen‹ oder ›wilden‹ Wahrnehmung zurückgelangen? Worin besteht die Einformung [information]? Von welcher Art ist der Akt, mit der man sie entformt (und zum Phänomenalen, zur ›vertikalen‹ Welt, zum Erlebten zurückgelangt)?[252]

Das Virtuelle liegt in der Unberechenbarkeit des Ballonflugs.[253] So wie die Position im Korb eines Heißluftballons einen beweglichen Beobachter-Standpunkt bedeuten und eine Verunsicherung der Wahrnehmungsperspektive auslösen kann, so transportiert das haltlose Vehikel die Betrachter·innen in exzentrische Perspektiven.

1 Vgl. Friedrich Kluge, *Etymologisches Wörterbuch der deutschen Sprache*, bearb. von Elmar Seebold, 25, erw. Auflage, Berlin / Boston: De Gruyter 2011, S. 852.

2 2018 entwickelte Sarah Sze dann eine immersivere, da begehbare Variante der Münchner Installation mit dem Titel *Flash Point (Timekeeper)*, damit die Blickrichtung von außen nach innen aufgehoben werden konnte. Zum Beispiel wurde die Kleidung der Besucher·innen zur Projektionsfläche, womit sie Bestandteil der Installation wurden.

3 Der Begriff *cognitive mapping* geht auf Fredric Jameson zurück und beschreibt im weitesten Sinne solche Karten, die wie Diagramme oder Konstruktionspläne solche komplexen Gefüge andeuten, die oberflächlich nicht sichtbar werden. Jameson interessiert sich für den Finanzkapitalismus. Hier in diesem Fall der künstlerischen Arbeit kann an eine metaphorische Auslegung von umfangreichen (Video-)Bilddatenbanken im Internet gedacht werden. (Vgl. Fredric Jameson, *Postmodernism, or, The Cultural Logic of Late Capitalism*, Durham: Duke University Press 1991).

4 Projektbeteiligte waren im Februar 2019 bei der Konferenz »Critical Zone« im Warburg-Haus in Hamburg, um erste Visualisierungen vorzustellen und zu diskutieren. Aus dem Publikum kam die Kritik, dass der Mensch nicht sichtbar werde.

5 Installationsansichten sind im Netz abrufbar unter https://hausderkunst.de/en/exhibitions/der-ffentlichkeit-von-den-freunden-haus-der-kunst-sarah-sze?locale=en.

6 Vgl. Bernhard Siegert, »Raster«, in: Barbara Wittmann (Hg.), *Werkzeuge des Entwerfens*, Schriften des Internationalen Kollegs für Kulturtechnikforschung und Medienphilosophie, Bd. 30, Zürich / Berlin: diaphanes 2018, S. 195–224.

7 Denkt man anhand von diesem künstlerischen Beispiel an die von Claus Pias in einem Fernsehinterview skizzierten Skalierungsprobleme, dann könnte bereits die nächstgrößere Version einstürzen. Pias kritisiert an etablierten »scaling laws«, dass diese Gesetze nicht die Effekte eines alle »Elemente« einbeziehenden Skalierungsvorgangs bedenken. (Vgl. Claus Pias, »Skalierungsprobleme«. Ausschnitt aus scobel, *Vermessene Welten — Auf der Suche nach der einheitlichen Theorie*, Folge 64, *3Sat*, 60 Min., 16.9.2010, https://youtu.be/snjQ4r4QNTE).

8 Die Künstlerin Hannah Black hebt damit die in der Post-Internet-Art häufig für die Materialisierung des Digitalen verwendeten billigen, alltäglichen Materialien hervor. Sie spricht von »tech povera« in der Videoserie *What's in the Box? With Hannah Black*, Episode 1 auf *DIS*, 14.12.2018, https://dis.art/series/what-s-in-the-box-with-hannah-black/.

9 Die Eames versuchen in *Powers of Ten* in einer menschlichen Größenordnung zu bleiben, gleichgültig, ob sie sich im Weltall oder im Körper befinden. Sie geben eine *guided tour* durch das zum Zeitpunkt der Aufnahme aktuelle *field of vision*. Im Voiceover nennen sie Referenzen zu vertrauten Objekten und Geschwindigkeiten. Der/die imaginäre Reisende oder seine/ihre Umgebung werden nicht vergrößert oder verkleinert. Im Makrokosmos wird die Strecke skaliert, im Mikrokosmos scheint es die invasive Kamera zu sein, die skaliert wird und dementsprechend andere Aufnahmen liefert.

10 Robin Curtis, »Immersion and Abstraction as Measures of Materiality«, in: Fabienne Liptay / Burcu Dogramaci (Hgg.), *Immersion in the Visual Arts and Media*, Leiden / Boston: Brill Rodopli 2016, S. 60.

11 Vgl. John Tresch, »Cosmograms, or How to Do Things with Worlds«, Eröffnungsvortrag, *Anthropozän-Projekt*, Haus der Kulturen der Welt, Berlin, 12.1.2013, https://www.hkw.de/de/app/mediathek/video/22389.

12 Yuk Hui, *The Question Concerning Technology in China. An Essay in Cosmotechnics*, London: Urbanomic 2016, S. 19–20.
13 Vgl. Peter Haff, »Humans and technology in the Anthropocene: Six rules«, in: *The Anthropocene Review*, 1, 2, 2014, Thousand Oaks, CA: Sage, S. 126–136.
14 David Gelernter, *Mirror World: or the Day Software Puts the Universe in a Shoebox. How It Will Happen and What It Will Mean*, Oxford: Oxford University Press 1992, S. 3.
15 Zu den populären Beispielen gehören Neil Postmans *Amusing Ourselves to Death* (1985) oder *The Truman Show* (1998) von Peter Weir.
16 Susan Sontag, *Über Fotografie* [*On Photography*, New York: Farrar, Straus & Giroux 1978], aus dem Amer. von Mark W. Rien und Gertrud Baruch, München, Wien: Carl Hanser 2002, S. 166.
17 Ein Gespräch zwischen Sarah Sze, Julie Mehretu und Okwui Enwezor, in: Okwui Enwezor (Hg.), *Sarah Sze. Centrifuge*, Köln: Walther König 2018, S. 88.
18 Zadie Smith, »The Tattered Ruins of the Map: On Sarah Sze's *Centrifuge*«, in: Dies., *Feel Free*, London: Penguin 2018, S. 204. Eine deutsche Übersetzung ist im Katalog zur Ausstellung erschienen.
19 Fred Turner, »*The Family of Man* and the Politics of Attention in Cold War America«, in: *Public Culture*, 24, 1, Duke University Press 2012, S. 55–84, hier S. 64.
20 Anschreiben von Sarah Newmeyer, das am 3. Mai 1942 zusammen mit der Pressemitteilung zur Ausstellung *Road to Victory. A Procession of Photographs of the Nation at War* (21. Mai bis 4. Oktober 1942, Museum of Modern Art, New York) versandt wurde. (Siehe https://www.moma.org/documents/moma_press-release_325317.pdf).
21 Fred Turner, »The Politics of Virtual Reality«, in: *The American Prospect*, 26, 3, Sommer 2015, Washington, D.C., S. 25–29.
22 Vgl. Installationsansichten der Ausstellung *Road to Victory*, Photographic Archive, The Museum of Modern Art Archives, New York, Fotograf: Samuel Gottscho, https://www.moma.org/calendar/exhibitions/3038?installation_image_index=0.
23 Vgl. Nana Verhoeff, *Mobile Screens. The Visual Regime of Navigation*, Amsterdam: Amsterdam University Press 2012.
24 Vgl. Nathan Jurgenson, *The Social Photo. On Photography and Social Media*, New York: Verso 2019. Unter »social photography« versteht der bei Snapchat angestellte Soziologe und Social-Media-Theoretiker Jurgenson das Teilen von Bildern auf sozialmedialen Plattformen, eine Praxis, die zu einem wesentlichen Bestandteil der Alltagskommunikation geworden ist.
25 Lena Sophie Trüper schreibt über visuelle Metaphern der Kybernetik anhand des Cyberpunk-Films *Johnny Mnemonic* (1995) des Künstlers Robert Longo über eine »riesige Skulptur aus Fernsehern, die entfernt an Nam June Paiks Fernsehskulptur erinnert. Die Skulptur verbildlicht das weltumspannende Kommunikationsnetzwerk, mit dem Delfin und Johnny über Kabel verbunden werden.« (Lena Sophie Trüper, »›Macht's gut, und danke für den Fisch!‹ Meerestiere als Metaphern der Virtualität. Ein historischer Einblick in das visuelle Erbe der Kybernetik«, in: *ffk Journal*, 4, 2019, S. 239).
26 Okwui Enwezor, »Vorwort«, in: Ders. (Hg.), *Sarah Sze. Centrifuge*, S. 16.
27 Gene Youngblood interviewt den jungen Filmemacher George Lucas: »George Lucas – Maker of Film«, 57 Min. 43 Sek., undatiert, https://youtu.be/ydfk6MJCBHM.
28 Judith Shatnoff, »Expo 67: A Multiple Vision«, in: *Film Quarterly*, 21, 1, Herbst 1967, Berkeley: University of California Press, S. 2–13.
29 Vgl. Jürgen Claus, »Stan VanDerBeek: An Early Space Art Pioneer«, in: *Leonardo*, 36, 3, 2003, S. 229.
30 Stan VanDerBeek, »Culture: Intercom and Expanded Cinema. A Proposal and Manifesto«, in: *Film Culture*, 40, Frühjahr 1966), S. 15–18, hier S. 15. Satelliten zählten zu den neusten Medien, eine von Stan VanDerBeek verwendete Infografik verdeutlicht dies anhand der geringen Zahl der eingezeichneten Satelliten: Gerade mal drei waren es, mit denen der Globus vollständig abgedeckt werden sollte; die militärischen Aufklärungssatelliten waren hier nicht mitgezählt und sollten nicht in das Bewusstsein der Öffentlichkeit eintreten. (Ebd., S. 18).
31 Okwui Enwezor, »Vorwort«, in: Ders. (Hg.), *Sarah Sze. Centrifuge*, S. 12.
32 Susan Sontag, »Bilderwelt«, in: Dies., *Über Fotografie* [*On Photography*, New York: Farrar, Straus & Giroux 1978], München / Wien: Carl Hanser 2002, S. 166.
33 Paul Virilio, *Die Sehmaschine* [*La machine de vision*, Paris: Galilée 1988], Berlin: Merve 1989, S. 123.
34 Rosalind Krauss, »Raster« »Grids«, [1979], in: *Die Originalität der Avantgarde und andere Mythen der Moderne* [1985], Amsterdam / Dresden: Verlag der Kunst 2000, S. 51–66, hier S. 57.
35 Ebd., S. 60.
36 Ebd.
37 Siegert spricht nicht vom repräsentativen Raster, weil es sich um »eine Praxis der Hybridisierung von Repräsentation und Operation« handelt. Vgl. Bernhard Siegert, »Raster«, in: Barbara Wittmann (Hg.), *Werkzeuge des Entwerfens*, Schriften des Internationalen Kollegs für Kulturtechnikforschung und Medienphilosophie, Bd. 30, Zürich / Berlin: diaphanes 2018, S. 195–224, hier S. 196.
38 Vgl. ebd., S. 199.
39 Ebd., S. 217.
40 Ebd., S. 218.
41 Ebd., S. 224.
42 Zach Horton, »Collapsing Scale: Nanotechnology and Geoengineering as Speculative Media«, in: Kornelia Konrad / Christopher Coenen / A. B. Dijkstra / Colin Milburn / Harro van Lente (Hgg.), *Shaping emerging technologies. Governance, innovation, discourse*, Leiden: IOP Press 2014, S. 203–218, hier S. 204.
43 Ebd.
44 Und darf das CERN in Genf von einem »Universe of Particles« sprechen, wenn es um die Erforschung des Mikrokosmos im unendlichen Universum geht?

Das CERN visualisiert ein Wunderland jenseits der Grenzen des Sichtbaren.

45 Vgl. Derek Woods, »Epistemic Things in Charles and Ray Eames's *Powers of Ten*«, in: Michael Tavel Clarke / David Wittenberg (Hgg.), *Scale in Culture and Literature*, Basingstoke: Palgrave Macmillan 2017, S. 61–92, hier S. 78.

46 Ebd., S. 79.

47 Ebd., S. 77.

48 John Tresch, »Technological World-Pictures. Cosmic Things and Cosmograms«, in: *Isis*, 98, 1, März 2007, Chicago: The University of Chicago Press, S. 84–99.

49 Vgl. John Tresch, »Cosmogram«, in: Melik Ohanian / Jean-Christophe Royoux (Hgg.), *Cosmograms*, Berlin / New York: Lukas & Sternberg 2005, S. 57–76, hier S. 57.

50 Ebd., S. 69.

51 Vgl. L. J. Kosofsky / Farouk El-Baz, *The Moon as viewed by Lunar Orbiter*, Washington D.C.: NASA 1970, S. 34 u. 37.

52 Martin Heidegger, »Zeit des Weltbildes«, in: Ders., *Holzwege*, Frankfurt am Main: Vittorio Klostermann 1977, S. 69–104, hier S. 89.

53 Tresch, »Technological World-Pictures«, S. 92.

54 Francis Bacon, *New Atlantis* [1627], London: Macmillan and Co 1911.

55 Philip K. Dick, »How to Build a Universe That Doesn't Fall Apart Two Days Later« [1978], in: Ders. / Mark Hurst / Paul Williams (Hgg.), *I Hope I Shall Arrive Soon*, New York: Doubleday 1985.

56 Gabrielle Hecht, »A Cosmogram for Nucelar Things«, in: *Isis*, 98, 1, März 2007, S. 100–108.

57 Tresch, »Cosmogram«.

58 Dennoch gibt es positive Auffassungen von Skalierung, die allerdings nach individuellem Gebrauch klingen und nicht nach einem gemeinsamen Weltbild: »scales are useful, in part, because they help people orient their actions, organize their experience, and make determinations about who and what is valuable.« (E. Summerson Carr / Michael Lempert (Hgg.), *Scale: Discourse and Dimensions of Social Life*, Oakland: University of California Press 2016, S. 9f.).

59 Tresch, »Technological World-Pictures«, S. 93.

60 W. J. T. Mitchell, »Iconology 3.0: Image and Theory in Our Time«, Vortrag im Rahmen der Veranstaltung *Wörterbuch der Gegenwart #10 Bild*, Haus der Kulturen der Welt / Pierre Boulez Saal, Berlin, 21.3.2018, https://www.hkw.de/de/app/mediathek/video/62669.

61 »Ein Gespräch zwischen Sarah Sze, Julie Mehretu und Okwui Enwezor«, in: Okwui Enwezor (Hg.), *Sarah Sze. Centrifuge*, Köln: Walther König 2018, S. 73–96, hier S. 83.

62 Vgl. Sarine Waltenspüls Beschreibung der »camera as a scaling instrument« und Andrew Fishers Konzeptualisierung des »photographic scale« als »modal and compound in form«. Waltenspül bestimmt den Skalierungsvorgang vorfotografisch im Objektiv des Fotoapparats. Fisher macht die Skalierung im fotografischen Bild beziehungsweise an der Möglichkeit fest, ein Negativ in verschiedenen Größen und Ausschnitten belichten beziehungsweise ein digitales Bild in verschiedenen Größen ausdrucken oder abspeichern zu können. (Sarine Waltenspül, »The Camera as a Scaling Instrument: Focus on Cinematographic Modelling Techniques«, in: Florian Dombois / Julie Harboe (Hgg.), *Too Big to Scale. On scaling space, numbers, time and energy*, Zürich: Scheidegger & Spiess 2017, S. 33–48; Andrew Fisher, »Photographic Scale«, in: *Philosophy of Photography*, 3, 2, 2012, S. 310–329, hier S. 322).

63 Vgl. Justus Nieland, »Midcentury Futurisms: Expanded Cinema, Design, and the Modernist Sensorium«, in: *Affirmations: of the modern*, 2(1), 2015, S. 46–84.

64 Aus dem Voiceover von *Powers of Ten* (1977).

65 Sallie A. Marston, »The social construction of scale«, in: *Progress in Human Geography*, 24, 2, 2000, London: Sage Publishing, S. 219–242, hier S. 220. Sallie A. Marston übernimmt die Unterscheidung dieser Bedeutungsebenen von Maßstäben und Skalierung aus diesem Aufsatz, Nina Siu-Ngan Lam / Dale A. Quattrochi, »On the issues of scale, resolution, and fractal analysis in the mapping sciences«, in: *The Professional Geographer*, 44, 1, 1992, S. 88–98.

66 Woods, »Epistemic Things in Charles and Ray Eames's *Powers of Ten*«, S. 67.

67 Ebd., S. 74.

68 Vgl. https://sciencing.com/origin-exponents-5389654.html. Im 14. Jahrhundert notierte der Franzose Nicole Oresme erstmals Potenzen. Die spezifische Schreibweise – eine kleine Zahl oben rechts neben der zu multiplizierenden Zahl – etablierte sich erst im 17. Jahrhundert. Der Engländer David Hume soll 1636 der Erste gewesen sein, der – in seinem Fall römische – Zahlen für den Exponenten verwendete. Ein Jahr später begann René Descartes in Frankreich, arabische Zahlen an dieser Stelle einzusetzen. Der Engländer Isaac Newton wiederum gilt in der Mathematikgeschichte als der Erste, der 1676 mit negativen Exponenten gerechnet hat.

69 Stephen Chrisomalis, *Numerical Notation. A Comparative History*, New York: Cambridge University Press 2010, S. 363.

70 Ebd., S. 3.

71 Ebd., S. 4.

72 »The Gerbertian abacus enjoyed a brief period of popularity between the late tenth and mid-twelfth century. Very little is known about the original Gerbertian abaci (none survive), but some recently discovered manuscripts are thought to be exemplifying Gerbert's abacus. The recently discovered Echternach manuscript (ca. 100 AD) in the Benedictine monastery at Echternach in east Luxembourg is one, and the Computus manuscript (ca. 110 AD) written at Thorney Abbey in Cambridgeshire, England, is another. Looking at a page of the Computus, we find that the columns of a counting board were ranked by powers of 10.« (Joseph Mazur, *Enlightening Symbols: A Short History of Mathematical Notation and Its Hidden Powers*, Princeton, NJ / Oxford: Princeton University Press 2014, S. 48).

73 Vgl. ebd., S. 50.

74 Eine historische Herleitung lässt sich u. a. nachlesen in Ed Finn, *What Algorithms Want*, Cambridge, MA: The MIT Press 2017.

75 Millie und Morton Goldsholl, *Worth How Many Words*, 16 mm, Farbe, 8 Min. 43 Sek., 1968.
76 Erika Balsom, »Instant Failure: Polaroid's Polavision, 1977–80«, in: *Grey Room*, 66, Winter 2017, Cambridge, MA: The MIT Press, S. 6–31; Justus Nieland, »Making Happy, Happy-Thinking: The Eames and Communication by Design«, in: Julie Taylor (Hg.), *Modernism and Affect*, Edinburgh: Edinburgh University Press 2015, S. 203–225.
77 Vivian Sobchack, »Nostalgia for a Digital Object. Regrets on the Quickening of QuickTime«, in: Jeffrey Shaw / Peter Weibel (Hgg.), *Future Cinema. The Cinematic Imaginary after Film*, Cambridge, MA / Karlsruhe: MIT Press / ZKM 2003, S. 32.
78 Einige Ausstellungstitel, in denen ›celebration‹ Verwendung findet: aber auch die Ausstellung im Vitra Design Museum zu Ehren des Werks von Charles und Ray Eames (40 Jahre nach Charles' Tod), *An Eames Celebration* (2017 / 18) oder das Video *Ice Cube Celebrates the Eames*, (2 Min. 17 Sek., schwarz-weiß, produziert von Dave Meyers, *Pacific Standard Time, Art in L. A.* 1945–1980, 8.12.2011).
79 Vgl. Sobchack, »Nostalgia for a Digital Object«, S. 32.
80 Nieland, »Making Happy, Happy-Thinking«, S. 205.
81 Walter Benjamin, »Neues von Blumen«, in: Rolf Tiedemann / Hermann Schweppenhäuser (Hgg.), *Gesammelte Schriften*, Band III, 1. Teil, Frankfurt am Main: Suhrkamp 1991, S. 151f., Anm. 42.
82 György Kepes, »Introduction to the Issue ›The Visual Arts Today‹«, in: *Daedalus*, 89, 1, Winter 1960, Cambridge, MA: The MIT Press, S. 3–12, hier S. 7.
83 György Kepes verfolgte die Absicht, Mikro- und Makrokosmos, innen und außen, »through a quasi cybernetic collapse of architecture into neurophysiology« zu vereinen. (Vgl. Reinhold Martin, *T he Organizational Complex. Architecture, Media and Corporate Space*, Cambridge, MA / London: The MIT Press, 2003, S. 72).
84 Vgl. Angela Schwarz, »Das Tor in eine neue Dimension? Sputnik, Schock und die Popularität der Naturwissenschaften«, in: Igor J. Polianski / Matthias Schwartz (Hgg.), *Die Spur des Sputnik. Kulturhistorische Expeditionen ins kosmische Zeitalter*, Frankfurt am Main: Campus Verlag 2009, S. 31–55, hier S. 42.
85 György Kepes, »Toward Civic Art«, in: *Leonardo*, 4, 1, Winter 1971, Cambridge, MA: The MIT Press, S. 69–73, hier S. 69.
86 Vgl. Beitrag von Susan Schuppli, in dem sie sich in ein Muirhead-Gerät [Bildtelegrafie und Fax] ›einfühlt‹. (Susan Schuppli, »War Dialling. Image Transmissions from Saigon«, in: Jennifer Good et al. (Hgg.), *Mythologizing the Vietnam War: Visual Culture and Mediated Memory*, Cambridge: Cambridge Scholars Publishing 2015).
87 Kepes, »Introduction to the Issue ›The Visual Arts Today‹«.
88 Martin, *The Organizational Complex. Architecture, Media and Corporate Space*, S. 40.
89 Library of Congress, Eames Archive, MIT 1969–76, Box II 75 Folder 4.
90 Charles Eames, »Esthetic Qualities in Architecture«, in: Daniel Ostroff (Hg.), *An Eames Anthology*, New Haven: Yale University Press 2015, S. 27.
91 Charles Eames, »Language of Vision: The Nuts and Bolts«, in: *Bulletin of the American Academy of Arts and Sciences*, 28, 1, Oktober 1974, S. 13–25, hier S. 14f.
92 Dziga Vertov, »We: Variant of a Manifesto« [»Kinoglaz«, 1924], in: Annette Michelson (Hg.), *Kino-Eye. The Writings of Dziga Vertov*, Berkeley / Los Angeles: University of California Press 1984, S. 9.
93 Ebd., S. 8.
94 Alex Funke im E-Mail-Interview mit V. T. im Januar 2016.
95 James Elkins, *Six Stories from the End of Representation*, Stanford: Stanford University Press 2008, S. 126.
96 Diese drei Absätze basieren auf einer Erläuterung von Daniel Falb in einem Gespräch mit V. T. im Sommer 2018 in der Staatsbibliothek zu Berlin.
97 Vilém Flusser, »Räume«, in: Jörg Dünne (Hg.) in Zusammenarbeit mit Hermann Doetsch und Roger Lüdeke, *Raumtheorie: Grundlagentexte aus Philosophie und Kulturwissenschaften*, Frankfurt am Main: Suhrkamp 2006, S. 274.
98 Michael P. Oman-Reagan, »Unfolding the Space Between the Stars: Anthropology of the Interstellar«, Paper presented at the Annual Meeting of the American Anthropological Association, Denver, 21.11.2015.
99 Flusser, »Räume«, S. 275.
100 Ebd., S. 277.
101 Ebd., S. 277f.
102 Deborah R. Coen, *Climate in Motion: Science, Empire, and the Problem of Scale*, Chicago: The University of Chicago Press 2018, zitiert nach Michelle Nijhuis, »On the Trail of the Climate«, in: *The New York Review*, Ausgabe vom 21.2.2019, https://www.nybooks.com/articles/2019/02/21/global-warming-trail-climate/.
103 Timothy Morton, »Poisoned Ground: Art and Philosophy in the Time of Hyperobjects«, in: *symploke*, 21, 1–2, 2013, S. 37–50, hier S. 37.
104 Timothy Morton, *Hyperobjects. Philosophy and Ecology after the End of the World*, Minneapolis: University of Minnesota Press 2013, S. 118.
105 Ebd., S. 7.
106 Alberto Toscano / Jeff Kinkle, *Cartographies of the Absolute*, Winchester: Zero Books 2015, S. 7.
107 Anna Lowenhaupt Tsing, »On Nonscalability: The Living World Is Not Amenable to Precision-Nested Scales«, in: *Common Knowledge*, 18, 3, Herbst 2012, S. 505–524, hier S. 523.
108 Zitiert nach Reinhard Wendler, »Orders of Magnitude in Scaling Effects«, in: Florian Dombois / Julie Harboe (Hgg.), *Too Big to Scale. On Scaling Space, Numbers, Time and Energy*, Zürich: Scheidegger & Spiess 2017, S. 65–80, hier S. 75.
109 Christopher K. Tong, »Scale«, in: *Journal of Chinese Cinemas*, 10, 1, New York: Routledge 2016, S. 23–26.
110 Ebd., S. 23.
111 Sallie A Marston, John Paul Jones III, und Keith Woodward, »Human Geography without scale«, in: *Transactions of the Institute of British Geographers*, 30, 4, Dezember 2005, S. 416–432.
112 Ebd.

113 Zitiert nach Marston u. a., »Human Geography without scale«, S. 416.
114 Katherine Jones, »Scale as Epistemology«, in: *Political Geography*, 17, l, 1998, S. 25–28, hier S. 28, zitiert nach Marston u. a., »Human Geography without scale«.
115 Neil Brenner, *New State Spaces: Urban Governance and the Rescaling of Statehood*, New York: Oxford University Press 2005, S. 9, zitiert nach Marston u. a., »Human Geography without scale«, S. 418.
116 Vgl. Maurice Merleau-Ponty, *Das Sichtbare und das Unsichtbare* (gefolgt von Arbeitsnotizen) [*Le Visible et l'invisible*, Claude Lefort (Hg.), Paris: Gallimard 1964], aus dem Franz. von Regula Giuliani und Bernhard Waldenfels, München: Wilhelm Fink 1986.
117 Marston u. a., »Human Geography without scale«, S. 420. Dixon D and Jones J P III, »My dinner with Derrida, or spatial analysis and poststructuralism do lunch«, in: *Environment and Planning* A 30, 2, 1998, S. 247–260.
118 Vgl. ebd., S. 422.
119 Ebd., S. 422.
120 Ebd., S. 425.
121 *Brockhaus* Enzyklopädie, 21. Aufl., Bd. 3, Leipzig / Mannheim, S. 50–51 Brockhaus Verlag 2006: »Nach Aristoteles und Euklid, Philosophie und Mathematik, ein unmittelbar einleuchtender Grundsatz, der seinerseits nicht weiter zu begründen ist. In diesem Sinn galt allg. als A. ein Satz, der weder beweisbar ist noch eines Beweises bedarf. Die axiomat. Methode ermöglicht eine Loslösung der Begriffe der Theorie von ihrer historisch gewachsenen Interpretation in einem bestimmten Erfahrungsbereich, da es nicht auf die Interpretation, sondern nur auf die log. Beziehungen der Begriffe innerhalb der A. ankommt«.
122 Manuel DeLanda, *Intense Science and Virtual Philosophy*, London / New York: Bloomsbury Academic 2002, S. 183.
123 Sianne Ngai, *Our Aesthetic Categories: Zany, Cute, Interesting*, Cambridge, MA: Harvard University Press 2015.
124 Vgl. James Elkins, *Six Stories from the End of Representation*, Stanford: Stanford University Press 2008, S. 92.
125 Elkins, *Six Stories from the End of Representation*, S. 116.
126 Ebd., S. 101.
127 Siehe Tafel C in Aby Warburg, *Mnemosyne-Atlas*, S. 1924–1929, https://warburg.library.cornell.edu/panel/c.
128 Elkins, *Six Stories from the End of Representation*, S. 217.
129 Vgl. Mary Ann Doane, »The Close-Up: Scale and Detail in the Cinema«, in: *differences: A Journal of Feminist Cultural Studies*, 14, 3, Herbst 2003, Durham: Duke University Press, S. 108.
130 Anna Lowenhaupt Tsing, *The Mushroom at the End of the World*, Princeton: Princeton University Press 2015, S. 38.
131 Brian Holmes in einem privaten Gespräch im April 2016 am Rande des Workshops »Networked Maps and Artistic Territories« im April 2016 an der Universität der Künste in Berlin im Rahmen unseres Forschungsprojekts »Research Center for Proxy Politics«.
132 Roland Barthes, »Auge in Auge« [1977], in: Peter Geimer / Bernd Stiegler (Hgg.), *Roland Barthes. Auge in Auge*: *Kleine Schriften zur Photographie*, Berlin: Suhrkamp Verlag 2015, S. 200–204, hier S. 200.
133 Trevor Paglen, »Invisible Images. Your pictures are looking at you«, in: *The New Inquiry*, 8.12.2016, https://thenewinquiry.com/essays/invisible-images-your-pictures-are-looking-at-you/
134 Alexander R. Galloway, »Are some things unrepresentable?«, in: Ders., *The Interface Effect*, Cambridge / Maldon, MA: Polity Press 2012, S. 78–100, S. 92.
135 Paul Virilio, »Das Privileg des Auges« [»Le privilège de l'œil«, in: *Quademi*, 21, Herbst 1993, S. 75–88], in: *Bildstörung. Gedanken zu einer Ethik der Wahrnehmung*, Jean-Pierre Dubost (Hg.), Leipzig: Reclam 1994, S. 55–72, hier S. 55 f.; vgl. dazu auch Jonathan Crary, *Techniken des Betrachters* [*Techniques of the Observer*, Cambridge, MA: The MIT Press 1990], aus dem Amer. von Anne Vonderstein, Dresden: Verlag der Kunst 1996.
136 Der dystopische Dokumentarfilm *Der Riese*, den der Filmemacher Michael Klier ausschließlich aus Videomaterial solcher Kameras zusammengeschnitten hatte, war schon 1983 entstanden.
137 Vgl. Patrick Radden Keef, »The Detectives Who Never Forget A Face«, in: *New Yorker*, 22.8.2016, https://www.newyorker.com/magazine/2016/08/22/londons-super-recognizer-police-force. Auch heute ist der Mensch noch unersetzlich, etwa beim Wiedererkennen von Gesichtern. Für die Auswertung des Materials, das in der Kölner Silvesternacht 2016 gefilmt wurde, hatte die lokale Polizei zur Verstärkung sogenannte Super-Recognizer von Scotland Yard aus London eingeflogen, die mit ihrem überdurchschnittlich guten fotografischen Gedächtnis der biometrischen Technologie überlegen sind.
138 Virilio, »Das Privileg des Auges«, S. 55.
139 Hanne Loreck, »Figur und Grund virtu-ästhetisch betrachtet«, in: Dies. (Hg.) in Zusammenarbeit mit Jana Seehusen, *Visualtität und Abstraktion. Eine Aktualisierung des Figur-Grund-Verhältnisses*, Hamburg: Material Verlag 2017, S. 246–260, hier S. 249.
140 Roland Barthes, *Der entgegenkommende und der stumpfe Sinn* [*L'Obvie et l'Obtus*. Essais critiques III, Paris: Édition du Seuil 1964], Frankfurt am Main: Suhrkamp 1990, S. 28ff.
141 Verschiedene Theoretiker·innen haben den Begriff des verteilten Bildes beziehungsweise des »distributed image« verwendet und geprägt. Dazu zählen der Philosoph Peter Osborne, der Filmwissenschaftler Simon Rothöhler (Simon Rothöhler, *Das verteilte Bild*, Paderborn: Wilhelm Fink Verlag 2018; im Anschluss an Peter Osborne, »Das verteilte Bild«, in: *Texte zur Kunst*, 99, September 2015, S. 75–87). Die Kuratorin und Fotografietheoretikerin Katrina Sluis und der Philosoph und Bildtheoretiker Daniel Rubinstein führen den Begriff des »networked image« ein (Vgl. Daniel Rubinstein / Katrin Sluis, »A Life More Photographic«, in: *Photographies*, 1, 1, 2008, S. 9–28).

142 William Uricchio, »The algorithmic turn: photosynth, augmented reality and the changing implications of the image«, in: *Journal of Visual Studies*, 26, 1, März 2011, S. 25–35.
143 Loreck, »Figur und Grund virtu-ästhetisch betrachtet«, S. 249f.
144 Anselm Franke, »Maschinensehen. Feldforschung in den Räumen bildgebender Technologien«, in: Ders. / Felix Mittelberger / Sebastian Pelz / Margit Rosen (Hgg.), *Maschinensehen. Feldforschung in den Räumen bildgebender Technologien*, Spector Books: Leipzig 2013, S. 20.
145 Ebd., S. 251.
146 Loreck, »Figur und Grund virtu-ästhetisch betrachtet«, S. 250.
147 Genauso gibt es die Möglichkeit, den Code aufzurufen. Vgl. Claus Pias, »Das digitale Bild gibt es nicht. Über das (Nicht-)Wissen der Bilder und die informatische Illusion«, in: *Zeitenblicke*, 2, 1, 2003, http://www.zeitenblicke.historicum.net/2003/01/pias/index.html.
148 Loreck, »Figur und Grund virtu-ästhetisch betrachtet«, S. 257.
149 Vgl. Wendy Hui Kyong Chun, »Big Data as Drama«, in: *ELH*, 83, 2, Sommer 2016, S. 363–382, hier S. 372–374.
150 Rosalind Krauss, *Das optische Unbewusste* [*The Optical Unconscious*, 1993], aus dem Englischen von Hans H. Harbort und Andreas Stuhlmann, Hamburg: Philo Fine Arts 2011, S. 34, zitiert nach Loreck, »Figur und Grund virtu-ästhetisch betrachtet«, S. 255.
151 Chun, »Big Data as Drama«, S. 372.
152 Patricia Ticineto Clough / Karen Gregory / Benjamin Haber / R. Joshua Scannell, »The Datalogical Turn«, in: Phillip Vannini (Hg.), *Non-Representational Methodologies. Re-Envisioning Research*, New York / London: Routledge 2015, S. 146–164.
153 Ebd., S. 153.
154 Ebd., S. 147.
155 Ebd., S. 154.
156 Zum Beispiel in VR-Anwendungen, die Bewegungsdaten der Nutzer·innen sammeln oder in Einkaufszentren, die per Videobildauswertung die Besucherzahlen messen.
157 Clough u. a., »The Datalogical Turn«, S. 153.
158 Chun, »Big Data as Drama«, S. 363.
159 Ise Gropius lektorierte u. a. die Vortragstexte ihres Ehemannes Walter Gropius und die Fotografin Irene Bayer nahm, ohne immatrikuliert zu sein, an Kursen teil. Bayers Fotografien wurden in zahlreichen Bauhaus-Entwürfen verwendet. Ihre Bildästhetik orientiert sich am *Neuen Sehen*.
160 Im Januar 2020 berichtet die Journalistin Kashmir Hill über die Firma Clearview AI, dass diese aus einem Datensatz von etwa drei Milliarden Porträtbildern Menschen identifizieren könne. (Vgl. Kashmir Hill, »The Secretive Company That Might End Privacy as We Know It«, *New York Times*, 18.1.2020, https://www.nytimes.com/2020/01/18/technology/clearview-privacy-facial-recognition.html).
161 Claus Pias, »Das digitale Bild gibt es nicht. Über das (Nicht-) Wissen der Bilder und die informatische Illusion«, in: *Zeitenblicke*, 2, 1, (2003), http://www.zeitenblicke.historicum.net/2003/01/pias/index.html.
162 Matteo Pasquinelli, »Die Spitze. Über Wachstum und Form der Musterpolizei«, in: Loreck (Hg.), *Visualtität und Abstraktion. Eine Aktualisierung des Figur-Grund-Verhältnisses*, S. 114–126, hier S. 121.
163 Vgl. Clough u. a., »The Datalogical Turn«.
164 Ebd., S. 147.
165 Ebd., S. 156.
166 Ebd., S. 148–49.
167 Ebd., S. 162.
168 Antonia Majaca / Luciana Parisi, »The Incomputable and Instrumental Possibility«, in: *e-flux journal*, 77, November 2016, https://www.e-flux.com/journal/77/76322/the-incomputable-and-instrumental-possibility/.
169 Ebd.
170 Alexander Galloway, in: Svitlana Matviyenko / Patricia Ticineto Clough / Alexander R. Galloway, »On Governance, Blackboxing, Measure, Body, Affect and Apps: A conversation with Patricia Ticineto Clough and Alexander R. Galloway«, in: *The Fibreculture Journal*, 25, 2015, S. 10–29, hier S. 24.
171 Galloway, »Are some things unrepresentable?«, S. 93ff.
172 Vgl. Tom H. Davenport, *Big Data at Work: Dispelling the Myths, Uncovering the Opportunities*, Boston: Harvard Business Review Press 2014.
173 Galloway, »Are some things unrepresentable?«, S. 86.
174 Jacques Rancière, *Politik der Bilder* [*Le destin des images*, Paris: Édition la Fabrique 2003], Berlin: diaphanes 2005, S. 127f.
175 »Die ausgestochenen Augen des Ödipus sind nicht nur für die Damen ekelhaftes Schauspiel, sie repräsentieren auch die brutale Eroberung des Raums des Sehens durch etwas, das die Unterwerfung des Sichtbaren unter das Sichtbarmachen des Wortes überschreitet. Diese Überschreitung offenbart das doppelte Spiel der Repräsentation: auf der einen Seite macht das Wort sichtbar, es benennt, beschwört das Abwesende herauf, entschleiert das Versteckte.« (Ebd., S. 131f.).
176 Ebd., S. 157f.
177 Galloway, »Are some things unrepresentable?«, S. 87.
178 Ebd., S. 87.
179 Vgl. https://sci.esa.int/web/gaia/-/60214-gaia-s-view-of-more-than-14-000-asteroids.
180 Galloway, »Are some things unrepresentable?«, S. 88f.
181 Vgl. ebd., S. 90.
182 Ebd., S. 92.
183 Vgl. ebd., S. 97f.
184 Vgl. ebd., S. 98.
185 Ebd., S. 99.
186 Ebd., S. 92.
187 Ebd., S. 92.
188 Ebd., S. 88.
189 Vgl. https://geoservice.dlr.de/web/dataguide/tdm90/.
190 Vgl. TanDEM-X – Die Erde in drei Dimensionen, Deutsches Luft- und Raumfahrtzentrum, https://www.dlr.de/content/de/missionen/tandem-x.html.
191 »Datenwürfel für leichteren Zugang zu Erdbeobachtungsdaten«, in: *DLR, Eart Observation Center*, 29.3.2018, https://www.dlr.de/eoc/desktopdefault.aspx/tabid-12632/22039_read-51382 und »Datacubes«, in: *rasdaman*, https://processing.code-de.org/rasdaman/.

192 »View from above«, in: *esa*, 2016, http://www.esa.int/Applications/Observing_the_Earth/View_from_above.
193 »Unravellin Earth's magnetic field«, in: ebd., 21.3.2017, http://www.esa.int/Applications/Observing_the_Earth/Swarm/Unravelling_Earth_s_magnetic_field.
194 »Volcanic uplift«, in: ebd., 2.7.2010, http://www.esa.int/ESA_Multimedia/Images/2010/06/Volcanic_uplift.
195 Györgi Kepes, *The New Landscape in Art and Science*, Chicago: Paul Theobald 1956, S. 82.
196 John Harwood, *The Interface. IBM and the Transformation of Corporate Design 1954–1976*, Minneapolis: University of Minnesota Press, 2011, S. 109.
197 D'Arcy Wentworth Thompson, *Über Wachstum und Form* [*On Growth and Form*, Cambridge University Press 1917], Basel / Stuttgart: Birkhäuser Verlag 1973, S. 35.
198 Ebd., S. 326f.
199 Ebd., S. 59.
200 Ebd., S. 229.
201 Dazu gehören Catherine d'Ignazio und Lauren F. Klein. Sie versuchen Haraway auf ihre Praxis anzuwenden und »to locate it [data visualization] in concrete bodies« (Catherine d'Ignazio / Lauren F. Klein, »Feminist Data Visualization«, MIT Center for Civic Media, http://www.kanarinka.com/wp-content/uploads/2015/07/IEEE_Feminist_Data_Visualization.pdf). Sie nennen erste Möglichkeiten, um die Unvollständigkeit oder Ungewissheit – zum Beispiel die Unmöglichkeit die erdabgewandte Seite des Mondes mit Ground-Truth-Daten abzugleichen – in der Visualisierung sichtbar zu machen, indem eine Kamera für Luftaufnahmen auch die Kartographen aufnimmt und in der Umsetzung die Datenquellen und widerstreitende Darstellungsmöglichkeiten ins Bild geholt werden.
202 Michael Jackson, *At home in the world*, Durham, NC: Duke University Press 1995.
203 Jennifer Wenzel, »Planet vs. Globe«, in: *English Language Notes*, 52, 1, Frühjahr / Sommer 2014, S. 19–30, hier S. 19.
204 Ulrike Bergermann, »Darstellungsraum Welt: gekrümmte Horizonte«, in: *kritische berichte*, 37, 3, 2009, Marburg: Jonas Verlag, S. 23–32, hier S. 30.
205 Einsehbar unter https://www.hq.nasa.gov/alsj/a11/AS11-40-5903HR.jpg.
206 Gilles Deleuze, *Das Bewegungs-Bild. Kino 1* [1983], Frankfurt am Main: Suhrkamp 1989, S. 31–35.
207 Vgl. »Das Off verweist auf das, was man weder hört noch sieht und was trotzdem völlig gegenwärtig ist. Allerdings macht das Verständnis dieser Präsenz Schwierigkeiten«. (Ebd., S. 32).
208 Bergermann, »Darstellungsraum Welt: gekrümmte Horizonte«, Anm. 32.
209 Ulrike Bergermann, »Das Planetarische. Vom Denken und Abbilden des ganzen Globus«, in: Dies. / Isabelle Otto / Gabriele Schabacher (Hgg.), *Das Planetarische. Kultur – Technik – Medien im postglobalen Zeitalter*, München: Fink 2009, S. 17–42, hier S. 21.
210 Ebd., S. 41.
211 Ulrike Bergermann / Isabell Otto / Gabrielle Schabacher, »Vorwort«, in: Bergermann u. a., *Das Planetarische. Kultur – Technik – Medien im postglobalen Zeitalter*, S. 8.
212 Vgl. »Regieren im Bildraum. Tom Holert im Gespräch mit Tim Stüttgen«, in: *The Thing*, Hamburg, 16.1.2009, https://thing-hamburg.de/index3f59.html?id=960.
213 Siehe Bergermann, »Das Planetarische. Vom Denken und Abbilden des ganzen Globus«.
214 Ebd., S. 38.
215 Ebd., S. 41.
216 Beispielsweise manifestierte sich in sozialmedialen Kanälen eine ästhetische Faszination für die Lichtreflektionen der Iridium-Satelliten, die in der niedrigeren Erdumlaufbahn für die Satellitentelefonie eingesetzt werden. Zuvor hatte niemand bedacht, dass der silbergraue Anstrich der Antennen nach Sonnenuntergang oder vor Sonnenaufgang für Lichteffekte am Himmel sorgen würde. Seit dem 30. Dezember 2018 bringt die Firma Iridium Communications jedoch mit SpaceX-Raketen eine neue Generation von Satelliten in den Orbit, sodass die wenige Sekunden andauernden Sonnenlicht reflektierenden Streifen nicht mehr zu beobachten sind. Für die Medienarchäologie und Erforschung populärer Kultur mag es relevant erscheinen, dass User·innen in sozialen Medien unter dem Hashtag #Flarewell an das Phänomen erinnern und sich gemeinsam davon verabschieden. Davon abgesehen ist orbitale Infrastruktur unsichtbar. Um die nachgefolgten Satelliten zu verorten, bleibt nur der Blick ins Internet. Dort können für einen geografischen Ort die Zeiten, Himmelsrichtungen und Winkel der Vorbeiflüge abgefragt werden.
217 Henri Bergson, »Von der Auswahl der Bilder bei der Vorstellung« (Auszug aus *Materie und Gedächtnis. Eine Abhandlung über die Beziehung zwischen Körper und Geist*, Frankfurt am Main / Wien / Berlin: Ullstein 1982), in: Claus Pias / Joseph Vogl / Lorenz Engell / Oliver Fahle / Britta Neitzel (Hgg.), *Kursbuch Medienkultur*, Stuttgart: DVA 1999, S. 308–318, hier S. 316.
218 Ebd., S. 318.
219 Im August 2019 sind diese Bilder nicht mehr online, die Bilder wurden ausgewechselt gegen Naturaufnahmen und Aufnahmen am Produktionsort der Satelliten. Im September 2019 war wiederum eine neue Reihe von Bildern geschaltet. Dieses Mal ging es um Alltagsschnappschüsse einer Community in der Arktis. Das Motto dieser Bildstrecke lautet »Connecting the Arctic«.
220 Beispielsweise waren sie auf den Visieren von George Clooney und Sandra Bullock oder auf dem kleinen Fenster der Raumfähre zu sehen.
221 Auf der Website von OneWeb ist im Sommer 2019 eine neue Abfolge von sehr kurzen Videosequenzen geschaltet. Wolken ziehen im Abendrot über den Himmel, Wellen stoßen auf eine Felswand, ebenfalls im Abendrot, der Zeitlupen-Vorbeiflug an einem schneebedeckten Bergmassiv; es kann das apokalyptische Rot des Weltuntergangs oder des Aufbruchs in die Zukunft bedeuten; beides sind klischeehafte Bilder. Danach folgt eine Sequenz

zur technologischen Infrastruktur und sich über Planungszeichnungen beugende Hemdsärmel beugende Mitarbeiter im sauberen Hightech-Labor, Männer in weißen Kitteln und mit Haarschutz neben Roboterarmen, die den Satelliten staub- und fettfrei zusammensetzen. Die neue Bildstrecke konzentriert sich ganz auf die irdischen Tätigkeiten, die Anwendung der Satellitendaten und die Satellitentechnologie als von Menschen entwickelte Technologie. Die Bildergalerie aus Fotos und Videos auf der Homepage wechselt sehr häufig. (https://www.oneweb.world/).

222 Auf ähnliche Weise wie es beim Cognitive-Mapping-Verfahren von Fredric Jameson eine Rolle spielt, komplexe Gefüge und Erkenntnisse wahrnehmbar und darstellbar zu machen – mit dem Unterschied, dass Jameson nicht räumlich-volumetrisch entlang einer vertikalen, sondern einer kartografierenden, nicht näher spezifizierten Verknüpfung von Ereignissen und Entitäten denkt, »Anhaltspunkte, die im Gedächtnis bewahrt werden können und die das Subjekt mit seinen momentanen Bewegungen und Gegenbewegungen gewissermaßen kartografisch aufnehmen und modifizieren kann.« (Fredric Jameson, »Postmoderne. Zur Logik der Kultur im Spätkapitalismus« [»Postmodernism, or The Cultural Logic of Late Capitalism«, in: *New Left Review* I, Juli-August 1984, S. 146], in: *Postmoderne. Zeichen eines kulturellen Wandels*, Andreas Huyssen / Klaus R. Scherpe (Hgg.). Reinbek bei Hamburg: Rowohlt 1986, S. 118–133, hier S. 96f.).

223 Toscano / Kinkle, *Cartographies of the Absolute*, S. 16.

224 Gabriele Hecht, »Interscalar Vehicles for an African Anthropocene: On Waste, Temporality, and Violence«, in: *Cultural Anthropology* 33, 1, 2018, S. 109–141.

225 Ebd., S. 115.

226 Ebd., S. 112.

227 Ebd., S. 114.

228 Ebd., S. 115.

229 Lisa Parks, »Mapping Orbit: Toward a Vertical Public Space«, in: Chris Berry / Janet Harbord / Rachel Moore (Hgg.), *Public Space, Media Space*, Wien: Springer / Palgrave McMillan 2013, S. 61–87.

230 Ebd., S. 63, 68.

231 Ebd., S. 77.

232 Ebd., S. 83.

233 Friedrich Kittler spricht in seiner Berliner Vorlesung (1999) von Camera Obscura, Zeichnung und Buchdruck als Medienverbund. In diesem Verbund haben Zeichnungen die Funktion zu zeigen, wie man eine Camera Obscura baut, und werden in Büchern abgedruckt, wodurch sich das Wissen über die Camera Obscura leicht verbreitet (Friedrich Kittler, *Optische Medien. Berliner Vorlesung 1999*, Berlin: Merve 2011, S. 76f., 168, 209f.).

234 Paul Virilio, *Krieg und Kino. Logistik der Wahrnehmung* [*Guerre et cinéma*, Paris: Seuil 1984], aus dem Franz. von Frieda Grafe und Enno Patalas, München / Wien: Hanser 1986, S. 34.

235 Teresa Castro, »Aerial Views and Cinematism, 1898–1939«, in: Mark Dorrian / Frédéric Pousin (Hgg.), *Seeing from Above: The Aerial View in Visual Culture*, London / New York: I. B. Tauris 2013, S. 119.

236 sivrot, »Near Space Weather Balloon Launch With Gopro To 109.000 Feet!«, 13.8.2014, https://youtu.be/95NDkABAsSk. Bryan Chan, »Grand Canyon from the Stratosphere! A Space Balloon Story«, 10.9.2015, https://youtu.be/EABQ5psUz70.

237 »In 2002 American Nicholas Woodman conceived of the idea of a wearable digital video camera when he tied a 35 mm camera in waterproof *Kursbuch Medienkultur* housing made of silicone, plastic, and rubber to his wrist to record himself and his friends surfing. In 2004 his company GoPro™ launched a small light water-proof robust wearable digital video camera that can film high definition footage.« (Clifton Evers, »Researching Action Sport with a GoPro™ Camera: An Embodied and Emotional Mobile Video Tale of the Sea, Masculinity, and Men-who-Surf«, in: Ian Wellard (Hg.), *Researching Embodied Sport: Exploring Movement Cultures*, London: Routledge 2017, S. 145–162.

238 Paul Virilio, »Fahrzeug«, in: Claus Pias / Joseph Vogl / Lorenz Engell / Oliver Fahle / Britta Neitzel (Hgg.), *Kursbuch Medienkultur*, Stuttgart: DVA 1999, S. 166–184, hier S. 173.

239 ScienceBang, »BBC coverage of the Weather balloon flight – Aether One«, 8.1.2017, https://youtu.be/izzpjTKCsaU.

240 ScienceBang, »Weather Balloon launch – Aether One«, 2.1.2017, https://youtu.be/c1zF6rXLjxc.

241 Thomas Baldwin, *Airopaidia: Or Aerial Recreation*, Chester: J. Fletcher 1786, https://archive.org/details/Airopaidia00Bald.

242 In einigen auf YouTube veröffentlichten GoPro-Aufnahmen wurden Zeitraffer und Zeitlupe eingesetzt.

243 Vgl. Kristoffer Örstadius, »Found GoPro-camera – memory card intact. Last video: See when the camera fell from 3.000 meters«, 3.4.2015, https://youtu.be/gF4TTPXu9r0.

244 Ebd.

245 Hito Steyerl, »A Thing Like You and Me«, in: *e-flux journal*, 15, April 2010, https://www.e-flux.com/journal/15/61298/a-thing-like-you-and-me/.

246 Camillo Schmid, »Weather Balloon Near Space! GoPro-Balloon-Flight to 30 km!«, 19.5.2013 https://youtu.be/9CjjbauSvBE.

247 Catherine d'Ignazio / Lauren F. Klein, »What would feminist data visualization look like?«, MIT Center for Civic Media, 1.12.2015, https://civic.mit.edu/2015/12/01/feminist-data-visualization/.

248 Catherine d'Ignazio, »What would feminist data visualization look like?«, *visionscarto*, 23.1.2017, https://visionscarto.net/feminist-data-visualization.

249 Im Glossar des Jet Propulsion Laboratory (NASA) findet sich folgende Definition für *Ground Truth*: »Geophysical parameter data, measured or collected by other means than by the instrument itself, used as correlative or calibration data for that instrument data. It includes data taken on the ground or in the atmosphere. Ground truth data are another measurement of the phenomenon of interest; they are not necessarily more ›true‹ or more accurate than the instrument data. Source: EPO.« (Vgl. https://podaac.jpl.nasa.gov/Glossary).

250 Clough u. a., »The Datalogical Turn«, S. 153.

251 Merleau-Ponty, *Das Sichtbare und das Unsichtbare*, S. 283ff.

252 Ebd.

253 Wobei es so ist, dass in Google Labs daran gearbeitet wird, die Internetprovider-Ballons ihres Projekts Google loon algorithmisch zu navigieren. Die Medienwissenschaftlerin Hannah Zindel forscht hierzu. (Hannah Zindel, *Ballons: Medien und Techniken früher Luftfahrten*, Paderborn: Wilhelm Fink 2020).

Arendt, Haraway und der Sputnik-Schock

Hannah Arendt und Donna J. Haraway eröffnen das Spannungsfeld, in der sich meine zentrale Frage bewegt: Welches Bild von der Erde und vom Weltraum bestimmt heute die Diskurse über Herrschafts- und Technologiekritik, den beide Denkerinnen zu ihrer Zeit angestoßen haben? Haraway und Arendt versetzen in ihrem Denken herrschende Darstellungs- und Vermittlungsformen in Unruhe. Ihre Kritik gilt der Raumfahrt, den ›Technowissenschaften‹ und dem darin vorherrschenden, dem technologischen Setup angepassten Menschenbild. Ins Zentrum ihrer Überlegungen stellt Arendt die Frage, ob die Eroberung des Weltraums den Menschen größer oder kleiner macht. Arendt zufolge entstand mit der Weltraumforschung eine neue Situation: Sie beobachtet eine große Kluft zwischen dem Abstraktionsgrad in den Wissenschaften und der sinnlichen Welt, zwischen Mathematik, Computercode und einer x-beliebigen Person.[1]

Wie zu vermuten, weichen die Fantasien der Planer·innen und Ideolog·innen weit ab von den Erfahrungen der Astronaut·innen und den Thesen der Theoretikerin. Bei Arendt war nicht die einzelne Person gemeint, sondern die Menschheit an sich: Wächst sie buchstäblich an den Weltraumflügen? Nicht, wie Arendt damals fürchtete, bestimmt die Entfremdung von der Erde die Lage. Stattdessen haben sich im 21. Jahrhundert aufgrund einer Vielzahl von ökologischen und klimatologischen Problemen, die sich unter dem Begriff Anthropozän bündeln lassen, Wissenschaftler·innen und Künstler·innen über das Mediale wieder der Erde angenähert.

Haraway geht ambivalenter vor, indem sie zugleich mit den Mitteln der Appropriation und der Kritik arbeitet. Sie adaptiert eine Mensch-Maschine-Verbindung der Raumfahrt, den Cyborg. Zum anderen kritisiert sie die Bildpolitik des Magazins *National Geographic*. Beim Betrachten der Weltraumbilder kommt sie auf den Gedanken, dass die darin festgehaltene Weltsicht jede Situierung ausschließen will. Inwiefern Haraways Kritik nach dem *algorithmic turn*, potenzierter Datenmengen und dreidimensionaler Visualisierungstechniken weiterhin greift, gilt es in einer komplexer verschalteten Medienumgebung zu fragen. GPS-gestützte Kartendienste sind mit Social-Media-Accounts verbunden, Satellitendaten-Dienstleister bewerben 360 Grad-Auswertungen von Fern- und Naherkundungssensoren. Waren, Autos und Personen werden als Objekte in steuerbaren und automatisierbaren Prozessen behandelt. Ein situierter Verbund aus Sensoren, Satelliten, Maschinenlernen und Algorithmen wertet eine smarte Stadt als Bild und Datenquelle aus. Dieses Kapitel befasst sich mit der Kopplung der medialen Dispositive und den Folgen dieser Kopplung. Viele Akteur·innen sind hinzugekommen und das Internet hat das Zirkulieren der Bilder und den Zugang zu Archiven ermöglicht. Als Beispiel für eine verkörperte Sicht dient der historische Filmmitschnitt, den ein Mitarbeiter der US Air Force im freien Fall aufgenommen hat. Bildmaterial also, das nicht in die übliche Bildpolitik der NASA einzuordnen ist.

Matt Mullican, *Planetarium*, 2010 —

Der Künstler Matt Mullican adressiert explizit die Körper der Betrachtenden. Nicht nur im Intro zur interaktiven Arbeit *Planetarium*, sondern auch in seiner virtuellen Stadt *Five into One*, die 1991 entstand und sein Interesse am Weltraum als Vorstellungsraum bereits deutlich machte. »While navigating the environment, I would sometimes fly upward, farther and farther into the sky, beyond the stratosphere, into pure, white, infinite space. I would go on forever, so far away from this city I had created that I couldn't find my way back. I became curious about where, exactly, I was when I was out there, in the middle of nowhere.«[2]

Die virtuellen Orte außerhalb definierter, programmierter oder gezeichneter Umgebungen hat Mullican in unterschiedlichen künstlerischen Medien ausgelotet. Etwa hat Mullican versucht, sich in einer Performance mittels autosuggestiver Kräfte in ein Bild hineinzubegeben und von dort aus nicht-abgebildete virtuelle Räume zu erkunden. In dieser Performance nimmt er vor einer Zeichnung Platz, die den Eingang zur Hölle zeigt. Ausgehend von dem, was er und das Publikum auf dem Bild sehen konnten, beginnt er eine Reise in die Welt der Zeichnung zu beschreiben, über den Bildrand hinaus. Mullican geht dabei von einem ziemlich einfachen Postulat aus: Die Tatsache, dass dieser Raum jenseits des Bildrands nicht gezeichnet wurde, bedeutet nicht, dass er nicht existiert; es ist die Zeichnung, die nur ein Fragment zeigt. »Ich habe mit dem Publikum darüber gesprochen, wie es war im Bild zu sein. Zum Beispiel gab ich Wegbeschreibungen wie ›dann bog ich links ab und ich ging einen Hügel hinauf‹ — den man auf dem Bild überhaupt nicht sieht. Und ich erinnere mich, auf einen Bogen geschaut und eine große Pfütze gesehen zu haben … und dann nahm einer ein Streichholz und hat das Ganze angezündet und ich erinnere mich, dass ich die Hitze auf meinem Gesicht spürte und dass dann kein Bild mehr da war.«[3]

Mullican beschreibt das Off auf ähnliche Weise, wie es Gilles Deleuze konzipierte: in Form von mentalen Bildern. Selbst im ›geschlossensten‹ Bild gibt es ein Außerhalb des Bildfeldes. Das Außerhalb steht immer in einer virtuellen Beziehung zum Ganzen. In den 1990er Jahren arbeitete Mullican u. a. zusammen mit dem französischen Kulturministerium an einer künstlerischen VR-Umgebung. Innerhalb seiner künstlerischen Praxis bettet sich das Interesse an VR als Simulationswerkzeug von hypothetischen Räumen und Orten in die künstlerisch-subjektive Kosmologie ein, die sein gesamtes Werk zusammenhält.

Inwiefern unterscheiden sich die Bilder aus einer Zeit des Space Race von der aktuellen Bildproduktion, die durch die Organisation großer Datensätze gekennzeichnet ist? Das interaktive Netzkunstprojekt *Planetarium* (2016) Abb. 27 S. 181 stellt vielmehr die »Raumfahrt als innere Erfahrung« dar, wie es auch in einem Filmtitel von Alexander Kluge heißt. In dieser Hinsicht sind zwei Aspekte hervorzuheben: Erstens, wie er durch die Ästhetik seiner Arbeit gängige Vorstellungen und ikonische Darstellungsweisen vom Universum in Frage stellt, und zweitens, wie er die Rolle, die Vermessung und

Berechnung für die Darstellung von Planeten und Weltraum spielen, durch seine Zahlenangaben hinterfragt. In den Dimensionen des Weltalls sind die Erde und das Sonnensystem nichts weiter als ein kleiner Punkt und ein Ensemble von Sternen und Planeten.

»You are a body in space, navigating the solar system.« — Mit dieser meditativen Ankündigung entlässt Matt Mullican die User·innen in eine extrem reduzierte Abbildung des Universums und in eine Startposition, von der aus sie mit der von ihm angelegten virtuellen Umgebung interagieren können. »Du bist ein Körper im Raum ...« — durch die direkte Ansprache wird jede·r in den medialen (Vorstellungs-)Raum versetzt. Zunächst hatte Mullican die Absicht, die Unendlichkeit des Universums als leeren virtuellen Raum darzustellen. Aber ohne Objekte gab es im dunklen Universum keine Anhaltspunkte für räumliche Orientierung. Also fügte er die Planeten unseres Sonnensystems hinzu. Selbst mit den Planetenobjekten, die als einfarbige Punkte im Dunkel erscheinen, bleibt das Universum abstrakt. Jede Vorstellung von Tiefe und Entfernung bleibt aus und kann nicht an Erfahrungen gemessen werden. Die interaktive Arbeit *Planetarium*, die Mullican für die Ausgabe »Internet Materials« des Online-Magazins *Triple Canopy* entwickelt hat, unterscheidet sich mehrfach von einem realen Planetarium. Es ist mehr Fläche als Raum, in der die Fluggeschwindigkeit unseres ›Körpers‹ über einen Regler mit langen Zahlen eingestellt werden kann, ohne dass eine Veränderung der Geschwindigkeit einen ablesbaren Effekt auf die minimalistische Weltraumzeichnung hätte. Mullican transferiert die Handschriftlichkeit seiner Zeichnungen in den digitalen Raum, als wolle er auf den etymologischen Ursprung von *digit*, den Finger, verweisen.[4]

Klickt man jedoch auf einen der bunten Punkte, die Planeten darstellen, so geht die Zahl der zurückgelegten Flugkilometer so schnell nach oben, dass sie kaum mitzulesen ist. Diese durchlaufenden Zahlen bleiben die einzige Aktivität auf dem Bildschirm. Manchmal driftet ein Planet davon, Venus oder Uranus. Der Planet Erde ist schwer zu finden. Erst wenn man die Index-Karte, eine Übersicht für *Planetarium* aktiviert, wird ein kopernikanisches Planetenschema eingeblendet und zeigt die erlernte, konventionelle Anordnung der Planeten sowie die Darstellung ihrer elliptischen Flugbahnen an, wie sie der Mystiker und Astronom Johannes Kepler zu Beginn des 17. Jahrhunderts ermittelt hat.

Das erste Gesetz von Keplers drei Gesetzen zu Planetenbahnen lautet: Die Planeten bewegen sich auf elliptischen Bahnen und die Sonne steht im gemeinsamen Brennpunkt. Das zweite Gesetz besagt, dass sich von der Sonne weiter entfernte Planeten langsamer bewegen. Beide Gesetze schrieb Kepler in seinem Werk *Astronomia Nova* (Neue Astronomie) auf, das 1609 in Frankfurt am Main veröffentlicht wurde. Gewöhnlich ist das gebaute, physisch begehbare Planetarium ein Ort, an dem astronomisches Wissen vermittelt wird: Wissen über Sternenbilder, Lichtjahre und Planetenbewegungen. In Matt Mullicans weiter abstrahiertem Planetarium bewegt sich ein virtueller Stellvertreterkörper der Nutzer·innen fernab darstellbarer Größenordnungen. Wo positioniert sich daher dieses künstlerische Projekt zwischen einer durch die Astronomie vermittelten »optischen Verbundenheit mit dem Weltall«[5], einem vergangenen rauschhaften Kosmos-Erleben der Antike und einer technisch übersteuerten kriegerischen Nutzung, wie Walter Benjamin in seinem kurzen Text *Zum Planetarium* darlegt? Für Benjamin macht Technik dann Sinn, wenn sie nicht Natur beherrscht, sondern das »Verhältnis von Natur und Menschheit«[6]. Für die Menschheit »organisiert in der Technik sich eine Physis, in welcher ihr Kontakt mit dem Kosmos sich neu und anders bildet als in Völkern und Familien«[7] — mit dieser Beschreibung eines von Technik bestimmten Verhältnisses ist fast der Cyborg vorweggenommen.

Auf der zweidimensionalen Fläche Webseite, die Mullicans Interpretation eines Planetariums anzeigt, bedeutet das Navigieren im Weltraum ohne Sterne, die riesigen Entfernungen zwischen den vergleichsweise kleinen Planetenkörpern zu vermitteln und zugleich das Erfassen dieser Verhältnismäßigkeiten im äußerst begrenzten und banalen Format eines Browserfensters ins Absurde zu führen. Entfernungen, die bei vertrauten Darstellungen des Planetensystems schnell außer Acht geraten, weil die Planetenkörper im Vordergrund stehen. Bei Mullican werden, wenn auch extrem vereinfacht, die Abstände zwischen diesen Objekten wirksam. Entfernungen, die Paul Virilio beispielsweise durch das Teleskop und andere Medien hergestellt sah, die eine Welt außerhalb der menschlichen Reichweite abbildeten und die für »eine alltäglich gewordene Teletopologie«[8] ursächlich waren.

Virilio fuhr fort: »Das Modell aller optischen Prothesen und Sehhilfen, das Teleskop, projiziert das Bild einer Welt, die außerhalb unserer Reichweite liegt, und somit eine andere Art und Weise, uns in der Welt zu bewegen; die Logistik der Wahrnehmung führt zu einem ungeahnten Transfer des Blickes, sie schafft einen Zusammenstoß von Nahem und Fernem, ein Phänomen der Beschleunigung, das unser Bewußtsein von Entfernungen und Dimensionen vernichtet.«[9]

Inwieweit sich geschulte Zuschauer·innen an bestimmte wissenschaftliche Darstellungsweisen und mediale Repräsentationen gewöhnt haben und damit deren Logik und Abstraktionsgrade nicht mehr infrage stellen, spiegelt folgende Aussage von Matt Mullican: »Es gibt das Planetarium, und dann gibt es das Astrarium, das Astrolabium und die persischen Kalender aus dem achtzehnten Jahrhundert. Und da ist das kugelförmige Astrolabium: Man schaut auf die Außenseite dessen, was dazu bestimmt ist, die Himmelssphäre darzustellen, die eigentlich das Gegenteil von ihrer Form ist.«[10] An Mullicans Interpretation eines Planetariums lässt sich ex negativo diese Erfahrung machen. Ob die alternative Darstellungsweise, die der Künstler gewählt hat, Sinn ergeben muss? Ist es überhaupt ein Planetarium oder zeigt die interaktive Karte die Lücken auf, die im Planetarium nicht vermittelt werden? Oder warum trägt Mullicans Netzkunstprojekt diesen Namen? Der Sinn liegt möglicherweise darin, kanonische Abbildungen der Astronomie auf ihre Sinnhaftigkeit hin zu befragen und womöglich ein Reset der Darstellungsweisen und Anschauungsformen anzuregen. Darüber hinaus zeigt diese künstlerische Aneignung einer altehrwürdigen Bildungseinrichtung die Grenzen der Sichtbarkeit aber insbesondere der Sichtbarmachung des Weltraums auf. Nicht zuletzt unterstreicht die Arbeit durch ihre einzige Mitteilung an die Rezipient·innen — »You are a body in space« — den »generell proxemischen Charakter« der menschlichen Wahrnehmung, die an den Körper gebunden ist und nur schwer abstrahieren kann, auch wenn eine ganze »Logistik der Wahrnehmung« betrieben wird.[11] Zudem performt Mullicans Arbeit gewissermaßen die »Delokalisierungsvektoren der geometrischen Optik«. Der Körper befindet sich im Weltraum, aber wo dort? Virilio beklagt, dass das »topographische Gedächtnis« verloren ging — wobei einzuwenden wäre, dass es gegenwärtig Anwendungen wie Google Maps wieder zurückgeben können.

Berührungspunkte zwischen Arendt und Haraway

Im Kontext von frühen Raumfahrtexperimenten der US Air Force, ›Project Manhigh‹ und ›Project Excelsior‹,[12] entstand Filmmaterial, das sich wesentlich unterscheidet von den ikonischen Bildern, mit denen die NASA ihre Geschichte erzählt. Die epistemologische Bedeutung des Materials blieb bisher weitgehend unbeachtet, da die Aufnahmen im Archiv verschwanden, ohne weitere Verbreitung zu finden.

Arendts Texte, die in mittelbarer Reaktion auf die politische und wissenschaftliche Dimension der Raumfahrt entstanden, können mit *Powers of Ten* in Beziehung gesetzt werden. Die gestalterischen Aktivitäten der Eames haben sich in einem ideologischen Diskursfeld entfaltet, auf das sich sowohl Arendt als auch Haraway — in je unterschiedlich fachlich-methodischer Stoßrichtung — kritisch beziehen. Haraway entwickelt ihr theoretisches Cyborguniversum aus einer eingehenden Analyse jener Machtmechanismen, durch die zwei einflussreiche Organisationen in der wirtschaftlichen und außenpolitischen Landschaft Nachkriegsamerikas, IBM und die NASA, den Planeten sukzessive mit einem elektronischen Koordinatensystem der Kontrolle (WGS 84[13]) übergezogen haben. Arendt wiederum hatte ihren kritischen Blick auf die Anfänge der Technowissenschaften gerichtet. Unter ›Technowissenschaften‹ versteht Haraway die normierende, »systematisierte Produktion von Wissen innerhalb industrieller Praktiken«,[14] so wie sie etwa beim Militär, in der Industrie oder in Behörden zu finden ist. Trotz noch näher auszuführender Überschneidungen und Interferenzen im Denken von Haraway und Arendt mag es erst überraschen, ihre Namen in einem Satz zu lesen, liegen ihre Veröffentlichungen doch weit auseinander. Wobei Haraway in ihrem jüngsten Buch, *Staying with the Trouble*, dem Hinweis einer Kollegin[15] an der UC San Diego gefolgt ist. Sie bezieht sich auf Arendt zentrale Erkenntnis in *Die Banalität des Bösen*, dass Eichmann eine »inability to think«[16] aufwies und in diesem Modus zum Kriegsverbrecher und Massenmörder wurde. In der Anthropozändebatte sieht Haraway eine Bedrohung durch eine ähnliche Form von Gedankenlosigkeit. Deswegen begibt sie sich auf die Suche nach solchen Denkpraktiken, die gegen jede Unfähigkeit zum Denken wirken — durch den Bezug zum Fall Eichmann wird die Aufgabe umso dringlicher und die Notwendigkeit zu Handeln unausweichlicher. Unabhängig vom zeitlichen Abstand theoretisieren beide Denkerinnen die Konstellationen von Subjekt, Technologie und Wissenschaft anhand konkreter Projekte ihrer jeweiligen Zeit. Bei Arendt ist es die Raumfahrt, bei Haraway wechseln die Gegenstände ihrer Kritik im Laufe der Jahre von astronautischen Experimenten der Raumfahrt zu Gentechnikforschung und Computernetzwerken;[17] wobei es wichtig ist, darauf hinzuweisen, dass dieser äußere Rahmen jeweils eine Folie ist für ihre Kritik an der Wissensproduktion.

Haraways und Arendts Biografien sind mit dem Sputnik-Satelliten verbunden, beide Denkerinnen haben diesen Fakt in ihren Texten reflektiert. Arendt betrachtet auf den ersten Seiten ihres Hauptwerks *Vita activa* (1958) die Auswirkungen, die die Raumfahrt auf das naturwissenschaftliche Denken hat und vice versa. Haraway betont, dass sie ohne den ›Sputnik-Schock‹ nicht in den Naturwissenschaften promoviert hätte. Wenn es den Sputnik-Schock nie gegeben hätte – »Sputnik was launched to provide the first geographical ›elsewhere‹ of territory (after the oceans and Antarctica)«[18] –, wäre es nicht zu ihrer anfangs engen, dann mit der Zeit größeren Abstand zum Kalten Krieg und seinen Technologien gewinnenden Auseinandersetzung mit den Technowissenschaften gekommen. »Mein Körper und Geist sind gleichermaßen ein Produkt des Wettrüstens nach dem Zweiten Weltkrieg, des Kalten Kriegs und der Frauenbewegung.«[19] Arendt fordert von Wissenschaftler·innen eine verständlichere Kommunikation an die Öffentlichkeit und steht der Raumfahrt kritisch gegenüber.

Als Reaktion auf den erfolgreichen Launch des Sputnik-Satelliten hatte die US-Regierung am 2. September 1958 mit dem sogenannten National Defense Education Act[20] entschieden, die Ausbildung in den Naturwissenschaften zu fördern und so die Zahl der Studierenden zu erhöhen.[21] Wenngleich Ereignis und politischer Beschluss in der institutionellen Gründungsgeschichte und der Wissenschaftsgeschichte häufig in Bezug gesetzt werden, war die Förderung von Technik und Naturwissenschaften bereits in die Wege geleitet worden, auch ohne die mediale Dramatisierung des Sputnik-Schocks.[22] An diesem Fakt wird deutlich, dass sich die Erzählung von der Wissenschaftsförderung politisch besser dem Reiz-Reaktionsschema nach an die Öffentlichkeit vermittelt, so jedenfalls die Annahme der zuständigen Politiker. Neben dem National Defense Education Act reagierten die USA im ersten Jahr nach Sputnik mit der Gründung der NASA[23] am 1. Oktober 1958, um die Rolle der USA in der Weltraumwissenschaft und -technologie zu stärken. Die ARPA[24] (Advanced Research Projects Agency), Forschungseinheit des Verteidigungsministeriums, die für die Entwicklung des Internets eine wichtige Rolle spielte (der Vorläufer des World Wide Web hieß Arpanet), wurde bereits im Februar desselben Jahres gegründet.

Als zentraler Kopf hinter der ARPA-Gründung gilt James Killian.[25] Drei Wochen nach den Sputnik-Start war er von Eisenhower zum Sonderbeauftragten für Wissenschaft und Technologie ernannt worden. In seinen Memoiren schreibt er, dass die »near hysterical reactions to *Sputniks* I and II« eine größere Beachtung verdienten, denn die Ereignisse habe keiner voraussehen können.[26] Er beschreibt seine Reaktion auf Sputnik als »psychologically vulnerable and technically surprised.«[27] Das größte Problem lag darin, dass die Tatsache des Sputnik-Flugs an ganz andere Flugkörper im Orbit denken ließ, etwa eine Atombombe.[28] Diese Angst mutet reichlich absurd an, wenn man bedenkt, dass Atombomben ein zwanzigfaches vom Satelliten wiegen. »As it beeped in the sky, Sputnik I created a crisis of confidence that swept the country like a windblown forest fire.«[29] Je nach politischen Interessen wurde der Sputnik-Flug verschieden ausgelegt—als Ankündigung weitaus größerer Bedrohung im Kalten Krieg oder als Fortschritt für die Wissenschaft.

Donna J. Haraway wird sich mit zunehmend evidenter werdender ökologischer Krise semantisch und konzeptuell von den Raumfahrtprogrammen abwenden, etwa indem sie das vom Menschen geformte geologische Zeitalter, das Anthropozän, um eigene Begrifflichkeiten wie ›Kapitalozän‹ und ›Tentakeldenken‹ erweitert.[30]

Haraway und Arendt setzen die christliche Vorstellung von Gott als Schöpfer ein, um den Technowissenschaften Grenzen aufzuzeigen. Die Praxis der Eames steht zwischen beiden Positionen. Einerseits waren sie beeinflusst von den holistischen Ökotechniken, wie sie Buckminster Fuller propagierte und umsetzte, andererseits waren sie bemüht, das erweiterte Sensorium des technowissenschaftlichen Subjekts wie es die Kybernetiker entwarfen, zu gestalten und zu vermitteln.

»Erdentfremdung«

Aus Arendts humanistischem, vom Denken Martin Heideggers geprägtem Blickwinkel führt die moderne Mathematik von Physikern wie Albert Einstein und Werner Heisenberg zur Erdentfremdung—die zum »Wahrzeichen der modernen Wissenschaft wurde«[31]—, weil sich die Wissenschaftler·innen mit neuen Methoden von der »Geometrie« befreiten, »die, wie der Name bereits anzeigt, von Maßstäben und Berechnungen abhängig bleibt, die nur für Erdverhältnisse Gültigkeit haben.«[32] Mit den menschlichen Sinnen sei der Weltraum nicht mehr zu erfassen, so Arendt, weil die Naturwissenschaft »dazu gezwungen worden ist, die Sinneswahrnehmung aufzugeben und damit auch den ›common sense‹, mit dessen Hilfe wir die Wahrnehmungen unserer fünf Sinne zu einer umfassenden Wirklichkeitsbewußtheit koordinieren.«[33] Arendt kritisiert, dass von den Naturwissenschaften häufig Phänomene untersucht würden, die für das bloße Auge unsichtbar blieben. Im Weltall wird der von Arendt festgestellte Abstand zwischen für den Menschen sinnlich erfahrbarer und einer erforschbaren physikalischen Welt größer—und in Zehnerpotenzen messbar beziehungsweise darstellbar.

Aus diesem Grund ist das im Film *Powers of Ten* gewählte Ordnungsprinzip des Skalierens so bezeichnend für die Moderne und ihre Auffassung vom Mensch-Umwelt-Verhältnis. Der von Menschen wahrnehmbare Mesokosmos grenzt nicht an im Universum ausgedehnte Energien und die mikroskopischen Dimensionen von Atomen. Zum wissenschaftlichen Weltbild der westlichen Moderne—mit ihrem erweiterten Bildrepertoire—gehören

Quarks, die DNA, die *Whole Earth* und eine Vielzahl an Galaxien, Mikro- und Makrokosmen. Gegen diese Ansicht kann man wie Derek Woods einwenden: »Arendt may be too strict in treating the sense organs as the boundary of the human lifeworld. She takes this boundary as naturally given rather than historically reshaped by prothetic extension.«[34] Dieser Hinweis, dass Arendt die Prothesenhaftigkeit der Medien und Instrumente nicht berücksichtigt, ist einerseits zutreffend, andererseits schränkt diese Auslassung ihre grundsätzliche Kritik am Menschenbild und an der Wissenschaftskommunikation nicht ein.

Dem zunehmend hohen Stellenwert, den der Computer in den modernen Wissenschaften einnimmt, begegnet die politische Theoretikerin 1963 mit einer polemischen Spitze: Es brauche immer noch Verstand, da könne die Rechenmaschine auch noch so ein gutes elektronisches Gehirn sein.[35] Grundsätzlich hat sich an dieser Kritik an der Computerentwicklung wenig geändert—auch heute, etwa im Hinblick auf künstliche Intelligenz, künstliche Gehirne oder neuronale Netzwerke, ist es eine Diskussion, die von medizinisch-biologischen Metaphern ›belebt‹ wird.

Kommunikationsprobleme

Arendt führt 1958 in der Einleitung zu *Vita activa* aus, dass das Universum durch die neuen medialen Möglichkeiten, die mit den Satelliten entstanden sind, nicht etwa als unheimlich wahrgenommen wurde. Wie Heidegger verstand sie unter dem Unheimlichen eine existentielle Angst, in der Welt nicht Zuhause und mit dem Nichts konfrontiert zu sein. Durch die neuen technischen Bilder stellte sich laut Arendt ein »kurioses Gefühl der Erleichterung«[36] her, nicht an die Erde gebunden zu sein. Für die Philosophin Arendt markiert die »Flucht von der Erde in das Universum« einen Aspekt der modernen technik-naturwissenschaftlichen Erdentfremdung. Den Begriff der Erdentfremdung begleitet bei Arendt die Weltentfremdung, die ein soziales Verhältnis beschreibt, so die Philosophin Rahel Jaeggi, »das produktive Moment, das in Arendts Kritik an der ›Weltentfremdung‹ liegt—die Möglichkeit, die Entfremdung des Subjekts von der Welt als Negation seiner kommunikativen wie gestaltenden (weltkonstitutiven) Fähigkeiten zu denken, ohne dabei ›Welt‹ als verfügbares Produkt zu denken oder dem Subjekt einen ›wahren Kern‹ zuzuschreiben [...].«[37] Sie führt aus, dass die Menschheit durch die neuen Erkenntnisse der Physik, insbesondere die der Relativitätstheorie, in einer einheitlichen Zeit und einem einheitlichen Raum lebt.[38] Diesem Gesellschaftsphänomen wollte Arendt nachgehen, um die veränderte Position der Subjekte im Kosmos zu reflektieren. Um ein Missverständnis zu vermeiden: »Weltentfremdung ist die Entfremdung von der Welt als Handlungsraum, nicht der Verlust einer ›Heimat‹.«[39] Arendt macht den Verlust eines Handlungsraums für die Subjekte sowie den Verlust eines kapitalismuskritischen Diskurses zum Gegenstand ihrer Auseinandersetzung.[40] Sie beobachtet eine Kluft sowohl zwischen abstrakt voranschreitenden Naturwissenschaften und den Erscheinungen der sinnlichen Welt, als auch zwischen Mathematik, Computercode und der Sprachlosigkeit der Wissenschaftler·innen gegenüber der Öffentlichkeit.[41] Arendts Bedenken gegenüber einer Naturwissenschaft, die sich nicht mehr allgemein verständlich mitteilen kann, muss aus einer heutigen Perspektive heraus entgegnet werden, dass Satelliten als banale Objekte gegen Ende des 20. Jahrhunderts in den Hintergrund traten und gegenwärtig die einzelnen Namen und Bezeichnungen beispielsweise von Satellitenprogrammen bei Weitem nicht so populär sind, wie der sowjetische Sputnik es war.

Durch die sozialen Medien und spezielle Apps ist eine Normalisierung eingetreten. Es wird deutlich mehr kommuniziert und wissenschaftliche Daten sind schneller zugänglich und abrufbar. Die Raumsonden Voyager 1 und 2 haben zwar die Heliosphäre verlassen, befinden sich aber nach mehr als 40 Jahren und über 20 Milliarden Kilometern Entfernung von der Erde weiterhin in unserem Sonnensystem.[42] Trotz der infrastrukturellen Durchdringung des Universums bleibt das unsichtbare Universum als abstrakte Größe weiterhin unermesslich und unbegreiflich. Es beginnt allerdings weiter ›draußen‹. Aufgrund leistungsstärkerer Teleskope hat sich das beobachtbare Universum seit den 1970er Jahren um ein Hundertfaches vergrößert und damit erscheinen die Orbits der Satelliten zum einen als überschaubare Umlaufbahn und zum anderen befinden sich darin um ein Tausendfaches mehr Satelliten—inklusive der Schrottteile. Zwischen der Erde und dem Weltall befindet sich also ein ›metallischer‹ Gürtel aus Satellitentechnologie, dessen Instrumente überwiegend auf die Erde ausgerichtet sind. Die unsichtbare ›Anwesenheit‹ dieser Satelliten weist darauf hin, dass die Vermessung der Erde nie abgeschlossen sein wird. Arendts Urteil hingegen, dass Vermessen Entfernung voraussetzt und diese Distanz zur »Entfremdung des Menschen von seiner unmittelbaren irdischen Behausung«[43] führt, trifft angesichts groß angelegter Geo-Engineering-Projekte umso mehr zu.

In einem Interview von 1995 schlägt Donna J. Haraway vor: »Wir sollten vielfältigere Beziehungen zur *Technoscience* unterhalten, als nur dafür oder dagegen zu sein.«[44] Diese Beziehungen werden unmittelbar über die Verwicklungen zwischen Mensch und Technologie bestimmt: »Technology is not neutral. We're inside of what we make, and it's inside us. We're living in a world of connections—and it matters which ones get made and unmade.«[45] Anders als die Ende der 1960er Jahre aus den Student·innenprotesten an der University of California in Berkeley hervorgegangen New Communalists,[46] die der Verschaltung der Universitäten zu Informationsmaschinerien bewusst den Rücken kehrten und in einer latent technikfeindlichen Suchbewegung die Städte verließen, um auf dem Land ein vermeintlich natürliches Leben zu führen, entscheidet Haraway sich Ende der 1980er Jahre bewusst dafür, technologische Fragestellungen in ihre theoretische Konzeption mitaufzunehmen. Sie wendet sich damit auch gegen den feministischen Mainstream ihrer Zeitgenossinnen, den sie in einer Proklamation vermeintlich ›naturalisierter‹ Weiblichkeit stagnieren sieht. Haraway greift dabei insbesondere und mit provokativer Absicht das Bild des Cyborg auf—ein Begriff, der erstmals 1960 im Kontext der Astronautik auftaucht und zunächst ganz pragmatisch die Verbindung von elektronischem Schaltkreis und Organismus benennt.[47] Haraway entwendet den Cyborg-Begriff aus der Astronautik, um daraus eine feminine, transformative Figur zu entwickeln, während Arendt Heisenbergs ›Menschen‹ dafür kritisiert, dass dieser nur wahrnehme, was die eigenen Instrumente anzeigen, und er insofern nur den eigenen Vorstellungen begegnen könne.[48] Demnach erfolgt die arendtsche und harawaysche Kritik an der Raumfahrt und des dazugehörigen Menschenbildes mit unterschiedlichen Argumenten.

Die Cyborg-Figur der Biologin Haraway steht für Zukünftigkeit, anders als Arendts anthropozentrische Wissenschaftskritik. Die Cyborg ist bereits integrierter in die Schaltkreise als die unmittelbar zu Beginn der Computerisierung[49] angebrachten technologieskeptischen Kommentare von Arendt[50] es sein konnten und wollten. Arendt äußerte entschieden Kritik an der prospektiven Raumfahrt, nachdem die ersten bemannten Raketen um die Erde geflogen und Kommunikations-, Wetter- und Fernerkundungssatelliten in die Erdumlaufbahn eingetreten waren. Sie artikuliert ihr Unverständnis gegenüber den Naturwissenschaften.

Bei dem ›Cyborg‹ handelte es sich zunächst um einen technischen Laborbegriff, der durch Haraways Aneignungsarbeit in das Repertoire der feministischen Theorie-Avantgarde aufgenommen wurde. Bei Haraway wird die Mensch-Technologie-Assemblage — der Cyborg — zum multiplen Subjekt; sie — die Cyborg — steht bei ihr für eine Technowissenschaft jenseits binärer Oppositionen wie zwischen Mensch und Maschine oder Wirklichkeit und Fiktion. McKenzie Wark beschreibt die Cyborg und seine Schöpfungsgeschichte besonders pointiert: »In place of the ›god-trick‹ of speaking as if one had access to a portal to the absolute, the cyborg is a kind of ironic myth, a heretical counter-story to the human as pre-given.«[51] Von der mittlerweile in die Jahre gekommenen Cyborg-Figur aus der Star-Wars-Ära der 1980er Jahre ist Haraway aktuell bei Tentakel-Wesen angekommen, die mit ihren Fühlern als Antwort auf das Chthuluzän[52] metaphorisch den Kontakt zur Umwelt versinnlichen und für eine Dezentrierung von Mensch und Maschine stehen.

Haraway betrachtet die Prozesse der technowissenschaftlichen ›Lebensformen‹ mit den Augen einer Biologin. Sie listet vier der — metaphorischen — Leiber auf, die Cyborgs ›in die Welt setzen‹: die Waffenindustrie, die globalen Finanzmärkte, Geoengineering und Medienkonzerne als Produktionsstätten eines planetarischen Bewusstseins.[53] Was diese vier Bereiche verbindet, sind Computernetzwerke: kybernetische Regelsysteme. Seit 1997, dem Jahr, in dem Haraway *Modest_Witness@Second_Millennium. FemaleMan©_Meets_OncoMouse™: Feminism and Technoscience* publizierte, hat sich daran nicht viel geändert —, auch heute ist ein Großteil der Forschung zur Künstlichen Intelligenz dem militärisch-industriellen Sektor zuzurechnen. Seitdem sind die Verstrickungen eng geblieben. Arendts politischer Humanismus geht einem universalistischen Prinzip folgend von der Pluralität der Menschen aus — und macht nicht wie die Biopolitik, der Feminismus oder die Identitätspolitik einen Unterschied zwischen dem biologischen und sozialen Geschlecht—, daher gibt es nur die eine Möglichkeit, dass ein technologisch präparierter Mensch im Universum also nur sich selbst begegnen kann. Haraway hingegen hat die Technoscience-Maschine eine Cyborg ›gebären‹ lassen, die zwar als Spiegel der Technokratie auftritt, aber zugleich Widerstandspotenzial besitzt und verkörpert.[54]

Haraways Cyborg-Appropriation

Als Manfred Clynes, Designer von physiologischen Instrumenten und elektronischen Datenbearbeitungssystemen, und der Psychiater Nathan Kline erstmals den Begriff Cyborg zur Beschreibung eines Hybrids aus Mensch und Maschine 1960 im Magazin *Astronautics* verwendeten, empfahlen sie, bewährte sowjetische Verfahrensweisen für die Raumfahrt zu übernehmen. »Thus we find the Russians proposing prior oxygen saturation as a solution to the problem of respiration during the first few minutes after space vehicle launchings; reporting on alterations of the vestibular function both by drugs and surgery.«[55] Die Wissenschaftler hatten Ambitionen, einen *augmented man* zu schaffen, einen Astronauten, dessen Herz mit Amphetaminen gestärkt und dessen Lunge durch einen Automaten ersetzt wird, sodass er unter Weltraumbedingungen funktioniert. 1984 greift Haraway den Cyborg von Clynes und Kline auf. Zu dem Zeitpunkt war die Figur noch nicht im popkulturellen Gedächtnis verankert. Der Science-Fiction-Autor William Gibson sollte erst im selben Jahr den Begriff des ›Cyberspace‹ prägen. Haraway erläutert ihre Vorgehensweise und Motivation: »I begin with stories, histories, ecologies, and technologies of the spacefaring NASA machine-organism hybrids named cyborg in 1960. Those cyborgs were appropriated to do feminist work in Reagan's Star Wars times of the mid-1980s.«[56] Haraways Cyborg ist weniger Organismus als Kybernetik. Der Cyborg ist eine Informationsmaschine, ein Knotenpunkt im Netzwerk.

Das Cyborg-Manifest schrieb Haraway als Reaktion auf das Wettrüsten im Kalten Krieg. »Reagan's Star Wars was fundamental to the conceptualization of that essay«,[57] sagt sie, bevor sie die Figur dann durch *Modest_Witness* ablöst; eine Figurenkonzeption, die stärker in der Globalisierung verortet ist. Später folgen »companion species« im Familienbaum: »I have come to see cyborgs as junior siblings in the much bigger, queer family of companion species, in which reproductive biotechno-politics are generally a surprise, sometimes even a nice surprise.«[58]

In der Figur der Cyborg sollen sich bislang als zementiert geltende Narrationen und Machtverhältnisse auflösen beziehungsweise zweifach existieren: zum einen als Abstraktion, als Cyborg-Welt—und Gegenentwurf zum NASA-Astronauten oder »Jet-Man«[59]—, in der der Planet Erde mit einem technologischen Netz überzogen ist, und zum anderen die gelebten körperlichen Realitäten, die Mensch-Maschine-Tier-Verbindungen. Haraway transferiert die Cyborg aus dem militärisch-industriellen Komplex, wo das Projekt »Mann in den Weiten des Weltraums«[60] bereits erfolgreich gelaufen war, in feministische Zusammenhänge. Haraway macht die Figur zu einem postmodernen, wieder zusammengebauten Gegenentwurf zur »eskalierenden, ›westlichen‹ Herrschaftsform der abstrakten Individuation.«[61] In ihrem Denken schießt die Cyborg-Einheiten aus Körpern und nichtmenschlichen Wesen wie Objekten[62] über eine Metapher hinaus und wird zur Methode – Haraway schrieb schon in ihrer Dissertation Anfang der 1970er Jahre über den Einfluss von Metaphern auf den Forschungsprozess in der experimentellen Biologie.[63] Mit heutigem Blick auf die Disziplin geht sie über die diskursiven Metaphern hinaus: »Biology is an inexhaustible source of troping. It is certainly full of metaphor, but it is more than metaphor.«[64] Die Cyborg verwendet sie etwa als post-metaphorisches Bild für die Lage von Frauen in der Computerindustrie wie im Familienkreis, die mit der Miniaturisierung der elektronischen Geräte – Mikrochip aus Silizium – umstrukturiert werden. Die politische Aufgabe besteht darin, gleichzeitig aus beiden Perspektiven zu sehen, denn beide haben das Potenzial für die Entfaltung von Macht sowie von neuen Möglichkeiten, die vom jeweils anderen Standpunkt aus nicht vorstellbar sind.[65] Dabei handelt es sich jedoch bereits um eine spezifische Form des Hybriden, Doppelten, das in bestimmten Situationen zustande kommt, wenn es nicht von der Moderne ausgeblendet wird – »in an effort to ›purify‹ the messy interdependence of humans and nonhumans by making strict divisions between social and physical/natural science.«[66] Haraway macht diesen Unterschied nicht, sie wendet sich gegen Dichotomien, weil sie Zeugin wurde, wie in der Moderne diese Trennlinie gezogen und mit dieser Aufteilung ein Machtanspruch verbunden wurde.

Kalter Krieg, 1984

Im Orwell-Jahr 1984, einer der kältesten Phasen des Kalten Kriegs, erscheint der Sammelband *Neunzehnhundertvierundachtzig* im Argument-Verlag in Berlin, der seine verlegerische Tätigkeit als Zuarbeit zu den sozialen und ökologischen Bewegungen der 1980er Jahre in Deutschland – die Partei Die Grünen war gerade gegründet worden – versteht. Gegenstand des Sammelbandes ist es, die dunkle Zukunftsvision von George Orwell mit der Gegenwart abzugleichen, »gegen die alte Lesart eine neue, die Orwells 1984 zu einem kritischen Sinnbild der Entwicklung im Westen gemacht hat«[67], einzutauschen. Inwiefern lag Orwell richtig mit seiner Zukunftsvision? Die Herausgeber fassen zusammen: »Die Beiträge »wenden sich gegen die Horror-Visionen von 1984, indem sie mit den Kontrollmächten zugleich ihre Subversion und Versuche der Aneignung von unten untersuchen [...] und einen alternativen Umgang«[68] entwerfen.

Haraway, eine Generation nach Arendt geboren, beschreibt ihren Werdegang als Resultat des Kalten Kriegs. Im Stil der *écriture feminine* bringt Haraway ihre Biografie mit dem Kalten Krieg in Verbindung und nutzt Science-Fiction als Methode, um dem Auftrag der Herausgeber·innenschaft, bestehend aus dem Anglisten Bernd-Peter Lange und der feministischen Literaturwissenschaftlerin Anna Maria Stuby, nachzukommen, über den Zustand des sozialistischen Feminismus zu schreiben.

An Science-Fiction kommt niemand vorbei, der sich mit Weltraum-Vorstellungen und -Fantasien befasst, selbst Arendt spricht dieses Genre – wenn auch zaghaft, unbestimmt und distanziert – in *Vita activa* an. Sie blickt auf die Science-Fiction-Literatur ihrer Zeit, die sie als Beispiele dafür heranzieht, dass die technologischen Entwicklungen den »Wünschen und heimlichen Sehnsüchten der Massen«[69] entsprächen. Bei Haraway ist es anders, sie findet in dem Genre, das Arendt als entfremdet darstellt, die ihre Konzepte inspirierenden und illustrierenden Storys.

Im Sammelband *Neunzehnhundertvierundachtzig* erscheint ein Entwurf für den Text, aus dem später Haraways »Manifest für Cyborgs«[70] wird. Unter der Überschrift »Lieber Kyborg als Göttin!«[71] schreibt sie über den aktuellen Stand des sozialistischen Feminismus aus amerikanischer Perspektive anhand der »neuen wissenschaftlich-technischen Universen«, den Kommunikations- und Biotechnologien. »Sie tragen einen gemeinsamen Zug: die Übersetzung der Welt in ein Kodierungsproblem.«[72] Haraway nennt diese machtvolle Praxis die »Informatik der Herrschaft« (die Welt wird ein Brettspiel), eine Wendung, die sie in der Manifest-Fassung weiter ausführen wird.[73] »Medizin, Geschlecht und multinationales Kapital verschmelzen zu einem einzigen Alptraum, genannt die Verwirklichung des humanistischen Projekts, die Selbstschöpfung des Menschen in seinem eigenen Körper und der von ihm geschaffenen Welt.«[74] Haraway setzt sich mit diesem Text bereits dafür ein, eine feministische Debatte über das in der Gentechnologie veränderte Verhältnis von Organismus und Maschine zu führen. Auffällig ist, dass Haraway in dieser Vorläuferfassung ihres Cyborg-Konzepts konkret auf den Erscheinungsort Bezug nimmt, wenn sie neben den Frauen von der Livermore Action Group in den USA politische Gruppen wie die Grünen in der BRD[75] benennt, Methoden wie In-vitro-Befruchtung erwähnt und über Bündnismöglichkeiten nachdenkt. Darüber hinaus verwebt sie ihre eigene Biografie immer wieder mit dem von ihr eröffneten Themenkomplex, wenn sie die politischen Umstände und Einflüsse benennt. »Mein Körper und meine Gedanken sind mindestens ebenso sehr durch das Wettrüsten nach dem Zweiten Weltkrieg und den Kalten Krieg geformt, wie durch die Frauenbewegung.«[76] In der Tradition der *Cultural Studies* befasst sie sich mit den gesellschaftspolitischen Einschreibungen in Körper und Leben. Ihre Denkfiguren sind hier bereits vielfältig angelegt, die Cyborg eine unter anderen Hybriden, wenn in einer Reihe »Kyborgs, Zwitterwesen, Mosaike, Chimären«[77] aufgezählt werden.

Für Haraway bildet sich in den Figuren der Prozess ab, den sie im Hinblick auf das Mensch-Technologie-Verhältnis und neue Machtquellen beobachtet, kritisch begleitet uns zu »neuen Quellen theoretischer und politischer Praxis«[78] bringt. »Biotische Systeme sind Kommunikationssysteme wie andere auch. In unserem formalen Wissen über Maschinen und Organismen, über das Technische und das Organische, gibt es keine fundamentale, ontologische Trennung. Eine Folge davon ist, daß unser Empfinden für die Verbindung mit unseren Werkzeugen wächst.«[79]

Peter Galisons Kritik

Der Wissenschaftshistoriker Peter Galison widmet sich in seiner Auseinandersetzung mit Norbert Wiener und den Anfängen der Kybernetik der Appropriation des Cyborg-Begriffs durch Haraway. Galison erscheint ihr Projekt problematisch und daher fragt er: »Can the cybernetic vision be so easily detached from its military historical origins and present location? After all, the very notion of a cyborg issued from an Air Force contractor's extension of Wiener's ideas. I would argue that the associations of cybernetics (and the cyborg) with weapons, oppositional tactics, and the black-box conception of human nature do not so simply melt away.«[80]

Für viele Leser·innen war die Herkunft des Cyborg-Begriffs vermutlich weniger geläufig oder bedeutsam, da sich durch Science-Fiction ganz andere Bedeutungskontexte angeboten haben, als nur der Kriegerische. Die Rezeptionsgeschichte des Manifests zeigt, dass Haraway durchaus Erfolg hatte mit der Dekontextualisierung. Schließlich betrachtet Galison die Cyborg-Figur aus dem diskursiven Kontext der Kybernetik, deren ideeller Vater, Norbert Wiener, einen ganz anderen Referenzrahmen aufmacht. »Haraway, like Wiener, stressed the possibility that machines could be open-ended, nondedicated in their function, and able to reproduce, learn, and interconnect with the human. But Wiener, unlike Haraway, saw power and control as absolutely central to the very definition of cybernetics, for better or worse. Indeed, by the end of his life, [...] Wiener had come to see the human-machine relation as a model, if not an incarnation of the bond between God and ›man.‹«[81]

Die göttliche Dimension bringt Wiener in seinem Buch *God and Golem, Inc.* (1964) an. Daraus macht Galison in aller Kürze, »We who make cyborgs are, in the end, like gods.«[82] Haraways postmodernes Denken schlägt eine andere Richtung ein und betont das Unvollständige der Cyborgs, ihre Partialität, ihr Potenzial Dichotomien aufzulösen. Galison kann Haraways Intention, eine alternative Figur zu entwerfen, zwar folgen, doch er bleibt skeptisch, ob sich dieser Entwurf jemals von seinem Entstehungskontext lösen kann. »But (as Wiener and Lyotard attest in different ways) the successes of cybernetics in blurring the human and nonhuman have been most striking in the agonistic field, if not the battlefield itself [...]. In choosing the cyborg to lead the flight from modernism, one risks reducing the picture of human capacities to one of tactical moves and countermoves in a metaphorical extension of automatic air war.«[83] Die Kybernetik hat demnach ihre kritische Cyborg-Figur eingeholt.

Entgötterung und Satelliten

Arendt kritisiert aus einer anderen Richtung als Haraway den göttlichen Standpunkt. Arendt denkt nicht wie Haraway in Metaphern, Mensch-Organismus-Technologie-Einheiten und Figurationen, wenn sie anhand der Satelliten über das Nachahmen der Natur schreibt, »genau das, was seit Urzeiten als das Vorrecht eines Schöpfergottes, als das Resultat göttlicher ›Schöpfung‹ galt.«[84]

Der göttliche Trick bleibt unsichtbar. Als Haraway ihre Kritik formulierte, waren Abbildungen in der Hundert-Jahre-Jubiläumsausgabe der *National Geographic* ihr beispielhaftes Material, um die sichtbare Ortlosigkeit und Desubjektivierung von Objektivität zu zeigen.[85] An den Aufnahmen von Mikro- und Makrokosmos stellte sie die Transparenz der Mittel und die Unbestimmtheit des Standortes der Aufnahmetechnik fest. Das war 1988. Die Dichotomien von oben und unten, lokal und global, Macht und Unterlegenheit waren klar umrissen. Heute gibt es eine andere, komplexere Ausbreitung der Machtverhältnisse, die sich an horizontalen Netzwerken, algorithmischer Computerleistung und am Zugang zu Datenpunkten und Big Data festmachen lassen.

Auf Haraways Essay »Situiertes Wissen: die Wissenschaftsfrage im Feminismus und das Privileg einer partialen Perspektive« (1988) reagieren Kulturwissenschaftler·innen, Medienwissenschaftler·innen und Künstler·-innen mit Strategien zur Entgötterung. Feministische Theoretikerinnen rezipieren ihren Text, um die Visionsmetapher auf ihre Disziplinen anzuwenden und weiterzudenken. Die Methoden, die sie unterbreiten, können als Gegenentwurf zum entkörperten Sehen zu verstehen sein, also dazu, wie eine feministische Objektivität nach Haraway in der feministischen Praxis aussehen kann. Die Medienwissenschaftlerin Nicole Starosielski bezeichnet beispielsweise ihre Methode als »infrastructural cartography against the god's eye view.«[86] Begleitend zu ihrer medienarchäologischen Untersuchung *The Undersea Network* (2015) hat sie eine Webseite erstellt, auf der sie Netzwerkknoten und Tiefseekabel kartiert, die sie entlang historischer infrastruktureller Koordinaten aus der Kolonialgeschichte findet. Die Kulturwissenschaftlerin Stacy Alaimo kritisiert in ihrem Aufsatz »Your shell on acid« (2015), dass die Satellitenperspektive »nur die Oberfläche der Meere, eine weite, horizontale Ausdehnung« zeige. »Um die Meerestiefen zu sehen, muss man eher hinabsteigen als transzendieren, in hochvermittelte Umgebungen eintauchen, die auf die Verstrickungen von Wissen, Wissenschaft, Wirtschaft und Macht hindeuten.«[87]

In ihren Texten kritisiert Haraway den ›göttlichen Trick‹, den »erobernden Blick von nirgendwo«.[88] Heute gibt es keine Einzelbilder für den göttlichen Trick, aber Bilder für situiertes Wissen, verkörperte Vision, wie im nächsten Kapitel gezeigt. Catherine d'Ignazio und Lauren F. Klein erkennen in den Aufnahmen von GoPro-Kameras, die an Wetterballons in die Stratosphäre geschickt werden, ein konkretes Fallbeispiel dafür, was es heißen kann, die Produktionsbedingungen mit ins Bild zu holen, da zu Beginn das Kamerateam beziehungsweise die Forscher·innengruppe im Video zu sehen ist.

Militärisch-industrieller Komplex

Der Hintergrund für die diskursive Figur der Cyborg ist der »militärisch-industrielle Komplex«,[89] ein nach wie vor mächtiger und produktiver Zusammenschluss, wie der Fall Project Maven[90] im Hause Google im Sommer 2018 schlaglichtartig deutlich machte, den Yasha Levine in *Surveillance Valley* (2018) ausführt. Der Architekturhistoriker Reinhold Martin hält fest, dass der militärisch-industrielle Komplex von Anfang an eine zweifache Kommunikationsstrategie aufweist, die sich im Laufe der Zeit im Wesentlichen durch höhere Budgets und kürzere Intervalle von den Anfangsjahren unterscheidet.

> The first is precisely toward the type of public relations-oriented visibility that led former General Motors president and Eisenhower secretary of defense Charles E. Wilson to declare that what was good for General Motors was good for the country […]. The second, perhaps paradoxical tendency of the military-industrial complex is toward disappearance, stealth. In that regard, what General Motors and the Air Force […] had in common more than anything else was their commitment to an organizational project that dissolved institutional identity into a diffuse, integrated network through which circulated affective power relations irreducible to the agency of any one individual or group.[91]

Exemplarisch lässt sich dieses ambivalente Verhältnis aus Sichtbarkeit und Unsichtbarkeit gegenwärtig an der Webseite der Defense Innovation Unit nachvollziehen. Im Portfolio wird eine Auswahl von durch das Verteidigungsministerium finanzierten Technologie-Projekten mit werbewirksamen Bildern und kurzen Beschreibungen vorgestellt.[92]

Weiteres Anschauungsmaterial bieten solche Projekte, die für wenige Wochen an die Öffentlichkeit gehen, eine Reihe von Zeitungsartikeln generieren und dann unter dem Projektnamen nicht mehr aufzufinden sind, wie zum Beispiel die militärischen Forschungsprojekte »Transparent Earth«, »Argus IS« oder »Gorgon Stare«, die insbesondere in wissenschaftlichen Publikationen aus den Jahren 2014 und 2015 rezipiert werden, nachdem in der Presse verschiedene Berichte erschienen waren. Entweder wurden diese genannten Projekte nicht über die Pilotphasen hinaus verlängert oder wurden unter anderem Namen fortgeführt und verschwanden auf diese Weise wieder unter dem institutionellen und digitalen ›Tarnnetz‹.[93]

Die Cyborg ist Haraways Vehikel, um die Gewalt anzusprechen, die mit der Produktion technisch-militärischer Apparate im Sun Belt einhergeht — vom Silicon Valley in Südkalifornien über die Rüstungs- und Flugzeugindustrie und die Infrastrukturen der Raumfahrt in den Südstaaten der USA bis zum Cape Canaveral. Bei Haraway entfaltet die Cyborg eine doppelte Existenz und dahinter steht ein ambivalentes Konzept, das sich von der ersten Bedeutung als Produkt des technischen Universums ›abspaltet‹. Sie selbst beschreibt das antagonistische Verhältnis so:

> Aus einer Perspektive könnte das Cyborguniversum dem Planeten ein endgültiges Koordinatensystem der Kontrolle aufzwingen, die endgültige Abstraktion […]. Aus einer anderen Perspektive könnte die Cyborgwelt gelebte soziale und körperliche Wirklichkeiten bedeuten, in der niemand mehr seine Verbundenheit und Nähe zu Tieren und Maschinen zu fürchten braucht […]. Der politische Kampf besteht darin, beide Blickwinkel zugleich einzunehmen, denn beide machen sowohl Herrschaftsverhältnisse als auch Möglichkeiten sichtbar, die aus der jeweils anderen Perspektive unvorstellbar sind.[94]

Insbesondere diese Janusköpfigkeit von Haraways Theorie ist für Leser·-innen schwer zu greifen.[95] Doch diese Ambiguität zieht sich durch Haraways Werk. Darin steckt auch eine Kritik an der Einäugigkeit der Zentralperspektive. »Einäugigkeit führt zu schlimmeren Täuschungen als Doppelsichtigkeit oder medusenhäuptige Monstren.«[96] Im Cyborg-Manifest führt sie bereits die optische Metapher der Doppelsichtigkeit ein, die auch in ihrem Essay »Situiertes Wissen« eine Rolle spielt. In ihrem aktuellen Buch *Staying with the Trouble* (2016) stützt sie sich auf die Medusenköpfe als zentrale Metapher, um die sozialen Beziehungen, die zu Cyborg-Zeiten noch intensiver durch die gesellschaftlichen Wissenschafts- und Technologieverhältnisse strukturiert werden, zunehmend in die Tier- und Unterwasserwelt zu verlagern.

Haraway liest *National Geographic*

Hat die NASA eine eigene Bildsprache und -politik geprägt? Wie unterscheidet sie sich von Haraways multiperspektivischen Ansichten? Wie Mark Dorrian angesichts einer Sequenz von Marsaufnahmen angemerkt hat, wiederholen die Planetenbilder in der Kartografie- und Kolonialgeschichte etablierte Bildtypen—mit einer einzigen Abweichung: »their sequence was replaying at high speed the history of aerial geo-iconography in reverse, the vertical aerial view (at first planetary) giving way by turns to the obliquity of the panorama. Whatever their utility, the images produced a powerfully territorializing sequence [...] uncannily congruent with historical colonial representational forms.«[97]

Die NASA gelangte nicht auf Anhieb in den Weltraum, daher verlief die historische Entwicklung nicht von planetarischen Ansichten zu schrägem Panoramabild, wie Dorrian argumentiert. Für die öffentliche Wahrnehmung mag diese metaphorisch gesetzte Rückläufigkeit oberflächlich betrachtet als Ironie der Geschichte zutreffend erscheinen, jedoch nicht, wenn die Vorläufer- und vorbereitenden Experimente der US Air Force, die Forschungsobjekte der jeweiligen Missionen und der gesetzte, zeitliche Rahmen berücksichtigt, Ziel und Mittel abgeglichen werden. Dazu zählen die Explorer-Ballons und die Gemini- und Mercury-Missionen, die keine planetarischen oder vertikalen Sichten aufnehmen konnten, sondern mit ausschnitthaften, schrägen Fotografien der Erde zurückkehrten, die oftmals Teile der Apparatur beziehungsweise des Vehikels—ob Ballonkapsel oder Raumkapsel—mit im Bildausschnitt zeigten.[98]

Wissenschaftsbilder und Bilder der NASA, die wir heute in den sozialen Medien anklicken oder auf den Webseiten der Institutionen aufrufen, hatten zur Zeit der Apollo-Missionen in populärwissenschaftlichen Zeitschriften wie *National Geographic* ihre Plattform. Speziell dieses Magazin hat Haraway mehrmals als Anschauungsmaterial herangezogen, um die darin vorherrschende populäre Wissenschaftserzählung zu kritisieren. So praktiziert sie es demonstrativ in *Donna Haraway reads the National Geographic* auf *Paper Tiger Television*, einer halbstündigen Sendung aus dem

Jahr 1987. Abb. 28 A–C S. 182 Das Essay »Situiertes Wissen« war vermutlich gerade im Entstehen. Die Sendung wurde für den Kanal von Dee Dee Halleck, einer Professorin für Kommunikationswissenschaften zunächst in New York, später in Kalifornien produziert. Haraway und ihre Koproduzent·innen performen regelrecht Diskursanalyse. Thema von Haraways Beitrag ist die diskriminierende Bildpolitik im *National Geographic*. Es ist ein Bühnenbild aufgebaut, es gibt einen Monitor und Haraway trägt thematische T-Shirts, ihr Oberkörper wird zum Bildschirm für Messages. Sie hält eine Ausgabe des Magazins in die Kamera, »[…] this is the magazine that marks the founding of the family […] it codes race, sex and class onto the body of nature.«[99] Auf einem der Monitore im Studio fliegt der Knochen aus Stanley Kubricks Film *2001* (1968) vorbei und verwandelt sich in ein Raumschiff. Haraway fährt fort:

> [T]here are several boundaries that are at issue when we enter into space. But it is the boundary between organism and machine, that is at issue as we move into space. What we have all become as we move into space, is Cyborgs. Cyborgs for earthly survival is the pin that I've got on.
>
> I'm wearing a T-Shirt that comes from the Nevada test site action in (in Mayday … excuse me) May 1987. The Nevada test site action T-shirt has a view of the Earth, spaceship earth, which is the view of the Space Race. It is the view of the Earth, that is only possible in view of the Cold War and the Space Race. And yet it is been an image that is appropriated for love your mother, it is an image that is appropriated for an anti-nuclear action, an action that affirms the Western Shoshone possession of the land that the federal government has invaded for its nuclear test site […] it is an image that tells us about our status as Cyborgs, and it tells us about the point of view from an extraterrestrial position. As the science of the Jane Goodall story is coded female, the science of the space race is coded male. This is the place where the body is turned into an information processing device, is turned into a mechanism for generating streams of data. The body is part of the loop with the machine. We are both communication devices. Like the Jane Goodall-Story, this also is about touch, communication, information, the perfect reunion of the parts of the world into the Post-World War 2 New Order. This is a narrative that works among human, animal and machine.
>
> HAM, the animal, an immigrant to the United States, the first American in space, he is a captive, brought here against his will […] put into the Space Race as a particularly interesting character who embodies the breakdown of the order between organism and machine.[100]

Das Videokollektiv *Paper Tiger TV* (Motto: »Smashing the Myths of the Information Industry«) produziert seit 1981 für die offenen Kabelkanäle in New York und San Francisco jede Woche eine kritische und humorvolle Sendung. Das Lesen und Kommentieren von Zeitungen und Magazinen gehört bei *Paper Tiger TV* fest zum Programm: Bereits in der ersten Sendung wurde eine Ausgabe der *New York Times* gelesen und damals als »steering mechanism of the ruling class«[101] kritisiert. So klang die linke Medienkritik der 1980er Jahre.

Arendt und »The Conquest of Space«

In ihrem Essay »Die Eroberung des Weltraums und die Statur des Menschen«[102] vertritt Arendt eine skeptische Sicht auf Daten in der physikalischen Forschung. Daten, schreibt sie, sind »nicht Phänomene, Erscheinungen im strengen Sinne, denn wir treffen sie nirgends an, weder in unserer alltäglichen noch in der Laboratoriumswelt; wir wissen von ihrer Anwesenheit nur, weil sie in bestimmter Weise unsere Meßinstrumente beeinträchtigen.«[103] Mit dem Physiker Werner Heisenberg argumentiert Arendt, dass, sobald der technische Fortschritt nicht mehr für die Welt unserer Sinne erklärbar sei, keine Notwendigkeit für neue Technik bestünde. »Anstatt mit objektiven Eigenschaften [...] finden wir uns mit dem von uns selbst erbauten Apparaten konfrontiert, und anstatt der Natur oder dem Universum begegnen,wir gewissermaßen immer nur uns selbst‹.«[104]

In *Vita activa* führt sie im Kapitel über das neuzeitliche Weltbild weiter aus,

> daß unsere Apparate auf das unendlich Große und das unendlich Kleine, auf die Vorgänge im Makrokosmos und die des Mikrokosmos gleich reagieren und daß sich für sie die gleichen Regeln und Muster ergeben, sobald man daran geht, die Resultate der Meßapparate zu interpretieren. [...] aber gleich wird sich auch der Verdacht regen, daß unsere Ergebnisse, gerade wegen ihrer verblüffenden Stimmigkeit, weder mit dem Makrokosmos noch mit dem Mikrokosmos das geringste zu tun haben, daß sie vielmehr den Regeln und Strukturen entsprechen, die für uns selbst und unsere Erkenntnisvermögen charakteristisch sind, für das Vermögen nämlich, das die Apparaturen und Instrumente erfand.[105]

Jeder wissenschaftliche Fortschritt, der sich in Technologie materialisiert und somit in die faktische Welt eingeführt wird, hat, Arendt zufolge, »eine wahre Lawine von fantastischen Instrumenten und immer erfindungsreicheren Maschinen mit sich gebracht. All dies macht es täglich unwahrscheinlicher, daß der Mensch in der ihn umgebenden Welt etwas antreffen wird, das nicht menschengemacht ist und also nicht, letztlich, er selbst in einer anderen Verkleidung ist.«[106]

Diese Anziehungskraft zwischen Apparaten und Mustern wird in aktuellen medientheoretischen Texten von Wissenschaftlern·innen ausgearbeitet, etwa von Janet Vertesi. Sie beschreibt für heutige Praktiken diese Konstellation in dem Buchkapitel »Mars in the Making: Digital Documentary Practices in Contemporary Planetary Science«, eine ethnografische Untersuchung des Prozesses, den ein digitales Bild durchläuft, bis es den nächsten Arbeitsschritt generiert oder zu einem wissenschaftlichen Dokument avanciert. Vertesi kommt zu dem wesentlichen Ergebnis, dass die Manipulation der Bilddaten wichtig ist ›for seeing new things‹. Manipulation bedeutet in diesem Kontext Filter und Kontraste anzuwenden, also auf der visuellen Ebene so lange zu intervenieren, bis sich möglicherweise ein unbekanntes Phänomen abzeichnet. »Digital manipulation is a tool for seeing new things and making distinctions apparent in each transformation. As Mars is composed into false color, decorrelation stretches, and pixel graphs, new elements ‹pop out‹ or are subdued under the image processor's cursor, producing visual insight.«[107] Den erwähnten Essay erarbeitete Arendt aus einem Vortrag, den sie im Rahmen der Konferenz *Symposium on Space: ›Has Man's Conquest of Space Increased or Diminished His Stature?‹* (1963) hielt, welche die *Encyclopaedia Britannica* und das Magazin *Great Ideas Today* veranstaltete.[108] Die Frage nach der gedanklichen und machthaberischen Größe der Menschheit hatte ihre Berechtigung. Auch die *Frankfurter Allgemeine Zeitung* hatte nach dem Sputnik-Start euphorisiert und mahnend zugleich geschrieben: »Die Menschheit kann in diesen Tagen vom Rausch ihrer Größe trunken sein. Zugleich aber müssen wir alle wissen, daß, was jetzt folgt, von uns allen zu verantworten ist, daß es keinen Rückzug in den Stand unbeteiligter Unschuld mehr gibt.«[109]

Es folgte eine weitere Veröffentlichung 1968 in der 2. Auflage von *Between Past and Future: Eight Exercises in Political Thought*. Arendt antwortete direkt auf die im Symposiumstitel gestellte Frage: Hat die Eroberung des Weltraums die Bedeutung des Menschen gesteigert oder verringert? Einem Text der Mitveranstalter, der Redaktion von *Great Ideas Today*, entnimmt Arendt, dass sie ein dezidiertes Interesse an der Frage hatten, wie sich »die Erforschung des Weltraums auf die Sicht des Menschen von sich selbst und die menschliche Bedingtheit auswirkt.«[110] Die Frage handelt also vom Selbstverständnis des Menschen als Menschen, nicht als Wissenschaftler, Produzent oder Konsument, wie Arendt betont. Für sie geht die Frage im Wesentlichen auf die Spaltung des Atomkerns zurück – seitdem die Menschheit über dieses Wissen verfügt, gibt es kein Einhalt hinsichtlich Forschung und Anwendung. Damit wurde die Atombombe ermöglicht, die die Menschheit gegen sich selbst richten kann. Für Arendt ist der Atomkern Zeichen des gleichen ungebremsten Eroberungsgedankens, der sich im Weltraum – manche Raumschiffe fliegen mit nuklearem Antrieb – fortsetzt.

Der politische Kontext dieser teuren und aufwendigen Manöver war der Kalte Krieg, Katalysator für die Weiterentwicklung der Kriegstechnologien und den Aufbau einer den Planeten umspannenden Kommunikations- und Überwachungsinfrastruktur – freundlicher wie feindlicher Absicht.

Mit Kriegstechnologie ins All

Dieser Kalte-Kriegs-Komplex und die damit verbundenen Projekte lassen sich am drastischsten an der Person des Raketeningenieurs und SS-Mitglieds Wernher von Braun festmachen. Während des Zweiten Weltkriegs ließ er die V2 in Mittelbau-Dora von Zwangsarbeiter·innen fertigen und nach Ende des Krieges ging es für ihn und zahlreiche Kolleg·innen und Mitarbeiter·innen von Peenemünde auf Einladung der US-Amerikaner nach

White Sands und weiter nach Huntsville, Alabama, wo sich die US-amerikanische Heeresversuchsstelle für Raketen befand. Von Braun folgte dem Auftrag, Raketen zu bauen, zuerst für die Nationalsozialisten, in den USA dann für das Mercury-Programm und die Apollo-Missionen der NASA. Von Braun war »imagineer«,[111] das heißt Disney-Berater, und nutzte Auftritte im Fernsehen, um die amerikanische Öffentlichkeit für seine Raumfahrtpläne zu begeistern. Der Name Disney steht für Fantasie-Produktionen (jenseits der Naturgesetze), warum also nicht das Publikum dort adressieren, wo es sich dem Unvorstellbaren und Unbekannten öffnet?

Bevor Walt Disney seine Version der Frontier als Erlebnisparcours gestaltete, machte von Braun in dem populärwissenschaftlichen Magazin *Collier's* am 22. März 1952 in einem Artikel mit dem Titel *Crossing the Last Frontier* eine ultimative Ansage für die Raumfahrt: »we can not only preserve the peace but we can take a long step toward uniting mankind.«[112] Mit einer Raumstation im All behauptet er, Frieden und eine Weltgesellschaft herbeizuführen und eine Plattform für einen Zwischenstopp auf der Reise zum Mond und weiteren Planeten zu installieren. Die Erde solle mit Teleskop, Bildschirmen und Kameras beobachtet werden. »Even small towns will be clearly visible through optical instruments that will give the watchers in space the same vantage point enjoyed by a man in an observation plane [...]. Nothing will go unobserved [...] within each 24-hour period, the entire surface of the earth will have been visible.«[113]

Solche totalitären Versprechen wurden nicht umgesetzt, außer im Selbstbild des National Reconnaissance Office (NRO), auf dessen Aufnäher mit Eulenmotiv steht: »We own the night«. Diese totale Überwachungsvision verfolgt das NRO weiterhin, wie das Spionageprogramm Sentient zeigt.

»Heisenbergs Mensch«

Im Astronauten erkennt Arendt »die symbolische Reinkarnation von Heisenbergs Mensch«, eine Figur, die anders als der Cyborg in erster Linie auf die Formatierung durch die Technowissenschaften abzielt: »Der Astronaut, der in den Weltraum geschossen und in seiner Instrumenten-Kapsel eingekerkert ist, wo jede tatsächliche physische Begegnung mit seiner Umgebung sofort zum Tode führen würde, mag durchaus als die symbolische Inkarnation von Heisenbergs Mensch dienen – jenes Menschen, für den es unwahrscheinlich ist, jemals etwas anderes als sich selbst zu begegnen.«[114]

In den Augen Arendts ist es fatal, wenn die Wissenschaft nicht mit unserer Welt der Sinne kommuniziert, nicht mit Abstraktion und Vorstellungskraft das Weltall erreicht, sondern der Mensch irgendwo im All platziert wird, wie Einsteins frei im All schwebender Beobachter. Für Arendt besteht kein Sinn darin, wenn der Mensch dort weder überlebensfähig ist noch seine gewöhnliche Lebenszeit ausreicht, um die enormen Distanzen im Weltraum zurückzulegen. Kafka zitierend, macht sie unmissverständlich klar, dass sich die Raumfahrt gegen die Menschheit richten wird. Für sie ist die Verbindung von Mensch und Maschine eine zerstörerische Option, eine »Mutation der menschlichen Gattung«, wie sie am Ende ihres Essays »Die Eroberung des Weltraums und die Statur des Menschen« resümiert: »Unter diesen Umständen wären das Reden und die Alltagssprache in der Tat nicht mehr sinnvoll als Äußerungen, die Verhalten transzendieren, selbst wenn sie ihm nur Ausdruck verliehen, und sie würden besser durch den extremen und sinnlosen Formalismus der mathematischen Zeichen ersetzt.«[115] Das anthropozentrische Menschenbild bestimmt das Denken von Arendt und anfänglich von Haraway – und der Eames. Es ist die Zeit der Moderne, der Mensch steht im Mittelpunkt.

Arendts Blick auf die Erde bleibt geozentrisch und anthropomorph, mit dieser Feststellung schließt sie ihre beiden Essays »Der archimedische Punkt«[116] und »Die Eroberung des Weltraums und die Statur des Menschen«.[117] Sie mutmaßt, dass die »Weltsicht wahrscheinlich wieder geozentrisch und anthropomorph sein«[118] wird, wenn in den Weltraum geflogen und die Erde von außen betrachtet wird. Damit behielt sie recht, wenn man die Erdzugewandtheit des größten Teils der in der Erdumlaufbahn, aber auch der Satelliten im geostationären Orbit und am Lagrange Punkt bedenkt. Mit einem bedeutenden Unterschied, betont Arendt: »Sie wäre vielmehr geozentrisch in dem Sinne, daß die Erde und nicht das Universum Mittelpunkt und Heimat des sterblichen Menschen ist; und sie wäre anthropomorph in dem Sinne, daß der Mensch seine eigene Sterblichkeit zu den elementaren Bedingtheiten zählte, unter denen seine wissenschaftliche Bemühung, seine Suche nach Wahrheit und seine technischen Unternehmungen, damit die Schaffung seiner eigenen Welt überhaupt möglich sind.«[119]

Diese affektive Bindung zwischen Mensch, Forschung und Technologie bestätigen auch die Cassini-Wissenschaftler·innen im Institut für Planetenforschung im Deutschen Luft- und Raumfahrtzentrum in Berlin Adlershof. Als die Cassini-Sonde am Ende ihrer Mission am 15. September 2017 im Saturn verglühte, seien Tränen geflossen, sagten sie.[120]

Das Magazin *The New Atlantis* hat zum 50. Jubiläum des Sputnik-Satelliten und der dadurch ausgelösten hitzigen Debatte um den »technology gap« zwischen den USA und der Sowjetunion, Arendts Essay »The Conquest of Space and the Stature of Man« erneut abgedruckt. Die Redaktion hatte fünf Autor·innen eingeladen, diesen zu kommentieren.[121] Bemerkenswert ist der Fakt, dass die Redaktion 2007 das öffentliche Interesse am Raumfahrtprogramm als gering einschätzte – »even as space has become indispensable to the military and the high-tech industry, and as a promising new private space sector is just taking shape.«[122] In den Gastbeiträgen gehen die Autor·innen insbesondere auf die Frage nach der Würde des Menschen und auf den archimedischen Beobachter·innenstandpunkt ein. Der Politikwissenschaftler Charles T. Rubin sieht die Kluft zwischen dem Abstrakten und dem Sinnlichen gegenwärtig nicht mehr gegeben, da die Wissenschaftler·innen mit den Raumsonden und Marsfahrzeugen mitfühlten. »The ease with which the robots can be thus ›humanized‹ tell us more about our own wishes for a human connection to discovery and exploration […]. The human explorer manifests his delight, his joy and excitement, at juxtaposing the familiar and the strange; watching, we can, at least in some distant way, feel with him.«[123]

De-Anthropozentrierung

Arendt stimmt in ihrem Essay dem Naturwissenschaftler Max Planck zu: »Das Wunder der modernen Naturwissenschaft ist in der Tat, daß diese von allen anthropomorphen Elementen‹ gereinigt werden kann, weil die Reinigung vom Menschen vorgenommen worden war.«[124] 30 Jahre nach Plancks Forderung einer Übersetzbarkeit mathematischer Ergebnisse in eine Sprache, die mit der menschlichen Sinneswelt korrespondiert, erkennt Arendt keinerlei Verständigung zwischen naturwissenschaftlicher und alltäglicher Welt.

Für Arendt ist es nicht möglich, losgelöst von der menschlichen Sinneserfahrung zu denken.

> Die Kategorien und Ideen des menschlichen Verstandes haben ihre letzte Quelle in der menschlichen Sinneserfahrung, und alle Begriffe, die unsere geistigen Fähigkeiten beschreiben, ebenso wie ein großer Teil unserer Begriffssprache leiten sich aus der Welt der Sinne her und werden metaphorisch gebraucht. Mehr noch: Das menschliche Gehirn, von dem angenommen wird, daß es unser Denken besorgt, ist ebenso terrestrisch, erdgebunden wie jeder andere Teil des menschlichen Körpers. Erst indem die moderne Naturwissenschaft von diesen terrestrischen Bedingungen abstrahierte, indem sie an eine Kraft der Imagination und Abstraktion appellierte, die sozusagen den menschlichen Geist aus dem Gravitationsfeld der Erde herausheben und fähig machen würde, von einem gewissen Punkt im Universum auf sie herabzusehen, genau auf diese Weise kam sie zu ihren ruhmreichsten und gleichzeitig verwirrendsten Leistungen.[125]

Doch Arendt erkennt, dass die Eroberung des Weltraums scheinbar an die Anwesenheiten des Menschen geknüpft ist, selbst wenn die Wissenschaftler·innen auf die unbemannten Raumfähren und Messinstrumente vertrauen. »Und doch wird ein aktueller Wandel der menschlichen Welt, die Eroberung des Weltraumes oder wie immer wir diese nennen wollen, nur erreicht, wenn bemannte Raumfähren in das Universum geschossen werden, so daß der Mensch selbst sich dort bewegen kann, wohin bisher nur menschliche Einbildungs- und Abstraktionskraft oder Erfindungsgabe und Herstellungsfähigkeit reichen konnten.«[126] Erst wenn nachgewiesen werden könnte, dass die Raumfahrt eine selbstzerstörerische Seite habe, dann könne gegen die diversen Unternehmungen und Projekte argumentiert werden. Arendt rekurriert auf Heisenbergs Unschärferelation, da sie die Grenzen des Messbaren thematisiert.

Arendts Kritik bleibt aktuell, insofern, dass die potenzierte Komplexität der Datensätze nicht ohne die entsprechenden Rechenleistungen auszuwerten ist, d. h. der Zugang zu Big Data wenigen zentralen Stellen vorbehalten bleibt. Arendt adressiert mit ihrer Eingangsfrage, ob die Eroberung des Weltraums des Menschen Statur vergrößert oder verkleinert hat, »den Laien«, wie sie schreibt, da sie den Physiker·innen vorwirft, sich nicht für eine anthropozentrische Weltsicht zu interessieren. Ironisch fügt sie an: »Es gehört zur ruhmreichen Entwicklung der modernen Naturwissenschaft, daß sie in der Lage gewesen ist, sich völlig von solch anthropozentrischen, also wahrhaft humanistischen Anliegen zu emanzipieren.«[127] Über Daten schreibt sie, »wir wissen von ihrer Existenz nur, weil sie unsere Messinstrumente beeinträchtigen.«[128]

Arendt fordert die Vermittelbarkeit der Forschung ein und kritisiert, dass der Leistung von Computern zu viel Bedeutung eingeräumt wird.[129] Über das menschliche Gehirn bezieht sie sich auf Planck und seine Forderung, dass »die Ergebnisse, die durch mathematische Verfahren erzielt werden, ›in die Sprache unserer Sinneswelt‹ zurückübersetzt werden müssen, um sie für uns wertvoll zu machen.«[130] Sie zeichnet ein dystopisches Ende: Die Statur des Menschen würde nicht nur ganz klein, sondern sie würde zerstört. Es muss mitbedacht werden, dass Arendt diesen Text eine Dekade nach dem Manhattan-Projekt, der Atombombe, in den frühen Jahren des Kalten Krieges verfasste. Aus diesem politischen Zeitgeist heraus macht sie vor den Satelliten als solchen Halt: »Wir tun, mit anderen Worten, genau das, was seit Urzeiten als das Vorrecht eines Schöpfergottes, als das Resultat göttlicher ›Schöpfung‹ galt.«[131] Arendt stellt Satelliten als etwas Lebendiges dar, das wie von göttlicher Hand geschaffen ist; Haraway spitzt diese Kritik in der Rede vom ›göttlichen Trick‹ und damit als Kritik an dieser Machtposition zu.

Der Mensch trifft nur sich selbst

Im ›Project Excelsior‹ testete die US Air Force in einer Serie von drei Stratosphären-Sprüngen – anfänglich mit einer Schaufensterpuppe – die Belastbarkeit und Grenzen des menschlichen Körpers. Wie Friedrich Kittler ausgearbeitet hat: Mit jeder Medieninvasion entstehen neue Körper.[132] Genauso verhält es sich mit den technologischen Apparaten, die mit den Raumfahrtplänen hinzukommen. Ein Bildbeispiel, das bei einem Excelsior-Ballonflug entstand, illustriert das von Arendt skizzierte Menschenbild der Wissenschaften. Es ist ein Porträtfoto von David Simons, dem Arzt, der im Rahmen des Air Force-Projekts selbst in einem Ballon aufstieg. Das Porträtfoto scheint in seiner Subjektivität mit der zeitgenössischen Selfie-Bildkultur verbunden Abb.29 S.183 – und mit Arendts Vorhersage, dass der Mensch im Weltraum nur sich selbst begegnen würde.

Ein Experiment aus der Frühphase der Raumfahrt wird in einer für den Kontext ungewöhnlichen Bildsprache dokumentiert. Es kann als Variante eines kosmischen Selbstbildes eingeordnet werden, das der Auffassung Arendts nähersteht als der Haraways. Insofern lassen sich die Fotos als Illustration (im wörtlichen Sinne der Belichtung, Erhellung) von Arendts Interpretation – der Mensch trifft immer nur auf sich selbst – einordnen. 1957 war der Arzt und Air Force-Angestellte David Simons im Rahmen der Mission ›Man High II‹ allein aufgestiegen, um einen Selbsttest zu machen. Wegen eines Unwetters dehnten sich die geplanten 24 Stunden am Ende auf fast 44 Stunden aus. So blieb ihm genug Zeit, die Brechungen der Sonnenstrahlen in den verschiedenen Schichten der Atmosphäre zu bestaunen.

Absicht des Projekts im Sommer 1960 war es, die psychologische und physiologische Belastbarkeit des Menschen zu testen, um herauszufinden, ob sie in der Lage wären, als Astronauten in den Weltraum zu fliegen. Die Ballons hatten sich als Plattformen für das Testen von Instrumenten bewährt, zuvor in der Meteorologie, dann in Vorbereitung der Raumfahrt. Ein Archivfoto zeigt Simons in voller Montur in der engen Gondel sitzend. Als die angepeilte Höhe erreicht war, nahm Simons mit seiner privaten 35-mm-Kamera ein Bild von sich selbst, ein Selfie, auf. Die Kamera war auf die Testperson in der geschlossenen Aluminiumkapsel gerichtet. Seine Wahrnehmung wird durch eine Gegenwahrnehmung verdoppelt, in diesem Fall die Kameralinse, stellvertretend für die Mitfahrer·innen oder einer Videobildverbindung zur Bodenstation, die zu dem Zeitpunkt technisch noch nicht möglich war. In-der-Welt-sein ereignet sich nach Maurice Merleau-Ponty über den Chiasmus von Sehendem und Sichtbarem, Sehen und Gesehenwerden, Wahrnehmen und Wahrgenommenwerden überkreuzen sich.[133] Die Kamera ist in dem Moment das einzige ›Auge‹, das Simons ›sehen‹ kann. Von der extremen Flughöhe liefert das Foto keinen Beweis. Simons ist zu sehen, im Hintergrund handschriftliche Markierungen und eine Luke im Anschnitt. Der spärliche Ausblick nach Draußen gibt eine helle, möglicherweise wolkige Atmosphäre frei. Allein Simons' Narration ist es, die uns den Ort der Aufnahme wissen lässt. Aus Simons' anschließendem Bericht für das Magazin *Life* mit dem Titel »A journey no man had taken before: ballonist goes tot he edge of space«[134] geht hervor, dass der Ballonfahrer mit seinen eigenen Empfindungen und Gefühlen konfrontiert ist, sowohl was die Bedingungen im Vehikel angeht als auch die neuen Eindrücke von Wolken, Sonnenauf- und -untergang.

In den Medien wurde diese Ballonfahrt als große Rekordgeschichte gefeiert; die Messergebnisse und ihre Konsequenzen waren dort nicht von Interesse, es ging um das spektakuläre Ereignis aus persönlicher Sicht. Die Forschung stand nicht im Vordergrund. Simons beschreibt, dass er beim Aufstieg den Lake Michigan aus der Vogelperspektive bewundern konnte, einer der großen Seen, der auch in *Powers of Ten* gut sichtbar im Bildrahmen erscheint. Zu dem Zeitpunkt kann sich Simons noch nicht auf *Powers of Ten* beziehen, die erste Version des Films entstand erst 1968, eine Vorstudie im Jahr 1963. Stattdessen steht umgekehrt zu vermuten, dass die Eames die Berichte von Simons gelesen haben. Ein weiterer Grund, sich für Chicago als Dreh- und Angelpunkt ihres Zooms zu entscheiden.

Wenn das Selfie und die Selbstvergewisserung wichtiger ist als der Blick nach unten auf die Erde, dann wird hier Arendts Position untermauert, die besagt, dass der Mensch bei der Eroberung des Weltraums nur sich selbst trifft. Oder lässt sich das Selbstbild dahingehend lesen, dass es populäre Praxis wird, die Akteur·innen abzulichten, so wie die Magazine *Life* und *National Geographic* regelmäßig das amerikanische Selbstbild aktualisierten?

»Die Raumfahrt hatte alles für eine gute Story: eine Herausforderung amerikanischen Know-hows, modernste Technik, eine neue Art von Helden, das Versprechen, die kühnsten Menschheitsträume zu erfüllen und dazu die allgegenwärtige Gefahr einer Tragödie.«[135] Was hier wie ein gutes Drehbuch beschrieben wird, hat in beiden Fällen einen doppelten Nutzen: die Unterhaltung der Öffentlichkeit mit Bildern und Geschichten und die Auswertung der

Daten für die weitere Forschung und Vorbereitung auf die ersten Weltraumflüge. Mit dem Selbstbild, das die ersten Cyborgs der Aeronautik, die sogenannten »Pre-Astronauts«,[136] aufnehmen, katapultieren sie die Betrachtenden visuell in den Orbit. Die institutionellen Bildstrategien der NASA sahen jedoch nicht vor, dass die im freien Fall entstandenen, extremen Bilder zirkulieren.

Mit der Digitalisierung werden Archive zu Teilen online zugänglich gemacht und in dem Zuge erneut gesichtet und in Reaktion auf aktuelle Diskurse vermittelt. Die Anfänge der Forschung zu GIS und Mapping-Plattformen reichen bis in die 1970er Jahre zurück. Ebenso war dies ein Jahrzehnt gewesen, in dem neue Ansätze der Wissensvermittlung ausprobiert wurden — ein Feld, das zu den selbstgewählten Aufgaben der Eames gehörte.

Kittingers Freier Fall

Welche Effekte hatte der durch den Sputnik-Satelliten ausgelöste Perspektivwechsel auf das Weltbild? Wie Arendt im Vorwort für die zweite Auflage ihrer Essaysammlung *Between Past and Future* (1961 [1968]) unter Zuhilfenahme der Parabel *Er* von Kafka über philosophische und politische Grundsatzfragen formuliert, bestehe ihr Ansatz gerade nicht darin, »einige modische Surrogate« zu erfinden, um die Lücke zwischen Vergangenheit und Zukunft zu schließen«. Stattdessen verfolge sie die Frage, »wie man sich in dieser Lücke [...] bewegt.« Des Weiteren plädiert sie dafür, dass solche »Übungen im politischen Denken«[137] stets an reale Geschehnisse geknüpft sein sollten.

In die Vorbereitungsphase der Raumfahrt fällt der Stratosphärensprung des Air Force-Piloten Joe Kittinger. Die epistemologische Bedeutung des archivierten Filmmaterials, das als digitale Kopie vorliegt, wird im Folgenden diskutiert. Dieses ungeschnittene Filmmaterial ist bei dem Sprung mit 16-mm-Filmkameras aufgenommen worden. Der Stratosphären-Springer Joe Kittinger und seine Kollegen werden als »Pre-Astronauts« bezeichnet, man könnte sie aber auch als die ersten Cyborgs bezeichnen. Um zum Cyborg der Astronautik oder zum »aerial body«[138] zu werden, musste Kittinger Stunden zuvor Anzug und Geräte anziehen und anschließend reinen Sauerstoff einatmen, damit der Stickstoff weitgehend aus dem Blut weichen und sich bei den schnellen Luftdruckänderungen nicht negativ auswirken würde. Soweit in der Theorie; als Kittinger eine knappe Viertelstunde später landete, war eine Handoberfläche geschwollen, da ein Handschuh technisch versagt hatte.

Die Kamera liefert Bilder, die heute vermutlich durch die Ich-Perspektive in GoPro- und Telefonvideos vertrauter sind, als sie es für die Betrachter·innen damals gewesen sein müssen. Zudem wurde zu Beginn der 1960er Jahre eine andere Bildpolitik vorbereitet: die statischen, Nadir-orientierten Satellitenbilder von der Erde, die Haraway später für die »Perspektive von nirgendwo« kritisierte. Im Folgenden soll es darum gehen, einen Gedanken des Bildtheoretikers Tom Holert weiterzuverfolgen. Holert hat die Aufgabe formuliert, einen Bildraum zu beschreiben, der »über alle Repräsentation hinausschießt«,[139] also Bilder zu finden, die sich nicht als machtpolitisch

›instrumentelle Bilder‹ eignen. Deswegen zoomt dieser Text daher in verschiedene Bildräume und diskutiert Beispiele für situierte, immersive Bilder, die sich der geometrischen Optik der Fernerkundung entziehen. Als Bildbeispiele dienen etwa Fotos, die 1863 bei einer Ballonfahrt entstanden sind. Von einem sich drehenden Ballonkorb aus waren anamorphe Fotografien entstanden, die sich zwar nicht für das Raster der Kartograf·innen eigneten, wohl aber die psychisch-physische Erfahrung der Ballonfahrer wiedergaben. Diese teils unter turbulenten Umständen aufgenommenen Bilder geben ein instabiles Verhältnis zwischen Körper, Kamera und Umgebung wieder. Insofern unterscheiden sich die extremen Bilder von Joe Kittinger im freien Fall drastisch von den vertikalen Bildern und den Messbildern, die eingangs untersucht wurden.

Bevor die Ballons von einer nicht mehr genutzten Landebahn der Holloman-Militärbasis in New Mexico gestartet wurden, tastete sich das Team von ›Project Manhigh‹ nach vorne und wählte als Startplatz eine stillgelegte Tagebaugrube einer Eisenerzmine außerhalb von Crosby, Minnesota. Die Grube war ausgewählt worden als ein windstiller Ort, an dem der große Plastikballon ohne zusätzlichen Aufwand aufgepumpt werden konnte. Zusammen mit der Kapsel und dem Aufhängesystem hatte der fertig aufgeblasene Ballon in der Startposition eine Gesamthöhe von circa 100 Metern. Am Ende des Experiments, lange nachdem Kittinger die Gondel verlassen hatte, wurde die Gondel mitsamt eigenem Fallschirm geborgen.[140] So konnten die von den Bordkameras aufgenommenen Filme sichergestellt werden Abb. 30 S. 184 – Material, das teilweise in YouTube-Hommagen an Kittingers Sprung zu sehen ist.[141] »I let my vision run from the barren blackness of the heavens down through the indigo to the gently curving horizon far below, which for me is not the edge of planet Earth, but the transition from the stratosphere to the familiar robin's egg blue of the troposphere. I try to relax.«[142]

So erinnert sich Joe Kittinger in seiner Autobiografie an die Minuten kurz vor dem Sprung. ›Project Manhigh‹ begann im August 1957, zwei Monate vor Sputnik. Auf die drei Tests im Rahmen von ›Project Manhigh‹ folgte ›Project Excelsior‹, das darauf ausgerichtet war, zu testen, ob ein zukünftiger Astronaut des Mercury-Programms den Notausstieg aus der Raumkapsel oder dem Raumschiff überleben könne. Das Nachfolgeprojekt fand in drei Durchgängen statt, Excelsior I-III (1959–160). Der dritte Aufstieg führte bis in eine Höhe von 39,6 Kilometer. Als »Stratonaut« und Testperson für das zukünftige Raumfahrtprogramm ging jedes Mal Joseph Kittinger an Bord. Bei dem Test ging es darum, die Belastbarkeit des menschlichen Körpers und seine Grenzen zu testen, um später die Maschinen zu erfinden, die seine Verletzlichkeit in der Stratosphäre überwinden würden. Zwölf 16-mm-Kameras waren mit Alufolie und Plastikflaschen isoliert und in der Gondel installiert worden, eine davon war von der Redaktion des *National Geographic*, so wie bei einem anderen Ballonaufstieg das Magazin *Life* einen Höhenmesser beigetragen hatte. Die Kameras waren darauf ausgerichtet, die Erdatmosphäre und die Mission, also primär das Geschehen in der Gondel, zu dokumentieren, nicht, wie in der Luftbildfotografie üblich die Erdoberfläche. Vor seinem freien Fall musste Kittinger die Filmkameras starten.

Kittinger fiel mit einer Geschwindigkeit von bis zu 988 km/h zurück zur Erde, zunächst 4:37 Minuten im freien Fall, dann ab einer Höhe von circa fünf Kilometern weitere knapp zehn Minuten mit dem Fallschirm. Thermokleidung schützt ihn vor der Kälte. Neben den Messungen im Rahmen von ›Project Manhigh‹ und ›Project Excelsior‹ wurden mit der Öffentlichkeit vor allem die subjektiven Protokolle oder Erfahrungsberichte der Testpiloten geteilt. »Stratonaut« Joe Kittinger berichtet in einer Ausgabe vom *National Geographic* eindrücklich über seinen »Long, Lonely Jump«,[143] sodass seine Ängste beim Lesen lebendig werden. »Die Wolken, die Sekunden zuvor bewegungslos und abgelegen wirkten, stürmen nun auf mich zu. Ich habe noch nie zuvor Wolken im freien Fall betreten, und ich muss mich davon überzeugen, dass sie nur Dampf und kein fester Boden sind.«[144] Es war nicht nur eine physische, sondern auch eine mentale Herausforderung, diesen Sprung zu überleben. Die größte Gefahr bedeuteten Turbulenzen, insbesondere die Jetstream-Winde in der Troposphäre, der Schicht unterhalb der Stratosphäre.

Freier Fall auf 16 Millimeter

Das Bildmaterial, insbesondere die Aufnahmen der Kamera, die Kittinger am Körper trug, soll hinsichtlich der Verbindungen und Wechselwirkungen zwischen Kamera, Körper und Atmosphäre diskutiert werden. Kittinger berichtet, dass eine der Kameras auf Anfrage von Kurt Wenzel, Mitarbeiter des Kameraherstellers Leitz, in die Gondel kam. Es war eine schmiermittelfreie Leica-Kamera, die für den Gebrauch in der Arktis entwickelt worden war und die bei minus 100 Grad Celsius immer noch funktionierte. Sie würde automatisch 36 Aufnahmen machen und dann anhalten. Zudem waren fünf nach unten geneigte Langzeitkameras in der Gondel installiert, die Kittingers Absprung filmen sollten. Das Material befindet sich im Archiv der US Air Force.

Während des Aufstiegs von der Crew über die Radioverbindung nach einer ersten Einschätzung gefragt, antwortet Kittinger: »Looking out over a very beautiful, beautiful world … a hostile sky. As you sit here, you realize that man will never conquer space. He will learn to live with it, but never conquer it.« In seiner Autobiografie fährt er unmittelbar fort: »In spite of the confidence I felt in our program and in my own ability to execute the mission, I had a powerful sense of humility and solemn vulnerability as I looked out at a universe that seemed too vast, almost out of scale. I'm sure that every one of the NASA astronauts who saw such sights in the years to come felt the same way. You can't prepare for it.«[145]

Das Filmmaterial erscheint mir außergewöhnlich zu sein, weil es fest verortete bildtheoretische Begriffe wie Perspektive, Horizont, Verkörperung und Immersion herausfordert. Dies bestätigt die Tatsache, dass das Material zum Zeitpunkt der Aufnahme nicht verbreitet wurde, da die Luftwaffe und die NASA eine andere Bildsprache in Vorbereitung hatten, eine Sprache der Macht und Kontrolle, nicht der subjektiven Erfahrung von Schwindel, Kontrollverlust und Orientierungslosigkeit.[146] Demnach schien das Material nicht in die Bildpolitik zu passen, mit der die Air Force an die Öffentlichkeit gehen wollte. Zu dieser Bildpolitik gehört es, die Kontrollmacht über den Ablauf der Übungen zu kommunizieren.

Sowohl Macht als auch Kontrolle werden in einem Filmdokument mit der Beschriftung »Project Excelsior / Kittinger's jump« demonstriert, das unter dem Namen Lookout Mountain Air Force Station, 1352d Motion Picture Squadron, einer Abteilung der United States-Air Force, in das Internetarchiv hochgeladen wurde.[147] In diesem öffentlich zugänglichen Clip wird der technische und menschliche Einsatz für die Raumfahrt dokumentiert. Auch wenn die Dokumentarfilmdatei Sequenzen der Aufnahmen vom freien Fall enthält, reduziert die institutionelle Rahmung des Materials ihr eigentliches Potenzial, eine subjektive, situierte Sichtweise zu transportieren. In dieser Montage bleiben Immersionseffekte aus.

Ohne institutionelles Framing kann das Filmmaterial zweitens die turbulenten Bedingungen in der Atmosphäre vermitteln, die durch Nadir-orientierte Luftbildaufnahmen und Satellitenbilder ausgeschlossen werden. In Letzteren fällt der Blick in einen mathematisierten Raum. Im Vergleich zu den heutigen NASA-Standards wirkt Joe Kittingers Sauerstoffanzug, den er 1960 für seinen Stratosphärensprung trug, provisorisch. Die Kamera war an seinem Anzug befestigt, der teilweise mit breitem Klebeband zusammengehalten wurde. Es war nicht zu übersehen, dass am selben Tag jemand Hand angelegt haben musste. Der menschliche Faktor war in diesen Tagen der Air Force-Experimente im Bild präsent. Abb. 30 S. 184

Drittens nahm die ›Body-Cam‹ Bilder aus der verkörperten Ich-Perspektive auf. Anders als die Sprünge, die in den vergangenen Jahren umgesetzt wurden. Da wären zum einen Felix Baumgartner, dessen Sprung ein übermäßig technisches Live-Spektakel auf YouTube abgab, gesponsert von der Getränkefirma Red Bull, die mit dem Slogan »Red Bull verleiht Flügel« ihren Energy-Drink wirbt. Zum anderen Google Executive Alan Eustace: Er wollte seine Erfahrung dem Vogelflug annähern und behauptete, von der Erscheinung der Tiefseetaucher inspiriert worden zu sein und sich mit dem Medium Luft auf eine Weise verbinden zu wollen, wie sie es mit dem Wasser taten. Deswegen entschied er sich, ohne Gondel nach oben zu steigen, weshalb er von seinem Technikteam in einen schweren, monströsen und weitgehend starren Sauerstoff-Technologie-Anzug verpackt werden musste.[148] Sonst wäre er nicht überlebensfähig gewesen.

Körper auf Kontrollbildschirmen

So wurde Eustace zum Frachtobjekt: Sein Körper wurde wie eine Ware auf einem Transportfahrzeug zur Startposition angeliefert und dann am Heliumballon aufgehängt. Abb. 31 A–C S. 281 Seine Beine waren in einem bestimmten Winkel fixiert und er konnte seine Arme nur bedingt bewegen. Er startete vom Flughafen Roosevelt, von wo aus Joseph Kittinger auch in der Frühphase der US-amerikanischen Raumfahrttests gestartet war – ein Militärflughafen außerhalb der Flugrouten des zivilen Luftverkehrs. Auch wenn es Alan Eustace gelang, Teile seiner Cyborg-Technologie durch die weiße Körperhülle unsichtbar zu machen, ist sie hinter den Kulissen in der Bodenstation umso deutlicher sichtbar, etwa in der Aufteilung auf verschiedene Kontrollbildschirme: ein provisorisch fragmentierter Körper, dessen Teile abschnittsweise auf den Kontrollmonitoren erscheinen und zusammen ein Kompositbild ergeben, in dessen Zentrum der Rumpf fehlt, die Kameras dokumentieren Arme und Beine im Anschnitt. Von dort aus lässt sich auf einen vollständig anwesenden Körper schließen.

Während Felix Baumgartner also 2014 unter medialer Aufmerksamkeit in Echtzeit fällt und seinen historischen Vorgänger Joe Kittinger als Coach zugeschaltet hat, erlebte der junge Kittinger 1960 eine Atmosphäre, deren infrastruktureller Ausbau als Technosphäre[149], »politics of verticality«[150] oder »vertikale Geographien«[151] mit der noch jungen Satellitentechnologie erst in eine neue Phase eingetreten war.

Wie verbinden sich die doppelten Perspektiven, subjektiver Blick und die maschinelle Sicht? Um diese entgegengesetzten Perspektivierungen — Subjektivierung oder Desubjektivierung — genauer aufzuspüren, führt die Gegenüberstellung der filmisch dokumentierten Sprünge von Joe Kittinger und Felix Baumgartner weiter. Der eine steigt auf, um zu springen, und filmt seinen freien Fall dabei als ›Nebenprodukt‹, während der andere hinunterstürzt, um sich — zu Werbezwecken — zu filmen. Zweierlei ›Cyborgs‹ — vor Haraways Appropriation des Begriffs —, die jedoch eine virtuelle Genese des ›universe point of view‹ vermitteln. Es sind zwei Ansätze, den ›Menschen‹ zu konzipieren, die in der Gegenüberstellung der beiden Positionen Arendt und Haraway anklingen, die wiederum in den unterschiedlichen historischen und politischen Verhältnissen und der jeweiligen Situiertheit der Denkerinnen begründet liegen. Der Sputnik-Schock hat nachhaltigen Einfluss auf das Denken beider Frauen. Für beide macht sich an dem Ereignis ein Prozess der De- und Re-Anthropozentrierung nachvollziehbar, verbunden mit einer Skepsis gegenüber »the Modernist drive towards the totality of global-world-image«.[152]

In dieser astronautischen Cyborg-Welt entstehen also *extreme* Bilder. Das etymologische Wörterbuch zählt folgende Bedeutungen für das Wort ›extrem‹ auf: ›äußerst‹, ›entferntest‹ und ›in höchstem Maße‹.[153] Extrem ist etymologisch betrachtet aus lateinisch *extremus*, dem Superlativ von lateinisch *externus*, also ›außen‹, abgeleitet. Entgegen den Bildern der Kontrolle und Überwachung lassen sie sich nicht mit dem Koordinatensystem abgleichen, entziehen sich einer machtvollen Instrumentalisierung und korrespondieren stattdessen mit dem menschlichen Maß oder der Reichweite menschlicher Wahrnehmung. Die Filmsequenz, die Kittinger im freien Fall aufnimmt, soll im Folgenden als Beispiel für extreme Bilder diskutiert werden. An seinem improvisiert wirkenden Sauerstoffanzug trägt Kittinger eine Kamera. Für kartografische oder andere taxonomische Verwendungen sind die Bilder unbrauchbar — sie passen in kein geografisches Gitternetz und lassen sich demnach nicht für geowissenschaftliche, militärische und politische Zwecke vereinnahmen. Vermutlich landeten sie aus diesem Grund ›ungesehen‹ direkt im Archiv.

Die Kamera befindet sich im erdnahen Weltraum, orientierungslos, ohne Kompass und der Körper, ein Passagier, fällt *au passager* und geräuschlos durch diese maßlose Stratosphäre. Dabei ermöglichen die Aufnahmen der Body-Cam ein neues visuelles Erlebnis für das Publikum, eine *First-Person-View—vision by proxy*: eine abstrakte Anästhesie der feindlichen Bedingungen in der Stratosphäre.

Body-Cam-Bildpolitik

Die Aufnahme der Body-Cam spricht also eine Bildsprache, die uns heute durch zeitgenössische Medien wie GoPro und Handykamera vertraut ist. Nach heutigen Sehgewohnheiten wirkt das Material alltäglicher, da der *point of view* durch Handy- und GoPro-Videos eingeübt ist.

Das Filmbeispiel von Kittingers freiem Fall ist nicht als Lösung für alternative Repräsentation zu verstehen, aber es zeigt das Potenzial, Filmmaterial miteinzubeziehen, das aus dem Raster rutscht und damit die Bildsprache der Kartografie verlässt. Mit Haraway gelesen, kann es metaphorisch einen Übergang von einem alten zu einem neuen Objektivitätsverständnis markieren, zu einer feministischen Objektivität von situiertem Wissen. Das Filmmaterial gibt eine partielle, verkörperte Sicht wieder, erfüllt aber nicht die von Haraway genannte Vernetzung. Das Bildmaterial zirkulierte nicht, es bleibt das Bildmaterial, das ein männliches Subjekt im Dienst der Air Force aufgenommen hat. In der bereits genannten Autobiografie beschreibt Kittinger, wie er zum Testpiloten für ein Zero Gravity-Projekt des Aero Med Lab wurde. Ein Luft- und Raumfahrtmediziner[154] hatte in Kittingers Cockpit einen Golfball aufgehängt. Sobald dieser in den Schwebezustand trat, war der Beweis für Zero-G erbracht. Bord-Kameras zeichneten die Testzeit auf.[155]

Um auf Haraways ›göttlichen Trick‹ zurückzukommen: Ist ihre Kritik auf immersive VR-Bilder anwendbar? Haraway kritisiert zur Konvention gewordene, wissenschaftliche Motive der Moderne—sowohl die visuelle Vermittlung des Weltraums als auch das Innere des menschlichen Körpers—und dafür notwendige Bildgebungsverfahren als übermächtig, da sie repräsentieren und dabei der eigenen Repräsentation entgehen. Darin besteht für Haraway der ›göttliche Trick‹, der blendet und deswegen blind macht für die Position der Herrschenden.[156]

Wenn man den Geografen Peter Adey liest, findet man Gründe, Luftbildaufnahmen von dieser Kritik auszunehmen. Ein Grund ist nicht ihre haptische Visualität, wie im Fall der GoPro-Videobeispiele oder des Kittinger-Filmmitschnitts. »The aerial gaze is many«,[157] schreibt Adey, und begründet seine Aussage damit, dass die Organisationen und Institutionen vieler Nationen mit verschiedenen Firmen zusammenarbeiteten, um diese Bilder zu produzieren. Hinzu kommt, dass die Luftperspektive immer situiert sei, das Kameravehikel sich immer irgendwo im Verhältnis zum Kartenraster befinde.[158] Für Adey hat das Fliegen—unbemannte Satelliten untersucht er nicht—immer einen Bezug zum körperlichen Erleben der Pilot·innen, denn die Maschine rüttelt an ihren Körpern, die Luftströmungen nehmen Einfluss, es ist kein luftleerer Raum. »Airpower has been about immersive *resonance*, the violent transformation and concatenations of materials, objects, flesh and affects.«[159]

Im Trailer zu dem Spielfilm *First Man* (Damien Chazelle, 2018)[160] gibt es eine Szene, in der dieses von Adey beschriebene Erleben einer atmosphärischen Resonanz inszeniert wird, wenn auch an einem Extrembeispiel: Der Trailer beginnt – wie der Spielfilm – mit einer immersiv gefilmten Cockpit-Situation in einem X-15 Raketenflugzeug. Der Schauspieler Ryan Gosling sitzt als Neil Armstrong am Steuer. Im Film dauert diese Anfangsszene etwa fünf Minuten, in Wirklichkeit ist Neil Armstrong damals auch nur zwölf Minuten geflogen. Als »visceral, first-person account« wird der Film beworben. Das dröhnende und tobende Soundgemisch aus Motor- und Windgeräuschen scheint mit den wackeligen Bildern – da in einem Hochgeschwindigkeitsflugzeug mit Raketenantrieb entstanden – zu verschmelzen. Ein werbewirksam dahinschwebender Montblanc-Kugelschreiber beweist die Schwerelosigkeit, eine Aussicht auf dichte Wolkenschichten den Schwierigkeitsgrad und ein äußerst konzentriertes Pilotengesicht zeugt vom Trainiertsein für eine Situation wie diese; all diese Informationen tragen ihr Übriges zu einer immersiven Filmerfahrung bei. Solche Repräsentationsstrategien wie in dieser Szene aus *First Man* verfolgen andere Absichten als die von Haraway kritisch betrachteten, fotografischen Abbildungen in der Sonderausgabe von *National Geographic*. Sie wollen ihr Kinopublikum in das Cockpit versetzen und die von Adey herausgearbeitete körperliche Resonanz hörbar und physisch erlebbar machen.

First-Person-View versus *God Trick*

Der britische Ballonfahrer Thomas Baldwin hinterließ seine Ergebnisse in Form einer anschaulich illustrierten Abhandlung: *Airopaidia* (1786). Darin enthalten ist eine Zeichnung mit dem Titel »A View of the Balloon at its Greatest Elevation«[161] deren Darstellungsweise der Sicht durch ein extremes Fisheye-Objektiv ähnlichsieht. In der Zeichnung, die James Heath nach Thomas Baldwin angefertigt hat, ist Chester von oben stellvertretend für die ganze Welt als Kugel abgebildet, die wiederum Form und Erscheinung des menschlichen Augapfels entspricht, mit der Stadt als Pupille und dem bewölkten Himmelsgewölbe als Auge. Das Bild gibt nicht eine Wahrnehmungsweise wieder, sondern enthält viele: »Baldwin is trying to convey in one image both his sense of space and height and his view of the ground.«[162]

Caren Kaplan hat das von Thomas Baldwin beauftragte, gerundete Bild untersucht, auf dem sich die kugelige Form der Erde im kleinen Ausschnitt von Chester und Umgebung wiederholt. In dem Kapitel »Motion in Emotion« stellt sie fest, dass auch diese affektiven Luftbildzeichnungen bereits in Verbindung mit aufkommenden kartografischen Repräsentationen standen. Die ersten Ansichten aus der Luft riefen zwar »sensory responses to flight«[163] hervor. Doch im 18. Jahrhundert entwickelte sich neben einem lustvollen Entdecken dieser erhabenen Perspektive das Interesse, diese neue visuelle Kultur für die Kriegsführung brauchbar zu machen.

Aus der vertikalen Perspektive, die Baldwin der Ballonflug eröffnet hatte, entstanden im Anschluss grafische Zeichnungen, die Kaplan als »moving map«[164] beschreibt, um den subjektiven Eindruck und den universalistischen Impetus, den Heath für Baldwin in die Zeichnung brachte, hervorzuheben. Sie begründet den subjektiven Bildaufbau in Baldwins Veröffentlichung damit, dass »first aeronauts had no standard by which to structure their expectations.«[165] Zu Baldwins Lebzeiten galt das vor-kopernikanische Weltbild. Die Erde befand sich im Zentrum des Universums.

Also sorgte diese Zeit nach Erfindung des Heißluftballons und vor Erfindung der Fotografie dafür, dass eine verkörperte Sicht zum Ausgangspunkt für eine grafische Dokumentation der Luftperspektive führte. Ballons konnten damals häufig nur einmal verwendet werden. Auch als Papier im 20. Jahrhundert durch Polyethylen abgelöst wurde, blieben diese Vehikel sehr empfindlich gegenüber den atmosphärischen Bedingungen, was sich zuletzt auch im 21. Jahrhundert bei dem als Medienspektakel inszenierten Stratosphärensprung von Felix Baumgartner im Jahr 2014 zeigte. Genauso heikel wie das Material war die unvorhersehbare Wetterlage. Für Baumgartner ließ sich der ideale Flugtag nicht im Voraus bestimmen. Wegen aufkommenden Winden musste der erste Versuch abgebrochen werden und der schlaffe Ballon wurde wieder vom Flugfeld abtransportiert. Der Ballon war danach nicht mehr wiederverwendbar, zu groß war das Risiko, dass das hauchdünne Material Schaden genommen haben könnte.

Die Ballonfahrt hat neue sensorische Umgebungen und ein verkörpertes Sehen erschlossen. Neu ist daran »an embodied relationship to the terrain observed as well as the medium travelled through«.[166] Schon damals kam das Bedürfnis nach visueller Empirie auf, jede Beobachtung von oben mit den Gegebenheiten auf der Erde in Übereinstimmung zu bringen. »Ground Truth« würde dieser Bodenabgleich später in der Kartografie genannt werden. Baldwin hatte zwar die damals aktuellen Messgeräte der Naturwissenschaften an Bord, war aber während des Fluges so von den sinnlichen Eindrücken überwältigt, dass er nicht dazu kam, sie zu verwenden. Er teste seine Stimme und stellte fest, dass es in der Atmosphäre kein Echo gab. Außerdem hatte sich für seine subjektive Wahrnehmung der Klang seiner Stimme durch die ›dünnere‹ Luft, die er atmete, verändert.

Kaplan hält fest, dass sich mit der Darstellungsform der vertikalen Perspektive nach Baldwin die Zentralperspektive der Renaissance erübrigt hatte. Anstelle der Zentralperspektive sieht sie eine »›now here‹ point of view« ins Bild gesetzt. Baldwin »tethers his image to the ›now here‹ point of view«, einer virtuellen Sichtweise, da Baldwin seine multiplen Eindrücke am geografischen Ort Chester fixiert, anbindet. Heute findet sich ein vergleichbarer Blick in Anwendungen wie Google Maps oder Google Earth wieder, wenn man einen Zielort oder Startort eingibt und sich automatisch dorthin ›fliegen‹ lässt oder den Fly-Home-Modus auswählt.

Im Anthropozän funktioniert das Einzelbild des Planeten nicht mehr als Signifikant für unsere Existenz auf der Erde; Google Earth funktioniert hingegen als interaktive und partizipative Plattform, insbesondere die Google

Earth Engine *(planetary mediation)*, da sich die Prozesse und Folgen—»the arts of living on a damaged planet«[167]—in der Debatte um den Klimawandel in den Vordergrund geschoben haben.

Der eingangs zitierte Kartografiehistoriker William Rankin beschreibt diesen medialen Wandel des Navigierens in Online-Kartensystemen dahingehend, dass sich das Gezeigte jeweils in Bezug auf die Position des Betrachtenden hin organisiert, »with your position always at the *center*.« Aus diesem Grund hat für Rankin die virtuelle Karte nicht länger eine repräsentierende Funktion, sondern die Koordinaten »are simply about *presentation*—being present, reliable, and ready.«[168] Baldwin befindet sich mitten in den Wolken, sein »cloud-among-clouds viewpoint« beschreibt er ausführlich in Texten, die mit den Zeichnungen in *Aeropedia* erschienen sind. Am Beispiel von Thomas Baldwins Text- und Bildproduktion erkennt Kaplan eine »new conception of ground and areal elements in relation to each other«,[169] die in der Moderne abstrahiert wurde. Das Ungewöhnliche an der Publikation von Thomas Baldwin ist also die verkörperte, partielle Sicht, wie Haraway sie sich in »Situiertes Wissen« vorstellt. Kaplan fasst zusammen:, »Instances of representational instability and partiality disturb the desire for a totalized overview.«[170]

Eine Forderung an die Bildherstellung der Gegenwart, die sich an diese historischen Beispiele knüpfen lässt, wäre die ausführliche Beschreibung in Textform, die Vermittlung der physiologischen und mitunter technologischen Bedingungen, die sich—ohne ein geschultes Auge zu haben—nicht im Bild erkennen lassen.

Ein Jahrhundert nach Baldwin, die Fotografie war erfunden, wurden mit den Ballons der Gebrüder Montgolfier das Fliegen und militärische Machtinteressen zusammengebracht. Der »cosmological gaze« war nicht mehr exklusives Vergnügen weniger mutiger Ballonfahrer, sondern das Militär begann einen ganzen Apparat zu entwickeln, wie er etwa von Edward Steichen während des Zweiten Weltkriegs in Frankreich angeleitet wurde. Das Luftbildarchiv befindet sich heute im MoMA in New York.

Immersion: First-Person-View als Training für Virtual-Reality

Konzeptpaare wie Immersion versus Vermessung, First-Person-View versus Zentralperspektive, eine polymorphe Sicht versus eine geometrische Optik bilden nur vermeintliche Gegensätze. Dabei lassen sich die Techniken nicht so klar voneinander trennen, sondern bedingen sich zum Teil gegenseitig. Einer immersiven VR-Erfahrung etwa geht eine räumliche Vermessung voraus und Positionsdaten der Nutzer·innen werden in Echtzeit erhoben und ausgewertet. Das bedeutet, es wird die ganze Zeit gemessen.

Zu den Vorläufern der digitalen Bildräume, in die Rezipient·innen mit ihrem gesamten Sichtfeld eintauchen können, gehören visuell-immersive Erlebnisse wie sie das Panorama oder das Planetarium, das ein »begehbares, immersives Modell des Kosmos gewährte«, möglich machten.[171] Der Medienwissenschaftler Boris Goesl befasst sich in einer Untersuchung mit den ersten Planetarien und ihren Dispositiven. Dabei hebt er hervor, dass es Orte waren, die »für Trainings- und Forschungszwecke«[172] genutzt wurden. Ziel war »das kognitive Rüstzeug zum Erwerb der Fähigkeit, am Sternenhimmel orientiert navigieren zu können«. Dabei halfen »aufprojizierte Hilfslinien«,[173] wie sie auch im Eames-Film eingesetzt wurden. Nach dem Sputnikflug stieg das—mitunter militärische—Interesse an Planetarien schlagartig, sodass ein »neuer Grad an Präzision der Projektion, aber auch der Akkuratesse des Rezeptionsdispositivs notwendig«[174] wurde.

Immersion wird hier als ambivalenter Begriff verwendet, den es im Sinne der konzeptuellen Setzung in Tom Holerts Diskursanalyse *Regieren im Bildraum*[175] weiterzuführen und als emanzipatorisches Konzept zu aktualisieren gilt. Holert übernimmt den ›Bildraum‹ aus den abschließenden Seiten von Walter Benjamins Essay »Der Sürrealismus. Die letzte Momentaufnahme der europäischen Intelligenz« (1929).[176] Darin fasst Benjamin die Äußerungen seiner Zeitgenossen, der Pariser Surrealist·innen, als mikrologische Replik auf die Realität auf, stellvertretend für größere, kosmische Zusammenhänge, genauso wie er die Fassaden der Supermärkte »geisterhafte Signale aus dem Verkehr«[177] einfangen sieht. Hinter dem Geisterhaften verstecken sich nicht nur die elektrifizierte Großstadt, sondern auch das Zeitgeschehen anderorts, beispielsweise Trotzkis Russische Revolution. Mit diesem so formulierten Interesse am Surrealismus wendet Benjamin indirekt die Methoden an: Skalierung und Situierung, die darauffolgenden Immersionseffekte und die insistierende Frage des Politischen inklusive. Benjamins Bildraum ist eng verzahnt mit dem »Leibraum«: »Erst wenn in ihr [der Aktualität] sich Leib- und Bildraum so tief durchdringen, daß alle revolutionäre Spannung leibliche kollektive Innervation, alle leiblichen Innervationen des Kollektivs revolutionäre Entladung werden, hat die Wirklichkeit so sehr sich selbst übertroffen, wie das kommunistische Manifest es fordert. Für den Augenblick sind die Sürrealisten die einzigen, die seine heutige Order begriffen haben.«[178]

Den Bildraum fasst Benjamin demnach als immersiv-partizipativen Raum auf. Dieser Raum wird Holert zufolge unter den politischen Vorzeichen der 1920er Jahre »für einen kurzen medienoptimistischen Moment zur Produktionsstätte einer kollektiven, revolutionären Subjektivität, die sich im Kino für den Umsturz ohne Umweg über den Verstand ›innervieren‹, also affektiv-somatisch besetzen lassen soll.«[179] Holert teilt die benjaminsche Emphase für den »hundertprozentigen Bildraum« als politischen Handlungsraum angesichts der Medienlage zu Beginn des 21. Jahrhunderts nicht. Im Kontext seiner Analysen bezeichnet der Bildraum sämtliche »Prozesse und Netzwerke, in denen Bilder zirkulieren und Bild-Ereignisse entstehen«[180] und der »ein Raum politischen Handelns und Verhaltens«[181] ist. Wenn der Kulturkritiker Benjamin zu seiner Zeit mit dem Kino in die Fabrik eintauchen wollte, um die Wahrnehmung zu verändern, stellt sich die Frage, wie heute ein Virtual-Reality-Headset in neuronalen Netzwerken ähnlich geschichtsphilosophisch aufgeladen werden könnte. Holert kritisiert den Gebrauch des Immersionsbegriffs, so wie er etwa in der digitalen Gegenwart bei Entwickler·innen in der Robotik und den Game Studies zum Einsatz kommt. Er beobachtet eine auf das Maschinensehen beschränkte Verwendung. Des Weiteren räumt er ein, dass sich Benjamin selbst »unter dem Eindruck der faschistischen Konvergenz von Massenkultur und Politik«[182] von seiner Vision abgewandt hatte.

> Die aktuellen Formen einer Durchdringung von Leib- und Bildraum, von der Benjamin sich so viel versprochen hatte, sind heute als ›Immersion‹ das Ziel jeder Entwicklungsarbeit auf dem Feld von digitaler Unterhaltung und consumer electronics oder als ›universelle Sichtbarkeit‹ Gegenstand schärfster Kulturkritik. So giftet der Kulturtheoretiker Fredric Jameson in einer Suada gegen die ›Bildergesellschaft‹, dass der ›Raum des Sozialen‹ vollständig mit der ›Bildkultur gesättigt‹ sei.[183]

Diese sanfte Polemik von Holert legt bereits nahe, dass die Kritik von Jameson aus heutiger Sicht überholt wirkt. Zu Bedenken gilt es allerdings, dass Jameson sein Konzept vor der kommerziellen Umsetzung von partizipativ-immersiven Medienangeboten, wie etwa Augmented- oder Virtual-Reality-Anwendungen, entwickelt hat. Die Frage bleibt offen, ob demzufolge überhaupt eine Kultur- und Gesellschaftskritik unter Zuhilfenahme immersiver Technologien vorstellbar ist.

1 Vgl. Hannah Arendt, *Vita activa oder Vom tätigen Leben* [*The Human Condition*, Chicago: University of Chicago Press 1958], München: Piper 2015, S. 7–15.
2 Matt Mullican, *Planetarium*, 2010, Webprojekt im Auftrag von Triple Canopy. Programmierung von Patrick Smith, https://www.canopycanopycanopy.com/contents/planetarium.
3 Matt Mullican im Gespräch mit V. T. im September 2016 in seinem Studio in Berlin-Schöneberg.
4 Die etymologische Bedeutung von digital lautet »›in Ziffern darstellbar‹ per. fach. (20. Jh.). Entlehnt aus ne. *digital* ›Ziffern betreffend‹ (nur in phraseologischen Zusammenstellungen), zu ne. digit ›Ziffer‹, aus l. *digitus* ›Finger (zum Zählen)‹.« (Kluge, *Etymologisches Wörterbuch der deutschen Sprache*, S. 200). Siehe Walter Seitter, »›Digital‹ heißt ›fingerig‹. Zur Physik von Schrift und Bild«, 2006, http://www2.uni-jena.de/philosophie/medien/pdf/WS0910_SG_Seitter_Fingerig2006.pdf.
5 Walter Benjamin, »Zum Planetarium« [1928], in: Ders., *Einbahnstraße*, Frankfurt am Main: Suhrkamp 1965, S. 123–26, hier S. 123.
6 Ebd., S. 125.
7 Ebd.
8 Paul Virilio, *Die Sehmaschine* [*La machine de vision*, Paris: Galilée 1988], aus dem Franz. von Gabriele Ricke und Ronald Voullié, Berlin: Merve 1989, S. 26.
9 Ebd., S. 20.
10 Matt Mullican über seine interaktive Internet-Arbeit *Planetarium*, aufgeschrieben von Alexander Provan, aus dem Englischen von V. T. https://www.canopycanopycanopy.com/contents/planetarium.
11 Virilio, *Die Sehmaschine*, S. 60.
12 John Catchpole, *Project Mercury. NASA's First Manned Space Programme*, Berlin / Heidelberg / New York: Springer 2001, S. 71–75.
13 Das WGS World Geodetic System 84 ist als Standard für eine Erde in 3D anwendbar und wird von der NGA (National Geospatial-Intelligence Agency) weiterentwickelt. (Vgl. https://www.nga.mil/ProductsServices/GeodesyandGeophysics/Pages/WorldGeodeticSystem.aspx).
14 Donna Haraway, »›Wir sind immer mittendrin‹. Ein Interview mit Donna Haraway«, in: Carmen Hammer / Immanuel Stieß (Hgg.), *Donna Haraway: Die Neuerfindung der Natur. Primaten, Cyborgs und Frauen*, Frankfurt am Main / New York 1995, S. 105.
15 Haraway gibt der Kommunikationswissenschaftlerin Valerie Hartoumi die Credits dafür, dass sie Arendts zentrale Erkenntnis aus der Eichmann-Studie aufgreift. Hartoumi hat sich in ihrer wissenschaftlichen Arbeit mit der visuellen Rhetorik u. a. im Kontext des Eichmann-Prozesses befasst, vgl. Valerie Hartoumi, *Visualizing Atrocity. Arendt, Evil, and the Optics of Thoughtlessness*, New York: NYU Press 2012.
16 Donna J. Haraway, *Staying with the Trouble*, Durham / London: Duke University Press 2016, S. 36.
17 In *Modest_Witness* (1997) macht Haraway diese Netzwerke als Metapher produktiv und konzeptualisiert ihr Buch selbst als Knotenpunkt in einem Computernetzwerk. Es ist ein Beispiel für ihr grundlegendes Interesse in Verbindungen zu denken.
18 Kathryn Yusuff, »Epochal Aesthetics: Affectual Infrastructures of the Anthropocene«, in: *e-flux Architecture*, 29.3.2017, https://www.e-flux.com/architecture/

accumulation/121847/epochal-aesthetics-affectual-infrastructures-of-the-anthropocene/.
19 Donna J. Haraway, »Ein Manifest für Cyborgs« [»A Manifesto for Cyborgs: Science, Technology, and Socialist Feminism in the 1980s«, in: *Socialist Review*, 80, 1985, S. 65–108], in: Hammer / Stieß (Hgg.), *Donna Haraway. Die Neuerfindung der Natur. Primaten, Cyborgs und Frauen*, S. 33–72, hier S. 61.
20 Wayne J. Urban, *More Than Science and Sputnik: The National Defense Education Act of 1958*, Tuscaloosa: University of Alabama Press 2010.
21 Vgl. die deutsche Bundesregierung entschied die Forschung zu und Entwicklung von Künstlicher Intelligenz mit drei Milliarden Euro zu finanzieren, um international wettbewerbsfähig zu werden. (Heute im Bundestag (hib) (Hg.), »Drei Milliarden Euro für KI-Entwicklung«, in: *hib* 945 / 2018, 5.12.2018, https://www.bundestag.de/presse/hib/582260-582260).
22 »While Sputnik may have been a focusing event, [John] Rudolph said changes to the U. educational system had been in the works for years. Education reforms began in the early 1950s and were spurred by investment from the National Science Foundation. Perhaps more significant than Sputnik, he said, were two events in 1955, the publication of a book on ›Soviet Professional Manpower‹ and the Soviet detonation of the hydrogen bomb.« (Alvin Powell, »How Sputnik changed U. education«, in: *The Harvard Gazette*, 11.10.2007, https://news.harvard.edu/gazette/story/2007/10/how-sputnik-changed-u-s-education/).
23 »Sputnik and the Dawn of the Space Age«, in: *NASA History Division*, https://history.nasa.gov/sputnik/.
24 »Where the Future Becomes Now«, in: *DARPA*, https://www.darpa.mil/about-us/darpa-history-and-timeline.
25 Vgl. Daniel Lee Kleinman, *Politics on the Endless Frontier. Postwar Research Policy in the United States*, Durham / London: Duke University Press 1995, S. 175.
26 James R. Killian, Jr., *Sputnik, Scientists, and Eisenhower*, Cambridge, MA: The MIT Press 1977, S. xvii.
27 Ebd., S. 2.
28 Ebd., S. 3.
29 Ebd., S. 7.
30 Haraway, *Staying with the Trouble*, S. 188.
31 Arendt, *Vita activa*, S. 337.
32 Ebd., S. 339.
33 Hannah Arendt, »Die Eroberung des Weltraums und die Statur des Menschen« [»The Conquest of Space and the Stature of Man«, 1963], in: Arendt 2000, S. 373–388, hier S. 374.
34 Derek Woods, »Epistemic Things in Charles and Ray Eames's *Powers of Ten*«, in: Michael Tavel Clarke / David Wittenberg (Hgg.), *Scale in Culture and Literature*, Basingstoke: Palgrave Macmillan 2017, S. 61–92, hier S. 76.
35 Vgl. Arendt, »Die Eroberung des Weltraums und die Statur des Menschen«, S. 377.
36 Arendt, *Vita activa*, S. 7.
37 Rahel Jaeggi, »Authentizität und Alltag. Die Hannah Arendt-Rezeption zwischen Kritischer Theorie und Postmoderne«, in: *Deutsche Zeitschrift für Philosophie*, 45, 1, Januar 1997, S. 147–165.
38 Vgl. Arendt, *Vita activa*, S. 7.
39 Rahel Jaeggi, *Welt und Person: zum anthropologischen Hintergrund der Gesellschaftskritik Hannah Arendt*, Berlin: Lukas Verlag 1997, S. 91.
40 Vgl. ebd., S. 93.
41 Vgl. Arendt, *Vita activa*, S. 10.
42 »Mission Status«, in: *NASA Jet Propulsion Laboratory*, https://voyager.jpl.nasa.gov/mission/status/.
43 Arendt, *Vita activa*, S. 321.
44 Donna Haraway, »›Wir sind immer mittendrin‹. Ein Interview mit Donna Haraway«, S. 121.
45 Hari Kunzru, »You Are Cyborg«, in: *Wired*, 2.1.1997, https://www.wired.com/1997/02/ffharaway/.
46 Fred Turner, *From Counterculture to Cyberculture*, Chicago: The University of Chicago Press 2006, S. 11–12.
47 Manfred E. Clynes / Nathan Kline, »Cyborgs and Space«, in: *Astronautics*, 5, 9, September 1960, S. 26–27 und S. 74–76.
48 Arendt, *Vita activa*, S. 385.
49 Orit Halpern fächert die unterschiedlichen Einsatzbereiche des Computers, seinen Akteur·innen und ihre kybernetischen Ideen in ihrem Buch *Beautiful Data: A History of Vision and Reason since 1945* (2015) auf.
50 Vgl. Arendt, »Die Eroberung des Weltraums und die Statur des Menschen«.
51 McKenzie Wark, »Blog-Post for Cyborgs. On Donna Haraway«, *Public Seminar* (Blog), 24.9.2015, http://publicseminar.org/2015/09/blog-post-for-cyborgs/.
52 Haraway, *Staying with the Trouble*, S. 31ff.
53 Vgl. Haraway, *Modest-Witness @Second-Millennium. Female-Man-Meets-OncoMouse: feminism and technoscience* [1997], New York: Routledge 2018, S. 12–14.
54 Ebd.
55 Manfred E. Clynes / Nathan Kline, »Cyborgs and Space«, in: *Astronautics*, September 1960, S. 26–27 und S. 74–76.
56 Donna J. Haraway, »Cyborgs to Companion Species: Reconfiguring Kinship in Technoscience«, in: Dies., *The Haraway Reader*, London / New York: Routledge 2004, S. 297.
57 Donna J. Haraway, »Nothing Comes Without Its World. Donna J. Haraway in Conversation with Thyrza Nichols Goodeve 20th Anniversary of *Modest_Witness* 1«, in: Dies., *Modest-Witness@Second-Millennium.FemaleMan-Meets-Onco-Mouse: feminism and technoscience*, 2. Ausgabe, New York: Routledge 2018 [1997], S. xxvi.
58 Haraway, »Cyborgs to Companion Species«, S. 300.
59 Roland Barthes, »Jet-Man«, in: Ders., *Mythen des Alltags* [*Mythologies*, Paris: Édition du Seuil 1957], Frankfurt am Main: Suhrkamp 1964, S. 122–23.
60 Haraway, »Ein Manifest für Cyborgs«, S. 35.
61 Ebd.
62 Vgl. Thyrza Nichols Goodeve, *How Like a Leaf: An Interview with Donna J. Haraway*, New York: Routledge 2000, S. 87.
63 Vgl. ebd., S. 19.
64 Ebd., S. 83.
65 Vgl. Zoë Sofoulis, »Cyberquake: Haraway's Manifesto«, in: Darren

Tofts (Hg.), *Prefiguring Cyberculture: An Intellectual History*, Cambridge, MA: The MIT Press 2002, S 84–103, hier S. 90.
66 Ebd., S. 97.
67 Bernd-Peter Lange / W. Elfferding, »Editorial«, in: Bernd-Peter Lange / Anna Maria Stuby (Hgg.), *Neunzehnhundertvierundachtzig* [Argument-Sonderband 105], Berlin: Argument-Verlag 1984, S. 5–6, hier S. 5.
68 Ebd., S. 6.
69 Arendt, *Vita activa*, S. 8.
70 In einem beeindruckenden Text liefert die ehemalige Haraway-Studentin Zoë Sofoulis eine Textanalyse, Kontextualisierung, Ortsbestimmung und Wirkungsgeschichte des Manifests ab – eine Meta-Situierung des Cyborgs. (Vgl. Zoë Sofoulis, »Cyberquake: Haraway's Manifesto«).
71 Donna J. Haraway, »Lieber Kyborg als Göttin! Für eine sozialistisch-feministische Unterwanderung der Gentechnologie«, in: Bernd-Peter Lange / Anna Maria Stuby (Hgg.), *»1984«*, Argument Sonderband 105, Berlin: Argument-Verlag 1984, S. 66–84.
72 Ebd., S. 67.
73 Dem etwas einseitig düsteren Bild, das da entsteht, kann entgegengehalten werden, dass heute Anwendungen und Programme auf der offenen Entwicklerplattform GitHub hochgeladen werden, siehe z. B. CosmoScout VR, eine Anwendung, die am Institut für Simulationstechnik des Deutschen Zentrum für Luft- und Raumfahrttechnik (DLR) entwickelt wurde.
74 Haraway, »Ein Manifest für Cyborgs«, S. 69.
75 Vgl. ebd., S. 72f.
76 Ebd., S. 77.
77 Ebd., S. 80.
78 Ebd. 68.
79 Ebd., S. 80.
80 Peter Galison, »The Ontology of the Enemy: Norbert Wiener and the Cybernetic Vision«, in: *Critical Inquiry*, 21, 1, Herbst 1994, Chicago: The University of Chicago Press, S. 228–266, hier S. 260.
81 Ebd.
82 Ebd., S. 261.
83 Ebd.
84 Arendt, *Vita activa*, S. 343.
85 Vgl. C. D. B. Bryan, *Das Große National Geographic Buch*, Hamburg: Hoffmann und Campe 1988, S. 352–375.
86 Nicole Starosielski, *The Undersea Network*, Durham: Duke University Press 2015.
87 Stacy Alaimo, »Your Shell on Acid«, in: Richard Grusin (Hg.), *Anthropocene Feminism*, Minneapolis: University of Minnesota Press 2017, S. 89–120, hier S. 107.
88 Donna J. Haraway, »Situiertes Wissen. Die Wissenschaftsfrage im Feminismus und das Privileg einer partialen Perspektive [»Situated Knowledge: The Science Question in Feminism and the Privilege of Partial Perspectives«, in: *Feminist Studies*, 14, 1988, 579–599, doi:10.2307/3178066], aus dem Amer. von Helga Kelle, in: Dies., *Die Neuerfindung der Natur. Primaten, Cyborgs und Frauen* (1991), Carmen Hammer / Immanuel Stieß (Hgg.), Frankfurt am Main: Campus Verlag 1995, S. 73–97, hier S. 81.
89 Vgl. Martin, *The Organizational Complex. Architecture, Media and Corporate Space*, Cambridge, MA / London: The MIT Press, 2003, S. 34.
90 Project Maven ist ein ›Machine Vision‹-Projekt des Pentagon. Mit Kameras ausgestattete Drohnen sollen das Bildmaterial auswerten. Die Software kann automatisch vorher definierte Objekte wie Trucks, Boote und Gebäude erkennen. Googles Beteiligung besteht bis Ende 2018 darin, dass sie dem Pentagon ihre machine learning-Software *TensorFlow* zur Verfügung stellt um die Algorithmen zu trainieren. (Vgl. Tom Simonite, »Pentagon will expand AI project prompting protests at Google«, in: *WIRED*, 29.5.2018, https://www.wired.com/story/googles-contentious-pentagon-project-is-likely-to-expand/ und Jannis Brühl, »Krieg steckt in der DNA des Silicon Valley«, *Süddeutsche Zeitung*, 3.6.2018, https://www.sueddeutsche.de/digital/us-militaer-darf-google-beim-toeten-helfen-1.3998295).
91 Martin, *The Organizational Complex. Architecture, Media and Corporate Space*, S. 84.
92 Die *Defense Innovation Unit* wurde 2015 gegründet und gehört zum Pentagon. Die Aufgabe dieser Einheit ist es, militärisch relevante, kommerziell entwickelte Technologien schnell für die US-Armee nutzbar zu machen. (Vgl. https://www.diu.mil/).
93 Beleg hierfür ist beispielsweise eine Google-Suchabfrage, die keine Ergebnisse aktuelleren Datums anzeigt.
94 Haraway, »Ein Manifest für Cyborgs«, S. 40.
95 Goodeve / Haraway, *How Like a Leaf: An Interview with Donna J. Haraway*, S. 172.
96 Haraway, »Ein Manifest für Cyborgs«, S. 40.
97 Mark Dorrian, »The aerial view: notes for a cultural history«, in: *Strates*, 13, 5.11.2008, S. 14, https://journals.openedition.org/strates/5573.
98 Wie Boris Goesl recherchiert hat, forderten Mercury-Astronauten »Cockpit-Fenster für die Mercury-Kapsel ein, die anfangs nur Bullaugen und ein Periskop zum Ausblick zur Verfügung hatte.« (Boris Goesl, »Mit Sternen lernen. Das Planetarium als Navigationstrainingssimulator und ethologisches Experimentallabor«, in: Ders. / Hans-Christian von Herrmann / Kohei Suzuki (Hgg.), *Zum Planetarium*, München: Fink 2018, S. 145–218, S. 167).
99 »Donna J. Haraway Reads the ›National Geographic‹ on Primates«, *Paper Tiger TV* # 128, 1987, 28 Min. Siehe ab Minute 19'50 bis 23'45, https://papertiger.org/donna-haraway-reads-the-national-geographic-on-primates/.
100 Ebd.
101 Herb Schiller Reads ‹New York Times. The Neediest and the Greediest«, *Paper Tiger TV* # 6, 1981, 28 Min. 35 Sek., https://papertiger.org/herb-schiller-reads-new-york-times-the-neediest-and-the-greediest-metropolitan-section/
102 Bei der englischsprachigen Fassung »The Conquest of Space and the Stature of Man« von 1963 handelt es sich um den Originaltext. Aus dem Amerikanischen übersetzt hat Ursula Ludz. »Die Eroberung des Weltraums und die Statur des Menschen« ist erschienen in: Ursula Ludz (Hg.), *Hannah Arendt. In der Gegenwart. Übungen im politischen Denken II*, Piper: München 2000, S. 373–388.

103 Ebd., S. 374.
104 Arendt, *Vita activa*, S. 333.
105 Ebd., S. 364.
106 Arendt, »Die Eroberung des Weltraums und die Statur des Menschen«, S. 385.
107 Janet Vertesi, *Seeing Like a Rover*, Chicago: The University of Chicago Press 2015, S. 82.
108 Nach Arendt war der nächste Vortragende der Schriftsteller Aldous Huxley, der durch seinen Roman *Brave New World* als Kritiker des Anti-Anthropozentrismus in den Naturwissenschaften bekannt geworden war. In dem Band *The Great Ideas Today: 1963* wurde Arendts Vortrag veröffentlicht. (Vgl. Hannah Arendt, in: Robert Maynard Hutchins / Mortimer Jerome Adle (Hgg.), *The Great Ideas Today: 1963*, Chicago: Encyclopaedia Britannica 1963, S. 35–47). Ihr Beitrag erschien in der Rubrik *Symposium on Space* ohne Titel, mit Autorinnenfoto und Kurzbiografie. Bebildert ist der Text mit einem Männerrücken vor einem Computer (IBM Data Processing Division), einem Porträtfoto Einsteins, einem Bild von Galilei am Teleskop und einem Astronautenporträt aus der Untersicht, »imprisoned in his instrument-ridden capsule« (ebd. S. 45).
109 Siehe »Das planetarische Zeitalter«, *Frankfurter Allgemeine Zeitung*, 7.10.1957, S. 1.
110 Hannah Arendt, »Die Eroberung des Weltraums und die Statur des Menschen«, aus dem Englischen von Ursula Ludz, in: Ursula Ludz (Hg.), Hannah Arendt, *In der Gegenwart: Übungen zum politischen Denken II*, Fn. 1, S. 477.
111 Kilgore, *Astrofuturism. Science, Race, and Visions of Utopia in Space*, S. 57.
112 Wernher von Braun, »Crossing the Last Frontier«, in: *Collier's Weekly*, 22.3.1952, S. 24–29, 24.
113 Wernher von Braun, »Prelude to Space Travel«, in: Cornelius Ryan (Hg.), *Across the Space Frontier*, New York: Viking Press 1952, S. 12–15.
114 Hannah Arendt, »Die Eroberung des Weltraums und die Statur des Menschen«, S. 385.
115 Ebd., S. 388.
116 Hannah Arendt, »Der archimedische Punkt«, in: Ursula Ludz (Hg.), Hannah Arendt. *In der Gegenwart. Übungen im politischen Denken II*, Piper: München 2000, S. 389–402.
117 Arendt, »Die Eroberung des Weltraums und die Statur des Menschen«.
118 Arendt, »Der archimedische Punkt«, S. 402.
119 Hannah Arendt, ebd. und »Die Eroberung des Weltraums und die Statur des Menschen«, S. 387.
120 Diese Angabe bezieht sich auf ein Gespräch mit der Geografin Elke Kersten und ihrem Kollegen, dem Planetengeologen Dr. Thomas Roatsch, das im August 2018 im Institut für Planetenforschung am DLR in Berlin-Köpenick stattfand.
121 Patrick J. Deneen / Rita Koganzon / Charles T. Rubin / Stephen Bertman / Peter Augustine Lawler, »Man in Space: Great and Small«, in: *The New Atlantis*, 18, Herbst 2007, S. 56–80.
122 Editorial, »A Half-Century in Space. Debating Hannah Arendt's ›The Conquest of Space and the Stature of Man‹«, in: *The New Atlantis*, 18, Herbst 2007).
123 Charles T. Rubin, »Thumos in Space«, in: ebd., S. 68–69.
124 Arendt, »Die Eroberung des Weltraums und die Statur des Menschen«, S. 376. Max Planck schrieb das 1929 in seinem Aufsatz »Das Weltbild der neuen Physik«, in: *Monatshefte für Mathematik und Physik*, 36, Dezember 1929, S. 387–410.
125 Arendt, »Die Eroberung des Weltraums und die Statur des Menschen«, S. 379.
126 Ebd., S. 382.
127 Ebd., S. 373.
128 Ebd., S. 374.
129 Ebd., S. 377.
130 Ebd., S. 379.
131 Arendt, *Vita activa*, S. 343.
132 Vgl. Kittler, *Grammophon, Film, Typewriter*, S. 195.
133 Vgl. Merleau-Ponty, *Das Sichtbare und das Unsichtbare*, S. 323.
134 David Simons, »A journey no man had taken before: balloonist goes to the edge of space«, in: *Life*, 34, 10, 2.9.1957, S. 19–27.
135 Karsten Werth, »Die Mercury Seven: Amerikas Kalte Krieger im Weltraum«, in: Igor J. Polianski / Matthias Schwartz (Hgg.), *Die Spur des Sputnik. Kulturhistorische Expeditionen ins kosmische Zeitalter*, Campus Verlag: Frankfurt am Main 2009, S. 64.
136 Craig Ryan, *The Pre-Astronauts: Manned Ballooning on the Threshold of Space*, Annapolis, MD.: Naval Institute Press, 1995; Don Sache, *Manhigh*, New York: Avon 1960.
137 Hannah Arendt, »Vorwort. Die Lücke zwischen Vergangenheit und Zukunft«, in: Ursula Ludz (Hg.), *Hannah Arendt. Zwischen Vergangenheit und Zukunft. Übungen im politischen Denken I*, München: Piper 2016 [1994], S. 18.
138 Vgl. Peter Adey, *Aerial Life: Spaces, Mobilities, Affects*, West Sussex: Wiley-Blackwell 2010.
139 Holert, *Regieren im Bildraum*, S. 334.
140 Dorothy Harper, *Eye in the Sky: Introduction to Remote Sensing*, Montréal: Multiscience Publications Limited 1976, S. 66.
141 Vgl. AIRBOYD, »Joe Kittinger's sky dive from the edge of space«, 9.9.2010, https://youtu.be/Z8RRkMsHOMU.
142 Joseph W. Kittinger / Craig Ryan, *Come Up and Get Me*, Albuquerque: University of New Mexico Press 2010, S. xiii.
143 Joe Kittinger, »Long, Lonely Jump«, in: *National Geographic*, 118, 6, December 1960.
144 Ebd. Übersetzt von V. T.
145 Kittinger / Ryan, *Come Up and Get Me. An autobiography of Colonel Kittinger*, S. 89. Nach seiner Landung wurde Kittinger direkt für eine Live-Schaltung in das CBS-Studio nach Los Angeles geflogen, um in die Abendnachrichten mit Walter Cronkite in New York zugeschaltet zu werden. (Vgl. ebd., S. 95) Cronkite war der Moderator, der am Ende des Jahrzehnts über mehrere Stunden hinweg *live* aus dem CBS-Fernsehstudio die Apollo-Mondlandung kommentierte. Ein Jahr nach Excelsior III wurde Kittingers Rekord von dem sowjetischen Major Yevgeny Andreyev überboten.
146 Vgl. Laura Kurgan, *Close Up at a Distance. Mapping, Technology, and Politics*, New York: Zone Books 2013, S. 10–13. Joanna Zylinska, *Nonhuman Photography*, Cambridge, MA: The MIT Press 2017, S. 56.

147 Als Veröffentlichungsdatum wird das Jahr 1960 angegeben. Hier stellt sich die Frage, ob der Clip vor dem YouTube-Upload in einem anderen Medium veröffentlicht worden war und wann. Die unter dem Namen Lookout Mountain Air Force angemeldeten YouTube-User·innen ließen eine Anfrage diesbezüglich unbeantwortet. (Vgl. Lookout Mountain Air Force Station, »Project Excelsior / Kittinger's Jump, 1960«, 35 Min. 39 Sek., https://archive.org/details/342USAF33041 HighAltitudeBaloon). Die Bildabteilung der Air Force produzierte von 1947–1969 Film- und Standfotos für das Verteidigungsministerium der Vereinigten Staaten und die Atomic Energy Commission (AEC). Ebenfalls auf archive.org befindet sich ein 20minütiger Clip, der 1967 entstanden sein soll. (»A film created by the 1352nd Photographic Group about their own efforts and capabilities«, informiert die Datenbank. Vgl. https://archive.org/details/LookoutMountainAir-ForceStationMovie). Im Film werden Air Force-Projekte vorgestellt, deren Titel wie Filmtitel in popkulturell anspielungsreichen Typografien eingeblendet werden. Diese Abteilung existiert heute nicht mehr unter der Adresse.

148 Allison Keyes, »This Souped-Up Scuba Suit Made a Stratospheric Leap«, *Smithsonian.com*, 26.1.2017. https://www.smithsonianmag.com/smithsonian-institution/souped-scuba-suit-made-stratospheric-leap-180961921/#eLVmp5ze-WbRDAIAK.99.

149 Der Begriff wurde von Peter Haff vorgeschlagen, um »large-scale technology« beziehungsweise das »Earth system« zu beschreiben. Wenn man Haffs Definition dieser »technosphere« liest, muss man sich fragen, was nicht Teil davon ist und ob dieser Begriff in dem Fall produktiv sein kann: »The technosphere includes the world's large-scale energy and resource extraction systems, power generation and transmission systems, communication, transportation, financial and other networks, governments and bureaucracies, cities, factories, farms and myriad other ‹built' systems, as well as all the parts of these systems, including computers, windows, tractors, office memos and humans. It also includes systems which traditionally we think of as social or human-dominated, such as religious institutions or NGOs.« (Haff 2014, S. 126–136).

150 Eyal Weizman, »The politics of verticality: the West Bank as an architectural construction«, in: Klaus Biesenbach (Hg.), *Territories: Islands, camps, and other states of Utopia*. Köln: Walther König 2005.

151 Trevor Paglen, »Some Sketches on Vertical Geographies«, in: *e-flux architecture*, 31.10.2016, https://www.e-flux.com/architecture/superhumanity/68726/some-sketches-on-vertical-geographies/.

152 Kathryn Yusoff, »Epochal Aesthetics: Affectual Infrastructures of the Anthropocene«, *e-flux architecture*, 29.3.2017. https://www.e-flux.com/architecture/accumulation/121847/epochal-aesthetics-affectual-infrastructures-of-the-anthropocene/.

153 Kluge, *Etymologisches Wörterbuch der deutschen Sprache*, S. 268.

154 Es war Dr. Harald von Beckh, der von 1941 bis zum Ende des Zweiten Weltkriegs Fakultätsmitglied der Akademie der deutschen Luftwaffe gewesen war und nun für das Subgravity Program im Aeromedical Field Laboratory der Air Force arbeitete. (Vgl. Pablo de León / Isabel von Beckh Widmanstetter, »Harald von Beckh, Pioneer of Microgravity Medical Research«, 69th International Astronautical Congress (IAC), Bremen: IAF 2018).

155 Joseph W. Kittinger / Craig Ryan, *Come Up and Get Me. An autobiography of Colonel Kittinger*, Albuquerque: University of New Mexico Press 2010, S. 41.

156 Vgl. Haraway, »Situiertes Wissen«, S. 84.

157 Vgl. Peter Adey, *Aerial Life*, S. 109.

158 Vgl. beispielsweise *National Geographic* (1983), Darstellung der Bodenstationen und Satelliten auf einem topologischen Raster, Übersicht über die aktiven Satelliten auf Millimeter-Papier gezeichnet.

159 Adey, *Aerial Life*, S. 177.

160 Vgl. Universal Pictures, »First Man – Official Trailer (HD)«, 2 Min. 30 Sek., 12.6.2018. https://youtu.be/PSoRx87OO6k?t=30.

161 James Heath nach Thomas Baldwin, »A View of the Balloon at its Greatest Elevation« aus *Airopaidia*, 1786, handkolorierte Radierung, Yale Center for British Art, Paul Mellon Collection.

162 Lily Ford, »›For the Sake of the Prospect‹: Experiencing the World from Above in the Late 18th Century«, in: *The Public Domain Review*, 20.7.2016, https://publicdomainreview.org/2016/07/20/for-the-sakeof-the-prospect- experiencing-the-world-from-above-in-the-late-18th-century/.

163 Caren Kaplan, *Aerial Aftermaths. Wartime from Above*, Durham / London: Duke University Press 2018, S. 69.

164 Ebd., S. 69.

165 Ebd., S. 71.

166 Ebd., S. 79.

167 Anna Lowenhaupt Tsing / Heather Swanson / Elaine Gan / Nils Bubandt (Hgg.), *The Arts of Living on a Damaged Planet*, Minneapolis: University of Minnesota Press 2017.

168 William Rankin, *After the Map*, Chicago: The University of Chicago Press 2016, S. 3.

169 Kaplan, *Aerial Aftermaths. Wartime from Above*, S. 94.

170 Ebd., S. 95.

171 Boris Goesl, »Mit Sternen lernen. Das Planetarium als Navigationstrainingssimulator und ethologisches Experimentallabor«, in: Ders./ Hans-Christian von Herrmann / Kohei Suzuki (Hgg.), *Zum Planetarium*, München: Fink 2018, S. 145–218, hier S. 170. »In den Jahren 1919 bis 1925 wurde in den Jenaer Zeiss-Werken ein kuppelförmiges Gebäude erfunden, das für seine Besucher den natürlichen Eindruck von Fixsternen und Planeten aus einer Projektion von Lichtpunkten und einer komplexen Überlagerung von Drehbewegungen hervorgehen ließ: das Projektionsplanetarium. Damit trat der entgötterte und in seinen Erscheinungen allein den Gesetzen von Newtons Mechanik folgende Sternenhimmel [...] ins Zeitalter seiner technischen Reproduzierbarkeit ein.«

172 Ebd., S. 146.

173 Ebd.

174 Ebd., S. 153.

175 Vgl. Holert, *Regieren im Bildraum*, S. 18f.
176 Walter Benjamin, »Der Sürrealismus. Die letzte Momentaufnahme der europäischen Intelligenz« (1929), in: Rolf Tiedemann / Hermann Schweppenhäuser (Hgg.), Walter Benjamin. *Gesammelte Schriften*, Bd. 2, 1, 7 Bde. (in 14 Teilbänden), Frankfurt am Main: Suhrkamp, 1977, S. 295–310.
177 Benjamin, »Der Sürrealismus«, S. 301.
178 Ebd., S. 210.
179 Holert, *Regieren im Bildraum*, S. 18.
180 Ebd., S. 16.
181 Ebd.
182 Ebd., S. 18.
183 Ebd., S. 19.

Abb. 31 Alan Eustace in Atomic Entertainment, »14 Minutes from Earth«, 3 Min. 12 Sek., GoPro-Video, 2015.

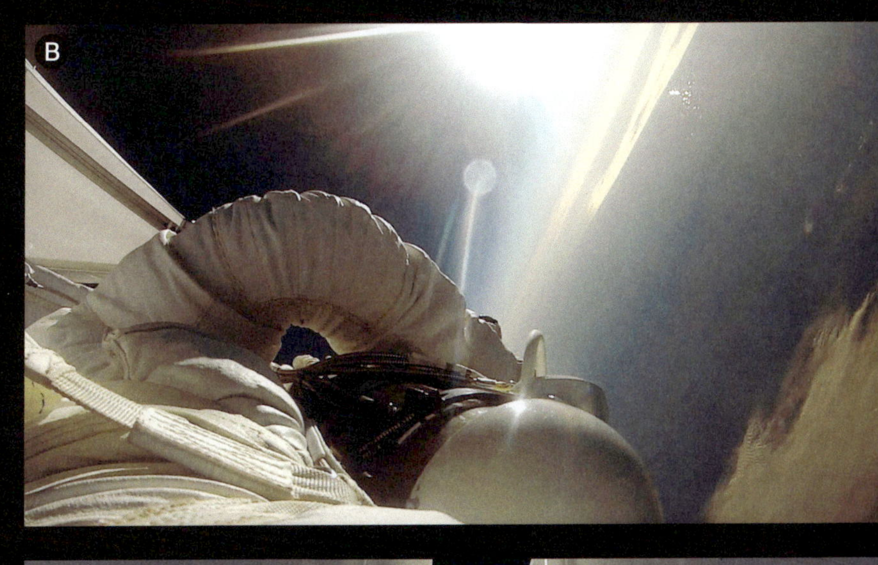

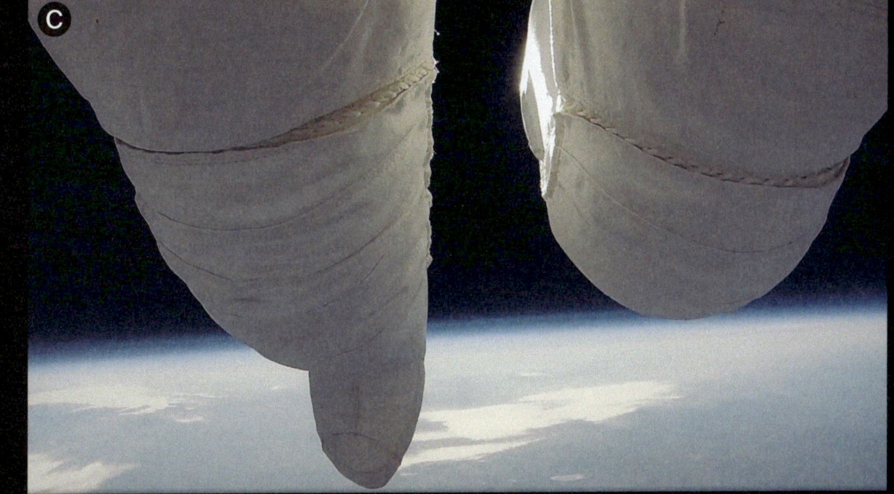

Abb. 32 Geocinema (Asia Bazdyrieva und Solveig Suess), *The Making of Earths*, in Zusammenarbeit mit Jessika Khazrik, 2020, HD Video, 4-Kanal Audio, 34 Min. Videostills.

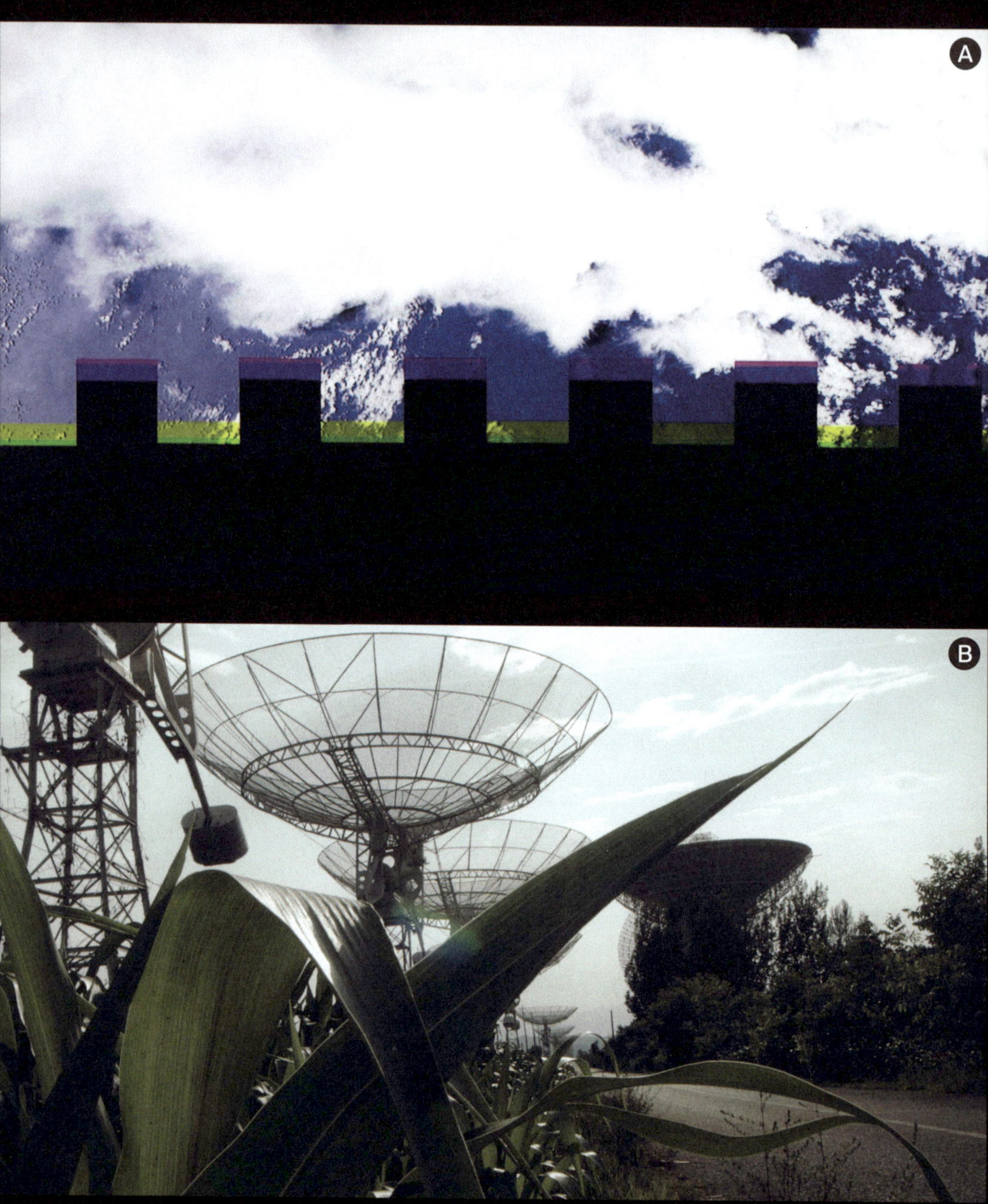

Abb. 33 Weltraum. Doppelseite aus *Das Große National Geographic Buch. Hundert Jahre Abenteuer und Entdeckungen* (Hamburg 1988).

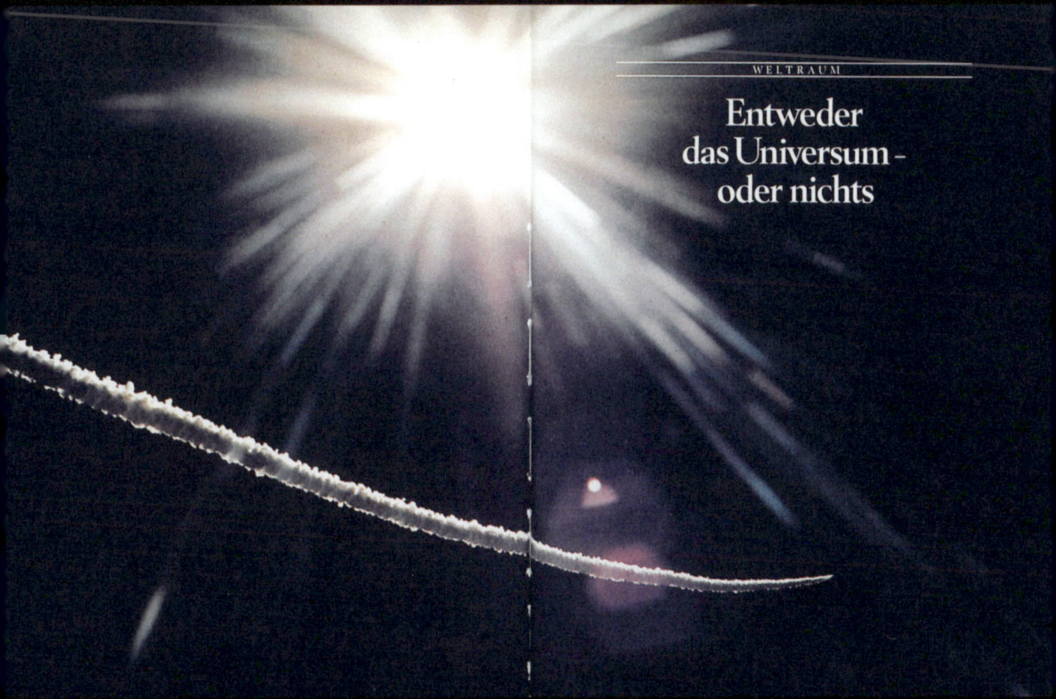

WELTRAUM

Entweder das Universum – oder nichts

Abb. 34 Screenshot aus einem Video, das ein User in Google Earth VR aufgenommen hat. Hier ist die italienische Stadt Siena und das für VR-Version typische Interface zu sehen. simbeeotik, »[Google Earth VR] EP2: Review of updates and exploring more of the Earth«, 29.12.2017.

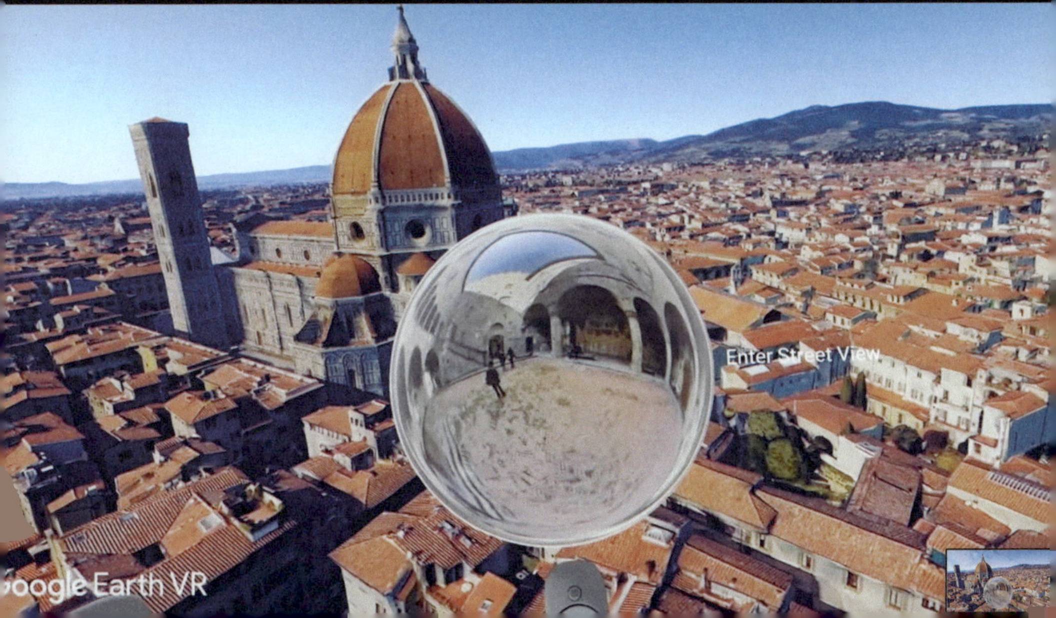

Enter Street View

Google Earth VR

Abb. 35 Produktionsfotos für *CosmoScout VR* (2019), ein Projekt des Instituts für Simulationstechnik des Deutschen Zentrums für Luft- und Raumfahrt (DLR in Braunschweig.

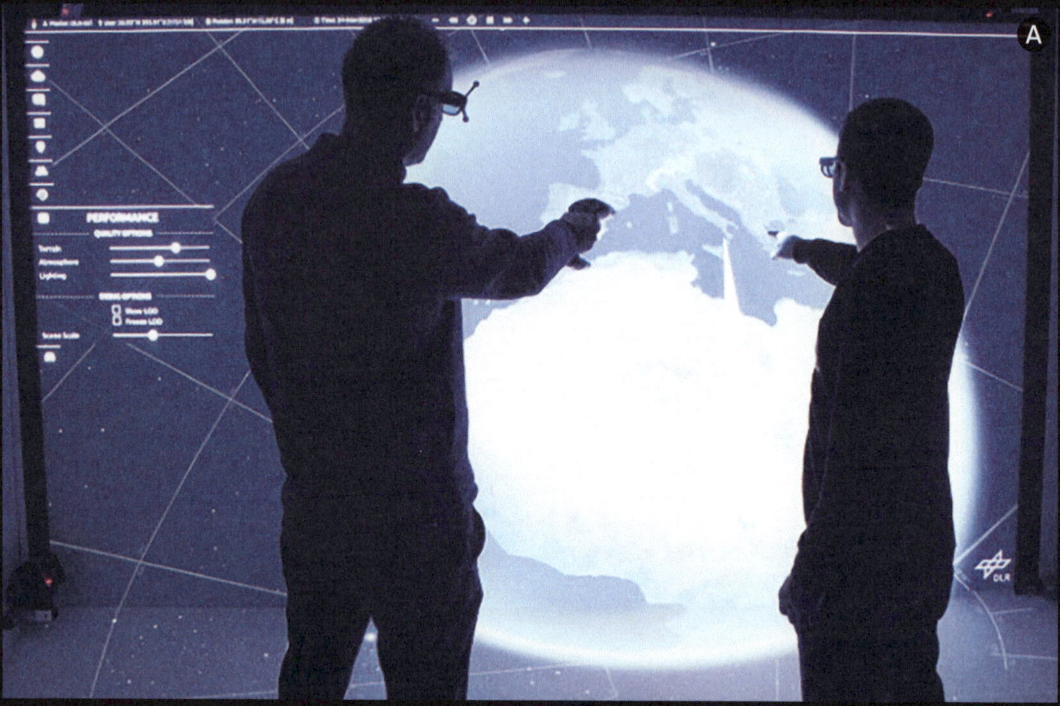

A

B

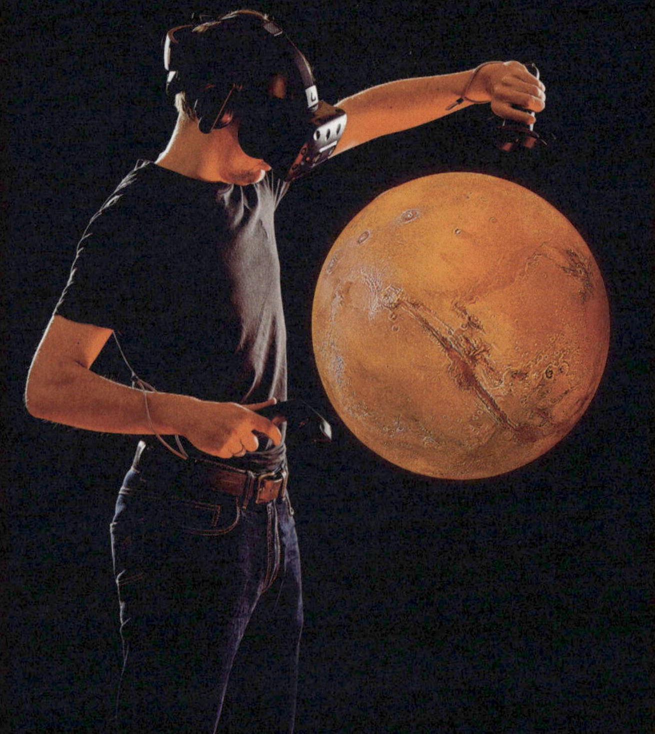

Abb. 36 ESA-Astronautin Samantha Cristoforetti in der Aussichtskuppel der Internationalen Raumstation am 3. Februar 2015.

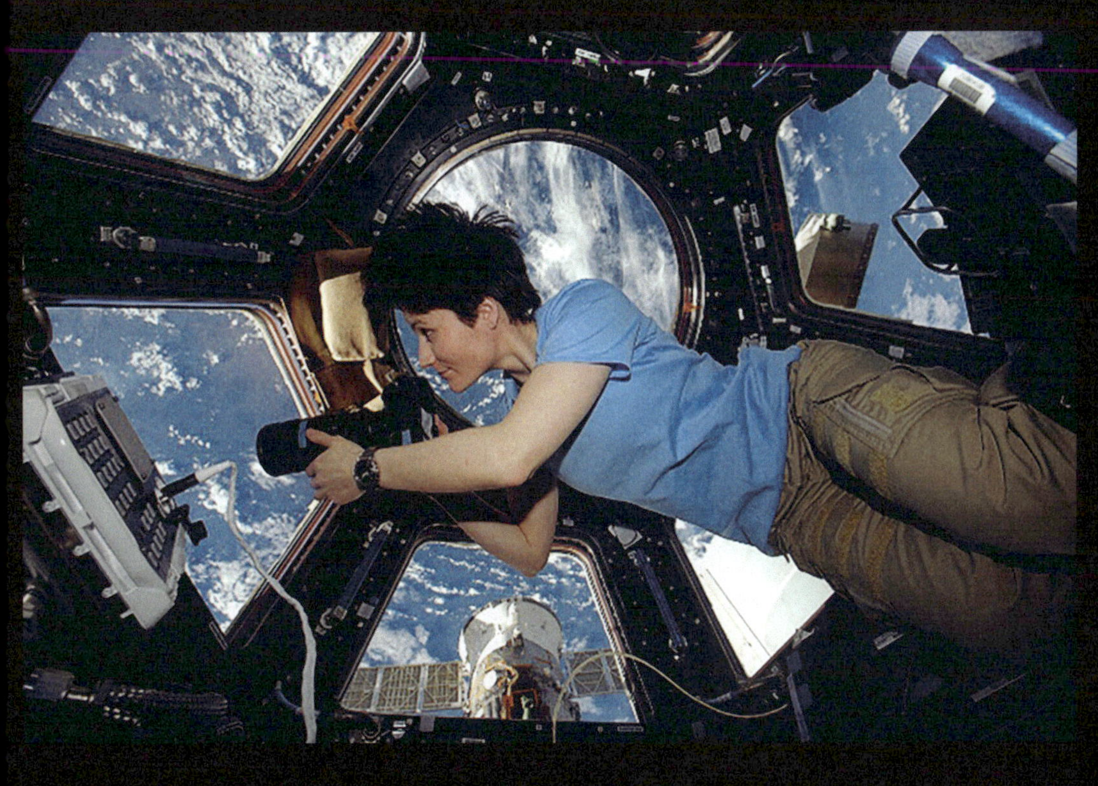

Abb. 37 Gateway to Astronaut Photography of Earth. Im Rahmen des Projekts CEO (Crew Earth Observations) fotografieren Besatzungsmitglieder der internationalen Raumstation ISS Teilbereiche der Erde. Die Fotos haben eine Auflösung von 3 Metern / Bodenpixel.NASA. Image Science and Analysis Laboratory, Johnson Space Center, NASA.

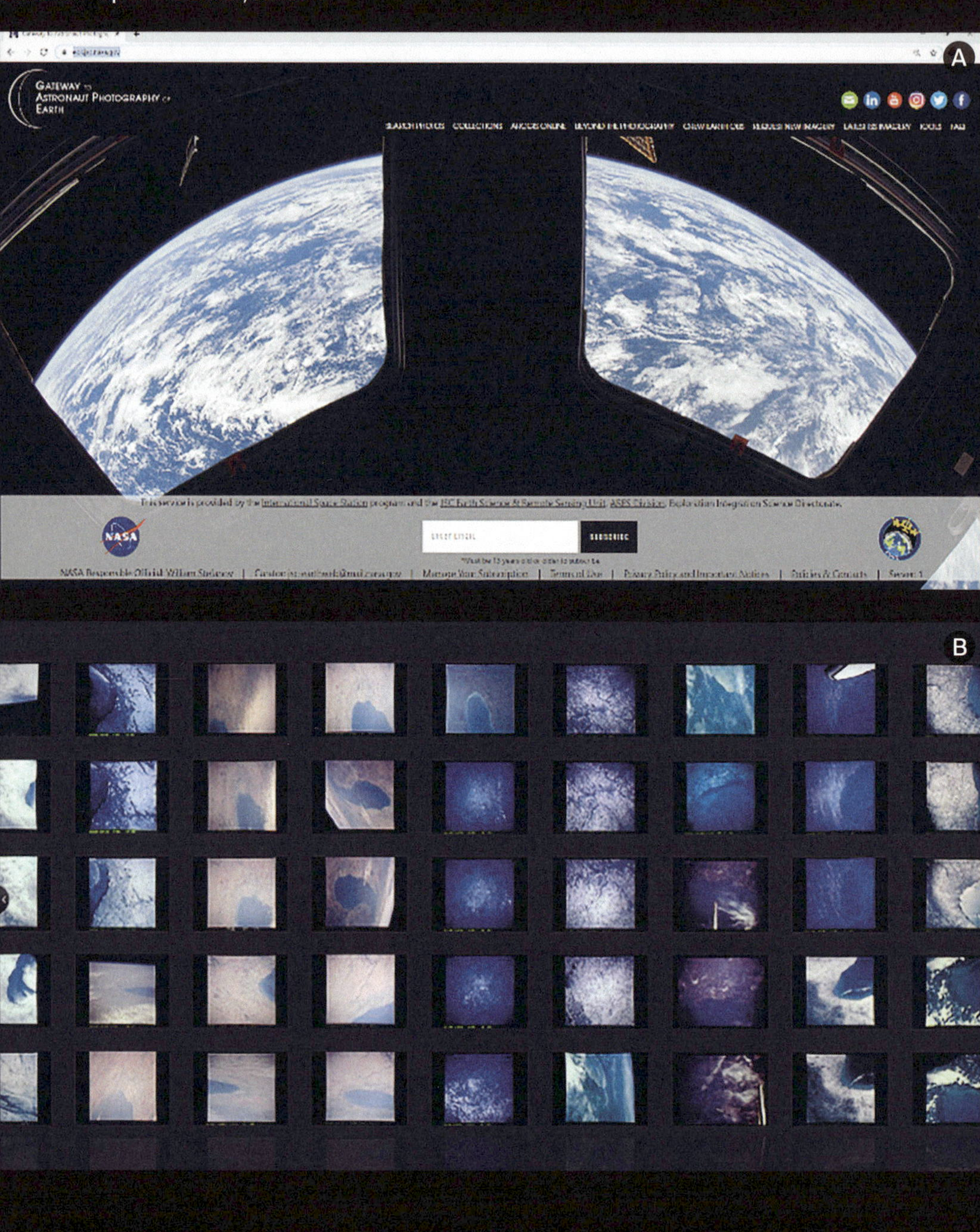

Abb. 38 »Chicago and its Loop«, Earth Observatory/Astronaut Photography, NASA, 22.12.2014.

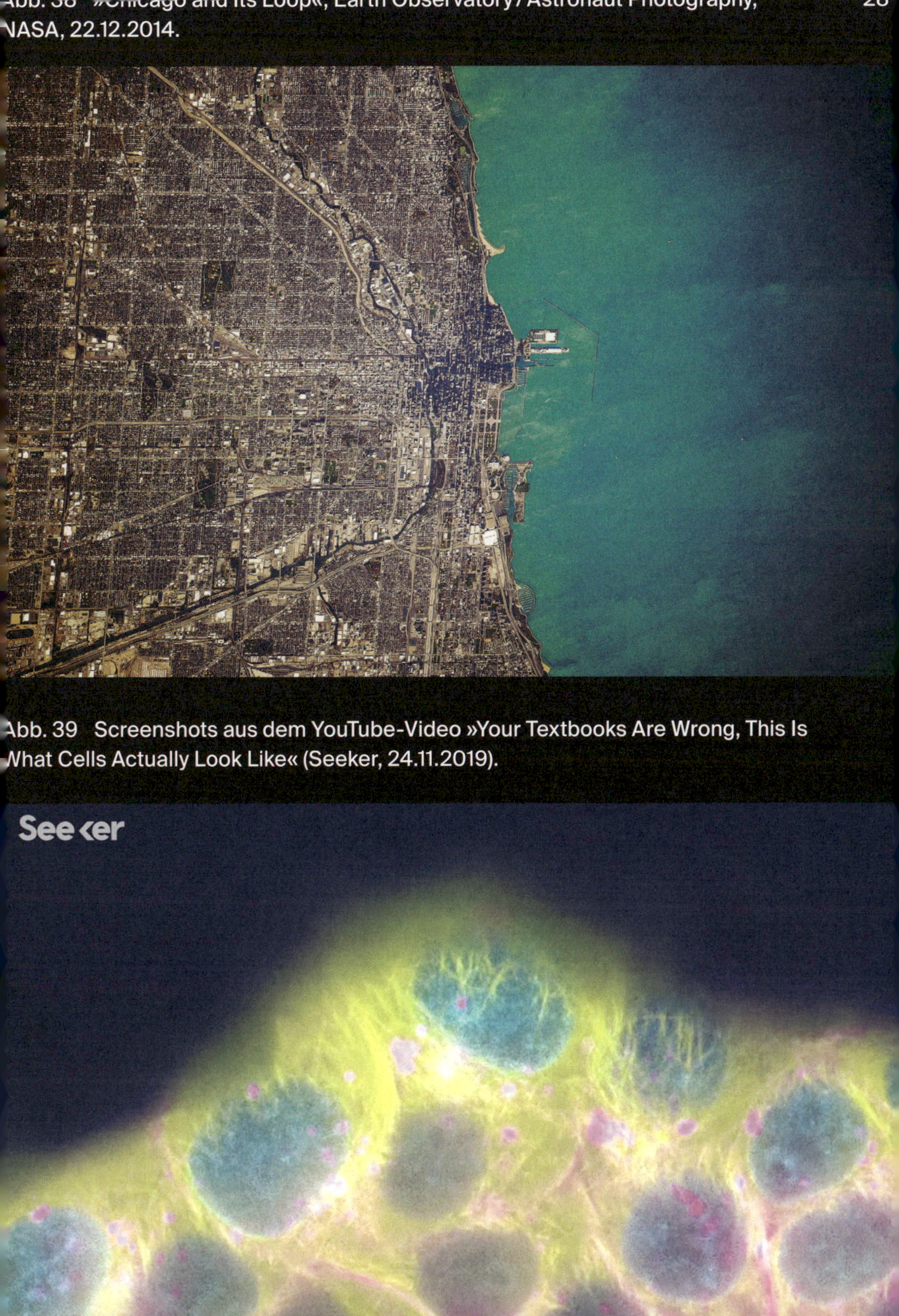

Abb. 39 Screenshots aus dem YouTube-Video »Your Textbooks Are Wrong, This Is What Cells Actually Look Like« (Seeker, 24.11.2019).

Abb. 40 Screenshot aus dem YouTube-Video »Light sheet microscopy of dopaminergic neurons in a mouse brain« (Gubra ApS, 30.7.2018).

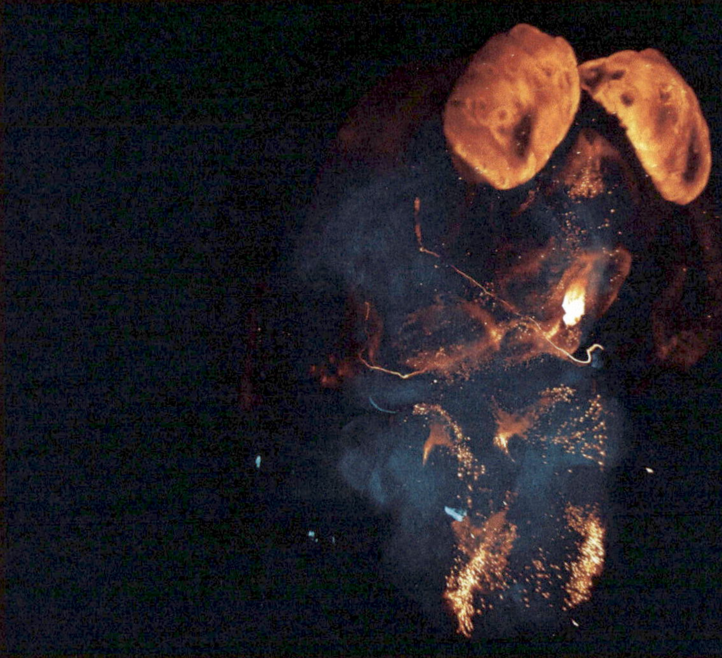

Abb. 41 Screenshot des Artikels »Ein simuliertes Universum« von Jens Geisel, erschienen am 19. Februar 2020 auf der Webseite der *Frankfurter Allgemeine Zeitung*.

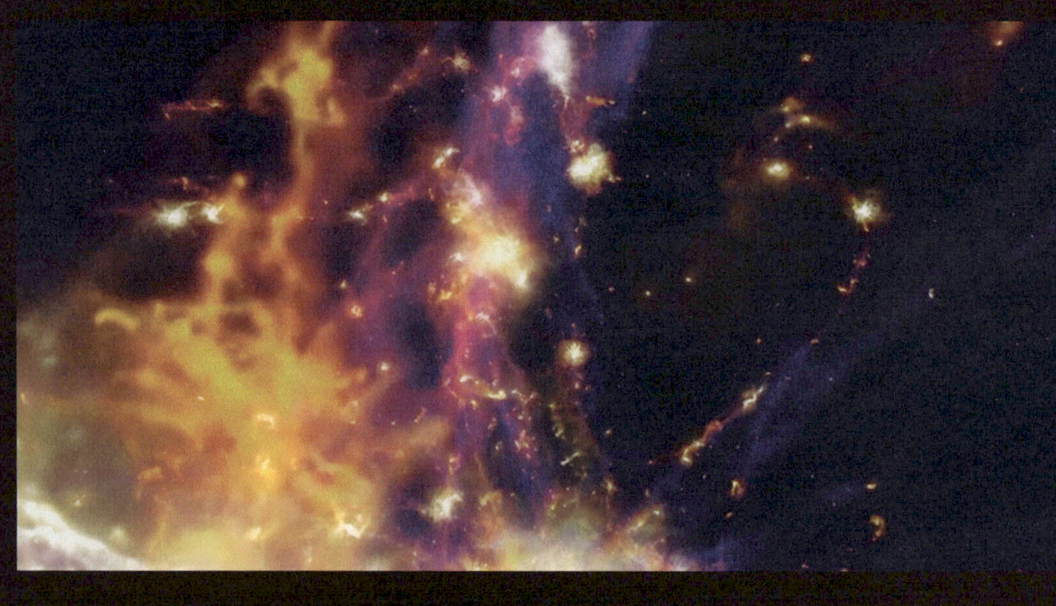

Epistemologische Verschiebungen

Zwischen den Weltraumflügen des 20. Jahrhunderts und der gegenwärtigen Weltraumnutzung, -vermessung und -abbildung bestehen technologische, epistemologische und ästhetische Verbindungen. Zwei Monate nach der Öffnung des GPS-Navigationssystems für die kommerzielle Nutzung im März 2000 unter Präsident Bill Clinton[1] beschloss dieser, das GPS-Signal für zivile Nutzung nicht länger einzuschränken und die *selective availability* aufzuheben.[2] Das erste nennenswerte Smartphone kam 2007 mit der Einführung des iPhones auf den Markt. Damit die bemannte Raumfahrt über den Mond hinaus eine realistische Chance hat, startete die NASA im Juni 2019 die Demoversion eines galaktischen Navigationssystem, das sogenannte Deep-Space Positioning System (DPS).[3]

Wie durch die Aktualisierung von Haraways ›Visionsmetapher‹ deutlich werden soll, haben sich in den letzten 30 Jahren die Machtverhältnisse verschoben. Aus den epistemologischen Aushandlungsprozessen sind kommerzielle Satellitenprogramme zur Erdbeobachtung und Anwendungen wie Google Maps und Google Earth hervorgegangen, die einen partizipativ-immersiven Zugang zu einer zunächst extrem technischen Welt ermöglichen. Eine an diesen Markt für Satellitendaten angeschlossene Startup-Branche schreibt und nutzt Algorithmen für die Bildauswertung. Geomedien haben in der Kartografie eine epistemologische Krise ausgelöst, die Marion Picker in »Die Zukunft der Kartographie« analysiert.[4] Etablierte Kulturtechniken werden demnach durch neue abgelöst.

In ästhetischer Hinsicht hat sich gezeigt, dass an der Schnittstelle von Kino, Science-Fiction und Weltraumtechnik bestimmte Bildmotive und -effekte dauerhaft in das kollektive Bildrepertoire eingegangen sind. Beispiele sind die Whole-Earth- und Blue-Marble-Motive und ihre unzähligen Aktualisierungen, nicht nur durch die NASA, sondern auch die japanische, europäische oder russische Raumfahrtbehörde, wobei die im 20. Jahrhundert etablierten Narrative und Ikonen der NASA und dem angedockten US-amerikanischen militärisch-industriellen Komplex als Referenzkultur dienen. Andere Visionen, wie sie etwa mit einem Werbebild für die im Forschungskontext des deutschen Raumfahrtzentrums entstandene Anwendung CosmoScout-VR vermittelt werden, spielen visuell mit der Ausübung von Macht und Kontrolle. Motive aus Videogames werden für die Öffentlichkeitsarbeit kritiklos übernommen. Im Zeitraum dieser Recherche passierten Konvergenzen zwischen der medialen Repräsentation des Blicks von oben, wissenschaftlich erhobenen Daten und einem immersiven (VR-) Bildraum.[5] Von Haraway in Opposition gebrachte Abbildungsweisen und Perspektiven haben sich also im medialen Bildraum angenähert und verknüpft. Wobei keine kritische Situierung außerhalb des Bildraums mitgedacht wird, die etwa die militärisch-industriellen Produktionsbedingungen reflektieren würde.

Immersive Bildräume sind nach den Maßgaben der Moderne konstruiert—gemessen, berechnet, potenziert und projiziert. In VR-Bildräumen wird ein geometrischer Raum so projiziert, dass sich die Wirkung der menschlichen Wahrnehmung annähert. Jede VR-Simulation beginnt als berechneter

Raum, mit dem ein endloser Horizont vorgetäuscht werden soll, wie bei der Zentralperspektive. Während sich die VR-User·innen in mathematisch berechnetem und projiziertem Raum ohne offenen Horizont bewegen, machen sie psycho-physiologische Erfahrungen. Wobei diese Erfahrungen unabhängig davon sind, wie realistisch die Bildfolgen wirken.

Ein Umdenken und eine neue Betrachtungsweise eröffnet das künstlerische Rechercheprojekt Geocinema,[6] das die sensorischen Netzwerke im planetarischen Maßstab (von Mobiltelefonen bis zu Satelliten) als einen verteilten kinematischen Apparat und zugleich die globalen Bilderströme als Kino konzipiert. Die vielen Apparate und Geräte erzeugen zusammengenommen dieses ›Erdkino‹. Das Projekt Geocinema verbindet eine situierte Sicht mit dem Blick von oben und gibt Einblick in für den Satellitenbetrieb essenzielle Bodenstationen und Forschungseinrichtungen. Lisa Parks diskutiert die Austausch- und Vermittlungsprozesse im vertikal organisierten Weltraum als »vertical mediation«[7], anstatt auf die regulierenden Instanzen einzugehen. »Vertical mediation« versteht sie als »dynamic interplay of relations between orbit and the surface of the Earth. Vertical mediations are audiovisual discourses that enact, materialize, or infer conditions or qualities of the vertical field.«[8] Aus diesen Diskursen gehen, abgesehen von den Bildern der Weltraumagenturen, künstlerische Arbeiten hervor.

Des Weiteren wird deutlich, dass die Sicht der Astronaut·innen in der Internationalen Raumstation (ISS) mit dem ›disembodied view from above‹ bricht, wie Haraway sie in ihrer Beschäftigung mit Satellitenbildern und ergo unbemannten, unsichtbaren Satelliten kritisierte. Zum Zeitpunkt ihres Schreibens waren Flugkörper für die Öffentlichkeit — Hobbyfunker ausgenommen — nicht zu verorten. Seitdem hat sich die ISS als beständige Einrichtung etabliert und die Astronaut·innen fotografieren die Erde und dokumentieren ihren Alltag in der Raumstation. Die ISS-Crew trägt somit zur alltäglichen Bilderflut bei und löst damit die für die NASA lange Zeit gültige Einzelbildpolitik im öffentlichen Bewusstsein auf.

Geocinema, *The Making of Earths*, 2020 —

Mit dem Start des Landsat-Programms markierte die NASA am 23. Juli 1972 einen Epochenwechsel. Der erste Erdbeobachtungssatellit ERST-1 (Earth Resources Technology Satellite-1) löste die Ära der bemannten Apollo-Missionen ab und der Planet Erde rückte in den Fokus der Raumfahrt. Seitdem ist ein umfangreiches öffentlich zugängliches Archiv multispektraler Bilddaten gewachsen. Radar- und Infrarotsensoren liefern Daten jenseits des für Menschen Sichtbaren und Wahrnehmbaren. Vor diesem Hintergrund begeben sich die Kunsthistorikerin Asia Bazdyrieva und die Filmemacherin Solveig Suess unter dem programmatischen Namen ›Geocinema‹ auf Spurensuche in China und Thailand, um Chinas »digitale Seidenstraße«, das Vernetzungsprojekt der geopolitischen Belt and Road Initiative, zu erforschen.

Ihr essayistischer Film *The Making of Earths*[9] Abb. 32 A/B S. 282 steht damit zum einen für eine Befragung des westlichen Blicks wie der Sicht von oben, zum anderen der planetarischen Perspektive und populärer kosmologischer Vorstellungen. Geocinema betrachtet sensorische Netzwerke im planetarischen Maßstab—Smartphones, Überwachungskameras, Satelliten—als eine weit verteilte Super-Kamera, die jeweils durch ihre eigenen virtuellen Maßstäbe und Zeitlichkeiten läuft und dabei Terabytes an Rohdaten liefert. Wie der Name schon andeutet, beschäftigen sich die beiden Forscherinnen mit kinematografischen Repräsentationen der Erde, sorgfältig kadrierten, ästhetischen und politischen Bildern. Und zugleich interessieren sie sich für die Metaphern des Kinos, die für das Geschichtenerzählen, alternative, virtuelle Realitäten und Zukunftsentwürfe steht. In einer ersten Stoßrichtung wenden sie sich von dem ikonischen Whole Earth-Bild ab und der alltäglichen post-ikonischen Bildproduktion in Bodenstationen in Asien zu. Indem Bazdyrieva und Suess terrestrische Infrastruktur aufsuchen, darunter Radioteleskope, Rechenzentren und Forschungseinrichtungen, verknüpfen sie die digitalen Bilder mit den Produktionsbedingungen, die Produktionsstraße mit Arbeitsplätzen und die orbitale Sicht aus dem Nirgendwo mit den situierten, lokal verwobenen Perspektiven. So fügt sich—zwar filmisch linear—ein kaleidoskopisches Bild zusammen. Mit den Satelliten wurde eine bleibende orbitale Außenperspektive eingerichtet, die den Blick auf die Erde fundamental verändert. Unsere mobilen Geräte wie Smartphones sind in ständigem Kontakt mit Satelliten des Global Positioning System (GPS). Um eine Verbindung zu Erde und Infrastruktur auf einer affektiven Ebene zu (re-) aktivieren, spricht der Name ›Geocinema‹ die globale Öffentlichkeit, das aktive Publikum an, sich als Teil eines imaginären Kinos zu fühlen und sich andere Versionen der Erde vorzustellen. Das Kinematografische kommt vom Griechischen kínēma, das Bewegung bedeutet (griech. kineīn: bewegen), und ist in diesem Sinne daher auch ein Hinweis auf die alles betreffende Bewegung zu verstehen: die Rotation der Erde.

Bazdyrieva und Suess begannen ihre Zusammenarbeit unter dem Namen ›Geocinema‹ im Rahmen des Forschungsnetzwerks Digital Earth.[10] Daraus ist das dokumentarische Filmprojekt hervorgegangen. Es gibt nicht ein Bild der Erde, sondern viele—im vertikalen Schnitt ist die Erde beispielsweise virtuell von mittlerweile mehr als sieben Millionen Bildszenen abgedeckt, die im US-amerikanischen Landsat-Satellitenprogramm bis dato entstanden. Die Kamera folgt den Glasfaserkabeln bis an die chinesisch-russische Grenze, wie auch der von den Künstlerinnen konzipierte ›Geonarrator‹, die Erzählerstimme. Sie beantworten auf diese Weise Fragen nach dem Verhältnis zwischen Satelliten im Orbit und korrespondierender Infrastruktur auf den Kontinenten, die sich aus Landschaften, Weltraumbahnhöfen, Satellitenherstellern, Antennen, Computern und Angestellten zusammensetzt. Den kaleidoskopischen Effekt verstärkt der Sound, den die Musikerin Jessica Khazrik für den Film komponiert hat und der in einer Ausstellungsinstallation mit einem quadrofonen Lautsprechersystem verstärkt wird. Khazrik kreiert durch Sound einen auf der Bildebene nicht auftretenden Charakter, eine subjektive Perspektive, die im ›Geokino‹ existiert und dort einen Krisenmodus auslöst.

Die ferne mediale Infrastruktur der Satelliten aus lokaler Sicht darstellbar zu machen,[11] dafür gibt es unterschiedliche Ansätze. Der Skalierungsvorgang, den der Medienwissenschaftler Matthew Fuller vorschlägt und *scaling perspectives* nennt, geht von einer Geräteperspektive aus, um die Relationalität medialer Dispositive und Bildverfahren herauszuarbeiten.[12]

Telefone sind auf anderen Skalen verbunden: Sie kommunizieren mit-Gateways zu globalisierenden Lokalisierungssystemen [GPS], Märkten; sie werden kontrolliert durch Gouvernementalität, Identifizierung, Zugangsberechtigungen, Strafverfolgung und Bewegungsfreiheit. Dies sind nur einige der Dimensionen der Relationalität [das Prinzip, nach dem soziale Beziehungen gestaltet sind beziehungsweise ein Geflecht von Beziehungen], die in einem Telefon komprimiert sind. SMS bieten in dieser Größenordnung eine mikroskopische Möglichkeit für Millionen von Verbindungen, die hergestellt werden können.[13]

Gegenwärtig wird in den Medienwissenschaften die Frage nach der Perspektive und der Darstellbarkeit der Netzwerke diskutiert. Nicole Starosielski untersucht die infrastrukturellen Überlagerungen von Kolonialismus, Industrialisierung und Digitalisierung. In ihrem Vortrag »The Network Map Under Water«[14] schlägt sie »against the god's eye view« als alternative Methode vor, »eine Gegenvisualisierung zu erstellen, die Netzwerkknoten entlang von kulturellen und historischen Koordinaten abbildet«, um zu zeigen, wie »verwoben« die (koloniale) Technologiegeschichte ist. Hier zeigt sich eine Verwicklung, die auch dem Technikphilosophen Gilbert Simondon aufgefallen war, wenngleich von zwei spezifischen technischen Bauwerken im Rahmen des menschlichen Vorstellungsvermögens, wenn er schreibt,

[m]an muss den Eiffelturm und den Garabit-Viadukt als Ankündigung des Endes der industriellen Konzentration rund um die Energie- oder Rohstoffquellen betrachten, das heißt nicht als spektakuläre isolierte Zentren und Erfolge, sondern als erste Masche eines virtuellen Netzes. Der Eiffelturm, der vollständig in der Fabrik entworfen und hergestellt wurde und auf der Baustelle ohne eine einzige Nachbesserung nur zusammengebaut worden ist, ist heute zum Träger von Antennen geworden: Er verbindet sich so mit Hunderten von Masten und Stationen, mit denen Europa sich gerade bedeckt. Er fügt sich in ein multifunktionales Netz ein, in dem die Schlüsselpunkte der geografischen wie der menschlichen Welt zum Vorschein kommen.[15]

Mit Simondon gilt es, nach den technischen Assemblagen zu suchen, mit denen wir heute konfrontiert sind beziehungsweise an denen wir partizipativ-immersiv teilhaben und welche Geschichte(n) diese technologischen Verbindungen mit sich tragen. Seitdem mit Satellitentechnologie ein immer dichteres Netz um den Planeten Erde gespannt wird, entwickeln sich in den Medienwissenschaften oder in der Medienphilosophie Ansätze, diese weltumspannende Infrastruktur kosmologisch zu begreifen. John Durham Peters ergründet in *The Marvelous Clouds*[16] die elementaren Voraussetzungen: Dabei konzipiert er den Ozean oder die Atmosphäre als *elemental media*, als Medium der Medien. Texte wie dieses Buch von Peters verfolgen einen medienökologischen Ansatz und versuchen die Relationen zwischen den Geräten zu theoretisieren, weniger die Einzelmedien zu reflektieren. Um vor diesem Hintergrund affektive Verbindungen zur Erde zu (re-)aktivieren, wie durch *Powers of Ten* geschehen, welche Rolle können Satellitenbilder darin spielen und welche Verbindungen sollten sie eingehen?

Yuk Hui schlägt einen *cosmotechnical point of view* und das Konzept der ›Kosmotechnik‹ vor. Darunter versteht er »die Vereinheitlichung zwischen der kosmischen Ordnung und der moralischen Ordnung durch technische Aktivitäten (obwohl der Begriff kosmische Ordnung selbst tautologisch ist, da das griechische Wort kosmos Ordnung bedeutet)«.[17] Erklärtes Ziel von Hui ist es, den »konventionellen Gegensatz zwischen Technik und Natur« zu überwinden und stattdessen die »organische Einheit der beiden« zu entwickeln. Dabei lassen beide Autoren, Hui und Peters, Größenverhältnisse aus dem Auge beziehungsweise stellen sie Verbindungen zwischen dem Makro- und dem Mikrokosmos über die Objekte oder Wesen her, die den Makrokosmos — in diesem Fall das Universum — durchqueren oder auswerten. Ihre Texte versuchen die Relationen zwischen den Geräten zu theoretisieren, weniger die Technik als solche — wie zu Beginn der noch jungen Disziplin Medienwissenschaften verbreitet — zu analysieren.

Bazdyrieva und Suess begrenzen ihre Recherchen vor Ort auf die Innere Mongolei in China und auf die von China ausgehenden Entwicklungen in Thailand — beides wesentliche Regionen für die weiträumig angelegte Digital Belt and Road Initiative, die digitale Infrastruktur zur geopolitischen Belt and Road Initiative, einem transkontinentalen Expansionsprojekt Chinas, das dem Verlauf der historischen Seidenstraße folgt. Den heutigen Standards für Informations- und Warenaustausch entsprechend, müssen für einen Ausbau dieser Handelsroute die Infrastrukturen ausgebaut werden. Für Suess und Bazdyrieva sind solche Orte bedeutsam, an denen sich die Satellitentechnologie materialisiert. Orte, mit denen die Satelliten ›kommunizieren‹ und von denen aus sie justiert und nachgesteuert werden — wie zum Beispiel die chinesische Akademie der Wissenschaften in Beijing, Sitz des Big-Earth-Data-Projekts, die Bodenstation Sri Racha in Thailand, die Jiuquan Satellite Launch Site oder das Miyun Reservoir, eine weitläufige Landschaft, die zum Kalibrieren der Satellitenkameras genutzt wird.

Mit der DBAR wird die Welt in Datenform verdoppelt.[18] Wobei diese Verdopplung nicht zwangsläufig an Repräsentations- und an Sichtbarkeitsfragen geknüpft ist, wie es Joseph Vogl im Rahmen seiner Beschäftigung mit den Medien des Finanzkapitalismus gezeigt hat.[19] Gleiches gilt für geophysikalische und meteorologische Daten, die von Sensoren im nicht-optischen Bereich gemessen werden. In einem medienhistorischen Aufsatz, der sich mit dem »Medium-Werden« von Galileis Teleskop befasst, macht Vogl deutlich, dass dieses Medium »vor allem Unsichtbarkeit, sichtbare Unsichtbarkeit«[20] erzeugt. Ein wichtiger Punkt, der im Hinblick auf Satellitentechnologie weiterhin virulent ist. Vogl will anhand des historischen Bildmaterials, das er studierte, darauf hinaus, dass zwischen den weit verteilten Sternen nichts zu sehen ist. Vergleichbare Schwierigkeiten gibt es immer wieder mit Satellitenbildern, nicht alles wird sichtbar.

Genauso wenig ist die Technologie selbst zu sehen. Daran schließt sich die Frage an, ob sich die Satellitentechnologie für eine weitere »Denaturierung der Sinne« verantwortlich zeichnet, da ihre Unsichtbarkeit eine weitere einschneidende Veränderung im Sehen ist — befanden sich doch Teleskop und Körper noch unmittelbar am selben Ort. Von Satelliten gibt es kaum individuelle Vorstellungen, seitdem die Ikone Sputnik Geschichte ist und das Aussehen durch die Instrumente, die Solarzellen und eine leichte Bauweise den Satelliten zu einem ästhetisch wenig reizvollen Objekt machten. Stattdessen gibt es eine Vorstellung von dem Supersatelliten — ein Satellit steht für alle Satelliten. Wenn Vogl schreibt, »dass es keine Medien in einem dauerhaften Sinn gibt, dass Medien eine Denaturierung und damit eine Geschichte der Sinne ermöglichen«,[21] so spricht er eine epistemologische Bedeutungsebene an, die mit der Konvergenz von Kino und Satelliten zu einem Medium werden kann, das die Vermittlung von visueller Lesefähigkeit technischer Bilder verspricht. Die Information eines (Daten-)Bildes muss erarbeitet werden.

Indem sie die Kinoreferenz in ihrem Projekttitel führen, Planetarien wie Kinosäle betrachten und mit filmischen Mitteln arbeiten, skalieren Geocinema die Satellitentechnologie, -infrastruktur und -kultur auf den menschlichen Maßstab herunter. Sie adressieren nicht die Maschine, nicht das Auge der Wissenschaften, sondern werfen ihre künstlerisch motivierten Blicke auf die Bildherstellung in wissenschaftlichen Zusammenhängen. Diese Vorgehensweise kann dahingehend gelesen werden, dass sie Haraways Gedanken aufnimmt und Bilder dabei entstehen, »durch die Menschen lernen könnten, von einem anderen Standpunkt aus genau zu sehen, sogar wenn die ›andere‹ unsere eigene Maschine ist. Dies ist keine entfremdende Distanz, es ist eine mögliche Allegorie für feministische Versionen von Objektivität.«[22]

Mit ihrem institutionellen und situierten Zuschnitt schlagen Suess und Bazdyrieva eine alternative Betrachtungsweise vor und unternehmen den Versuch einer künstlerischen Vermittlung des Satellitenwesens. Der Name Geocinema lässt sich also in verschiedene Richtungen lesen: Kulturhistorisch ist der Sternenhimmel als Kino in der Astronomie, das Planetarium als Kinokuppel betrachtet worden. Der Blick auf die Erde kam mit der Raumfahrt hinzu.

Kino und Astronomie

Von den Eindrücken des Ersten Weltkriegs erschüttert, erinnerte Walter Benjamin 1928 in dem kurzen Text »Zum Planetarium« daran, »daß rauschhaft mit dem Kosmos der Mensch nur in der Gemeinschaft kommunizieren kann.«[23] Damit beschreibt Benjamin den Zugang zum Weltraum in der Antike. Nunmehr nach dem Einsatz von Kriegsgerät muss der Autor dieses Verhältnis neu ordnen. Immerhin hat das gemeinschaftliche Erleben im Kino des Planetariums eine wichtige Bedeutung und Stellvertreterfunktion für das ›große Kino‹ am Sternenhimmel eingenommen.

Eine Szene aus dem Geocinema-Projekt schließt hieran an. Am Eingangstor zu einer chinesischen Bodenstation in der Nähe von Beijing befragen die Künstlerinnen das PförtnerePaar. Während die Frau von der Kamera abgewandt auf einem der typischen dreirädrigen, motorisierten, offenen Lieferwägen sitzt und häkelt, erzählt der Mann, was sich an ihrem Arbeitsplatz alles abspielt. Entlang einer schmalen Landstraße stehen aufgereiht etliche Antennen für den Satellitendatenempfang, deren gitternetzartige Schüsseln sich in der Waagerechten liegend gen Himmel öffnen. Abb. 32 B S. 282 An Wochenendabenden kämen viele mit dem Auto aus Beijing angefahren, weil jemand auf WeChat gepostet habe, dass sich dort der Sternenhimmel besonders gut beobachten ließe, kein Smog wie in der Großstadt, keine Berge, die die Sicht begrenzten. Deswegen sind die Antennen genau an diesem Ort aufgestellt, damit die Datenverbindung zwischen Satelliten und Antennen möglichst lang gehalten werden kann und auf diese Weise größere Datenvolumen übertragen werden können.

In einer anderen Szene wird ein großer Globus, der in der Eingangshalle der Akademie der Wissenschaften in Beijing platziert ist, mit eng an dessen reflektierender Oberfläche geführter Kamera umrundet, sodass ein immersiver Sog und der Eindruck eines haptischen Bildes entsteht, als könnte man als Zuschauer·in das Volumen des Objekts förmlich spüren. Durch den Rückwärtsgang der Kamerafrau wird ein bestimmtes Tempo vermittelt, das nah an ein Schwindelgefühl herankommt und die Zuschauer·innen den übrigen Raum ausblenden lässt. Um die technologischen, institutionellen und kulturellen Auswirkungen der digital earth zu untersuchen, muss ein affektives Bild nicht hinderlich sein. Ein Wissenschaftler der Akademie gibt Auskunft: »The satellite is just a signal for us, not a picture. It's a signal and we process it to be a picture. And the government lets information to be knowledge.«[24] Signal, Daten, Information—in diese drei aufeinander folgenden Verarbeitungsschritte unterteilt er die Arbeit in der Akademie. Mit anderen Worten, zuerst empfangen sie Signale, diese werden zu Daten verarbeitet, woraus dann Informationen ausgewertet werden; wobei die Zuordnung der Wissensbildung als Aufgabe der Regierung eine spezifisch chinesische Antwort ist. Die räumliche Anwesenheit und Größe eines menschlichen Körpers tritt in einer dritten, hier exemplarisch ausgewählten Szene in den Vordergrund: eine bei Nacht aus Untersicht gefilmte schüsselförmige Antenne. Ohne Zuhilfenahme von Drohnen oder anderen fliegenden Kameravehikeln kann so ein technisches Objekt nur von unten gefilmt werden. Von unten gesehen, wird der Eindruck des Mächtigen befördert. Die große runde Schüssel aus Stahl wirkt gewaltig. Aus dem Framing und der Beschäftigung mit der Funktionsweise des Übertragungsgeräts ergibt es sich, dass das Bild den Gegenstand animistisch auflädt, als Akteur in einem großen Netzwerk inszeniert. Im Gegenschnitt sieht man einen Mann am Schreibtisch. Er sitzt in einem fahl ausgeleuchteten Computerraum. Auf den Bildschirmen werden technische Daten angezeigt, sie bilden die wissenschaftliche Kulisse. Auf zwei Monitoren laufen allerdings Fernsehprogramme, ein Boxwettkampf und eine Dialogszene, die aus einer regionalen TV-Soap-Folge stammen könnte. Schnitt.

Eine große 30-Meter-Antenne hat etwas Rost angesetzt. Antennen von Bodenstationen stehen einerseits als Zeichen für die Idee, eines Tages Kontakt mit außerirdischem Leben aufzunehmen.[25] Die Vermutung liegt nahe, dass die Künstlerinnen mit ihrer Kameraführung das große Gerät wieder mit einer interpretativen Bedeutung aufladen, es als Zeichen für den Entwurf einer alternativen Zukunft inszenieren wollen, die virtuell vorhanden ist.

Als Hommage an *Powers of Ten* skalieren die Filmemacherinnen zwischen den Antennen, geografischen Koordinatenpunkten und Satellitenflugbahnen, die zusammen die großräumigen Infrastrukturen der Erdbeobachtung bilden. Die einzelnen Filmsequenzen treffen auf der Makroebene in der Digital Belt and Road Initiative aufeinander, während die vor der Kamera Interviewten ganz konkret über die Schwierigkeit der Synchronisierung von Datensätzen diskutieren.

Das Universum ist mit Google Sky[26] sichtbar geworden, und die NASA veröffentlicht in ihrem Tumblr- und im Facebook-Feed täglich bezaubernd bunte, strahlende Bilder von Galaxien und bislang unbekannten oder ungesehenen Planeten, die den Weltraum als Kino zeigen. Das Weltall, wie wir es ausschließlich in der Form von Bildern kennen, verschiebt sich vom Virtuellen ins Mediale, in soziale Medien. Befindet sich Repräsentationen des Universums also mittlerweile auf vielen Supercomputern in den Raumfahrtbehörden der Länder der Europäischen Union, Chinas und der USA? Ist es dieses virtuelle Universum, dem die Öffentlichkeit ihre Aufmerksamkeit widmet?[27]

Aufschlussreich ist an dieser Stelle die Zusammenarbeit zwischen dem Filmemacher Christopher Nolan und dem Astrophysiker Kip Thorne. Thorne hat Nolan bei seinem Film *Interstellar* (2014) beraten und Lichtbrechungen im schwarzen Loch berechnet, aufgrund derer die visuellen Effekte – Licht, das nicht in geraden Bahnen bricht – mit einem Raytracing-Algorithmus erzeugt wurden. Eine britische Firma für Spezialeffekte, Double Negative, musste die Raytracing-Software anpassen, um diese physikalischen Eigenschaften getreu der wissenschaftlichen Forschungsergebnisse darzustellen. Das Erstaunliche ist, dass selbst Thorne anhand der Visualisierungen neue Entdeckungen machte. In der Zeitschrift Wired veröffentlichte er den Artikel »How Building a Black Hole for Interstellar Led to an Amazing Scientific Discovery«,[28] in dem er berichtet, dass er die Renderings als Illustrationen für Veröffentlichungen in Fachzeitschriften verwenden will. Hollywood hat also in diesem Fall neue Visualisierungen für die Wissenschaft produziert.

Die ganze Welt

»Bringing the whole wide world to virtual reality« lautet der Werbeslogan für Google Earth VR. Diese Ansage bestätigt das totale Bestreben der Tech-Branche, wie es von Whole Earth Catalog-Herausgeber Stewart Brand bis zu Google-Mitbegründer Sergey Brin verfolgt wird. In der Tech-Branche lassen sich viele Beispiele für die (werbewirksame) Behauptung von Totalität finden. Einige seien beispielhaft genannt: Elon Musks Firma SpaceX plant, mit dem Projekt Starlink das Internet über den Weltraum zu senden und meint damit ein Satellitensystem, mit dem weltweit Einwahlpunkte in das Internet verteilt werden sollen. Einige Hersteller von Big Data-Analysesoftware werben mit Nullen und Einsen in (Erd-)Kugelform und Männerhänden, die beschützend eine Erdkugel in die Kamera halten.[29] Netzbetreiber visualisieren die Datennetze als Lichtbahnen auf dem Globus. Ein NASA-Video ästhetisiert die Ozeanströme mit van Gogh-Filter. Dieses Video erinnert an die gemalten Abbildungen der Erde im *National Geographic*, erschienen 1956, bevor es erste Satellitenbilder des ganzen Planeten gab.[30] Ein Projekt, dessen Ziel es ist, eine 3D-Visualisierung der Milchstraße zu erstellen, lädt User·innen weltweit ein, die Rechenleistung ihrer privaten Geräte zur Verfügung zu stellen. Das partizipative Projekt MilkyWay@home ist der Versuch einer Rückbindung von Weltraum und Weltraumforschung an die User·innen an ihren Heimcomputern.[31]

Ausschließlich in der Anfangsphase des Satellitenbetriebs, in den 1960er Jahren, existiert aus mediengeschichtlicher Sicht eine direkte Verkopplung von Film- und Satellitentechnik. Diese Verbindung lieferte erste detailreiche Bilder auf analogem Filmmaterial. So gehörten insbesondere die ersten Corona-Satelliten im US-amerikanischen Keyhole-Spionageprogramm zu den mit Kodak-Filmkameras ausgestatteten Satelliten.[32] Doch da deren Bilder nicht elektronisch übertragen werden konnten und die Bergung der Filmkanister in Atlantik oder Pazifik zu aufwändig und zu langsam verlief, hat sich diese Kombination aus Satelliten und Film nicht durchgesetzt.

Ein Programm, das neben der Luftaufklärung gleich mehrere Funktionen erfüllte, wie u. a. die Überarbeitung und Präzisierung des globalen geodätischen Rasters. Die ersten Satellitenaufnahmen der Erde, die innerhalb des Corona-Programms entstanden, kamen auf abenteuerlichem Weg zu den bildverarbeitenden Stellen des Nachrichtendienstes. Filmkanister wurden aus dem Satelliten abgeworfen und nach dem Wiedereintritt in die Erdatmosphäre mit dem Fallschirm zur Erde zurückgeschleudert, etwa in der Nähe von Hawaii von einem Flugzeug der Air Force des Typs Fairchild C-119J eingesammelt und auf kürzestem Weg zu den Expert·innenteams gebracht, die für die Auswertung des Materials zuständig waren. Die (Bild-)Dokumente aus dem Corona-Programm wurden 1995 unter Präsident Bill Clinton freigegeben, mit der Begründung, dass das Bildmaterial für die Umweltforschung relevant sei.[33] Vize-Präsident war Al Gore, der das NASA-Projekt Digital Earth (1998) politisch unterstützte. Es sind insgesamt mehr als 860.000 Bilder, die im National Archive liegen und zum Teil in dem Geobrowser Earth-Explorer als Vorschau zu finden sind. Gegen eine Gebühr von 30 US-Dollar kann man die digitale Kopie eines Fotos beim U. S. Geographical Service bestellen. Fraglich ist allerdings, ob diese Schwarz-Weiß-Fotos tatsächlich relevant sind, um gegenwärtige Fragen etwa zum Klimawandel zu beantworten. Es ist demnach eine additive Geschichte; mit jedem Digitalisierungsdurchlauf und jeder Verjährung der Geheimhaltungsfristen werden mehr relevante Daten verfügbar, die dann Aufschluss über den Stellenwert der Bilder, der Bildpolitik und ihre technologischen Bedingungen geben können.

Mit den ersten Spionagesatelliten im Samos-Programm und dem elektronischen Verfahren hatte es anfänglich Probleme gegeben. Die Bilder konnten bereits in einem dem Polaroid-Verfahren ähnlichen Vorgang im Weltraum entwickelt werden, um dann elektronisch abgetastet und zur Erde übertragen zu werden. In der Bodenstation wurden diese Signale wieder in Bilder umgewandelt, doch die Bilder waren wegen schlechter Qualität weitgehend unbrauchbar.[34] Die Kamera des Spionagesatelliten hatte eine Bodenauflösung von circa 30 Metern, was bedeutete, dass für den damaligen Zweck keine überwachungsrelevanten Details — Personen, Fahrzeuge, Infrastrukturen — zu erkennen waren. Das Nachfolgemodell E-2 konnte dann bereits im Bereich von sechs Metern Objekte erkennen und stereoskopische Bilder aufnehmen — im Überflug zwei Mal dasselbe Objekt aus unterschiedlichen Winkeln. Um die Kameras kalibrieren zu können, hat die Air Force in der Wüste von Arizona für das Nachfolge-Programm von Samos sogenannte Kalibrierungsgitter im Maßstab von einer Meile angelegt. Solche Ground-Truth-Ziele müssen präzise gebaut sein. Im Vergleich zu Kodaks E-1-Kamera hatten die kommerziellen Spot-Satelliten ab 1986 eine Auflösung von 30 Zentimetern, die Auflösung hatte sich also um ein Hundertfaches gesteigert.

Der Akt der filmischen Wahrnehmung, so argumentieren die Künstlerinnen von Geocinema in ihrem Konzeptpapier mit der Medientheoretikerin Ute Holl, verbinde eine ganze Reihe von Elementen, sowohl technische als auch kulturelle, topologische und historische Ordnungen, so dass das filmische Bild nie als solches lokalisiert, sondern nur durch verschiedene Bildschirme, Darstellungskonventionen und Rezeptionskulturen betrachtet werden könne. Vergleichbares könnte über die visuelle Interpretation fernerkundungsbasierter Daten festgehalten werden. Fernerkundung bedeutet, dass Satelliten nicht unmittelbar Stills oder Filme produzieren, sondern Messdaten sammeln, die durch zahlreiche Übersetzungsreihen gehen, bevor sie auf einem Bildschirm als Bild angezeigt werden können. Mit der Simulation von globalen klimatischen Entwicklungen anhand meteorologischer Datenerhebungen liegen den verschiedenen Institutionen Berechnungen vor, ihre Politiken zu überprüfen und daraufhin zu handeln. Visualität wird in diesen Vorgängen wieder eine verkörperte Vision im Sinne Haraways. Löst sich also die von Haraway Ende der 1980er Jahre forcierte Opposition von göttlichem Trick und partialer Perspektive auf? Oder gab es sie nie? Hier eröffnet das künstlerisches Rechercheprojekt von Geocinema ein Umdenken, eine neue Art der Betrachtung, indem es einen über den Erdball verteilten diskontinuierlichen kinematischen Apparat konzipiert und so beispielsweise das ambivalente Verhältnis zwischen staatlich-militärischer Nutzung der Infrastruktur und wissenschaftlich-politischem Nutzen aushält.

Der Projektname Geocinema birgt verschiedene Referenzen, verwandte Ideen und Konzepte: Zum einen medienwissenschaftliche Untersuchungen zur medialen Infrastruktur, über die Parks und Starosielski schrieben, »infrastructures are defined by their invisibility«,[35] medienhistorische Analysen der Verbindungen zwischen dem Kino und anderen Medien, bildgebenden Verfahren und philosophische Gedanken zur Erde, aber auch die Tradition künstlerischer Visionen weltweit zirkulierender und kommunizierender Bilder wie etwa dem ›Expanded Cinema‹ oder den Multiscreen-Installationen von Charles und Ray Eames.

Das Projekt kann vor dem Hintergrund der »Geophilosophie« von Gilles Deleuze und Félix Guattari gelesen werden. Genauso könnte es eine Re-Konzeptualisierung des Expanded Cinema sein, das von dem Künstler Stan VanDerBeek seinerzeit als weltumspannendes Kino konzipiert worden war – mit dem Unterschied, dass dieser davon ausging, eigenes Filmmaterial zu verwenden. Genauso kann die Lektüre von Paul Virilios Buch Krieg und Kino produktiv gemacht werden, das er zur Zeit des Star-Wars-Rüstungsprogramms von Ronald Reagan im März 1983 schrieb – ein Programm, das nie realisiert wurde, aber als Konzept im politischen Kontext des Kalten Krieges für Donna J. Haraway so abstoßend wirkte, dass sie ihre Cyborg-Figur als Technoscience-Kritik an diesem entwickelte. Virilio hingegen untersucht historisch die »Osmose von Krieg und industriellem Kino«,[36] Kombinationen aus Waffe und Kamera von der fotografischen Fernerkundung bis zur terrestrischen Überwachung durch Videokameras. Virilio interessierte sich für »eine kinematographische Verfolgung der Realität, der De- und Rekomposition eines unstabilen Geländes – die Ersetzung der Generalstabskarte durch den Film.«[37] Was Virilio anhand der Anwendung von Foto- und Filmkameratechnologie im Krieg untersucht hat, nicht global, aber zeitübergreifend, scheint die Künstlerinnen in einem umgekehrten Vorgang zu interessieren, den sie selbst mit filmischen Mitteln gestalten, indem sie sich an die Orte begeben, an denen die Karte durch Satellitendaten erweitert wird.

Im Vietnamkrieg sah Virilio rückblickend erstmals eine Form der Luftaufklärung zum Einsatz kommen, deren »alte Darstellungsweisen in der Unmittelbarkeit der Echtzeit-Information aufgingen. Statt der Objekte und Körper selbst beobachtete man nun ihre physiologischen Spuren; dazu diente ein ganzer Schwarm von neuen Mitteln, Sensoren, die mehr auf Schwingungen, Geräusche, Gerüche reagieren als auf Sichtbares, Fernsehen mit Bildverstärker, Infrarot-Beobachtungsgeräte und thermografische Bilder. Wenn die Aufzeichnung zur Echtzeit wird, entzieht diese sich dem Zwang zur chronologischen Erscheinung und wird kinematisch.«[38] Wenn also Virilio hier das Verschwinden der unter Beobachtung stehenden Objekte und Körper aus dem technischen Bild von oben am Beispiel des Vietnamkrieges festhält, so rücken die Geocinema-Künstlerinnen in einem wissenschaftlichen Forschungskontext sämtliche hinter den institutionellen Kulissen Beteiligte – in brechtscher Tradition die Arbeiter·innen und die Produktion immer mitdenkend – vor ihre dokumentarische Kamera.

In dieser Hinsicht wirkt eine mit Bertolt Brecht in Walter Benjamins Aufsatz »Kleine Geschichte der Photographie« formulierte Unzulänglichkeit der einzelnen Fotografie beim Sichtbarmachen von Arbeitsverhältnissen weiterhin aktuell. Brecht beobachtete, dass auf einer »Photographie der Kruppwerke oder der A.E.G. […] beinahe nichts über diese Institute«[39] mitgeteilt werde. Das von Benjamin zitierte Fazit Brechts suggeriert, dass sich die industrielle Realität nicht ohne Weiteres ablichten lässt, da sie »in die Funktionale gerutscht« ist, die Arbeiter·innen und die Arbeitsbedingungen werden nicht abgebildet.

In aktuelleren Diskursen, die sich unter den technologischen Bedingungen des Digitalen und insbesondere im Medienverbund mobiler Medien, Big Data und Satelliten mit der Sicht von oben befassen, wird die epistemologische Frage immer mitgedacht.[40] Vertreterinnen dieser epistemologischen Perspektive sind die Autorinnen Sophie Day und Celia Lury, Susan Schuppli oder Catherine d'Ignazio und Lauren F. Klein sowie Lisa Parks.[41] Letztere beziehen sich in ihrem Denken, in ihren Analysen und ihrer Praxis explizit auf Haraways Visionsmetapher und das Konzept des ›situierten Wissens‹.

So gesehen ist die Bewegung beziehungsweise die Beweglichkeit der Bildfläche, die von der Anthropologin Sophie Day und der Soziologin Celia Lury untersucht werden, eng verbunden mit der Frage nach den Visualitäten der Erde. Day und Lury befassen sich anhand zweier Beispiele des Unsichtbarwerdens beziehungsweise Verschwindens – des 2014 vermutlich gehijackten und spurlos verschwundenen Flugzeugs des Malaysia-Airlines-Flugs 370 und den im selben Jahr von Boko Haram gekidnappten Mädchen – und der Frage, wie es möglich ist, dass heutzutage Menschen von der Bildfläche verschwinden. Die Autorinnen betrachten zwei voneinander unabhängige Ereignisse in geografischen Räumen, die potenziell von internationalen Satelliten abgedeckt werden, jedoch nicht unbedingt mit der erforderlichen Frequenz und Granularität.

Ihrer Ansicht nach produziert die Fotografie (hier stellvertretend für optische Medien) »a surface that is always being made, un-made and remade and, as such, is never coincident with itself.«[42] Jonathan Crarys Beobachtung erklären Day und Lury zu einer Beobachtung zweiter Ordnung, »to describe observation as (re-)entry into a surface of visualization that is changing, not least because it is itself the object of observation.«[43] Unter den gegenwärtigen Bedingungen von Cloud Computing und Big Data bedeutet das, »[r]endering invites questions about the grounds for observation which may no longer exist a priori, but instead are constantly surfacing in re-visionings.«[44] In dieser Hinsicht haben die Autorinnen eine praktische Umsetzung für die von Haraway eingeforderte partialen Perspektive gefunden. Sie liefern eine Begründung dafür, warum der Totalitätsanspruch der Objektivitätsideologie an der Größe des Planeten scheitert und nicht zu jedem Zeitpunkt jeder Fleck auf der Erde erfasst werden kann. Zur maschinellen Sicht von oben gehören Lücken.

Die Medienwissenschaftlerin Lisa Parks bezieht sich in ihrer ersten umfassenden Studie zur Satellitenkultur *Cultures in Orbit. Satellites and the Televisual* (2005) zwar nicht auf das Kino, sondern auf eine andere große mediale Referenz, das Fernsehen, was in den bereits erwähnten bildgebenden Verfahren durch Verwendung von Fernsehtechnik präsent war und weiterhin durch das Übertragen von Fernsehprogrammen eingebunden ist. Darüber hinaus werden nach den ersten Wettersatelliten auch Kommunikationssatelliten – die u. a. für die Übertragung von Fernsehsendungen eingesetzt werden — in die Umlaufbahn gebracht. So ergibt sich eine kulturelle, epistemologische Bedeutung der Satellitentechnologie im Zusammenhang mit dem Medium Fernsehen. Parks verwendet den Begriff Televisualität als Sammelbegriff für »the complex meanings and ideologies articulated by the images, programming, flow, or coverage that is arranged and packaged for television transmission, whether distributed over the air, via satellite, or online.«[45]

Catherine d'Ignazio und Lauren F. Klein plädieren mit Haraway dafür, Datenvisualisierungen zu situieren und »to locate it in concrete bodies«.[46] Im Unterschied zu den theoretischen Positionen von Day und Lury sowie Parks machen sie einen angewandten Vorschlag. Sie nennen erste Schritte, um die Unvollständigkeit oder Ungewissheit in der Visualisierung — zum Beispiel ohne Ground Truthing — sichtbar zu machen, etwa indem eine Kamera für Luftaufnahmen auch die Kartograf·innen aufnimmt und in der Umsetzung die Datenquellen und widerstreitende Darstellungsmöglichkeiten ins Bild geholt werden.

Eine interessante Fallstudie unternimmt die Künstlerin und Autorin Susan Schuppli. Ihre Lesart einer ikonischen Kriegsfotografie aus dem Vietnamkrieg praktiziert die von Haraway angeregte Auskundschaftung der Apparate, Instrumente oder Medien. Wie Haraway vor dem Hintergrund des Wissenschaftsbetriebs spekuliert, »erlaubt uns die Visionsmetapher, über die Endprodukte der festgelegten Erscheinungen hinauszugelangen. Die Metapher lädt uns zur Erforschung der verschiedenen Apparate der visuellen Produktion ein.«[47] Und genau das tut Schuppli, allerdings in einem anderen gesellschaftlichen, Bilder produzierenden Feld, dem Fotojournalismus. Es ist ganz im Sinne von Haraway, dass eine Metapher zu weiteren Metaphern führt. Schuppli fühlt sich ausgehend von einem einzelnen ikonischen Bild in die Subjektive der mikrokosmischen Bilderwelt ein, dahin, wo die materiellen Bildmoleküle verschmelzen. Sie nennt es *material entanglement*. Das von Schuppli in Nahaufnahme studierte Gerät, ein Muirhead K220, ein sogenanntes Bildtelefon oder Bildfax, transformierte in den Augen der Autorin in ein »virtual transmitting device«,[48] da es im Laufe seiner Lebensdauer viele Bilder aggregierte. Zu der Zeit wurde die Technik nicht so schnell obsolet, was es gilt mitzudenken. Sie zieht also stellvertretend für eine mediale Infrastruktur ein Gerät heran. Das einzelne Bildtelefon wird als Supergerät angenommen — eines stellvertretend für die vielen. So gesehen, reanimiert Schuppli in ihrem Text zwar zunächst das Bildmotiv, um dann vielmehr die abgestumpfte Wahrnehmung der Betrachter·innen gegenüber den unsichtbaren, da nicht-repräsentierten Bildübertragungsapparaten, und damit auch gegenüber der visuellen Kultur als solcher zu re-sensibilisieren. Ihre Studie kann die Leser·innen dazu veranlassen, als Betrachter·innen viel häufiger danach zu fragen, woher ein Bild kommt, wie es zustande gekommen ist und welche Arbeitskräfte daran mitgewirkt haben. Wie Schuppli interessieren sich Bazdyrieva und Suess sich für »micro-political dimensions of image production«, aber genauso für die Makropolitik und die Vielheit der Bilder.

Nach Haraways ›Visionsmetapher‹

In einem ersten Schritt sollen zwei aktuelle Bildbeispiele – eine anhand wissenschaftlicher Daten errechnete VR-Anwendung des Deutschen Luft- und Raumfahrtzentrums und das Konzept von Geocinema – im Hinblick auf Haraways Kritik an der Entkörperung der Vision beim Blick von oben überprüft werden. Hat die gegenwärtige Datenlage und die Vernetzung dieser Daten zu einem Paradigmenwechsel bezüglich der Sicht von oben geführt und lässt sich dieser an den beiden genannten künstlerischen und wissenschaftlichen Darstellungsweisen festmachen? 1988 schrieb Haraway unter anderen technischen Voraussetzungen. Sollte Haraways Kritik am wissenschaftlichen Blick aus dem Nirgendwo weiterhin aktuell sein, schließt sich die Frage an, ob in den genannten Fallbeispielen vorgefundene Bildgebungen und Konzeptualisierungen dieser Kritik situativ entgegenwirken können. Haraway geht es um das »Verständnis, wie diese visuellen Systeme in technischer, sozialer und psychischer Hinsicht arbeiten« und inwiefern sie »ein Weg für die Verkörperung feministischer Objektivität«[49] sein können. Ein paar Seiten weiter wird sie deutlicher, wie eine feministische Auffassung von Objektivität in die vorhandenen Strukturen intervenieren kann. Für Haraway ist es ein Weg, »Metaphern und Mittel für das Verständnis von und die Intervention in die vorhanden Objektivierungsmuster«[50] zu finden.

Im Frühjahr 2019 hat die Veröffentlichung des ersten Bildes von einem Schwarzen Loch gezeigt, dass die Zusammenschaltung global verteilter Teleskope eine erdumspannende Perspektive herstellte, bei dem die Erde zur Kamera wurde und sich der Standpunkt der Aufnahme ins Virtuelle bewegte. In diesem Fall hat sich Haraways Beobachtung sogar potenziert. Der Apparat als Ganzes kann nicht mehr sichtbar gemacht werden; das Prinzip dezentraler Datensammlung und weit verzweigter Netzwerke verhindert die Repräsentation von Macht in Bildern. Es gibt aber zahlreiche Beispiele, die für eine gegenteilige Annahme sprechen: Die bildstarken Homepages von privaten Raumfahrtunternehmen sind zum einen Hommagen an die Astrokultur des 20. Jahrhunderts. Auf der Webseite der Firma PT-Scientists aka Planetary Transportation Systems startet eine Bewegtbild-Diashow mit einem an Nam June Paik-Installationen erinnernden Arrangement aus alten TV-Geräten, auf denen die Mondlandung und andere ikonische Weltraumbilder zu sehen sind. Zum anderen vermittelt der Satelliten-Internetservice-Anbieter OneWeb die Aktivitäten mit einer Bildstrecke und macht sie auf diese Weise anschaulich. Anhand dieser verschiedenen zeitgenössischen visuellen Konzepte und Strategien heißt es zu fragen: Wie entsteht Bildwissen? Wessen Interessen vermitteln die Bilder? Von wo aus wird gesehen, lassen sich die Bildräume verorten oder schweben sie im Nirgendwo?

Im zweiten Schritt wird vor dem Hintergrund derselben Bildbeispiele gefragt, ob Haraways Visionsmetapher weiterhin ausreicht, um auf den göttlichen Trick zu zeigen, oder ob es wesentlich wird, andere, den zeitgenössischen technologischen Bedingungen entsprechende Metaphern zu wählen. Haraway macht es sich 1988 zur Aufgabe, »einem sensorischen

System Vertrauen [zu] schenken: der Vision.«[51] Hier soll die Überlegung angestellt werden, ob es im Hinblick auf exponentiell gewachsene Datenmengen und die Möglichkeiten algorithmischer Bildauswertung weiterführend ist, in Analogie zu Haraway, so einem sensorischen System zu vertrauen oder stattdessen neue Metaphern abzuleiten und auf diese Weise in einem dritten Schritt die Visionsmetapher aufzugeben. Im Sinne Haraways geben die neueren Entwicklungen Anlass für die »Erforschung der Apparate der visuellen Produktion«, um in deren Objektivierungsmuster intervenieren zu können. Mit welchen Visualisierungstricks arbeiten die Wissenschaften Ende der 2010er Jahre?

Zwei möglicherweise produktive Begriffe sollen vor diesem Hintergrund auf ihr Metaphernpotenzial überprüft werden: Geocinema — auch im Hinblick auf den Anthropozän-Diskurs und die Problematik des Klimawandels — und Datensehen — womit das Navigieren in Datenmengen und deren algorithmische Anzeige oder Auswertung benannt sein soll. ›Geocinema‹ kann als Metapher ähnlich produktiv gemacht werden wie der Ansatz, den die Kunsthistorikerin Kaja Silverman in Abgrenzung von »the given-to-be-seen« als »productive looking«[52] erarbeitet hat. Mit dem »productive look« antwortet sie sich selbst auf ihre Frage: »Are there conditions […] under which the eye can resist the solicitation of the screen, or at least see in ways which are not entirely predefined? If so, what are these conditions, and how might they be realized?«[53]

›Vision‹ wird hier in der Doppeldeutigkeit aufgefasst, die der Begriff im Englischen birgt. In der deutschen Fassung des Essays »Situiertes Wissen« weist die Übersetzerin Helga Kelle darauf hin, dass sowohl das Sehvermögen als auch das Gesehene, Vorstellung ebenso wie Weitblick und Erscheinung darunter zu verstehen sind. Wie kann eine bessere Darstellung der Welt entstehen, fragt Haraway. Das Verändern, Erkennen und Hinterfragen vorhandener Objektivitätsmuster gehört zu ihrem zentralen Anliegen. Beständig arbeitet sie daran, Repräsentationsweisen zu erneuern und damit auf etablierte, ausschließende, hierarchisierende, machthaberische Darstellungen einzuwirken — nicht von außen, sondern inmitten der Bildgebungsverfahren. Dabei bleibt der Text ihr Medium, mit dem sie die mächtige visuelle Kultur rastlos kommentiert und herausfordert. Haraway hält hoffnungsvoll fest: »[I]n den Feinheiten dieser Visualisierungstechnologien, in die wir eingebettet sind, werden wir Metaphern und Mittel für das Verständnis von und die Intervention in die vorhandenen Objektivierungsmuster finden.«[54]

Mit Haraways Konzept des situierten Wissens wird die räumliche Vision in VR als situiertes Sehen untersucht. Haraway plädiert für »Ort, Positionierung und Ortung, wo Parteilichkeit und nicht Universalität Voraussetzung dafür ist, dass man gehört wird, um rationale Wissensansprüche zu erheben«.[55] In VR sind User·innen situiert als Betrachter·innen, nicht als Bilderzeuger·innen, also rufen sie mit ihren Bewegungen virtuell vorhandene Bilder auf. Sie sind insofern situiert, weil sie in das immersive Zentrum eines 360-Grad-Bildraums eingebettet sind und so einen Blick auf Bilder und Daten werfen. In diesem Sinne kann die partielle Perspektive, wie sie von

Haraway gedacht wird, in VR-Umgebungen realisiert werden. Doch es bleibt eine VR-immanente, partielle Perspektive, die wenig Relevanz für die Realität behauptet, allenfalls für die Notwendigkeit solch einer perspektivischen Darstellung sensibilisieren kann. Darüber hinaus wäre es auch möglich, dass VR sowohl eine situierte, eingebettete als auch eine globale Sicht vermittelt, abhängig von der Aktivität der Betrachter·innen und der Skalierbarkeit der jeweiligen Szenen.[56]

Haraway hat sich von der Figur der Cyborg abgewandt – die in der Weltraumfahrt verhaftet war, »the spacefaring NASA machine-organism hybrids named cyborg in 1960«[57] – und den companion species zugewandt, um den Gegensatzpaaren der Moderne zu entkommen. »Those cyborgs were appropriated to do feminist work in the Reagan's Star Wars period of the mid-1980s. By the end of the millennium, however, cyborgs could no longer represent the problematics necessary for serious critical inquiry.«[58] Die VR-Technologie, so wie sie sich gegenwärtig materialisiert, scheint hingegen die im Manifest beschriebenen Ambiguitäten zwischen Lob der Technokultur und Blick auf die militärischen Entwicklungen eher auszublenden. Als Haraway in den 1980er Jahren den Begriff appropriiert hatte, stand der Cyborg, wie er in der Weltraumforschung Anfang der 1960er Jahre als cybernetic organism entwickelt wurde, für das Überwinden physikalischer und biologischer Einschränkungen. Dieser Cyborg sollte in extraterrestrischer Umgebung überleben können. Seine Erfinder stellten sich vor, dass die Mensch-Maschine für die nächste große, technohumanistische Herausforderung, den Flug auf den Mond, gebraucht werden würde. Haraway hingegen wollte die Figur im Sinne eines anderen world-making verstanden haben. »We require a multi-species and a multi-expertise way of doing / thinking worlds and ways of life, and that requires muting the command / communication / control / intelligence idiom of cyborgs.«[59]

Eine zu buchstäbliche Anwendung dieser Form metaphorischen Denkens – ein Problem, das in Haraways Metapher steckt – greift allerdings zu kurz. Die Visionsmetapher birgt die Gefahr einer positivistischen beziehungsweise illustrierenden Anwendung auf (künstlerische) Bildbeispiele. Wobei Haraways Aufmerksamkeit insbesondere den Relationen gilt, den verbalen oder visuellen Figurationen. Als Biologin denkt sie in Prozessen. Ihr Schreiben ist motiviert durch die Kritik an den mächtigen Mechanismen der Wissenschaft, welche Objektivität konstruieren. »Jedes Wissen ist ein verdichteter Knoten in einem agonistischen Machtfeld.«[60] In ihrem performativen Schreiben zieht sie die Schnittstellen zwischen Militär, Politik und Wissenschaft zusammen, um aus diesem machtdurchzogenen Feld produktive Figuren herauszulösen. Den Anfang machte der Cyborg. Als sie 1987 an »Situiertes Wissen« arbeitete, war der Kalte Krieg zwischen den USA, ihren westlichen Alliierten und der Sowjetunion besonders erkaltet. Dualismen beherrschten den Blick auf die Welt. US-Präsident Ronald Reagan hatte zunächst neue Waffensysteme zur Verteidigung Amerikas im Weltraum geplant, dann aber ab Mitte der 1980er Jahre Gespräche mit Michail Gorbatschow aufgenommen, nachdem dieser zum Generalsekretär des Zentralkomitees der Kommunistischen Partei der Sowjetunion gewählt worden war. Für diese Untersuchung ist also interessant, ob das Konzept des ›situierten Wissens‹ im Kontext der von mir ausgewählten Beispiele produktiv gemacht werden kann. Einige Kritikpunkte Haraways haben bis heute nicht an Relevanz eingebüßt. Dieser Umstand macht ihre poetischen, auf Umdenken drängenden Texte attraktiv für die Künste und angrenzende Disziplinen wie die Kunstgeschichte und die Kultur-, Medien- und Filmwissenschaften. Es kann damit zusammenhängen, dass viele der Rezipient·innen in dem von Haraway skizzierten und in Unruhe versetzten Machtfeld tätig sind; oder damit, dass sie ihre Kritik mit poetischen Worten und signifikanten Bildern vorbringt. Im folgenden Zitat könnten zugleich die Felder der Anthropologie, die Kartografie, die Linguistik und die Mathematik angesprochen sein. Haraway legt sich nicht fest, was die Notationen, Ordnungssysteme und Strukturen betrifft, jede Form der Festlegung scheint sie durch ihre Figurationen verbinden und verändern zu wollen. Vielmehr möchte sie mit ihrem Schreiben jede Denkfessel lösen.[61]

> Figurations are performative images that can be inhabited. Verbal or visual, figurations can be condensed maps of contestable worlds. All language, including mathematics, is figurative, that is, made of tropes, constituted by bumps that make us swerve from literal-mindedness. I emphasize figuration to make explicit and inescapable the tropic quality of all material-semiotic processes, especially in technoscience. For example, think of a small set of objects into which lives and worlds are built—chip, gene, seed, fetus, database, bomb, race, brain, ecosystem. This mantra-like list is made up of imploded atoms or dense nodes that explode into entire worlds of practice. The chip, seed, or gene is simultaneously literal and figurative. We inhabit and are inhabited by such figures that map universes of knowledge, practice and power.[62]

Haraway weist stets auf das ambivalente Verhältnis zur Technowissenschaft hin. Es ist ein fortlaufender Aneignungs- und Umdeutungsprozess, dessen wichtigste, treibende Kraft die feministische Kritik an den Machtverhältnissen ist. Sie findet immer neue Konzepte und Figuren, ohne dabei die Älteren zurückzulassen. Die Medientheoretikerin Astrid Deuber-Mankowsky erklärt diese verwebende Praxis des Denkens wie folgt:

> Haraway verknüpft Metaphern aus verschiedenen Bereichen der Biologie und der Optik mit Figuren aus der Mythologie und der Science Fiction, geht den Verbindungen nach, welche die sogenannte Populärkultur mit der sogenannten strengen Wissenschaft auf der Ebene der Imagination vereinen, und webt auf diese Weise in ihren Texten ein auf den ersten Blick fantastisch erscheinendes Netz, das auf den zweiten Blick jedoch als eine kohärente Konstruktion der technowissenschaftlichen Realitäten kenntlich wird.[63]

Eine Frage von Deuber-Mankowsky soll hier aufgegriffen werden: Welche Visionsmetaphern werden heute, mehr als 30 Jahre nach Erscheinen von Haraways Text, gebraucht, um gegenwärtige medienökologische Konstellationen zur Produktion von Bildwissen zu untersuchen? Diese Fragestellung thematisiert visuelle Metaphern, die zu wählen sind, »um in einer stereoskopischen Verfahrensweise einerseits an das in optischen Metaphern verdichtete wissenschafts- und technikgeschichtliche Erbe zu erinnern und sich von diesem Erbe zugleich zu emanzipieren.«[64]

Dazu gibt es gleich mehrere mögliche Reaktionen, die parallel zueinander verlaufen: Die Wissenschaftshistoriker·innen Lorraine Daston und Peter Galison haben in ihrer umfassenden Studie zu Produktion und Stellenwert von Objektivität in den Naturwissenschaften den Begriff des haptischen Bildes und des ›Bildes-als-Werkzeug‹ aufgebracht,[65] Ulrike Bergermann gelangt, von Arendt ausgehend, zum ›tätigen Bild‹. Aus beiden Konzeptualisierungen geht deutlich hervor, dass das Bild einen Übergangsstatus definiert, und dass es sich auswirkt auf Wissen und weitere Bilder und Bildgebungsprozesse. Demnach ist das Bild ein Beitrag zu wissenschaftlicher Erkenntnis. Daston und Galison enden ihre Studie damit, dass die wissenschaftliche (Re-)Präsentation wieder mal im Wandel begriffen ist. »Der Auftritt des Bildes-als-Werkzeug scheint untrennbar verbunden mit der Schaffung eines neuartigen wissenschaftlichen Selbst — einer Mischgestalt, die sehr oft wissenschaftliche Zwecke verfolgt, aber mit dem Blick auf technische, industrielle Anwendbarkeit und sogar mit ästhetisch-künstlerischen Ambitionen«.[66] Mit den Datenmengen ist ein »haptisches Sehen« entstanden, das gekennzeichnet ist durch »Simulationen, artifizielle Farbe, Veränderung der Größe, virtuelles Ausschneiden«.[67]

Geowissenschaftler·innen und Astrogeolog·innen experimentieren mit neuen Medien, um die potenzierten Datenmengen, die mit Satelliten und Raumsonden gesammelt werden, zugänglich zu machen. Zu diesen Medien gehört *Virtual Reality*. Dabei wird der Status dessen, was man in VR sieht — Daten oder Bilder — unterschiedlich bewertet. Einer der Köpfe hinter CosmoScout VR,[68] Simon Schneegans vom Institut für Simulationstechnik in Braunschweig, erklärt: »Es ist nicht unser Ziel, Planeten darzustellen. Unser Ziel ist es, Daten darzustellen. Und wie genau wir die Daten darstellen ist mess- und konfigurierbar. Wie genau die Daten die Realität abbilden, weiß derjenige, der sich seine Daten in CosmoScout VR anschaut.«[69] Die Satellitensicht einzunehmen, heißt Daten sehen.

Mein zweites Beispiel ist Geocinema — der Name des Projekts soll als eine Antwort auf die Frage nach einer aktuellen Visionsmetapher diskutiert werden. Die ausführenden Künstlerinnen betrachten Netzwerke im planetarischen Maßstab (Mobiltelefone, Satelliten, Geosensoren) und denken sie als »verteilten kinematischen Apparat«. Es stellt sich hier die Frage, ob sie vielmehr auf der konzeptuellen Ebene als bislang auf der Bildebene, die doch weitgehend den Abbildungskonventionen des Dokumentarischen folgt, Haraways Kritik aufnehmen.

In dem 2016 erschienenen Buch *Staying with the trouble* von Haraway reiht sich das Konzept des ›situierten Wissens‹ in eine Reihe figurativer Praktiken ein, die sich mit den kritischen Zonen abgeben, darunter »situated knowledges, cosmological performance, science art worldings, or animism, complete with the contaminations and infections conjured by each of these terms.«[70] Jede der aufgelisteten Kategorien könnte das Projekt Geocinema erfüllen.

Bevor die Beispiele genauer untersucht werden, noch ein kurzer Verweis auf die Geschichte, in das Jahr 1955, als Satelliten nur Pläne, Bilder und Modelle waren – bei der US-Air Force, in Hollywood und in Disneyland. 1955 kommt der Film *The Conquest of Space* in die Kinos, das Raumschiff ist mit Monitoren ausgestattet um Mond, Mars oder Erde zuzuschalten. Wenn auch die Fantasie der Wetterbeherrschung von oben Geschichte ist, bleibt der Grundton bis heute ähnlich: globale Prozesse technologisch zu steuern. In der Kommandozentrale der Raumstation im Film lässt sich die ›Außenwelt‹ auf einem großformatigen Screen zuschalten. Die Farbbilder sehen aus wie schräge Luftbildaufnahmen aus einer Flugzeugperspektive, bis in niedrigerer Flughöhe ein Raketenflugzeug mit massivem Kondensstreifen den Bildausschnitt durchkreuzt Abb. 33 S. 283 – ein Motiv, das Haraway in der 100 Jahre-Jubiläumsausgabe, *Das Große National Geographic Buch*,[71] findet und in dem Essay »Situiertes Wissen« kritisiert. Im Spielfilm werden also bereits Bildeinstellungen antizipiert, die erst Jahre später technisch umgesetzt werden können. Mit dem Satelliten als Stellvertreter-Sensorium wird eine neue Bildpolitik vorbereitet, die Haraway als ›göttlichen Trick‹ kritisiert.

Geophilosophische Überlegungen

Wie genau die theoretisch multiperspektivische Sicht in den verschiedenen verfügbaren Repräsentationsmodi organisiert werden kann, bleibt bislang der Vorstellung wie der Praxis der einzelnen User·innen an ihren mobilen Endgeräten überlassen. Die multiperspektivische Sicht auf die Erde ist virtuell vorhanden. Nicht in den bereits etablierten parallelen Darstellungen von Mikro- oder Makrowelten, sondern in einer immersiveren Sichtweise und Interaktion mit der Umgebung. In »Secure the volume: Vertical geopolitics and the depth of power«[72] spricht sich der Geograf Stuart Elden über die Fläche hinaus für die dreidimensionale Wiedergabe von Höhen und Tiefen aus, also die Berücksichtigung der vertikalen Dimension in geopolitischen Auseinandersetzungen. Der Geograf Stephen Graham plädiert in *Vertical: The City from Satellites to Bunkers* ebenfalls für einen »volumetric view«.[73] Graham untersucht von oben nach unten gestaffelte Ebenen einer Stadt – ihr Anblick aus der (militärischen) Satellitenperspektive, ihre Hochhausarchitektur, ihre unterirdischen Kanäle und ihre Verbindungen in Form von Aufzügen – und wie durch diese räumliche Organisation soziale Schichten getrennt werden, etwa in den Goldminen in Südafrika oder durch der teuren Skytrain in Bangkok. Graham verzichtet dabei darauf, die Materialität der digitalen Kommunikationstechnologien in jeder der untersuchten Ebenen zu berücksichtigen und dadurch zu verbinden. So betont die Gliederung des Buchs den separaten Charakter der zur Stadt gehörenden Ebenen. Dabei sind Städte längst von unsichtbaren Sendern und Sensoren durchzogen. Insofern bleibt Vertical einer modernen Vorstellung von Stadt verhaftet. Dabei gibt es in der geografischen Forschung den neuen Zweig der digitalen Geografie (auch Neogeografie), der sich mit der Nutzung von Geografischen Informationssystemen (GIS), Methoden der Geovisualisierung und Geoinformationsverarbeitung beschäftigt.[74] Des Weiteren befasst sich die Medienwissenschaft mit Geobrowsing, Algorithmisierung und augmentierter Geografie unter Aspekten der geografischen Wissensproduktion, der Partizipation und der Anwendung von sogenannten Geomedien.[75]

Eine weitere Möglichkeit (sensortechnisch erfasste) Informationen über die Umwelt räumlich zu beschreiben, ist das positivistische Konzept der »weather-world«,[76] wie es der Anthropologe Timothy Ingold vorschlägt: Sie breitet sich zwischen Erde und Himmel aus, in ihr mischen sich anthropogene, physikalische, meteorologische, biologische und ökologische Abläufe—ein Denken im ständigen Prozess, wie es bei Deleuze und Guattari fest in die theoretische Arbeit eingeschrieben war.

Im Folgenden wird die Geophilosophie von Deleuze und Guattari herangezogen und gefragt, ob die Art von Bewegung, Landnahme und Ablösung, die in dem gleichnamigen philosophischen Text formuliert wird, für das Nachdenken über Satellitensysteme, Daten und Erde weiterführend sein kann und ob der geophilosophische Apparat Aufschluss bringt in Bezug auf die kosmologischen Bildpolitiken. Das französische Autorenduo setzt das Denken in »Beziehung zu dem Territorium und zu Terra, der Erde«.[77] In diesem Denken wird die Erde als Akteurin verstanden, »sie ist deterritorialisierend und deterritorialisiert. Sie verschmilzt mit der Bewegung derer, die in Massen ihr Territorium verlassen«,[78] zum Beispiel Langusten. Unter Deterritorialisierung und Reterritorialisierung verstehen sie Prozesse, die in Relation zueinanderstehen und die immer in Veränderung begriffen sein werden. Deterritorialisierung meint eine Bewegung hin zu einem Territorium anderswo, und im Verlauf der Reterritorialisierung gibt die Erde ein Territorium zurück »als Erschaffung einer neuen künftigen Erde«.[79] Die Autoren haben die Ent-Anthropomorphisierung des Denkens zum Gegenstand des Denkens erhoben, mit dem Ziel, die gesellschaftlichen Gegebenheiten jenseits von menschlicher Intentionalität zu befragen.

Wie lässt sich dieses Denken der beiden Philosophen in künstlerischer Praxis materialisieren? Wenn das Künstlerinnenduo hinter Geocinema den Arbeitskräften nachspürt, wendet sich ihr Interesse von einem geophilosophischen Ansatz ab, da immer Bilder produziert werden; Bilder, die per se in den Bereich menschlicher Intention fallen. Auf eine Weise scheinen Bazdyrieva und Suess in ihrem Filmprojekt den Prozess der Reterritorialisierung zu befördern, unter anderem, weil sie die konkreten Bauten der Road and Belt Initiative aufsuchen und Straßen folgen, die wiederum die alte imperiale Handelsroute, die Seidenstraße, re- und de-territorialisieren. Aus touristischem Blickwinkel bleiben die Orte der Seidenstraße weiterhin Orte auf einer Landkarte, die für Reisebusse erreichbar sind. Aus ökonomischem Blickwinkel hatten sich die Handelsrouten in der Globalisierung auf andere Wege —Luft- und Wasserwege—verschoben. Mit ihrer transasiatischen Expansion re-territorialisiert die chinesische Regierung eine historisch bedeutsame, machtvolle Verbindung.

Auf den globalen Kapitalismus angewandt, kommen Deleuze und Guattari auf den Gedanken, dass ein »Weltmarkt, der sich bis an die äußersten

Enden der Erde ausweitet, bevor er galaktisch wird«,[80] bedeuten kann, dass der kapitalistischen Deterritorialisierung keine Grenzen gesetzt sind.[81] So benennen sie die maßlose unersättliche Dimension dieser ökonomischen Organisationsform. Die Machtfrage wird aber nicht mitgedacht. Es geht stattdessen um das Sichtbar- beziehungsweise Begreifbarmachen von einer bislang nicht wahrgenommenen Größe.

Neben der ökonomischen, verhandeln Deleuze und Guattari die physische, psychologische oder soziale Deterritorialisierung. »Deterritorialisierung ist relativ, soweit sie das historische Verhältnis der Erde mit den Territorien betrifft, die sich darin abzeichnen oder auslöschen, ihr geologisches Verhältnis zu Zeitaltern und Katastrophen, ihr astronomisches Verhältnis zum Kosmos und zum Sonnensystem, dem sie selbst angehört.«[82] Wenn die »relative Deterritorialisierung transzendent, vertikal, himmlisch« ist und »von der imperialen Einheit vollzogen« wird, »dann muß das transzendente Element sich beugen oder eine Art Rotation über sich ergehen lassen, um sich auf die stets immanente Ebene des Natur-Denkens einzuschreiben: die himmlische Vertikale legt sich spiralförmig auf die Horizontale der Denkebene um.«[83] Es ist eine performative Beschreibung einer Figur, die transversale Verbindungen zwischen Vertikalem und Horizontalem herstellt, ein Trudeln, nicht der freie Fall.[84] Mit Blick auf die hier eingeführten Beispiele entspräche das Bild des schräg verlaufenden Absinkens eines Ballons. Allerdings muss es bei einem metaphorischen Bild bleiben, da die Geophilosophie mit dem Denken von Prozessen in Raum und Zeit befasst ist, nicht mit Blickregimen und Bildpolitiken. In bestimmten Fällen des Vogelflugs und des Ballonabstiegs sind zwar imperiale Einheiten wirksam – die US-Air Force –, doch der philosophische Text von Deleuze und Guattari verliert seinen konzeptuellen Zusammenhalt, sobald man versucht, die Begriffe an konkreten Objekten festzumachen. In diesem Sinne sind die visuellen »Fallstudien« nicht als Illustrationen der De- und Reterritorialisierung zu begreifen, sondern als Parallelen und in gewisser Weise als Abweichungen von der konzeptionellen Arbeit gedacht. Schließlich wird diese Problematik am Beispiel des Geocinema-Projekts nachvollziehbar: Als Konzept, in dem die verteilten Netzwerke der Kameras und Screens in einem imaginären Kino gebündelt werden, steht es der Geophilosophie nahe. In dem Moment aber, in dem die Künstlerinnen ihr Projekt in einem mehrteiligen linearen Dokumentarfilm konkretisieren, scheinen die geografischen und zeitlichen Ausdehnungen, die Deleuze und Guattari in ihrem Kapitel changieren, in filmischen Bildern nicht abbildbar zu sein. Die Geophilosophie muss daher ohne Bilder auskommen.

Daniel Falb antwortet in seinem künstlerisch-philosophischen Band *Geospekulationen* indirekt auf die Frage nach der Anwendbarkeit der Geophilosophie auf aktuelle Diskurse, unter anderem um der abstrakten Größe des Anthropozäns habhaft und politisch handlungsfähig zu werden. Deswegen erweitert er die Darstellung der Whole Earth, der Erde in ihrer Gesamtheit, um ihr ›Alter‹, das heißt um Zeitdauer: »Indem man so die Erde in ein Panorama der Tiefenzeit (deep time) hineinstellt, an dessen Anfang sie noch nicht und an dessen Ende sie nicht mehr existiert, hat man sie wirklich als Ganze im Blick.«[85] Des Weiteren betont Falb, »dass es für die Geophilosophie keinen ›Blick von Nirgendwo‹, sondern nur den ›Blick von der Erde‹ gibt.«[86]

So gesehen, würde der künstlerische Essayfilm *The Making of Earths* von Geocinema die Erde möglicherweise zu einer ›ganzen Erde‹ machen, indem sie die produzierende Umgebung der Satellitenbilder aufnimmt und die Gerätschaften, Labore und Wissenschaftler·innen filmt. Mit ihrer Kamera spüren Bazdyrieva und Suess aktuelle Verhältnisse von Macht und Wissen im institutionellen (Um-)Feld der Satellitendatenauswertung vor dem Hintergrund – worauf Tom Holert mit Foucault hinweist – sich fortlaufend verändernder Diskurspraktiken auf, »die Tat-Einheit von (institutionellen, materiellen, ideologischen, medialen …) Handlungs- und Entscheidungsmustern« sind.[87]

An dieser Stelle wird die Geophilosophie von Deleuze und Guattari noch einmal interessant. »Das vom Utopisten Samuel Butler verwendete Wort ›Erewhon‹ verweist nicht nur auf ›No-where‹, Nirgendwo, sondern auch auf ›Now-here‹, Hier-und-Jetzt.«[88] Dann ist es vielmehr diese Dialektik, die auch in der Geophilosophie eingeschlossen ist, und nicht der ausschließende ›Blick von der Erde‹, von dem Falb schreibt. Im Kontext der Anthropozän-Debatte bildet er ein neues Begriffspaar, »Fossilisierung und Defossilisierung«, um die Prozesse mit »geologischen Zeitskalen«[89] zu verschalten.

Dabei bliebe das kosmologische und geologische Panorama der ganzen Erde unvollständig, würde es nicht diejenige terrestrische Gegenwart mitenthalten, in der es selbst gezeichnet wird. Somit hat sich das Panorama auch selbst zum Gegenstand – und es ist klar, dass es für die Geophilosophie keinen »Blick von Nirgendwo«, sondern nur den »Blick von der Erde« gibt.

Deleuze und Guattari vergleichen das Zusammenspiel mit Yin und Yang-Verhältnissen, dem Ineinandergreifen der de- und reterritorialisierenden Bewegungen, die sich gegenseitig bedingen. Die Machtfrage, die Haraway an erster Stelle im Blick hat, wenn sie den »erobernden Blick von nirgendwo«[90] kritisiert, bleibt der blinde Fleck der Geophilosophie.

Laut Deleuze und Guattari geht Deterritorialisierung nicht ohne Reterritorialisierung vonstatten. Das Projekt von Geocinema kann dahingehend interpretiert werden, dass sich die fernen Satelliten im (imaginären) Kino reterritorialisieren (lassen). Das heißt in der Konsequenz, dass mit der Aneignung dieser Fernsicht und Fernbeobachtung jene virtuellen Zukunftsentwürfe und Utopien, die das politische Kino, nicht aber das industrielle Kino, auf das Virilio sich in seiner Technikanalyse bezieht bereithält, entfaltet werden können.

Wenn Deleuze und Guattari mit der Geophilosophie in erster Linie den Kapitalismus analysieren, dann ist die Bewegung beziehungsweise die Beweglichkeit der Bildfläche, die Sophie Day und Celia Lury untersuchen, möglicherweise enger verbunden mit der Frage nach den Visualitäten der Erde.

Die digitale Erde

Mit dem Projekttitel »Digital Earth« bezeichnete der damalige Vizepräsident Al Gore das Vorhaben, einen digitalen Globus anzulegen, der nicht auf die zweidimensionalen Begrenzungen konventioneller Repräsentationen der Erde reduziert bleibt, sondern die Vernetzungsmöglichkeiten des Digitalen nutzt, also Geodaten aufnimmt und zu digitalen Archiven verlinkt. Dabei war das Konzept unter gleichem Namen zuvor bei der NASA virulent und wurde von Al Gore in die Öffentlichkeit getragen.[91] 1999, ein Jahr nach Al Gores programmatischer Digital Earth-Rede im California Science Center im Januar 1998,[92] wurde in Beijing das erste internationale Symposium zur Planung der Umsetzung ausgerichtet.

2003 brachte die NASA ihren eigenen digitalen Globus als Desktop-Anwendung heraus: WorldWind. 2006 wurde die International Society for Digital Earth (ISDE) gegründet. Das ist eine der beiden Entwicklungslinien, welche die internationale Vernetzung beschreibt. Seit 2017 ist diese Anwendung, in die unter anderem die Blue-Marble-Next-Generation-Datensätze eingebettet sind, online zu erreichen. Die andere Linie wäre die konkrete Entwicklung der Geobrowser, deren populärstes Beispiel bis heute Google Earth ist.

Einer 2009 in Beijing im Rahmen des 6. Internationalen Symposiums zur digitalen Erde verfassten Erklärung zufolge werden einige dieser Archive, Disziplinen und Systeme genannt, die Daten und Informationen für die Meta-Erde liefern können. Unter diese Techniken fallen Geoinformationssysteme, das GPS-Satellitensystem, Sensoren, Virtual-Reality-Anwendungen und Rasterberechnungen (grid computation). In der nächsten Generation des Projekts Digital Earth soll nicht nur die Repräsentation einer Erde entstehen, sondern viele vernetzte Globen und Infrastrukturen. Die Frage bleibt, wozu die Vervielfältigung in diesem Fall beziehungsweise die Aufteilung nach Nutzergruppen dienen soll, da es in Google Earth bereits viele Globen gibt, da unterschiedliche Layer eingeblendet und so die Morphologie des Planeten variieren kann.

Geoid

Unter digitalen Bedingungen kann die Erde vielerlei Gestalt annehmen, je nachdem wer misst, fotografiert oder die Bilder zu einem größeren Bild montiert. Über die Jahrzehnte hinweg haben verschiedene Disziplinen mit ihren jeweiligen Messmethoden, Forschungsfragen und Apparaten entsprechende Bilder und Modelle der Erde erarbeitet. Deswegen flimmern so viele davon über unsere innere Leinwand, wenn wir an die Erde denken. Waren Bilder ursprünglich als Modell intendiert, werden sie zu einem späteren Zeitpunkt in einem anderen Kontext möglicherweise nur als Bilder gelesen und wegen ihrer (für ein Modell notwendigen) Auslassungen kritisiert. Denn die Gültigkeit eines jeden Modells mag von begrenzter Dauer sein, bis Updates und ein anderes (narratives) Framing an seine Stelle treten. Auf den Umlaufbahnen unserer Vorstellung kreisen diese Modelle dann in Form von (digitalen) Globen, Karten und Kompositbildern. Der umfangreiche Daten-Input von Erdbeobachtungssatelliten hat ergeben, dass die Erde eine minimal birnenförmige Gestalt besitzt. Seitdem firmiert sie unter Erdvermessern nicht als Kugel, sondern als ›Geoid‹ (vgl. griech. Erdkörper) – man spürt beim Aussprechen förmlich die kantigen Unebenheiten, ›Ge-o-id‹. Doch was genau ist ein Geoid? Laut ESA ist ein Geoid ein Modell vom zeitlich unregelmäßigen Gravitationsfeld der Erde, bei dem nicht die topografisch unregelmäßige Erdoberfläche mit einer Kugel als Rechenfläche bestimmt wird, sondern eine dem Wissensstand ähnlichere ellipsenförmige Fläche als Referenzfläche gewählt wird. Das Geoid dient in der Geodäsie als neue gedachte Referenzfläche. Die Forscher·innen gehen von der Annahme aus, dass, wenn der Planet komplett mit Wasser bedeckt wäre, das Erdgravitationsfeld der Erde diese Form geben würde. Für Geowissenschaftler·innen ist der Ozean eine physikalische ›engine‹, die auf die jeweilige Form der Erde einwirkt. Die Erde war längst nicht mehr rund – diese wissenschaftlichen Erkenntnisse haben sich auch in der Poesie von John Dunne, *An Anatomy of the World: The First Anniversary* (1896), niederschlagen, wie Marjorie Hope Nicholson 1960 festhält.[93]

Eine unregelmäßig geformte Erde – wie auf den Geoid-Bildern zu sehen – passt nicht länger zu Platons Körpern, den geometrischen Formen, »die als solche ›wiederholbar‹ sind und an denen vor allem Orte, Winkel und Proportionen relevant sind, nicht ihre je konkrete Gestalt«,[94] oder zu den archimedischen Körpern, den errechneten, nicht empirisch gemessenen Formen. Das Geoid hat eine organisch-dynamische Form, die nicht symmetrisch ist, die sich nicht aus lauter gleichförmigen Elementen zusammenfügen lässt.

Auf der Webseite des Geoforschungszentrums in Potsdam heißt es, dass das Geoid die Hebungen und Senkungen der Land- und Wassermassen aufgrund des Gravitationsfeldes (das nicht überall gleich stark ist) darstellt und dass diese Hebungen und Senkungen dann mit einem Faktor von 15.000 übersteigert dargestellt werden, damit die Unterschiede sichtbar werden. Diese Intransparenz im Umgang mit Zahlen und deren Manipulation hat der Informationsgrafiker und Computerwissenschaftler Edward R. Tufte bemängelt,[95] und auch Latours Kritik am *blackboxing of the sciences* setzt an dieser Stelle an. Im Vergleich zum ESA-Geoid hat der in Potsdam mit Satellitendaten berechnete Geoid ein glamouröseres Aussehen: Über das durchschimmernde gelb-rot-blaue Farbspektrum des ESA-Erdmodells hat das Team in Potsdam eine goldmetallische Schicht aufgezogen. Neben den Schwerkraftmessungen soll dieser Erdkörper weitere Daten visualisieren. Als Datenbasis werden drei Satelliten angegeben, LAGEOS, GRACE und GOCE (Gravitation), die Oberflächendaten, Fluggravimetrie und Satelliten-Altimetrie gemessen haben. Weitere, aus neuen Datensätzen generierte Erdmodelle werden in den nächsten Jahren hinzukommen und die Erde in ihre einzelnen Aspekte und Dynamiken zerlegen. Die ESA plant die nächsten ›Earth Explorer‹-Flüge, deren Namen zwar feststehen, doch deren Zweck erst abgestimmt wird.[96] Ziel ist es, neue Ansichten einer dynamischen Erde aufgrund gesammelter Daten zu berechnen.

Daraus ergeben sich folgende Erkenntnisse: Zu den neuen Weltbildern, die als Update zum Eames-Film für IBM betrachtet werden könnten, gehören verschiedene Bilder der ESA,[97] die für das menschliche Auge unsichtbare physikalische Phänomene visualisieren. Im Unterschied zu der Sektion ›Visible Earth‹[98] auf der NASA-Webseite sind hier Bilder der ›Unsichtbaren Erde‹ Thema.

Wenn in der Nachkriegsära der Gestalter Györgi Kepes auf der Suche nach einem ›Neuen Sehen‹ war und dabei eine »landscape of sense« im Sinne hatte, »produced through technologies like ›radar and electronic computers‹«,[99] dann stehen Projekte wie die der ESA eindeutig in einer Linie mit Kepes.

Downscaling of data

Die Konzeption gegenwärtiger wissenschaftlicher Big-Data-Projekte[100] sieht vor, dass problemorientiert solche Daten ausgewertet werden, die von Menschen und Sensoren geliefert werden, Anomalien gefunden und automatisch Modelle, Analysen und Prognosen berechnet werden. Ein Modell besteht aus einer hierarchischen Raster-Struktur, einem sogenannten Discrete Global Grid System (DGGS), einem Mosaik aus digitalen Kacheln in verschiedenen geometrischen Formen, die lückenlos einen Geoid überziehen – das Raster ist hier Voraussetzung für das Organisieren und Visualisieren von Geodaten. Es gibt nicht eins, sondern verschiedene Grid-Systeme, darunter solche, die für die interdisziplinäre Umweltmodellierung vorgesehen sind.[101] Seit Mai 2019 kann bei Google Earth wieder das ›altbekannte‹ Koordinatensystem für Längen- und Breitengrade eingeblendet werden, das für die Kompassnavigation relevant ist.[102] Für die Datenabfrage werden Sampling und Quantizing als Methoden verwendet, mathematische algorithmische Operationen, die Daten so kleinrechnen, dass User·innen mit ihrem PC und einer Standard-Internetverbindung die Anwendung nutzen können.[103]

Ein aktueller Schauplatz des Satellitenwesens sind Big Earth Data-Archive, die mit neuen Medien experimentieren, um die potenzierten Datenmengen zugänglich zu machen. Zu diesen Medien gehörten Virtual-Reality-Anwendungen wie z. B. CosmoScout VR. Eine weitere Methode, die Bilddaten zu nutzen ist das Maschinensehen, die Auswertung des Materials erfolgt hier mithilfe von Bilderkennungsalgorithmen, die gezielt nach Objekten wie beispielsweise Swimming-Pools,[104] Dächern,[105] Brücken oder hohen Bäumen entlang von Bahnstrecken[106] suchen und sortieren. Durch die privaten, aber oft staatlich geförderten oder mit staatlichen Aufträgen versorgten Unternehmen, die Pressearbeit machen, treten Satellitensysteme wieder verstärkt ins öffentliche Bewusstsein.

Im Unterschied zu ausschließlich terrestrisch angelegen GIS-Systemen zeigt Google Earth die Erde, »as seen from space (technically a perspective orthographic projection onto the 2D plane of the screen), […] and reduced scale to the simple metaphor of raising or lowering the user's viewpoint.«[107] Diese Veränderung des Blickwinkels können die User·innen durch Klicken auf das Plus- oder Minuszeichen neben einer symbolischen Skala verändern.

Da die Erde keiner mathematischen Form entspricht, bleibt ihre Repräsentation immer eine Annäherung.[108]

Wie gehen Entwickler·innen mit dem Problem um, dass jede mathematische Form, die zur Repräsentation eines Planeten verwendet werden kann, immer eine Annäherung darstellt an die reale Form? Eine notwendige Annäherung, damit Messdaten angewendet und in das Netz aus Längen- und Breitengraden eingetragen werden können; doch oftmals wird die begrenzte Genauigkeit der Messgeräte, die sogenannte Messunsicherheit nicht an die User·innen vermittelt.

In dem 2012 von 17 Wissenschaftler·innen gemeinsam veröffentlichten Beitrag »Next-generation Digital Earth« heißt es, »the mean misregistration of Google Earth imagery was ~40 m relative to Landsat GeoCover.«[109] Als der US-amerikanische Präsident Ende August 2019 ein Spionagesatellitenbild auf Twitter postete, stellte sich schnell heraus, dass die visuelle Kompetenz groß ist beziehungsweise sich die Postings derjenigen, die sich mit der fotogrammetrischen Interpretation[110] digitaler Satellitenbilder auskennen und ihr Wissen teilen, sozialmedial verbreiten und so viele Leser·innen erreichen können; eine Reichweite, die sich durch die mediale Berichterstattung, die wiederum diese Erkenntnisse aufgreift, multipliziert.[111]

Wenngleich 2012 verfasst, bleibt weiterhin aktuell, was die 17 Autor·innen an Google Earth – mit Blick auf das Konzept für eine digitale Erde, wie es Al Gore vorgesehen hatte – kritisierten. Gültig bleibt die Kritik an Copyright-Einschränkungen in Google Earth und die Begrenzung auf das Visuelle: »[O]ther properties important to science, such as temperature fields, the spatial variation of soil types or vegetation properties, biodiversity, or the distribution of social, economic, and demographic variables, are not inherently visual, and not easily conveyed in immediately meaningful ways.«[112]

Zu ihren Forderungen, die sie an eine überarbeitete Version stellen, gehört insbesondere, die Messungenauigkeit an die User·innen zu kommunizieren.

Die bereits erwähnte Lisa Parks diskutiert das Digital-Earth-Projekt der NASA im Hinblick auf die Teilhabe der Öffentlichkeit: »these interfaces transform satellite images into tactile fields of public cultural engagement.«[113] Daran bindet sie unmittelbar eine neue Aufgabe für die Medientheorie, »the need for new theories of spectatorship which take account of the growing overlap of vision and navigation.«[114] Parks sieht in Digital Earth eine interdisziplinäre »contact zone for cultural studies and earth science«, in der alternative Zukünfte entworfen werden können.

Virtual-Reality-Probleme

Auf die sichtbar gewordene Konvergenz von Satelliten- und Computertechnologien durch die Digital-Earth-Vision folgte eine weitere Form, Satellitenbilddaten räumlich zu visualisieren und navigierbar zu machen: Virtual-Reality-Anwendungen. Um VR-Welten zu simulieren, muss immer eine Übersetzungsleistung stattfinden. Die Bildräume werden als Annäherungen verrechnet, wobei Messungenauigkeiten in Kauf genommen werden. Standardisierungen sind auch hier – genau wie in GIS-Systemen und Digital Earth – notwendig, um den realen Raum mit dem virtuellen Raum zu verknüpfen, und zwar so, dass sich die User·innenbewegungen im realen Raum auf den virtuellen auswirken.

»[A]ll movements of the VR user are based on a Cartesian coordinate system with the reference center of the location tracking system as the origin. Conversely, existing virtual globe environments are based on an Earth-centered and Earth-fixed coordinate system. Therefore, the basis for mapping a real space to a virtual globe space is the transformation between these two coordinate systems.«[115]

In den VR-Versionen von Geobrowsern besteht der Informatikerin Wumeng Huang und dem Informatiker Jing Chen folgend eine Herausforderung darin, die verschiedenen Größendimensionen in der multiskalaren Navigation so miteinander zu verbinden, dass sich die User·innen tatsächlich inmitten einer Szene wahrnehmen und nicht den Eindruck bekommen, sie von außen zu betrachten. Dies könnte dann geschehen, wenn die Entfernung zwischen Betrachter·in und Terrain, dem Boden, groß geworden ist (»the VR user is separated from the scene in space«). In Google Earth VR kann der Fall eintreten, da der Darstellungsbereich in der Nähe auf die Größe von Gebäuden begrenzt ist, die User·innen also kein Terrain erreichen.

»When you zoom in and out the scale of the earth changes. It always feels like your feet are planted on the ground but the size of the planet is changing. With Human Scale always on the scale won't change and when you zoom out it would feel like you're flying.«[116] So beschrieb im Herbst 2017 ein begeisterter Google Earth VR-Nutzer seine Erfahrung in der 360-Grad-Bildumgebung. Nachdem ein von der Community in Kommentaren gefordertes entsprechendes Update erfolgt war, konnte der menschliche Maßstab als Ansichtsgröße festgelegt werden. Zuvor hatte die Darstellungsgröße je nach Nutzer·innenaktivität, Bandbreite und Auflösung variiert, zum Beispiel war es nur schwer möglich, den Maßstab so einzustellen, dass User·innen das Gefühl hatten, aus durchschnittlicher Augenhöhe eines Menschen von einem Hochhausdach nach unten auf die Straße zu blicken. Den Kommentaren zufolge zoomte die Darstellung zu weit hinaus, sodass nicht länger der Eindruck vermittelt wurde, auf einem Dach zu stehen. Seitdem die Perspektive so eingestellt werden konnte, dass es während des Navigierens durch die Earth-Virtual-Reality beibehalten wurde, erschien er eine Reihe Videos von YouTube-User·innen, in denen sie das Feature testeten. In einem dieser Videos besucht der User Sergio die Stadt Paris.[117] Wenn er aus der Vogelperspektive den Eiffelturm anklickt, wird der in sphärisch verzerrter Kugelform als Vorschau dargestellt, als würde die Welt in Google Earth aus unzähligen transparenten Bildblasen bestehen. Über diese Kugelformen kann in den Street-View-Modus gewechselt werden.[118] Abb. 24 B S. 117

Um einen realistischen Eindruck zu erwecken, schlagen die Autor·innen vor: »multi-scale navigation is achieved by adjusting the scaling ratio of the VR user with respect to the scene. This approach allows the VR user to be in the virtual environment [...] through natural behaviors.«[119] In dem Moment, in dem die Betrachtungsdistanz nicht limitiert ist—wie beispielsweise in CosmoScout VR auf 1,50 Meter fixiert—, ergibt sich ein neues Skalierungsproblem, das sogenannte viewpoint-virtual scene collision problem. Damit wird beschrieben, dass der VR-Blickwinkel mit einem virtuellen Hindernis—Bäume, Wände etc.—zusammentreffen kann und die VR-Nutzerin nicht davon abgehalten wird, durch deren virtuelle Erscheinung hindurchzugehen. Für dessen Behebung ist dann ein weiterer Algorithmus zuständig, ein VR viewpoint correction algorithm, der in Echtzeit den Betrachtungsblickwinkel so anpasst, dass die drohende Kollision ausbleibt.[120]

Weltraum-VR

Im gegenwärtigen Bilddiskurs zur machtvollen Sicht von oben treffen scheinbar gegenläufige Konzepte aufeinander: Immersion und Situiertheit auf Vermessung und Übersicht—eine neue mediale Ausgangslage, die nach einer Aktualisierung von Haraways Visionsmetapher fragt.

Satelliten und VR beinhalten unterschiedliche mediale Umgebungen, sie sind Überbegriffe für medientechnische Verbundsysteme. Daraus ergeben sich jeweils unterschiedliche Bildkonzepte beziehungsweise Bildräume. Zum Beispiel experimentieren Wissenschaftler mit VR-Anwendungen, um große Datensätze in einer volumetrischen Darstellung immersiv sichtbar und navigierbar zu machen. Heute zeigen sich andere Verbundschaltungen und dementsprechend andere Bildräume. Etwa experimentiert das DLR in Braunschweig mit VR-Simulationen vom Weltraum und der Satellitenreparatur im Orbit, die per Roboter von einer Bodenstation aus gesteuert werden sollen. In diesem Kapitel werden die beiden Projekte VR-OOS und »Virtual Planet«-VR, die Anwendung wurde 2019 umbenannt in »CosmoScout VR«, untersucht. Letzteres simuliert das Sonnensystem als Ganzes und Oberflächen beliebiger Planeten und Monde im Millimeterbereich für Detailanalysen von Terrain-Daten und Atmosphären, die erkundet werden können—Zooming-In und -Out. Die Anwendung CosmoScout VR ist seit August 2019 auf GitHub, der offenen Entwicklerplattform, verfügbar.

Die Daten kommen vom jeweiligen Anwender. Grundsätzlich werden nahezu alle georeferenzierten Datensätze unterstützt, das heißt, dass CosmoScout theoretisch Daten von fast allen bildgebenden Missionen anzeigen könnte. Die Wissenschaftler·innen experimentieren in dem Visualisierungsprojekt mit Daten von Viking, Mars Express, Mars Reconnaissance Orbiter, Lunar Reconnaissance Orbiter, SRTM, TanDEM-X, Copernicus.[121]

Das Experimentieren mit beziehungsweise die Entwicklung von VR-Anwendungen hat eine längere Geschichte innerhalb von Militär- und Raumfahrtorganisationen wie der NASA. Ausschlaggebend für seine Entwicklungsarbeit war für den VR-Pionier und Computergrafiker Ivan E. Sutherland ein Besuch bei der Bell Helicopter Company gewesen. Dort hatte er ein interaktives Kamerasystem gesehen, welches es Militärpilot·innen mithilfe einer synchronisierten Außenkamera erleichterte, in unwegsamem Gelände oder bei Dunkelheit zu landen.[122] Tom Furness entwickelte in den 1970er Jahren für die Air Force »targeting devices«. Scott Fisher wechselte in den 1980er Jahren von Atari zum NASA Ames Research Center, wo 1985 die erste VR-Umgebung (VIEW) im Testbetrieb war. Im VPE-Projekt (Virtual Planetary Exploration) versuchte die NASA die riesigen Datenmengen, die ihnen die Viking-Sonden vom Mars funkten, in einer geeigneten Weise zu visualisieren. Die vorwiegend numerischen Daten über den Mars wurden durch ein VR-System visualisiert, so dass die Forscher die Marsoberfläche dreidimensional und interaktiv erkunden konnten. Bald stiegen die großen Unternehmen der Unterhaltungsindustrie ein, Disney, Nintendo und AOL Time Warner.[123] Bis heute trainiert die NASA ihre Astronaut·innen im Virtual-Reality-Lab.

Diese Geschichte besteht nicht aus einer linearen Erzählung, sondern ist von einzelnen Papers, Prototypen und Testläufen geprägt und durch langsam rechnende Computer und schwere Hardware mehrfach angehalten oder verzögert worden. In frühen Forschungszusammenhängen thematisiert der Elektroingenier und Computerwissenschaftler Ivan Sutherland in Harvard zusammen mit Studierenden beispielsweise in seinem Paper »A Head-Mounted Three-Dimensional Display« (1968) die Unzulänglichkeit der Computerleistung: »The ultrasonic head position sensor operated well enough to measure head position for a few minutes before cumulative errors were objectionable.«[124] Finanziert wurde die Forschung von der ARPA (heute DARPA), dem Office of Naval Research und Bell Labs. »Our objective in this project has been to surround the user with displayed three-dimensional information. Because we use a homogenous coordinate representation, we can display objects which appear to be close to the user or which appear to be infinitely far away.«[125] Diese virtuelle Umgebung bezeichnete Sutherland als mathematische Wunderwelt.[126]

Aus der Bildauswahl, die das DLR zu dem CosmoScout-Projekt geschickt hat, Abb. 35 A/B S. 284 geht die Versuchung hervor, verschiedene Ästhetiken der Raumfahrtgeschichte aufzugreifen: die Illustrationen von Chesley Bonestell in den Büchern von Willy Ley, das Technische der Computerspielästhetik, die Zweidimensionalität der Weltraumbilder wie in *Powers of Ten* mit Markierungen der elliptischen Umlaufbahnen oder die Antwort auf Arendts Frage, ob die Eroberung des Weltraums die Größe des Menschen vergrößert oder verkleinert.

CosmoScout VR bestätigt die Kunsthistorikerin Kaja Silverman darin, dass das Vorgesehene, das ›Zu-Sehen-Gegebene‹, dazu führt, dass »das Auge [...] auch durch seine historische und institutionelle Platzierung auffallend behindert«[127] wirkt. Daher plädiert sie dafür, das Raster zu verlassen Sie beschreibt den Vorgang als »step away from the geometrical point, and see something other than the given-to-be-seen.«[128] Hier in Bezug auf das VR-Beispiel bedeutet das etwa, dass Produktions- und Sichtbarkeitsbedingungen beobachtbar werden könnten.

Level-of-Detail-Algorithmus

In der dynamischen VR-Anwendung CosmoScout VR (Virtual Planet) ermöglicht ein algorithmisches Level of Detail-Verfahren (LoD), das auf geometrische Raumkonstruktionen zurückgreift, das Rendering in Echtzeit. Für eine gute User·innen-Erfahrung ist eine bestimmte Reaktionsgeschwindigkeit der Bilddaten notwendig, daher ist die Programmierung so angelegt, dass eine hohe Detailgenauigkeit im Nahbereich und ein geringes Detailreichtum in der Fernsicht errechnet wird. Auf diese Weise können für einen Ort und eine Blickrichtung relevante Daten von dem gesamten Datenumfang aus Höhendaten, Temperaturdaten und Niederschlagsdaten visualisiert werden. Diese Gewichtung wird LoD-Verfahren genannt und kann die Komplexität, also die Anzahl der Polygone betreffen, aus denen die 3D-Objekte zusammengesetzt sind, die Anzahl der auszuführenden Grafik-Operationen, aber auch die Auflösung der Texturen. Die LoD-Algorithmen sind nötig, um die Daten überhaupt mit der heute verfügbaren Rechenleistung in Echtzeit rendern zu können, sie passen den Detaillierungsgrad automatisch an. Es geht um Daten im Terabyte-Bereich. Eine aktuelle hochleistungsfähige Grafikkarte kann 48 GB pro Sekunde prozessieren. Für eine ›flüssige‹ Darstellung werden mindestens 60 Bilder pro Sekunde gebraucht.

Das Universum, d. h. in diesem Fall die dargestellte 3D-Geometrie, wird skaliert. Das bedeutet, dass man innerhalb der VR-Umgebung auf der sichtbaren Ebene multiskalar navigieren kann. Daston und Galison haben die »Navigation durch gegebene Datenmengen« als »virtuelle Bilder«[129] bezeichnet. Zum Beispiel werden die Größenverhältnisse zwischen Planeten und Forscher·innen skaliert dargestellt, sodass die Forscher·innen »den Planeten aus der Perspektive eines interplanetaren Riesen«[130] sehen. Es bleibt die Frage, ob in den Erkenntnisprozess der Forscher·innen das Reflektieren ihrer institutionellen Machtposition einbezogen ist, wie sie Daten aggregieren und visualisieren. Der verdatete Weltraum vergrößert also die Statur des Menschen, um Arendts Frage aufzugreifen.

Einer der wenigen Astronauten, der allein im Steuerungsmodul im Mondorbit war, als seine Kollegen auf dem Mond landeten, fühlte sich im Gegenteil eher sehr klein in Anbetracht seiner Lage, weit entfernt von einer nur noch Daumennagel großen Erde. Michael Collins, Astronaut der Apollo 11 beschreibt seine Empfindungen, nachdem er die Rückseite des Mondes umflogen hatte und in der Ferne die Erde sehen konnte: »so small I could blot it out of the universe simply by holding up my thumb. It suddenly struck me that that tiny pea, pretty and blue, was the earth … I didn't feel like a giant. I felt very, very small.«[131]

Die virtuellen Räume bleiben unbelebte, technische Datenräume – man fühlt sich wie im Reinraum des Universums – und der Weltraum ist ein Raum ohne Zeit. Daher blieben die angekündigten Immersionseffekte beim eigenen Versuch im Simulationsraum des DLR in Braunschweig im Frühjahr 2019 aus.

Wenn der LoD-Algorithmus dazu dient, die für einen bestimmten Ort beziehungsweise eine Position im Raster relevanten Daten zu visualisieren und nicht die gesamte Datenmenge mitzurechnen, dann manifestiert sich situiertes Wissen nicht auf der sichtbaren Bildfläche, sondern im nicht-sichtbaren Code der VR-Bildräume. Für eine·n Nutzer·in kann diese Ebene beispielsweise in Form von datenbasierten Informationslayern eingeblendet und auf diese Weise nachvollziehbar gemacht werden. Dann wird das Datensehen zur Praxis—mit einer wesentlichen Einschränkung, dass das embodiment, ein zentraler Aspekt von Haraways situiertem Wissen, ausschließlich im Datenraum stattfindet. Zum einen könnte die Frage verneint werden, denn »Verortung widersteht einer Politik der Abgeschlossenheit, der Endgültigkeit«.[132] Zum anderen könnte sie dahingehend interpretiert werden, dass es nur einer Vielzahl von vernetzten VR-Bildräumen bedarf, um eine neue Vision zu ermöglichen. In Haraways Essay heißt es weiter: »[F]eministische Verkörperung widersteht einer Fixierung und hegt eine unstillbare Neugier auf Netzwerke unterschiedlicher Positionierungen.«[133]

Diese Abgeschlossenheit ist im Fall der LoD-Berechnungen nicht gegeben, da es immer noch weitere Datensätze gibt, die mit der nächsten Bewegung der User·innen hinzugerechnet werden könnten—so die Behauptung der Programmierer·innen und Ingenieur·innen. Doch kämen sie dann, würden sie lange genug navigieren, in einen bilderlosen, leeren End-Raum, sehr weit weg von der Erde, wo noch keine Sonde jemals war? Die User·innen können sich im Prinzip in endlos viele Positionen begeben. So gesehen, erscheint es angemessen, die VR-Umgebungen mit dem Konzept des situierten Wissens zusammenzubringen. Nur, das situierte Wissen ist in dem Fall aus dem Bereich des Sichtbaren weitgehend verschwunden. Aus diesem Grund schlage ich vor, die Visionsmetapher durch die Metapher des ›Datensehens‹ weiterzuführen. Die Welt wird anhand gemessener Daten berechnet, aus denen vorübergehend viele instabile, virtuelle Bilder oder virtuelle Bildräume aktualisiert und angezeigt werden können. Die Welt wird auf diese Weise im Sinne Heideggers nicht länger als Bild aufgefasst, sie wird nicht länger als Bild erobert, sondern als Datenmenge.[134]

Hier könnte Haraways Kritik gegenwärtig wieder ansetzen, da digitale Dashboards (wie 2020 zum Beispiel das Covid19-Dashboard der Johns Hopkins University) für ihre Anwender·innen genauso eine göttliche Sicht auf Daten behaupten: Es ist der Blick von Nirgendwo, dem ›no-place‹[135] des Bildschirms.[136] Doch, wie Kate Crawford ausführt, hat jeder Datensatz »its own form of inbuilt bias, and by bringing sets together we may create an illusion of completeness that masks the multiple gaps in the individual component sets.« Daraus folgert Crawford, dass »the God View is tainted by what it can and can't see, and by the way it further concentrates power in problematic ways.«[137] Mit diesem Verweis auf die Lücken in den Datensätzen betont Crawford die verdeckte Asymmetrie von sichtbar gemachten und unsichtbar gebliebenen Aspekten und die damit einhergehende Machtposition.

›Göttlicher Trick‹ oder subjektive Sicht

Das von Haraway eingeforderte situierte Wissen, die Verortung und Verkörperung des Sehens, löst sich in den VR-Anwendungen in Ansätzen ein. Haraway spricht sich dafür aus, »das sensorische System zu reformulieren, das zur Bezeichnung des Sprungs aus dem markierten Körper hinein in den erobernden Blick von nirgendwo benutzt worden ist.«[138] Zwar werden Sehen und Gesehenes einerseits virtuell beweglich und mobil gemacht, solange Daten vorrätig sind. Doch es wäre schwer zu benennen, wo im Weltraum sich die Betrachter·innen befinden und wo nicht—wenn nicht auf einem Planeten. Andererseits bleibt es eine Seherfahrung in einem geschlossenen Medium, die nicht zur von Haraway eingeforderten alltäglichen Praxis werden kann. Hinzu kommt, dass die Entwickler·innen von VR tendenziell eine »unendliche Vision« behaupten, die von Haraway wiederum als ›göttlicher Trick‹ kritisiert wird.

Ihre Kritik richtet sich auf das distanzierte Wissenssubjekt, das sich mithilfe der Visualisierungstechnologien immer weiter entfernen, entkörpern könnte.

Die Augen eines gewöhnlichen Primaten, wie die des Menschen, lassen sich endlos verstärken durch Ultraschallgeräte, Visualisierung magnetischer Resonanzen, elektronische Bildbearbeitung […] Satellitenüberwachungssysteme, Monitore für zu Hause und fürs Büro, Kameras für jeden Zweck […] bis zur Kartierung einer planetarischen Hemisphäre irgendwo im Sonnensystem. In diesem technologischen Fest wird Vision unkontrollierte Gefräßigkeit. Jegliche Perspektive weicht unendlich beweglicher Vision, die den göttlichen Trick, alles von nirgendwo aus sehen zu können […] zur alltäglichen Praxis gemacht hat.[139]

Diese Kritik am ›göttlichen Trick‹ gilt es heute zu überdenken. Haraway bezog sich auf Abbildungen in der Sonderausgabe des *National Geographic*, die anlässlich des 100. Geburtstags der Gesellschaft beziehungsweise des Magazins herausgegeben wurde. In dieser findet sie Bilder aus dem Makro- (Weltraum) wie dem Mikrokosmos (Zellen) vor, die scheinbar ohne menschliche Mitwirkung entstanden sind, so ihr Fazit. Einerseits ist es eine Polemik, andererseits informiert der Bildband nicht über das Making-of, über Postproduktion, Kosten oder Instrumentalisierungen der Bilder, dort wird es als ästhetisches Faszinationsobjekt platziert. Der göttliche Trick ist—zieht man den harawayschen Katholizismus ab—ein ›Staatstrick‹. Diesen sachlichen Begriff hat Hanne Loreck für Haraways bewusste Überhöhung und Kritik an patriarchalen, ausbeuterischen Praktiken gefunden.[140] Heute produzieren neben den Staaten auch verschiedene Unternehmen die Bilder der Erde, wie unter anderem Planet, Earthi oder DigitalGlobe. Das Magazin ist in Haraways Augen ein »Tribut an diese Ideologie einer direkten, alles verschlingenden, generativen und schrankenlosen Vision, deren technologische Vermittlungen gleichzeitig gefeiert und als völlig transparent dargestellt werden.«[141] Und zwar transparent nicht im Sinne einer Aufdeckung der Produktionsbedingungen, sondern einem Durchsichtigwerden der Assemblage, die das Zustandekommen dieser Bilder ermöglicht. Sie erkennt darin »heroische Meisterwerke der techno-wissenschaftlichen Produktion.«[142]

In der deutschsprachigen Ausgabe ist dem Weltraum-Kapitel ein Foto vorangestellt, auf dem ein Raketenflugzeug Millisekunden zuvor an der Kameraposition vorbeigeflogen sein muss und einen gewaltigen Kondensstreifen hinterlassen hat—eine Signatur der Raumfahrt. Abb. 33 S. 283 Die

Bildunterschrift erläutert: »Als technisches Bindeglied zwischen dem bemannten Flug in der Erdatmosphäre und dem bemannten Flug ins All gedacht, trägt das X-15-Raketenflugzeug am 30. April 1962 mit fünffacher Schallgeschwindigkeit den Testpiloten Joseph A. Walker in eine Rekordhöhe von mehr als 75 km, wobei er 99,996 Prozent der Erdatmosphäre durchmaß.«[143] Aus dieser Bildunterschrift spricht unmissverständlich die moderne Auffassung, dass mit Zahlen Objektivität hergestellt wird. Arendt kritisiert in *Vita activa* das Vermessungsvermögen, die Affizierung der Messgeräte und den Effekt der Nähe, den das Messen erzeugt.[144] Wobei die Einschätzung der Nähe leicht zu relativieren ist und zu überprüfen wäre, ob Messergebnisse heutzutage diesen Eindruck auszulösen vermögen oder ob nicht viel eher das Gegenteil der Fall ist: das Gefühl großer Entfernung bei Zahlen, die aufgrund ihrer vielen Ziffern und Kommastellen das Vorstellungsvermögen extrem herausfordern. Die Kameras schweben nicht im Nirgendwo, sondern sind mit militärischen Ortungsgeräten jederzeit lokalisierbar. Wie in diesem Beispiel hat das Flugzeug, das als mobiler Standpunkt der Aufnahme dient, einen Piloten, der einen Namen trägt. Haraway hingegen möchte einen anderen Objektivitätsbegriff entwickeln, sie plädiert für die »Partikularität und Verkörperung aller Vision«,[145] die nicht notwendig organische Verkörperung sein muss und auch technologische Vermittlung einschließt. Es kommt ihr darauf an, dass Wissensproduzent·innen Verantwortung tragen für die visuellen Praktiken. Denn für Haraway stellt sich vielmehr die Frage, wie wir unsere mit stereoskopischem Sehvermögen ausgestatteten Körper »mit unseren theoretischen und politischen ›Bildabtastern‹ verbinden können«.[146] Mit der Visionsmetapher macht sie demzufolge ein Experimentierfeld für andere Sichtweisen auf. Man kann ihren Standpunkt dahingehend auslegen, dass bereits ein vermittelnder Text eine Möglichkeit darstellt, diese Verantwortung auszuüben und die Praktiken zu erläutern und nachvollziehbar zu machen.

Unabhängig davon, ob es sich um die visuelle Erfassung des Weltraums dreht oder um Bildgebungsverfahren, die das Innere unserer Körper für uns sichtbar machen, kritisiert Haraway diese vorgeblich etablierten, statischen und ortsunabhängigen Aufnahmestandpunkte der Moderne und die dafür notwendigen Bildgebungsverfahren als übermächtige Positionen, die repräsentieren und dabei der eigenen Repräsentation entgehen. Das sind exakt die Eigenschaften, die Haraway mit dem ›göttlichen Trick‹ verbindet, der blendet und deswegen blind macht für die Position der Herrschenden.[147]

In welchen Konstellationen von Politik, Militär und Technologie die jeweiligen Darstellungsweisen repräsentieren beziehungsweise verbergen, ist mitunter schwer aufzuzeigen. Heute ist die Lage weiter unübersichtlich geworden, militärische Projekte tauchen auf und verschwinden wieder – wie die US-Air Force-Projekte Gorgon Stare (2009) und Transparent Earth (2010) oder das DARPA-Projekt Argus IS (2013) – ; die drei sind in medienwissenschaftlichen Texten in den nachfolgenden Jahren diskutiert oder zumindest erwähnt worden, unter anderem von Ryan Bishop, Jonathan Crary, Derek Gregory und Caren Kaplan.[148]

Darüber hinaus basieren die Bildräume in VR auf den Kulturtechniken (Raster, Perspektive), die den »erobernden Blick von nirgendwo«[149] konstruiert haben. Anstelle eines werbewirksamen Vokabulars der DLR-Programmierer·innen, das an das Wording von Computerspielfirmen erinnert, wäre es im Sinne eines kritischen Verhältnisses zum Gegenstand wichtig, die Gemachtheit dieser Bildräume zu kommunizieren und nicht auszuklammern. Da sich diese Anwendung an Wissenschaftler·innen richtet, die mit diesen Datensätzen arbeiten und durch die VR ein immersives Medium nutzen können, werden sie Teil des sensorischen Systems. Die Machtverhältnisse, die Haraway zwischen sensorischem System, eroberndem Blick und den Körpern ausmacht, entfallen in diesem Fallbeispiel.

Wenn der LoD-Algorithmus eine situierte Datenvisualisierung errechnet, ist es dann möglicherweise so, dass das situierte Wissen nicht von der sichtbaren Bildfläche, sondern vom nicht-sichtbaren Code der Bilder ausgeht? Aber wie würde dieses für eine·n Nutzer·in erkennbar? Das *embodiment*, ein wesentlicher Aspekt von Haraways situiertem Wissen, kann nicht erfahrbar gemacht werden.

Bezeichnend ist—und an dieser Stelle muss aus kulturwissenschaftlicher Perspektive fortan die nicht-sichtbare Datenebene der virtuellen Räume mitgedacht werden—, dass die Wissenschaftler und Programmierer[150] der Abteilung Simulation und Software-Technologie am DLR von vornherein nicht die Bildebene priorisieren. Diesen Eindruck bestätigt ein Abstract zu Virtual Planet. Darin schreiben sie: »Our application allows planetary researchers to interactively explore huge planetary data sets.«[151] Die Planetenforscher bewegen sich durch Datensätze, doch zugleich auch durch die Illusion eines virtuellen Weltraums, die nach bestimmten, nicht näher erläuterten Regeln durch Algorithmen sichtbar gemacht wurden. Daher scheint es, als müssten ›situiertes Wissen‹ und ›göttlicher Trick‹ für dieses spezifische Fallbeispiel neu definiert werden. Denn in VR-Anwendungen, die im Wasser oder unter der Erde spielen, werden ganz andere Erfahrungen gemacht. »Virtual Planet« ist ein Sonderfall des kartografischen Zooming-out und -in und funktioniert als Erfahrung eher als ›göttlicher Trick‹ und körperlose Bewegung. Anhand von planetarischen Datensätzen wollen die Programmierer und Wissenschaftler hinter Virtual Planet und CosmoScout die Illusion vermitteln, Planeten und Weltall zu bereisen.

Das tun sie unter Verwendung konventioneller Raumprojektionen, die auf der Zentralperspektive beruhen. Hito Steyerl beobachtet den Übergang ins Dreidimensionale und Multifokale computergenerierter Räume am Beispiel nicht-wissenschaftlicher Bildkonventionen. Sie kritisiert die vertikalen Filmbilder und Drohnenaufnahmen für ihren disembodied gaze. Die Frage ist nun, ob die hier diskutierten VR-Beispiele der These standhalten könnten, dass sie aus dem entkörperten und ferngesteuerten Blick der Sonden und Satelliten, die ihnen die Daten liefern, in der nahtlosen Visualisierung einen *re-embodied* Blick vermitteln können.

Sollte dies nicht gelingen, müssten sie sich auf jeden Fall Steyerls Frage stellen, die auf symbolische vertikale Kamerafahrten anspielt: »Do the aerial views, drone perspectives, and 3D dives into abysses stand in for the gazes of ›dead white males,‹ a worldview which lost its vitality, yet persists as an undead but powerful tool to police the world [...]?«[152]

Um das Ordnungsprinzip der Eames in Powers of Ten vollständig zu virtualisieren, wird neben den VR-Anwendungen, die Weltraumdaten visualisieren, auf solche hingewiesen, die das Körperinnere auf Ebene der Zellen, im Speziellen Brustkrebszellen erfahrbar machen, den Mikrokosmos. Eine Gruppe von Zellbiolog·innen der Queensland University und der University of New South Wales hat gemeinsam mit John McGhee, dem Leiter des 3D Visualisation Aesthetics Lab an der Universität von New South Wales in Sydney zusammen an so einer Anwendung gearbeitet. Die 3D-Modelle basieren auf Bilddaten, die mit Rasterelektronenmikroskopen aufgenommen wurden. Sie nennen ihre VR-Anwendung »Journey to the Centre of the Cell«,[153] die sogleich das kulturelle Gedächtnis aufruft. Eine wesentliche, popkulturelle Referenz ist die historische Disneyland-Attraktion »Adventure Thru Inner Space« (1967–1985), in der Besucher·innen in selbstfahrenden Sitzen durch eine Mikrowelt aus Schneeflockenmoleküle und Wasseratomen transportiert werden. Als zweites Beispiel muss der Science-Fiction-Filmklassiker Fantastic Voyage (Richard Fleischer, 1966) aufgeführt werden.[154] In dem Film wird die Vorstellung des Körperinneren eines Menschen ästhetisch mit Unterwasserwelten, Höhlen und dem Universum verbunden. In den genannten Beispielen wird das Publikum oder werden die Schauspieler·innen geschrumpft, sodass sie sich in dem Mikrokosmos umsehen können. Den gleichen Trick wenden die Biolog·innen auch für ihre VR-Reise an. »In the cell paddock, the user is scaled to be 80 nm high, allowing the user to explore the cell membrane at the scale of a nanoparticle.«[155] John McGhee, verantwortlich für die ästhetischen Fragen, spricht in dem Online-Magazin *Meshable* vom »stuff of science fiction«. Wie Fantastic Voyage und aktuelle Computerspiele haben sie sich auch bei kollektiven Raumvorstellungen bedient. Damit die User·innen ein Raumgefühl bekommen, sind die Zellformationen wie eine Landschaft gestaltet und ein Horizont ›eingezeichnet‹. Oberflächenglanzeffekte der Zellen, Farbgebung von Enzymen, Lichteinfall und Schattensetzung und die Bewegung der virtuellen Kamera im Demo-Video[156] haben Ähnlichkeit mit der aus Disney-Zeichentrickfilmen vertrauten, bunten Ästhetik und Sprüngen durch Größenordnungen;[157] Tricks, welche den Eames durchaus gut bekannt gewesen sein müssten.

Polygone und Koordinatengitter sind als Kulturtechnik wie Tools aus anderen Computervisualisierungen bekannt. Die Beschreibung der VR-Zellen liest sich wie eine Antwort auf Haraways Kritik am ›göttlichen Trick‹: »Rather than looking down from above and acting as a passive observer, immersive visualization can place the individual into a data set and allow them to explore at their own pace. Virtual reality (VR) and three-dimensional.«[158]

Hier stellt sich wieder die Frage, ob Immersion bedingungslos mit Haraways Forderung einer partiellen Perspektive zusammenpasst. Im Folgenden soll Haraways ›Visionsmetapher‹ auf zwei Beispiele für Bildvermittlung der Sicht von oben und die daran ablesbare Bildpolitik diskutiert werden. Anhand der Bilder des Satellitenprogramms Landsat wird gezeigt, dass nicht der Blick, aber die Satellitenbahn doppelt dargestellt werden kann; am Beispiel des Projekts Astronaut Photography of Earth wird die Möglichkeit einer situierten, orbitalen Sicht befragt.

Die Vertikalität von Landsat 8

Das Landsat-Programm existiert seit 1972 und sammelt Messdaten. Die Satellitenbildverarbeitung produziert sensorische Bilder, die heute erst nach algorithmischen Bearbeitungsschritten in den Bodenstationen entstehen. Die Scannersysteme eines Satelliten sammeln Zahlenwerte. Satellitenbildanbieter haben den Terminus technicus ›vertikales Bild‹ aus der Luftbildverarbeitung durch die Kennzeichnung der Bilder als lotrecht, Nadir-ausgerichtet[159] ersetzt. Demnach muss die Vertikale technologisch konstruiert beziehungsweise postproduziert werden. Im vertikalen Bild oder der Senkrechtaufnahme verhilft sich ein Ideal der Moderne zum Ausdruck, die Welt geometrisch zu ordnen und zu kontrollieren. Diese Bilder können als Hinweis auf die dafür erforderliche Bildmanipulation aufgefasst werden. Es entsteht so ein Bild, das für die weitere Benutzung vorbereitet wurde: in Fernerkundung und Kartografie. Mit den Worten von Roland Barthes betont die Historikerin Lorena Rizzo, dass die Vogelperspektive »gives us the world to read and not only to perceive« und fügt hinzu, »duration itself becomes panoramic.«[160] Das bedeutet, dass die menschliche Wahrnehmung hier komprimiert wird hinsichtlich Zeit und Raum. Von Rizzo werden die historischen Luftbildaufnahmen als foucaultsche Heterotopie betrachtet, »aerial photography, which strongly resonates with Foucault's ocular language and his idea that heterotopias produce ›spatial intensities‹ precisely because they replicate, exaggerate, or reduce another world.«[161] In ihrer Arbeit zu historischen Luftbildaufnahmen konzeptualisiert sie kontextspezifisch »heterotopia as compensation«.

Weiterführend ist die Frage, wie die Bilder verfügbar gemacht werden. Im Fall von Landsat können die Satellitendaten in dem Zugangsportal Earth Explorer aufgerufen und heruntergeladen werden.[162] Anhand der Angaben von Pfad und Reihe ist es möglich, das Satellitenbild im sogenannten Worldwide Reference System einer geografischen Position auf der Erde zuzuordnen. Mithilfe von Pins kann ein Suchbereich auf der Karte abgesteckt und im nächsten Schritt ausgewählt werden, aus welchen der Satellitendatenbestände Bilder für diesen Ausschnitt als Suchergebnisse aufgelistet werden sollen. Für jedes einzelne Ergebnis können dann die Metadaten aufgerufen werden. Im Sommer 2020 hat die USGS die auszuwertenden Daten als Analysis-Ready-Data (ARD) über das Portal Earth Explorer zugänglich gemacht und den Download auf Bulk Data Acess umgestellt. Darüber hinaus fällt auf, dass die sozialen Medien mitgedacht werden und zunehmend multimediales Bildmaterial veröffentlicht wird, wie unter anderem einem Zeitraffer-Videoclip anlässlich der zehnmillionsten Landsat-Szene.[163]

Anlässlich digitaler Bildpraktiken wie im Landsat-Programm kann Haraways ›Visionsmetapher‹ erweitert werden, da es sich nicht um einzelne

Fotografien handelt, die das optische Spektrum abdecken, sondern um Datenbilder, die mehrere Datenebenen zusammenfassen. Der Scanner nimmt neun Spektralbänder auf, wovon nur eins im für menschliche Augen sichtbaren Bereich liegt.

Dieser technologische Trick kann nicht mehr im Bild selbst repräsentiert werden. »The point of power today resides in networks, computers, algorithms, information, and data«,[164] wie Galloway unterstreicht. Der ›göttliche Trick‹, von dem Haraway spricht, ist also in gewisser Weise noch unsichtbarer geworden. Für Galloway steht fest: »The point of unrepresentability is the point of power. And the point of power today is not in the image.«[165]

Allerdings, und hier könnte Haraways Kritik gegenwärtig ansetzen: Einige Dashboards zeigen ihren Betreiber·innen eine gottgleiche Übersicht über Raum und Daten, etwa bei zeitgenössischen Taxi- und Carsharing-Diensten wie Uber.[166] Dieser Blick ist einer von Nirgendwo, dem ›no-place‹ des Bildschirms. Hier verknüpfen sich der Blick von oben auf die Karten einerseits mit Realtime-Geodaten und ihrer algorithmischen Auswertung in der Cloud andererseits. Haraways Kritik an der Sicht von Nirgendwo lässt sich also auch heute auf die Netzwerk- und Geotrackingtechnologien übertragen.

Die Orbitale Sehmaschine ISS

Das nächste Beispiel ist ein fotografisches Projekt. Astronaut·innen fotografieren mit Digitalkameras aus der Aussichtskuppel der Internationalen Raumstation die Erdoberfläche. Das wissenschaftliche Beobachten geologischer, ozeanographischer, ökologischer und meteorologischer Phänomene und auch der Umgang mit fotografischen Geräten gehört zu ihrer Ausbildung. Dieses Beispiel dient dazu, zu diskutieren, ob es einen Unterschied macht, wenn Bilder aus dem Orbit von Menschen statt von Maschinen ausgelöst werden. Von Interesse ist hier solches Bildmaterial, das Situiertheit im Orbit, im erdnahen Weltraum vermitteln kann. Als geeignetes Material stellen sich Bewegtbilder heraus, solche, zu denen klassischerweise Videoaufnahmen und Computersimulationen zählen, und solche, die Bilder verlebendigen: GIFs, Animationen, Zoom-Ins, performative Bilder, die Haraway als Figurationen beschreibt, also Bilder, die Verhältnismäßigkeiten und Relationen vermitteln können. An Bord der ISS entstehen Fotografien. Abb. 36 S. 285

Ein altes Phänomen wurde anlässlich des 20-jährigen Jubiläums der internationalen Raumstation (ISS) mehrstimmig weitererzählt,[167] insbesondere die Folge »A Giant Astronomical Machine« begreift die ISS als astronomische Sehmaschine.[168] Die NASA bewirbt die ISS-Kameraperspektive als »Gateway to Astronaut Photography of Earth«. Abb. 37 A S. 286 Die Erwähnung fotografierender Astronaut·innen ruft die legendären Apollo-Missionen der NASA auf, insbesondere ihre Vermittlung in Farbfotografien und Videobildern. Die ersten Astronauten waren zuständig für die fotografische Erfassung des Forschungsgegenstandes, richteten das Objektiv bekanntermaßen aber auch auf die Erde. Auf der Startseite des

Astronauts-Photography-from-Space-Projekts ist ein Foto zu sehen, das zwei Fenster der Aussichtskuppel in der internationalen Raumstation zeigt. Durch die fotografische Kadrierung wirkt es so, als handele es sich um das Cockpit in einem Luftschiff, in dem Oben und Unten im Verhältnis zur Erdoberfläche auszumachen ist. Bereits die ersten von Astronauten gemachten Fotografien der Erde wurden dafür kritisiert, dass in ihnen die kartografische Konvention der Nord-Süd-Ausrichtung beibehalten wurde. Im Vergleich etwa zu einigen Abbildungen aus den vergangenen Jahren, die Erde und Mond zueinander in Beziehung setzen, wirkt die Originalfotografie der Blue Marble statisch und unberührt von den technologischen Bedingungen—als sei sie aus dem Nirgendwo aufgenommen. Dabei wurde das Foto an Bord der Apollo 17 von einem Astronauten gemacht. Anders verhält es sich mit einem weiteren, in Variationen häufig wiederkehrenden Bildmotiv: In unterschiedlicher Kadrierung zueinander werden Erde und Mond (Apollo, 1969 und Discovery, 2007) abgebildet, wobei Teile des technologischen Setups in den Bildausschnitt ragen. Erneut wird so ein Oben und Unten konstruiert.

Bei den beschriebenen Einzelbildern handelt es sich um mediale Bilder. Die hochaufgelösten Fotografien aus der ISS hingegen entstehen systematisch, um für wissenschaftliche Zwecke nutzbar zu sein. In der Bildergalerie EarthDisc[169] gibt es verschiedene Gruppierungen, darunter *historical* und *image composites*. Die für den weiteren Gebrauch von der NASA bereitgestellten, georeferenzierten Fotografien erscheinen in einem Interface, das aussieht wie ein animierter Kontaktabzug oder ein virtueller Archivraum, wenn man die Reflexion der Fotografien auf dem Boden berücksichtigt Abb. 37 B S. 286. Diese Fotowand kippt perspektivisch, wenn man mit dem Cursor darüberfährt und umfasst hunderte Einzelbilder, die nach Motivgruppen sortiert sind.

Inwiefern erfüllen diese Astronautenfotos Haraways Vorstellung eines verkörperten Sehens? Da die einzelnen Fotos systematisch annähernd vertikal aufgenommen wurden, damit sie etwa für Geobrowser und andere kartografische Zwecke von Nutzen sein können, gibt es für die Betrachter·innen im Bild keinen Hinweis auf den Entstehungskontext. Als geeigneteres Material für die Vermittlung einer situierten, lokalen Perspektive hingegen bieten sich Bewegtbilder an, Videoaufnahmen und Computersimulationen und solche, die Bilder aktivieren: GIFs, Animationen, Zoom-Ins. Durch sozialmediale User·innenkulturen verändern sich heute auch die Bildpolitiken im Bereich der Kommunikation von Raumfahrtagenturen und Forschungseinrichtungen.

Diese ISS-Fotografien unterscheiden sich von den sozialmedialen Bild- und Videobeiträgen der ISS-Crewmitglieder, die nach Paul Frosh meist als »gestische Bilder« einzuordnen sind. Dem Konzept des »gestischen Bildes« folgend,[170] das auf das Verhältnis zwischen Körper, Smartphone-Kamera und Selbstbild verweist und das Selfie als kinästhetische Erfahrung begreift, soll auf die ISS-Kompositbilder angewendet werden. Die körperliche Bewegung, der Bewegungssinn der Fotografierenden wird im Bild sichtbar und überträgt sich mitunter in den sozialmedialen Interaktionen auf die Betrachter·innen. Unter gestischen Bildern versteht Paul Frosh solche Selbstbilder, die bei einem akrobatischen Akt oder zumindest unter körperlicher Anstrengung, die mit dem Weghalten der Kamera und dem Posieren mit dieser zusammenhängt, entstanden sind. In der Schwerelosigkeit sind die Körper der Astronaut·innen zudem auf ungewohnte Weise präsent und nah, wenn sie durch die Raumstation schweben: Die mit weißen Socken und Trainingsanzug bekleideten Astronaut·innen sprechen zwischen lauter meist technogen-funktional gestalteten Oberflächen in ihre Kamera. So gesehen unterscheiden sich die Astronautenfotografien zwar in Kontextualisierung, Präsentation und in den verwendeten Kameras von den technischen, instrumentalisierten Satellitenbildern, können aber nicht im von Haraway gedachten Sinne als verkörperte Sicht eingeordnet werden, da sie aus einer systematischen Logik heraus zustande kommen.

Das gestische Bild entdeckt Frosh in der Schnittmenge von Technizität und Körpern, also dort, wo sich das gestische Register, das mobile und das operative Register überschneiden, wenn beispielsweise eine Person sich selbst mit der Smartphone-Kamera am ausgestreckten Arm fotografiert:

As a kinesthetic image, then, the selfie makes visible a broader kinesthetic domain of digital culture that is relatively overlooked as an object of analysis. This is the limbic, gestural register, overtly apparent in games systems such as Wii and Kinect, that creates a circuit for mediating social and corporeal affective energy by intersecting with two other registers of embodied technicity: the mobile, the mediated mobility of whole bodies in physical and augmented space provided by locative technologies (the body as a single moving data point), and the operative, the habitually nimble coordination of hands and eyes used for navigating the virtual space of interfaces (body parts as media operators). The selfie is thus a new phatic agent in the energy flows between bodily movements, sociable interactions, and media technologies that have become fundamental to our everyday, routine experience of digital activities.[171]

Die Astronaut·innen-Selfies fügen sich, wenngleich in anderem Maßstab, in diese Definition ein, da in der ISS im Unterschied zu Froshs Selfie-Fotograf·innen andere Ortsmedien (locative media) wirksam sind, die Positionsdaten tracken, darunter das Deep Space Network der NASA sowie ein System aus Tracking- und Daten-Relay-Satelliten, die den Datenaustausch ermöglichen. Die Übertragungsgeschwindigkeit der Daten wurde im Sommer 2019 erst erhöht und liegt deutlich über dem Volumen eines durchschnittlichen Internetanschlusses.[172]

Die Kompositbilder hingegen sind nicht zur sozialen Interaktion mit anderen User·innen im sozialmedialen Netz vorgesehen, sondern sollen für wissenschaftliche Projekte zur Verfügung stehen.[173] Wie Denis Cosgrove ausführt, erfordert dieser Bildtypus eine spezifische Betrachtungsweise, welche dem des Kartenlesens ähnlicher ist.[174] Demzufolge schließt dieser Bildtypus also an Kulturtechniken an, die durch den Nutzung von Atlanten und Globen erprobt sind.

Voraussetzung für die Verwendung und Lesbarkeit der Astronautenfotografie ist allerdings »Ground Truthing«, der Feldabgleich. Welcher Ausschnitt des Planeten ist auf dem Foto zu sehen? Wo befindet sich die Kamera in welchem Winkel zur Erdoberfläche? Die verwendeten Kameras liefern Informationen im optischen Bereich, die Objekte erreichen eine Auflösung von zwei Metern/Bodenpixel.[175] Für die Auswertung fehlten Geodaten. Daraufhin entwickelte die Intelligent Robotics Group[176] für diesen Zweck notwendige Hardware für den Orbit und Software für den Feldabgleich. Die Hardware setzt sich aus Bauteilen eines Smartphones zusammen.[177] Die Software ermittelt dann anhand des Bildausschnitts die Geolocation. Zuvor wurden die Nadir- und Off-Nadir-Luftbildaufnahmen beziehungsweise Multispektralbilder mit einem Feature-Matching-Verfahren geografisch eingeordnet und Metadaten generiert. Nach der ersten Positionsschätzung erfolgt die vollständige Georeferenzierung eines Bildes über das Software-System GeoRef in der Bodenstation, und dann wird das Bild in etablierten raumbezogenen Formaten Geotiff oder KML im Netz verfügbar gemacht. [178]

Zu den algorithmisch automatisierten Arbeitsschritten gehört: Daten abrufen aus der Cloud, Dekomprimieren, Analysieren der Metadaten, Identifizieren des begrenzenden Rechtecks, das gültige Daten enthält, Reinigen der Bildränder, Konvertieren der Rohdaten, also der Pixelinformationen in sinnvolle Einheiten, Kalibrieren der Reflexion der oberen Atmosphäre unter Verwendung der entsprechenden Konstanten für jeden Satelliten, Berücksichtigen von Sonnenentfernung und Zenitwinkel, Kacheln in Standardgrößen, Durchführen aller notwendigen Koordinatentransformationen, Komprimieren der Daten zurück in ein Standardformat, Speichern des Ergebnisses in der Cloud.

Auf einem Beispielbild der IntelligentRobotics Group ist das Stadtzentrum von Chicago und vom Michigansee zu sehen. In den Bereich fallen auch der Yachthafen und Soldiers Field, von wo aus die Eames in Powers of Ten ihre virtuelle Kamerafahrt starteten. Es stellt sich als beliebtes Motiv heraus, vermutlich wegen des mit bloßem Auge wiederzuerkennenden signifikanten Straßenraster der Planstadt Chicago. Diese Astronaut·innenfotografie ISS041-E-103791[179] Abb. 38 S. 287 entstand im Oktober 2014 und wurde mit einer Nikon-Digitalkamera mit einem 800-mm-Objektiv aufgenommen. Der Bildbearbeitungsprozess wird benannt; das Bild wurde beschnitten, die Kontraste verstärkt und Linsenartefakte wurden entfernt.[180] In dieser nachvollziehbaren Beschreibung hört es sich nach Arbeitsschritten an, die im Prinzip jede·r mit Photoshop erledigen oder von den algorithmischen Filtern ihrer Smartphones berechnen lassen könnte. Für die Bildunterschrift wird M. Justin Wilkinson Jacobs im Johnson Space Center der NASA als Autor aufgeführt. Es gehört zu den neuen Kommunikationsstandards — zumindest im Kontext der Astronaut·innenfotografie —, die Arbeitsschritte und die Bildarbeiter·innen zu kommunizieren. Die Forderungen von Haraway und meine Absichten, die Visionsmetapher um das Datensehen zu erweitern und neue Schauplätze des situierten Wissens ausfindig zu machen, kann hier exemplarisch in Ansätzen verdeutlicht werden.

1 William J. Clinton,»Statement on Signing the Openmarket Reorganization for the Betterment of International Telecommunications Act«, (7.3.2000), https://www.govinfo.gov/content/pkg/WCPD-2000-03-27/pdf/WCPD-2000-03-27-Pg578.pdf.
2 Federal Aviation Administration,»Statement by the President regarding the United States' Decision to Stop Degrading Global Positioning System Accuracy«, 1.5.2000, https://www.faa.gov/about/office_org/headquarters_offices/ato/service_units/techops/navservices/gnss/gps/policy/presidential/.
3 Vgl. Joseph R. Guinn u. a., »The Deep Space Positioning System (DPS) – Navigator Concept for the Lunar Gateway«, Pasadena, CA: Jet Propulsion Laboratory, National Aeronautics and Space Administration, 2019.
4 Marion Picker, »Die Zukunft der Kartographie«, in: Dies. / Véronique Maleval / Florent Gabaude (Hgg.), *Die Zukunft der Kartographie. Neue und nicht so neue epistemologische Krisen*, Bielefeld: transcript Verlag 2013, S. 7–20.
5 Die Autoren Andrea Mubi Brighenti und Andrea Pavoni verweisen in ihrem Aufsatz zum vertikalen Blick darauf, dass Virilio die Verbindung zwischen »the vertical cosmological abstraction and the horizontal geographic embodiment of vision« befürwortet hatte. (Vgl. Andrea Mubi Brighenti / Andrea Pavoni, »Vertical vision and atmocultural navigation. Notes on emerging urban scopic regimes«, in: *Visual Studies*, 35, 5, 2020, S. 429–441, hier S. 429).
6 Vgl. http://geocinema.network/.
7 Lisa Parks, »Televisual epistemologies and beyond. Lisa Parks. Ein Interview von Asbjørn Grønstad und Øyvind Vågnes«, in: *Journal of Visual Culture*, 18, 2, August 2019, London: Sage Publications, S. 234–249.
8 Ebd., S. 244.
9 Geocinema, *The Making of Earths*, in Zusammenarbeit mit Jessika Kharzik, 2020, HD Video, 4-Kanal Audio, 34 Min., https://geocinema.network/.
10 Vgl. http://thedigitalearth.org/.
11 Lisa Parks hat hierzu früh mit einer kartographischen Praxis experimentiert, die sie »plotting the personal« nannte. (Vgl. Lisa Parks, »Cultural Geographies in Practice. Plotting the Personal: Global Positioning Satellites and interactive media«, in: *Ecumene: A Journal of Cultural Geographies*, 8, 2, April 2001, S. 209–222).
12 Matthew Fuller, *Media Ecologies. Materialist Energies in Art and Technoculture*, Cambridge, MA: The MIT Press 2005, S. 51.
13 Ebd.
14 »Nicole Starosielski – The Network Map Under Water«, 24.2.2017, ab Min. 14'20, https://youtu.be/AONHAswYRrE.
15 Gilbert Simondon, »Die technische Einstellung«, in: Erich Hörl (Hg.), *Die technologische Bedingung. Beiträge zur Beschreibung der technischen Welt*, Frankfurt am Main: Suhrkamp 2011, S. 73–92, hier S. 85.
16 John Durham Peters, *The Marvelous Clouds: Towards a Philosphy of Elemental Media*, Chicago: The University of Chicago Press 2015.
17 Yuk Hui, *The Question Concerning Technology in China. An Essay in Cosmotechnics*, London: Urbanomic 2016, S. 19f.
18 Der Soziologe Armin Nassehi schreibt, dass Daten die Welt verdoppeln und »Daten beziehungsweise der Gebrauch von Daten als Beobachter begriffen werden müssen.« Zentral ist für ihn die Frage, wie sich moderne Gesellschaften auf die Welt beziehen, und zwar indem sie »die epistemologische Frage nach dem Zugang und der Repräsentation« stellen. »Die Welt ist nur noch in der Verdopplung zugänglich, genauer: nur noch *als* Verdopplung, die ihr Original nur in der Verdopplung kennt.« (Armin Nassehi, *Theorie der digitalen Gesellschaft*, München: C. H. Beck 2019, S. 110) Für Nassehi hat die Verdopplung nicht mit der Digitalisierung, sondern mit der Schrift begonnen. (Vgl. ebd., S. 136).
19 »This kind of trade is freed from all material impediments; it performs an act that culminates not in the re-presentation but in the de-presentation of the world.« (Joseph Vogl, »Taming Time: Media of Financialization«, in: *Grey Room*, 46, Winter 2012, Cambridge, MA: The MIT Press, S. 72–83).
20 Joseph Vogl, »Medien-Werden: Galileis Fernrohr«, in: Lorenz Engell / Joseph Vogl (Hgg.), *Mediale Historiographien*, Weimar: Univ.-Verlag 2001, S. 115–124, hier S. 120.
21 Ebd., S. 123.
22 Donna J. Haraway, »Situiertes Wissen. Die Wissenschaftsfrage im Feminismus und das Privileg einer partialen Perspektive«, in: Dies., *Die Neuerfindung der Natur. Primaten, Cyborgs und Frauen*, Frankfurt am Main: Campus Verlag 1995, S. 73–97, hier S. 83.
23 Walter Benjamin, »Zum Planetarium« [1928], in: Ders., *Einbahnstraße*, Frankfurt am Main: Suhrkamp 1965, S. 123–24.
24 Geocinema, *The Making of Earths*, in Zusammenarbeit mit Jessika Khazrik, 2020, HD Video, 4-Kanal Audio, 34 Min.
25 Vgl. Daniel Osthaus, *Extraterrestrial Languages*, Cambridge, MA: The MIT Press 2019.
26 Vgl. https://www.google.com/sky/. Google Sky ist in Google Earth eingebettet.
27 Meldungen der NASA werden regelmäßig in Tech-Magazinen wie *Wired*, *The Verge*, *TechCrunch* oder *Gizmodo* redaktionell berücksichtigt.
28 Adam Rogers, »Wrinkles in Spacetime. The Warped Astrophysics of Interstellar«, in: *Wired*, Oktober 2014, https://www.wired.com/2014/10/astrophysics-interstellar-black-hole/.
29 Vgl. Big Data-Symbolbilder auf den Webseiten von Firmen, die Datenanalysen anbieten, darunter BigDataStack, Clean Tech Services, CloudMoyo, Huawei, Infograins, Inteliix, NEXT Data Service AG oder PromptCloud. Die Firma Everteam ist unter den Suchergebnissen zunächst die Einzige, die mit einer Frau wirbt: Den Accessoires nach zu urteilen, einer Ärztin, die am Augmented-Reality-Modell eines Gehirns Daten auf ihrem grell leuchtenden Tablet auswertet.
30 Vgl. *National Geographic*, CIX, 4, April 1956, S. 487 und 498.
31 1957, im Sputnik-Jahr, hat der Astronom Fred Whipple den kombinierten zivil-professionellen Satellitenbeobachtungsdienst Moonwatch initiiert, nach dem Vorbild von Skywatch, der Bürger·innen

dazu einsetzte, den Himmel nach feindlichen sowjetischen Flugzeugen abzusuchen. Auch mit der Disney-Figur Donald Duck wurde das Programm Moonwatch beworben. Mit Teleskopen beobachteten weltweit Amateur·innen den Mond. So sammelten Astronom·innen zusätzliche Daten, die sie für ihre wissenschaftliche Arbeit auswerten konnten. Später kamen neben den Teleskopen die Baker-Nunn-Kameras zur Ausstattung für die Erfassung von Flugobjekten hinzu. (Vgl. Doug Millard, *Satellite. Innovation in Orbit*, London: Reaktion Books 2017, S. 78–81).

32 Jens Schröter, »Das Ende der Welt. Analoge vs. digitale Bilder – mehr und weniger ›Realität‹?« in: Ders. / Alexander Böhnke (Hgg.), *Analog / Digital – Opposition oder Kontinuum? Zur Theorie und Geschichte einer Unterscheidung*, Bielefeld: transcript Verlag 2004, S. 341

33 Vgl. https://space.jpl.nasa.gov/msl/Programs/corona.html, »President Orders Declassification of Historic Satellite Imagery Citing Value of Photography to Environmnetal Science«, Pressemitteilung vom 24.2.1995, https://www.nro.gov/Portals/65/documents/news/press/1995/1995-01.pdf.

34 Jens Schröter, *Das Netz und die Virtuelle Realität: zur Selbstprogrammierung der Gesellschaft durch die universelle Maschine*, Bielefeld: transcript Verlag 2004, S. 340f.

35 Lisa Parks / Nicole Starosielski (Hgg.), *Signal Traffic*, Cambridge, MA: The MIT Press 2015, S. 6.

36 Paul Virilio, *Krieg und Kino. Logistik der Wahrnehmung* [*Guerre et cinéma*, Paris: Seuil 1984], aus dem Franz. von Frieda Grafe und Enno Patalas, München / Wien: Hanser 1986, S. 114.

37 Ebd., S. 173f.

38 Ebd., S. 33.

39 Walter Benjamin, »Kleine Geschichte der Photographie« [1931], in: Rolf Tiedemann / Hermann Schweppenhäuser (Hgg.), Walter Benjamin. *Gesammelte Schriften*, Bd. II, Teil 1, Frankfurt am Main: Suhrkamp 1977, S. 383f.

40 William Rankin notiert in *After the Map*: »The term I use is *geo-epistemology*; what matters to me is not just what is known about the earth, but *how* it is known – and *how* it is used.« (William Rankin, *After the Map*, Chicago: The University of Chicago Press 2016, S. 2).

41 Lisa Parks, *Cultures in Orbit. Satellites and the Televisual*, Durham: Duke University Press 2005, S. 14.

42 Sophie E. Day / Celia Lury, »New Technologies of the Observer: #BringBack, Visualisation and Disappearance«, in: *Theory, Culture & Society*, 34, 7–8, Dezember 2017, London: Sage, S. 51–74, hier S. 63.

43 Ebd.

44 Ebd., S. 54.

45 Parks, *Cultures in Orbit*, S. 12.

46 Catherine d'Ignazio / Lauren F. Klein, »Feminist Data Visualization«, MIT Center for Civic Media, 1.12.2015, https://civic.mit.edu/2015/12/01/feminist-data-visualization/.

47 Haraway, »Situiertes Wissen«, S. 89.

48 Susan Schuppli, »War Dialling. Image Transmissions from Saigon«, in: Jennifer Good u. a. (Hgg.), *Mythologizing the Vietnam War: Visual Culture and Mediated Memory*, Cambridge: Cambridge Scholars Publishing 2015, S. 144–158, hier S. 156.

49 Haraway, »Situiertes Wissen«, S. 83.

50 Ebd., S. 89.

51 Haraway, »Situiertes Wissen«, S. 80.

52 Kaja Silverman, *The Threshold of the Visible World*, New York / London: Routledge 1996, S. 184.

53 Ebd., S. 175.

54 Haraway, »Situiertes Wissen«, S. 89.

55 Ebd.

56 VR-Arbeiten wie *The Displaced* (2017) von Imraan Ismail und Ben C. Solomon für die *New York Times* und *Tree* (2017) von Milica Zec und Winslow Porter für die Rainforest Alliance sind Beispiele, die diese Annahme bestätigen.

57 Haraway, »Cyborgs to Companion Species: Reconfiguring Kinship in Technoscience«, in: Dies., *The Haraway Reader*, London / New York: Routledge 2004, S. 295–320, hier S. 297.

58 Ebd.

59 Ebd., S. 308.

60 Haraway, »Situiertes Wissen«, S. 75.

61 Auf ähnliche Weise hat Hannah Arendt das »Denken ohne Geländer« vertreten.

62 Donna J. Haraway, *Modest-Witness@Second-Millennium. Female-Man-Meets-OncoMouse: feminism and Technoscience* [1997], New York: Routledge 2018, S. 11.

63 Astrid Deuber-Mankowsky, »Diffraktion statt Reflexion. Zu Donna Haraways Konzept des situierten Wissens«, in: *Zeitschrift für Medienwissenschaft*, 4, 1, Mai 2011, Berlin: diaphanes, S. 88.

64 Ebd., S. 83.

65 Vgl. Lorraine Daston / Peter Galison, *Objektivität* [*Objectivity*, New York: Zone Books 2007], Frankfurt am Main: Suhrkamp 2017, S. 438–441.

66 Ebd., S. 438.

67 Ebd., S. 439.

68 CosmoScout VR, veröffentlicht am 10. August 2019 auf der Entwicklerplattform GitHub. (Vgl. https://github.com/cosmoscout).

69 Simon Schneegans, Mitarbeiter der Abteilung für Simulations- und Softwaretechnik am Deutschen Zentrum für Luft- und Raumfahrt in Braunschweig, in einer E-Mail vom 16. August 2019 an V. T.

70 Haraway, *Staying with the Trouble. Making kin in the Chthulucene*, S. 97.

71 C. D. B. Bryan (Hg.), *Das Große National Geographic Buch*, Hamburg: Hoffmann und Campe 1988.

72 Stuart Elden, »Secure the volume: Vertical geopolitics and the depth of power«, in: *Political Geography*, 34, Mai 2013, S. 35–51, hier S. 35.

73 Stephen Graham, Vertical: *The City from Satellites to Bunkers*, London / New York: Verso 2016, S. 22.

74 »From the 1990s onwards, cities became increasingly computational with traditional infrastructures augmented with networked sensors, transponders, and actuators, enabling new forms of real-time operational governance.« (James Ash / Rob Kitchin / Agnieszka Leszczynski, »Digital turn, digital geographies?«, in: *Progress in Human Geography*, 42, 1, Februar 2018, Sage Publications, S. 25–43, S. 30).

75 Der Geograf Marc Boeckler definiert Geomedien als »›Ortsmedien‹ [...], die einen mobilen Internetzugang mit ›Verortungstechnologien‹ verbinden, wie beispielsweise Smartphones und Tablet-PCS. Durch die automatische Lokalisierung über GPS-Sensoren, WiFi-, Mobilfunktriangulation, über RFID (Radiofrequency identification) oder NFC (Near Field Communication) hat sich der Vorgang des Geotaggings verändert.« (Vgl. Marc Boeckler, »Digitale Geographien: Neogeographie, Ortsmedien und der Ort der Geographie im digitalen Zeitalter«, in: *Geographische Rundschau*, 66, 6, Juni 2014, S. 4–10).
76 Timothy Ingold, »Earth, Sky, Wind, and Weather«, in: *The Journal of the Royal Anthropological Institute* 13, 2007, S. S19–S38, hier S. S34.
77 Gilles Deleuze / Félix Guattari, *Was ist Philosophie?* [*Qu'est-ce que la philosophie?*, Paris: Les Éditions de Minuit 1991], aus dem Franz. von Bernd Schwibs und Joseph Vogl, Frankfurt am Main: Suhrkamp 1996, S. 97.
78 Ebd.
79 Ebd., S. 101.
80 Ebd., S. 112.
81 Tatsächlich hat die kapitalistische Ausweitung eine neue Dimension angenommen. Nachdem andere Finanzgeschäftsfelder infolge der Veröffentlichung der *Panama Papers* weggefallen waren, hat sich das Land Luxemburg ein neues Nation-Branding gegeben, zum Standort für Weltraumunternehmen erklärt und 2018 die Luxembourg Space Agency gegründet. (Vgl. https://space-agency.public.lu/). Zum neuen Geschäftsfeld zählt die Wartung von Satelliten und Raketen, das Herstellen von Ersatzteilen mit 3D-Druckern und der Abbau von Wasser, seltenen Erden und anderen Rohstoffen auf Asteroiden.
82 Deleuze / Guattari, *Was ist Philosophie?*, S. 101.
83 Ebd., S. 101f.
84 Hieran lässt sich mit Mitchells Vortex-Idee anknüpfen, seinem Gegenvorschlag zu den globalen Weltbildern, »regional imaginaries« zu bevorzugen. (Vgl. W. J. T. Mitchell, »World Pictures: Globalization and Visual Culture«, in: *Neohelicon*, 34, 2, 2007, S. 49–59, hier S. 57–58).
85 Daniel Falb, *Geospekulationen. Metaphysik für die Erde im Anthropozän*, Berlin: Merve 2018, S. 8.
86 Ebd.
87 Tom Holert, »Bildfähigkeiten. Visuelle Kultur, Repräsentationskritik und Politik der Sichtbarkeit«, in: Ders. (Hg.), *Imagineering. Visuelle Kultur und Politik der Sichtbarkeit*, Köln: Oktagon 2000, S. 18.
88 Deleuze / Guattari, *Was ist Philosophie?*, S. 115.
89 Falb, *Geospekulationen*, S. 187.
90 Haraway, »Situiertes Wissen«, S. 81.
91 Roger Stahl, »Becoming Bombs. 3D Animated Satellite Imagery and the Weaponization of the »Civic Eye«, in: *MediaTropes*, 2, 2, Februar 2010, S. 65–93, S. 71.
92 Im März desselben Jahres hielt er eine vergleichbare Rede am Massachusets Institute of Technology. Der Vortrag ist auf YouTube abrufbar, https://youtu.be/1Tx_NhpQj8E.
93 Marjorie Hope Nicholson, *The Breaking of the Circle. Studies in the Effect of the »New Science« on Seventeenth Century*, New York: Columbia University Press, 1960.
94 Dieter Mersch, »Visuelle Argumente. Zur Rolle der Bilder in den Naturwissenschaften«, in: Sabine Maasen u. a. (Hgg.), *Bilder als Diskurse – Bilddiskurse*, Weilerswist: Velbrück 2006, S. 104.
95 Vgl. Edward R. Tufte, *Envisioning Information*, Chesire: Graphics Press 1990, S. 33 und Edward R. Tufte, *The Visual Display of Quantitative Information*, Cheshire: Graphics Press 2001, S. 13ff.
96 Daher wurde im Internet ein Open Call veröffentlicht: »Call for New Earth Explorer Mission Ideas«, European Space Organization, September 2017, http://www.esa.int/Our_Activities/Observing_the_Earth/Call_for_new_Earth_Explorer_mission_ideas.
97 Vgl. *Earth Explorers. New Views of Dynamic Earth*, European Space Agency, 2013, https://esamultimedia.esa.int/multimedia/publications/BR-314/.
98 Vgl. NASA Visible Earth, https://visibleearth.nasa.gov/.
99 Orit Halpern, *Beautiful Data. A History of Vision and Reason since 1945*, Durham / London: Duke University Press 2014, S. 14.
100 Wie schon an anderer Stelle deutlich wurde, ist ein erheblicher technischer Aufwand und Standardisierungsprozess mit der Auswertung von Satellitendaten verbunden. Voraussetzungen sind Standardisierungen wie ISO 19 123, ein Standard für Geodaten und Karten-Templates, WGS84, der internationale Standard für das ›World Geodetic System‹ und modulare Datenmodelle für globale Informationssysteme. Eine wichtige Rolle spielt das Schnittstellen-Design, das es Amateur·innen und Professionellen gleichermaßen ermöglicht, die Daten zu nutzen. Dafür werden immer mehr Portale entwickelt. In den Datensätzen werden Bilder und Metadaten getrennt voneinander abgespeichert, um Suchabfragen zu beschleunigen. Mit unterschiedlichen Systemen und Anwendungen wird also versucht, auf die Datenmengen im Petabyte-Bereich zu reagieren. (Vgl. Peter Baumann, »The Datacube-Manifesto«, 2017, http://earthserver.eu/sites/default/files/upload_by_users/The-Datacube-Manifesto.pdf).
101 Zum Beispiel das HEALPix, das im Jet Propulsion Laboratory der NASA für astrophysikalische Analysen von massiv umfangreichen Full-Sky-Datensätzen entwickelt wurde.
102 Andy Blank, »Earth is Back on the Grid(lines)«, in: *Medium*, 2.5.2019, https://medium.com/google-earth/earth-is-back-on-the-grid-lines-fe501116be05.
103 Vgl. »[...] precompute times on the server to avoid extensive local computation, and use sophisticated level-of-detail management to allow the field of view to be refreshed at video rates.« (Michael F. Goodchild u. a., »Next-generation Digital Earth«, in: *Proceedings of the National Academy of Sciences of the United States of America*, 109, 28, 10.7.2012, S. 11088–11094, hier S. 11089).
104 Airbus hat in seinem Betriebszweig Airbus Aerial einen Algorithmus entwickelt, der trainiert wurde, Swimming-Pools mit schmutzigem, ›grünem‹ Wasser zu finden.

105 Up42 ist eine 2019 in Berlin gegründete Startup-Firma, die sich als Aggregations-Dienstleister versteht. Sie aggregiert Satellitendaten und Bilderkennungsalgorithmen. Die Dienstleistung besteht darin, Bilderkennungsalgorithmen (von verschiedenen Firmen, mit denen sie kooperieren) auf Satellitendaten (aus der Pléiades-Satellitenkonstellation von Airbus mit einer Bildauflösung von 50 cm, Sentinel Radardaten) anzuwenden. Bei der Launch-Veranstaltung am 6. Mai 2019 im Berliner Zeiss-Planetarium zeigten sie ein Demo-Beispiel: Auffinden widerrechtlich errichteter Hütten rund um eine Platinum-Mine in Südafrika. Die kalifornische Firma Orbital Insight arbeitet mit Up42 zusammen und liefert in dem Fall die Bilderkennungsalgorithmen (https://orbitalinsight.com/ und https://up42.com/).
106 LiveEO ist ein in Berlin ansässiger Startup, der »Infrastructure Monitoring from Space« anbietet, d. h. sie werten Satellitenbilder für Kunden wie die Deutsche Bahn aus. (Vgl. https://live-eo.com/de/home-de/).
107 Goodchild u. a., »Next-generation Digital Earth«, S. 11088.
108 Vgl. »The geoid (...) must be approximated by a mathematical shape to define latitude and longitude and thus to measure location.« (Ebd., S. 11089).
109 Ebd.
110 Die analogen Messmethoden der Fotogrammetrie sind auch am digitalen Bild anwendbar. Beispielsweise gibt es in Google Earth ein Messwerkzeug, um Strecken und Flächen auszumessen.
111 Daniel Oberhaus, »Trump Tweeted a Sensitive Photo. Internet Sleuths Decoded It«, in: *Wired*, 3.9.2019, https://www.wired.com/story/trump-tweeted-a-sensitive-photo-internet-sleuths-decoded-it/.
112 Goodchild u. a., »Next-generation Digital Earth«, S. 11090.
113 Lisa Parks, »Satellite and Cyber Visualities: Analyzing the Digital Earth Project«, in: Horst Bredekamp / Gabriele Werner (Hgg.), *Bilder in Prozessen. Bildwelten des Wissens.* Kunsthistorisches Jahrbuch für Bildkritik, 1, 1, Berlin: Akademie Verlag 2003, S. 39.
114 Ebd., S. 40.
115 Wumeng Huang / Jing Chen, »A multi-scale VR navigation method for VR globes«, in: *International Journal of Digital Earth*, 12, 2, Dezember 2019, S. 228–249, hier S. 232.
116 Vgl. https://www.reddit.com/r/Vive/comments/7058u2/google_earth_finally_added_human_scale_always_on/.
117 Sergio, »Google Earth VR (HTC Vive)«, 12.12.2017, https://youtu.be/RdA7V9PI_1E.
118 Vgl. simbeeotik, »[Google Earth VR] EP2: Review of updates and exploring more of the Earth«, 29.12.2017, https://youtu.be/-anwaxEVO4E.
119 Huang / Chen, »A multi-scale VR navigation method for VR globes«, S. 247.
120 Ebd.
121 Archive liegen bei der ESA (https://www.cosmos.esa.int/) und bei der NASA (https://pds.nasa.gov/).
122 Oliver Grau, *Virtual Art. From Illusion to Immersion*, Cambridge, MA: The MIT Press 2003, S. 163.
123 Ebd., S. 173.
124 Ivan E. Sutherland, »A head-mounted three dimensional display«, in: *Proceedings of the AFIPS Fall Joint Computer Conference*, Washington D. C.: Thompson Books 1968, S. 757–764, hier S. 763.
125 Ebd., S. 757.
126 Vgl. Ivan E. Sutherland, »The Ultimate Display«, in: *Proceedings of IFIP Congress*, 1965, S. 506–508.
127 Silverman, *The Threshold of the Visible World*, S. 178f.
128 Ebd., S. 179.
129 Lorraine Daston / Peter Galison, *Objektivität* [*Objectivity*, New York: Zone Books 2007], aus dem Amer. von Christa Krüger, Frankfurt am Main: Suhrkamp 2017, S. 408.
130 Simon Schneegans und Markus Flatken, »Das Sonnensystem zum Greifen nah«, in: *DLRmagazin* 161, Juli 2019, S. 20.
131 Zitiert nach Denis Cosgrove, »Contested Global Vision: *One-World, Whole-Earth*, and the Apollo Space Photographs«, in: *Annals of the Association of American Geographers*, 84, 2, Juni 1994, S. 270–294, hier S. 287.
132 Haraway, »Situiertes Wissen«, S. 90.
133 Ebd.
134 Vgl. Heidegger, »Zeit des Weltbildes«, S. 87.
135 Die Kunsthistorikerin Kris Paulsen verwendet die Formulierung des *ethereal no-place of the television screen*, also des Kein-Ortes (der in Abgrenzung zu den *non-places* im Sinne von Marc Augé diskutiert werden könnte) in ihrer mediengeschichtlichen Untersuchung epistemologischer Fragestellungen der Telepräsenz und wie sie in der Medienkunst verhandelt beziehungsweise performt werden. (Vgl. Kris Paulsen, *Here/There. Telepresence, Touch, and Art at the Interface*, Cambridge, MA: The MIT Press 2017, S. 14).
136 Kate Crawford, »Big Urban Data and Shrinking Civic Space: The Statistical City Meets the Simulated City«, in: Darin Barney / Gabriella Coleman / Christine Ross / Jonathan Sterne / Tamar Tembeck (Hgg.), *The Participatory Condition in the Digital Age*, Durham: The University of Minnesota Press 2016, S. 176.
137 Ebd., S. 181. Crawford bezieht »the God View« von der Journalistin Kashmir Hill, die 2020 auch die Dimensionen von Kontrolle und Über-wachung durch die Gesichtserkennungs-Anwendung Clearview A.I. aufgedeckt hat. (Vgl. Kashmir Hill, »›God View‹: Uber Allegedly Stalked Users for Party-Goers' Viewing Pleasure«, in: *Forbes*, 3.10.2014, https://www.forbes.com/sites/kashmirhill/2014/10/03/god-view-uber-allegedly-stalked-users-for-party-goers-viewing-pleasure/).
138 Haraway, »Situiertes Wissen«, S. 80.
139 Ebd., S. 81.
140 Im Gespräch mit V. T. im Januar 2016.
141 Ebd.
142 Ebd.
143 C. D. B. Bryan (Hg.), *Das Große National Geographic Buch* [*The National Geographic Society: 100 years of adventure and discovery*, New York: Phaidon 1987] aus dem Amer. von Thomas Hemstege, Gudrun Erler und Einar Schlereth, Hamburg: Hoffmann und Campe 1988, S. 355.

144 Vgl. Arendt, *Vita activa oder Vom tätigen Leben*, S. 246.
145 Haraway, »Situiertes Wissen«, S. 80.
146 Haraway, »Situiertes Wissen«, S. 82.
147 Vgl. ebd., S. 84.
148 Vgl. Ryan Bishop, »Project ›Transparent Earth‹ and the Autoscopy of Aerial Targeting«. Jonathan Crary, *24/7: Late Capitalism and the End of Sleep*, New York: Verso 2014, S. 32. Derek Gregory, »Drone Geographies«, in: *Radical Philosophy*, 183, Januar/Februar 2014, https://www.radicalphilosophy-archive.com/article/drone-geographies. Caren Kaplan, *Aerial Aftermaths. Wartime from Above*, Durham/London: Duke University Press 2018, S. 212. Antoine Bousquet erwähnt ebenfalls das Projekt Gorgon Stare in seinem Buch *The Eye of War. Military Perception from the Telescope to the Drone*, London/Minneapolis: The University of Minnesota Press 2018, S. 102f.
149 Haraway, »Situiertes Wissen«, S. 81.
150 Das Team besteht in diesem Fall ausschließlich aus Männern.
151 Simon Schneegans u. a., »Interactive Solarsystem for High-Resolution Planetary Data Exploration«, in: *EPSC* Abstracts, 12, EPSC2018-232, European Planetary Science Congress 2018.
152 Hito Steyerl, »In Free Fall: A Thought Experiment on Vertical Perspective«, in: *e-flux journal*, 24, April 2011, https://www.e-flux.com/journal/24/67860/in-free-fall-a-thought-experiment-on-vertical-perspective/.
153 Vgl. https://artdesign.unsw.edu.au/3DVALJourneyCentreCell.
154 20th Century Studios, *Fantastic Voyage*, TBT Trailer 20th Century Fox (Richard Fleischer, 1966), 3 Min. 29 Sek., https://youtu.be/dO5E4wkg0hA.
155 John McGhee/Benjamin Bailey/Robert Parton/Nicholas Ariotti/Angus Johnston, »Journey to the centre of the cell (JTCC): a 3D VR experience derived from migratory breast cancer cell image data«, in: *Traffic*, 19, 2, Februar 2018, S. 105–110.
156 3D Visualisation Aesthetics Lab UNSW, *Journey to the Centre of the Cell – 3DVAL*, 1 Min. 25 Sek., 23.3.2017, https://youtu.be/YfQqrvTVI58.
157 Vgl. »The educational series Disneyland (1954–1958), for instance, travels through scales of magnitude to teach audiences about the evolution of life. In an animated sequence from the episode ›Mars and Beyond‹ (1957), the camera progressively zooms out from a carbon atom to reveal groups of cells arranged like planets in the cosmoS. This episode, directed by Ward Kimball, aired on 4 December 1957. Other titles in this series include ›Man in Space‹ (1955), ›Our Friend the Atom‹ (1957), and ›Man and the Moon‹ (1958).« (Sylvie Bissonnette, »Scalar Travel Documentaries: Animating the Limits of the Body and Life«, in: *animation: an interdisciplinary journal*, 9, 2, 2014, London: SAGE Publishing, S. 138–158, hier S. 138).
158 Angus Johnston u. a., »Journey to the centre of the cell: Virtual reality immersion into scientific data«, in: *Traffic*, 19, 2, Februar 2018, S. 105–110, hier S. 106.
159 Vgl. »Chicago and Its Loop«, Earth Observatory, NASA, 22.12.2014 sowie auf »Visible Earth«, Bilderkatalog der NASA, 22.12.2014, https://visibleearth.nasa.gov/images/84943/chicago-and-its-loop.
160 Lorena Rizzo, »Heterotopia: Aerial photography and mapping in the Eastern Cape, 1930s–1960s«, in: Dies., *Photography and History in Colonial Southern Africa*, London: Routledge 2020, S. 159–192, hier S. 165.
161 Ebd., S. 166.
162 Vgl. https://earthnow.usgs.gov/observer/ und https://earthexplorer.usgs.gov/.
163 Vgl. Landsat Missions, »Landsat Archive Adds Its 10 Millionth Image«, USGS, 15.12.2021, https://www.usgs.gov/landsat-missions/news/landsat-archive-adds-its-10-millionth-image.
164 Alexander Galloway, *The Interface Effect*, Cambridge/Maldon, MA: Polity Press 2012, S. 92.
165 Ebd.
166 Kashmir Hill, »›God View‹: Uber Allegedly Stalked Users For Party-Goers' Viewing Pleasure«.
167 Vgl. NASA Johnson Space Center, »Down to Earth – The Overview Effect«, 1.11.2019, https://youtu.be/5L6eqgnmlPo.
168 Vgl. NASA Johnson Space Center, »Down to Earth – A Giant Astronomical Machine«, 19.11.2019, https://youtu.be/w8za0FFO8OO.
169 Vgl. NASA, Gateway to Astronaut Photography of Earth, https://eol.jsc.nasa.gov/.
170 Vgl. Paul Frosh, »The Gestural Image: The Selfie, Photography Theory, and Kinesthetic Sociability«, in: *International Journal of Communication*, 9, Januar 2015, S. 1607–1628.
171 Ebd., S. 1623f.
172 Vgl. Matthew D. Peters (NASA Goddard Space Flight Center), »Data Rate Increase on the International Space Station Supports Future Exploration«, 19.8.2019, https://www.nasa.gov/feature/goddard/2019/data-rate-increase-on-the-international-space-station-supports-future-exploration.
173 William L. Stefanov/Yeon Jin Lee/Michael Dille, »Geocam Space: Enhancing Handheld Digital Camera Imagery from the International Space Station for Research and Applications«, 12.7.2016, https://ntrs.nasa.gov/citations/20160003887.
174 Denis Cosgrove, *Apollo's Eye: A Cartographic Genealogy of the Earth in the Western Imagination*, Baltimore und London: The Johns Hopkins University Press 2001, S. 242.
175 Ebd.
176 Angesiedelt im NASA Ames Research Center in Zusammenarbeit mit der ISS Crew Earth Observations Facility und der Earth Science and Remote Sensing Unit (ESRS) am Johnson Space Center.
177 »The hardware component consists of modified smartphone elements including cameras, central processing unit, wireless Ethernet, and an inertial measurement unit (gyroscopes/accelerometers/magnetometers) reconfigured into a compact unit that attaches to the base of the current Nikon D4 camera – and its replacement, the

Nikon D5 – and connects using the standard Nikon peripheral connector or USB port. This provides secondary, side and downward facing cameras perpendicular to the primary camera pointing direction. The secondary cameras observe calibration targets with known internal X, Y, and Z position affixed to the interior of the ISS to determine the camera pose corresponding to each image frame«. (Stefanov / Lee / Dille, »Geocam Space: Enhancing Handheld Digital Camera Imagery from the International Space Station for Research on Applications«.

178 Vgl. William L. Stefanov u. a., »Astronaut Photography: Handheld Camera Imagery from Low Earth Orbit«, in: Joseph N. Pelton / Scott Madry / Sergio Camacho-Lara (Hgg.), *Handbook of Satellite Applications*, Wien / New York: Springer 2017, S. 847–899, 874f.

179 »Chicago and Its Loop«, Earth Observatory, NASA. 22.12.2014, https://visibleearth.nasa.gov/images/84943/chicago-and-its-loop.

180 Ebd. sowie auf »Visible Earth«, Bilderkatalog der NASA, 22.12.2014, https://visibleearth.nasa.gov/images/84943/chicago-and-its-loop.

Daten sehen, Datensehen

Der Philosoph Hans Blumenberg hat in seiner *Metaphorologie*[1] festgestellt, dass die wissenschaftliche Weltauffassung »metaphernhaltig« sei. Laut Blumenberg entstehen solche Metaphern in Zeiten des Umbruchs, wenn die Sprache nicht mehr ausreicht, um etwa den Sprung in eine nächste Größenordnung fassen zu können.[2] Die Visionsmetapher eröffnet, Haraway zufolge, einen Weg, »Metaphern und Mittel für das Verständnis von und die Intervention in die vorhandenen Objektivierungsmuster«[3] zu finden. Seit der Erscheinung ihres Essays 1988 haben sich die Raster verfeinert und Mustererkennungsverfahren kommen um ein Vielfaches häufiger zum Einsatz. In den aktuellen Zusammenhang von Big Data übersetzt, ist die Kritik an den algorithmischen Verfahren der Mustererkennung als »pattern discrimination«, wie sie von der Medienwissenschaftlerin Wendy Chun oder der Künstlerin Hito Steyerl vorgebracht wird, eine logische Aktualisierung der Visionsmetapher und ihrer konkreten Anwendung.[4] Haraway zufolge könnte fortwährend ein anderer Objektivitätsbegriff, und damit andere Wissenssysteme, andere Sichtweisen, zur Diskussion gestellt werden. In dieser grundlegenden Praxis besteht die Aktualität von Haraways Denken, wenngleich das Essay »Situiertes Wissen« unter anderen technischen Voraussetzungen geschrieben wurde als den heutigen: Es gab kein Internet in der heute bekannten Form, keinen Zugang zu Satellitendaten, keine GPS-Freigabe, keine Smartphones; keinen Medienverbund, der die Situierung und Multiperspektivierung von Vision ermöglichen oder erleichtern konnte, wie es gegenwärtig der Fall ist. Wenngleich sich heute unter denselben Bedingungen die machtvolle Sicht von nirgendwo ausbreitet, diesmal im Datenraum.

Im militärisch-industriellen Komplex zeichnet sich gegenwärtig die Strategie ab, sämtliche Fern- und Naherkundungstechnologien, ob im großen oder kleinen Maßstab, sowie dazugehörige Datenbanken zu verschalten und algorithmisch in *real time* auszuwerten. *Datensehen* ist daher ein Vorschlag für eine zeitgemäße Metapher im Anschluss an Haraway, mit der auch die von Galloway festgestellte Machtverschiebung von Bildern zu Daten berücksichtigt werden kann.

Statt von einer »Trennung der Sinne« zu sprechen, wie Jonathan Crary[5] es tut, kann man im Hinblick auf *Powers of Ten* vielmehr von einer Trennung von Blickregimen und Revisualisierungen – nach Donna J. Haraway – ausgehen. Diese Visualität wird in verschiedenen Kontexten und in unterschiedlichen »Mischtechniken«[6] hergestellt. Während beispielsweise eine mögliche Trajektorie von der bemannten Ballonfahrt und Laterna magica bis hin zu Verbindungen von GoPros und unbemannten Wetterballons zu erkennen ist, kann eine andere Entwicklungslinie von der Luftbildfotografie bis hin zu den ›Messbildern‹ von Satelliten gezogen werden. Die eine verkörperte Sehweise löst nicht die andere entkörperte Sehweise ab, sondern für beide Repräsentationsweisen der Wahrnehmung entwickeln sich parallel und in verschiedenen institutionellen Kontexten unterschiedlicher Größe und Reichweite die entsprechenden Kulturtechniken und Mediengebräuche weiter. Nebenbei entstehen neue (digitale) Bildästhetiken.

Hinsichtlich dieser neuen Ästhetiken ist anzumerken, dass die prothetische Aufrüstung des Sehens mit Satellitenkameras oder GoPros dadurch zu unterscheiden sind, dass sie in Bezug auf ihren ökonomischen Aufwand, ihre politische Wirkung und ihre soziale sowie geografische Reichweite äußerst verschieden sind. Die GoPro funktioniert als *human proxy* und ihre Bilder ermöglichen ein immersive, viszerale Seherfahrung, während die Satellitenkamera eine Vertreterin der sogenannten Big Science[7] und der militärischen Blickregime ist. Als solches steht Letztere für einen ›Staatstrick‹, um einen Begriff von Hanne Loreck zu verwenden, mit Hilfe dessen sie einen Akteur hinter Haraways Kritik am ›göttlichen Trick‹ benennt und untersucht.[8]

Theorie wurde in diesem Buch »als ein Nach-Denken« verstanden, »das auch jenen Gegenständen ›hinterher‹ denkt, die als nicht wissenschafts- und damit auch als nicht theoriefähig gelten.«[9] In diesem Sinne werden unbemannte, bis in die Stratosphäre aufsteigende GoPro-Wetterballon-Assemblagen und ein Filmmitschnitt eines ›Stratonauten‹ im freien Fall als Beispiele für eine nicht-instrumentalisierbare Sicht von oben diskutiert.

Des Weiteren wurde das Konzept des Multiperspektivischen nach Ulrike Bergermann durch die Diskussion künstlerischer Werke plausibilisiert. Bergermanns Konzeptualisierung fungiert als Werkzeug der Kritik, das politische Zuständigkeiten und soziale Phänomene sichtbar werden lässt. Andererseits sind konkrete Arbeitsplätze von Multiperspektivität bestimmt, etwa Multiscreen-Arbeitsplätze, an denen Militärpilot·innen von Kampfdrohnen operieren, »often completely overwhelmed by the multiple views and different kinds of information they must engage with during drone operations.«[10] Das komplex zusammengesetzte Sichtfeld ist ein Mittel zur Steigerung von Effizienz und Präzision: Pilot·innen werden dadurch umso mehr mit ihrem Sinnesapparat an die Schaltstelle der »networked military violence«[11] gebunden. Es handelt sich nicht um Multiperspektivität als Methode für Erkenntnis, sondern um den aus diversen Ansichten kompilierten Arbeitsplatz, der letztlich eine einzige machtvolle Perspektive wiedergibt—die Militärische. Hier trägt das Multiperspektivische zur Steigerung von Kontrolle und Effizienz einer Operation bei.

Kontrollzentren in Bodenstationen sind mit solchen räumlich betrachtet multiperspektivischen Darstellung ausgestattet. Anschauliche medienwirksame Beispiele hierfür waren die kurz aufeinander erfolgten Stratosphärensprünge von Alan Eustace und Felix Baumgartner. Die Live-Bilder gaben unterschiedliche Kamerapositionen wieder, um ein Gesamtbild der jeweiligen Situation zu vermitteln. Der von Ulrike Bergermann in ihrer Konzeptualisierung des Multiperspektivischen idealerweise angestrebte Sichtbarkeitsgrad von Kontext und Umständen mag jenseits von allegorischen Bildern wie dem von Apollo-11-Astronaut Neil Armstrong geschossenen Foto seines Kollegen Buzz Aldrin selten in dieser Deutlichkeit und Anschaulichkeit vorzufinden sein. Armstrong, als Auslöser der 70-mm-Hasselblad-Kamera, und das Mondlandefahrzeug Eagle sind durch den spiegelnden Astronautenhelm von Aldrin im Bild zu sehen. Zugleich erklärt sich das im

Bildvordergrund angeschnittene, mit goldener Folie überzogene Objekt als Teil des Vehikels, mit dem die Astronauten den Mond erreichen konnten. Zudem verweist das US-Abzeichen auf Aldrins Weltraumanzug auf die machthaberische Dimension der Mission. Es handelt sich somit um ein Idealbild im Sinne des Konzepts, das den spiegelnden Sonnenschutzvisieren der Astronautenhelme und der weitgehend zeichenleeren Mondoberfläche zu verdanken ist.[12]

Verschiedenfach habe ich mich auf Kaja Silvermans Unterscheidung zwischen dem ›Zu-sehen-Gegebenen‹ und dem *›productive look‹* bezogen, die sie in ihren künstlerisch-essayistischen Filmbeispielen findet. In dem programmatisch zu verstehenden Textauszug »Dem Blickregime begegnen«[13] geht Silverman davon aus, dass »Darstellungsparameter innerhalb unserer Kultur ständig wiederholt«[14] werden. Diese Gleichförmigkeit in der Repräsentation nennt sie das ›Vor-gesehene‹ oder das ›Zu-Sehen-Gegebene‹. Anhand der NASA-Bildpolitik lässt sich das bestätigen. Das ›Vor-gesehene‹ umfasst »jene Bilder, die sich nachdrücklich und unvermeidlich aufdrängen, weil sie durch häufige und emphatische Wiederholung enorm präsent sind«,[15] erläutert Maria Schaffer das Konzept von Silverman. Silverman zeigt, dass unser Blick immer unbewusst subjektiv beeinflusst und durch umgebende Darstellungen vermittelt wird. Sie wollte den Blick und die (Folge-)Mechanismen bewusst machen und auf restriktive wie normative Aspekte des kulturellen Bildrepertoires hinweisen. Während Silverman in ihrer psychoanalytischen Lesart daran arbeitete, die Schwelle der sichtbaren Welt zu verschieben, ließe sich ihr Ansatz auf die naturwissenschaftlichen Bildgebungsprozesse und die Untersuchung subjektiver und normativer Aspekte bei algorithmischen Abläufen in der der Bildverarbeitung erweitern, die Schuppli unter dem Stichwort »micro-politics of [image] processing«[16] zusammengefasst hat. Es sind Bilder, die den *productive look* herausfordern und dahingehend weiter ausgeführt werden sollen, diesmal nicht am Beispiel der skalaren Fotografie, sondern in einem anderen, hier in Form von Screenshots angedeuteten Zusammenhang. Das ›Vor-gesehene‹ nach Silverman kann sich demnach unter den aktuellen Vorzeichen von Big Data in einer Datenbank, in einer Infografik oder in einer Weltkarte in Form von Templates stabilisieren.

»Galaxies inside of cells«[17]

Ironischerweise verhält es sich so, dass Bildmaterial von Phänomenen im Makro- und im Mikrokosmos für das ungeschulte Auge heute genauso wie zu Zeiten der eamesschen Produktion als medial reproduzierte Bilder deutliche Ähnlichkeiten untereinander aufweisen. Vergleicht man zwei naturwissenschaftliche YouTube-Videos aus den Bereichen Zellbiologie und Neurologie, in denen eine Lichtbogenmikroskopie von auf den Neurotransmitter Dopamin reagierenden Neuronen im Gehirn einer Labormaus zu sehen ist Abb. 40 S. 288,[18] mit Animationen des Universums, die zum Beispiel in der Wissenschaftsrubrik einer Tageszeitung[19] vorgestellt werden Abb. 41 S. 288, dann fällt auf, dass beide Vermittlungsversuche anschauliche, dreidimensionale Animationen von vernetzten Strukturen in strahlenden Farben präsentieren, sich also durchaus ähnlicher Ästhetik bedienen. Daran lässt sich eine ästhetische Analogie ablesen, die von den Eames ihrerzeit in *Powers of Ten* bemüht worden war.

Interessant bei solchen Animationen ist, dass es bei dem verwendeten Cray-Supercomputer, der an achter Stelle auf einer Weltrangliste der leistungsfähigsten und schnellsten Computern steht und im sich Höchstleistungsrechenzentrum Stuttgart (HLRS) befindet, Limitierungen gibt. Limitierungen, die sich aus den Budgets der naturwissenschaftlichen Forschung ergeben. Der Einsatz wird schnell kostspielig für die Wissenschaftler·innenteams und so müssen sie »Kompromisse zwischen Volumen und Auflösung«[20] machen. Deswegen wirkt die Skalierungsanimation, insbesondere der kleinste Modellwürfel, flach. Zudem musste die Datenmenge für die Internetpräsentation reduziert werden. Es sind demnach ›arme Bilder‹, die online betrachtet werden können. Den Naturwissenschaftler·innen geht es dabei darum, Mikro- und Makrostrukturen in Raum und Zeit beobachten zu können und die Dynamik zwischen Molekülen zu erforschen. Was diese Visualisierungen von ihren historischen Vorläufern demzufolge unterscheidet, ist die neue Komplexität der Darstellung als hochaufgelöster 3D-Film.

An den Bildbeispielen aus der Zellbiologie—die im Advanced Bioimaging Center in Berkeley erarbeitet wurden—, der Neurologie und der Astrophysik zeigt sich schließlich, dass die Bildgebungsverfahren auf vergleichbaren Parametern beruhen und anhand von ähnlichen ästhetischen Vorstellungen Datensätze visualisieren, indem sie algorithmisch in den Bereich des Visuellen übertragen, in Falschfarben gefärbt, animiert und skaliert oder skalenfrei simuliert werden. »Data have no necessary visual form«,[21] stellte Galloway als These auf. So gesehen kann sich die Erscheinungsweise mit den jeweiligen technologischen Möglichkeiten verändern, hängt aber genauso von den jeweiligen Algorithmen ab. Galloway spitzt den Gedanken zu und betont, »any visualization of data must invent an artificial set of translation rules that convert abstract number to semiotic sign. Hence it is not too juvenile to point out that any data visualization is first and foremost a visualization of the conversion rules themselves, and only secondarily a visualization of the raw data. Visualization wears its own artifice on its sleeve.«[22]

Galloway macht wie Schuppli deutlich, dass Datenvisualisierungen immer einem gestalterischen Spielraum unterliegen und auf »micro-politics of [image] processing«[23] beruhen. Für die mikrokosmische Ebene fordert Schuppli, »processing from code to pixels«[24] in Form von standardisierten Prüfungsabläufen, sogenannten ›audit trails‹ festzulegen. Um diesen Mikropolitiken mit den ihr zur Verfügung stehenden Mitteln auf den Grund zu gehen, hat Schuppli eine Schreib- und Bildpraxis der metaphorisch gesprochenen, molekularen Einfühlung entwickelt, in der sie Rezeptionsmodus und Technikanalyse vermischt, subjektive und objektive Annäherung an ihren Gegenstand praktiziert. Die thematisierten Mikropolitiken spürt sie auf, wenn sie die Bildgebungsprozesse in Arbeits- beziehungsweise Rechenschritte zerlegt: »the moment when pure data is captured by sensors, transformed into binary code, assigned pixel values, algorithmically adjusted, composited to produce a digital image, saved in a standardised file format, and transmitted to recombine with other circuits of technical and social assembly.«[25]

Schuppli befasst sich also mit den unsichtbaren Prozessen, welche die Sichtbarmachung von Daten bedingen, weil sie das konkrete Satellitenbild konstituieren und versucht, das Zustandekommen eines Bildes vom Bild aus zu denken, epistemologische Verschiebungen, ausgelöst durch Bildphänomene: Seit den lautstarken Ausrufen eines weiteren *turn*, wie sie etwa Gottfried Boehm mit dem *iconic turn* und Mitchell mit dem *pictorial turn* in die Theorie propagiert hatten,[26] haben sich die Verteilung der Bilder und ihre Deutungsmacht grundlegend verändert. Kritik und Praxis sind im digitalen Zeitalter deutlich enger verknüpft und einfacher geworden. Unter den Bedingungen entstehen »komposite Formen« [27] aus Denken und Machen.

Computerperspektive

Anhand von drei Bildbeispielen wird abschließend zusammengefasst, auf welche Weise sich die kulturelle, ästhetische und historische Bedeutung von *Powers of Ten* in der Gegenwart zeigt. Die Zoom-Funktion ist in digitalen Kulturen allgegenwärtig und die Frage nach den Konstellationen von Bildern, Körpern und Medien in der virtuellen Kamerafahrt sind auch heute entscheidend, wenn es um die Wahrnehmung der Erde aus dem Universum geht. *Powers of Ten* wird hier als Meta-Sehmaschine bezeichnet, weil der Film einerseits mit einem großen Teil des Bildmaterials hantiert, das Virilio in seinem gleichnamigen Essay untersucht, mit der Absicht, die Entwicklungsschritte hin zum maschinellen Sehen nachzuzeichnen. Die Eames eignen sich dieses Bildmaterial an und entwerfen ihre eigene Computerperspektive. Auf diese Weise instrumentalisieren sie die Bilder nicht wie vorgesehen, entlang der etablierten Darstellungsparameter. Hier wurden vorhandene Darstellungsparameter erweitert und verkoppelt.

Vertikale Bilder entstehen in einem komplexen Medienverbund und werden vielfach algorithmisch ausgewertet—aus einer Computerperspektive, die in *Powers of Ten* bereits angelegt war. Das ›Dashboard‹ in beiden Fassungen des Films kann einerseits auf die Cockpits in Flugzeugen und Raumschiffen bezogen werden, andererseits auf die Dashboards in Kontrollzentren.

Das erste Beispiel, anhand dessen ich die Bedeutung von *Powers of Ten* zeigen will, ist die California Wildfires Map.[28] Darin wird deutlich, dass die Digitalisierung zu neuen kontextspezifischen Visualisierungen führen kann. Im September 2020 hat die *Los Angeles Times* die Karte online gestellt, als in Nordkalifornien und Oregon Waldbrände herrschten. Dasselbe Mapping-Interface wird im Sommer 2021 während der erneuten Waldbrände weiter genutzt und aktualisiert. Wie sich andeutet, scheint diese Karte im »Zeitalter des Verlusts und der Zerstörung«[29] eine bleibende Einrichtung zu werden. In diese Online-Karte sind vier Arten von Daten eingetragen: erstens Informationen, die aus Satellitendaten und terrestrischen Messdaten gewonnen wurden—hier verbinden sich auf der Datenebene die Sicht von oben mit einer situierten, lokalen Datenerhebung durch Messfühler. Zweitens wurden Informationen der Feuerwehr zu den Brandherden in der Karte mit einem Kreuz markiert. Drittens kommen von lokalen Gemeindeverwaltungen die Informationen über evakuierte oder noch zu evakuierende Zonen. Viertens erfolgen Markierungen der Brandflächen aufgrund von Satellitendatenanalysen. Der Kartenhintergrund kommt von OpenStreetMap – einer frei zugänglichen Weltkarte.

Analog zum Layering der genannten Daten aus diversen Quellen in der California Wildfires Map kann die Karte auf aktuelle digitale Bildkonzepte hin interpretiert werden, als *softmap*, als transplane[30] oder als infographische Karte. Es ist zugleich ein aggregiertes Bild. In einem Beispiel wie diesem kann ein Weg aus der epistemologischen Krise der Kartografie liegen: Nachdem sich die Landkarte Ende des 19. Jahrhunderts von der Bilderkarte hin zur Maßstabskarte entwickelt hatte und zu Beginn des 20. Jahrhunderts Luftbildfotografien wie Karten gelesen wurden, kann heute ein Bild inklusive Metadaten als Karte verwendet und navigiert werden, etwa in Google Maps im Satellitenbildmodus. Wenn in den 1970er Jahren, der Epoche der zivilen Erdbeobachtungssatelliten, des »Grenzen des Wachstums«-Berichts und der Ölkrise, die ökologischen Zustände auf der Erde stärker in den Blick gerieten, dann sind wir heute in einer Zeit angekommen, in der die Satellitenbilder das Ausmaß der Zerstörung zeigen, der Blick auf die Erde also von der Schadenserfassung bestimmt wird.

Militärisch-industrieller Komplex

Bei den Eames geschah die Verkopplung der Dispositive in Handarbeit. Das nächste Beispiel ist deshalb aufschlussreich, weil es stellvertretend für ein neues Geschäftsfeld steht: Auf Basis von *machine learning* und Petabytes an Satellitendaten und Geodaten werden mittlerweile globale Logistik-Überwachungsdienstleistungen angeboten. Dabei werden Fernerkundungs- und Naherkundungstechnologien und die dazugehörigen Datenbanken verschaltet, so jedenfalls die Geschäftsidee. Die Geodatenprojekte Transvoyant und Orbital Insight bieten entsprechende Dienstleistungen an. Damit gehören sie zum militärisch-industriellen Komplex, die den Blick von oben zwischen Big Data und Minimal Data ausüben, genauer zu den Pilotprojekten der Agentur Defense Innovation Unit, die ein verlängerter Arm des US-amerikanischen Verteidigungsministeriums im Silicon Valley ist und Projekte fördert, mit denen die militärischen Waffensysteme der USA weiter automatisiert werden können. Indem diese angeschlossenen Startups Werbung für ihre Dienste machen, gewähren sie einen kleinen Einblick in die Konstellation von Machtverhältnissen, die sich wiederholt neuformiert.

In dem Werbevideo *From Pixel to Insight* der Firma Orbital Insight[31] wird mit vertikalen Bildern suggeriert, der vertikale Blick sei der einzig objektive. Zugleich wird dieser Objektivitätsanspruch für den Datenraum beansprucht und auf das Objekt Erde übertragen. Dort ablaufende Prozesse werden als automatische, steuerbare und optimierbare Prozesse behandelt: Logistik, Verkehr, Landwirtschaft und Klima. Flugzeuge, Container, aber auch Wolken werden zu *moving targets* in der Datenanalyse. Die Botschaft lautet: Alles ist Information. Zu den Datenquellen gehören »global sensors, satellites, radar, smartphones, video cameras, social media and other IoT [Internet of Things] devices.«[32]

Zwei Dinge fallen in dem Video auf: zum einen das Schlagwort ›360 Grad‹, das im Widerspruch zur Sicht von oben zu stehen scheint; zum anderen der Versuch, einen ökonomischen Makrokosmos aus globalen Datenströmen und Warenverkehr mit einem ökonomischen Mikrokosmos, dem Einzelhandel, verbinden zu wollen. Das 360-Grad-Feature stammt aus dem Bereich optischer Medien und wird zumeist mit einem (noch) vornehmlich horizontal ausgerichteten Rundumblick in Verbindung gebracht. Die mentale Vorstellung eines Panoramablicks soll wohl dabei helfen, die Ökonomie des Datensehens visuell zu vermitteln. Orbital Insight benutzt hier ein aktuelles Feature der populären Medienkultur: 360-Grad-Ansichten können zum Beispiel in Google Earth und Google Maps angezeigt und in sozialen Medien geteilt werden. Der Werbeclip von Orbital Insight spricht die Zuschauer·innen somit in ihrer Erfahrungswelt an. Auch Facebook bietet seit dem Jahr 2015 ein entsprechendes Feature an. Auf dem Telefonscreen verdeutlicht eine grafisch eingebundene 360-Grad-Panorama-Textur jeweils über dem Bildausschnitt, welcher Bildbereich aus dem 360-Grad-Rundumblick aktuell im Format des Telefonscreens wahrgenommen wird. Daraus kann gefolgert werden: Die menschliche Wahrnehmung ist durch ihre optischen Medien begrenzt. Diese Meta-Sehmaschine erfasst hingegen potenziell *alles*.

Bei Orbital Insight bleibt, um mit Haraway weiterzudenken, viel situiertes *Nicht*-Wissen im Spiel, da die Datenauswertung außer Sicht ihrer künftigen Nutzer·innen stattfindet: Es gibt keine genaue Auskunft darüber, welche Datensätze die Firma verarbeiten will, oder mit welchen Trainingsdaten deren AI entwickelt wurde. Orbital Insight betont, dass sowohl Satellitenbilder als auch terrestrisch gesammelte Daten ausgewertet werden. Die Werbebilder vermitteln das allerdings nicht. Sie sind durchweg von oben aufgenommen. Consumer-Drohnen haben den göttlichen Trick demokratisiert und allseits verfügbar gemacht. Mit dem Gestus wirbt auch der Videoclip: »GO puts that power directly in your hands.« Mit dem nächsten Schnitt rückt der globale makrokosmische Ansatz plötzlich ganz nah: Ein Laptop steht auf einem Schreibtisch, jemand hat das Suchwort »Einzelhandelsgeschäft« eingegeben. Hier verbindet sich der Makrokosmos von Big Data mit einem einzelnen, lokalen Arbeitsplatz und einer potenziellen Kundin. »What would you like to ask?«, fragt die Stimme und führt damit die Dienstleistung in das vertraute Interface einer Suchmaschine – die allerdings in diesem Fall nicht auf das Internet beschränkt ist.

Konstellationen von Wissen und Macht haben sich folglich seit Haraways Kritik am ›göttlichen Trick‹ im Jahr 1988 deutlich in die Computernetzwerke bzw. in die Cloud verschoben. Medientechnologien wurden erweitert und in neuen Konstellationen verbunden, sodass die von Haraway skizzierte Opposition zwischen einem »erobernden Blick von nirgendwo«,[33] das heißt dem ›göttlichen Trick‹,[34] und einer partialen Sicht von unten nicht mehr eindeutig zu erkennen ist – es vielleicht auch Ende des 1980er nicht war –, wenngleich auffällt, dass in der Startup-Werbung die Datenprozesse ohne die Intervention von Menschen dargestellt werden. Hier aktualisiert sich Haraways ›göttlicher Trick‹.

Wie der Werbeclip nach der suggestiven Eingangsfrage »What do you want to know about the world right now?« im Voice-Over aufzählt und mit Videosequenzen illustriert, werden Satellitendaten heute zunehmend als Bausteine innerhalb global angelegter logistischer, klimawissenschaftlicher und geopolitischer Projekte ausgewertet. Doch es funktioniert längst nicht alles, wie es in den Projektbeschreibungen steht. Das zeigt sich etwa, wenn Asia Bazdyrieva und Solveig Suess von der Direktorin eines geowissenschaftlichen Instituts, das im Rahmen der Digital Belt and Road Initiative mit der chinesischen Akademie der Wissenschaften kooperiert, zur Antwort bekommen, dass das Vereinheitlichen der auf den nationalen Ebenen verwendeten Datenformate im panasiatischen Projekt digitale Seidenstraße nicht vorangeht. »To tell you the truth, it is not really successful«.[35] Hinzu kommt, dass Wissenschaftler·innen aus dem Bereich der digitalen Geografie anlässlich von Mapping, Messungenauigkeiten und dem wachsenden Einfluss georäumlicher Auswertungen darauf hinweisen, dass einige Aspekte »noncomputable« sind.[36] Ein 360-Grad-Datenextraktivismus ist also weit entfernt von der Realität.

New *New* Frontiers

Schließlich kann die Frage, wo heute eine neue ›New Frontier‹ zu verorten ist, drittens mit einer ganzen Reihe gelungener Manöver der Starship-Raketen beantwortet werden, etwa der von SpaceX entwickelten, wiederverwendbaren Rakete. Der Exkurs zu Einsatz und Bedeutung des Frontier-Begriffs kam zu dem Ergebnis, dass diese etablierte fiktionalisierende Projektion weiterhin (geo-)politische Kraft hat und seit Erfindung des Computers diese Projektionsfläche im Technologisch-Virtuellen bestimmt wird. Von der *space frontier* der späten 1950er und 1960er Jahre hin zur *electronic frontier* der 1980er bis hin zur *data frontier* lassen sich Verschiebungen beziehungsweise Neuauslegungen des *frontier*-Gedankens festhalten, die gegenwärtig im Zeitalter der »NewSpace«-Industrie oder des »NewSpace«-Staates[37] in eins fallen: Weltraum, Datenraum und geopolitischer Raum. »NewSpace« ist ein Begriff, den die Raumfahrtindustrie verwendet, um die Ära der Kleinstsatelliten einzuleiten. Nach einem Wiedereintritt in die Erdatmosphäre landen einzelne Raketenteile gezielt auf eigens dafür im Atlantik schwimmenden Plattformen.[38] Die Raketentechnik operiert in der Vertikalen, also landet sie auch vertikal, wie es in den Videodokumentationen von SpaceX den Anschein hat. Aus der Luftperspektive eines Helikopters oder Flugzeugs aufgenommen, scheint die Rakete durch die Wolken herabzufallen, als würde ein Film rückwärts abgespielt, um dann in senkrechter Position auf einem sogenannten *droneship* zu landen.[39] Hier sind die vertikalen Bilder dazu da, die ingenieurstechnischen Erfolge von SpaceX mit der Öffentlichkeit zu teilen.

Projekte und Stichworte wie die private Raumfahrt, Mini-Satelliten, orbitales Internet,[40] Earth Online,[41] NASA's Eyes,[42] Marsmission oder Asteroidenbergbau kennzeichnen die gegenwärtig überdrehte Lage. Bei einem überwiegenden Teil der realisierten Projekte stellt die Erde den Bezugspunkt dar, nicht die Erforschung des Universums. Hier tritt ein entscheidender Dissens zutage: Während mithilfe technologischer Filter anthropogene Atmosphären-Verschmutzungen leicht herausgerechnet und somit unsichtbar gemacht werden können, argumentieren etwa Kulturwissenschaftler·innen aus feministischer Perspektive für die Repräsentation des Unrats und der Verwüstungen—um ein realistisches, konkretes, ergo nicht materialistisches Bild der Erde zu erzeugen.[43] Doch derlei Bilder stehen bislang aus. Möglicherweise erreichten sie uns noch nicht, weil die optischen Medien der Fernerkundung zwangsläufig abstrahieren.

Unternehmer im Weltraum

Abschließend kann auf ein weiteres Forschungsfeld verwiesen werden, das hier beispielhaft abgesteckt wird. Einige Weltraumunternehmer praktizieren weiter Realitätsverweigerung und inszenieren sich als Abziehbilder jener Astronauten, die wie John Glenn einst im Rahmen der Mercury-Mission in den erdnahen Orbit geflogen wurden. Zu den maßgeblichen Weltraumunternehmern zählt heute der Amazon-Gründer Jeff Bezos, der beim ersten bemannten Weltraumflug seiner Firma Blue Origin im Sommer 2021 vor allem seine Männlichkeit in Doppelrolle als Astronaut beziehungsweise Passagier einer computergesteuerten Rakete und als Cowboy der Lüfte darbot. Zuvor hatte er seine Gastgeberrolle in einem Bromance-Video klischeehaft in Szene gesetzt. Hier ging es nicht um ein ›Ja‹ zum Eheleben, sondern um das Angebot, mit in die Raumkapsel zu steigen und vier Minuten Schwerelosigkeit zu erleben. Eine Vertrauensfrage stellte Bezos seinem Bro damit aber ebenso. Als Bezos am 20. Juli 2021 nach dem Flug aus der im Unterschied zu den Vehikeln der Mercury-Mission mit großen Fenstern ausgestatteten Kapsel stieg und über das Landefeld lief, trug er einen Cowboyhut, ein weiteres Americana-Klischee. Er war nicht der Einzige, der nach Landung der Kapsel so einen Hut trug, sämtliche Mitglieder der Bezos-Familie waren mit Exemplaren des gleichen Modells ausgestattet. Plötzlich wurde das eben noch für die Welt live gestreamte Ereignis zum profanen Familienfest in der Wüste.

Man glaubte sich an eine Fernsehserie erinnert: Entgegen einigen Sci-Fi-Filmen, die ein zweites, künstliches Habitat im Weltraum als Refugium einer Elite inszenieren, thematisiert die Serie *The Expanse* (2015–2019) die Frage, wer die Erde verlassen muss, sollte der Weltraumtourismus wie der von Blue Origin kein Privileg mehr sein. In der Serie trägt der ›Held‹ einen Stetson-Hut, wie er sonst im Kino vom Westernhelden, dem Cowboy, getragen wurde. Der Anthropologe André Leroi-Gourhan schrieb einst über den da noch neuen Archetypen des Weltraumeroberers: »Astronaut, Held der Arbeit oder persische Prinzessin, das makrokollektive Modell ist von einer Weite, die keinerlei gemeinsames Maß mehr mit dem Kapitän des Wolfszeughauses, dem Schmied des großen Platzes oder der Kaffeehauskellnerin hat – um den Geschmack der Nähe beraubt, bleibt ihm jedoch nur noch sein Wert als Quelle von Illusionen.«[44] Bezos' Maßlosigkeit liegt in der Kombination sämtlicher Klischees, die er mit dem »First Human Flight« seiner Firma bedient: die Illusion des erfolgreichen, hyper-maskulinen Geschäftsmanns. Immerhin hellte er symbolisch eine historische Schattenseite der NASA auf. Stellvertretend für die weibliche Crew der historischen Mercury 13, die sich auf die Apollo-Missionen vorbereitete hatte, ohne die Mission später antreten zu können, nahm Bezos die mittlerweile über 80-jährige Astronautin Wally Funk mit über die Karman-Linie.

Roland Barthes befasste sich in seiner später unter dem Titel *Mythen des Alltags* erschienenen Zeitungskolumnen mit der mythischen Figur des »Jet-man«, jenen Düsenflugzeugpiloten, die sich auf die ersten, realisierten Mercury-Missionen vorbereiteten. Der Jet-man markiert für Roland Barthes eine Verlustgeschichte: Um für das Mercury-Programm ausgewählt zu werden, war es Voraussetzung, ausgebildeter Jetpilot zu sein, also zuvor von der US-Air Force trainiert worden zu sein – für die Bedingungen in der Schwerelosigkeit, die extreme Geschwindigkeit der Raketenflugzeuge und die Reaktionskette im Fall eines Unglücks. Barthes kommentiert, »die ganze Mythologie des Jet-man läuft darauf hinaus, die Formbarkeit des Fleisches [...] zu demonstrieren«.[45] Dieser Flugzeugtyp erreicht eine Geschwindigkeit, mit der die Schallmauer durchbrochen werden kann. Barthes beklagt an diesen die Raumfahrt vorbereitenden Tests die Dehumanisierung des Fliegens.[46] Die Botschaft eines orbitalen Flugs ist die ingenieurstechnische Leistungsfähigkeit und Überlegenheit der NASA. Barthes' Jet-man ist allerdings eine problematische Figur, weil er zum einen auf Flugpioniere wie Lindbergh und Saint-Exupéry einen antiquierten Heldenbegriff anwendet, zum anderen, weil er auf männliche Akteure fokussiert ist und keine von deren Zeitgenossinnen beachtet; wie etwa die Pilotinnen Raymonde de Laroche oder Amy Johnson.[47]

In der Gegenwart wird (wieder) ein zukunftsgetriebenes und weitgehend infrastrukturelles und zugleich virtuelles Verhältnis zu fernen Planeten erzählt, eines, das sich der alten Projektionen zu bedienen weiß, wie Bezos beispielhaft demonstriert.

Unterdessen äußerte sich in sozialmedialen Kanälen eine ästhetische Faszination für die Lichtreflektionen der Iridium-Satelliten, die in der niedrigeren Erdumlaufbahn für die Satellitentelefonie eingesetzt werden. Zuvor hatte niemand bedacht, dass der silbergraue Anstrich der Antennen nach Sonnenuntergang oder vor Sonnenaufgang für Lichteffekte am Himmel sorgen würde. Seit dem 30. Dezember 2018 bringt die Firma Iridium Communications jedoch mit SpaceX-Raketen eine neue Generation von Satelliten in den Orbit, sodass die wenige Sekunden andauernden Sonnenlicht reflektierenden Streifen, Nebeneffekt dieser Kommunikationstechnologie, nicht mehr zu beobachten sind. Für die Medienarchäologie und Erforschung populärer Kultur mag es relevant erscheinen, dass User·innen in sozialen Medien unter dem Hashtag #Flarewell an das Phänomen erinnern und sich gemeinsam davon verabschieden. Dabei war es eine der wenigen Möglichkeiten, diese beweglichen Infrastrukturpunkte mit bloßem Auge zu sehen. Davon abgesehen bleibt orbitale Infrastruktur unsichtbar. Um die nachgefolgten Satelliten zu verorten, bleibt nur der Blick ins Internet. Dort können für einen geografischen Ort die Zeiten, Himmelsrichtungen und Winkel der Vorbeiflüge abgefragt werden.

Bilder, die Nähe herstellen

Powers of Ten ist es damals mit dem *establishing shot*, der Picknick-Szene, und der zugewandten Voiceover-Stimme gelungen, das Publikum auf eine virtuelle Reise ›mitzunehmen‹. Heute gelingt es der NASA, insbesondere mit den Videotouren durch die Internationale Raumstation von der US-amerikanischen Astronautin Sunita Williams, ihrer Followerschaft in den sozialen Medien den Alltag im Orbit zu vermitteln, sodass ein Gefühl der Nähe entsteht. Wer in Google Earth das NASA Space Center in Houston besucht, kann durch ein ›Manhole‹ — wie die Zugangsportale in Computerspielen heißen — in eine 360-Grad-Ansicht der ISS gelangen. Auf dem navigierbaren Panoramabild schwebt eine Colgate-Zahnpastatube schwerelos durch den Raum. Alltagsprodukte wie dieses sensibilisieren für die Bedingungen an Bord.

Im Gegensatz zu dieser gespielten Nähe und Alltäglichkeit im Innenraum der ISS entstanden in der astronautischen Cyborg-Welt extreme Bilder, etwa eine Filmsequenz, die der Stratonaut Kittinger im freien Fall aufnahm. Für kartografische oder andere taxonomische Verwendungen waren die Bilder unbrauchbar — sie passten in kein Raster — auch nicht in das Ordnungssystem der Eames.

Sobald in *Powers of Ten* der Zoom-Out beginnt, verlieren die Bilder diese menschliche Dimension. Stattdessen bleibt der Zoom-Out in einer illusorischen Hinsicht der menschlichen Größenordnung verbunden, die Derek Woods als »not exactly anthropomorphism«[48] eingeordnet hat; die Annäherung liegt in der Projektion einer maßstabsgetreuen Welt »outside itself.«[49] Mit diesem Versuch, die filmische Maßarbeit der Eames zu verorten, macht Woods zugleich deutlich, dass sie sich damit außerhalb der wissenschaftlichen Erkenntnisse über den Weltraum bewegten, wenngleich die Bilder aus astronomischen Forschungseinrichtungen zum Einsatz kamen und der Physiker Philip Morrison den imaginären Zoom berechnet hatte. Aus heutiger Perspektive handelt es sich um einen epistemologischen Zoom, der das Bildwissen verschiedener Disziplinen und einen Zeitraum von knapp zehn Jahren umspannt, von der ersten Fassung des Eames-Zooms im Jahr 1968 bis zur zweiten, von IBM finanzierten Fassung 1977.

Eine Vorstellung von der Welt

Für John Tresch ist *Powers of Ten* ein Beispiel für ein Kosmogramm, weil diese virtuelle Eames-Sphäre wissenschaftliche, philosophische, literarische und künstlerische Repräsentationen des Universums berührt,[50] wie nicht zuletzt die Eames selbst mit ihrer Buchauswahl auf der Picknickdecke signalisieren. So ein Kosmogramm kann sich in diesem Fall zwischen dem von der Moderne geprägten Weltbild und alternativen Vorstellungen davon bewegen, das Universum zu ordnen.[51] Kosmogramme sind keine stabilen Bildaggregate, stattdessen sind sie veränderlich, sie veralten und werden von neuen abgelöst.

In diesem Sinne sind auch die verschiedenen künstlerischen Beispiele in diesem Buch zu verstehen, die *Powers of Ten* auf je unterschiedliche Weise in ihre eigene Arbeit einfließen ließen, etwa um das subjektive Verhältnis zum Computer zu reflektieren, zu den Versuchen der Weltvermessung und ihren Infrastrukturen sowie zu der Möglichkeit aus den Bilderströmen online ein zeitgemäßes Weltbild zu bauen. In der filmischen Arbeit *The Making of Earths* von Geocinema wird die Welt nicht als nahtloser Zoom repräsentiert, der die Bildränder verschwinden lässt, sondern die Kamera ist in die Geschichte und in die Institutionen gerichtet, die für diese Bilder verantwortlich sind. Judith Hopfs Adaption *More* ersetzt im Zoom-In den menschlichen Körper durch einen Tablet-Computer, um in dessen Inneren nach Gelernter eine »mirror world«[52] des Zustands zu visualisieren, welchen die Computerarbeit hervorgerufen hat. Es sind einige miteinander verknüpfte Schlagworte, die hier von außen beobachtet und quantifiziert werden können. Anstelle den Datenraum zu erkunden, nutzt Hopf die Visualität von semantischen Netzen, um eine unvollständige wie humorvolle Repräsentation des Innenlebens einer Computernutzerin abzubilden. In Sarah Szes Installation *Centrifuge* ist im Gegensatz zu *Powers of Ten* das Bildmaterial in einem panoptischen Panorama angeordnet, alle Bilder sind gleichzeitig zu sehen. Diese ›expanded cinema‹-Miniatur besteht aus zwei Bereichen: einer ästhetisch homogenen Welt der Videoclips in der Vertikalen und einer horizontalen Fläche unterhalb, in der absichtlich zurückgelassene Verpackungen und anderer Abfall verstreut liegen, der beim Installieren entstanden war, stellvertretend für die Abfallberge, die auch die digitalen Bildkulturen global verursachen. Steyerl hingegen ist auf der Seite des *World-Making* und entwirft mithilfe vorhandener Medien- und Vorstellungsräume einen virtuellen Ort, der von einer fiktiven Gruppe kurdischer Astronaut·innen eingenommen werden soll. Das interaktive Webprojekt *Planetarium* von Matt Mullican reduziert seine Darstellung des Universums auf eine schwarze Fläche mit wenigen Punkten und Zahlenangaben, in der »your body in space« nichts ist, während die Eames zumindest formalästhetisch noch Analogien behaupteten. Mullicans Entwurf ist insofern als radikaler Gegenentwurf zu *Powers of Ten* zu betrachten, die Rezipient·innen sind, allein gelassen, auf keiner Route unterwegs, in einem Weltraum ohne vermittelnde Diagramme oder Datenbilder.

Die schlaglichtartig zusammengetragene Rezeptionsgeschichte des Films in der Kunst und in den Wissenschaften macht deutlich, welche Diskussionen und Reflexionen er in Bezug auf die Repräsentation der Erde und der Welt sowie der Situierung ihrer Bewohner·innen angeregt hat, insbesondere seitdem der Film auf YouTube verfügbar und damit global abrufbar ist. Die Parameter des Films werden auch in anderen Disziplinen diskutiert. Eingefordert werden realistischere Darstellungen einer diverseren, letztlich auch beschädigteren Erde und Welt.[53] Der Film diente Bruno Latour in verschiedenen Texten als Symbolbild für seine Kritik an den zweidimensionalen Verkürzungen der Moderne und den Effekt der »deanimation of the world«, die der Film reproduzierte und die er überwinden will. Dabei gehören anschauliche Bildmedien wie Anaglyphen schon lange zur Tradition der NASA, wie beispielsweise die letzten Seiten im Mondatlas *The Moon as viewed by Orbiter Atlas* zeigen.[54] Doch Latour möchte auf etwas anderes hinaus: eine neue Bildpolitik, die seiner Konzeptualisierung der »critical zone« gerecht wird.

Bilder wie die *Blue Marble* haben ihre aktivierende Wirkung eingebüßt. Der damalige Präsident der USA, Richard M. Nixon, fragte noch angesichts der Apollo-11-Bilder: »What could bring home to us more the limitations of the human scale than the hauntingly beautiful picture of our earth seen from the moon?«[55] Seitdem hat sich der mediale Wandel auch auf die NASA-Bildpolitik ausgewirkt: von ›Whole Earth‹-Bildern hin zu partiellen, bewegten Ansichten, wie sie die Flyover-Videos vermitteln. Betrachter·innen werden *in* das Bild einbezogen, denn die Beobachter·innen sind mit Arendt gedacht immer schon in die Netzwerke und Strukturen eingebettet, die sie beobachten und als Welt begreifen wollen. Die Kameras und die Sensoren stehen in Verbindung mit den geophysikalischen und atmosphärischen Elementen, die sie umgeben, wie damals im 19. Jahrhundert die Kameratechnik an Bord der Ballonfahrer. Die Bilder der sichtbaren und unsichtbaren Erde werden polymorpher. Zugleich gibt es mit Ulrike Bergermanns Forderung nach multiperspektivischen Darstellungsformen – solange sie nicht überfordern – einen Vorschlag für einen reflexiven Umgang mit Bildern. Auf diese Weise würden Rezipient·innen, Theoretiker·innen und Künstler·innen angetrieben, sich neue Kompetenzen anzueignen, Sehgewohnheiten abzulegen und ein Vielfaches an Perspektiven zuzulassen.

Das vertikale Bild steht für eine Annäherung von Karte und Fotografie, wobei das Fotografische als Referenz in Bezug auf Seherfahrungen und Bildwissen eher ein Hindernis bei der Interpretation einiger verwendeter Bilder ist, die über das optische Spektrum hinausgehen. Gabriele Gramelsberger definiert diese spezifische Sicht von oben als »physico-mathematical view«, da sie sich gänzlich von der optischen Wahrnehmung der Fotografie unterscheidet. Dennoch bestimmten subjektive Kriterien die Wahrnehmung mit, schreibt Sebastian Vincent Grevsmühl.[56] Mark Dorrian hingegen wendet sich Google Earth zu und erkennt einen interessanten Umgang mit dem vertikalen Bild: »The aerial view becomes less a detached, dispassionate and privileged way of interpreting the world's surface«.[57] Auch in der Hinsicht kann der Eames-Film als Vorreiter aufgefasst werden. Demnach muss weiter über den Einsatz der Bilder und den Kontext, in dem sie erscheinen, diskutiert werden, denn die Mittel, Zugangsmöglichkeiten und Kontexte verändern sich fortwährend.

»Crisis of Scale«

Während sich der Eames-Zeitgenosse Gyorgi Kepes zwei Mal in seiner beruflichen Karriere als Gestalter – in den Anfangsjahren des Space Age und in den frühen 1970er Jahren mit der ökologischen Krise – explizit die Aufgabe stellte, neue Größenordnungen sichtbar zu machen und zu vermitteln, versteht Gabrielle Hecht die Methode des Skalierens als »analytic category and a political claim.«[58] Mit Hecht ließe sich *Powers of Ten* im Rahmen dessen Rezeptionsgeschichte als interskalares Vehikel einsetzen. Hecht führt ›interskalare Vehikel‹ an, anhand derer sie Machtverhältnisse kritisiert, indem sie ›vertikal‹ die Hierarchien und Verantwortungsebenen durchgeht. Sie setzt die Methode also als Werkzeug der Vermittlung und Veranschaulichung ein, jedoch nicht von geografischen Verhältnissen, sondern von historischer und gegenwärtiger Geomacht. Einen ähnlichen Vorschlag gibt es von Bergermann, die »ein angemessenes Abschreiten verschiedener Verflechtungen [...] in Sprüngen von Partialperspektiven, Mikro- wie Makrointerpretationen«[59] in die kulturwissenschaftliche Diskussion gebracht hat. Vergleichbar hat es Tom Holert in einem Interview formuliert.[60] Andere Autor·innen zielen darauf ab, den Vorgang des Skalierens verhandelbar zu machen und aus der Gewissheit eines unangefochtenen axiomatischen Grundsatzes zu lösen, dessen Einfluss und Diskursmacht kritisierbar zu machen und nicht als gegeben hinzunehmen. In der Geografie etwa wird seit den 1970ern das Maß [scale] als mentales Werkzeug eingesetzt und heute von einigen Vertreter·innen der Disziplin hinterfragt. Der Kunsthistoriker James Elkins thematisiert »uncertainties of scale« anhand naturwissenschaftlicher Bilder und bemängelt ein Verschwinden des aussagekräftigen, anschaulichen Bildes, da mathematische Konzepte unzugänglich bleiben für die Intuition.

Als ähnlich unzugänglich wird die algorithmische Kultur kritisiert, »the datalogical turn moves away from representation«.[61] Darüber hinaus wird darauf hingewiesen, dass zuvor gültige Unterscheidungen zwischen Körper und Umgebung nicht aufrechterhalten werden können.[62] Des Weiteren gibt es Vorschläge, mit vorhandenen Repräsentationsmöglichkeiten zu experimentieren, beispielsweise die Datenlage ohne einen Feldabgleich, *Ground Truthing*,[63] durchzuführen oder in einem Diagramm die Lücken im Datensatz nicht anzugleichen. Wie es die Soziolog·innen zum »datalogical turn« formulieren: »to collect information that would typically be discarded as noise.«[64]

Hier ist wichtig zu betonen, dass das Skalieren als Veranschaulichung abstrakter Vorgänge in nicht-skalierten Umgebungen im Sinne von Hecht weiterhin eine bedeutsame Methode sein kann, vorausgesetzt bestehende Anwendungen werden nicht unhinterfragt wiederholt. Auf diese Weise dient *Powers of Ten* als kritische Lupe beim Betrachten gegenwärtiger Bildwelten inklusive ihrer Entstehungsbedingungen, von Social Media zu Big Science. Zugleich gibt es Anknüpfungspunkte zu Werbelogiken zu entdecken, die mit dem Nicht-Zuvor-Gesehenen, dem Faszinierenden, dem genussvollen Betrachten spielen. Seit der Fertigstellung von *Powers of Ten* hat sich die

Konstellation von Bildern, Medieninfrastrukturen und Betrachter·innen erheblich verändert. In einem komplexen Medienverbund aus Satelliten, Computern und Algorithmen entstehen vertikale Bilder, deren Bildpolitik je nach Veröffentlichungskontext variiert.

Sentient,[65] ein Spionageprogramm des National Reconnaissance Office (NRO), soll nach Angaben des US-Geheimdiensts sämtliche Fern- und Naherkundungstechnologien und die dazugehörigen Datenbanken verschalten und algorithmisch in Echtzeit auswerten können: Satelliten, Mobiltelefone, soziale Medien, BlackSky-Satelliten und Planet-Satelliten. Zum Sentient-Medienverbund sollen mehr als 40.000 Nachrichtenquellen, 100 Millionen Mobilgeräte und an die 70.000 entsprechend ausgerüstete Schiffe und Flugzeuge, acht soziale Netzwerke, 5.000 Umweltsensoren und Tausende von Internet-der-Dinge-Geräten gehören.[66]

Das Beispiel verdeutlicht insbesondere zwei Umstände: die zunehmende Verschaltung bestehender Systeme und Datenbanken und deren Unvollständigkeit. Zu welcher Verwendung diese Meta-Sehmaschine beziehungsweise Meta-Datensichtungs-Maschine zukünftig kommen wird, ob sie ikonische, multiperspektivisch lesbare Bilder wie die Fotografie von Buzz Aldrin auf dem Mond generieren und welches Maß an manipulativer Arbeit durch algorithmische Prozesse die Bilder voraussetzen, darüber kann zum jetzigen Zeitpunkt nur spekuliert werden. Man kann sie aber bereits als Update von Charles und Ray Eames Meta-Sehmaschine verstehen: Als immersive Bildräume und mit Metadaten versehene Satellitenbilder funktioniert sie nach den Prämissen der Skalierung und Virtualität. Die vertikale Sicht wird im Sentient-Medienverbund *augmented*, das heißt erweitert und zu einem Komposit-Datenraum aggregiert. Als Bestandteil dieses Medienverbunds hält das vertikale Bild in Zeiten von Maschinenlernen unterschiedliche Informationen bereit. Erhalten bleibt allerdings die der vertikalen Sichtweise historisch implizite Machtstellung, die im Fall von Sentient durch die zentrale Sammlung und Auswertung von Informationen fortbesteht.

1 Hans Blumenberg, »Paradigmen zu einer Metaphorologie«, in: *Archiv für Begriffsgeschichte*, 6, 1960, Hamburg: Felix Meiner Verlag, S. 7–142.

2 Ökonomen haben zur Zeit der ersten Globalisierung um 1900 mit Metaphern aus Fotografie und Kartografie gearbeitet, um Marktmechanismen und globale Handelsabläufe vorstellbar und damit steuerbar erscheinen zu lassen, schreibt der Historiker Quinn Slobodian. So hat sich der Ökonom Joseph Schumpeter der Kamera als Metapher bedient, indem er das Marktgeschehen zu einem bestimmten Zeitpunkt als ›Schnappschuss‹ fasste und dadurch den ständigen Geldfluss gedanklich einfrieren und in Bezug auf den Weltmarkt analysieren konnte. Das erwähne ich hier, um stellvertretend aufzuzeigen, dass bei der Analyse von algorithmischen Bildkulturen und begleitenden Werbebildern der Austausch mit anderen Disziplinen gefragt ist. Vgl. Quinn Slobodian, »How to see the world economy: statistics, maps, and Schumpeter's camera in the first age of globalization«, in: *Journal of Global History*, 10, 2, Juli 2015, S. 307–332.

3 Donna J. Haraway, »Situiertes Wissen. Die Wissenschaftsfrage im Feminismus und das Privileg einer partialen Perspektive«, in: Donna J. Haraway, *Die Neuerfindung der Natur. Primaten, Cyborgs und Frauen* (1991), Carmen Hammer / Immanuel Stieß (Hgg.), Frankfurt am Main: Campus Verlag 1995, S. 73–97, hier S. 89.

4 Clemens Apprich / Wendy Hui Kyong Chun / Florian Cramer / Hito Steyerl (Hgg.), *Pattern Discrimination*. Lüneburg: Meson Press und London / Minneapolis: University of Minnesota Press 2018.

5 Jonathan Crary, *Techniken des Betrachters* [*Techniques of the Observer*, Cambridge, MA: The MIT Press 1990], aus dem Amer. von Anne Vonderstein, Dresden: Verlag der Kunst, 1996, S. 75 ff.

6 Paul Virilio, *Krieg und Kino. Logistik der Wahrnehmung* [*Guerre et cinéma*, Paris: Seuil 1984], aus dem Franz. von Frieda Grafe und Enno Patalas, München / Wien: Hanser 1986, S. 34.

7 Peter Galison, *Big Science: The Growth of Large-Scale Research*, Palo Alto: Stanford University Press 1992.
8 Hanne Loreck hat den Begriff 2017 in einer Kolloquiumssitzung an der Hochschule für bildende Künste Hamburg (HFBK) vorgeschlagen.
9 Maria Muhle in der Beschreibung für die von ihr veranstaltete Vortragsreihe »Pour la théorie« an der Akademie der Bildenden Künste in München im Wintersemester 2018/19.
10 Lisa Parks, »Vertical Meditation and the U.S. Drone War in the Horn of Africa«, in: Dies./Caren Kaplan (Hgg.), *Life in the Age of Drone Warfare*, Durham: Duke University Press 2017, S. 136.
11 Derek Gregory, »Drone Geographies«, in: *Radical Philosophy*, 183, Januar/Februar 2014, S. 7–19, hier S. 7.
12 Diese bekannte Fotografie der Mondlandung macht Ulrike Bergermann zum zentralen Anschauungsbeispiel ihrer Überlegungen. Vgl. Ulrike Bergermann, »Darstellungsraum Welt: gekrümmte Horizonte«, in: *kritische berichte*, 37, 2009, Marburg: Jonas Verlag, S. 23–32. Vgl. Neil Armstrong, *Buzz Aldrin Walks on the Moon*, 20.7.1969, Fotografie, NASA-Bildnr. AS11-40-5903. https://www.hq.nasa.gov/alsj/a11/AS11-40-5903HR.jpg.
13 Kaja Silverman, »Dem Blickregime begegnen«, in: Christian Kravagna (Hg.), *Privileg Blick. Kritik der visuellen Kultur*, Berlin: Edition ID-Archiv 1997, S. 41–64.
14 Ebd., S. 58.
15 Johanna Schaffer, *Ambivalenzen der Sichtbarkeit: Über die visuellen Strukturen der Anerkennung*, Bielefeld: transcript Verlag 2015, S. 114.
16 Susan Schuppli, »Atmospheric Correction«, in: Daniel Rubinstein/Johnny Golding/Andy Fisher (Hgg.), *On the Verge of Photography. Imaging Beyond Representation*, Birmingham: ARTicle Press 2013, S. 16–32, hier S. 21.
17 Seeker, »Your Textbooks Are Wrong, This Is What Cells Actually Look Like«, 24.11.2019, https://youtu.be/9euW5iCjKDo.
18 Gubra ApS, »Light sheet microscopy of dopaminergic neurons in a mouse brain«, 30.7.2018, https://youtu.be/-QJIB-QkDH00 Abb. 40 S. 288. »Your Textbooks Are Wrong, This Is What Cells Actually Look Like«, 24.11.2019, https://youtu.be/9eu-W5iCjKDo Abb. 39 S. 287.
19 Jens Geisel, »Ein simuliertes Universum«, in: *Frankfurter Allgemeine Zeitung*, 19.2.2020, https://www.faz.net/aktuell/wissen/illustris-projekt-wie-supercomputer-den-kosmos-entschluesseln-16640981.html. Abb. 41 S. 288.
20 Ebd.
21 Alexander Galloway, *The Interface Effect*, Cambridge, MA: Polity Press 2012, S. 82.
22 Ebd., S. 83.
23 Schuppli, »Atmospheric Correction«, S. 21.
24 Ebd., S. 26.
25 Ebd.
26 Der Begriff des *pictorial turn* soll einen Paradigmenwechsel hin zum Bild benennen und Reflexionsprozesse anregen, inwiefern Bilder die Geisteswissenschaften und die Popkultur transformieren. »The fantasy of a pictorial turn, of a culture totally dominated by images, has now become a real technical possibility on a global scale. Marshall McLuhan's ›global village‹ is now a fact and not an especially comforting one.« (William J. T. Mitchell, *Picture Theory*, Chicago: The University of Chicago Press 1994, S. 11). Unter dem *iconic turn* will Gottfried Boehm die zunehmende Wissensproduktion durch Bilder verstanden wissen. (Vgl. Gottfried Boehm, »Die Wiederkehr der Bilder«, in: Ders. (Hg.), *Was ist ein Bild?*, München: Fink 1994, S. 11–38).
27 Vgl. Nicholas Mirzoeff im Interview mit Tom Holert, »Wenn das Bild global wird«, in: Tom Holert (Hg.), *Imagineering. Visuelle Kultur und Politik der Sichtbarkeit*, Köln: Oktagon 2000, S. 34–38, hier S. 34.
28 Vgl. https://www.latimes.com/wildfires-map/.
29 Diese Bezeichnung entnehme ich einem Interview, das die Journalistin Alexandra Endres mit dem Klimaforscher Saleemul Huq anlässlich der Überflutungen im Sommer 2021 geführt hat. (Vgl. »170 Menschen sind gestorben, in Bangladesch wäre das nicht passiert«, in: *Zeit Online*, 28.7.2021, https://www.zeit.de/wissen/umwelt/2021-07/bangladesch-klimaforscher-hochwasser-tipps-deutschland-wetterextreme-klimawandel-saleemul-huq).
30 Jens Schröter hat in seinem Aufsatz »Das transplane Bild. Raumwissen jenseits der Perspektive«, (in: Yvonne Schweizer/Anna Quintus/Barbara Lange/Julica Hiller-Norouzi/Philipp Freytag (Hgg.), *Raum – Perspektive – Medium 2: Wahrnehmung im Blick*, Tübingen: reflex 2010) das mit Metadaten versehene 3D-Bild als transplanes Bild konzeptualisiert. Dazu zählt Schröter Bildtypen, die »mehr Informationen über den Raum beziehungsweise die räumliche Struktur der Objekte« bereitstellen. Weiter ausgeführt hat er dieses Konzept in seiner Monografie *3D. Zur Geschichte, Theorie und Medienästhetik des technisch-transplanen Bildes* (München: Fink 2009). Jenseits der von Schröter genannten Bildtypen kann die interaktive, mit Realtime-Daten versehene, zeitbasierte Karte als typenübergreifendes, da verschiedene Optiken kombinierendes Medium ergänzt werden.
31 Orbital Insight, *From Pixel to Insight*, Oktober 2019, https://orbitalinsight.com/videos/from-pixel-to-insight.
32 Ebd.
33 Haraway, »Situiertes Wissen«, S. 80.
34 Ebd., S. 81.
35 Geocinema, *Making of Earths*, 2020, HD Video, ca. 45 Min. https://geocinema.network/.
36 Louise Amoore, »The Unattributable«, in: Dies., *Cloud Ethics. Algorithms and the Attributes of Ourselves and Others*, Durham: Duke University Press 2020, S. 154–172.
37 Der Geograf Rory Rowan hat sich in Vorträgen und Seminaren mit der politischen und wirtschaftlichen Rolle Luxemburgs und Portugals im Hinblick auf die Ressourcengewinnung im Weltraum beschäftigt.
38 SpaceX, »First-stage landing | Onboard camera«, 27.5.2016, https://youtu.be/4jEz03Z8azc; und aus der Luftperspektive gefilmt, vgl. SpaceX, »CRS-10 | Falcon 9 First Stage Landing«, 19.2.2017, https://youtu.be/glEvogjdEVY

39 SpaceX, »Falcon 9 First Stage Reentry Footage from Plane«, 14.8.2014, https://youtu.be/uIlu7szab5I
40 Die Firma SpaceX hat 2019 erste eigene Satelliten für ihr Kommunikationssystem Starlink in den Orbit transportiert und bietet damit global Internetzugang an.
41 Vgl. Earth Online, European Space Agency, https://earth.esa.int/.
42 Vgl. NASA's eyes, Jet Propulsion Laboratory, NASA, https://eyes.nasa.gov/.
43 Vgl. Jennifer Wenzel, »Planet vs. Globe«, in: *English Language Notes*, 52, 1, Frühling / Sommer 2014, S. 19–30; Stacy Alaimo, »Your Shell on Acid. Material Immersion, Anthropocene Dissolves«, in: Richard Grusin (Hg.), *Anthropocene Feminism*, Minneapolis / London: University of Minnesota Press 2017, S. 89–120; Birgit Schneider, *Klimabilder. Eine Genealogie globaler Bildpolitiken von Klima und Klimawandel*, Berlin: Matthes & Seitz 2018.
44 André Leroi-Gourhan, *Hand und Wort. Die Evolution von Technik, Sprache und Kunst* [*Le geste et la Parole*, Paris 1964], Frankfurt am Main: Suhrkamp 1987, S. 319.
45 Roland Barthes, *Mythen des Alltags* [*Mythologies*, Paris: Édition du Seuil 1957], Frankfurt am Main: Suhrkamp 1964, S. 122–23.
46 Ebd., S. 121.
47 Vgl. Denis Cosgrove, *Apollo's Eye*, Baltimore / London: The Johns Hopkins University Press 2001, S. 240.
48 Derek Woods, »Epistemic Things in Charles and Ray Eames's *Powers of Ten*«, in: Michael Tavel Clarke, David Wittenberg (Hg.), *Scale in Culture and Literature*, Basingstoke: Palgrave Macmillan 2017, S. 61–92, hier S. 77.
49 Ebd.
50 Vgl. John Tresch, »Technological World-Pictures. Cosmic Things and Cosmograms«, in: *Isis*, 98, 1, März 2007, Chicago: The University of Chicago Press, S. 84–99, hier S. 92.
51 Es gibt positive Auffassungen von Skalierung, die allerdings nach individuellem Gebrauch klingen und nicht nach einem gemeinsamen Weltbild: »scales are useful, in part, because they help people orient their actions, organize their experience, and make determinations about who and what is valuable.« (E. Summerson Carr / Michael Lempert (Hgg.), *Scale: Discourse and Dimensions of Social Life*, Oakland: University of California Press 2016, S. 9f.).
52 David Gelernter, *Mirror World: or the Day Software Puts the Universe in a Shoebox ... How It Will Happen and What It Will Mean*, Oxford: Oxford University Press 1992, S. 31.
53 Vgl. Jennifer Wenzel, »Planet vs. Globe«, »Planet vs. Globe«, in: *English Language Notes*, 52, 1, Frühling / Sommer 2014, S. 19–30, hier S. 19.
54 Vgl. L. J. Kosofsky, Farouk El-Baz, *The Moon as viewed by Lunar Orbiter*, Washington D. C.: NASA 1970, S. 138–141.
55 CBS Live-Broadcast zur Apollo-11-Mission mit TV-Moderator Walter Cronkite, 16.7. und 21.7.1969, 46 Stunden.
56 Sebastian Grevsmühl, *La terre vue d'en haut: l'invention de l'environnement global*, Paris: Édition du Seuil 2014, S. 112.
57 Mark Dorrian, »On Google Earth«, in: Ders. / Frédéric Pousin (Hgg.), *Seeing from Above: The Aerial View in Visual Culture*. London / New York: I. B. Tauris 2013, S. 290–307, hier S. 303.
58 Gabrielle Hecht, »Interscalar Vehicles for an African Anthropocene: On Waste, Temporality, and Violence«, in: *Cultural Anthropology*, 33, 1, 2018, S. 109–141.
59 Ulrike Bergermann / Isabell Otto, Gabrielle Schabacher, »Vorwort«, in: Dies. (Hgg.), *Das Planetarische. Kultur – Technik – Medien im postglobalen Zeitalter*, München: Fink 2009, S. 8.
60 Vgl. »Regieren im Bildraum. Tom Holert im Gespräch mit Tim Stüttgen«, in: *The Thing Hamburg*, 16.1.2009, https://thing-hamburg.de/index3f59.html?id=960.
61 Patricia Ticineto Clough / Karen Gregory / Benjamin Haber / R. Joshua Scannell, »The Datalogical Turn«, in: Phillip Vannini (Hg.), *Non-Representational Methodologies. Re-Envisioning Research*, New York / London: Routledge 2015, S. 146–164, hier S. 153.
62 Zum Beispiel in VR-Anwendungen, die Bewegungsdaten der Nutzer·innen sammeln oder in Einkaufszentren, die per Videobildauswertung die Bewegungen der Besucher·innen messen.
63 Im Glossar des Jet Propulsion Laboratory (NASA) findet sich folgende Definition für *Ground Truth*: »Geophysical parameter data, measured or collected by other means than by the instrument itself, used as correlative or calibration data for that instrument data. It includes data taken on the ground or in the atmosphere. Ground truth data are another measurement of the phenomenon of interest; they are not necessarily more ›true‹ or more accurate than the instrument data. Source: EPO.« (Vgl. https://podaac.jpl.nasa.gov/Glossary).
64 Clough u. a., »The Datalogical Turn«, S. 153.
65 Im Rahmen des Freedom of Information Act hat das NRO bislang insgesamt 14 Papers zum Spionageprogramm veröffentlicht, u. a. »Sentient Program«, https://www.nro.gov/Portals/65/documents/foia/declass/ForAll/051719/F-2018-00108_C05113688.pdf).
66 Sarah Scoles, »It's Sentient – Meet the US spy system of the future«, in: *The Verge*, 31.7.2019, https://www.theverge.com/2019/7/31/20746926/sentient-national-reconnaissance-office-spy-satellites-artificial-intelligence-ai.

Abbildungsverzeichnis
Dank
Impressum

Abb. 01 Eames Collection, Prints & Photographs Division, Repro-Nr. LC-DIG-ppmsca-39083, Library of Congress.© Eames Office LLC. All rights reserved.
Abb. 02 Eames Collection, Prints & Photographs Division, Repro-Nr. LC-DIG-ppmsca-39423, Library of Congress. © Eames Office LLC. All rights reserved.
Abb. 03 A/B Science Filmmaking Tips, »The Ultimate Weather Balloon Guide to Sending Anything to Near-Space«, 14.12.2017, https://youtu.be/-QudqzI2iKk.
Abb. 04 Eames Collection, Prints & Photographs Division, Repro-Nr. LC-E12-CE-2597- A, Library of Congress. © Eames Office LLC. All rights reserved.
Abb. 05 Courtesy of Yale Center for British Art, Paul Mellon Collection.
Abb. 06 Eames Collection, Prints & Photographs Division, Repro-Nr. LC-DIG-ppmsca-39371, Library of Congress. © Eames Office LLC. All rights reserved.
Abb. 07 A–E Courtesy of the artist and Deborah Schamoni.
Abb. 08 Historic England Archive CVS01_01_023.
Abb. 09 Historic England Archive CVS01/01/054.
Abb. 10 A–C Bryan Chan, »Grand Canyon from the Stratosphere! A Balloon Space Story«, 10.9.2015, https://youtu.be/EABQ5psUz70.
Abb. 11 © Eames Office LLC. All rights reserved.
Abb. 12 Eames Collection, Charles Eames and Ray Eames papers, Manuscript Division, Box 207, Folder 5, Library of Congress. © Eames Office LLC. All rights reserved.
Abb. 13 A/B Scientific Visualization Studio, NASA, https:// svs.gsfc.nasa.gov/3380.
Abb. 14 Planet.com.
Abb. 15 Eames Collection, Prints & Photographs Division, Repro-Nr. LC-DIG-ppmsca-39083 [Ausschnitt, V. T.], Library of Congress. © Eames Office LLC. All rights reserved.
Abb. 16 Alexandra Arènes, Bruno Latour, Jerôme Gaillardet, Giving Depth to the Surface – an Exercise in the Gaia-graphy of Critical Zones, in: The Anthropocene Review, Vol 5, Issue 2, 2018.
Abb. 17 NASA, https://epic.gsfc.nasa.gov/galleries/2016/lunar_transit.
Abb. 18 L. J. Kosofsky, Farouk El-Baz, The Moon as viewed by Lunar Orbiter, Washington D. C.: NASA 1970, S. 139.
Abb. 19 A/B © Red Bull Stratos / Red Bull Content Pool https://www.redbullcontentpool.com/redbullstratos.
Abb. 20 A–C sgizone, »Silicon Graphics Infinite Reality/Octane2 Demo: In Your Face« (1996), 19.10.2016, https://youtu.be/GM_wWz39zKs.
Abb. 21 © Life.
Abb. 22 A/B European Space Agency (ESA).
Abb. 23 A–E Courtesy the artist, Andrew Kreps Gallery, New York and Esther Schipper, Berlin Still © Hito Steyerl / VG Bild-Kunst, Bonn, 2022.
Abb. 24 A/B Other Stories, »Chicago From Space Google Earth VR«, 22.8.2018, https://youtu.be/s6LEpaUGHjY.
Abb. 25 Smithsonian Astrophysical Observatory, Pasadena / Smithsonian National Air and Space Museum, Washington D. C.
Abb. 26 A Foto: Mike Barnett, Courtesy of Tanya Bonakdar Gallery and Victoria Miro Gallery. © Sarah Sze.
Abb. 26 B Foto: Maximilian Geuter
Abb. 27 Matt Mullican, Planetarium, 2010, interaktives Webprojekt (Programmierung Patrick Smith, Auftragsarbeit für das Online-Magazin Triple Canopy), https://www.canopycanopycanopy.com/contents/planetarium.
Abb. 28 A–C »Donna Haraway Reads the ›National Geographic‹ on Primates«, Paper Tiger TV # 128, 1987, 28 Min.
Abb. 29 Courtesy National Archives, Foto Nr. 100311019.
Abb. 30 Excelsior III, Kittinger's Jump, 16 August 1960 Courtesy National Archives, Bewegtbild-Nr. 342-USAF-29448A.
Abb. 31 A–C © Atomic Entertainment https://youtu.be/rBZOBpiG0x0.
Abb. 32 A/B Courtesy of the artists.
Abb. 33 C. D. B. Bryan: Das Große National Geographic Buch. Hundert Jahre Abenteuer und Entdeckungen. Übersetzt von Thomas Hemstege, Gudrun Erler und Einar Schlereth. Hamburg: Hoffmann und Campe Verlag 1988, S. 352–53. Dean Conger für die NASA. Smithsonian Institution und Lockheed Corporation 1985.
Abb. 34 simbeeotik, »[Google Earth VR] EP2: Review of updates and exploring more of the Earth«, 29.12.2017, https://youtu.be/RdA7V9PI_1E.
Abb. 35 A/B Simulation and Software Technology, Deutsches Zentrum für Luft- und Raumfahrttechnik (DLR), Braunschweig 2019.
Abb. 36 ESA / NASA.
Abb. 37 A/B NASA, Gateway to Astronaut Photography of Earth, https://eol.jsc.nasa.gov/.
Abb. 38 NASA, https://visibleearth.nasa.gov/ images/84943/chicago-and-its-loop.
Abb. 39 Seeker, »Your Textbooks Are Wrong, This Is What Cells Actually Look Like«, 24.11.2019, https://youtu.be/9euW5iCjKDo.
Abb. 40 Gubra ApS, »Light sheet microscopy of dopaminergic neurons in a mouse brain«, 30.7.2018, https://youtu.be/-QJIBQkDH00.
Abb. 41 Jens Geisel, »Ein simuliertes Universum«, in: Frankfurter Allgemeine Zeitung (Online), 19.2.2020, https://www.faz.net/aktuell/wissen/illustris-projekt-wie-supercomputer-den-kosmos-entschluesseln-16640981.html.

Die Deutsche Nationalbibliothek verzeichnet diese Publikation in der Deutschen Nationalbibliografie; detaillierte bibliografische Daten sind im Internet unter http://dnb.dnb.de abrufbar.

Diese Publikation ist eine überarbeitete Fassung der Dissertation mit demselben Titel, die im Rahmen des Graduiertenkollegs »Ästhetiken des Virtuellen« an der HFBK Hamburg entstanden ist und im September 2020 verteidigt wurde. Ich bedanke mich bei allen Kollegiat·innen des Graduiertenkollegs und insbesondere bei Hanne Loreck für die zugewandte und inspirierende Begleitung im Entstehungsprozess sowie bei den Mitgliedern ihres Kolloquiums an der HFBK für die Anmerkungen zu den ersten Entwürfen. Vielen Dank an die Künstler·innen und die Eames Foundation, deren Arbeit ich hier veröffentlichen durfte. Besonders bedanken möchte ich mich bei Benjamin Sprick und Christian Blumberg für ihre großzügigen Bearbeitungsvorschläge; bei Tom Holert, Boaz Levin, Alena Williams, Alexandra Heimes, Bernard Geoghegan und Estelle Blaschke für weiterführende Literaturhinweise; bei den Bibliothekarinnen in der Manuscript Division und der Print and Photography Division in der Library of Congress für die Bereitstellung von Dokumenten aus dem Eames Archive und bei den Leserinnen Marietta Kesting, Mascha Jacobs, Melanie Ohnemus und Rike Frank für ihre vorausschauenden Anmerkungen zu früheren Fassungen und Merle Radtke für die Zusammenarbeit an der Ausstellung »Sensing Scale« in der Kunsthalle Münster. Vielen Dank an den Spector Verlag, vor allem an den Lektor Frederik Richthofen für seine detaillierte Bearbeitung des Texts und an Florian Lamm und Caspar Reuss für die großzügige Gestaltung dieses Buchs. Besonderen Dank an Dirk Peitz. Danke an Christoph Tollmann und Annemarie Tollmann für ihre Geduld und Unterstützung.

Vera Tollmann

Sicht von oben
»Powers of Ten« und Bildpolitiken
der Vertikalität

Reihengestaltungskonzept
Florian Lamm, Helmut Völter
www.lamm-kirch.com

Gestaltung
Florian Lamm, Caspar Reuss
www.lamm-kirch.com

Fotos Cover (v. o. n. u.)
Abb. 25 Smithsonian Astrophysical Observatory, Pasadena / Smithsonian National Air and Space Museum, Washington D. C.
Cover Kompositbild, Aufnahmen aus der ISS mit einem 800mm-Objektiv, Los Angeles und Sierra Nevada, Einzelbilder ISS048-E-2898 bis ISS048-E-2918, NASA 2016.
Abb. 35 B Simulation and Software Technology, Deutsches Zentrum für Luft- und Raumfahrttechnik (DLR), Braunschweig 2019.
Abb. 07 A–D Courtesy of the artist and Deborah Schamoni.
Abb. 04 Eames Collection, Prints & Photographs Division, Repro-Nr. LC-E12-CE-2597- A, Library of Congress. © Eames Office LLC. All rights reserved.

Cover, Rückseite
Abb. 12 Eames Collection, Charles Eames and Ray Eames papers, Manuscript Division, Box 207, Folder 5, Library of Congress. © Eames Office LLC. All rights reserved.
Abb. 34 (Ausschnitt) simbeeotik, »[Google Earth VR] EP2: Review of updates and exploring more of the Earth«, 29.12.2017, https://youtu.be/RdA7V9PI_1E.
Abb. 09 (Ausschnitt) Historic England Archive CVS01/01/054.

Lektorat
Frederik Richthofen

Korrektorat
Jan Wenzel,
Christoph Tollmann

Gesamtherstellung
EPC, Budaörs

Erschienen im Verlag
Spector Books
Harkortstraße 10, 04107 Leipzig
www.spectorbooks.com
Die Autorin und der Verlag haben sich nach besten Kräften und sorgfältiger Prüfung bemüht, die erforderlichen Reproduktionsrechte für alle Abbildungen einzuholen. Für den Fall, dass etwas übersehen wurde, sind wir für Hinweise dankbar und erbitten eine entsprechende Mitteilung an den Verlag.

Vertrieb
Deutschland, Österreich: GVA.
Gemeinsame Verlagsauslieferung
Göttingen GmbH & Co.KG,
www.ava.ch

Erste Auflage
ISBN 978-3-95905-522-2